lonely planet

Toskana

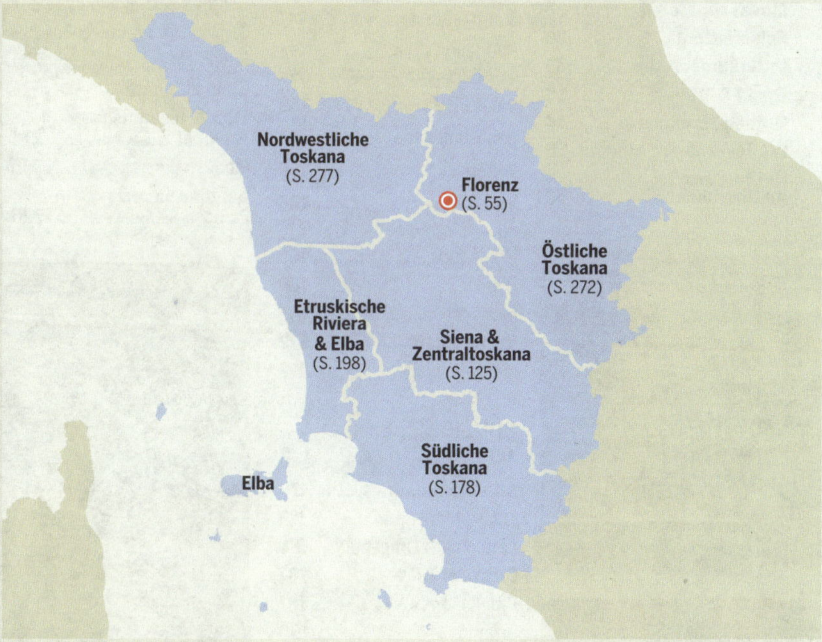

Nicola Williams, Belinda Dixon

REISE-PLANUNG

ANNA BRYUKHANOVA/GETTY IMAGES ©
FLORENZ S. 56

GARY YEOWELL/GETTY IMAGES ©
ESSEN & TRINKEN S. 36

REISEZIELE IN DER TOSKANA

DEA/G. NIMATALLAH/GETTY IMAGES ©

Inhalt

BOTTICELLIS *GEBURT DER VENUS*, UFFIZIEN, FLORENZ S. 61

DIE TOSKANA VERSTEHEN

PRAKTISCHE INFORMATIONEN

SPECIALS

Willkommen in der Toskana

Poetische Landschaften, Kunst von Weltrang und die unwiderstehliche cucina contadina (bäuerliche Küche) verschmelzen in der Toskana zu einem unvergesslichen Reiseerlebnis.

Bilderbuchlandschaft

Die Toskana erscheint uns zeitlos vertraut. Die berühmte Kuppel des Florentiner Doms, sanfte Hügel im Morgendunst und markante Zypressenalleen – die ganze mittelitalienische *regione* scheint nur aus Postkartenmotiven zu bestehen. Goldene Weizenfelder, silberne Olivenhaine und leuchtend grüne Weinberge bilden die anmutige Überleitung zu mittelalterlichen Hügeldörfern, Bergketten und üppigen Wäldern im Norden und idyllischen Inseln vor dem südlichen Küstenstreifen. Diese Bilderbuchlandschaft schreit geradezu nach Entdeckern, die sie zu Fuß oder mit dem Fahrrad erkunden.

Sensationelles Slow Food

Die Toskana ist ein Traumziel für Gourmets. Ihre Bewohner verbringen unglaublich viel Zeit damit, über Essen und Wein zu nachzusinnen, zu reden und diese Gaumenfreuden zu genießen. Regional, saisonal, nachhaltig, das ist die heilige Dreifaltigkeit der Toskana, die stolz auf ihre erstklassigen Erzeugnisse und ihre kulinarische Tradition ist. Zu einer Toskanareise gehören Abstecher zu Weingütern, um Spitzenweine wie Brunello di Montalcino und Vino Nobile di Montepulciano zu kosten, zu einem *pastificio tradizionale*, wo Pasta kunstvoll von Hand geschnitten wird, ebenso wie die Suche nach dem ultimativen *bistecca alla fiorentina. Buon appetito!*

Lebendige Geschichte

Seit die Etrusker vorbeischauten und sich zum Bleiben entschlossen, hat die Toskana ihre Besucher verzaubert. Die Römer stockten hier ihre Getreidevorräte auf, die Christen folgten mittelalterlichen Pilgerrouten, Napoleon plünderte die Kunstschätze (und erduldete sein Exil auf der Paradiesinsel Elba in einer klassizistischen Prunkvilla mit Meerblick), Bildungsreisende pilgerten im 19. Jh. wie auch heute noch zu den Baudenkmälern von Florenz. Wenn der Sonnenuntergang den Arno rosa färbt, findet in dieser unfassbar schönen Stadt jeder das richtige Quartier, von altmodisch schlicht bis zum todschicken Boutiquehotel, wo man sich vor dem Einchecken das bevorzugte Bettzeug aussucht.

Hochburg der Kunst

Und was für Kunst! Die Etrusker schickten liebe Verstorbene mit erlesenen Grabbeigaben ins Jenseits, die Römer in ihrer Großmannssucht hinterließen ihr übliches Vermächtnis an monumentalen Skulpturen. Künstlerisch ganz groß raus kam die Toskana dann im Mittelalter und in der Renaissance, als Maler, Bildhauer und Baumeister hier Meisterwerke von Weltrang schufen. Die Kunst der Toskana, die heute in den Kirchen und Museen der ganzen Region sorgsam gehütet wird, ist einfach unvergleichlich.

Warum ich die Toskana so liebe

Nicola Williams, Autorin

Die Toskana eroberte mein Herz auf einem Bauernhof in der Garfagnana. Wir waren beim Abendessen, als die Bauersfrau in die Küche kam und uns aufgeregt drängte, mit in den Stall zu kommen, um bei der Geburt eines Kalbs zuzusehen. Als sie danach verkündete „Wir nennen sie Kaya, nach Ihrer Tochter!", war ich sprachlos. Also hat meine Fünfjährige jetzt eine Kuh in der Toskana und ich bin um eine intime Verbindung mit dieser vielfältigen, seelenvollen, erdverbundenen Region reicher. Darum liebe ich die Toskana (von Trüffeln, Florenz, *aperitivi*, Renaissancekunst, Chianti-Touren und urigen Bauernhäusern mal ganz abgesehen).

Mehr Infos über unsere Autoren gibt's auf S. 379

Monticchiello (S. 171)

Florenz & Toskana

ENTFERNUNGEN (km)

Hinweis: Die Entfernungen sind ungefähre Angaben

	Arezzo	Florenz	Grosseto	Livorno	Lucca	Pisa
Florenz	60					
Grosseto	100	113				
Livorno	126	80	110			
Lucca	117	61	130	36		
Pisa	121	69	120	19	17	
Siena	47	51	64	87	89	87

Die Top 18 der Toskana

1

Uffizien, Florenz

1 Nur wenige Kunstmuseen lösen bei ihren Besuchern so ehrfürchtiges Staunen aus wie die weltberühmte Galleria degli Uffizi (S. 61), die in Florenz in einem Medici-Palazzo aus dem 16. Jh. residiert. Schon das riesige, verschachtelte Gebäude fasziniert mit seiner prachtvollen Architektur und bewegten Geschichte. Seine gigantische Kunstsammlung strotzt von Meisterwerken der Renaissance. Giotto, Botticelli, Michelangelo, da Vinci, Raffael, Tizian und Caravaggio wetteifern um die Aufmerksamkeit der Kunstfreunde, die hier ihr Paradies finden. Man sollte reichlich Zeit einplanen, um das auszukosten – ggf. auch mehrere kürzere Besuche.

Unten links: Botticellis *Geburt der Venus* (S. 65)

Piazza del Campo, Siena

2 Zweimal im Jahr rennen hier Pferde um die Wette, einheimische Teenies nutzen die Piazza als Picknickplatz, und Touristen verschlägt der erste Anblick regelmäßig den Atem. Der leicht abschüssige, makellos gepflasterte Zentralplatz von Siena (S. 130) bildet seit dem 12. Jh. das geografische und historische Herz der Stadt. Die Piazza zwischen dem eleganten Palazzo Comunale und zahlreichen gut besuchten Terrassencafés ist *der* Ort in Siena, um zu flanieren, zu fotografieren und den Zauber dieser glorreichen gotischen Stadt von einzigartiger architektonischer Harmonie auf sich wirken zu lassen.

DEA/G. NIMATALLAH/GETTY IMAGES ©

2

GLENN VAN DER KNIJFF/GETTY IMAGES ©

Chianti

3 Die uralte Weinbauregion ist die Toskana der Postkarten. Zypressenalleen führen zu grünen Weinbergen, silbrigen Olivenhainen, Bauernhäusern aus honigfarbenem Stein und Herrenhäusern, die zur Zeit der Renaissance für den Adel von Florenz und Siena gebaut wurden. Luxuriöse Unterkünfte und moderne toskanische Spitzenküche laden zu idyllischen Fluchten aus dem Alltag ein, zu romantischen Wanderungen und Ausflügen über grüne Landsträßchen zu den Weingütern, die den rubinroten, veilchenduftenden Chianti Classico (S. 146) erzeugen.

Der Geschmack der Toskana

4 „Wie deine Mutter zu kochen ist gut, wie deine Großmutter zu kochen besser", sagt ein toskanisches Sprichwort. Seit Urzeiten von Generation zu Generation vererbte Rezepte bilden das Fundament der heimischen Küche, die ein Highlight jeder Toskanareise darstellt. Deftige T-Bone-Steaks in alteingesessenen Trattorien wie Mario (S. 104) am zentralen Lebensmittelmarkt in Florenz, moderne Toskanaküche inmitten alter Antinori-Reben bei Rinuccio 1180, Gourmet-Streifzüge über Märkte voller frischer Saisonprodukte: *Buon appetito!*

5

6

Landleben im Agriturismo

5 Ob man die Schönheit der toskanischen Landschaft vom Pool aus bewundern oder sich bei der Ernte die Hände schmutzig machen will – die *agriturismi* (Unterkünfte auf Bauernhöfen oder Weingütern) sind eine geniale Möglichkeit, ins toskanische Landleben einzutauchen. Immer dabei: Hausmannskost aus eigenen Erzeugnissen und grüne Weite ohne Ende. Barbialla Nuova (S. 257) ist ein idealer Mix aus Abenteuer (ungeteerte Landstraßen) und Annehmlichkeiten (stilvolle Einrichtung und grandiose Aussicht). Oben: Landschaft bei Pienza (S. 169)

Auf Trüffelsuche

6 Der kostbarste Schatz der italienischen Speisekammern ist die weiße Trüffel, die Hunde in den herbstfeuchten Wäldern um San Miniato aufspüren. Die Heimlichtuerei und Rivalität der einheimischen *tartufaio* (Trüffelsucher) verleihen der Delikatesse zusätzliche Würze. Von Oktober bis Dezember können Besucher an der Trüffeljagd teilnehmen (S. 257). Oder sie folgen ihrer Nase nach San Miniato, wo an den Novemberwochenenden die Mostra Mercato Nazionale del Tartufo Bianco (Nationale Verkaufsmesse für weiße Trüffeln) regiert.

MAREMAGNUM/GETTY IMAGES ©

Mittelalterfeste

7 Tiefe Einblicke in das Leben der Region bieten ihre ausgelassenen Feste – Schnappschüsse der toskanischen Kultur mit reichlich Essen, Wein und Gaudi. Im Frühjahr und Sommer veranstaltet fast jeder Ort sein eigenes Fest: Die Einheimischen werfen sich in Mittelaltertracht und gehen mit Armbrüsten und Lanzen aufeinander los. Oft spielen sie historische Konflikte zwischen den *contrade* (Stadtvierteln) nach. Dafür winken traditonsreiche Trophäen wie der goldene Pfeil und das Seidenbanner des Balestro del Girifalco in Massa Marittima (S. 183). Oben links: Scoppio del Carro, Florenz (S. 94)

Rundfahrt durch die Val d'Orcia

8 In sanftem Auf und Ab führen Sträßchen zwischen Weinbergen hindurch zu den mittelalterlichen Abteien Sant'Antimo und San Galgano, der Renaissancepracht von Pienza und den Weinstädtchen Montepulciano und Montalcino. Hier locken Klöster, in denen einst die Pilger auf der Via Francigena von Canterbury nach Rom nächtigten, ein ausgedehntes Mittagsmahl mit Brunello und einer der schönsten Roadtrips der Toskana – nicht umsonst steht das Orcia-Tal (S. 165) auf der Unesco-Welterbeliste. Oben rechts: Bauernhof und Weinberg, Val d'Orcia

Duomo, Florenz

9 Der Dom (S. 66) ist nicht nur das spektakulärste Gebäude von Florenz, sondern gehört wie das Kolosseum in Rom und der Schiefe Turm von Pisa zu den bekanntesten Wahrzeichen Italiens. Schon seine mehrfarbige Marmorfassade ist umwerfend. Doch der absolute Clou ist die markante rote Ziegelkuppel von Filippo Brunelleschi, eine der größten architektonischen Leistungen aller Zeiten. Wer die steile, enge Treppe zum unteren Rand der Kuppel erklimmt, kann tief in den Innenraum hinunterblicken – und dann weiterklettern, um das atemberaubende Stadtpanorama zu genießen.

9

Garfagnana

10 In den Hügeln nördlich von Lucca kann man Kastanien, Pilze, Honig und andere Früchte des Waldes schmausen, durch Wiesen voller Wildblumen wandern und über holperige Sträßchen von einem mittelalterlichen Bergdorf zum nächsten fahren. Am besten quartiert man sich bei einem *agriturismo* ein und verbringt die Tage mit Wandern, Mountainbiking und Schlemmerfesten der Hausmannskost am bäuerlichen Gemeinschaftstisch. Von der Garfagnana (S. 259) ist es dann nicht mehr weit zu den Stränden und Künstlerorten der Versilia.

Rechts: der Serchio, Garfagnana

UNIVERSAL IMAGES GROUP/DEAGOSTINI/ALAMY ©

10

11

12

Piazza dei Miracoli, Pisa

11 Auf dieser Piazza (S. 230) scheint die Geschichte zum Greifen nah. Das Ensemble romanischer Kirchenbauten, die Gott verherrlichen und bürgerlichen Reichtum zur Schau stellen sollten (und das nicht unbedingt in dieser Reihenfolge), beeindruckt durch seine außergewöhnliche architektonische Harmonie. Von der Akustik des Baptisteriums über Giovanni Pisanos marmorne Kanzel im Dom bis zur spektakulären Schieflage des weltberühmten Turms (S. 231) ist dieser Platz tatsächlich voller Wunder.

Inselleben auf Elba

12 Elba (S. 215) ist das Toskanaparadies der anderen Art. Eine Mittelmeerinsel mit Orangenbäumen, Olivenhainen und jahrhundertealten Palmen, wie geschaffen für faule Strandtage, berauschende Küstenwanderungen und Serpentinenfahrten zu Hügeldörfern, Traumbuchten und Fischerhäfen. Dank Napoleon, der 1814 hierher verbannt wurde, hat die Insel auch einige historische Sehenswürdigkeiten. Und natürlich die Weine und Olivenöle, die stolze Familienbetriebe seit Jahrhunderten erzeugen. Unten: Portoferraio (S. 218)

Kirchenkunst in Arezzo

13 Dass es abseits der Touristenpfade liegt, trägt zum Charme des beschaulichen Städtchens (S. 273) im Osten der Toskana bei, das Siena in Sachen abschüssiger Zentralplätze locker übertrumpft. Arezzo strotzt nur so von mittelalterlichen Kirchen, die kostbare Kruzifixe, Fresken und andere Sakralkunst hüten. Für alle, die ein Kunstwerk zum Mitnehmen suchen: Am ersten Wochenende im Monat findet hier einer der bekanntesten Antiquitätenmärke Italiens statt. Oben: Pieros *Legende vom wahren Kreuz*, Basilica di San Francesco (S. 273)

Per Drahtesel durch Lucca

14 Ein Leihfahrrad, ein Picknickkorb und los geht's durch Lucca (S. 241) im Nordwesten der Toskana, über baumbestandene *piazze* und gepflasterte Gassen, an denen sich mittelalterliche Kirchen, eine romanische Kathedrale und *palazzi* aus dem 17. Jh. verstecken. Danach schmeckt ein Mittagessen aus regionalen Zutaten auf dem Stadtwall, auf dem ein Radweg verläuft (unbedingt probieren: *buccellato* aus der Bäckerei Taddeucci). Oder man macht noch einen Ausflug zu den Prunkvillen der Umgebung. Unten: Piazza Anfiteatro, Lucca (S. 241)

DAMIEN SIMONIS/GETTY IMAGES ©

Die Apuanischen Alpen entdecken

15 Das schroffe Gebirge im Parco Regionale delle Alpi Apuane (S. 259) lockt Wanderer, Radfahrer und Autoreisende mit ruhigen Touren zwischen abgelegenen Bauernhöfen, mittelalterlichen Einsiedeleien und Bergdörfern. Spektakulär sind die Berghänge hinter der Stadt Carrara (S. 264), wo seit der Römerzeit Marmor abgebaut wird. Besucher können einen Steinbruch besichtigen und im Dörfchen Colonnata (S. 265) *lardo di colonnata* (hauchfeine Speckscheiben) kosten, eine berühmte Leckerei der Toskana.

Aperitivo

16 Der *aperitivo* (Drink mit Appetithäppchen vor dem Abendessen) gehört zu den schönsten Ess- und Trinkritualen der Toskana. Man genießt ihn am besten nach einer *passeggiata* (frühabendlicher Spaziergang), zu der sich die halbe Stadt auf der Via de' Tornabuoni in Florenz, der Via Fillungo in Lucca oder anderen autofreien Flaniermeilen zu treffen scheint. Leutegucken gehört immer dazu. Da heißt es, sich in Florenz einen Platz vor der Weinbar Le Volpi e l'Uva (S. 112) oder zwischen den cocktailschlürfenden Hipstern bei Ditta Artiginiale zu sichern. Oben rechts: Bruschetta

Der Pilgerweg der Franziskaner

17 Das Santuario della Verna (S. 287) in der Osttoskana und die Hügelstadt Assisi (S. 293) im benachbarten Umbrien, zwei der bedeutendsten christlichen Pilgerziele der Welt, verzaubern mit ihrem Mix aus Landschaft, Kunst, Geschichte und Religion. Vom Kloster im Casentino, wo der hl. Franziskus seine Wundmale empfangen haben soll, geht es weiter zu seinem Geburtsort. Giottos grandioser Freskenzyklus in der Oberkirche der Basilika lässt niemanden unberührt. Gegenüber oben: Basilica di San Francesco, Assisi (S. 293)

Geschlechtertürme in San Gimignano

18 Sie bilden eine bezaubernde Skyline und dienen heute allen möglichen Zwecken, vom Wohnhaus bis zur Kunstgalerie. Die mittelalterlichen Geschlechtertürme von San Gimignano (S. 153) sind lebendige Wahrzeichen der toskanischen Geschichte. Besucher können die Torre Grossa des Palazzo Comunale besteigen und im Schatten der übrigen Türme flanieren, um über den Bürgerstolz und die nachbarliche Rivalität nachzusinnen, denen das Hügelstädtchen seine einzigartige Erscheinung verdankt.

BUENA VISTA IMAGES/GETTY IMAGES ©

Gut zu wissen

Mehr Infos unter Praktische Informationen (S. 349)

Währung
Euro (€)

Sprache
Italienisch

Visa
EU-Bürger und Schweizer brauchen für Italien kein Visum.

Geld
Dichtes Netz von Geldautomaten. Die meisten Hotels und viele Restaurants akzeptieren Kreditkarten.

Handy
Mit europäischen Handys kann man in der gesamten Toskana mobil telefonieren. Mit einer italienischen SIM-Karte sind Inlandsgespräche billiger.

Zeit
MEZ

Reisezeit

Hauptsaison
(Mai, Juni, Sept., Okt.)

- Die Übernachtungspreise steigen um bis zu 50 %.
- Ideales Reisewetter, aber teils großer Besucherandrang.
- Von Juni bis September finden die großen Festivals statt.

Zwischensaison
(April, Juli & Aug.)

- Im April herrscht angenehmes Wetter und ein vernünftiges Preisniveau.
- Im Hochsommer ist es im Binnenland heiß und an der Küste voll.
- Sehenswürdigkeiten sind im Sommer meist bis Sonnenuntergang geöffnet.

Nebensaison
(Nov.–März)

- Genügend Unterkünfte zu günstigen Preisen, aber viele Hotels sind geschlossen.
- Manche Touristeninformationen schließen.
- Viele Restaurants machen Betriebsferien.

Websites

Turismo in Toscana (www.turismo.intoscana.it) Offizielle Website der Region Toskana

Toscana & Chianti News (www.toscanaechiantinews.com) Magazin mit Nachrichten, Lifestyle und Kultur

The Florentine (www.theflorentine.net) Englischsprachige Zeitung für Florenz und weite Teile der Toskana

Il Sole 24 Ore (www.italy24.ilsole24ore.com) Digitale englischsprachige Ausgabe der italienischen Zeitung *Il Sole 24 Ore*

Lonely Planet (www.lonelyplanet.com/italy/tuscany) Jede Menge praktische Infos

Wichtige Telefonnummern

Ländervorwahl Italien	☎0039
Rettungswagen	☎118
Polizei	☎113
EU-weite Notrufnummer & alle Notdienste vom Handy	☎112

Wechselkurs

Schweiz	1 €	1,09 sFr
	1 sFr	0,92 €

Aktuelle Wechselkurse siehe www.xe.com.

Tagesbudget

Budget: bis 80 €

- Bett im Schlafsaal: 16–36 €
- Panini: 5–8 €
- Abendessen in der Trattoria: 20 €
- Kaffee im Stehen an der Bar: 1 €

Mittelklasse: 80–200 €

- DZ im Mittelklassehotel: 110–200 €
- Abendessen im Restaurant: 35 €
- *Aperitivo*: 10 €
- Museumseintritt: 5–20 €

Gehoben: über 200 €

- DZ im Spitzenhotel: ab 200 €
- Abendessen toskanisch-modern: 50 €
- Kaffee auf einer Caféterrasse: 4 €
- Fremdenführer: 2 Std./140 €

Öffnungszeiten

Die Öffnungszeiten variieren je nach Jahreszeit. Wir geben in diesem Führer Öffnungszeiten für den Sommer (Hauptsaison) und den Winter (Nebensaison) an; in der Zwischensaison können aber andere Öffnungszeiten gelten.

Banken Mo–Fr 8.30–13.30, 15.30–16.30 Uhr

Restaurants 12.30–14.30, 19.30–22 Uhr

Cafés 7.30–20 Uhr

Bars & Kneipen 10–1 Uhr

Geschäfte Mo–Sa 9–13, 15.30–19.30 (oder 16–20) Uhr

Ankunft in der Toskana

Internationaler Flughafen Pisa (S. 240) Busse nach Pisa-Zentrum (1,80 €) und Florenz-Zentrum (4,99 €). Automatisch gesteuerte PisaMover-Züge zur Stazione Pisa Centrale (1,30 €), normale Züge zur Stazione di Santa Maria Novella in Florenz (8 €). Ein Taxi nach Pisa-Zentrum kostet 10 €.

Flughafen Florenz (S. 123) Busse nach Florenz-Zentrum kosten 6 €. Ein Taxi nach Florenz-Zentrum kostet 20 € (sonn- und feiertags 23 €, von 22–6 Uhr 22 €), plus 1 € pro Gepäckstück und 1 € Aufschlag für einen vierten Passagier.

Unterwegs vor Ort

Auto Zweifellos die beste Wahl, um die schöne Landschaft und die Hügelstädtchen zu erkunden. Viele größere und kleinere Städte haben eine *Zona a Traffico Limitato* (ZTL; verkehrsberuhigte Zone) in der Altstadt, in die nur Anwohner einfahren dürfen. Bei Verstößen wird ein saftiges Bußgeld fällig.

Bus Es gibt ein einigermaßen flächendeckendes regionales Busnetz. Expressbuslinien *(corse rapide)* verbinden Florenz und Siena; auf anderen Strecken ist u. U. mit langen Fahrtzeiten zu rechnen. Achtung: Im Nahverkehr muss man sein Ticket im Bus abstempeln (oder riskiert eine sofort zahlbare Geldbuße in Höhe von 50 €)!

Zug Hochgeschwindigkeitszüge verbinden Florenz, Arezzo und Cortona sowie Grosseto, Livorno und Pisa. Regionalzüge verkehren zwischen Florenz, Lucca und Pisa. Das Ticket immer vor dem Einsteigen abstempeln; sonst setzt es sofort 50 € Geldbuße.

Mehr zum Thema **Unterwegs vor Ort** s. S. 357.

Die Toskana für Einsteiger

Mehr Infos unter Praktische Informationen (S. 349)

Checkliste

- Ist der Personalausweis/Reisepass noch gültig?
- Reiseversicherung abschließen
- Sich ggf. über Fluggepäckbeschränkungen informieren
- Unterkünfte und Tickets für beliebte Sehenswürdigkeiten reservieren
- Online-Tickets für die Uffizien in Florenz und den Schiefen Turm von Pisa besorgen
- Führungen (Vasari-Korridor) und Museumspässe (Firenze Card) reservieren
- Ggf. das Handy fürs Roaming freischalten lassen

Ins Gepäck gehören

- Solide Wanderschuhe für Kopfsteinpflaster und holprige Feldwege
- Italienisch-Sprachführer
- Reiseadapter
- Straßenkarte und Navi füs Auto (oder Handy-App)
- Sonnenschutzmittel, -hut und -brille (im Sommer)
- Regenschirm und/oder -jacke (außer im Hochsommer)
- Korkenzieher

Top-Tipps

- Immer etwas Bargeld dabeihaben. Automatentankstellen nehmen u. U. keine ausländischen Kreditkarten, und in manchen Restaurants und Hotels kann man nur bar bezahlen.
- Nicht nur aufs Navi verlassen (das manchmal in die Wildnis führt), sondern die Route mit einer gedruckten Straßenkarte abgleichen.
- In und um *palazzi comunale* (Rathäuser) und Touristeninformationen gibt es oft kostenlosen WLAN-Zugang.
- Sparfüchse besuchen Florenz am ersten Sonntag im Monat; dann bieten die staatlichen Museen freien Eintritt.
- Für Feinschmecker lohnt sich der Kauf des *Osterie d'Italia* von Slow Food Editore – als Buch oder App, auf Englisch oder Italienisch.

Richtig angezogen

Stilbewusstsein ist für die Toskaner ganz wichtig. Sie legen großen Wert auf Kleidung und eine gepflegte Gesamterscheinung. Shorts, Miniröcke und Flipflops sind hier nur etwas für den Strand. Zum Besuch von Restaurants, Clubs und Bars sollte man sich lieber zu schick als zu leger anziehen. Lässig-elegante Outfits passen fast immer; Turnschuhe sind abends entschieden nicht angesagt.

In Kirchen nicht zu viel nackte Haut zeigen (keine Shorts, kurzen Röcke oder schulterfreien Oberteile). An den meisten Stränden ist „oben ohne" oder gar hüllenloses Baden tabu.

Unterkünfte

Unterkünfte früh reservieren, vor allem im Frühjahr, Sommer und Herbst – dann sind die besten rasch ausgebucht. Nach Online-Sonderangeboten suchen. Mehr Infos dazu auf S. 33.

- **Agriturismi** Die Unterkünfte auf Bauernhöfen, Wein- und Landgütern sind ideal für Besucher mit Auto und in der Regel besonders praktisch für Reisende, die Kinder im Schlepptau haben.
- **Palazzohotels** Designerhotels in historischen „Palästen" sind top für Städtereisende mit mittlerem bis unbegrenztem Budget.
- **B&Bs** Kleine Familienpensionen mit wenigen Zimmern bieten meist Unterkunft und Frühstück; teils mit Gemeinschaftsbädern.

Geld

Kredit- und Bankkarten werden vielerorts akzeptiert. Visa und MasterCard sind am gebräuchlichsten. American Express nehmen nur die internationalen Hotelketten, Luxusboutiquen und große Kaufhäuser. In Restaurants vor der Bestellung fragen, ob Kartenzahlung möglich ist; in den meisten Bars und Cafés ist das nicht der Fall. Normalerweise wird die Kartenzahlung mit PIN-Eingabe autorisiert.

An den weitverbreiteten Geldautomaten *(bancomat)* kann man meist auch mit der Kreditkarte Bargeld ziehen; dafür fallen aber höhere Gebühren an. Postämter und Wechselstuben *(cambio)* tauschen Bargeld oder Reiseschecks ein.

Mehr Infos s. S. 351.

Feilschen

Die Toskaner feilschen nicht und Besucher sollten ihrem Beispiel folgen.

Trinkgeld

Taxis
Den Fahrpreis auf den vollen Euro aufrunden.

Restaurants
Viele Einheimische geben gar kein Trinkgeld. Besucher lassen normalerweise 10–15 % Trinkgeld liegen, wenn kein Bedienungsgeld in der Rechnung enthalten ist.

Cafés
Für einen Kaffee an der Theke eine Münze (10 Cent tun es), am Tisch 10 % liegen lassen.

Hotels
Gepäckträger erwarten meist 1–2 € pro Gepäckstück, das Reinigungs- und Empfangspersonal gar nichts.

Sprache

Viele Stadtbewohner können Englisch oder Französisch, manche sogar Deutsch. Auf dem Land dagegen kommt man ohne Sprachführer nicht weit. Viele traditionelle Lokale der Region haben entweder gar keine Speisekarte oder nur eine handschriftlich auf Italienisch gekritzelte. Mehr Infos gibt's im Kapitel Sprache (S. 362).

1 **Was ist die Spezialität dieser Region?**
Qual'è la specialità di questa regione?
kwa·*lä* la spe·tscha·li·*ta* di *kwes*·ta rä·*dscho*·ne

Wo einst mittelalterliche Stadtstaaten rivalisierten, konkurrieren die Regionen heute um die besten Delikatessen und Weine.

2 **Welche Kombitickets haben Sie?**
Quali biglietti cumulativi avete?
kwa·li bi·*liät*·ti ku·mu·la·*ti*·wi a·*we*·te

Ein prima Spartrick sind Kombitickets für verschiedene Attraktionen; es gibt sie in allen größeren italienischen Städten.

3 **Wo gibt es Designerschnäppchen?**
C'è un outlet in zona? tschä un *aut*·let in *so*·na

Die Mode-Outlets in den Großstädten bieten B-Ware, Warenmuster und Ausrangiertes für *la bella figura* zum Schnäppchenpreis.

4 **Ich bin mit meinem Mann/Freund hier.**
Sono qui con il mio marito/ragazzo.
ßo·no kwi konn il *mi*·o ma·*ri*·to/ra·*gat*·tso

Allein reisende Frauen sollten unerwünschte Casanovas am besten ignorieren; ansonsten hilft vielleicht eine höfliche Abfuhr.

5 **Wir treffen uns um 18 Uhr zum Aperitif.**
Ci vediamo alle sei per un aperitivo.
tschi we·*dia*·mo *al*·le ßey per un a·pe·ri·*ti*·wo

Gegen Abend drängen sich um den Hauptplatz Menschenmengen, um bunte Cocktails zu schlürfen und Häppchen zu knabbern: Dieses uritalienische Ritual sollte man nicht verpassen!

Etikette

- **Begrüßung** Mit Handschlag, Augenkontakt und *buon giorno* (Guten Tag) bzw. *buona sera* (Guten Abend). Gute Bekannte geben sich Luftküsse auf beide Wangen (erst links, dann rechts) .
- **Höflichkeitsfloskeln** *Mi scusi* (Entschuldigung), um jemanden anzusprechen; *grazie (mille)* – danke (sehr); *per favore* – bitte; *prego* – bitte schön! oder bitte nach Ihnen; *permesso* (gestatten Sie), z. B. wenn man in einer Menge an jemandem vorbei will.
- **Cafés** In einer Espressobar nach dem Kaffeegenuss den Platz räumen. Es heißt nicht ohne Grund „espresso".
- **Körpersprache** Grob beleidigend ist ein Kreis aus zwei Händen („Ich tret dich in den Hintern.") oder aus Zeigefinger und Daumen („Du bist wohl schwul.") sowie das Hochstrecken von Zeige- und kleinem Finger („Deine Frau setzt dir Hörner auf.").
- **In Kirchen** Auf keinen Fall den Gottesdienst stören.

Was gibt's Neues?

Gourmetimbisse

Slow Food hat in der Toskana Tradition, aber neu sind die städtischen Gourmetimbisse. Man schlendert von einem Marktstand zum nächsten oder in der Feinkosthalle von Theke zu Theke, sucht sich einen Tisch und sieht zu, wie das Mittagessen aus regionalen Biozutaten der Saison zubereitet wird. Top-Adressen sind der Mercato Centrale (S. 104), Eataly (S. 118) und La Bottega del Buon Caffè (S. 108) in Florenz und Local Food Market (S. 249) in Lucca.

Schick schlafen in Oltrarno

Der Florentiner Stadtteil Oltrarno wird immer angesagter und bietet jetzt sogar schicke Bleiben wie Ostello Tasso (S. 101), ein Designerhostel samt Bar, und das stilvolle *palazzo*-B&B SoprArno Suites (S. 102) voller antiker Kunst und Sammlerstücke.

Kaffee & Tee, Florenz

Das Streben nach dem perfekten *caffè* hat auch Florenz angesteckt, wo die hippe Rösterei Ditta Artigianale (S. 115) gerade die Cafészene kräftig aufmischt. L'Arte del Sogno (S. 114) macht dasselbe mit Tee.

Dommuseen, Pisa & Florenz

Mit aktuellem Design erfreuen die frisch sanierten Museen in Pisa (S. 230) und Florenz (S. 61), die Kunstschätze aus den *duomi* der beiden Städte hüten – zusammen eine der größten Sammlungen sakraler Kunst nach dem Vatikan.

Hotel Italia, Siena

Das Budgethotel in Siena spart sich den *palazzo*-Stil und gibt sich stattdessen erfrischend modern. Jetzt hat es sein Angebot um einen „Love Room" mit Prosecco, Liebeskeksen und romantischer Musik erweitert. (S. 137)

Museo di Palazzo Pretorio, Prato

Nach rekordverdächtigen 20 Jahren Renovierung wieder eröffnet: Nun glänzt das Museum in Pratos Gefängnis- und Gerichtsgebäude aus dem 13. Jh. als das modernste Stadtmuseum der Toskana. (S. 256)

New-Moon-Stadttour, Volterra

Ein Highlight für Fans der *Twilight*-Saga: Volterra, ein Schauplatz des Romans *Bis(s) zur Mittagsstunde (New Moon)* von Stephenie Meyer, bietet jetzt eine Vampir-Führung durch seine uralten Gassen an. (S. 163)

Kreative Kids, Pistoia & Florenz

Das Museo Marino Marini (S. 74) in Pistoia veranstaltet englischsprachige Familienführungen, bei denen die Kids sich ruhig die Hände schmutzig machen dürfen. Ebenso inspirierend sind die Kunstführungen und -workshops für Kinder, die Molly McIlWrath (S. 90) in Florenz anbietet.

Palazzo Comunale, San Gimignano

Der *palazzo* aus dem 12. Jh. präsentiert seine mittelalterlichen Fresken mit Hightech-Pfiff: Modernste Spezialbrillen blenden digitale Gestalten in die Bilder ein, die deftige Geschichten zum Besten geben. Informativ und spaßig! (S. 154)

Silberlöffel-Diner, Florenz

Abends verwandelt sich die Kantine der Silberwaren-Manufaktur Pampaloni ins Restaurant In Fabbrica, das mit Silberbesteck, Kerzenleuchtern etc. empfängt. (S. 107)

Noch mehr Tipps und Empfehlungen gibt es unter http://lonelyplanet.com/italy/tuscany

Wie wär's mit ...

Essen

Es gibt so viele Arten, die Küche der Toskana zu genießen: von ihren fabelhaften Restaurants und Lebensmittelmärkten bis zu Kochkursen, um ihre Spezialitäten nachzukochen.

Bistecca alla fiorentina Das legendäre Florentiner T-Bone-Steak aus dem Val di Chiana: besonders lecker im **Ristorante Da Muzzicone** (S. 292)

Antipasto toscano Traditioneller Auftakt der Mahlzeit ist eine Platte mit Aufschnitt, *pecorino* (Schafskäse) und Hühnerleberpastete auf Röstbrot.

Weiße Trüffeln Dekadent, einzigartig, unvergesslich: auf zur Trüffelsuche bei **Barbialla Nuova** (S. 257)

Colonnata Das Bergdorf bei Carrara lässt seinen *lardo* (Schweinespeck) in Marmortrögen mit Olivenöl reifen. (S. 265)

Top-Gastronomie Bei den Spitzenköchen der Toskana dinieren: **farmfrische Zutaten in Florenz** (S. 102), **Fischküche**, Gourmetkost im **Brunello-Weinbaugebiet** (S. 166) (S. 168) (S. 197)

Wein

Aperitivi Das Glas Wein mit Häppchen vor dem Abendessen ist ein Eckpfeiler der Florentiner Esskultur – zu genießen bei **Le Volpi e l'Uva** oder **Il Santino**. (S. 112)

Antinori nel Chianti Classico *Die* Weinkellerei des Chianti: Ess- und Trinkgenuss im James-Bond-Ambiente (S. 144)

Strade del Vino Eine Rundfahrt durch die Weinregion führt zu Weingütern, *cantine* (Kellereien) und Erzeugern traditioneller Spezialitäten.

Supertoskaner Besuchenswert: **Bolgheri**, die Heimat der revolutionären Sassicaia-Weine an der etruskischen Küste (S. 207)

Montalcino Besucher kommen am besten zur Präsentation des neuen Brunello-Jahrgangs im Februar. (S. 165)

Castello di Brolio Das älteste Weingut Italiens, mit Museum, Garten, Verkostungskeller und Restaurant (S. 149)

Renaissancekunst

Uffizien Die Kunstsammlung der Medici in Florenz ist das absolute Nonplusultra. (S. 61)

Museo di San Marco Kein Freskenmaler porträtierte den humanistischen Geist der Renaissance besser als Fra Angelico. (S. 79)

Cattedrale di Santo Stefano Im besucherarmen Prato kann man die Fresken von Filippo Lippi in aller Ruhe bestaunen. (S. 256)

Museo dell'Opera Friedvolle Madonnen der Renaissancemeister in Siena (S. 133)

Museo Diocesano Kleine, aber sensationelle Renaissancesammlung in Cortona (S. 290)

Museo Civico Sienas berühmtestes Museum ist ein Fest der weltlichen Kunst. (S. 130)

Piero della Francesca Auf den Spuren des größten Renaissancemalers der Osttoskana (S. 284)

Caprese Michelangelo Ein Pilgerziel für Kunstfreunde ist das Dorf im entlegenen Casentino, wo der Schöpfer des *David* zur Welt kam. (S. 285)

Moderne Kunst

Museo Novecento Moderne und zeitgenössische italienische Kunst in einem Florentiner *palazzo* aus dem 13. Jh. (S. 76)

Tuttomondo Wer weiß schon, dass das letzte Wandgemälde des amerikanischen Popkünstlers Keith Haring eine Kirchenfassade in Pisa schmückt? (S. 237)

Palazzo Fabroni Das fesselnde Kunstmuseum setzt die zeitgenössischen Künstler von Pistoia ins rechte Licht. (S. 253)

Fattoria di Celle Für den Park voller außergewöhnlicher Installationskunst sind vier Stunden einzuplanen. (S. 254)

Castello di Ama Auf dem Weingut im Chianti trifft altehrwürdige Winzertradition auf Avantgardekunst. (S. 149)

Parco Sculture del Chianti Bunte Kühe, Marmor-Kubbs und abstrakte Gestalten in einem 5 ha großen Wald im Chianti (S. 152)

Galleria Continua Moderne Kunst von Weltrang im mittelalterlichen San Gimignano (S. 157)

Giardino dei Tarocchi In diesem Kunstpark hat die französisch-amerikanische Künstlerin Niki de Saint Phalle die Tarotsymbole zum Leben erweckt. (S. 197)

Borgo Corsignano Übernachten in einem Bauernhaus im Nordosten der Toskana, dessen Anwesen mit toller Kunst geschmückt ist. (S. 285)

Naturlandschaften

Parco Nazionale dell'Arcipelago Die Trauminsel **Elba** liegt mitten in diesem größten Meeresschutzgebiet Europas. (S. 215)

Golfo di Baratti Ein toskanisches „Tropenparadies" : Sandstrände, Pinien, Bilderbuchhäfen (S. 214)

Apuanische Alpen Das Weiß der Berge um die berühmte Bergbau-Stadt Carrara ist kein Schnee, sondern Marmor. (S. 264)

Garfagnana In den drei wilden Tälern im Nordwesten der Toskana gedeihen Kastanienwälder und *porcini* (Steinpilze). (S. 259)

Parco Nazionale delle Foreste Casentinesi, Monte Falterona e Campigna Dichte Wälder, rauschende Flüsse und mittelalterliche Klöster im Nordosten der Toskana (S. 287)

Parco Regionale della Maremma Der spektakuläre Regionalpark stellt Pinienwälder, Sümpfe, Naturstrände und das Uccellina-Gebirge unter Schutz. (S. 195)

Oben: Cappella de' Pazzi (S. 81), Florenz

Unten: Herbststimmung im Chianti (S. 142)

Riserva Naturale Provinciale Diaccia Botrona Die Küsten-Feuchtgebiete um Castiglione della Pescaia ziehen Zehntausende von Zugvögeln an. (S. 194)

Landschafts-routen

Passo del Vestito Haarsträubende Passstraße von Castelnuovo di Garfagnana nach Massa an der Versilia-Küste (S. 263)

Colle d'Orano & Fetovaia Eine spektakuläre Straße verbindet die beiden Traumstrände an der Westküste von Elba. (S. 220)

Monte Argentario Die schmale Via Panoramica um die schroffe Halbinsel erfordert Nerven wie Drahtseile. (S. 197)

Val d'Orcia Die idyllische Welterbe-Landschaft aus sanften Hügeln und romanischen Abteien will ganz gemächlich erkundet werden. (S. 165)

Chianti Uralte Holperpisten und fotogene Zypressenalleen winden sich durch Weinberge und Olivenhaine. (S. 142)

Strada del Vino e dell'Olio Die Gourmettour von Hügelstädtchen zur etruskischen Küste passiert Zypressenalleen und *enoteche*. (S. 207)

Göttliche Gärten

Giardino Torrigiani Europas größte Grünanlage in Privatbesitz liegt im historischen Zentrum von Florenz. (S. 89)

Giardino Bardini Das Paradebeispiel eines Florentiner Gartens mit Orangerie, Marmorskulpturen und dem tollsten **Gartenrestaurant** der Toskana. (S. 89) (S. 95)

Museo dell'Opera del Duomo Der elegante Klostergarten in Pisa verspricht Ruhe – und den perfekten Schnappschuss vom Schiefen Turm. (S. 237)

Villa Grabau Die kunstvolle Gartenanlage bei Lucca bezaubert mit Zitronenbäumen und Springbrunnen. (S. 250)

Palazzo Pfanner Ein Kammermusikkonzert im Barockgarten des Lucceser Anwesens aus dem 17. Jh. ist der Gipfel der Romantik. (S. 245)

Orto de' Pecci Oase des Friedens in Siena, mit Biobauernhof, Mittelaltergarten und experimentellem Weingarten (S. 133)

Museo di Casa Vasari Auf dem Haus von Georgio Vasari in Arezzo versteckt sich ein Renaissance-Dachgarten. (S. 277)

Pilgerziele

Via Francigena Ein Highlight des toskanischen Abschnitts der mittelalterlichen Pilgerroute ist die **Abbazia di Sant'Antimo**. (S. 161) (S. 169)

Assisi Im benachbarten Umbrien lädt der Geburtsort des hl. Franziskus zu einem spirituellen Tagesausflug ein. (S. 293)

Santuario della Verna Das Kloster, wo der hl. Franzikus seine Stigmata empfing, hütet sein blutbeflecktes Gewand. (S. 287)

Cattedrale di San Martino Der Volto Santo, Luccas heiligstes Kultbild, wird im September im Fackelzug durch die Straßen getragen. (S. 243)

Siena In der Heimatstadt der hl. Katharina sind ihr Geburtshaus (S. 132), ihr einbalsamierter Kopf und ihr verschrumpelter Daumen zu besichtigen. (S. 135)

Historische Türme

Campanile Wer die 414 Stufen auf den Glockenturm des Doms erklimmt, wird mit einem erhebenden Florenz-Panorama belohnt. (S. 67)

Torre d'Arnolfo Auch der 94 m hohe zinnengeschmückte Turm des Palazzo Vecchio aus dem 14. Jh. bietet einen tollen Blick über Florenz. (S. 71)

Hotel Torre Guelfa *Aperitivi* zum Sonnenuntergang in der Bar auf der höchsten Florentiner *torre* in Privatbesitz (S. 96)

Schiefer Turm Der Glockenturm des Doms von Pisa hatte schon bei der Einweihung 1372 Schlagseite. (S. 231)

Torre Guinigi Der Ziegelturm aus dem 14. Jh., einer von einst 130 im mittelalterlichen Lucca, fasziniert mit einem Eichenhain auf seinem Dach. (S. 245)

Torre del Mangia Nach 500 Stufen eröffnet sich von dem eleganten Turm in Siena ein atemberaubender Blick auf die Piazza del Campo. (S. 130)

Torre Grossa Spektakuläre Aussicht über jahrhundertealte Sträßchen und die Bilderbuchlandschaft um San Gimignano (S. 154)

Torre del Candeliere Toskana pur: Vom Kerzenleuchter-Turm in Massa Marittima blickt man auf ein urtypisches Hügelstädtchen inmitten sanft gewellter Landschaft. (S. 183)

Monat für Monat

TOP-EVENTS

Palio, Juli & August

Carnevale di Viareggio, Februar bis März

Puccini-Festival, Juli bis August

Maggio Musicale Fiorentino, April bis Juni

Giostra del Saracino, Juni & September

Februar

Erst gegen Ende des Monats erwachen die Einheimischen langsam aus dem Winterschlaf. In den Bergen kann es noch klirrend kalt sein, und die windumtosten Hügelstädtchen wirken oft wie ausgestorben.

Festa di Anna Maria Medici

Anna Maria Louisa de' Medici, die Letzte der Medici, vermachte Florenz das umfangreiche Kulturerbe der Familie. Die Stadt dankt es ihr mit diesem Fest am 18. Februar, dem Jahrestag ihres Todes im Jahr 1743: Dann zieht eine Kostümparade vom Palazzo Vecchio zu ihrem Grab in der Cappelle Medicee, und der Eintritt zu den staatlichen Museen ist kostenlos.

Carnevale di Viareggio

Schon 40 Tage vor dem Aschermittwoch beginnt im Seebad Viareggio das wilde Karnevalstreiben (http://viareggio.ilcarnevale.com). Einen guten Monat geht die Straßenparty mit Feuerwerk, Karnevalswagen mit riesigen Karikaturbildern von Politikern und anderer Prominenz, Umzügen und Trubel rund um die Uhr.

März

In den Wochen vor Ostern machen sich bei der Bevölkerung Frühlingsgefühle bemerkbar. Viele Stammgäste kommen jetzt, solange noch Nebensaison-Preise gelten und der Andrang sich in Grenzen hält.

Torciata di San Giuseppe

Der stimmungsvolle Fackelzug durch die mysteriösen *vie cave* der Etrusker bei Pitigliano gipfelt in einem großen Freudenfeuer mitten im Ort. Das Ritual zur Frühjahrs-Tagundnachtgleiche (19. März) ist ein Symbol der Reinigung und des Winterausklangs.

Settimana Santa

Die Karwoche wird in Assisi im benachbarten Umbrien mit Prozessionen und Passionsspielen zelebriert. Zu den weiteren Osterritualen der Region gehört u. a. der dramatische Scoppio del Carro (Explosion des Karrens) vor dem Florentiner Dom am Ostersonntag.

April

Wildblumen färben die Landschaft bunt, die Marktstände biegen sich unter der neuen Ernte, und klassische Musik erklingt an stimmungsvollen Aufführungsorten. Ostern geht die Touristensaison richtig los.

Maggio Musicale Fiorentino

Das älteste Kulturfestival (www.operadifirenze.it) von Italien – begründet 1933 – bringt Theater, klassische Musik, Jazz und Tanz von Weltklasseniveau in das glanzvolle neue Opernhaus und andere Veranstaltungssäle von Florenz. Das Veranstaltungsprogramm läuft von April bis Juni.

Mai

Vom späten Frühjahr bis zum Herbstbeginn bieten die Mittelalterfeste der größeren und kleineren Städte ein Ventil für alte Nachbarschaftsrivalitäten und moderne Feierfreude.

Balestro del Girifalco

Mit spektakulärem Fahnenschwenken beginnt dieses Turnier der Armbrustschützen, das in Massa Marittima am vierten Sonntag im Mai und noch einmal am 14. August stattfindet. Schützen aus den drei *terzieri* (Stadtbezirken) werfen sich in Mittelalterkluft und schießen mit Armbrüsten des 15. Jhs. um die Wette, um einen symbolträchtigen Goldpfeil und ein bemaltes Seidenbanner zu erringen.

Juni

Es ist Sommer und, ja, das Leben ist süß. Anfang Juni ist der ideale Zeitpunkt für eine Rundfahrt über die paradiesische Insel Elba. Außerdem beginnt die Saison, um nach Herzenslust Meeresfrüchte und Erdbeeren zu futtern.

Luminaria di San Ranieri

Am Abend des 16. Juni ehren die Pisaner ihren Schutzpatron, San Ranieri, indem sie Abertausende von Kerzen auf Fensterbänken und Türschwellen und Fackeln am Ufer des Arno entzünden. Den Höhepunkt des Schauspiels bildet ein spektakuläres Feuerwerk um 23 Uhr.

Festa di San Giovanni

Das Fest des Schutzpatrons von Florenz, San Giovanni (hl. Johannes), am 24. Juni ist eine prima Gelegenheit, den *calcio storico* (historischen Fußball) auf der Piazza di Santa Croce zu erleben – samt Kopf- und Ellbögenstößen, Boxhieben, Würgen des Gegners etc. Zum Finale gibt es ein Feuerwerk über der Piazzale Michelangelo.

Giostra del Saracino

Das bombastische Spektakel ist tief in der alten Rivalität der Stadtviertel verwurzelt: Die vier *quartieri* von Arezzo entsenden je eine Mannschaft von Rittern zu dem Mittelalterturnier auf einem der schönsten Plätze der Toskana, der Piazza Grande – jeweils am dritten Samstag im Juni und am ersten Sonntag im September.

Mittelalterfest in San Gimignano

Die turbulente Ferie delle Messi (www.cavalieridisantafina.it), meist am dritten Wochenende im Juni, erweckt mit Ritterkämpfen, Bogenschießen, Falknerei-Vorführungen, wüstem Tauziehen und Theatervorstellungen das mittelalterliche Erbe von San Gimignano zum Leben.

Il Gioco del Ponte

Am letzten Sonntag im Juni herrscht beim „Kampf um die Brücke" (www.giocodelpontedipisa.it) in Pisa spannungsgeladene Atmosphäre, wenn zwei Mannschaften in Kostümen des 16. Jhs. um die Eroberung der Stadtbrücke Ponte di Mezzo ringen.

Juli

Radfahrer und Wanderer zieht es in die Berge. Alle anderen strömen an die Strände, was die Übernachtungspreise im Binnenland purzeln lässt. Sommerliche Musik- und Kulturfestivals haben Hochkonjunktur.

Musik in Cortona

Himmlische Klänge verzaubern das Hügelstädtchen während des Festivals der Sakralmusik (www.cortonacristiana.it). Ende Juli folgt das Cortona Mix Festival (www.mixfestival.it), ein toller Cocktail aus Klassik, Rock, Theater, Literatur und Film. Im Februar gibt es die Winterausgabe dazu.

Pistoia Blues

BB King, Miles Davis, David Bowie, Sting und Santana waren schon bei Pistoias Bluesfestival (www.pistoiablues.com) zu Gast, das seit 1980 das Publikum auf der Piazza del Duomo zum Toben bringt.

Puccini-Festival

Im Juli und August pilgern Opernfans aus aller Welt zum Opernfestival (www.puccinifestival.it) im kleinen Torre del Lago. Die Aufführungen finden auf einer Freilichtbühne am Seeufer neben dem Wohnhaus des großen Komponisten statt.

Il Palio

Die spektakulärste Veranstaltung im toskanischen Festkalender richtet Siena am 2. Juli und 16. August aus. Mit farbenprächtigen Umzügen, einem wüsten Pferderennen und ganz viel Bürgerstolz verkörpert der

Palio die lebendige Geschichte, die die Toskana so unwiderstehlich macht.

Lucca-Sommerfestival

Das einmonatige Musikfestival (www.summer-festival.com) importiert internationale Stars der Pop-, Rock- und Bluesmusik nach Lucca, wo sie ihre Kunst auf stimmungsvollen Plätzen unterm Sternenhimmel zu Gehör bringen.

Mittelalterabende

Suvereto, eins der schönsten mittelalterlichen Dörfer der Etruskerküste, ist ein passender Schauplatz für die Serate Medioevali (Mittelalterabende) im Juli. Das Festival verwandelt den friedlichen Kreuzgang des Convento di San Francesco aus dem 13. Jh. in einen quirligen Mittelaltermarkt.

Giostra dell'Orso

Lanzenstechen und andere Reiterkunststücke beleben die Piazza del Duomo während der Giostra dell'Orso (Bärenturnier), mit der Pistoia am 25. Juli seinen Schutzpatron San Giacomo feiert.

August

Die Einheimischen nehmen ihren Jahresurlaub, und das Stadtleben entschleunigt sich bis zum Schneckentempo. Das Klima kann drückend heiß werden, und die Strände sind überfüllt.

Volterra AD 1398

Am dritten oder vierten Sonntag im August drehen die Bewohner von Volterra die Zeit rund 600 Jahre zurück, strömen in historischen Kostümen auf die Straßen und machen Party wie im Jahr 1398 (www.volterra1398.it).

Bravio delle Botti

Am letzten Sonntag im August liefern sich muskelbepackte Männer der acht *contrade* (Bezirke) der Weinstadt Montepulciano ein spannendes Rennen, bei dem sie 80 kg schwere Weinfässer bergauf rollen.

Antiquitätenmärkte

Ende August oder Anfang September lockt im osttoskanischen Cortona der Antiquitätenmarkt Cortonantiquaria (www.cortonantiquaria.it) im Palazzo Vagnotti aus dem 18. Jh. Dabei kann man auch gleich den berühmtesten Antikmarkt der Toskana besuchen, die Fiera Antiquaria di Arezzo, die jeden ersten Samstag und Sonntag im Monat in Arezzo stattfindet.

September

Ein Top-Monat für Gourmets: Im Herbst wird *La Vendemmia* (die Weinlese) gefeiert, und die Wälder strotzen von duftenden Steinpilzen und mürben Kastanien.

Settembre diVino di Pitigliano

Weinfreunde dürfen sich bei der beliebten *festa delle cantine* (Winzerfestival), die am ersten Septemberwochenende im spektakulären Hügelstädtchen Pitigliano in der Südtoskana stattfindet, auf Ströme von trockenem, temperamentvollem Bianco di Pitigliano freuen.

Chianti Classico Expo

Es gibt keine bessere Gelegenheit, Chianti Classico zu verkosten, als bei der Chianti Classico Expo (www.expochianticlassico.com) in Greve in Chianti am zweiten Septemberwochenende. Der Weinmarkt eröffnet schon am Donnerstag. Man kauft einfach ein Glas und schnuppert und schlürft sich von Stand zu Stand.

Palio della Ballestra

Am zweiten Sonntag im September putzen sich die Einwohner von Sansepolcro mittelalterlich heraus, um durch die Stadt zu paradieren und dem Armbrustturnier mit den Rivalen aus der umbrischen Nachbarstadt Gubbio beizuwohnen.

Festival Barocco di San Gimignano

Das Festival, ein Genuss für Liebhaber der Barockmusik, beglückt San Gimignano an den Septemberwochenenden mit einer wunderbaren Konzertserie (www.accademiadeileggieri.org).

November

Jetzt kommen Gastronomen und Trüffelfans aus aller Welt, um sich mit den göttlichen weißen Trüffeln einzudecken.

Mostra Mercato Nazionale del Tartufo Bianco

Ein unvergleichlicher Duft zieht durch die alten Straßen von San Miniato, wenn hier an den drei letzten November-Wochenenden die Verkaufsmesse für weiße Trüffeln stattfindet.

Reiserouten

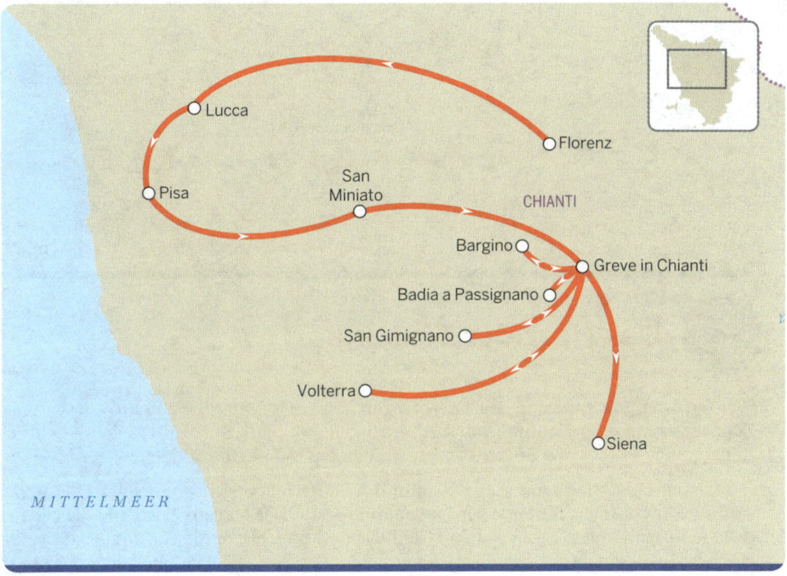

10 TAGE Die Highlights der Toskana

Diese Toskana-Tour verspricht einen klassischen Mix aus Weltklassekunst, mittelalterlicher Architektur, idyllischer Hügellandschaft, göttlichem Essen und himmlischem Wein.

Drei Tage braucht man für die Renaissancestadt **Florenz**: Den ersten für die Uffizien und einen Uferbummel am Arno, den zweiten für prächtige Medici-Kapellen, atemberaubende Fresken und Michelangelos *David* in San Marco und San Lorenzo, den dritten für das Kunsthandwerkerviertel Oltrarno mit seinem Gewirr alter Plätze und Gassen.

Am vierten Tag kann man das beschauliche **Lucca** mit seinen kopfsteingepflasterten Straßen und hübschen *piazze*, umgeben von Stadtmauern aus dem 16. Jh., in aller Ruhe per Leihfahrrad erkunden. Am fünften Tag geht es früh weiter nach **Pisa**, um den Schiefen Turm zu erklimmen, und dann ostwärts in die Chianti-Region, mit Mittagspause in der Gourmetstadt **San Miniato**. Ein Bauernhaus bei **Greve in Chianti** ist der ideale Stützpunkt, um drei Tage lang das bestens erhaltene mittelalterliche **San Gimignano**, das Künstlerstädtchen **Volterra** und die Antinori-Weinkellereien in **Bargino** und **Badia a Passignano** abzuklappern. Den Abschluss bildet das gotische **Siena** mit einer Zwei-Tages-Dosis umwerfender *piazze*, Kirchen, Museen und Restaurants.

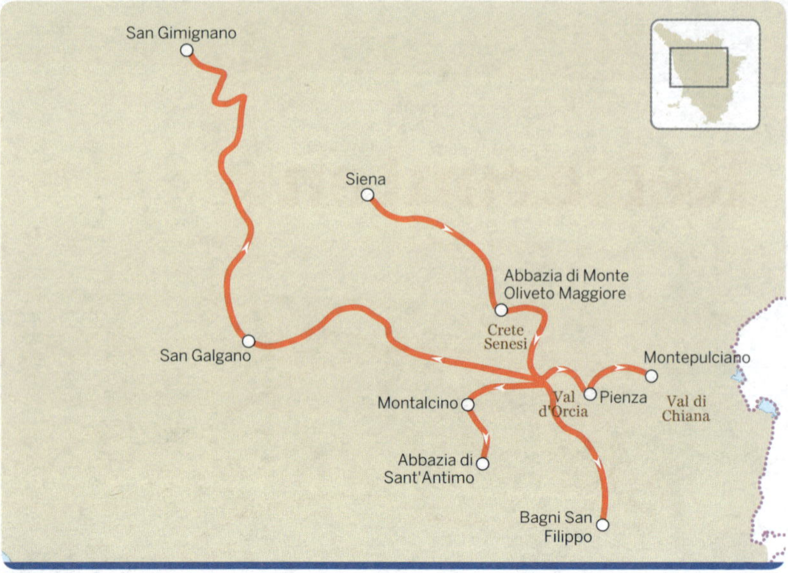

1 WOCHE

Das Herz der Toskana

Wer nur wenig Zeit in der Region verbringen kann, wird auf dieser Route durch die Zentraltoskana seine Träume von sanfter Hügellandschaft, mittelalterlichen Städten, Renaissance-Pracht und überragenden Weinen mehr als erfüllt finden.

Startpunkt ist **Siena**, die ewige Rivalin von Florenz. Ein Stadtrundgang ist der perfekte Auftakt zur gotischen Sinfonie der sagenhaften Stadt. Das Museo Civico und die Opera della Metropolitana di Siena wollen gründlicher erkundet sein. Als Stärkungspause gibt es einen *caffè* vor einem der Lokale an der abschüssigen Piazza del Campo oder köstliches Sieneser Gebäck vom nahen Panificio Il Magnifico. Dann geht es weiter durch Sienas bestens erhaltenes *centro storico* (Altstadt), das nicht umsonst zum Unesco-Welterbe zählt.

Am zweiten Tag (oder am dritten, wenn man sich von Siena nicht losreißen kann) geht es gen Süden durch die Hügel und Zypressenalleen der Crete Senesi zum wunderbaren Kloster **Abbazia di Monte Oliveto Maggiore** mit seinen spektakulären Fresken. Weiter südöstlich liegt das ebenfalls als Welterbe registrierte **Pienza**, ein Wunderwerk der Renaissancearchitektur und mit diversen Unterkünften und Esslokalen in und um die Stadt eine prima Basis, um diese Ecke der Toskana zu erforschen. Die nächsten drei Tage winken Kultur- und Gaumengenüsse satt: die Weingüter um **Montalcino** in der Val d'Orcia, gregorianische Gesänge in der **Abbazia di Sant'Antimo**, die Ruinen der Zisterzienserabtei von **San Galgano** und ein Bad in den warmen Kaskaden der **Bagni San Filippo**. Gourmets zieht es in die Val di Chiana mit dem Weinstädtchen **Montepulciano**, um saftige Steaks vom Chianina-Rind mit erlesenem Olivenöl zu schlemmen, begleitet von Brunello di Montalcino oder Vino Nobile di Montepulciano (zwei der besten Weine Italiens).

Zum Ausklang der Reise führen Nebensträßchen durch idyllische Landschaft zurück nach Norden zum romantischen **San Gimignano** mit seinen mittelalterlichen Geschlechtertürmen, seinem üppig ausgemalten *duomo* und seiner innovativen zeitgenössischen Kunst. Hier mundet zu delikaten Pastagerichten mit Safran aus regionalem Anbau ein Glas des goldgelben Vernaccia di San Gimignano. Auf keinen Fall verpassen: das geniale Safran-Vernaccia-Sorbet des ehemaligen Gelato-Weltmeisters Sergio Dondoli.

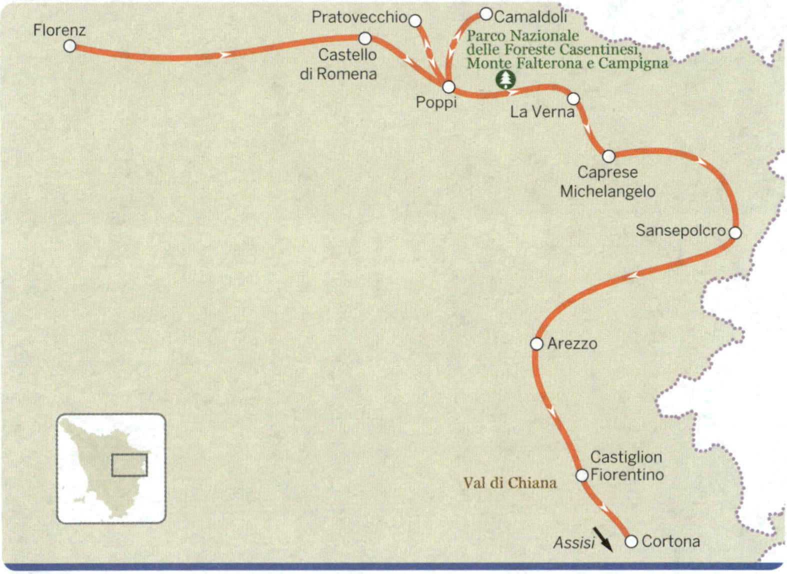

12 TAGE Der Osten

Eine tolle Route für Toskana-Kenner: Sie bietet einen spannenden Mix aus bekannten Attraktionen und faszinierenden Alternativen abseits der ausgetretenen Pfade.

Nach drei Tagen Renaissancepracht in **Florenz** geht es ostwärts in die Region des Casentino mit dem abgelegenen Parco Nazionale delle Foreste Casentinesi, Monte Falterona e Campigna. Beim Hügelstädtchen **Poppi** findet sich sicher ein gutes Basislager (wie Borgo Corsignano im Dörfchen Corsignano), um drei Tage lang die mittelalterlichen Klöster von **Camaldoli** und **La Verna** zu besuchen, durch die Ruine des **Castello di Romena** zu schlendern, sich den Nationalpark zu erwandern und in **Pratovecchio** zu schmausen.

Ein Stück südöstlich liegt das Dorf **Caprese Michelangelo**, in dem der Schöpfer des *David* aufwuchs. Dann folgt **Sansepolcro**, das Meisterwerke des Renaissancemalers Piero della Francesca hütet.

Nach zwei Übernachtungen heißt es sich losreißen, um zum Ziel der Reise, der Val di Chiana, vorzustoßen. Hier kann man angenehme Tage mit Essen, Trinken und Sightseeing verbringen. Ein Tag ist für die Provinzhauptstadt **Arezzo** mit ihrem abschüssigen Hauptplatz samt Cafészene einzuplanen. Das Museo di Casa Vasari widmet sich dem Baumeister der Florentiner Uffizien. Besonders sehenswerte Kirchen sind die Cappella Bacci, Pieve di Santa Maria und der *duomo*. Nach dem Mittagessen in der Antica Osteria Agania geht es spätnachmittags zur *passeggiata* (Promenade) auf die Einkaufsstraße Corso Italia.

Feinschmecker kommen an dem mittelalterlichen Hügelstädtchen **Castiglion Fiorentino** nicht vorbei. Aus diesem Tal stammen die legendären Chianina-Rinder, und die *bistecca fiorentina* (T-Bone-Steak) des Ristorante Da Muzzicone ist unübertroffen.

In **Cortona** sollte man mindestens einen halben Tag einplanen, die gepflasterten Straßen zur Fortezza Medicea hochkraxeln und die Sammlungen des Museo dell' Accademia Etrusca und des Museo Diocesano bewundern. Im benachbarten Umbrien liegt, nur einen Tagesausflug entfernt, Assisi, einer der berühmtesten Wallfahrtsorte Italiens – auch für Fans des genialen Freskenmalers Giotto.

1 WOCHE Von Pisa bis Livorno

Nach einem Anstandsbesuch beim Schiefen Turm von Pisa führt diese Reise nach Süden in weniger touristische Gefilde.

In **Pisa** sollte man sich Zeit für das Museo Nazionale di San Matteo und die Piazza dei Miracoli nehmen und das legendär „schief gegangene" Bauprojekt erklimmen. Leckeres Abendessen und Nachtlager gibt es dann im Künstlerstädtchen **Pietrasanta**. Am zweiten Tag informiert das Museo Piaggio in **Pontedera** über die Geschichte der Vespa. Alternativ bekommt man in **Lari** Einblick in die Spaghetti-Herstellung. Nach dem Mittagessen im Dorf lockt das Gourmetmekka **San Miniato**. Barbialla Nuova in **Montaione** bietet Unterkunft und je nach Saison auch Ausflüge zur Trüffelsuche.

Im spektakulär gelegenen **Volterra** in der Val di Cecina warten Alabasterwerkstätten und Etruskerkunst. Am vierten Tag geht es Richtung Küste. Ein Highlight für Weinfreunde ist **Bolgheri**, die Heimat der Sassicaia-Supertoskaner. Übernachtet wird vor Ort oder bei La Cerreta im nahen Pian delle Vigne. Auf der Küstenfahrt nach Norden verspricht das altmodische Seebad **Castiglioncello** eine letzte Atempause vor der betriebsamen Hafenstadt **Livorno**.

1 WOCHE Die Maremma

Ein Traum für Outdoorfans ist die Südtoskana, wo dramatische Landschaften aus porösem Vulkangestein, die örtliche „Cowboy"-Kultur und vielerlei Aktivitäten in freier Natur für Adrenalinkicks sorgen.

Im mittelalterlichen **Massa Marittima** kann man zwei Tage lang Museen besuchen und in rustikalen Lokalen die Spezialitäten und Weine der Maremma genießen. Am dritten Tag steht ein Besuch bei den Ausgrabungsstätten, etruskischen Gräbern und dem eindrucksvollen Museum der uralten Hügelsiedlung **Vetulonia** an. Übernachtet wird in einem *agriturismo*. Dann geht es die Küste hinunter zum wunderbar wilden **Parco Regionale della Maremma** zum Wandern, Kanufahren, Radeln oder zu Ausritten mit den berühmten *butteri* (Cowboys). Die letzte Etappe führt landeinwärts ins Paese del Tufa (Tuffsteinland) und zu den Städtchen **Pitigliano**, **Sovana** und **Sorano**. Hier kann man bei der **Società Agricola Terenzi** den heimischen Wein Morellino di Scansano kosten, etruskische Grabstätten im **Parco Archeologico Città del Tufa** erkunden und eine 8 km lange Wanderung durch die *vie cave* (Hohlwege) unternehmen.

Reiseplanung

Unterkunft

Die richtige Herberge für den persönlichen Geschmack auszuwählen, ist die erste Schritt, um einen phantastischen Toskana-Urlaub zu erleben. Die Toskana ist mit unterschiedlichsten Unterkünften für jeden Geschmack, Geldbeutel und Energiepegel gesegnet – ob in Städten oder Hügeldörfern, am Meer oder tief im grünen Landesinneren am Ende einer unbefestigten Holperpiste.

Auswahl

Was Unterkünfte angeht, haben Toskana-Besucher die Qual der Wahl. Es lohnt sich daher, gründlich zu recherchieren und auf Hotelwebsites nach Sonderangeboten zu suchen. Die billigsten Angebote erfordern in der Regel Vorauszahlung ohne Erstattungs- oder Umbuchungsanspruch. Die folgenden Preiskategorien gelten für ein Doppelzimmer mit Bad; soweit nicht anders angegeben, ist das Frühstück im Preis enthalten.

€ bis 110 €

€€ 110–200 €

€€€ über 200 €

Kategorien

Affittacamere Preiswertes Zimmer in einem Privathaus

Agriturismo Bauernhöfe oder Weingüter mit Gästezimmern und oft auch abendlicher Beköstigung. Laut Definition muss ein *agriturismo* mindestens ein Agrarprodukt selbst anbauen. Ansonsten umfasst die Kategorie alles vom Landhäuschen mit einer Handvoll Olivenbäume übers luxuriöse Weingut bis zum bewirtschafteten Bauernhof, auf dem die Gäste bei der Ernte mit anpacken können.

Albergo Hotel, ob Budget-, Business-, Luxus- oder auch Mittelklasse mit persönlicher Atmosphäre

Top-Unterkünfte

Agriturismi

Il Paluffo (S. 158) Luxuriöse Öko-Oase bei San Gimignano

Sant' Egle (S. 192) Öko-Herberge mit Bio-Pool, Whirlpool, Brotback- und Käserei-Kursen

Podere San Lorenzo (S. 163) Idyllische Olivenplantage

Agriturismo Due Palme (S. 221) Zitrusduftendes Nachtlager in einem Olivenhain auf Elba

Palazzi

Antica Torre di Via de' Tornabuoni 1 (S. 95) Frühstück mit unschlagbarem Florenz-Panorama

Palazzo Magnani Feroni (S. 102) Luxuriöse Einrichtung und Dachterrasse hoch über Florenz

Pensione Palazzo Ravizza (S. 138) Sienesischer Cocktail aus Historie und Luxus

La Corte di Ambra (S. 291) Palazzo-B&B in Cortona mit allem modernen Komfort (auch Aufzug)

Budget-Unterkünfte

Hotel Scoti (S. 94) Palazzo-Leben an der schicken Via de' Tornabuoni in Florenz

Hotel Alma Domus (S. 136) Nachtquartier in einem Sieneser (d. h. stilvollen) Kloster

Albergo Bartoli (S. 206) Top gepflegte Villa mit Garten am Meer

Il Tufo Rosa (S. 189) Fürstlich logieren in einer Festung in Pitigliano

TOP-TIPPS

➡ Die Wegbeschreibung von der Website des Hotels ausdrucken. Viele städtische Unterkünfte liegen in versteckten Gässchen; Adressen auf dem Land sind auf normalen Straßenkarten oft nicht zu finden. Auch auf GPS ist nicht immer Verlass, wenn man namenlose Sträßchen und Feldwege befahren muss.

➡ Autofahrer sollten sich beim Hotel nach der günstigsten Parkmöglichkeit erkundigen und in Orten und Städten mit historischem Kern die berüchtigten „verkehrsberuhigten Zonen" (ZTL, Zona a Traffico Limitato) meiden.

➡ Das Hotelpersonal kann gute Lokale empfehlen und auch gleich einen Tisch reservieren.

➡ Tierallergien bei der Reservierung erwähnen. Viele Landhotels haben Katzen und Hunde.

➡ Wer fünf Nächte oder länger bleibt, kann oft einen Rabatt aushandeln.

B&B Kleine Pension, die Übernachtung und Frühstück anbietet. Doppelzimmer mit eigenem Bad.

Boutiquehotel Kleines, schickes Hotel der Mittel- bis Luxusklasse; exklusives, persönliches Flair .

Castello Wörtlich: „Schloss". In der Realität alles vom umgebauten Nebengebäude eines Landguts (wie Castello di Bolgheri, S. 208) bis zum Märchenschloss mit Zinnentürmen wie das Castello delle Serre (S. 138). So oder so darf man sich auf reichlich Charme und Atmosphäre freuen.

Landhotel Das Angebot an ländlichen Unterkünften reicht von schnuckeligen Quartieren für Selbstversorger in einem *borgo* (mittelalterlichen Dörfchen) wie Borgo Corsignano (S. 285) bis zu luxuriösen Wellness-Hotels und schicken Ferienanlagen mit allen nur erdenklichen Einrichtungen wie Montebelli Agriturismo & Country Hotel (S. 187) .

Locanda Landgasthaus mit B&B-Unterkunft. Die meisten servieren auch Abendessen.

Ostello Ein Hostel mit Schlafsaalbetten und Zimmern für Reisende mit kleinem Budget.

Palazzohotel Viele Hotels in kleineren und größeren Städten residieren in jahrhundertealten *palazzi*. Bei diesen „Palästen" handelt es sich eher um historische Villen, manche noch mit Originalfresken und -einrichtung, andere ganz modern eingerichtet.

Pensione Kleine Familienpension mit B&B, deren Inhaber mit im Haus wohnen.

Rifugio Berghütte mit schlichten Schlafräumen für zwei bis zwölf (oder mehr) Personen und Halbpension; von Mitte Juni bis Mitte September geöffnet.

Villa Villen und *fattorie* (Bauernhäuser) werden komplett an Selbstversorger vermietet, die meisten mit Pool und in idyllisch grüner Lage.

Buchung

Es ist ratsam, Unterkünfte in dieser Region möglichst frühzeitig zu reservieren, vor allem in Florenz und Siena und im Sommer an der Küste. In der Hochsaison verlangen manche Hotels einen Mindestaufenthalt (z. B. die Strandhotels im Juli und August und die Hotels in Siena während des Palio). Ländliche Hotels, *locande*, Villen und *agriturismi* sind im Winter oft geschlossen.

Bei den meisten Hotels hat man die Wahl zwischen *camera doppia* (Zweibettzimmer) und *camera matrimoniale* (Doppelzimmer). Viele Hotels haben keine *camera singola* (Einzelzimmer); Alleinreisende bekommen stattdessen ein Doppelzimmer zum leicht ermäßigten Preis.

Die meisten Unterkünfte nehmen Kreditkarten, vor allem MasterCard und Visa. American Express und Diners Club International sind weniger verbreitet. Wer direkt beim Hotel bucht, muss u. U. bis zu 30 % anzahlen.

ONLINE-BUCHUNG

Weitere Hotelkritiken von Lonely-Planet-Autoren stehen unter lonely planet.com/hotels. Dort sind sowohl unabhängige Kritiken als auch Empfehlungen für die besten Unterkünfte aufgeführt. Und das Allerbeste: Hier kann man auch gleich online buchen.

NOCH MEHR INFOS

Es gibt jede Menge Websites, die bei der Suche nach der toskanischen Traumherberge Hilfe, Unterstützung und Anregungen bieten.

Associazione Italiana Alberghi per la Gioventù (www.aighostels.com) Italienischer Jugendherbergsverband; Mitglied im Dachverband Hostelling International (HI)

Camping.it (www.camping.it) Verzeichnis der Campingplätze in der Toskana

Club Alpino Italiano (www.cai.it) Mit Datenbank der CAI-*rifugi* (Berghütten)

Lungarno Collection (www.lungarnocollection.com) Eine Kollektion von Luxushotels, die zum Ferragamo-Modeimperium gehören, von Penthouse-Suiten in Florenz bis zu paradiesischen Ferienanlagen an der toskanischen Küste

Monastery Stays (www.monasterystays.com) Gut organisiertes Online-Buchungszentrum für Unterkünfte in verschiedenen Klöstern

Turismo in Toscana (www.turismo.intoscana.it) Die offizielle Tourismus-Website zeigt Unterkünfte nach Zielort, Kategorie (ländlich, am Meer, in den Bergen, Spa) oder thematisch (Familienreisen, Architektur, schwulenfreundlich) geordnet an.

Wtb Hotels (www.whythebesthotels.com) In Florenz ansässige Hotelgruppe

Service & Angebot

Der Empfang ist generell herzlich, vor allem auf dem Land. Ob gemütliche *pensioni*, prächtige Villen oder elegante Boutiquehotels: Sympathisches, kompetentes Personal und saubere, komfortable Zimmer sind die Regel.

In italienischen Hotels ist das Rauchen gesetzlich verboten. Viele sind behindertengerecht eingerichtet; die meisten haben Gratis-WLAN und/oder ein Internetterminal.

Freizeitaktivitäten

Viele Landhotels bieten verschiedene Freizeitaktivitäten an. Sehr verbreitet sind Swimmingpools (meist Mai–Sept. geöffnet) und Leih-Mountainbikes für die Gäste. Seltener sind Tennisplätze, Reitställe und Wellnessanlagen; Reiten und bestimmte Wellnessbehandlungen kosten extra.

Verpflegung

Bei den meisten Hotels ist das Frühstück im Zimmerpreis enthalten. Das Angebot reicht vom schlichten Kaffee mit *cornetto* (Hörnchen) bis zum kompletten Frühstücksbufett mit Schinken, Salami, Käse, Gebäck, Obst, Joghurt etc. *Agriturismi* bieten oft ein üppiges Schlemmerfrühstück mit Zutaten vom eigenen Bauernhof. Viele bekochen ihre Gästen auch abends, ebenso wie manche Boutiquehotels und B&Bs, meist in Form eines je nach Marktangebot wechselnden Abendmenüs. Besonders leckeres Abendessen bieten:

Podere San Lorenzo (S. 163) Gourmetdiner in einer urigen Kapelle aus dem 12. Jh.

La Bandita (S. 173) Designerschick und atemberaubende Landschaft in der Val d'Orcia

La Cerreta (S. 210) Biodynamisches Anwesen mit Küche aus eigenen Erzeugnissen und Spa inmitten typischer toskanischer Hügellandschaft

Fattoria San Martino (S. 174) Vegetarische Küche in einem Bauernhaus aus dem 12. Jh.

Villa Sassolini (S. 152) Lauschig dinieren in einer romantischen Villa im Chianti

Grand Hotel Palazzo (S. 202) Tolles Esserlebnis auf einem Palastdach mit Meerblick in Livorno

Hotelsteuer

Kleine und größere Städte in der Toskana (und ganz Italien) erheben eine *tassa di soggiorno* (Bettensteuer). Diese ist zusätzlich zum Zimmerpreis zu zahlen – in der Regel bar. Der genaue Betrag variiert von Stadt zu Stadt und je nach Hotelkategorie und Jahreszeit. Grobe Faustregel: 1,50 € pro Person und Nacht im Ein-Sterne-Hotel oder Hostel, 2,50 € im B&B, 1,50–3,50 € im *agriturismo*, 3,50 € im Drei-Sterne-Hotel und bis zu 5 € im Vier- oder Fünf-Sterne-Hotel. Für Kinder unter 10 bzw. 12 Jahren fällt normalerweise keine Steuer an; für Kinder von 11 bis 16 Jahren zahlt man im Allgemeinen nur 50 % der Steuer.

Feinkostgeschäft in Flore

Reiseplanung

Essen & Trinken

Nicht nur Kirchenarchitektur und Skulpturen, auch Essen und Trinken gelten in der Toskana als hohe Kunst. Sie wird gern an langen Tafeln in geselliger Runde zelebriert. Bäuerliche Traditionen und die Früchte von Feld und Meer haben der Region ein reiches kulinarisches Erbe beschert. Hier einige Tipps, um ihre Gaumenfreuden voll auszukosten.

Kulinarischer Kalender

In der Toskana wird das ganze Jahr über köstlich geschmaust, und irgendwo ist immer ein Schlemmerfestival.

Frühjahr (März–Mai)

Die Marktstände quellen über vor Babyartischocken, Spargel, frischem Knoblauch und – zum Frühsommer hin – Kirschen, Feigen und Zucchiniblüten.

Sommer (Juni–Aug.)

Erdbeeren, Paprika und der Start der Safranernte bei San Gimignano (Juli–Nov.). Gegen die Hitze helfen an der Küste frische Meeresfrüchte, sonst *gelato* in Sorten wie Kastanie, Feige/Honig oder Safran mit Pinienkernen.

Herbst (Sept.–Nov.)

Jetzt heißt es Oliven ernten, Wein lesen, Früchte des Waldes wie Kastanien und *porcini* (Steinpilze; Aug.–Okt.) sammeln und Wild jagen. Weinfreunde pilgern im September nach Greve im Chianti zum größten Weinmarkt der Region. Mitte Oktober beginnt bei Pisa die Trüffelsaison. Ihr Höhepunkt ist der Trüffelmarkt in San Miniato im November.

Winter (Dez.–Feb.)

Die Trüffelsaison geht noch bis Mitte Dezember. Im Februar präsentieren die Winzer beim Benvenuto Brunello in Montalcino den neuen Jahrgang.

Gaumenfreuden

Das Esserlebnis Toskana umfasst alles vom Straßenimbiss über Bauerntafeln bis zu piekfeinen Gourmettempeln. Etwas Vorausplanung hilft, es optimal auszukosten.

Einmal im Leben

Enoteca Pinchiorri, Florenz (S. 107) Überirdisch gut: Das einzige Restaurant der Toskana mit drei Michelin-Sternen residiert ganz edel in einem Palazzo aus dem 16. Jh.

Peperino, San Miniato (S. 258). Kleiner geht's nicht; ideal für ein romantisches Rendezvous

Barbialla Nuova, Montaione (S. 257) Weiße Trüffeln selber suchen und dann in einer dörflichen Trattoria übers Steak gehobelt genießen

Il Pellicano, Monte Argentario (S. 197) Sensationelle Meeresfrüchte zum genialen Meerblick

Il Leccio, Sant'Angelo in Colle (S. 166) Schlicht spektakuläre Köstlichkeiten aus dem eigenen Garten mit Spitzen-Brunellos zum Nachspülen

Osteria di Passignano, Chianti (S. 147) Beim eleganten Mahl auf dem Antinori-Anwesen steht der Wein im Mittelpunkt. Toskana-Noblesse pur

Preiswert & lecker

Pecorino Der Schafskäse mundet perfekt zu knusprig frischem *pane* (Brot).

Porchetta Mit Fenchel, Knoblauch und Pfeffer gegrilltes Spanferkelfleisch im knusprigen *panino*

Torta di ceci Herzhafter Pfannkuchen aus Kichererbsenmehl

Castagnaccio Ganz dünner, süßer Kuchen aus Kastanienmehl

Gelato In den besten toskanischen Eissorten stecken heimische Zutaten der Saison: Feigen, Kastanien, Pinienkerne, Honig, Safran, Walderdbeeren …

Für Experimentierfreudige

Bistecca alla fiorentina Das urtypische Florentiner T-Bone-Steak wird „blau" (fast roh) verzehrt; *die* Adresse dafür ist die Trattoria Mario (S. 104).

Lampredotto Den Labmagen der Kuh, gehackt und liebevoll geschmort, gibt es an jedem Florentiner *trippaio* (S. 103).

Trippa alla fiorentina Kutteln in Tomatensauce; ein unvergessliches Geschmackserlebnis bei Da Nerbone (S. 105) im Mercato Centrale, Florenz

Lardo di Colonnata Der fette, in Marmorbecken gereifte Speck aus Carrara sichert den Kardiologen die Kundschaft (S. 265).

Biroldo Die Blutwurstspezialität gibt es bei der Osteria Vecchio Mulino (S. 250) in Castelnuovo di Garfagnana zu verkosten.

Mallegato Die von Slow Food gepriesene Blutwurst aus San Miniato ist bei Podere del Grillo (S. 257) ein Dauerbrenner auf der Karte.

Spezialitäten der Region

Würzige grüne Oliven, native Olivenöle der Spitzenklasse, körperreiche Rotweine, aromatische *porcini* (Steinpilze) und säckeweise Bohnen sind die kulinarischen Aushängeschilder der Toskana. Dazu gesellen sich je nach Region weitere Köstlichkeiten.

Florenz

Ob Slow-Food-Lokal oder Nobelrestaurant, ein *panino* auf die Hand oder Kutteln am Straßenstand: Die Grande Dame der Toskana befriedigt jedes erdenkliche kulinarische Bedürfnis mit Bravour.

Zum Ausklang des Tages locken die **aperitivi** (Drinks vor dem Abendessen), ein heiliges Ritual in der größten Stadt der Toskana: Die dazugehörigen Gratisbuffets sind so üppig, dass clevere junge Florentiner oft aufs Abendessen verzichten und sich mittels **apericena** (*aperitivi* mit Snacks statt Abendessen) durchfuttern.

Nordwestliche Toskana

Diese kulinarische Fundgrube zwischen windgepeitschten Wogen und steilen Bergen ist bekannt für ihren *pecorino* (Schafskäse), *zuppe di cavolo* (Kohlsuppen) und andere rustikale Köstlichkeiten. Die Slow-Food-Stadt San Miniato bei Pisa ist Heimat der unvergleichlichen weißen Trüffeln.

Weiße Trüffeln

WEISSE TRÜFFELN

Sie sind keine Pflanzen, sprießen nicht überirdisch wie andere Pilze und lassen sich nicht kultivieren. Die ebenso unansehnlichen wie kostbaren Pilzknollen kitzeln die Phantasie aller Feinschmecker. Ihnen wird sogar aphrodisierende Wirkung nachgesagt und wer ihr intensives Aroma, insbesondere das der weißen Trüffeln, einmal gerochen hat, wird das gern glauben. Ihr Duft ist einfach unglaublich verführerisch.

Trüffeln wachsen in Symbiose mit Eichen und kommen in den Sorten *bianco* (weiß, eigentlich eher schmutzig-beige) oder *nero* (ein herrliches Samtschwarz) vor. Sie werden von Mitte Oktober bis Ende Dezember in San Giovanni d'Asso bei Siena und San Miniato zwischen Florenz und Pisa von Trüffelhunden erschnüffelt. Man hobelt sie gern roh über schlichte Gerichte ohne großen Eigengeschmack, damit der Gaumen ihr zartes Aroma voll auskosten kann. Unsere Top-Tipps für Trüffelfans:

Barbialla Nuova, Montaione (S. 257) Das beste Revier für die Jagd nach den weißen Trüffeln der Toskana

Pepenero, San Miniato (S. 258) Starkoch Gilberto Rossi entwickelt bei der Zubereitung der Trüffeln große Kreativität.

Ristorante Da Ventura, Sansepolcro (S. 281) Nichts geht über ein schlichtes Omelett mit frisch gehobelter Trüffel.

Locanda Sant'Agostino, San Gimignano (S. 157) Grandiose weiße Trüffeln aus Großmamas Küche

Il Pino, San Gimignano (S. 156) Trüffelschmaus im eleganten Gewölbesaal

I Sette Consoli, Orvieto (S. 177) Zelebriert die Trüffelsaison mit speziellen Tagesgerichten.

Olio & Convivium (S. 109), Florenz

In **Castelnuovo di Garfagnana** strotzen die Märkte im Herbst von Steinpilzen, Kastanien und ganzen Säcken des hier angebauten *farro* (Dinkel). Der süße *castagnaccio* (Kastanienkuchen) ist für die Bewohner der Garfagnana das, was den Bürgern von Lucca ihr *buccellato* (süßes Brot mit Sultaninen und Anis) ist.

In der Nähe der Küste lässt man fetten Schweinespeck in Becken aus Carrara-Marmor reifen, um ihn 12–24 Monate später in hauchfeinen Scheiben als *lardo di Colonnata* zu verzehren.

Etruskische Riviera & Elba

Märchenhafte Meeresfrüchte: Die schmuddelige Hafenstadt **Livorno** lockt mit erschwinglichen Leckereien wie **cacciucco**, einer deftigen Fischsuppe aus Oktopus, Drachenkopf und anderem Fisch.

Landeinwärts erzeugen die Weinberge um das befestigte Dorf **Bolgheri** den Supertoskaner Sassicaia und weitere legendäre Rote, die perfekt zum *cinghiale* (Wildschwein) passen. **Elba** produziert außer dem süßen roten Aleatico Passito DOCG und anderen sonnenverwöhnten Weinen auch markante Olivenöle.

Siena & Zentraltoskana

Siena ist der Ursprungsort der toskanischen Küche – sagen die Einheimischen, für die ein Wochenende ohne *caffè* mit *panforte* (Mandelkuchen mit Honig und kandierten Früchten) unvorstellbar ist.

Chianti ist ein Paradies für Gourmets: vollmundige Rotweine, der legendäre Metzger Dario Cecchini in Panzano, feinste Olivenöle (Chianti Classico DOP), *finocchiona briciolona* (Salami mit Fenchel und Chianti) von der Antica Macelleria Falorni (S. 144) in Greve in Chianti und aufregend moderne Toskanaküche.

DIE BESTEN KOCHKURSE

- Desinare (S. 92), Florenz
- Cucina Lorenzo de' Medici (S. 92), Florenz
- Pepenero (S. 258), San Miniato
- Podere San Lorenzo (S. 163), bei Volterra
- Strada del Vino Nobile di Montepulciano (S. 173), Montepulciano

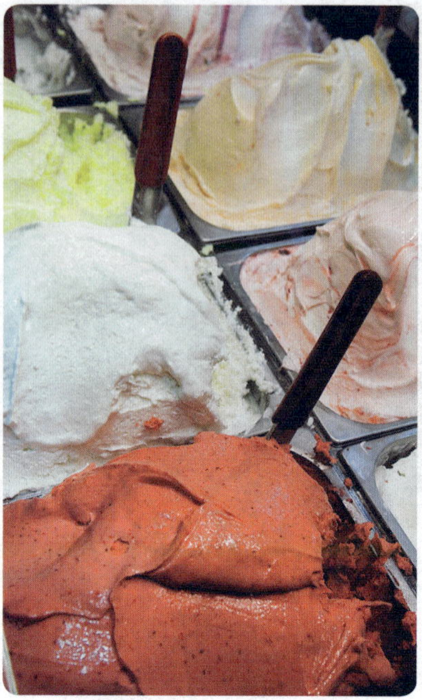

LONELY PLANET/GETTY IMAGES ©

Vielfältige Eissorten

Montalcino ist berühmt für seinen roten Brunello, den altbewährten Rosso di Montalcino und preisgekrönte Olivenöle. **Montepulciano**, Heimat des roten Vino Nobile und seines ebenso trinkbaren kleinen Bruders Rosso di Montepulciano, produziert außerdem feinstes Rindfleisch und das native Olivenöl Terre di Siena DOP.

Käseliebhaber zieht es nach **Pienza**, dessen *pecorino* zu den besten Italiens zählt, und in die **Val di Chiana**, wo Schafskäse in Farnwedel eingepackt und als *ravaggiolo* verkauft wird. Aus diesem idyllisch grünen Tal kommt auch das weltberühmte Chianina-Rindfleisch. Somit ist es der ideale Ort, um eine *bistecca alla fiorentina* zu kosten, vielleicht nach einem leckeren *primo* (ersten Gang) aus *pici* (handgerollten Nudeln).

Eine besondere Spezialität ist der flammrote Safran von **San Gimignano**, der sich als erster in Europa die geschützte Herkunftsbezeichnung DOP verdiente. Die örtliche Gelateria Dondoli (S. 157) würzt damit ihr unvergessliches Safraneis.

Südliche Toskana

Die Maremma steht für hochwertiges Rindfleisch, Huhn und Wild. **Grosseto** ist dank hausgemachter Backwaren (wie dem traditonellen jüdischen Honig-Walnuss-Gebäck *lo sfratto*) von Dolci Tradizioni dalla Maremma Toscana (S. 194) ein Mekka für Schleckermäuler.

Pitigliano trumpft mit seinem DOC Bianco di Pitigliano, einem frisch-fruchtigen Weißwein, der vorwiegend aus Trebbiano-Trauben gewonnen wird.

DIE BESTEN WEINE

- Brunello di Montalcino
- Vino Nobile di Montepulciano
- Chianti
- Vernaccia di San Gimignano
- Der Supertoskaner Sassicaia

Gut zu wissen

Wer die kulinarischen Highlights voll auskosten möchte, sollte wissen, was die Einheimischen wann, wo und wie essen. Erläuterungen zu den Gerichten auf italienischen Speisekarten gibt es auf S. 363.

Wann essen

Colazione (Frühstück) ist für die meisten Toskaner ein schneller Espresso und ein *cornetto* (Hörnchen) oder *brioche* (Hefegebäck) aus der Hand am Tresen einer Bar oder eines Cafés.

Pranzo (Mittagessen) war traditionell die Hauptmahlzeit des Tages, aber mittlerweile versammeln sich die Familien eher abends um den Esstisch. In Restaurants wird das Mittagessen von 12 bzw. 12.30 bis 14.30 Uhr serviert; die Einheimischen setzen sich selten vor 13 Uhr zu Tisch.

Aperitivo (Aperitif) ist der Drink nach Feierabend, irgendwann zwischen 17 und 22 Uhr, wobei im Preis des Cocktails (in Florenz 8–10 €) ein üppiges Buffet mit Knabbereien, Fingerfood oder sogar Salaten und Pasta enthalten ist.

Cena (Abendessen) war traditionell eine leichtere Mahlzeit als das Mittagessen. Zur fünfgängigen Gefahr für den Hosenknopf wird sie nur sonntags oder an Feiertagen. In den Restaurants wird meist zwischen 19.30 und ca. 22 Uhr zu Abend gegessen, in Florenz und im Sommer generell auch später; die Einheimischen essen nie vor 20 Uhr.

Oben: Zutaten für *ribollita*, einen Eintopf aus Gemüse, Brot und Bohnen

Unten: Eine Auswahl verschiedener Käsesorten

1 WOCHE Gourmetreise: Von Florenz nach Siena

Die Reise durch das Schlemmerherz der Toskana verspricht höchsten Gaumengenuss.

In der Genießerstadt **Florenz** (S. 56) decken sich Kenner bei La Bottega Della Frutta oder beim Mercato Centrale mit Olivenöl ein und schmausen bei der Trattoria Mario zu Mittag, gefolgt von Espresso in der Gin- und Kaffeebar Ditta Artigianale. Nach der Schokoladen-*degustazione* mit Foodie Alessandro Frassica bei 'Ino geht's auf ein Eis zur Gelateria La Carraia. Später laden Il Santino, All'Antico Vinaio (geniale Salami- und Käseplatten), Culinaria Bistrot oder *enoteche* (Weinbars) wie Le Volpi e l'Uva und Coquinarius zum *aperitivo*. Den Abschluss bildet ein leichtes Mahl bei Obicà, topmoderne Toskanaküche bei iO Osteria Personale oder ein Event-Schmaus des Starkochs Fabio Picchi im Il Teatro del Sale.

Am zweiten Tag führt eine gemächliche 30-km-Fahrt durch die sanften Hügel um **San Miniato** (S. 257), wo hervorragende Lokale fürs Mittagessen warten. Slow Food hält Routenvorschläge für nachmittägliche Verkostungstouren bereit. Nach dem Aperitif bei Podere del Grillo und Abendessen bei der Osteria Il Papero im Hügeldorf Balconevisi (S. 257) bietet sich als Nachtquartier das Trüffelanwesen Barbialla Nuova in **Montaione** (S. 257) an.

Am nächsten Morgen kann man eine Autostunde westlich bei Martelli in **Lari** Pastakünstlern bei der Arbeit zusehen oder ins Chianti rüberhüpfen, um eine Kellerei zu besuchen und beim spektakulären Antinori nel Chianti Classico (S. 144) in **Bargino** zu Mittag zu speisen. Für Abendessen und Übernachtung sorgt **Rignana** (S. 145).

Im nahen **Greve in Chianti** (S. 143) lockt die gigantische Enoteca Falorni mit über 1000 verschiedenen Weinen. Nach einem Picknick mit *finocchiona briciolona* (Fenchelsalami) von der Antica Macelleria Falorni klingt der Tag bei der Badia a Passignano angenehm aus.

Am fünften Tag geht es südwärts nach **Panzano in Chianti** (S. 149) zum Lunch bei Starmetzger Dario und einem Kochkurs auf dem Wein- und Olivengut **Castello di Volpaia** (S. 152). Übernachtet wird in **Siena** (S. 136) mit Abendessen bei der Enoteca I Terzi. Panificio Il Magnifico verkauft *panforte* als leckeres Mitbringsel. Nach einer Kellereitour in **Montalcino** (S. 165) und dem Mittagsmahl mit preisgekrönten Brunellos bei Poggio Antico setzt La Bandita einen letzten kulinarischen Höhepunkt.

Pizza, frisch aus dem Holzofen

Wo essen

Im **Ristorante** (Restaurant) darf man gestärkte Tischdecken, klassische Einrichtung, förmliche Bedienung und raffinierte Küche erwarten. Die **Trattoria** ist oft ein Familienbetrieb mit günstigeren Preisen, legerem Service und regionalen Spezialitäten. Die gemütliche **Osteria** war mal eine Kneipe, die zum Wein auch kleine Gerichte anbot, doch heute verwischen sich die Unterschiede zwischen *osteria* und *trattoria*. Preiswertes Essen und kaltes Bier in geselliger Atmosphäre verspricht die **Pizzeria**.

Die Weinbar (**Enoteca**) etabliert sich zunehmend als legeres, stimmungsvolles Lokal, in dem man speisen und toskanische Weine glasweise verkosten kann.

Das Abendessen im **Agriturismo** gehört zu den schönsten Esserlebnissen der Toskana – ein Fest der opulenten Hausmannskost aus heimischen Zutaten in urtypischen alten Bauernhäusern zwischen Zypressenalleen und grünen Hügeln.

Die beste **Gelateria** (Eisdiele) ist immer an der Schlange vor der Tür zu erkennen. Und an die sagenhafte Auswahl ausgefallener Geschmacksrichtungen wird man noch lange sehnsüchtig zurückdenken.

Speisekarten-Dolmetscher

Menù di degustazione Probiermenü

Coperto Gedeckgebühr, 1–3 € pro Person, für den Inhalt des Brotkörbchens

Piatto del giorno Tagesgericht

Antipasto Kalte oder warme Vorspeise; eine ganze Auswahl davon bietet der *antipasto misto* (gemischte Vorspeisenteller).

Primo Erster Gang, meist Pasta, Reis oder *zuppa* (Suppe)

Secondo Zweiter Gang, *carne* (Fleisch) oder *pesce* (Fisch)

Contorno Gemüsebeilage

Dolce Dessert, oft *torta* (Kuchen) or *cantucci* (hartes Mandelgebäck), die in süßen Vin Santo getunkt werden

Acqua minerale (Mineralwasser) In der Toskana gehört eine Flasche *acqua frizzante* (mit Sprudel) oder *naturale* (still) zur Mahlzeit.

Vino della casa (Hauswein) Das Weinangebot der Restaurants ist erschwinglich und gut; am billigsten kommt der Hauswein in Viertel-, Halb-, Dreiviertel- oder Literkaraffen.

Reiseplanung

Outdoor-Erlebnisse

Hohe Berge, sanfte Hügel, unberührte Küsten. Die Toskana bietet unbegrenzte Möglichkeiten für Outdoor-Aktivitäten. Wandern, Radeln, Segeln, Kajak fahren, Tauchen, Reiten – das alles ist hier möglich, immer umgeben von traumhafter Natur. Neben Kultur und kulinarischen Genüssen sind diese unvergesslichen Outdoor-Abenteuer ein weiterer Magnet, der viele Besucher immer wieder herlockt.

Highlights

Kurzwanderungen

Vie cave – durch die Hohlwege der Etrusker um **Pitigliano** (S. 188)

Geführte Naturwanderungen durch die Hügel um **San Gimignano** (S. 156)

Von Montalcino zur Abbazia di Sant'Antimo, **Val d'Orcia** (S. 169)

Gemütliche Radtouren

Auf der Stadtmauer von **Lucca** (S. 341)

Weinberge und Olivenhaine im **Chianti** (S. 148)

Inseltour auf **Elba** (S. 217)

Abenteuer zu Wasser

Mit dem Kanu durch die stillen Gewässer des **Parco Regionale della Maremma** (S. 195)

Seekajaktouren und Tauchen vor **Elba** (S. 217)

Thermalbäder

Der legendäre Literatentreff **Bagni di Lucca** (S. 262)

Das alte Römerbad **Terme di Saturnia** (S. 190)

Puccinis liebstes Planschbecken: **Terme di Montecatini** (www.termemontecatini.it)

Reisezeit

Die frische Berg- und Seeluft mit ihrem berauschenden Salbei- und Strandkieferduft gehört zum Naturerlebnis Toskana einfach dazu. Frühling und Herbst sind mit warmen, trockenen Tagen, Wildblumen und Waldfrüchten die malerischsten Jahreszeiten, um draußen unterwegs zu sein. Der Juli (dann ist es nicht ganz so heiß und voll wie im August) ist ideal für Wassersport und Wanderungen in den Apuanischen Alpen. Besonders schön ist die milde Herbstzeit, wenn die Weinlese und die Olivenernte anstehen. Die Sommerwärme hält sich bis weit in den Oktober, und die Tage sind noch lang genug für Wanderungen durch pilzreiche Wälder voll raschelndem Herbstlaub in taufeuchter Morgenluft.

Besser vermeiden

Ostern In den beiden Wochen Ende März oder Anfang April, wenn viele Italiener den ersten Jahresurlaub nehmen, drängeln sich zu viele Menschen auf den Wanderwegen.

August Italiener auf Sommerurlaub überfluten die Wanderwege, Radrouten und Straßen. Im Tiefland herrscht oft drückende Hitze.

Winter Für Radler wegen nasser, glatter Straßen und schlechter Sicht keine gute Jahreszeit

Wohin reisen?

Chianti Das wichtigste Weinanbaugebiet der Toskana: einfache Wander- und Radtouren durch idyllische Weinberge und Olivenhaine (S. 148)

Apuanische Alpen & Garfagnana Wildromantisch und entlegen, mit den malerischsten Bergen der Region, Marmorsteinbrüchen und bewaldeten Tälern: Wanderungen, Höhlentouren, Mountainbiking und Reiten (S. 259)

Etruskerküste Im Juli und August locken die Strände mit Sand, Sonne, Wassersport. Radrouten von Holperpisten bis zu Asphaltwegen (S. 206)

Elba Die sommerliche Inselidylle ist ein Traum für Seekajak-Fans, Segler, Taucher und Schnorchler. Schöne Wanderungen von Bucht zu Bucht, durch duftende *macchia* (Buschwald) und Pinienwald (S. 215)

Val d'Orcia Familientaugliche Wander- und Radtouren in der Umgebung von **Siena** (S. 166)

Maremma Wandern, Radfahren, Reiten und Kanutouren an der toskanischen Südküste (S. 195)

Informationen

Die Tourismus-Website (www.turismo.intoscana.it) bietet Hintergrundinfos, interaktive Karten, Wander-, Rad- und Reitrouten sowie Infos zu Höhlenwanderungen, Wassersport und Wellnessangeboten.

Touristeninformationen und Nationalparkbüros der Toskana haben Berge von Infomaterial zu Outdoor-Aktivitäten, u. a. Listen mit Führern und Unterkünften. Karten und Wanderführer kauft man aber besser schon vor Reiseantritt.

Ein Spezialanbieter für Outdoor-Aktivitäten ist **Toscana Adventure Team** (☎348 791 12 15; www.tateam.it; Casa Carbonaia, Via di Santa Lucia 11, Vinci). Die Firma organisiert alles von Mountainbike- und Reittouren bis zu Coasteering, Helibiking, Abseilen, Wander- und Höhlentouren.

Karten

Auf den Karten des Florentiner Kartenherstellers Edizioni Multigraphic (www.edizionimultigraphic.it) sind *sentieri* (Wanderwege), *mulattiere* (Maultierpfade, klasse für Mountainbikes) und Berghütten verzeichnet. Die Kartenreihen *Carte dei Sentieri* (1:25 000) und *Carte Turistica e dei Sentieri* (1:25 000 oder 1:50 000) sind online bei Omnimap (www.omnimap.com) erhältlich.

Wandern

Wanderwege führen Besucher tief in die Seele der Toskana hinein. Seit Jahrtausenden sind Menschen kreuz und quer durch die Region gewandert. Heute gewähren diese geschichtsträchtigen Routen Zugang zu den schönsten Winkeln der Toskana, zu Weingütern, Hügelstädtchen, Bergen, Sumpfgebieten und Sandstränden.

Die Apuanischen Alpen

Die anspruchsvollen Apuanischen Alpen und die umwerfenden **Garfagnana-Täler** (S. 259) im Apennin sind ein Revier für erfahrene Wanderer. Hier gibt es Hunderte von Routen, von halbtägigen Wanderungen bis zu Fernwanderwegen.

WANDERUNGEN ZU VERSCHIEDENEN THEMEN

Etruskerzeit – Golfo di Baratti (S. 214), Pitigliano (S. 187)

Vogelbeobachtung – Riserva Naturale Provinciale Diaccia Botrona (S. 194), Laguna di Orbetello (S. 196)

Geologie – Monterotondo Marittimo (S. 186)

Wein – Chianti, Montalcino, Montepulciano

Pilgerwege – Marciana (S. 222), Abbazia di Sant'Antimo (S. 169)

Küstenpanorama – Monte Capanne (S. 223), Marciana (S. 222)

Skulpturen – Parco Sculture del Chianti (S. 152), Fattoria di Celle (S. 254)

***Butteri* (Cowboys)** – Parco Regionale della Maremma (S. 195)

NATIONAL- & REGIONALPARKS

PARK	BESCHREIBUNG
Parco Nazionale dell'Arcipelago Toscano	Das größte Meeresschutzgebiet Europas mit 180 km^2 Land- und 600 km^2 Meeresfläche; typische Flora und Fauna der Mittelmeerinseln
Parco Nazionale delle Foreste Casentinesi, Monte Falterona e Campigna	Um die Arnoquelle liegt Italiens größter und gesündester Wald: uralte Kiefern, Buchen, fünf Ahornarten und seltene Eiben; Hirsche, Wildschweine, Mufflons, Wölfe und 97 Brutvogelarten.
Parco Regionale delle Alpi Apuane	Gebirgiger Regionalpark, der von der Garfagnana zum Meer abfällt; Steinadler, Wanderfalken, Bussarde und die seltene Alpenkrähe (Symbol des Parks)
Parco Regionale Migliarino, San Rossore, Massaciuccoli	Küstenschutzgebiet von Viareggio bis Livorno; artenreiche Vogelwelt (über 200 Arten) in der Feucht- und Dünenlandschaft
Parco Regionale della Maremma	Umfasst die Monti dell'Uccellina, Pinienwald, Agrarland, Sümpfe und 20 km naturbelassene Küstenlinie; Eichen und Korkeichen, *macchie* (Buschwald); Maremma-Rinder, Pferde und Wildschweine

Ihr Hauptort, Castelnuovo di Garfagnana, bietet sich als Basislager an. Hier bekommt man auch Infos über die *rifugi* (Berghütten mit Schlafsaalbetten). Die Website des Parco Regionale delle Alpi Apuane (www.parcapuane.it) bietet detaillierte Informationen für Wanderer.

Grande Escursione Appenninica

Der abenteuerliche Fernwanderweg führt vom Due-Santi-Pass oberhalb von La Spezia den Toskanisch-Emilianischen Apennin entlang nach Sansepolcro in der Osttoskana. Die Route über Bergkämme und durch Täler ist in 23 Tagesetappen aufgeteilt. Ihr höchster Punkt liegt auf 2000 m. Sie ist normalerweise zwischen April und Oktober begehbar. Cicerone Press (www.cicerone.co.uk) gibt den englischsprachigen Wanderführer *The GEA – The Grande Escursione Appenninica* (17 €) heraus.

Via Francigena

Die **Via Francigena** (www.viefrancigene.org), die von der englischen Kathedralenstadt Canterbury bis nach Rom verläuft, war einer der wichtigsten mittelalterlichen Pilgerwege. In Norditalien führte die Route vom Magratal die Küste entlang, bevor sie landeinwärts und dann nach Süden abbog.

Heute noch begehen Tausende einzelne Teilstücke des Wegs, die sich an Hügeln entlang durch die Felder schlängeln. Highlights in der Toskana:

Von San Miniato nach Gambassi Terme (Etappe 29; 24 km)

Von San Gimignano nach Monteriggioni (Etappe 31; 31 km)

Von Monteriggioni nach Siena (Etappe 32; 20 km)

Die Wanderkarte *Via Francigena in Toscana* (8 €; 1:50,000) von Globalmap mit Routen und Unterkunftstipps ist bei Touristeninformationen und Buchläden überall in der Toskana erhältlich. Auch die oben genannte Website der Via Francigena bietet Wanderführer an. Unter www.francigenalibrari.beniculturali.it gibt es Routenkarten und GPS-Koordinaten.

Chianti

Die legendäre Weinbauregion begeistert auch Wanderer. Man schweift zwischen Weinbergen, Kellereien und jahrhundertealten Bauernhöfen umher, um sich dann an Gemeinschaftstischen mit hausgemachten Nudeln, Öl und Wein zu stärken.

Besonders beliebt sind die Routen, die von Florenz südwärts durchs Chianti (oft über Greve und Rada in Chianti) nach Siena führen. Sehr praktisch: Am Wegesrand liegen viele Restaurants, *enoteche* und *agriturismi*. Die Wanderstrecke zwischen den beiden Städten beträgt je nach Route ca. 80–120 km (fünf bis sieben Tage).

Il Mugello

Die Mugello-Region, die einige Kilometer nordöstlich von Florenz beginnt, ist ideal

AKTIVITÄTEN	BESTE ZEIT	WEBSITE
Seekajakfahren, Segeln, Tauchen, Schnorcheln, Wassersport, Wandern, Radfahren, Weinproben	Frühling & Sommer	www.islepark.it
Kurz- und Langwanderungen, Vogelbeobachtung	Frühling & Herbst	www.parcoforestecasentinesi.it
Wandern, Mountainbiking, Höhlentouren	Sommer & Herbst	www.parcapuane.it
Kurzwanderungen, Radfahren, Reiten, Vogelbeobachtung, Kanufahren	Frühling, Sommer & Herbst	www.parcosanrossore.org
Kurz- und Langwanderungen, Radfahren, Reiten, Kanufahren	Frühling & Herbst (Mitte Juni–Mitte Sept. fast nur geführte Touren möglich)	www.parco-maremma.it

für halb- und ganztägige Wanderungen zwischen sanften Hügeln, Flusstälern und niedrigen Bergen. Mehr Infos gibt es auf der Website www.mugellotoscana.it.

Elba

Tolles Wanderrevier mit spektakulärer Landschaft. Schwierig ist nur die Wanderung auf den Monte Capanne (S. 223).

Praktische Tipps

Je nach Terrain und Reisezeit gehören warme Kleidung und Regenzeug ins Wandergepäck. Ganz wichtig sind Sonnenschutzcreme, Sonnenbrille und eine Kopfbedeckung, mindestens 1,5 l Trinkwasser pro Sommertag und hochkalorische Snacks.

Wer die ausgetretenen Pfade verlassen will, braucht Karte und Kompass. Im Gebirge ist wildes Zelten verboten; Wanderer müssen mehrtägige Touren nach Verfügbarkeit der Betten in den *rifugi* (Berghütten) planen und einen Schlafsack mitbringen. Viele *rifugi* sind nur von Juni bis September zu Fuß erreichbar. Sie bieten meist einfache Kochgelegenheiten und/oder servieren Mahlzeiten. Einige werden privat betrieben; viele gehören zum Club Alpino Italiano (www.cai.it).

Radfahren

Von der gemütlichen Tagestour um Florenz über eine genüssliche Wochenend-Weintour im Chianti bis zur zweiwöchigen schweißtreibenden Radreise ist in der Toskana für Pedalritter alles drin.

Regionen & Routen

Via Francigena Die mittelalterliche Pilgerroute steht natürlich auch Radlern offen (S. 269).

Chianti Die malerische **Strada Chiantigiana** (SS222) schlängelt sich auf ihrem Weg von Florenz nach Siena durchs Chianti, wobei die einfache Strecke von kurzen, steilen Steigungen unterbrochen wird. Konditionsstarke Mountainbiker können von der SS222 auf die stillen Seitensträßchen des Chianti (teils nur Schotterpisten) ausweichen, die zwischen Dörfchen und Weinbergen hindurchführen. Bauernhöfe bieten überall reichlich Übernachtungsmöglichkeiten an.

Etruskerküste Relativ einfache Küstenstrecken südlich von Livorno. Die Touristeninformation hält die Broschüre (S. 205) *Costa degli Etruschi: Cycling Itineraries* mit 20 Routen bereit.

Strada del Vino e dell'Olio Die 150 km lange Wein- und Ölstraße windet sich von Livorno südwärts nach Piombino und dann nach Elba hinüber. Der 36 km lange Abschnitt von Bolgheri über die Hügelstädtchen Castagneto Carducci und Sassetta nach Suvereto ist besonders malerisch, wimmelt allerdings von Serpentinen. Mehr Infos gibt es beim Besucherzentrum in San Guido (S. 208).

Le Crete & Val d'Orcia Ausgedehnte hügelige Routen; zwischen anstrengenden Anstiegen rollt man genüsslich zwischen goldenen Weizenfeldern und durch Zypressenalleen dahin.

Monte Amiata Die Straßen auf den 1700 m hohen Vulkankegel im Süden der Toskana sind ein Härtetest für ambitionierte Bergfahrer.

GEFÜHRTE RADTOUREN

Florenz ist ein ausgezeichneter Ausgangspunkt für eine geführte Radtour ins Chianti. Bei den folgenden Touren wird alles gestellt, inkl. Rad und Helm. Zu strampeln sind ca. 20 km pro Tag.

➡ Florence By Bike (S. 124) Tour durchs nördliche Chianti (1 Tag) mit Mittagessen und Weinprobe (83 €)

➡ I Bike Italy (S. 148) Zwei-Tages-Tour inkl. Unterkunft, Frühstück, Mittag- und Abendessen (375 €)

➡ I Bike Tuscany (S. 148) Tagestouren (155 €) für alle Fitnessgrade, inkl. Transport von Florenz ins Chianti

Florence by Bike hat auch Mieträder und Routentipps für ungeführte Touren. FiesoleBike (S. 97) bietet 21 km lange Sonnenuntergangs-Radtouren von Fiesole nach Florenze (45 €).

Praktische Tipps

Fahrradtypen Geländeräder, mit denen man auf Asphalt ebenso sicher unterwegs ist wie auf Feldwegen, sind für toskanische Straßen am besten.

Ausrüstung Sonnen-, Wind- und Regenschutz und ein Helm sind unerlässlich. Wer in die Berge will, sollte unbedingt genug Wasser mitnehmen.

Fahrradtransport Wer sein Rad im Flieger mitbringen will, sollte bei der Fluggesellschaft nachfragen, was das kostet und ob das Rad demontiert bzw. verpackt werden muss. In Italien kann man Räder im Zug mitführen oder sich binnen weniger Tage per Zug nachbringen lassen. (S. 359).

Mieträder In der Toskana gibt es viele Fahrradverleiher. Man kann vorab über EcoRent buchen (www.ecorent.net) oder sich vor Ort an einen der Fahrradvermieter in Florenz, Pisa, Lucca, Siena und anderswo halten. Viele Hotels und *agriturismi* haben Leihräder für ihre Gäste.

Freie Fahrt Viele historische Stadtzentren sind für Autos, nicht aber für Radler gesperrt – im Zweifelsfall das jeweilige ZTL-Schild genau studieren.

Reiten

Gemächliche Ausritte durch Kastanien- und Korkeichenwälder, an Weinbergen und Feldern voll knallgelber Sonnenblumen und rotem Klatschmohn vorbei sind geradezu hypnotisch beruhigend – und sehr toskanisch.

Reiturlaub

Diverse Bauernhöfe haben sich auf Reiturlaub spezialisiert und bieten ein- bis mehrtägige Wanderritte an. Oft kombinieren sie die Gemütlichkeit eines *agriturismo* samt Mahlzeiten am Familientisch mit dem Tagesablauf einer Reitschule und versprechen ein besonders stimmungsvolles Toskanaerlebnis.

Folgende Anwesen bieten sowohl Unterkunft als auch Reitunterricht oder -touren:

La Cerreta (S. 210)

Circolo Ippico Uccellina (S. 195)

Il Gelsomino (S. 195)

Montebelli Agriturismo & Country Hotel (S. 187)

Regionen

Maremma Dieses ländliche Eckchen der Südtoskana hat eine besonders rege Reitkultur – schließlich ist es die Heimat der berühmten *butteri* (Maremma-Cowboys). Erfahrene Reiter können einen Tag lang am Viehtrieb auf der Agienza Regionale Agricola di Alberese teilnehmen (S. 195). Infos über zwei- oder vierstündige geführte Reittouren von Anfänger- bis Könnerniveau gibt es beim Parco Regionale della Maremma (S. 195).

Etruskerküste Eine Reitroute führt von Livorno 170 km südostwärts nach Sassetta, über sonnenversengte Küstenpfade (am schönsten im Frühjahr und Herbst) und schattige Feldwege. An der Strecke liegen spezialisierte Unterkünfte für Reiter und ihre Pferde; mehr Infos dazu hat die Touristeninformation in Livorno parat.

Elba Die alten Militär- und Forstwege im Parco Nazionale dell'Arcipelago Toscano (S. 215) werden heute als Reitwege genutzt; die Touristeninformation von Portoferraio hält Karten, Broschüren und Wegbeschreibungen bereit.

Wassersport

Das vielleicht bestgehütete Geheimnis der Toskana ist ihre Küste, deren blauer Horizont mit Inseln gesprenkelt ist. Seekajaks, Segelboote und sandige Buchten, die nur vom Meer zu erreichen sind, bieten reichlich Potenzial für Outdoor-Action.

Tauchen & Schnorcheln

Elba gehört zu den beliebtesten ganzjährigen Tauchrevieren. Wrack-Tauchplätze gibt es u. a. bei Pomonte, wo der Frachter *Elvisco* in 12 m Tiefe liegt, und bei Portoferraio, wo eine deutsche Ju 52 aus dem Zweiten Weltkrieg in 38 m Tiefe wartet.

Die Meeresflora und -fauna ist geschützt und spektakulär. Mehrere Tauchschulen verleihen Ausrüstung und bieten Führer und Kurse an (S. 215). Wer nicht so tief runter will, kann auch schnorcheln.

Gut tauchen kann man auch an der **Etruskerküste** und in Porto Ercole auf der Halbinsel **Monte Argentario**.

Kajak- & Kanufahren

Was wäre an einem heißen Sommernachmittag verlockender als eine geruhsame Seekajak- oder Kanutour – am besten an der mit Buchten gespickten Küste von **Elba**? Sea Kayak Italy (S. 215) bietet eine große Auswahl an Seekajaktouren an.

Im Parco Regionale della Maremma (S. 195) gibt es tolle geführte Kanutouren.

Segeln & Surfen

Die Buchten des Toskanischen Archipels und um **Monte Argentario** sind ideal zum Segeln, Wind- und Kitesurfen. Ausrüstung und Kurse gibt es in allen größeren Urlaubsorten. **Viareggio** veranstaltet mehrmals im Jahr Segelregatten.

Rafting

Im Kurort **Bagni di Lucca** in der Nordwesttoskana gibt es einige Anbieter, die Raftingtouren auf dem Lima organisieren.

Ballonfahren

Geräuschlos über die toskanische Idylle aus Weinbergen und Olivenhainen zu schweben, ist ein traumhaftes Naturerlebnis.

Die Ballonsaison geht vom späten Frühjahr bis zum Frühherbst. Startzeit ist um 6 Uhr herum. Die Flüge dauern 1¼ Stunden und kosten 240–280 € pro Person, oft inklusive Sektfrühstück.

Tuscany Ballooning (✆0558 24 91 20; www.tuscanyballooning.com; Via del Masso 14, San Casciano in Val di Pesa) Bei Florenz.

DIE BESTEN STRÄNDE

➡ **Sansone & Sorgente, Elba** Weißer Kies und türkisblaues Wasser: ein Paradies für Schnorchler (S. 220)

➡ **Golfo di Baratti, Etruskerküste** Sandige Buchten, gesäumt von schattenspendenden Pinien (S. 214)

➡ **Innamorata, Elba** Naturnahe Bucht mit Sand, Kies und Eukalyptusbäumen (S. 220)

➡ **Castiglioncello, Etruskerküste** Ein hübscher Sandstreifen am Nordrand der Stadt (S. 206)

Ballooning in Tuscany (✆338 146 29 94; www.balloonningintuscany.com) Südlich von Siena.

Chianti Ballooning (✆0558 07 79 40; www.chiantiballooning.com) Im Chianti.

Höhlentouren

Caving ist normalerweise nur etwas für Leute mit der nötigen Ausrüstung und Erfahrung. Doch die saisonalen dreistündigen Touren durch die Grotta del Vento (S. 263) tief in den Apuanischen Alpen – 1200 Schritte an unterirdischen Flüssen und kristallenen Seen entlang – sind eine großartige Erfahrung für jedermann.

Thermalquellen

Die Toskana ist ein Hotspot geothermischer Aktivität. Besonders die Provinz Siena strotzt von mineralreichen Thermalquellen. Von schicken Thermalbädern bis zu Naturtümpeln im Wald laden sie zu genussvoller Entspannung ein.

Terme di Saturnia (S. 190) Durch Kaskaden verbundene Warmwasserbecken unter freiem Himmel bei Pitigliano – kostenlos und einfach herrlich

Bagni di Lucca Terme (S. 263) Thermalbad samt Massagen in einem Kurort im Nordwesten

Bagni San Filippo (S. 171) Schöner geht's kaum: kostenfreies Thermalbaden im Wald der Val d'Orcia

Calidario Terme Etrusche (S. 210) Wellness-Behandlungen und stimmungsvolles Outdoor-Schwimmbecken an der Etruskerküste

Reiseplanung

Die Toskana mit Kindern

Die Toskana hat viel mehr zu bieten als nur Kirchen und Museen. In dieser kinderfreundlichen Region können Familien mit etwas Vorausplanung eine Riesenauswahl kreativer, interessanter, kulinarischer oder einfach nur spaßiger Attraktionen und Erlebnisse auskosten.

Top-Ziele für Kinder

Florenz

Mit seinen faszinierenden Museen – mal interaktiv, mal mit kreativen Workshops und Führungen für Kinder – ist Florenz besonders für Familien mit Kindern im Schulalter geeignet. Aber auch die Kleineren kommen bei Spaziergängen am Fluss, phantastischen *gelaterie* (Eisdielen) und einer großen Auswahl von Esslokalen nicht zu kurz.

Südliche Toskana

Die „Cowboys" der Maremma, archäologisch interessante Ruinen, Sandstrände, schneegekrönte Berge: Die ländliche Region ist mit ihren *agriturismi*, Outdoor-Action und kuriosen Sehenswürdigkeiten für neugierige Kids ein echter Knaller.

Etruskische Riviera & Elba

Strände und Boote, Livorno mit seinem Aquarium und „venezianischen" Kanälen, Segeltörns zur Paradiesinsel Elba

Nordwestliche Toskana

In den Apuanischen Alpen und der Garfagnana kann man auf Bauernhöfen wohnen, Marmorsteinbrüche bestaunen, unterirdische Seen und Höhlen erkunden. Außerdem lockt eine Klettertour auf den Schiefen Turm von Pisa und eine Radrundfahrt auf den Stadtmauern von Lucca.

Toskana für Kinder

Die kindgerechten Attraktionen der Toskana sind herrlich abwechslungsreich. Beim Küstenurlaub dürfen Eimerchen, Schüppe und Badezeug nicht fehlen (die besten Sandstrände liegen an der Etruskerküste und auf Elba), aber auch im Binnenland gibt es jede Menge zu sehen und zu tun. Städte wie Florenz und Siena bieten schönere (und spaßigere) Möglichkeiten, etwas über Renaissancekunst, -architektur und Geschichte zu lernen, als jedes Schulbuch. Immer mehr Museen stellen sich auf die Erwartungen der jüngeren Generation ein, indem sie spannende Multimedia-Präsentationen, Touchscreen-Geräte, Audioguides und originelle Führungen anbieten.

Auf dem Land geht alles ein paar Gänge langsamer. *Agriturismi,* Wein- und Landgüter unterhalten und begeistern junge Gäste mit traditionsreichen Beschäftigungen: Oliven ernten, schwarze Schweine füttern, Brot in uralten Steinöfen backen, sehen, wie Safran angebaut wird. Hier gibt es reichlich Platz zum Herumtoben und außerdem Naturpfade zu erkunden, Skulpturen und Installationen unter freiem Himmel zu bestaunen und genügend Outdooraktivitäten, um die Kids wochenlang bei Laune zu halten.

Museen & Aktivitäten

Bei vielen Museen und anderen Sehenswürdigkeiten haben Kinder freien Eintritt – allerdings ist die Altersgrenze hierfür ganz unterschiedlich (oft liegt sie bei sechs Jahren). In Florenz ist der Eintritt zu staatlichen Museen für EU-Bürger unter 18 Jahren frei. Für Kinder ab sechs Jahren gilt oft ein ermäßigter Eintrittspreis – meist die Hälfte des Normalpreises. Es gibt allerdings auch Ausnahmen ohne jede Ermäßigung: Beim Schiefen Turm von Pisa zahlt jeder Besucher ab acht Jahren 18 € Eintritt (Kinder unter acht Jahren dürfen den Turm nicht besteigen).

Die meisten Sehenswürdigkeiten verleihen mehrsprachige Audioguides (normalerweise für 3–5 €), was die Sache für Kinder ab acht Jahren gleich viel interessanter macht (selbst wenn sie nicht alles verstehen). Kindgerechte Führungen und Workshops auf Englisch bieten hauptsächlich die Museen in Florenz und anderen größeren Städten an.

Essen & Trinken

Die bei Kindern verbreitete Vorliebe für Eis, Pizza und Pasta lässt sich in der Toskana leicht befriedigen. Überhaupt ist die Familienverpflegung hier kein Problem. Kinder sind in Restaurants herzlich willkommen, besonders in zwanglosen Trattorien und *osterie*. Das sind oft Familienbetriebe mit umwerfend freundlicher Bedienung und Speisekarten, auf denen neben raffinierteren Spezialitäten auch schlichte Nudelgerichte stehen. Sollte den Kids wirklich mal nichts auf der Karte zusagen – viele Restaurants haben auch ein *menù bambini* (Kindermenü) –, bestellt man halt einfach Nudeln mit Butter bzw. Olivenöl und Parmesan.

Unterwegs vor Ort

Die Wege von einem Ziel zum nächsten sind nicht weit, und es gibt auf Autotouren genug Kirchtürme zu zählen, um kleine Mitreisende zu beschäftigen. Kinder unter 150 cm oder 36 kg gehören in einen passenden Kindersitz auf die Rückbank.

In öffentlichen Bussen sind die Tickets für Kinder und Erwachsene gleich teuer (Kleinkinder und Babys, die auf dem Schoß sitzen, fahren umsonst mit). Im Zug zahlen Kinder unter 12 Jahren nur die Hälfte.

Highlights für Kinder

Türme für Klettermaxe

- **Torre del Mangia** (S. 130), **Siena** Steile Stufen und ein Superblick von oben.
- **Duomo** (S. 66) **& Campanile** (S. 67), **Florenz** Nichts wie rauf auf den Glockenturm von Giotto oder in die Kuppel von Brunelleschi.
- **Torre d'Arnolfo, Florenz** 418 Stufen führen zu den Zinnen des Palazzo Vecchio (S. 71).
- **Schiefer Turm** (S. 231), **Pisa** Wer hinaufklettern will, muss mindestens acht Jahre alt sein. Notfalls tröstet man sich mit spaßigen Fotos, auf denen die Kids ihn zu stützen scheinen.
- **Torre Civica delle Ore** (S. 245), **Lucca** Grusel, grusel: In dem Uhrturm aus dem 13. Jh. soll ein Gespenst umgehen.
- **Torre Guinigi** (S. 245), **Lucca** Bis auf die Plattform des 45 m hohen Turms, auf dem sieben Eichen sprießen, sind 230 Stufen zu zählen.

Kunst von Mittelalter bis Moderne

- **Parco Sculture del Chianti** (S. 152), **Zentraltoskana** Auf dem 1 km langen Spazierweg gibt es die kuriosesten Kunstwerke zu bestaunen.

REISEPLANUNG

Eine Toskanareise mit Kindern erfordert kaum zusätzliche Vorausplanung. Am wichtigsten sind die Reisezeit – vielleicht zu einem der vielen turbulenten Feste der Toskana, die auch Kindern Spaß machen, wie dem **Palio** (⏲2. Juli & 16. Aug.) in Siena, dem Carnevale di Viareggio (S. 268) oder dem Scoppio del Carro in Florenz (S. 94) – und die Unterkunft. *Agriturismi* und ländliche Villenanlagen wie Borgo Corsignano (S. 285) und Fattorie di Celli (S. 285) bei Poppi in der Osttoskana sind für Familien am besten geeignet. Oft bieten sie die Möglichkeit zur Selbstversorgung und jede Menge kindertauglicher Aktivitäten wie Schwimmen, Tennis, Reiten und Mountainbiking.

➡ **Giardino dei Tarocchi** (S. 197), **Südtoskana** Ein ganzer Hang voller bunter Riesenskulpturen

➡ **Museo Civico** (S. 172), **Montepulciano** Hier gibt es Kunstwerke von Caravaggio mit innovativen Touchscreen-Geräten zu erkunden

➡ **Palazzo Comunale & Torre Grossa** (S. 154), **San Gimignano** Mit Digitalbrillen machen mittelalterliche Fresken erst richtig Spaß.

➡ **Museo Novecento** (S. 76) **& Palazzo Strozzi** (S. 74), **Florenz** Kreative Workshops für Kinder und Familien

➡ **Museo Marino Marini** (S. 254), **Pistoia** Monatliche Familienführungen und Mitmach-Aktivitäten auf Englisch

Die besten Museen

➡ **Museo Galileo** (S. 72), **Florenz** Schätze der Astronomie und Mathemathik und reichlich Gelegenheit, ihre Funktionsweise praktisch auszuprobieren

➡ **Palazzo Vecchio** (S. 71), **Florenz** Historische Gestalten führen Kinder und Familien über Geheimtreppen und durch versteckte Räume.

➡ **Museo Piaggio** (S. 240), **Pontedera** In dem spaßigen Museum bei Pisa erfährt man alles über die kultigen Vespa-Roller.

➡ **Parco Minerario Naturalistico Gavorrano** (S. 186), **Südtoskana** Museum in einem gewaltigen Pyrit-Bergwerk, mit unterirdischen Galerien und interaktiven Präsentationen

➡ **Museo Stibbert** (S. 76), **Florenz** Lebensgroße Pferde und Ritter in Rüstungen aus Europa und dem Orient

So wird's gemacht

➡ **Curious Appetite** (S. 94), **Florenz** Hier können Leckerschmecker lernen, *gelato* selbst herzustellen (und es natürlich auch verzehren).

➡ **Martelli** (S. 206), **Lari** Die traditionelle Pasta-Manufaktur demonstriert Besuchern, wie Spaghetti hergestellt werden.

➡ **Antonio Mattei** (S. 256), **Prato** In der berühmtesten *biscottificio* (Keksfabrik) der Toskana darf man den Bäckern am Ofen zusehen.

➡ **La Citadella di Carnevale** (S. 268), **Viareggio** Vor den Augen der Besucher kreieren Künstler riesige Clowns, Könige etc. für die Karnevalswagen; Pappmaschee-Workshops für Familien.

➡ **Barbialla Nuova** (S. 257), **Montaione** Workshops für angehende Brot- und Pizzabäcker auf dem idyllischen Anwesen einer toskanischen Rinderfarm mit Trüffelwald

Coole Outdoor-Touren

➡ **Cava di Fantiscritti** (S. 264), **Carrara** Wie James Bond per Geländewagen durch die Steinbrüche oder mit Bergleuten in den „Marmorberg"

➡ **Stadtmauer** (S. 241), **Lucca** Eine Fahrradtour über die Mauerkrone ist ein Riesenspaß.

➡ **Grotta del Vento** (S. 263), **Nordwesttoskana** Abtauchen, um unterirdische Abgründe, Seen und Höhlen zu erkunden.

➡ **Cabinovia Monte Capanne** (S. 223), **Elba** In der Seilbahngondel auf Elbas höchsten Gipfel

➡ **Pistoia Sotteranea** (S. 223), **Pistoia** Unter einem Hospital aus dem 13. Jh. gibt es einen unterirdischen Fluss zu entdecken.

➡ **Bagni San Filippo** (S. 171), **Val d'Orcia** Kostenlose Warmwasser-Pools mitten im Wald

➡ **Terme di Saturnia** (S. 190), **Südtoskana** Nicht ins noble Thermalbad, sondern zu den Naturbecken, die gleich bei der Quelle am Ende eines Trampelpfads versteckt liegen

Tierwelt

➡ **Museo di Storia Naturale del Mediterraneo** (S. 202), **Livorno** Cool: ein Walskelett namens Annie

➡ **Riserva Naturale Provinciale Diaccia Botrona** (S. 194), **Südtoskana** Eine Bootstour durchs Feuchtgebiet, zu Flamingos und Reihern

➡ **Parco Regionale della Maremma** (www.parco-maremma.it; Parkeintritt Erw./erm. 10/5 €), **Südtoskana** Der weitläufige Küstenpark ist per pedes, Rad oder Kanu zu erkunden.

➡ **Acquario di Livorno** (S. 199), **Livorno** Topmodernes Aquarium am Meeresufer

Mit Kindern wandern

➡ **Le Biancane** (S. 186), **Monterotondo Marittimo** Geothermal-Park mit Wegen durch dampfende Wälder

➡ **Vie cave** (S. 188), **Südtoskana** Spannend für junge Geschichtsfans: eine Wanderung durch die alten Hohlwege der Etrusker

➡ **Parco Archeologico di Baratti e Populonia** (S. 214), **Golfi di Baratti** Malerische Wege führen rund um Steinbrüche und zu den Ruinen uralter Grabstätten.

➡ **Elba** (S. 215) Auf der Insel locken tolle Wanderungen zu Landspitzen und Stränden.

➡ **Fortezza del Girifalco** (S. 290), **Cortona** Kinder lieben die steile Kraxeltour bis zur Ruine der Medici-Festung am höchsten Punkt der Stadt.

Die Toskana im Überblick

Florenz

Essen
Kunst
Shoppen

Feinschmeckerparadies
Das Gastronomieangebot der Stadt reicht von *enoteche* (Weinbars) mit tollen Aufschnitt- und Käseplatten über rustikale Trattorien und wuselnde Lebensmittelmärkte bis zum einzigen Drei-Sterne-Restaurant der Toskana.

Renaissanceschätze
Die Uffizien gehören zu den berühmtesten Kunstmuseen der Welt, aber es wartet noch viel mehr meisterliche Kunst in dieser Stadt. Kirchen, Kapellen und diverse weniger bekannte Museen hüten ungeahnte Schätze.

Mode & Kunsthandwerk
Von den Designerboutiquen der Shoppingmeile Via de' Tornabuoni bis zu den Werkstätten in den Gässchen des Kunsthandwerkerviertels Oltrarno ist die Heimatstadt von Gucci ein Mekka für Freunde des kultivierten Einkaufserlebnisses.

S. 55

Siena & Zentraltoskana

Essen
Wein
Hügeldörfer

Süße Sünden
Sienas berühmte Gebäckspezialitäten schmecken am besten zum Kaffee oder zum Dessert, in ein Gläschen süßen Vin Santo gestippt.

In vino veritas
Hier werden weltberühmte Tropfen wie Brunello, Vino Nobile, Chianti Classico und Vernaccia erzeugt. Überall in der Region laden Kellereien und Weingüter zu Besuchen und Verkostungen ein.

Hoch hinaus
Malerische Hügelstädtchen wie Montalcino, Montepulciano, Volterra und San Gimignano beeindrucken mit mittelalterlicher Architektur und belohnen Besucher, die bis ganz oben kraxeln, mit umwerfendem Panoramablick.

S. 125

Südliche Toskana

Essen
Archäologie
Natur

Slow Food
Die Küche ist erfrischend bodenständig: Heimische Zutaten der jeweiligen Jahreszeit werden nach der „Slow Food"-Philosophie zubereitet, und das Resultat ist einfach himmlisch.

Antike Kulturen
Die Etrusker drückten der Region ihren Stempel auf: Die *Città del Tufa* (Tuffsteinstadt) ist geradezu übersät von ihren Gräbern. Aber auch die Römer ließen sich nicht lumpen, wie ein Besuch in Roselle oder Vetulonia beweist.

Artenreiche Landschaft
Scharen europäischer Zugvögel rasten auf dem Weg von und nach Nordafrika in den weitläufigen Naturgebieten mit vielfältiger Tier- und Pflanzenwelt.

S. 178

Etruskische Riviera & Elba

Essen
Strände
Geschichte

Meeresfrüchte in Livorno

Die Bewohner der Hafenstadt sind stolz auf ihren *cacciucco,* den legendären Eintopf mit mindestens fünf Sorten Fisch und Meeresfrüchten. Dazu passen ein, zwei Gläschen des heimischen Sassicaia-Weins.

Küstenkapriolen

Elba, die paradiesische Palmeninsel, auf die Napoleon verbannt wurde, lädt zum Sonnenbaden, Seekajakfahren, Schnorcheln und Schwimmen.

Etrusker-Erbe

Die Überreste der Etruskergräber und -tempel unter den mächtigen Pinien am sandigen Ufer des Golfo di Baratti zu erkunden, ist ein außerordentliches Erlebnis – besonders in Kombination mit einer Picknickwanderung.

S. 198

Nordwestliche Toskana

Essen
Berge
Natur

Weiße Trüffeln

Kaum eine Delikatesse ist so begehrt wie die göttlich duftenden Knollen, die in der herbstlichen Trüffelsaison in den Wäldern um San Miniato aufgespürt und hemmungslos geschlemmt werden.

Marmormagie

Auf einer Fahrt durch die Garfagnana, zwischen schroffen Gipfeln und bewaldeten Tälern, sind die majestätischen Marmorberge der Apuanischen Alpen in voller Pracht zu bewundern.

Outdoor-Spaß

Die drei Täler der Garfagnana sind ideal für Urlauber, die gern wandern, radeln und schlemmen. Pfade führen kreuz und quer durch Wälder voller Kastanien, Beeren und Steinpilze.

S. 227

Östliche Toskana

Essen
Pilgerziele
Kunst

Super-Steaks

In der Val di Chiana lockt die saftigste *bistecca alla fiorentina* Italiens: Das kurz gegrillte Steak vom heimischen Chianina-Rind ist das kulinarische Aushängeschild der Toskana.

Heilige Stätten

Der hl. Franziskus ist in dieser Gegend sehr präsent. Er wurde im nahen Assisi geboren und soll seine Stigmata im Santuario della Verna im wunderbar wilden Casentino-Wald empfangen haben.

Kunst-Rallye

Hier gilt: Qualität statt Quantität. Auf einer Pilgerfahrt zu den Werken von Piero della Francesca gibt es auch Arbeiten von Cimabue, Fra' Angelico, Signorelli, Rosso Fiorentino und den Familien Lorenzetti und della Robbia zu bewundern.

S. 272

Reiseziele in der Toskana

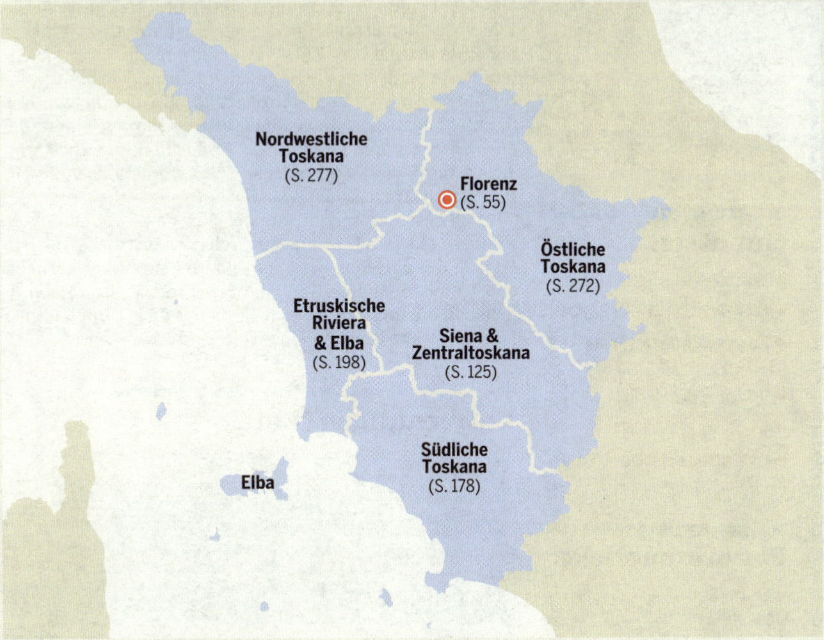

Florenz

377 200 EW.

Inhalt ➜

Gut essen

- Trattoria Mario (S. 104)
- Mercato Centrale (S. 104)
- La Leggenda dei Frati (S. 109)
- Il Teatro del Sale (S. 107)
- 5 e Cinque (S. 107)
- La Bottega del Buon Caffè (S. 108)

Panoramablicke

- Dom (S. 66) & Campanile (S. 67)
- Torre d'Arnolfo, Palazzo Vecchio (S. 71)
- Piazzale Michelangelo (S. 91)
- La Reggia degli Etruschi, Fiesole (S. 97)

Auf nach Florenz

Egal, der wievielte Besuch es ist: In Florenz gibt's immer etwas Neues zu entdecken. Selbst wer sich mehrmals am Tag auf eine Brücke über den Arno stellt, sieht nie dasselbe: Das Licht und die Stimmung sind jedes Mal anders. Die Wiege der Renaissance lockt Menschen aus allen Winkeln der Erde an, die hier Kunst von Weltrang genießen möchten. Diese Stadt muss man gesehen haben: Sie ist ein wahrer Magnet, romantisch, einzigartig und voller Leben. Das Stadtbild hat sich seit der Renaissance kaum verändert, die engen Gassen kennen tausend Geschichten und Speis und Trank (der Wein!) sind so lecker, dass das Prädikat „fiorentina" weltweit für Qualität steht.

Modedesigner zeigen auf der Via de' Tornabuoni ihr Können. Gucci kam hier zur Welt, genauso wie Roberto Cavalli, der übrigens wie viele andere Florentiner gerne in den Weinbergen außerhalb der Stadt relaxt. Ein verständliches Bedürfnis, wie manch Besucher dieser unglaublich fesselnden Stadt nach einer Weile bestätigen wird.

Entfernungen (km)

	Florenz	Pisa	Lucca	San Miniato
Pisa	69			
Lucca	61	23		
San Miniato	37	47	70	
Siena	51	87	30	77

Geschichte

Die Geschichte von Florenz geht bis zu den Etruskern zurück, die sich in Fiesole niederließen. Julius Cäsar gründete um 59 v. Chr. die römische Kolonie Florentia, strategisch geschickt an der schmalsten Furt durch den Arno. So konnte er die Via Flaminia kontrollieren, die Rom mit Norditalien und Gallien verband.

Nach dem Zusammenbruch des Römerreichs fielen die Goten in Florenz ein, gefolgt von Langobarden und Franken. Das Jahr 1000 markierte einen Wendepunkt für die Stadt, denn damals verlegte der toskanische Markgraf Ugo seinen Hauptsitz von Lucca nach Florenz. 1110 wurde Florenz eine autonome *comune* (Stadtstaat) und ab 1138 von zwölf Konsuln und dem *consiglio di cento* (Rat der Hundert) regiert, dessen Mitglieder meist aus reichen Händlerfamilien stammten. Streitereien zwischen den verschiedenen Fraktionen führten 1207 zur Ernennung eines *podestà* (Statthalter), der nicht aus der Stadt stammen durfte und daher theoretisch über den Streitereien und Intrigen der rivalisierenden Parteien stand.

Das mittelalterliche Florenz war eine reiche, dynamische *comune*. Sie zählte zu Europas wichtigsten Finanz- und Kulturzentren und spielte im Handel mit Wolle, Seide und Leder eine führende Rolle. Reiche Handwerker und Kaufleute bildeten einen nicht unerheblichen Teil der Bevölkerung. Sie schlossen sich zu Zünften zusammen und begannen, Künstler zu fördern. Mit der Aussicht auf lukrative Aufträge zog es diese in die aufstrebende Stadt.

Mitte des 13. Jhs. erwuchsen die Meinungsverschiedenheiten zwischen papsttreuen Guelfen und kaisertreuen Ghibellinen. Sie bekämpften sich fast ein ganzes Jahrhundert lang, ohne dass eine Partei einen eindeutigen Sieg erringen konnte. Mitten in diese hochexplosive Zeit hinein wurden der revolutionäre Maler Giotto und der kritische Dichter Dante Alighieri geboren. Dantes Familie unterstützte die Guelfen. Als diese sich in zwei Lager spalteten – die Neri (Schwarze) und die Bianchi (Weiße) –, schlug sich Dante auf die Seite der Weißen. Leider war das die falsche Entscheidung: 1302 wurde er für immer aus seinem geliebten Florenz verbannt.

1348 brach die Pest aus und raffte fast die Hälfte der Bevölkerung von Florenz dahin. Die Ära der Medici begann in Florenz 1434, als der Kunstmäzen Cosimo der Ältere (Cosimo de' Medici) an die Macht kam. Mit

DREI PERFEKTE TAGE

Tag 1: Auf Davids Spuren

Immer dem berühmten nackten Mann nach: Den Anfang macht Michelangelos Original in der **Galleria dell'Accademia** (S. 78), dann winkt die berühmte Kopie auf der **Piazza della Signoria** (S. 70), schließlich warten im **Museo del Bargello** (S. 81) die Versionen von Donatello und Andrea Verrocchio. Zudem wollen noch Werke Michelangelos in der **Biblioteca Medicea Laurenziana** (S. 77), der **Basilica di Santo Spirito** (S. 84) und dem **Museo delle Cappelle Medicee** (S. 77) bestaunt werden und zum Sonnenuntergang geht's auf den **Piazzale Michelangelo** (S. 91).

Tag 2: Beiderseits des Arnos

Der Vormittag gehört den **Uffizien** (S. 61). Wer gebucht hat, kann dann die Führung durch den **Vasari-Korridor** (S. 85) mitmachen, alternativ bietet sich der Stadtspaziergang (S. 93) mit Schaufensterbummel in der **Via de' Tornabuoni** (S. 73) und ein Trüffel-*panino* bei **Procacci** (S. 111) an. Um 19 Uhr ist Zeit für einen *aperitivo* mit Florentiner Hipstern und Gin-Cocktails bei **Ditta Artigianale** (S. 115). Zum Essen geht es schließlich einmal über den Arno an die **Piazza della Passera** (S. 107).

Tag 3: Kunst, nein danke!

Der Tag beginnt mit einem Frühstück im **Caffè Rivoire** (S. 112) an der Piazza della Signoria. Dann geht's ins **Gucci Museo** (S. 72) und am Fluss verzaubert das **Museo Galileo** (S. 72). Nach dem Gang über den **Ponte Vecchio** (S. 84) ist es Zeit für einen Mittagsimbiss an der **Piazza Santa Spirito** (S. 108), gefolgt von einem Verdauungsspaziergang zum **Palazzo Pitti** (S. 86), hinter dem sich der **Giardino di Boboli** (S. 89) ausbreitet. Wenn es beginnt zu dämmern, geht es in östlicher Richtung nach San Niccolò zum Essen im **La Bottega del Buon Caffè** (S. 108).

Highlights

1 Die weltbeste Sammlung von Renaissance-Gemälden in den **Uffizien** besuchen (S. 61).

2 In Brunelleschis **Kuppel** (S. 66) klettern, die krönende Pracht des **Doms** von Florenz (S. 66).

3 Sich im **Museo di San Marco** (S. 79) von der Genialität Fra Angelicos überzeugen. Kein Fresko bringt den humanistischen Geist der Renaissance besser zum Ausdruck als seine *Verkündigung*.

4 Plastische Grabmale von Florentiner Berühmtheiten und eine herrliche Kapelle von Brunelleschi in der **Basilica di Santa Croce** bewundern (S. 81).

5 Zum **Piazzale Michelangelo** (S. 91) hinaufstapfen, um mal wieder eine Kopie des *David* zu sehen – und den herrlichsten Sonnenuntergang und das prächtigste Panorama der Stadt.

6 Der Großstadthitze in Olivenhaine und römische Ruinen in **Fiesole** entfliehen; Mittagessen im **La Reggia degli Etruschi** (S. 97) und eine von Giovanni geführte Radtour zurück in die Stadt bei Sonnenuntergang erleben.

7 Im zeitlosen **Caffè Giacosa** (S. 112), im Trendort **Ditta Artigianale** (S. 115) oder in einem Café in einer der Seitenstraßen im Künstlerviertel **Oltrarno** (S. 83) in die Café-Kultur von Florenz eintauchen.

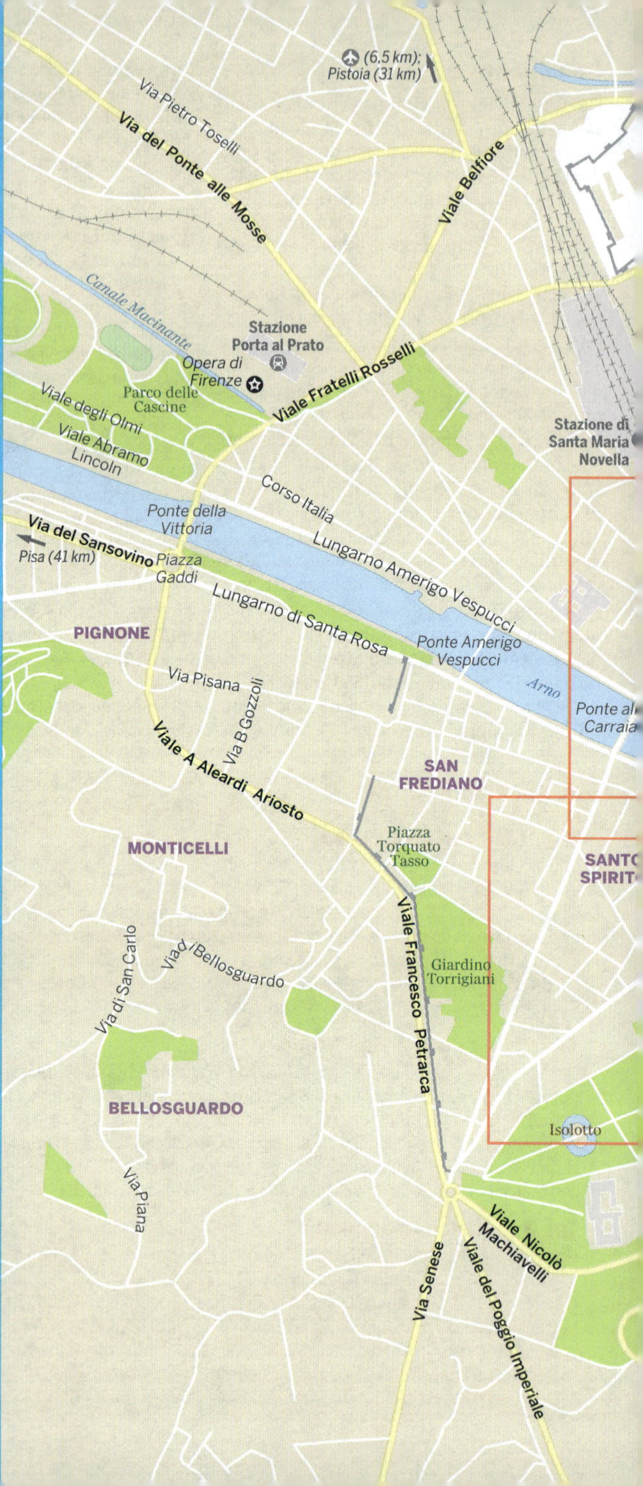

Fiesole 6
(5 km)
Piazza della Libertà
0
400 m
ale Filippo Strozzi
rtezza Basso
Viale Spartaco Lavagnini
Viale Giacomo Matteotti
Piazza Savonarola
s. Karte San Lorenzo & San Marco (S. 78)
Piazza della Indipendenza
Giardino dei Semplici
Giardino della Gherardesca
3 Museo di San Marco
s. Karte Duomo & Santa Maria Novella (S. 68)
s. Karte Santa Croce (S. 82)
Duomo 2
SANTA CROCE
Caffè Giacosa 7
Piazza C Beccaria
Basilica di Santa Croce 4
Ponte Santa Trinità
Uffizien 1
7 Ditta Artigianale
7 Cafékultur in Oltrarno
Ponte alle Grazie
Lungarno Serristori
Lungarno Benvenuto Cellini
Ponte S Niccolò
Piazza F Ferrucci
Giardino Bardini (Bardini-Garten)
Piazzale Michelangelo 5
Viale Michelangelo
Giardino di oboli (Boboli-Garten)
s. Karte Oltrarno (S. 86)
SAN NICCOLÒ
MONTE ALLE CROCI
Basilica di San Miniato al Monte
Viale Galileo Galilei
Via della Torre del Gallo
Viale Nicolò Machiavelli
Viale Michelangelo

seinem Riecher für Begabung und einem enormen Feingefühl im Umgang mit Künstlern brachte er Genies wie Alberti, Brunelleschi, Luca della Robbia, Fra Angelico, Donatello und Fra Filippo Lippi zur Entfaltung.

Unter der Herrschaft von Cosimos gebildetem und allseits beliebtem Enkel Lorenzo dem Prächtigen (1469–1492) entwickelte sich Florenz zum Zentrum der Renaissance (Wiedergeburt). Künstler wie Michelangelo, Botticelli und Ghirlandaio schufen ihre berühmten Werke. An Lorenzos Hof trafen sich Humanisten, die sich für die Würde und das kreative Potenzial des Menschen starkmachten. Ende des 14. Jhs. wurde in Florenz eine Philosophieschule gegründet, an der lateinische und griechische Texte studiert wurden. Musik, Literatur und die bildenden Künste standen hoch im Kurs. Kurzum: Florenz war der kulturelle Hotspot Italiens.

Diese goldene Zeit endete mit Lorenzos Tod 1492. Kurz zuvor war die Bank der Medici zusammengebrochen, zwei Jahre später musste die Familie aus Florenz fliehen. Als Antwort auf die Exzesse und die Prunksucht der Medici übernahm Girolamo Savonarola das Kommando im Stadtstaat. Der lustfeindliche Dominikanermönch zog ganz andere Seiten auf. 1497 landeten die „unmoralischen" Werke von Botticelli & Co. sowie sämtliche Luxusgüter auf dem berühmten „Scheiterhaufen der Eitelkeiten". Im Jahr darauf hatte Savonarola seine Gunst beim Volk verspielt und wurde als Ketzer verbrannt.

Die frankophilen Tendenzen der folgenden republikanischen Regierung führten zu Konflikten mit dem Papst und seinen spanischen Verbündeten. 1512 besetzten spanische Streitkräfte die Stadt, und die Medici durften zurückkehren. Mit ihrer tyrannischen Herrschaft machten sie sich wenig Freunde. Als Rom 1527 unter dem Medici-Papst Clemens VII. von Kaiser Karl V. besiegt wurde, nutzten die Florentiner die Gunst der Stunde und jagten die Medici erneut zum Teufel. Wieder zwei Jahre später wurde Florenz vom kaiserlich-päpstlichen Heer belagert und gezwungen, Lorenzos Urenkel als Herrscher zu akzeptieren. Alessandro de' Medici, ein selbstherrlicher Despot, wurde von Karl V. zum Herzog von Florenz ernannt. So hatten die Medici für weitere 200 Jahre das Sagen. Sie rissen sich in dieser Zeit fast die gesamte Toskana unter den Nagel. Mit dem Tod Cosimos I. (1537–1574) ging es für Florenz steil bergab.

Der letzte männliche Medici, Gian Gastone, starb 1737. Danach verschacherte seine Schwester Anna Maria das Großherzogtum Florenz an das Haus Habsburg-Lothringen (in dem damals die österreichische Seite dominierte). Abgesehen von einem kurzen Intermezzo unter Napoleon (von 1799 bis 1814) änderte sich lange nichts. 1860 schloss sich das Herzogtum dem neu gegründeten Königreich Italien an. Florenz konnte im Jahr darauf sogar kurzzeitig als italienische Hauptstadt glänzen, ab 1871 fiel diese Ehre dann Rom zu.

GÜNSTIG INS MUSEUM

Die **Firenze Card** (72 €) gilt 72 Stunden – im Preis inbegriffen sind der Eintritt in 70 Museen, Villen und Parks, Fahrten im kompletten städtischen Nahverkehr und kostenloses WLAN überall in der Stadt. Der Vorteil der Karte ist, dass die Wartezeiten in der Hochsaison stark verkürzt werden, denn es gibt spezielle Zugänge für Karteninhaber. Der Nachteil ist, dass nur ein Eintritt pro Museum inbegriffen ist und sehr, sehr viele Museen besucht werden müssen, um den Preis zu rechtfertigen. Zu bekommen ist die Firenze Card online (bei Ankunft in Florenz abholen), bei den Touristeninformationen und an den Kartenschaltern in den Uffizien (Eingang Nr. 2), im Palazzo Pitti, Palazzo Vecchio und Museo del Bargello, in der Cappella Brancacci, im Museo di Santa Maria Novella und in den Giardini Bardini. EU-Bürger können mit der Karte Minderjährige kostenlos mitnehmen.

Wer auf mehrere Tage verteilt in den Uffizien stöbern will, legt sich (genau wie Nicht-EU-Bürger mit Kindern) besser die Jahreskarte der **Amici degli Uffizi** (Erw./erm./Fam. mit 4 Pers. 60/40/100 €) zu. Sie gilt ein ganzes Kalenderjahr (1. Januar bis 31. Dezember) und deckt den Eintritt in 22 Museen ab (u. a. Galleria dell'Accademia, Museo del Bargello und Palazzo Pitti) – und zwar so oft man will. Bei jedem Besuch muss ein Ausweis vorgezeigt werden. Die Jahreskarte gibt's online und beim **Amici degli Uffizi Welcome Desk** (Karte S. 68; ☎ 055 28 56 10; www.amicidegliuffizi.it; Piazzale degli Uffizi 6; ⏲ Di–Sa 10–17 Uhr) in den Uffizien, gleich beim Eingang Nr. 2.

MUSEUMSTICKETS

Im Hochsommer und zu anderen Stoßzeiten (z. B. Ostern) bilden sich vor den bekanntesten Museen endlose Schlangen. Wer sich da nicht vorher Eintrittskarten besorgt hat, kann schon mal vier Stunden in der Warteschleife stehen.

Gegen eine Gebühr von 3 € pro Ticket (4 € für die Uffizien und die Galleria dell'Accademia) können Tickets für neun *musei statali* (staatliche Museen) reserviert werden, darunter die Uffizien, die Galleria dell'Accademia (wo *David* zu Hause ist), der Palazzo Pitti, das Museo del Bargello und die Medici-Kapellen (Cappelle Medicee). Eigentlich ist die Vorbestellung nur für die Uffizien und die Accademia wirklich notwendig. Wer das machen will, bucht entweder online, ruft bei **Firenze Musei** (Florentiner Museen; ☎ 055 29 48 83; www.firenzemusei.it) an oder reserviert die Karten direkt am Schalter (Di–So 8.30–19 Uhr) in den Uffizien oder dem Palazzo Pitti.

Vor den Uffizien weisen Schilder zum Gebäude gegenüber, wo die vorbestellten Tickets bereit liegen. Dann geht man zum Eingang 1 des Museums (nur mit reservierten Karten) und stellt sich dort an, um hereingelassen zu werden. Das ist zwar auch nervig, aber immer noch besser, als mehrere Stunden mit Schlangestehen zu verbringen. Tipp: Viele Hotels übernehmen Vorabreservierungen für ihre Gäste.

An jedem ersten Sonntag im Monat und am 18. Februar, dem Todestag von Anna Maria Louisa de' Medici (1667–1743), ist der Eintritt in die staatlichen Museen, einschließlich Uffizien und Galleria dell' Accademia, kostenlos. Als letztes Mitglied der Medici hat Anna Maria Louisa all ihre Kunstschätze der Stadt hinterlassen.

EU-Bürger unter 18 und über 65 Jahre kommen kostenlos in alle staatlichen Museen in Florenz, 18- und 25-Jährige zahlen die Hälfte. Also immer den Ausweis einstecken! Gut zu wissen: Eintrittskarten werden meist bis 30 Minuten vor Schließung des Museums verkauft.

Im Zweiten Weltkrieg wüteten die bereits auf dem Rückzug befindlichen deutschen Truppen in Florenz und sprengten sämtliche Brücken mit Ausnahme des Ponte Vecchio. 1966 erlebte die Stadt eine Hochwasserkatastrophe, die vielen Gebäuden und Kunstwerken unermessliche Schäden zufügte. Seit 1997 werden die weltweit einzigartigen Uffizien trotz einiger Widerstände enorm erweitert – im Rahmen eines 65-Millionen-Euro-Projekts, das den Namen „Neue Uffizien" trägt. Ein Ende der Baumaßnahmen ist nicht abzusehen.

Sehenswertes & Aktivitäten

Der Reichtum an Museen und Galerien ist überwältigend: Florenz zeigt die weltweit besten und spektakulärsten Beispiele der Renaissancekunst. Auch für die Architektur gibt es nur eine Beschreibung: einzigartig! Besucher sollten nicht dem Druck erliegen, alles sehen zu müssen. Es ist viel besser, sich persönliche Favoriten herauszupicken und diese mit entspannten Streifzügen durch das malerische Straßenlabyrinth und gelegentlichen Pausen in einem Café und einer *enoteca* (Weinbar) zu kombinieren.

In den Kirchen wird streng auf korrekte Kleidung geachtet: keine Shorts, ärmellosen Tops oder tiefen Ausschnitte. Fotografieren ohne Blitz ist in Museen erlaubt, der Selfie-Stick bleibt aber besser zu Hause.

Duomo bis Piazza della Signoria

Zwischen dem Dom und der von Cafés gesäumten Piazza della Signoria schlägt das geografische, historische und kulturelle Herz der Stadt – und hier liegen auch die Top-Sehenswürdigkeiten.

★ Galleria degli Uffizi KUNSTMUSEUM

(Uffizien; Karte S. 68; www.uffizi.firenze.it; Piazzale degli Uffizi 6; Erw./erm. 8/4 €, inkl. Wechselausstellungen 12,50/6,25 €; ⏲ Di–So 8.15–18.50 Uhr) Der riesige, u-förmige Palazzo degli Uffizi, der zwischen 1560 und 1580 als Regierungsgebäude erbaut wurde, beherbergt die größte Sammlung italienischer Renaissancekunst der Welt. Die Medici-Familie hat der Stadt die Sammlung 1743 unter der Bedingung vermacht, dass sie Florenz niemals verlassen dürfe. Zu ihr gehören einige der bekanntesten Gemälde Italiens, wie die von Piero della Francesco gemalten Porträts des Herzogs und der Herzogin von Urbino im Profil sowie ein ganzer Raum mit Werken von Sandro Botticelli.

Das Kunstmuseum wird gerade für 65 Millionen Euro umgebaut (die Neuen Uffi-

Die Uffizien

EINE REISE IN DIE RENAISSANCE

Die Orientierung in der chronologisch angeordneten Kunstsammlung der Uffizien ist leicht. Schwieriger ist es, zu entscheiden, welches der 1500 Meisterwerke man sehen möchte. Kaum sind Mantel und Rucksack im Erdgeschoss abgegeben und durch Übersichtsplan und Audioguide ersetzt, kommt einem beim Aufstieg über die grandiose, büstengesäumte Treppe die toskanische Baukunst des 16. Jhs. mit voller Wucht entgegen.

Vier Stunden sollte man für diese Reise in die Vergangenheit einplanen. Am oberen Ende der Treppe, hinter der Kartenkontrolle, öffnet sich nach links in südlicher Richtung zum Arno hin der erste Korridor in seiner ganzen Pracht. Von dort zweigt Saal 2 ab, wo mit den Altarbildern von **Giotto** ❶ & Co. die ersten Schritte hin zu einer eigenen toskanischen Schule zu bewundern sind. Weiter geht es quer durch die Kunst des Mittelalters Richtung Saal 8 mit **Piero della Francescas** ❷ weltberühmter Porträtmalerei, wobei die verspielten **Deckengemälde** ❸ im Korridor ebenfalls einen Blick wert sind. Nach den Renaissance-Stars **Botticelli** ❹ und **da Vinci** ❺, mäandert man an der Tribuna (möglicher Abstecher) vorbei. Die Panoramafenster des **Zweiten Korridors** ❻ geben eine Aussicht frei, die vom Arno mit Ponte Vecchio und vier weiteren Brücken bis zu den Apuanischen Alpen am Horizont reicht. Im dritten Korridor lohnt es sich, zwischen Saal 25 und Saal 34 einen Blick in den geheimnisvollen Corridoio Vasariano zu werfen. Zum Abschluss wartet noch ein Höhepunkt; der Meister der Hochrenaissance **Michelangelo** ❼.

Ognissanti-Madonna
Saal 2

Der scheue Blick, das zarte Erröten und die wohlgeformte Brust lassen Giottos *Maestà* (1310) im Vergleich zu den Werken Duccios und Cimabues menschlicher und femininer erscheinen.

Porträts des Herzogs & der Herzogin von Urbino
Saal 8

Piero della Francesca hat in seinen kompromisslos realistischen Porträts keine Warze ausgelassen. Die Gemälde im DIN-A-3-Format waren für einen tragbaren Klapprahmen gedacht.

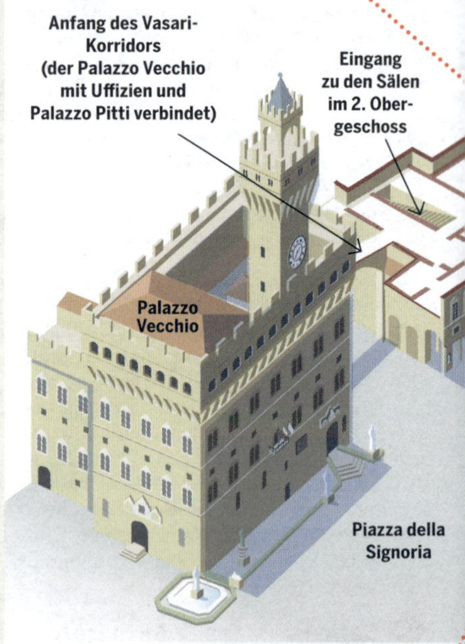

Die grotesken Deckenfresken
Primo Corridoio

Phantasiemonster und Groteskes (z. B. der Satyr mit dem Pfeil vor Saal 15) lohnen einen Blick hinauf zu den fabelhaften Deckenfresken (1581).

JUERGEN RICHTER/GETTY IMAGES ©

Das Genie des Botticelli

Saal 10–14

Dass Botticellis *Auffindung des enthaupteten Holofernes* (ca. 1470) so klein ist, macht das Meisterwerk der Frührenaissance umso beeindruckender. Wer genau hinsieht, entdeckt den Künstler auf der *Anbetung der Heiligen drei Könige* (1475).

BETHUNE CARMICHAEL/GETTY IMAGES ©

Blick auf den Arno

Aus den Fenstern des kurzen Korridors – ein architektonisches Meisterwerk – öffnet sich ein Blick auf die Stadt. Im Hintergrund ist einer von 73 Türmen des äußeren Verteidigungsrings zu erkennen, der Florenz und seine 15 Stadttore schützte.

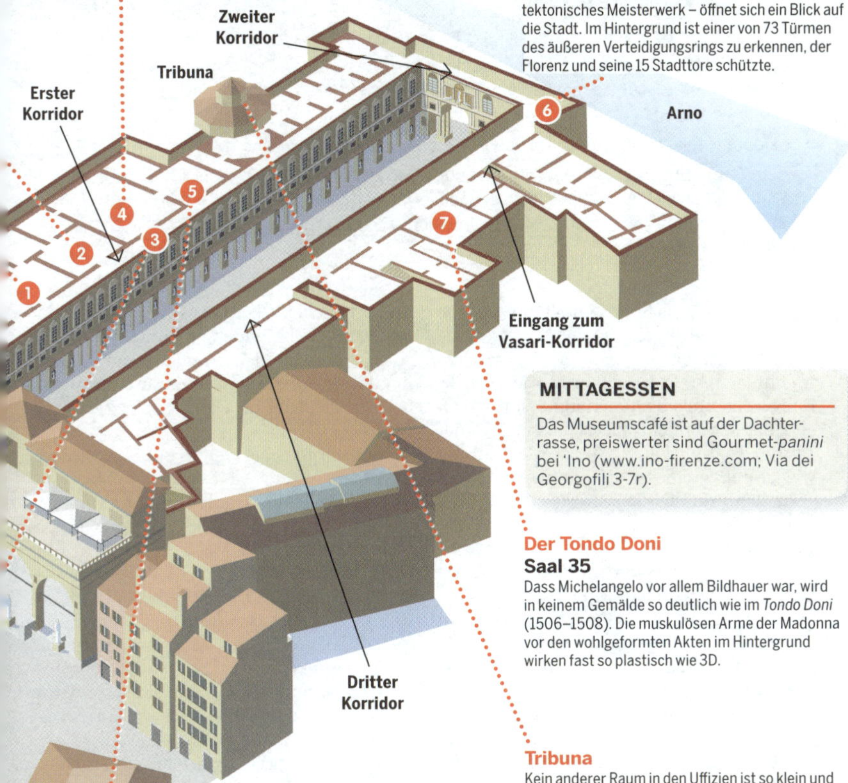

MITTAGESSEN

Das Museumscafé ist auf der Dachterrasse, preiswerter sind Gourmet-*panini* bei 'Ino (www.ino-firenze.com; Via dei Georgofili 3-7r).

Der Tondo Doni

Saal 35

Dass Michelangelo vor allem Bildhauer war, wird in keinem Gemälde so deutlich wie im *Tondo Doni* (1506–1508). Die muskulösen Arme der Madonna vor den wohlgeformten Akten im Hintergrund wirken fast so plastisch wie 3D.

Tribuna

Kein anderer Raum in den Uffizien ist so klein und so exquisit! Die Tribuna wurde als „Schatzkammer" für den Großherzog Francesco angelegt; die darin aufgestellte Medici-Venus gehört zu den Highlights.

Verkündigung

Saal 15

Die meisterhafte Darstellung einer toskanischen Landschaft (ca. 1475–80) gehört zu den wenigen Werken da Vincis, die heute noch in Florenz zu sehen sind.

ÜBRIGENS

Die Sammlung der Uffizien umfasst Werke aus dem 13. bis 18. Jh.; einmalig ist vor allem die Renaissance-Sammlung (15./16. Jh.).

DEA PICTURE LIBRARY/GETTY IMAGES ©

SCHLAUE VORAUSPLANUNG

- Sparfüchse gehen am ersten Sonntag im Monat in die staatlichen Museen, wenn dort der Eintritt nichts kostet (auch Uffizien und Galleria dell' Accademia).
- Warteschlangen umgeht, wer Tickets für die Uffizien und die Galleria dell' Accademia im Voraus bucht.
- Eine Führung durch den Vasari-Korridor reservieren, ebenso wie für die Cappella Brancacci und die Cappella dei Magi.
- Familienfreundliche Führungen und/oder Kunstworkshops im Palazzo Vecchio und dem Museo Novecento buchen.
- Tickets für das Maggio Musicale Fiorentino im Frühjahr kaufen.
- Die Uffizien, die Galleria dell' Accademia und die meisten anderen staatlichen Museen sind montags geschlossen – perfekt, um einem Geheimtipp zu folgen und das Museo di Orsanmichele zu besuchen.
- Donnerstagsabends gibt es (kostenlos) moderne Kunst im Palazzo Strozzi.
- Ein Ticket für alle Sehenswürdigkeiten des Domes: Cripta Santa Reparata, Campanile, Cupola del Brunelleschi, Battistero di San Giovanni, Museo dell' Opera del Duomo, zusammen bekannt als Il Grande Museo del Duomo. Verkauf an der Piazza di San Giovanni 7, gültig für 24 Stunden.

zien), wodurch sich die Ausstellungsfläche verdoppeln wird und ein neuer Ausgangsbereich entsteht, der von dem japanischen Architekten Arato Isozaki entworfen wurde. Einige der umgebauten Räume sind geöffnet. Bis das Projekt abgeschlossen ist (der Termin ist unbekannt), muss aber immer wieder mit geschlossenen Räumen oder umgestellten Ausstellungsstücken gerechnet werden.

Die weltberühmte Sammlung ist chronologisch angeordnet und umfasst die ganze Bandbreite der Kunstgeschichte, von Skulpturen aus dem antiken Griechenland bis zu venezianischen Gemälden aus dem 18. Jh. Der Kern besteht aber aus ihren Renaissancewerken.

Für die Uffizien sollte man drei bis vier Stunden einplanen. Wer eine Pause braucht, tankt im Café auf der Dachterrasse (bzw. den hängenden Gärten, von wo die Medici den Musikkonzerten auf dem Platz vor dem Haus lauschten) frische Luft und genießt den Ausblick.

➡ *Toskanische Meister: 13. bis 14. Jh.*

Im *Primo Corridoio* (erster Korridor) im 2. Stock stehen die ersten sieben Räume, die zur Zeit der Recherchen zum Buch geschlossen waren, ganz im Zeichen der toskanischen Kunst vor der Renaissance. Zu den sienesischen Werken aus dem 13. Jh. gehören drei große Altaraufsätze von Duccio di Buoninsegna, Cimabue und Giotto. Sie standen ursprünglich in Florentiner Kirchen und zeigen den Übergang von der Gotik zur Renaissance besonders deutlich. Auffällig sind die naturalistisch-realistischen Züge in Giottos Porträt der Jungfrau Maria und bei den Heiligen im Gemälde *Madonna di Ognissanti*.

Im nächsten Saal geht es mit Sienesischer Kunst des 14. Jhs. weiter. Das Highlight ist Simone Martinis schillernde *Annunciazione* (Verkündigung, 1333), bei der Lippo Memmi mithalf und Maria in ein Meer von Gold getaucht wurde. Ebenfalls sehenswert ist Pietro Lorenzettis Triptychon *Madonna in trono con il Bambino in trono e otto angeli* (Madonna mit Kind und Heiligen, 1340), das an Giotto erinnernde, realistische Einschläge aufweist. Leider starben Pietro Lorenzetti und sein ebenfalls malender Bruder Ambrogio 1348 in Siena an der Pest.

Die florentinischen Meister des 14. Jhs. zeigten ähnliche Detailverliebtheit wie ihre sienesischen Kollegen, z. B. bei der *Pietà di San Reminio* (1360–1365) des begabten Giotto-Schülers Giottino. Wieder bestechen der Realismus und der verschwenderische Einsatz von Blattgold.

➡ *Wegbereiter der Renaissance*

In Saal 8 hängen Piero della Francescas berühmte Profilporträts (1465) des hakennasigen, rot gewandeten Herzogs von Urbino und seiner Gattin. Hier lässt sich schon humanistisches Gedankengut erkennen: Den Herzog malte della Francesca von der linken Seite, da er bei einem Turnier sein rechtes Auge verloren hatte, und die Herzogin ist leichenblass – ein Hinweis darauf, dass das Porträt posthum entstand. Reizvoll ist auch die Außenseite des Diptychons, auf der Herzog und Herzogin mit den Tugenden verewigt dargestellt werden.

Der Karmelitermönch Fra Filippo Lippi hatte einen unglücklichen Hang zu irdischen Vergnügungen und skandalöserweise eine Nonne aus Prato geheiratet. In seinem Selbstporträt *Incoronazione Maringhi* (Marienkrönung, 1439–1447) stellt er sich als pummeligen Bettelmönch dar. Sehenswert ist auch sein späteres Werk *Madonna con Bambino e due angeli* (Madonna und Kind mit zwei Engeln, 1460–1465), ein herausragendes Bild, das deutlich seinen Schüler Sandro Botticelli beeinflusste.

Saal 9 gehört wieder einem verwandten Paar, nämlich den Brüdern Antonio und Piero del Pollaiolo. Ihre Darstellungen der vier Kardinal- und drei göttlichen Tugenden strahlen wahre Energie aus und waren damals für das Handelsgericht an der Piazza della Signoria entstanden. Eher gemessen wirkt dagegen Pieros *Porträt von Galeazzo Maria Sforza* (1471).

Ein Gemälde aus der Tugenden-Reihe stammt nicht von den Pollaiolos: *Tapferkeit* (1470) ist Botticellis erste nachgewiesene Arbeit.

➡ Botticelli-Saal

Die spektakuläre Sala del Botticelli (Saal 10 bis 14, aber eigentlich nur ein großer Saal) gehört zu den großen Attraktionen der Uffizien und wird entsprechend belagert. Von den 15 Arbeiten des für seine ätherischen Schönheiten bekannten Renaissancestars sind *La nascita di Venere* (Geburt der Venus, um 1485), *Primavera* (Frühling; um 1482), die sehr vergeistigte *Annunciazione di Cestello* (Cestello-Verkündigung, 1489–1490), die *Adorazione dei Magi* (Anbetung der Könige, 1475) mit einem Selbstbildnis des Künstlers (der blonde, gelb gekleidete Jüngling ganz rechts außen) und die *Madonna del Magnificat* (1483) die berühmtesten. Manche Kenner bevorzugen die beiden Miniaturen: Die eine zeigt die schwertschwingende Judith, die aus Holofernes' Zelt zurückkehrt, die andere die Entdeckung des geköpften Holofernes (1495–1500).

➡ Leonardo-Saal

In Saal 15 warten drei frühe florentinische Arbeiten von Leonardo da Vinci: die unvollendete Rötelzeichnung *Adorazione dei Magi* (Anbetung der Könige, 1481–1482; zum Zeitpunkt der Recherche für Restaurierungsarbeiten abgehängt), seine *Annunciazione* (Verkündigung, 1475–1480) und *Die Taufe Christi* (1470–1475).

➡ La Tribuna

Ihre wertvollsten Kunstkleinodien versteckten die Medici in dieser exquisiten, achteckigen Schatzkammer (Saal 18), die Francesco I. zwischen 1581 und 1586 bauen ließ. Der originalgetreu restaurierte Raum beeindruckt heute wie damals mit seinen karmesinroten Seidentapeten und der mit 6000 Perlmuttschalen dekorierten roten Kuppel. Er enthält eine kleine Sammlung klassischer Skulpturen und Bilder.

➡ Von der Hochrenaissance zum Manierismus

Vom Secondo Corridoio (zweiter Korridor oder Loggia) bietet sich ein herrlicher Blick auf Florenz, bevor es weiter in den Terzo Corridoio (dritter Korridor) geht. Die Säle 24 bis 34 waren während unseres Besuchs wegen umfangreicher Ausbau- und Umstrukturierungsarbeiten geschlossen.

Michelangelos überwältigendes *Tondo Doni,* auf dem die Heilige Familie zu sehen ist, ist das Zugpferd der Hochrenaissanceausstellung in Saal 35. Die lebhaften Farben dieser ungewöhnlichen Komposition – Josef hält einen quirligen Jesus auf der muskulösen Schulter seiner Mutter, während sie sich zu ihm dreht und ihn anschaut – wirken so frisch, als wären sie nicht 1504–1506, sondern erst gestern aufgetragen worden. Ursprünglich gehörte das Bild dem reichen florentinischen Tuchhändler Agnolo Doni (der es sich übers Bett hing), wurde aber 1594 von den Medici für den Palazzo Pitti gekauft.

ℹ WENIGER BEKANNTE PERLEN

Wem der Massenandrang in den Uffizien, am Ponte Vecchio und zu Füßen des *David* zu viel wird, der flüchtet einfach zu nicht ganz so populären Attraktionen wie den Palazzo Strozzi (erstklassige Ausstellungen), Museo del Bargello (Werke aus Michelangelos Frühphase), Chiesa di Orsanmichele (mittelalterliche Skulpturen), Biblioteca Medicea Laurenziana (Michelangelo-Treppe), Museo Marino Marini (Rucellai-Kapelle) und Chiesa di Santa Trinità (Fresken).

➡ *Säle der ersten Etage*

Im Rahmen des derzeitigen riesigen Erweiterungsprojekts wurden die Räumlichkeiten bereits um 1800 m² vergrößert. In der ersten Etage (Säle 46 bis 55) befindet sich die Sammlung ausländischer Künstler des 16. bis 18. Jhs. mit Werken von Rembrandt (Saal 49), Rubens und van Dyck (Saal 55). Die nächsten zehn Säle widmen sich antiken Skulpturen, bevor es zurück ins 16. Jh. geht, zu den Künstlern Andrea del Sarto (Säle 57 und 58) und Raphael (Saal 66), dessen *Madonna del cardellino* (Madonna mit dem Stieglitz, 1505–1506) allen die Show stiehlt. Raphael malte das Gemälde während seines vierjährigen Aufenthalts in Florenz.

Die Säle 90 bis 94 zeigen Werke von Caravaggio, die zu seiner Zeit wegen der unverblümten Darstellung der Realität als vulgär verschrien waren. Der *Kopf der Medusa* (1598–1599) wurde für ein Zeremonienschild in Auftrag gegeben und ist wahrscheinlich ein Selbstporträt des jungen Künstlers, der mit 39 starb. Das biblische Drama in Caravaggios *Die Opferung* (1601–1602) ist grandios in seiner Intensität: ein Engel, der die Hand Abrahams hält, während dieser seinem Sohn Isaak das Messer an die Kehle drückt.

★ Duomo — DOM

(Cattedrale di Santa Maria del Fiore; Karte S. 68; www.operaduomo.firenze.it; Piazza del Duomo; ⏲ Mo–Mi & Fr 10–17, Do bis 16.30, Sa bis 16.45, So 13.30–16.45 Uhr) GRATIS Der Dom ist das Wahrzeichen von Florenz und prägt das mittelalterliche Stadtbild. Gekrönt von Filippo Brunelleschis rot gedeckter Kuppel fasziniert der Bau durch seine rosa, weiße und grüne Marmorfassade und den anmutigen *campanile* (Glockenturm). Arnolfo di Cambio, ein Architekt aus Siena, hatte 1296 mit dem Bau begonnen. Es dauerte fast 150 Jahre, bis der Dom vollendet war. Eingeweiht wurde der Dom erst 1436. Im hallenden Inneren sind Fresken von Vasari und Zuccari zu sehen sowie bis zu 44 Buntglasfenster.

Die neogotische Fassade des Doms hat der Architekt Emilio de Fabris im 19. Jh. als Ersatz für das unvollendete Original entworfen, das im 16. Jh. abgerissen worden war. Der älteste und deutlich gotische Teil des Doms ist die Südseite mit der Porta dei Canonici (Stifterpforte und Eingang für den Aufstieg zur Kuppel), die Mitte des 14. Jhs. entstand.

Nach der spektakulären Fassade und Kuppel wirkt der großzügige, 155 m lange und 90 m breite Innenraum des Doms überraschend karg. Die meisten Kunstschätze wurden je nach Zeitgeschmack irgendwann ausgewechselt und können im glänzend neuen Grande Museo del Duomo besichtigt werden. An manchen Stellen wirkt die Einrichtung fast weltlich und erinnert daran, dass große Teile des Doms nicht von der Kirche finanziert wurden: Auf den beiden gewaltigen Fresken mit Reiterstatuen im linken Seitenschiff sind zwei *condottieri* (Söldnerführer) zu sehen – links Niccolò da Tolentino, gemalt von Andrea del Castagno (1456), und rechts Sir John Hawkwood, der im 14. Jh. für Florenz gekämpft hat und von Uccello verewigt wurde (1436).

In der **Sagrestia delle Messe** (Sakristei) zwischen dem (linken) Nordarm des Querschiffs und der Apsis sticht die außergewöhnlich schöne Holzverkleidung mit Intarsien von Benedetto und Giuliano da Maiano ins Auge. Die Bronzetüren stammen von Luca della Robbia, der, soweit bekannt, sonst nie mit diesem Material gearbeitet hat. Über dem Eingang hängt seine *Resurrezione* (Auferstehung) aus glasiertem Ton.

Nicht weit vom Haupteingang führt eine Treppe hinunter zur **Cripta Santa Reparata** (Krypta), wo zwischen 1965 und 1974 Teile der Vorgängerkirche Chiesa di Santa Reparata aus dem 5. Jh. ausgegraben wurden.

★ Cupola del Brunelleschi — WAHRZEICHEN

(Brunelleschis Kuppel; Karte S. 68; www.operaduomo.firenze.it; Duomo, Piazza del Duomo; Erw./Kind inkl. Campanile & Baptisterium 15/3 €; ⏲ Mo–Fr 8.30–19, Sa bis 17.40 Uhr) Als Michelangelo mit der Arbeit am Petersdom in Rom begann, soll er gesagt haben: „Ich werde eine größere, aber keine schönere Kuppel bauen." Die Domkuppel ist wirklich eines der baulich wie künstlerisch beeindruckendsten Werke der Renaissance und den Aufstieg über eine Innentreppe mit 463 Steinstufen auf jeden Fall wert. Sie wurde von 1420 bis 1436 nach einem Entwurf von Filippo Brunelleschi gebaut und ist umwerfende 91 m hoch und 45,5 m breit.

Er hatte das Pantheon in Rom genau studiert und dann eine ganz neue technische Lösung entwickelt: Auf den achteckigen Vierungsgrundriss setzte er einen Tambour (zylinderförmige Mauer), sodass das Gewicht der Kuppel nicht auf dem Langhausdach lastet. Darüber errichtete er eine Rippenkonstruktion, die er anschließend mit einer äußeren und einer inneren ovalen Gewölbeschale bedeckte – dadurch konnten seine Arbeiter auf ein Holzgerüst verzichten. Sie vermauerten über 4 Mio. Steine, die in horizontalen Kreisen um die Rippen gelegt wurden.

Der Aufstieg über die Wendeltreppe ist steil. Wer zu Platzangst neigt, sollte lieber darauf verzichten. Alle, die sich daran wagen, sollten auf der Balustrade eine Pause einlegen und den Blick von oben auf den achteckigen Chor und die sieben runden Buntglasfenster des Tambours genießen, welche von Donatello, Andrea del Castagno, Paolo Uccello und Lorenzo Ghiberti stammen.

Der Blick nach oben fällt auf berauschend schöne Fresken, die den *Giudizio Universale* (Jüngstes Gericht) darstellen und Ende des 16. Jhs. von Giorgio Vasari und Federico Zuccari gemalt wurden.

Unterwegs zeigt sich durch die schmalen Fenster immer wieder mal ein Ausschnitt von Florenz. Und am Ende des letzten, steilen Treppentrakts in der Wölbung der Innenschale wartet dann die Belohnung: das 360-Grad-Panorama einer der schönsten Städte Europas.

Eintrittskarten gibt es an der Domkasse an der Piazza San Giovanni 7, gegenüber vom Nordeingang der Taufkapelle.

★Campanile GLOCKENTURM

(Karte S. 68; www.operaduomo.firenze.it; Piazza del Duomo; Erw./Kind inkl. Domkuppel & Baptisterium 15/3 €; ⌚8.30–19.30 Uhr) Die 414 Stufen hinauf auf den 85 m hohen *campanile* des Doms, der 1334 von Giotto begonnen wurde, werden am Ende mit einem atemberaubenden Stadtpanorama belohnt. Beim untersten Reliefband um das Fundament der raffinierten gotischen Fassade handelt es sich um Kopien von Pisanos Darstellung der Erschaffung des Menschen und der *attività umane* (Künste und Handwerke). In der zweiten Reliefreihe sind die Planeten, die Kardinaltugenden, die Künste und die sieben Sakramente dargestellt. Die Skulpturen von Propheten und Sibyllen in den Nischen der oberen Stockwerke sind Kopien von Werken Donatellos und anderer Meister.

★Grande Museo del Duomo MUSEUM

(Dommuseum; Karte S. 68; www.ilgrandemuseodelduomo.it; Piazza del Duomo 9; Erw./Kind inkl. Campanile, Kuppel & Baptisterium 15/3 €; ⌚9–19 Uhr) Das eindrucksvolle Museum beherbergt heilige und liturgische Schätze aus Dom, Baptisterium und Glockenturm. Zu den beeindruckenden Highlights gehören das Meisterstück *Porta del Paradiso* (Paradiespforte) von Ghiberti aus dem 15. Jh. – eine glänzend vergoldete, 16 m hohe Bronzetür für den Osteingang zum Baptisterium – sowie alle Werke, die er für den Nordeingang schuf. Das berühmteste Stück ist *La Pietà* von Michelangelo, das er mit fast 80 Jahren ursprünglich für sein Grab gestaltete.

In Giorgio Vasaris *Künstlerbiographien* steht, dass Michelangelo so frustriert von seinem noch unfertigen Werk und der Marmorqualität war, dass er wutentbrannt den Arm und das linke Bein Jesu zertrümmerte. Einer seiner Schüler brachte das später wieder in Ordnung und vollendete die *Pietà*.

Der spektakuläre Hauptsaal des Museums, der **Raum der ersten Fassade**, wird von einer Rekonstruktion der Originalfassade des Doms von Florenz dominiert. Sie wird von rund 40 aus Stein gehauenen Statuen aus dem 14. und dem frühen 15 Jh. verziert. Angeführt von Arnolfo di Cambio begann die Arbeit daran 1296, wurde aber nie vollendet. 1586 wurde die Fassade schließlich abgetragen.

Im Raum über Brunelleschis Dom können Besucher die Werkzeuge bewundern, mit denen im 15. Jh. die bahnbrechende Kuppel der Kathedrale gebaut wurde. Auch die Totenmaske von Brunelleschi ist hier zu sehen.

Interessant sind auch die zwei außerordentlich schön geschnitzten *cantorie* (Orgelemporen) von Donatello und Luca della Robbia. Sie standen früher in der Sakristei des Doms und zeigen spielende Kinder und Musikanten, die die fromme Feierlichkeit damals sicher etwas auflockerten. Ebenfalls beachtenswert ist Donatellos hagere, unendlich traurige Maria Magdalena aus Holz im selben Raum, die aus seiner Spätperiode stammt.

Battistero di San Giovanni WAHRZEICHEN

(Baptisterium; Karte S. 68; Piazza di San Giovanni; Erw./Kind inkl. Kuppel, Campanile & Museum 15/3 €; ⌚Mo–Sa 8.15–10.15 & 11.15–19, So & 1. Sa im Monat 8.30–14 Uhr) Dieses romanische Baptisterium aus dem 11. Jh. ist ein achteckiger, mit Streifen von grünem und weißem Marmor verzierter Bau mit drei Portalpaaren, deren Fächer die Geschichte der Menschheit und deren Erlösung nacherzählen. Am berühmtesten sind die vergoldeten Bronzetüren von Lorenzo Ghiberti am östlichen Eingang, die *Porta del Paradiso* (Paradiespforte). Heute sind hier nur Kopien zu sehen – die Originale stehen im Grande Museo del Duomo.

Duomo & Santa Maria Novella

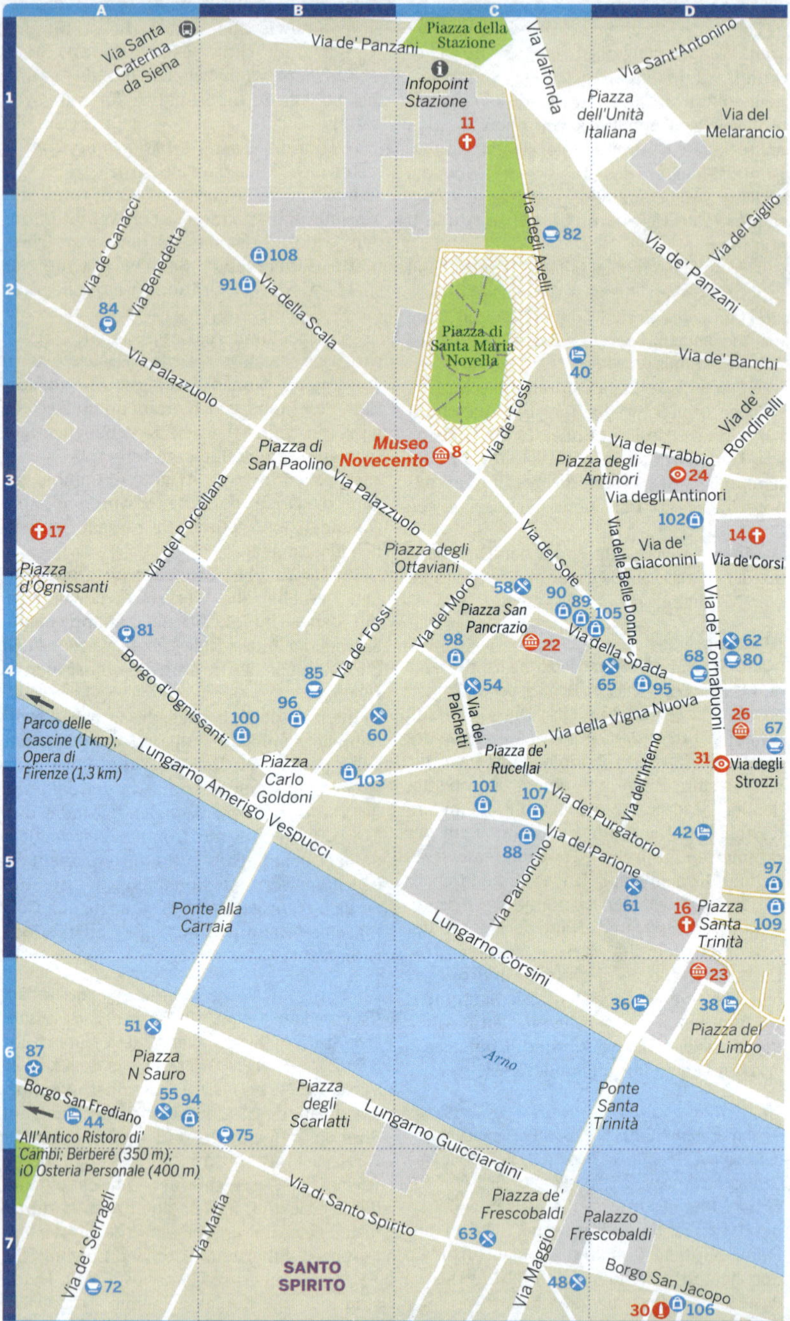

FLORENZ

0
100 m
E
F
G
H
1
2
3
4
5
6
7
Via Faenza
Via del Canto de' Nelli
Piazza San Lorenzo
Via dell'Ariento
Via de' Ginori
Via Cavour
Via de' Gori
Museo delle Cappelle Medicee
Piazza Madonna degli Aldobrandini
Via de' Biffi
Via de' Pucci
Via de' Conti
Via dell'Alloro
Via F Zanetti
Borgo San Lorenzo
Via dei Martelli
Via Ricasoli
Via dei Servi
Grande Museo del Duomo
Eingang zur Domkuppel
Piazza di Santa Maria Maggiore
Via de' Cerretani
Cupola del Brunelleschi
Duomo
Campanile
Piazza del Cavallari
Piazza dell'Olio
Piazza di San Giovanni
Via de' Cerretani
Via de' Vecchietti
Via degli Agli
Via dei Pecori
Infopoint Bigallo
Piazza del Duomo
Via del Campanile
Piazza delle Pallottole
Via Roma
Piazza del Adimari
Via de' Tosinghi
Via della Canonica
Via delle Oche
Piazza de S Benedetto
Via dei Pescioni
Via del Campidoglio
Via de' Brunelleschi
Via de' Medici
Via dei Calzaiuoli
Piazza del Giglio
Via dello Studio
Piazza Santa Elisabetta
Vic. degli Alberighi
Via degli Strozzi
Piazza della Repubblica
Via Speziali
Via del Corso
Piazza Strozzi
Piazza de'Donati
Via del Presto
Via del Proconsolo
Via Anselmi
Via Orsanmichele
Via dei Tavolini
Via Dante Alighieri
Via Santa Margherita
Via Monalda
Via de' Sassetti
Via Pellicceria
Via de' Lamberti
Via Calimala
Via della Lana
Via 'Arte
Piazza dei Cimatori
Via dei Cimatori
Piazza de' Davanzati
Piazza de' Cerchi
Via dei Magazzini
Via Porta Rossa
Via Porta Rossa
Piazza Mercato Nuovo
Via della Condotta
Piazza San Firenze
Via del Panico
Via delle Terme
Via di Capaccio
Via Calimaruzza
Piazza della Signoria
Via del Fiordaliso
Piazza di Santa Cecilia
Via de'Gondi
Via Vacchereccia
Palazzo Vecchio – Eingang
Palazzo Vecchio
Borgo SS Apostoli
Via Por Santa Maria
Piazza Saltarelli
Via del Corno
Amici degli Uffizi Welcome Desk
Lungarno degli Acciaiuoli
Vic dell'Oro
Piazza del Pesce
Via Lambertesca
Piazza del Grano
Via dei Leoni
Via Vinegia
Piazza de' Santo Stefano
Via de' Girolami
Via dei Georgofili
Galleria degli Uffizi
Piazza Castellani
Via Castello d'Altafronte
Via de' Neri
Via Osteria del Guanto
Corridoio Vasariano
Piazza dei Giudici
1
2
3
4
5
6
7
9
10
12
13
15
18
19
20
21
25
27
28
29
32
33
34
35
37
39
41
43
45
46
47
49
50
52
53
56
57
59
64
66
69
70
71
73
74
76
77
78
79
83
86
92
93
99
104
110
111
112

Duomo & Santa Maria Novella

Highlights

1	Campanile	G3
2	Corridoio Vasariano	F7
3	Cupola del Brunelleschi	G2
4	Duomo	H3
5	Galleria degli Uffizi	G7
6	Grande Museo del Duomo	H2
7	Museo delle Cappelle Medicee	E1
8	Museo Novecento	C3
9	Palazzo Vecchio	G6

Sehenswertes

10	Basilica di San Lorenzo	F1
11	Basilica di Santa Maria Novella	C1
12	Battistero di San Giovanni	F3
13	Biblioteca Medicea Laurenziana	F1
14	Chiesa di San Gaetano	D3
15	Chiesa di Santa Margherita	H4
16	Chiesa di Santa Trinità	D5
17	Chiesa d'Ognissanti	A3
18	Chiesa e Museo di Orsanmichele	F5
19	Gucci Museo	H6
20	Museo Casa di Dante	H4
21	Museo di Palazzo Davanzati	E5
22	Museo Marino Marini	C4
23	Museo Salvatore Ferragamo	D6
24	Palazzo Antinori	D3
25	Palazzo Medici-Riccardi	G1
26	Palazzo Strozzi	D4
27	Piazza della Repubblica	F4
28	Piazza della Signoria	G6
29	Ponte Vecchio	E7
30	Torre dei Marsili	D7
31	Via de' Tornabuoni	D4

Aktivitäten, Kurse & Touren

32	ArtViva	E5
33	Florence Town	G5
34	Italy by Segway	G5

Schlafen

35	Academy Hostel	G2
36	Antica Torre di Via de' Tornabuoni 1	D6
37	Hotel Benivieni	G3
38	Hotel Cestelli	D6
39	Hotel Davanzati	E5
40	Hotel L'O	C2
41	Hotel Perseo	F2
42	Hotel Scoti	D5
43	Hotel Torre Guelfa	E6
44	Palazzo Magnani Feroni	A6
45	Palazzo Vecchietti	E4
46	Portrait Firenze	E7

Essen

47	All'Antico Vinaio	H7
48	Camillo	C7
49	Cantinetta dei Verrazzano	G5
50	Da Vinattieri	H4
51	Gelateria La Carraia	A6
52	Grom	G3
53	I Due Fratellini	G5
54	Il Latini	C4
55	Il Santo Bevitore	A6
56	'Ino	F7

Das Südportal von Andrea Pisano (1330) thematisiert das Leben Johannes' des Täufers. Mit seinem Nordportal hatte Lorenzo Ghiberti 1401 eine Ausschreibung gewonnen; auch dieses ist nur eine Kopie.

Im Taufbecken des Baptisteriums hat – neben anderen illustren Persönlichkeiten – auch Dante ein kaltes Bad genommen.

Eintrittskarten gibt es an der Domkasse an der Piazza San Giovanni 7, gegenüber dem Nordeingang des Baptisteriums.

Piazza della Signoria PIAZZA

(Karte S. 68; Piazza della Signoria) Das Zentrum des städtischen Lebens seit dem 13. Jh. – die Florentiner treffen sich hier am frühen Abend in den historischen Cafés mit Freunden zu einem *aperitivo*. Über allem thronen der **Palazzo Vecchio**, das Rathaus von Florenz, und die **Loggia dei Lanzi** aus dem 14. Jh, eine Open-Air-Galerie, die Skulpturen aus der Renaissance ausstellt, darunter Giambolognas *Der Raub der Sabinerinnen* (1583), Benvenuto Cellinis Bronze *Perseus* (1554) und Agnolo Gaddis *Sieben Tugenden* (1384-1389).

Bei jeder der zahllosen politischen Krisen haben die Florentiner sich hier versammelt, um als *parlamento* (Stimme des Volkes) Entscheidungen abzusegnen, die meist den Untergang der einen und den Aufstieg einer anderen mächtigen Dynastie bedeuteten. So wechselten sich Szenen unvorstellbaren Prunks mit Szenen ebenso unvorstellbarer Brutalität ab: Hier gingen 1497 unter dem fanatischen Prediger Savonarola Kunstschätze von unermesslichem Wert in Flammen auf, als er Bücher und Gemälde, aber auch Musikinstrumente, Spiegel, Schmuck, Gewänder und ähnlichen Luxus zum „Scheiterhaufen der Eitelkeiten" aufschichten ließ. Ein Jahr später wurde er hier selbst in Ketten gelegt und, zusammen mit zwei Anhängern, als Häretiker verbrannt.

Eine im Boden eingelassene Bronzetafel markiert den Ort beider Verbrennungen vor Ammannatis **Fontana di Nettuno** (Neptunbrunnen), den groteske Satyrn und liebliche

57	La Canova di Gustavino	G5
58	La Spada	C4
59	L'Antico Trippaio	G4
60	L'Osteria di Giovanni	B4
61	Mariano	D5
62	Obicà	D4
63	Olio & Convivium	C7
64	Osteria Il Buongustai	G5
65	Trattoria Marione	D4

Ausgehen & Nachtleben

66	Amblé	E6
67	Café Apollo	D4
68	Caffè Giacosa	D4
69	Caffè Rivoire	G6
70	Colle Bereto	E4
71	Coquinarius	G3
72	Cuculia	A7
73	Fiaschetteria Nuvoli	F3
74	Gilli	F4
	Gucci Museo Caffè	(s. 19)
75	Il Santino	B6
76	La Terrazza	F7
77	La Terrazza	F4
78	Mayday	G4
79	News Cafe	E1
80	Procacci	D4
81	Sei Divino	A4
82	Shake Café	C2
83	Slowly	E5
84	Space Club	A2
85	Todo Modo	B4
86	YAB	E5

Unterhaltung

87	La Cité	A6

Shoppen

88	Alberto Cozzi	C5
	Angela Caputi	(s. 43)
89	Aprosio & Co	C4
90	Desii Lab	C4
91	Dolce Forte	B2
92	Eataly	G2
93	Fabriano Boutique	G4
94	Francesco	A6
95	Grevi	D4
96	Il Cancello	B4
97	Il Papiro	D5
98	La Bottega Della Frutta	C4
99	La Bottega dell'Olio	E6
100	Le Gare 24	B4
101	Letizia Fiorini	C5
102	Loretta Caponi	D3
103	Marioluca Giusti	B5
104	Mercato Nuovo	F5
105	Mio Concept	D4
106	Obsequium	D7
107	Officina de' Tornabuoni	C5
108	Officina Profumo-Farmaceutica di Santa Maria Novella	B2
109	Pampaloni	D5
110	Pegna	H4
111	Penko	F2
112	Scriptorium	H1

Göttergestalten am Rand zieren. Giambolognas große Reiterstatue von Cosimo I. in der Platzmitte ist ebenso beeindruckend wie das beliebteste Fotomotiv der Piazza, die Kopie von Michelangelos *David*, der seit 1910 vor dem Westeingang zum Palazzo Vecchio Wache schiebt (das Original stand hier bis 1873). Außerdem stehen hier noch zwei Statuen von Donatello (ebenfalls Kopien), zum einen der florentinische Löwe *Marzocco* (Original im Museo del Bargello), zum anderen *Giuditta e Oloferne* (Judith und Holofernes, 1455, Original im Palazzo Vecchio).

Die Loggia dei Lanzi am südlichen Ende der Piazza wurde nach den *Lanzichenecchi* (Landsknechten) von Cosimo I. benannt, die hier stationiert waren.

★ Palazzo Vecchio MUSEUM

(Karte S. 68; ☎055 276 82 24; www.musefirenze.it; Piazza della Signoria; Museum Erw./erm. 10/8 €, Turm 10/8 €, Archäologieführung 2 €, Museum & Turm 14/12 €; ⊙Museum Sommer Fr–Mi 9–24, Do bis 14 Uhr, Winter Fr–Mi 9–19, Do bis 14 Uhr; Turm Sommer Fr–Mi 9–21, Do bis 14 Uhr, Winter Fr–Mi 10–17, Do bis 14 Uhr) Zwischen 1298 und 1314 errichtete Arnolfo di Cambio diesen Respekt gebietenden, festungsähnlichen Palazzo mit den charakteristischen Zinnen und dem 94 m hohen Turm als Regierungssitz für die *signoria* (Stadtrat). Als Sitz von Bürgermeister und Stadtrat gilt er nach wie vor als politisches Machtzentrum der Stadt. Von der Spitze der **Torre d'Arnolfo** (Turm) ergibt sich ein unvergesslicher Blick über die Dächer der Stadt.

Während ihrer kurzen Amtszeit durften die neun *priori* (Konsuln) der *signoria* im Palazzo wohnen. Da sie alle zwei Monate unter den Mitgliedern neu ausgelost wurden, herrschte ein ständiges Kommen und Gehen.

1540 machte Cosimo I. den Palazzo zu seiner Fürstenresidenz. Hier fielen alle wichtigen Entscheidungen. Vasari musste ihm die Innenräume standesgemäß aufhübschen. Besonders eindrucksvoll ist der 53 m lange und 22 m breite **Salone dei Cinquecento**, ein herrlicher Saal, der im 15. Jh. für das herrschende Consiglio dei Cinquecento (Rat der Fünfhundert) gebaut wurde. Er ist geschmückt mit wandhohen, lebensprallen Schlachtszenen, in denen Vasari und seine Gehilfen die Siege Cosimos I. über die Erzrivalen Pisa und Siena verherrlichten. Übrigens tragen die Pisaner – im Gegensatz zu den Sienesen – keine Rüstungen (wer findet auf dem Gemälde den Schiefen Turm?). Um den Starkult auf den Gipfel zu treiben, ließ sich Cosimo I. als Gott im Zentrum der prächtigen Deckengemälde darstellen; dafür musste der gute Vasari erst mal die Decke 7 m höher legen lassen. In der Rekordzeit von nur zwei Jahren (1563–1565) und mit Michelangelo als Berater stellten Vasari und seine Crew die neue Decke fertig und mit ihr die 34 mit Blattgold verzierten Gemälde – die Wirkung ist schlichtweg überwältigend. Auch Michelangelos *Genio della Vittoria* (Genius des Sieges) ziert den Saal.

Neben dem Riesensaal wartet die **Kapelle der hl. Cosmas und Damian** mit Vasaris Triptychon (1557–1558), auf dem Cosimo der Ältere in die Rolle des hl. Cosmas (rechts) und Cosimo I. in die des hl. Damian (links) schlüpft. Daran schließt sich die **Sala di Leo X** an, die Privatgemächer des Kardinals Giovanni de' Medici. Der Sohn von Lorenzo dem Prächtigen bestieg 1513 den Papstthron.

Eine Treppe höher liegen die Privatgemächer von Eleonora und ihren Dienerinnen. Auch hier ist der üppige Dekor eine einzige Lobeshymne auf die Medici. Für die Decke der **Camera Verde** (Grünes Zimmer) ließ sich Rodolfo del Ghirlandaio von Neros Domus Aurea in Rom inspirieren. Die **Sala dei Gigli** wurde nach dem Lilienfries benannt; die Blume symbolisiert die Republik Florenz. Die Sala beherbergt die Originalskulptur *Judith und Holofernes* von Donatello.

Und in der **Sala delle Carte Geografiche** (Kartenzimmer) ist Cosimos I. faszinierende Sammlung von Karten untergebracht, die die Vorstellung von der Welt im 16. Jh. widerspiegeln – von Nord- und Südpol bis hin zur Karibik.

An einem regenfreien Tag ist der Aufstieg (418 Stufen) auf die markante **Torre d'Arnolfo** die Krönung des Besuchs. Auf der Aussichtsplattform sind nur 25 Besucher zugelassen. Jeder hat 30 Minuten Zeit, das phantastische Stadtpanorama zu genießen.

Gucci Museo — MUSEUM

(Karte S. 68; www.gucci.com; Piazza della Signoria 10; Erw./Kind 7 €/frei, nach 17 Uhr 5 €; ⌚10–20, Do bis 23 Uhr) Der Eingang des Museums liegt hinter dem schicken Café und dem trendigen Souvenirshop. Es erzählt die Geschichte des Gucci-Imperiums von den ersten Reisetaschen im typischen Beige mit dem verschlungenen „GG"-Logo über die rot-grünen Streifenmuster der 1950er-Jahre bis heute. Ein Hingucker ist der strahlend weiße Cadillac Seville von 1979 mit Gucci-Bezügen und goldenen „G"s auf den Radkappen. Im letzten Raum gibt's Freizeitschuhe für Männer und Spiegel, die einem die Schäbigkeit der eigenen Latschen erbarmungslos vor Augen führen.

Piazza della Repubblica — PIAZZA

(Karte S. 68) Dort, wo einmal ein römisches Forum stand und im Mittelalter das Herz von Florenz pochte, entstand in den 1880er-Jahren dieser zentrale Platz. Er war damals Teil eines umstrittenen Stadtsanierungsprojekts, für das der alte Markt, das jüdische Getto und die Elendsviertel der Umgebung abgerissen und fast 6000 Bewohner umgesiedelt wurden. Zum Glück blieb Vasaris hübsche *Loggia del Pesce* (Fischmarkt) erhalten; sie wurde nur in die Via Pietrapiana versetzt.

Museo Galileo — MUSEUM

(Karte S. 86; ☎055 26 53 11; www.museogalileo.it; Piazza dei Giudici 1; Erw./erm./Fam. 9/5,50/22 €; ⌚Mi–Mo 9.30–18, Di bis 12.30 Uhr) Die Sonnenuhr auf dem Gehsteig weist den Weg zum Palazzo Castellani aus dem 12. Jh., gleich neben den Uffizien am Fluss. Darin residiert ein topmodernes Geschichts- und Wissenschaftsmuseum. Der große Wissenschaftler aus Pisa und Namensgeber des Museums, Galileo Galilei, wurde 1610 an den Hof der Medici in Florenz gebeten und ist hier mit zwei Fingern und einem Zahn vertreten.

Zu sehen gibt's ein buntes Durcheinander astronomischer und mathematischer Schätze (Teleskope, wunderbar bemalte Globen, Barometer, Uhren usw.), die Cosimo I. und Erben ab 1562 zusammentrugen und die durch die spätere Sammlung der Lothringer Dynastie ergänzt wurden. Im interaktiven Bereich können Besucher, die sich Zeit nehmen, mit historischen Instrumenten experimentieren und herausfinden, wie und warum was funktioniert. Spannend sind auch die Wechselausstellungen. Die Eintrittskarte berechtigt zu einer Ermäßigung von 3 € für den Eintritt ins Museo di Storia Naturale – Zoologia La Specola (S. 91).

PALAZZO VECCHIO: FÜHRUNGEN & KUNSTWORKSHOPS

Am besten erschließt sich das dynamische, gut durchdachte Museum bei einer der hervorragenden Führungen, die auch nichtöffentliche Gebäudeteile zugänglich machen; viele dieser Führungen gibt es auf Englisch.

Für Erwachsene kommt am ehesten die Führung „Secret Passages" (geheime Gänge; Erw./erm. 12/10 €; 1½ Std., 2-mal tgl.) infrage. Kleine Gruppen werden zur Geheimtreppe geführt, die 1342 als Fluchtweg für den französischen Herzog von Athen, Walter VI. von Brienne, zwischen die meterdicken Mauern gequetscht wurde. Der Herzog hatte sich zum Signore von Florenz machen lassen und den Palazzo okkupiert, wurde aber ein Jahr später aus der Stadt gejagt. Nach der Geheimtreppe geht's weiter mit dem **Tesoretto** (Schatzkämmerchen) – ein Zimmer nicht größer als ein Schrank, in dem Cosimo I. seine Privatsammlung versteckte. Danach wartet das ebenfalls winzige, prächtige **Studiolo** (Studierzimmer) von Cosimos eigenbrötlerischem, von Alchemie besessenem Sohn Francesco I. Cosimo hatte Vasari und andere Künstler des Manierismus mit der Ausschmückung des Studierzimmers beauftragt. In einem der 34 symbolträchtigen Gemälde erscheint Francesco nicht als Fürst, sondern als durchgeknallter Quacksalber, der mit Schwarzpulver experimentiert. Hinter der unteren Gemäldereihe verbargen sich 20 Schränkchen, in denen Francesco seine Muscheln, Steine, Kristalle und andere Schätze hortete. Die Führung endet unter dem **Dach** über dem Salone dei Cinquecento, wo wuchtige Holzstreben Vasaris prächtige Decke halten.

Die Führung „Einladung an den Hof" (Erw./Kind 12/2 €, 1¼ Std.) eignet sich für Besucher ab acht Jahre. Darsteller in Renaissancekostümen beziehen ihre kleinen Zuhörer ins Spiel mit ein. Da regt sich dann eine prächtig herausgeputzte Eleonora di Toledo über das schlampige Outfit der heutigen Kids auf und gibt den jungen Damen Tipps für die Schönheitspflege. Und Cosimo I. legt das Alter, mit dem ein Medici Kardinalswürden tragen darf, neu fest (auf 14 Jahre; so alt war sein Sohn, als er Kardinal wurde). Weitere kindgerechte Führungen sind „Bei Hofe mit Donna Isabelle" (Erw./Kind 12/2 €, 1¼ Std.) für Kinder ab zehn Jahre mit der geselligen Spanierin Isabel de Reinoso oder „Leben am Hof" (Erw./Kind 12/2 €, 70 Min.) für vier- bis siebenjährige Kinder, bei der sich am Ende alle im Stil des 16. Jh. verkleiden. Es gibt auch Erzählstunden für Kinder und praktische Malworkshops für Fresken und Tafeln (Erw./Kind 12/2 €, 1¼ Std.), die von einem Schauspieler im Gewand des Giorgio Vasari geleitet werden.

Führungen und Workshops sollten vorab telefonisch (☎055 276 82 24, ☎055 276 85 58) oder per E-Mail an info@muse.comune.fi.it reserviert werden.

Chiesa e Museo di Orsanmichele — KIRCHE, MUSEUM

(Karte S. 68; Via dell'Arte della Lana; ⏲Kirche 10–17 Uhr, Museum Mo 10–17 Uhr) GRATIS Die ungewöhnliche Kirche mit der ganz besonderen Ausstrahlung entstand im 14. Jh., als die Arkaden des alten Kornspeichers (1290) zugemauert und um zwei Etagen aufgestockt wurden. Im Inneren besticht der gotische Tabernakel von Andrea Orcagna, und auch Außenwand mit von Statuen bewohnten Nischen bietet viele Hingucker. Die *signoria* (Stadtrat) wälzte die Kosten für die Kirchenausstattung nämlich auf die verschiedenen Zünfte ab – und die ließen sich ihre jeweiligen Schutzpatrone von den berühmtesten Bildhauern des 15. und 16. Jhs. meißeln und in den Nischen der Fassade aufstellen.

Heute sind sie durch Kopien ersetzt; alle Originale (mit einer Ausnahme) sind auf zwei Etagen im kaum bekannten, sympathischen Museum über dem Kirchenraum liebevoll ausgestellt (nur montags geöffnet).

Via de' Tornabuoni — WAHRZEICHEN

(Karte S. 68) Renaissancepaläste und Geschäfte berühmter italienischer Modelabels säumen die teuerste Shoppingmeile der Stadt. Namensgeber war eine Florentiner Familie, die im 17. Jh. ausstarb. Einheimische nennen die Straße auch den „Salotto di Firenze" (Wohnzimmer von Florenz). Nördlich davon liegt der **Palazzo Antinori** (Karte S. 68; Piazza Antinori 3), erbaut 1461–1469 und seit 1506 im Besitz der gleichnamigen Adelsfamilie, die für ihren Wein bekannt ist. Gegenüber führt eine breite Steintreppe zur **Chiesa di San Gaetano** (Karte S. 68) aus dem 17. Jh.

Palazzo Strozzi GALERIE

(Karte S. 68; ☎055 246 96 00; www.palazzostrozzi.org; Piazza degli Strozzi; Erw./erm. 10/8 €, 2 Karten zum Preis einer Karte Do 18–23 Uhr; ⏲Di, Mi & Fr–So 9–20, Do bis 23 Uhr) Dieses Renaissance-Herrenhaus hat sich der reiche Bankier Filippo Strozzi, politisch wie wirtschaftlich einer der stärksten Konkurrenten der Medici, im 15. Jh. hinstellen lassen. Heute finden hier hervorragende Kunstausstellungen statt. Es ist immer viel los, weil das **Café Apollo** (betrieben von dem Designer Roberto Cavalli) im Hof ein Treffpunkt der Florentiner Jugend ist. Für ihre Kunstworkshops und familienfreundlichen Angebote ist die Galerie sehr beliebt.

Chiesa di Santa Trinità KIRCHE

(Karte S. 68; Piazza Santa Trinità; ⏲Mo–Sa 8–12 & 16–17.45, So 8–10.45 & 16–17.45 Uhr) Die im 14. Jh. erbaute gotische Kirche mit der später errichteten manieristischen Fassade beherbergt einige der schönsten Florentiner Fresken. Dazu zählen Lorenzo Monacos *Verkündigung* (1422) in der **Cappella Bartholini Salimbeni**, aber auch Ghirlandaios faszinierende Darstellungen des Lebens des hl. Franz von Assisi in der **Cappella Sassetti** rechts vom Altar. Sie entstanden zwischen 1483 und 1485, und einige Mitglieder der damaligen High Society sind ebenfalls darin verewigt. Für 0,50 € werden die Fresken für zwei Minuten angestrahlt.

Am Boden der Kapelle prangt das Wappen der Familie Bartolini Salimbeni mit Mohnblumen und dem Motto „per non dormire" (für die, die nicht schlafen): Die Familie wurde durch den Kauf einer großen Ladung Wolle aus Nordeuropa reich; der Deal gelang nur, weil sie ihren Konkurrenten am Tag, bevor das Schiff eintraf, auf einer Party mit Opium versetzten Wein servierte und diese den Termin verschliefen.

Museo Salvatore Ferragamo MUSEUM

(Karte S. 68; www.museoferragamo.it; Via de' Tornabuoni 2; Erw./Kind 6 €/frei; ⏲10–19.30 Uhr) Im prächtigen **Palazzo Spini-Feroni** aus dem 13. Jh. hat sich 1938 das Ferragamo-Imperium häuslich eingerichtet. Wer auf Schuhe oder auf die soziokulturellen Zusammenhänge in der Mode abfährt, sollte sich das etwas abgehobene, aber faszinierende Schuhmuseum nicht entgehen lassen.

Museo di Palazzo Davanzati MUSEUM

(Karte S. 68; Via Porta Rossa 13; Erw./erm. 2/1 €; ⏲8.15–13.50 Uhr, geschl. am 1., 3. & 5. Mo sowie am 2. & 4. So des Monats) Gut versteckt im Palazzo Davanzati aus dem 14. Jh., der der reichen Händlerfamilie Davanzati seit 1578 als Wohn- und Lagerhaus diente, liegt dieses Juwel mit seiner wunderschönen, zentralen Loggia. Echte Hingucker sind die in Holz geschnitzten Gesichter an den Pfosten im Innenhof, die bemalte Holzdecke der **Sala Madornale** (Empfangszimmer) im ersten Stock sowie die exotische **Sala dei Pappagalli** (Papageiensaal) und die **Camera dei Pavoni** (Pfauenzimmer).

Museo Marino Marini GALERIE

(Karte S. 68; Piazza San Pancrazio 1; Erw./erm. 6/4 €; ⏲Mi–Sa & Mo 10–17 Uhr) Die im 19. Jh. säkularisierte Chiesa di San Pancrazio beherbergt heute ein kleines Kunstmuseum mit Skulpturen, Porträts und Zeichnungen des aus Pistoia stammenden Künstlers Marino Marini (1901–1980). Glanzstück ist die wunderschön restaurierte **Cappella Rucellai** mit einer verkleinerten Kopie des Heiligen Grabs in Jerusalem von Leon Battista Alberti, die zu den versteckten Perlen der Renaissance gezählt werden darf. Die Kapelle wurde zwischen 1458 und 1467 als Grablege des reichen florentinischen Bankiers und Wollhändlers Giovanni Rucellai errichtet.

Alberti wählte weißen Carrara-Marmor und grünen Prato-Marmor für das Grabmal, welches mit seinen klassischen Formen, den geometrischen Ziermotiven und dem Kranzgesims zu einem Schmuckstück geriet. Alle 30 Minuten werden maximal 25 Besucher hereingelassen.

Santa Maria Novella

In den Straßen, die im Westen und Süden von der altehrwürdigen Kirche abgehen, drängen sich Trendboutiquen, prächtige Palazzi und Kirchen mit bemerkenswerten Kunstschätzen.

Basilica di Santa Maria Novella KIRCHE

(Karte S. 68; www.chiesasantamarianovella.it; Piazza di Santa Maria Novella 18; Erw./erm. 5/3,50 €; ⏲Mo–Do 9–17.30, Fr 11–17.30, Sa 9–17, So 13–17 Uhr) Die auffällige, grün-weiß gestreifte Marmorfassade der Basilica di Santa Maria Novella, erbaut vom 13. bis zum 15 Jh., umfasst einen vollständigen Klosterkomplex mit verwunschenen Kreuzgängen und einer mit Fresken geschmückten Kapelle. Allein die Basilika ist eine Schatzkammer voller Meisterwerke, die im Freskenzyklus von Domenico Ghirlandaio gipfeln. Am unteren Teil der Marmorfassade sind noch romanische und frühgotische Stilelemente erkennbar. Der obere Teil und das Hauptportal stammen von Leon Battista Alberti und entstanden zwischen 1456 und 1470.

Im Innenraum gleich gegenüber dem Eingang prangt Masaccios wunderbares Fresko *Heilige Dreifaltigkeit* (1424–1425). Er war einer der ersten, die die neuen Erkenntnisse von Perspektive und Proportionen umsetzte. Im Hauptschiff hängt das leuchtend bunte *Kruzifix* von Giotto (um 1290).

Die erste Kapelle rechts des Altars, die **Cappella di Filippo Strozzi**, wird von Fresken aus der Hand Filippino Lippis (Fra Filippo Lippis Sohn) geschmückt. Die plastischen Szenen aus dem Leben des Evangelisten Johannes und des Apostels Philippus stammen vom Ende des 15. Jhs.

Hinter dem Altar liegt die **Cappella Maggiore** mit Fresken von Domenico Ghirlandaio. Auf der rechten Seite wird das Leben von Johannes dem Täufer dargestellt, links ist die anschauliche Bildbiografie der Jungfrau Maria zu sehen. Die Fresken entstanden zwischen 1485 und 1490 und gelten als Spiegel des florentinischen Lebens in der Zeit der Renaissance. Auf den Fresken hat Ghirlandaio sowohl berühmte Zeitgenossen als auch seine Auftraggeber, Mitglieder der Familie Tornabuoni, verewigt.

Die um ein paar Stufen erhöhte **Cappella Strozzi di Mantova** ganz außen links vom Altar haben Niccolò di Tommaso und Nardo di Cione phantasievoll mit Szenen aus dem Paradies, dem Fegefeuer und der Hölle ausgemalt. Das wunderschöne Altarbild (1354–1357) stammt von Nardos Bruder Andrea di Cione, auch Andrea Orcagna genannt.

Eine Seitentür im Kirchenschiff führt in den beschaulichen **Chiostro Verde** (Grüner Kreuzgang; 1332–1362). Er gehört zu dem weitläufigen Klostergelände der Dominikanermönche, die 1219 nach Florenz kamen und sich zwei Jahre später in Santa Maria Novella niederließen. Seinen Namen verdankt er dem grünen Hintergrund der Fresken, die drei der vier Kreuzgangwände zieren. Der spektakuläre **Cappellone degli Spagnoli** (Spanische Kapelle) auf der Nordseite diente den Mönchen ursprünglich als Kapitelsaal und bekam seinen heutigen Namen erst 1566, als er der spanischen Kolonie in Florenz übergeben wurde. Die Kapelle wurde von Andrea di Bonaiuto mit Fresken (um 1365–1367) ausgeschmückt. Im Gewölbe

NICHT VERSÄUMEN

DANTE IN DEN GASSEN

Italiens „göttlicher" Dichter kam 1265 in einem winzigen Haus in einer engen Gasse im Florentiner Straßengewirr zur Welt. Nirgends kann man dem Mittelalter zu Zeiten des Dichters besser nachspüren als im **Museo Casa di Dante** (Karte S. 68; ☎ 055 21 94 16; Via Santa Margherita 1; Erw./erm. 4/2 €; ⏱ Di–So 10–17 Uhr).

Tragische Liebe war schon immer ein Thema in Dantes Leben. Erst zwölf Jahre alt, wurde er Gemma Donati zur Ehe versprochen. Dabei hatte er damals schon ein ganz anderes Mädchen im Auge: Beatrice Portinari (1266–1290); sie war seine Muse, seine Inspiration, seine große Liebe (obwohl er sie überhaupt nur zweimal getroffen hat). In der *Divina Commedia* (Göttliche Komödie) beschreibt Dante, wie der Ich-Erzähler auf der Suche nach seiner geliebten Beatrice die Reiche der Unterwelt durchstreift. Entgegen der Tradition verfasste Dante sein Werk in der italienischen Volkssprache statt in förmlichem Latein – eine Revolution.

Die echte Beatrice heiratete schließlich einen Bankier und starb zwei Jahre später mit nur 24 Jahren. Sie liegt in der **Chiesa di Santa Margherita** (Karte S. 68; Via Santa Margherita 4) aus dem 11. Jh. begraben, also ganz in der Nähe von Dantes Haus. Der Weidenkorb vor ihrem Grabmal quillt fast über von Zetteln, auf die Besucher ihre Gedanken und Gebete zum Thema unsterbliche Liebe gekritzelt haben. In derselben kleinen Kirche nahm der Dichter 1295 Gemma zur Frau. Kerzenschein und klassische Musik vom Band erzeugen eine Atmosphäre, die einen in Dantes Zeiten zurückversetzt. Kein Wunder, dass der Bestsellerautor Dan Brown die Kirche als Schauplatz für eine Szene in seinem 2013 erschienenen Thriller *Inferno* gewählt hat, in dem auch Dante eine Rolle spielt.

Um die Stimmung des alten Florenz weiter wirken zu lassen, bietet sich ein Besuch im winzigen Imbiss **Da Vinattieri** (S. 103) zu einem traditionellen *panino* mit Kutteln an. Auf einem der Holzschemel draußen in der altertümlichen Gasse gleich neben der Kirche schmeckt das garantiert wie zu Großmutters Zeiten.

prangen *Auferstehung, Himmelfahrt* und *Pfingsten*, die Altarwände zeigen den *Leidensweg*, die *Kreuzigung* und den *Abstieg zur Hölle*. Auf der imposanten Wandmalerei rechts, *Die Streitende und die Triumphierende Kirche*, entdeckt das geübte Auge im Vordergrund Porträts von Cimabue, Giotto, Boccaccio, Petrarca und Dante. Weitere beachtenswerte Fresken stellen den *Triumph der christlichen Lehre*, die 14 Symbolfiguren der Künste und Wissenschaften sowie das *Leben des hl. Petrus* dar.

Seitlich des Cappellone führt eine Passage in den **Chiostro dei Morti** (Kreuzgang der Toten), der schon vor der Ankunft der Dominikanermönche existierte. Die in Mauern und Boden eingelassenen Grabsteine stammen aus dem 13. und 14. Jh.

Auf der Westseite des Chiostro Verde liegt der Zugang zur **Cappella degli Ubriachi** aus dem 14. Jh. und zum geräumigen **Refektorium** (1353–1354) mit kirchlichen Relikten und dem *Letzten Abendmahl* (1583) von Alessandro Allori.

Die Anlage hat zwei Eingänge: einmal den Haupteingang durch die Basilika, zum anderen den Zugang durch die Touristeninformation gegenüber dem Bahnhof an der Via de' Partzani; Inhaber der Firenze Card müssen Letzteren benutzen.

★ Museo Novecento MUSEUM

(Museum des 20. Jhs.; Karte S. 68; ☎055 28 61 32; www.museonovecento.it; Piazza di Santa Maria Novella 10; Erw./erm. 8,50/4 €; ⏲Mo–Mi 10–18, Do bis 14, Fr bis 21, Sa & So bis 20 Uhr) Zwischen den ganzen Renaissanceschätzen hat Florenz auch ein phantastisches modernes Kunstmuseum zu bieten. Das Museum ist in einem Palazzo des 13. Jh. zu Hause, der in früheren Zeiten schon Pilgerunterkunft, Krankenhaus und Schule war. Ein gut ausgeschilderter Plan führt die Besucher durch die moderne italienische Malerei und Bildhauerei von Anfang des 20. Jhs. bis ans Ende der 1980er-Jahre. Kunstinstallationen nutzen die Außenflächen der Loggia im 1. Obergeschoss optimal. Mode und Theater kommen in der 2. Etage zum Zuge. Die Zeitreise endet mit einer 20-minütigen Filmmontage der besten in Florenz gedrehten Filme.

Ein Höhepunkt in Raum 10 ist die herausragende Skulptur *La Pisana* (1933) von Arturo Martini, die direkt neben einem der typischen Bronzepferde von Marino Marini steht. Beide Künstler sind Vertreter einer italienischen Kunstrichtung der 1920er- und 1930er-Jahre, die sich der archäologischen Neuinterpretation der Antike verschrieben hatte.

Zum erstklassigen Angebot des Museums gehören auch fesselnde Führungen und Aktivitäten für Kinder und Familien.

Chiesa d'Ognissanti KIRCHE

(Karte S. 68; Borgo d'Ognissanti 42; ⏲Mo–Sa 9–12.30 & 16–18, So 9–10 & 16–17.30 Uhr) Der Borgo d'Ognissanti führt von der Piazza Carlo Goldoni zur Porta al Prato, einem der alten Stadttore von Florenz. Wer ihn entlang schlendert, kommt an Antiquitätenläden und Designerboutiquen vorbei und erreicht schließlich die Chiesa d'Ognissanti. Sie entstand im 13. Jh. als Teil eines Benediktinerklosters und beherbergt Domenico Ghirlandaios Fresko der *Madonna della Misericordia*. Die Arbeit entstand im Auftrag der Vespucci-Familie, dem größten Geldgeber der Kirche.

Amerigo Vespucci war ein berühmter Florentiner Seefahrer; von seinem Vornamen leitet sich der Name des Kontinents Amerika ab. Auf dem Fresko soll er der Junge sein, dessen Kopf zwischen der Madonna und dem Greis hervorblitzt.

Ebenfalls beachtenswert sind die *Kreuzigung* von Taddeo Gaddi, der *Hl. Hieronymus* (1480) von Ghirlandaio und Botticellis *Hl. Augustinus in betrachtendem Gebet* (1480). Botticelli, der in einem Haus am Borgo d'Ognissanti aufwuchs, liegt hier begraben – im südlichen Querschiff unter einem einfachen runden Grabstein mit der Inschrift „Sandro Filipepe" (sein Geburtsname).

Museo Stibbert MUSEUM

(www.museostibbert.it; Via Federigo Stibbert 26; Erw./erm. 8/6 €; ⏲Mo–Mi 10–14, Fr–So bis 18 Uhr) Der in Florenz geborene Frederick Stibbert (1838–1906), Sohn eines Engländers und einer Italienerin, gehörte im 19. Jh. zu den ganz Großen im europäischen Antiquitätengeschäft. Die faszinierende Sammlung, die er zusammengetragen hat. Das Museum zeigt Möbel, Teppiche und Gemälde aus dem 16. bis 19. Jh. Die **Sala della Cavalcata** (Reitersaal) ist vor allem etwas für Kinder: Dicht an dicht stehen dort lebensgroße Pferde- und Reiterfiguren mit Rüstungen aus Europa und dem Orient. Erreichbar mit der Buslinie 4 von der Stazione di Santa Maria Novella bis zur Haltestelle „Gioia" in der Via Fabroni. Von dort ist es nicht mehr weit zu Fuß.

San Lorenzo

Hier ist das Territorium der Medici: ihr Palazzo, ihre Kirche, ihre Bibliothek, ihr Mausoleum – alle mit außergewöhnlichen Kunstwerken auf das Prächtigste herausgeputzt.

Basilica di San Lorenzo BASILIKA

(Karte S. 68; Piazza San Lorenzo; Eintritt 4,50 €, inkl. Biblioteca Medicea Laurenziana 7 €; ⌚Mo–Sa 10–17.30 Uhr, Winter auch So 13.30–17 Uhr) Diese nie fertiggestellte Basilika gilt als eines der harmonischsten Beispiele der Renaissancearchitektur in Florenz. Die Pfarrkirche und Grablege der Familie Medici wurde 1425 von Brunelleschi für Cosimo den Älteren entworfen und über eine Kirche aus dem 4. Jh. gebaut. Im klar gegliederten Inneren beeindruckt die wunderbare **Sagrestia Vecchia** (Alte Sakristei) von Brunelleschi mit Bildhauereien von Donatello. Michelangelo wurde 1518 beauftragt, die Fassade zu gestalten. Sein Entwurf aus weißem Carrara-Marmor wurde allerdings nie umgesetzt, weswegen das Gebäude roh und unfertig erscheint.

Im Innenraum trennen Säulen aus *pietra serena* (weicher, hellgrauer Stein) mit korinthischen Kapitellen das Hauptschiff von den beiden Seitenschiffen. Donatello, der während der Arbeit an den beiden bronzenen Kanzeln mit Kreuzigungsszenen (1460–1467) starb, wurde in der Kapelle mit Fra Filippos *Verkündigung* (1450) beigesetzt.

Biblioteca Medicea Laurenziana BIBLIOTHEK

(Medici-Bibliothek; Karte S. 68; www.bml.firenze.sbn.it; Piazza San Lorenzo 9; Eintritt 3 €, inkl. Basilika 7 €; ⌚Mo–Sa 9.30–13.30 Uhr) Hinter dem Kartenhäuschen der Kirche liegt ein friedlicher Kreuzgang mit Garten und Orangenbäumen. Treppen führen hinauf zur Loggia und Biblioteca Medicea Laurenziana, die sich Giulio de' Medici (der spätere Papst Clemens VII.) 1524 ausgedacht hatte, um die von Cosimo I. begonnene und von Lorenzo dem Prächtigen erheblich aufgestockte Büchersammlung unterzubringen. Die als „dunkler Auftakt" gedachte Treppe hinauf zum Vestibül mit der prächtigen **Sala di Lettura** (Lesezimmer) stammt von Michelangelo.

★ **Museo delle Cappelle Medicee** MAUSOLEUM

(Medici-Kapellen; Karte S. 68; ☎055 29 48 83; www.polomuseale.firenze.it; Piazza Madonna degli Aldobrandini; Erw./erm. 6/3 €; ⌚8.15–13.50 Uhr, geschl. am 2. & 4. So sowie am 1., 3. & 5. Mo des Monats) Nirgendwo wird die Selbstgefälligkeit der Medici so deutlich wie in den Medici-Kapellen. Granit, Marmor, Halbedelsteine und einige der schönsten Skulpturen Michelangelos vereinigen sich zu einem Luxusmausoleum für 49 Mitglieder der Medici-Familie. Francesco I. liegt in der dunklen, imposanten **Cappella dei Principi** (Prinzenkapelle) neben Ferdinando I. und II. sowie Cosimo I., II. und III. In der eleganten **Sagrestia Nuova** (Neue Sakristei) ruht Lorenzo der Prächtige, hier wirkte Michelangelo zum ersten Mal als Architekt.

In der Sakristei stehen auch drei seiner bewegendsten Skulpturen: *Morgen- und Abenddämmerung* auf dem Sarkophag von Lorenzo, dem Herzog von Urbino, *Nacht und Tag* auf dem Sarkophag von Lorenzos Sohn Giuliano (bemerkenswert ist das unfertige Gesicht des ‚Tages' und die Jugend der schlafenden, in Licht gehüllten Frau, der ‚Nacht') und *Madonna mit Kind*, die das Grabmal von Lorenzo dem Prächtigen ziert.

Palazzo Medici-Riccardi PALAZZO

(Karte S. 68; ☎055 276 03 40; www.palazzo-medici.it; Via Cavour 3; Erw./erm. 7/4 €; ⌚Do–Di 8.30–19 Uhr) Cosimo der Ältere betraute Michelozzo 1444 mit dem Entwurf für das Stadthaus der Familie. Und der lieferte ihm diesen Palazzo, von dem bei späteren Bauten in Florenz, z. B. dem Palazzo Pitti und dem Palazzo Strozzi, viel abgekupfert wurde. Die **Cappella dei Magi** wird von einer Reihe unglaublich detailliert gemalter Fresken (1459–1463) ausgefüllt, die von Fra Angelicos Schüler Benozzo Gozzoli stammen und zu den besten Stücken der Renaissancemalerei gehören.

Der Titel *Zug der Könige nach Bethlehem* war für Gozzoli nur ein Vorwand: Er brauchte ein Motiv, in das er so viele Medici wie möglich einbauen und sie von ihrer besten Seite zeigen konnte. Wer Spaß daran hat, sucht Lorenzo den Prächtigen und Cosimo den Älteren. Übrigens wurde die Kapelle für die Treppe im Barockstil umgebaut – daher rührt die etwas unglückliche Teilung des Freskos. Der Altaraufsatz ist eine Kopie der *Anbetung des Kindes* aus dem 15. Jh. von Fra Filippo Lippi, die ursprünglich hier prangte. Nur zehn Besucher dürfen die Kapelle gleichzeitig betreten; Interessierte sollten sich während der Hochsaison am Kartenschalter anmelden.

Die Medici bewohnten den Palazzo bis 1540. Rund 100 Jahre später zog die Familie

San Lorenzo & San Marco

San Lorenzo & San Marco

Highlights
- 1 Galleria dell'Accademia C2
- 2 Museo di San Marco C1

Sehenswertes
- 3 Chiesa della Santissima Annunziata D2
- 4 Museo Archeologico D2
- 5 Ospedale degli Innocenti D2
- 6 Piazza della Santissima Annunziata D2

Aktivitäten, Kurse & Touren
- 7 Caf Tour & Travel C2
- 8 City Sightseeing Firenze A2
- 9 Cucina Lorenzo de' Medici B2
- 10 Florence by Bike B1

Schlafen
- 11 Hotel Azzi A1
- 12 Hotel Morandi alla Crocetta D2
- 13 Hotel Orto de' Medici C1
- 14 Ostello Archi Rossi A1

Essen
- 15 Carabé C2
- 16 Clubhouse B2
- 17 Da Nerbone B2
- 18 La Cucina del Garga B1
- 19 Mercato Centrale B2
- 20 Pugi C2
- 21 Trattoria Mario B2

Ausgehen & Nachtleben
- 22 Kitsch Devx C1
- 23 Un Cafe D2

Shoppen
- 24 Famarcia SS Annunziata C2
- 25 Midinette A2
- 26 Street Doing C2

Riccardi ein und richtete sich das Gebäude nach ihrem Geschmack her. Im oberen Stockwerk gestalteten sie die **Sala Luca Giordano**, ein üppiges Meisterwerk der Barockkunst. Giordano steuerte das komplexe Deckengemälde *Allegorie der Göttlichen Weisheit* (1685) bei, eine wahre Farborgie im spätbarocken Stil mit viel Blattgold.

San Marco

Der Stadtteil hat viel mehr zu bieten als nur den berühmtesten Florentiner aller Zeiten, einen gewissen *David*. Die Fresken im Museo di San Marco zum Beispiel sind ein Top-Highlight.

★ Galleria dell'Accademia — GALERIE

(Karte s. oben; www.polomuseale.firenze.it; Via Ricasoli 60; Erw./erm. 8/4 €; Di–Sa 8.15–18.50 Uhr)
Eine Warteschlange zeigt, wo der Eingang zu dieser Galerie liegt, die extra für eines der größten Meisterwerke der Renaissance erbaut wurde: Michelangelos *David*. Zum Glück ist die berühmteste Skulptur der Welt die Wartezeit auch wert! Die Venen auf den sehnigen Armen, die muskulösen Beine, die Art und Weise, wie sich der Ausdruck verändert, wenn man um die Statue herumgeht – diese Detailtreue ist wirklich beeindruckend. Michelangelo hat sein berühmtestes Werk aus einem einzigen Block Marmor gemeißelt. Diese Arbeit war auch seine größte

Herausforderung, da er bei der Auswahl des gemaserten Marmors nicht beteiligt war.

David ist hier erstmals nicht als Knabe, sondern im besten Mannesalter dargestellt. Als er dann 1504 auf ein Podest vor dem Palazzo Vecchio auf der Piazza della Signoria gehievt wurde, haben ihn die Florentiner sofort als Symbol für die Stärke, die Freiheit und den Stolz ihrer Stadtrepublik ins Herz geschlossen.

Übrigens gehen auch der unvollendete *San Matteo* (hl. Matthäus; 1504–1508) und die vier *Prigioni* (Gefangene oder Sklaven; 1521–1530), die hier ausgestellt sind, auf Michelangelos Konto. Die Gefangenen scheinen sich sprichwörtlich aus dem Marmor freizukämpfen und waren eigentlich für das Grabmal von Papst Julius II. vorgesehen, das jedoch nie fertiggestellt wurde. In den anderen Sälen sind Gemälde von Andrea Orcagna, Taddeo Gaddi, Domenico Ghirlandaio, Filippino Lippi und Sandro Botticelli ausgestellt.

★ Museo di San Marco MUSEUM

(Karte S. 78; www.polomuseale.firenze.it; Piazza San Marco 1; Erw./erm. 4/2 €; ⌚ Mo–Fr 8.15–13.50, Sa & So 8.15–16.50 Uhr, geschl. 1., 3. & 5. So, 2. & 4. Mo des Monats) Mitten im Universitätsviertel von Florenz macht sich die **Chiesa di San Marco** mit dem angeschlossenen Dominikanerkloster aus dem 15. Jh. breit. Dort verrichteten sowohl der begabte Maler Fra Angelico (1395–1455) wie auch der scharfzüngige Mönch Savonarola (1452–1498) ihren Gottesdienst – jeder auf seine Weise. Heute sind hier, in einem der berührendsten Museen der Stadt, Fra Angelicos Bilder zu bewundern. Jahrhundertelang galt Fra Angelico als „Il Beato Angelico“ (der gesegnete Engelhafte) oder einfach nur als „Il Beato“ (der Gesegnete). 1984 hat Papst Johannes Paul II. den begabtesten religiösen Maler der Renaissance seliggesprochen.

Hinter dem Eingang zu Michelozzos **Kreuzgang des hl. Antonius** (1440) liegt gleich rechts die **Sala dell'Ospizio** (Pilgerherberge), wo Fra Angelicos Bemühungen um perspektivische, realistische Darstellungen in einer ganzen Reihe von Gemälden zum Ausdruck kommen, darunter die *Grablegung Christi* (1432).

Giovanni Antonio Soglianis Fresko *Das wundersame Abendmahl des hl. Dominikus* (1536) beherrscht das ehemalige **Refektorium** des Kreuzgangs, und Fra Angelicos monumentales Fresko *Kreuzigung und Heilige* (1441–1442) ziert den Kapitelsaal. Den größten Eindruck hinterlassen jedoch die 44 **Mönchszellen** in der ersten Etage. Am Ende der Treppe zieht Fra Angelicos berühmteste Arbeit, die *Verkündigung* (ca. 1440), die Blicke auf sich.

Jede einzelne Zelle zeigt weitere Ausschnitte aus dem Werk des toskanischen Mönchs. Die tief religiösen Bilder entstanden zwischen 1440 und 1441 als Meditationshilfe für seine Brüder; die meisten malte er höchstpersönlich, für andere lieferte er nur den Entwurf, den dann seine Schüler (darunter Benozzo Gozzoli) unter seiner Anleitung ausführten. Zu den diversen Meisterwerken zählt auch die wunderschöne *Anbetung der Könige* in der Zelle, die Cosimo dem Älteren als Klausur diente (Nr. 38–39). Einige Darstellungen sind recht brutal – z. B. das Gemälde in der Zelle von San Antonino Arcivescovo, auf dem Jesus das Tor seiner Grabstätte aufstößt und dabei einen dämonisch aussehenden Teufel zerquetscht.

Im Kontrast zur reinen Schönheit dieser Fresken stehen die schmucklosen Räume, die Savonarola ab 1489 bewohnte. Nachdem er zum Prior des Dominikanerklosters ernannt worden war, entwarf er hier seine Hetzreden gegen Luxussucht, Gier und Korruption unter den Vertretern des Klerus. Wie eine Art Altar zum Andenken an den fanatischen Prediger enthalten die Zellen neben persönlichen Gegenständen das Leinenbanner, das Savonarola auf Prozessionen schwang, sowie ein pompöses Denkmal aus Marmor, das ihm seine Bewunderer 1873 errichteten.

Piazza della Santissima Annunziata PIAZZA

(Karte S. 78) Giambolognas Reiterstatue des Großherzogs Ferdinando I. de' Medici beherrscht das Zentrum des Platzes vor der **Chiesa della Santissima Annunziata** (Karte S. 78). Sie wurde 1250 erbaut und Mitte des 15. Jhs. unter anderem von Michelozzo umgestaltet. Das **Ospedale degli Innocenti** (Hospital der Unschuldigen; Karte S. 78; Piazza della SS Annunziata 12) an der Südostseite des Platzes entstand 1421 als erstes Waisenhaus Europas. Brunelleschi entwarf den von klassischen Elementen inspirierten Säulenvorbau, den Andrea della Robbia (1435–1525) mit in Terrakottamedaillons einmodellierten Wickelkindern verzierte.

Am Nordende des Säulenvorbaus hinter dem Eisengeländer, das heute eine Scheintür umringt, befand sich die Drehtür, wo ungewollte Babys abgelegt wurden. Wer drei Euro übrig hat, kann den hübschen Innenhof besichtigen (montags bis samstags von 9 bis 18.30 Uhr). Die Innenräume sind

STECKBRIEF

Name *David*

Beruf Berühmteste Skulptur der Welt.

Körpermaße Größe: 5,16 m; Gewicht: 19 t perlweißer Marmor mäßiger Qualität aus dem Fantiscritti-Steinbruch in Carrara.

Bedeutung Junger, biblischer Held in meditativer Pose, der mit Gottes Hilfe einen übermächtigen Gegner besiegt. Die Steinschleuder fällt kaum auf; der Sieg von Unschuld und Geist über rohe Gewalt steht im Vordergrund.

Auftraggeber Opera del Duomo (1501); *David* war ursprünglich für den Dom gedacht, wurde dann aber auf der Piazza della Signoria vor dem Palazzo Vecchio aufgestellt, wo er bis 1873 auch blieb.

Größte Reisen 1504 brauchten 40 Männer vier Tage, um die Statue auf Schienen von Michelangelos Werkstatt hinter dem Dom zur Piazza della Signoria zu karren. 1873 ging es in sieben langen Tagen von dort weiter durch die Straßen von Florenz zum aktuellen Standort, der eigens angefertigten *tribuna* in der Galleria dell'Accademia.

Besondere Merkmale (a) Sein Ausdruck: Von links gesehen wirkt er heiter, gelassen und jungenhaft, von rechts dagegen konzentriert, männlich und hitzköpfig (angesichts des bevorstehenden Kampfes gegen den Riesen Goliath); (b) die harmonische Muskelspannung, die sich über den gesamten Körper legt – angefangen von der rechten Hüfte, auf der sein Gewicht lagert, hin zum angespannten linken Bizeps.

Wieso ist der Penis so klein? In der klassischen Kunst galt schon die Darstellung eines durchschnittlichen Gemächts (geschweige denn eines überdurchschnittlichen) als unschicklich, daher die etwas bescheidenere Dimension.

Wieso sind Kopf und Hände so groß? Ursprünglich sollte *David* hoch oben auf einer Säule in der Dom-Apsis stehen – dort hätte optisch alles bestens gepasst.

Kosmetikanwendungen Körperpeeling im Salzsäurebad (1843); Schlammpackung aus Lehm und Zellstoff sowie Bad in destilliertem Wasser (2004).

Berufsrisiken Im Laufe der Jahrhunderte wurde er vom Blitz getroffen und vom Mob angegriffen; seine Zehen waren schon Ziel eines Hammerattentats. Die beiden blassen Linien auf seinem linken Unterarm bezeichnen die Stelle, an der der Arm auseinanderbrach, als beim Aufstand von 1527 die Medici aus der Stadt geworfen wurden. Es heißt, Giorgio Vasari hätte als Kind die Bruchstücke aufgehoben und 16 Jahre später Cosimo I. geschickt, der die Statue restaurieren ließ.

wegen Restaurierungsarbeiten geschlossen und sollen als nagelneues **Museum der Kindheit** wiedereröffnet werden (der Zeitpunkt dafür ist allerdings unbekannt).

Etwa 200 m südöstlich der Piazza steht das **Museo Archeologico** (Karte S. 78; Piazza Santissima Annunziata 9b; Erw./erm. 4/2 €; ⏲ Di–Fr 8.30–19, Sa–Mo bis 14 Uhr). Eine reichhaltige Sammlung archäologischer Fundstücke und Antiquitäten (viele davon hatten die Medici gehortet) führt weit in die Vergangenheit zurück und bietet ein willkommenes Kontrastprogramm zur Pracht der Renaissance. In der ersten Etage ist links die Sammlung von Objekten aus dem Alten Ägypten untergebracht, rechts geht's in die etwas kleinere Abteilung mit etruskischer und griechisch-römischer Kunst.

Santa Croce

Das Viertel mit der gleichnamigen, wuchtigen Franziskanerkirche auf dem Hauptplatz präsentiert sich etwas weniger herausgeputzt.

Piazza di Santa Croce PIAZZA

(Karte S. 82) Der Platz wurde im Mittelalter freigeräumt, damit die Gläubigen sich dort versammeln konnten, wenn die Kirchen voll waren. Und zu Savonarolas Zeiten wurden hier Ketzer hingerichtet. Aber so eine große Fläche findet natürlich schnell noch weitere Nutzungsmöglichkeiten. Ab dem 14. Jh. wurden darauf Turniere ausgetragen, Feste gefeiert – und *calcio storico* gespielt. Im 2. Jh. stand am Westende der Piazza di Santa

Croce ein Amphitheater, dessen Oval bis heute von der Piazza dei Peruzzi, der Via de' Bentaccordi und der Via Torta nachgezeichnet wird.

Bis heute findet hier jedes Jahr in der dritten Juniwoche eine Partie *calcio storico* (mittelalterlicher Fußball; www.calcio storico.it) statt, der allerdings eher an Rugby erinnert und mit ein paar simplen Regeln auskommt (Kopfstöße, Leberhaken, Ellbogeneinsatz und Würgen sind erlaubt, nur Tritte auf den Kopf und unmotivierte Attacken sind tabu).

Basilica di Santa Croce KIRCHE, MUSEUM

(Karte S. 82; www.santacroceopera.it; Piazza di Santa Croce; Erw./erm. 6/4 €; ⌚Mo–Sa 9.30–17.30, So 14–17.30 Uhr) Nach der prächtigen, neogotischen Fassade mit dem vielfarbigen Marmorschmuck ist der schlichte Innenraum der franziskanischen Basilika ein kleiner Schock. Das Interesse der Besucher konzentriert sich meist auf die Grabmale berühmter Florentiner wie Michelangelo, Galileo und Ghiberti. Aber die eigentlichen Highlights von Santa Croce sind die Fresken von Giotto in den Kapellen rechts des Altars. Santa Croce wurde nach Entwürfen von Arnolfo di Cambio zwischen 1294 und 1385 gebaut und verdankt ihren Namen einem Splitter aus dem Kreuz Jesu, den der französische König Ludwig 1258 als Geschenk überreichte.

Die mit Fresken verzierten Kapellen sind mehr oder weniger gut in Schuss, nur Giottos Malereien in der **Cappella Peruzzi** sind leider kaum noch zu erkennen. Im Vergleich dazu wirken die Szenen aus dem Leben des Franz von Assisi in der **Cappella Bardi** (1315–1320) noch relativ frisch. Giottos Gehilfe und treuester Schüler, Taddeo Gaddi, ist für die Fresken in der benachbarten **Cappella Majeure** und der nicht weit davon entfernten **Cappella Baroncelli** (1332–1338) verantwortlich; letztere zeigen wichtige Stationen im Leben der Jungfrau Maria. Taddeos Sohn Agnolo schmückte die **Cappella Castellani** (1385) mit dem Lebensweg des hl. Nikolaus und malte auch die Fresken über dem Altar.

Im Querhaus führt ein von Michelozzo gestalteter Durchgang in den Korridor zur **Sakristei**. Der wunderschöne Raum aus dem 14. Jh. wird von Taddeo Gaddis *Kreuzigung* links vom Eingang beherrscht. Außerdem sind Reliquien von Franz von Assisi ausgestellt, darunter seine Kutte und sein Gürtel. Wer durch den dahinter liegenden Souvenirshop geht, kommt in die Scuola del Cuoio (S. 119), wo Leder verarbeitet und verkauft wird. Die Schüler lassen sich bei der Arbeit über die Schulter gucken.

Am Ende des Gangs liegt eine Kapelle der Medici mit einem hübschen, zweifarbigen Altaraufsatz aus glasiertem Ton von Andrea della Robbia.

Kurz vor seinem Tod 1446 entwarf Brunelleschi den zweiten der beiden beschaulichen Kreuzgänge von Santa Croce. Seine unvollendete **Cappella de' Pazzi** am Ende des ersten Kreuzgangs besticht mit harmonischen Linien und den schlichten Terrakottamedaillons mit Apostelbildnissen von Luca della Robbia. Die kleine Perle der Renaissancearchitektur war für die reiche Bankiersfamilie Pazzi gebaut, aber nie von ihr benutzt worden. Die Familie spielte eine maßgebliche Rolle in der Pazzi-Verschwörung von 1478, die Lorenzo den Prächtigen und die Medici stürzen sollte, dabei aber die Pazzi zu Fall brachte.

Vom ersten Kreuzgang aus gelangt man ins **Museo dell'Opera di Santa Croce** mit der *Kreuzigung* von Cimabue, die nach der Flutkatastrophe 1966, bei der das Wasser in Santa Croce 4 m hoch stand, so gut wie möglich restauriert wurde. Auch Donatellos vergoldete Bronzestatue des *Hl. Ludwig von Toulouse* (1424), die ursprünglich in einer Nische der Fassade von Orsanmichele stand, sowie eine wunderschöne Terrakottabüste des *Franz von Assisi, der seine Wundmale empfängt* (aus der Werkstatt della Robbia) und Fresken von Taddeo Gaddi (darunter das *Abendmahl* von 1333) gehören zu den Schätzen des Museums.

★ Museo del Bargello MUSEUM

(Karte S. 82; www.polomuseale.firenze.it; Via del Proconsolo 4; Erw./erm. 4/2 €; ⌚Sommer 8.15–16.50 Uhr, Winter bis 13.50 Uhr; geschl. 1., 3. & 5. So, 2. & 4. Mo im Monat) Hinter der bedrohlichen Fassade des Palazzo del Bargello, dem ersten öffentlichen Gebäude der Stadt, fällte der *podestà* vom Ende des 13. Jhs. bis 1502 Gerichtsurteile. Heute ist hier die umfangreichste Kunstsammlung Italiens zur toskanischen Renaissance beheimatet, darunter auch ein Raum, der ganz und gar Werken Donatellos gewidmet ist, sowie einige der schönsten Frühwerke Michelangelos. Als 21-Jähriger schuf Michelangelo für den Kardinal seinen mit Trauben geschmückten, beschwipsten *Bacchus* (1496–1497), der in der **Sala di Michelangelo** in der unteren Etage steht.

Santa Croce

Der Auftraggeber war mit dem Ergebnis aber nicht zufrieden und verkaufte das Objekt an einen Bankier. Auch andere Werke des Meisters wie die Marmorbüste des *Brutus* (um 1539–1540), der *David/Apollo* von 1530–1532 und das große, unvollendete Rundgemälde der *Madonna mit Kind und dem jungen Johannes dem Täufer* (auch *Tondo Pitti* genannt, 1503–1505) sind absolut sehenswert.

Nachdem Michelangelo Florenz 1534 endgültig den Rücken gekehrt hatte, rückten andere nach: Baccio Bandinelli, dessen 1551 für den Dom geschaffene Skulptur *Adam & Eva* in der Sala di Michelangelo steht, und Benvenuto Cellini, der dort mit seiner verspielten Marmorfigur *Ganimedes* von 1548–1550 vertreten ist.

Rechts von der Treppe in der ersten Etage liegt der prunkvolle ehemalige Salone del Consiglio Generale, wo der Große Rat der Stadt palaverte. Heute heißt er **Sala di Donatello** und enthält Werke des gleichnamigen Meisters und anderer Künstler des frühen 15. Jhs. Donatellos wunderschöner *Hl. Georg* (1416–1417) in einem Tabernakel am Ende des Gangs prangte früher an der Fassade von Orsanmichele und brachte Be-

wegung und Perspektive in die italienische Bildhauerkunst. Weitere beachtenswerte Schätze sind die Bronzereliefs, die Brunelleschi und Ghiberti für den Wettbewerb um die Türen des Baptisteriums einreichten.

Die größte Faszination üben Donatellos zwei Versionen des *David* aus, der damals bei Bildhauern sehr beliebt war: Sein jugendlich bekleideter Marmor-David entstand 1408, der berühmte Bronzebruder zwischen 1440 und 1450. Letzterer verdankt seinen Ruhm auch der Tatsache, dass es seit der Antike niemand mehr gewagt hatte, eine frei stehende nackte Skulptur zu modellieren.

In der **Cappella del Podestà** (Maria-Magdalena-Kapelle) in der ersten Etage empfingen die zum Tode Verurteilten früher ihre Sterbesakramente. Hoffentlich konnten die herrlichen Malereien von Hölle, Paradies und den Lebenswegen von Maria, Maria Magdalena und Johannes dem Täufer sie etwas trösten. Die Reste dieser von Giotto stammenden Fresken kamen übrigens erst 1840 zum Vorschein, als die Kapelle zu einem Lagerraum und Gefängnis umgebaut wurde.

Mit ihrer außergewöhnlichen Sammlung von Terrakottaarbeiten der fleißigen della Robbia-Familie führt die zweite Etage des Bargello ins 16. Jh. Hier warten einige der bekanntesten Werke, z. B. Andreas *Ritratto idealizia di fanciullo* (Idealbild eines Jungen; um 1475) und Giovannis *Pietà* (1514). Durch ihre detailverliebte Ausführung und größere Farbvielfalt unterscheiden sich die Arbeiten Giovannis ganz deutlich von denen seines Vaters Luca und seines Cousins Andrea.

Oltrarno

Der malerische Stadtteil Oltrarno – was wörtlich „auf der anderen Seite des Arno" heißt – gilt traditionell als Hochburg des Kunsthandwerks. In den Straßen südlich des Flusses und westlich des Ponte Vecchio mit dem quirligen Borgo San Jacopo als Zentrum finden sich Restaurants, Läden und zwei Türme aus dem 12. Jh., die **Torre dei Marsili** (Karte S. 68) und die **Torre de' Belfredelli** (Karte S. 86).

Irgendwann hat jeder Besucher genug von Museen und will an die frische Luft. Das ist der Moment, um durch die terrassierten Parks und Gärten hinter dem Palazzo Pitti zu spazieren – ganz besonders bei Sonnenuntergang, wenn die riesige Fassade des Palazzo in intensiven Pinktönen leuchtet.

Wenn einem gelegentlich ein Straßenschild in Oltrarno merkwürdig vorkommt – z. B. ein „Einfahrt verboten"-Schild, auf dem sich ein schwarzes Männchen mit dem weißen Balken aus dem Staub macht –, dann steckt garantiert **CLET** (Via dell'Olmo 8r; ⏲ unterschiedlich) dahinter! Der vieldiskutierte, sehr populäre Florentiner Straßenkünstler bastelt nämlich in seinem Studio in der Via dell'Olmo Sticker, die er dann auf Straßenschildern in der ganzen Stadt anbringt. Als der gebürtige Franzose 2011 bei Nacht und Nebel auf dem Ponte alle Grazie eine lebensgroße Figur mit dem Titel *Uomo Comune*

Santa Croce

Highlights
1 Basilica di Santa Croce C4
2 Museo del Bargello A3

Sehenswertes
3 Piazza di Santa Croce B4

Aktivitäten, Kurse & Touren
4 Scuola di Arte Culinaria Cordon Bleu C2
5 Tuscany Bike Tours D4

Schlafen
6 Hotel Dalí B2
7 Hotel Monna Lisa C1
8 Hotel Orchidea B3

Essen
9 Antico Noè B2
10 Brac A5
11 Enoteca Pinchiorri C3
Il Pizzaiuolo .... (s. 12)
12 Il Teatro del Sale D3
13 Oil Shoppe B2
14 Pizzeria del' Osteria del Caffè Italiano B3
Pollini .... (s. 16)
15 Semel E3
16 Trattoria Cibrèo D3
17 Vivoli B3

Ausgehen & Nachtleben
18 Bamboo B3
19 Ditta Artigianale A5
20 Drogheria E3
21 Full Up A3
22 Kitsch F3
23 L'Arte del Sogno F3
24 Le Murate Caffè Letterario E4
25 Lion's Fountain B3
26 Moyo B4

Unterhaltung
27 Jazz Club C1
28 Teatro della Pergola B1

Shoppen
29 Alla Sosta dei Pipi E3
30 Aquaflor B5
31 Bartolini A1
32 Boutique Nadine B4
33 Mercato di Sant'Ambrogio E3
34 Mrs Macis C2
35 Scuola del Cuoio B4

(gewöhnlicher Mensch) aufstellte, verursachte er einigen Wirbel – aber die Behörden drückten eine Woche lang ein Auge zu, bevor sie das Machwerk entfernten.

Ponte Vecchio BRÜCKE
(Karte S. 86) Der Ponte Vecchio, erbaut 1345, war die einzige Florentiner Brücke, die der Zerstörungswut der deutschen Wehrmacht bei ihrem Rückzug 1944 entging. Oberhalb der Juwelierläden auf der Ostseite verbindet der **Corridoio Vasariano** (Vasari-Korridor) die Uffizien mit dem Palazzo Pitti. Am südlichen Brückenende führt er einmal um die mittelalterliche **Torre dei Mannelli** herum anstatt hindurch. Erstmals wurde die Steinbrücke über die engste Stelle des Arno 972 urkundlich erwähnt.

Die Überschwemmungen von 1177 und 1333 hatten den Ponte Vecchio jeweils zerstört, und 1966 wäre das um ein Haar erneut passiert. Viele Juweliere hatten Angst, ihr Laden auf der Brücke würde von den Fluten mitgerissen. Aber zum Glück hielt der Ponte Vecchio stand.

Und so gibt es die Juwelierläden bis heute. Viele wurden von Generation zu Generation weitervererbt und bieten ihre Glitzerware seit dem 16. Jh. hier feil. Damals hatte Ferdinando I. de' Medici die Juweliere auf die Brücke geschickt, im Austausch gegen die Metzgerläden, welche die Luft verpesteten und ihre stinkenden Abfälle einfach im Arno entsorgten.

★ **Basilica di Santo Spirito** KIRCHE
(Karte S. 86; Piazza Santo Spirito; ⏲Do–Di 9.30–12.30 & 16–17.30 Uhr) GRATIS Vor allem an Sommerabenden kommt die Fassade der von Brunelleschi erbauten Kirche voll zur Geltung. Dann bildet sie die Kulisse für Open-Air-Konzerte auf dem sonst eher unattraktiven (manche würden sogar sagen: schäbigen) Platz. Innen ist die Basilika auf ihrer ganzen Länge mit 38 halbrunden Kapellen bestückt (die in den 1960er-Jahren durch eine Wand abgeschirmt wurden). Die Kolonnaden mit korinthischen Säulen aus grauer *pietra forte* lassen sie richtig bombastisch wirken. Besondere Beachtung verdient Domenico di Zanobis *Hilfreiche Madonna* (1485) in der Cappella Velutti, die einen kleinen, roten Teufel mit einem Stock vertreibt.

Filippino Lippis spärlich beleuchtete *Madonna mit Kind und Heiligen* (1493–1494) befindet sich in der **Cappella Nerli** im rechten Querhaus.

Der schnörkelig barocke Hauptaltar unter der Mittelkuppel wirkt in Brunelleschis schlichtem Innenraum etwas deplatziert.

Eine unauffällige Tür neben der **Cappella Segni** im linken Seitenschiff führt in die **Sakristei** mit einem ergreifenden hölzernen Kruzifix, das manche Experten Michelangelo zuschreiben. Der begnadete Künstler hatte die Angewohnheit, nachts in das Hospiz des benachbarten Klosters zu kommen, um an den dort aufgebahrten Leichen anatomische Studien vorzunehmen. Zum Dank soll er der Kirche diesen wunderschön modellierten Gekreuzigten spendiert haben.

Cenacolo di Santo Spirito — MUSEUM

(Karte S. 86; ☎ 055 28 70 43; Piazza Santo Spirito 29; Erw./Kind 4 €/frei; ⏲ Sa–Mo 10–16 Uhr) Als Erholung von der übermächtigen florentinischen Renaissance bietet sich das Refektorium an, das Andrea Orcagna mit einem wunderschönen *Abendmahl und Kreuzigung* (um 1370) schmückte. Auch die seltenen, romanischen Skulpturen aus dem 11. Jh. sind bezaubernd.

★ Cappella Brancacci — KAPELLE

(Karte S. 86; ☎ 055 276 82 24; http://museicivici fiorentini.comune.fi.it; Piazza del Carmine 14; Erw./erm. 6/4,50 €; ⏲ Mi–Sa & Mo 10–17, So 13–17 Uhr) Die **Basilica di Santa Maria del Carmine** aus dem 13. Jh. wurde durch ein Feuer Ende des 18. Jhs. fast völlig zerstört. Zum Glück blieben die umwerfenden Fresken in dieser Kapelle verschont. Die malerischen Schätze von Masolino da Panicale, Masaccio und Filippino Lippi wurden von dem reichen Kaufmann Felice Brancacci nach seiner Rückkehr aus Ägypten 1423 in Auftrag gegeben. Der Kapelleneingang liegt rechts vom Haupteingang der Kirche. In der Hochsaison dürfen maximal 30 Personen gleichzeitig für jeweils 30 Minuten in die Kapelle.

Masaccios Freskenzyklus über das Leben Petri gilt als ein absolutes Meisterwerk. Er machte ein für alle Mal Schluss mit den Stilregeln der Gotik und experimentierte mit den neuen Ausdrucksmitteln der frühen Renaissance. *Die Vertreibung von Adam*

DER VASARI-KORRIDOR

Der **Corridoio Vasariano** (Vasari-Korridor; Karte S. 68; ⏲ nur mit Führung; 🚌 B) birgt so viele Geheimnisse, dass er der berüchtigtste und rätselhafteste Durchgang der Welt sein dürfte. Über den Schmuckläden an der östlichen Seite des Ponte Vecchio ist der überdachte Verbindungsweg vom Palazzo Vecchio auf der Piazza della Signoria zu den Uffizien und zum Palazzo Pitti auf der anderen Seite des Flusses etwa 1 km lang. Vasari hat ihn im Jahr 1565 im Auftrag Cosimos I. entworfen, damit die Medici und die Würdenträger des Hofes bequem und ohne Aufsehen von einem Palazzo zum anderen gelangen konnten. Ab dem 17. Jh. haben die Medici den Gang mit Selbstporträts geschmückt – zu den gut 700 Werken, die dabei herausgekommen sind, gehören u. a. die Selbstporträts von Andrea del Sarto (das älteste der Sammlung), Rubens, Rembrandt und Canova.

Ursprünglich hatte der Korridor zum Fluss hin winzige Fenster und zur Straße vergitterte, kreisrunde Öffnungen als Schutz vor Angreifern. Als jedoch Hitler 1941 Florenz besuchte, ließ Mussolini für den befreundeten Diktator große Fenster in die Brückenmauern reißen, um ihm vom berühmten Ponte Vecchio aus einen Panoramablick über den Arno zu bieten.

Im Stadtteil Oltrarno verläuft der Verbindungsweg direkt an der **Chiesa di Santa Felicità** (Karte S. 86; www.santafelicita.it; Piazza di Santa Felicità; ⏲ Mo–Sa 9.30–12 & 15.30–17.30 Uhr) entlang. So hatten die Medici eine eigene Empore in der Kirche, von der aus sie die Messe besuchen konnten, ohne sich unters gemeine Volk zu mischen. Von der Piazza di Santa Felicità aus, die sich vor der kleinen romanischen Kirche ausbreitet, sind über dem Portikus der ansonsten unauffälligen Fassade die drei Bögen des Korridors zu sehen. Wer innen vor dem Altar steht und sich umdreht, hat die Medici-Empore im Blick und kann den Korridor dahinter erahnen. Ein weiterer Hingucker, den sich keiner entgehen lassen sollte, ist die *Begegnung Joachims und Annas* von Ridolfo Ghirlandaio am Ende des rechten Querschiffs.

Der Korridor ist nur einer kleinen Schar Auserwählter zugänglich, die eine Führung gebucht haben: **Florence Town** (S. 240) und **Caf Tour & Travel** (Karte S. 78; ☎ 055 28 32 00; www.caftours.com; Via degli Alfani 151r; ⏲ Mo–Sa 8–19, So bis 15 Uhr) bieten morgendliche Führungen (Erw. 85 €) durch die Uffizien und den Korridor an. Vorab reservieren.

Oltrarno

und Eva aus dem Paradies und *Der Zinsgroschen,* beide auf der linken Kapellenseite, sind seine berühmtesten Werke. Sie waren von Masolino begonnen worden; die Hauptarbeit erledigte jedoch Masaccio als damals kaum 20-Jähriger, bevor er nach Rom ging und dort mit nur 27 Jahren starb. Erst 60 Jahre später legte dann Filippino Lippi letzte Hand an den Freskenzyklus. Masaccios *Thronender Petrus* enthält übrigens ein Selbstbildnis – er ist der Mann neben dem Apostel, der den Betrachter anstarrt. Die ihn umgebenden Figuren wurden als Brunelleschi, Masolino und Alberti identifiziert. Auch Filippino Lippi hat sich selbst verewigt; in der *Kreuzigung des Petrus* ist er mit seinem Lehrer Botticelli zu sehen.

★ Palazzo Pitti — MUSEUM

(Karte s. oben; www.polomuseale.firenze.it; Piazza dei Pitti; ⏲ Di–So 8.15–16.50 Uhr, im Winter kürzer) Der riesige Renaissancebau wurde 1457 von dem Bänker Luca Pitta in Auftrag gegeben und nach einem Entwurf von Brunelleschi gebaut. Später kaufte die Medici-Familie das Gebäude. Es diente jahrhundertelang als Residenz der Stadtoberhäupter, bis die Familie der Savoyer es 1919 dem Staat schenkte.

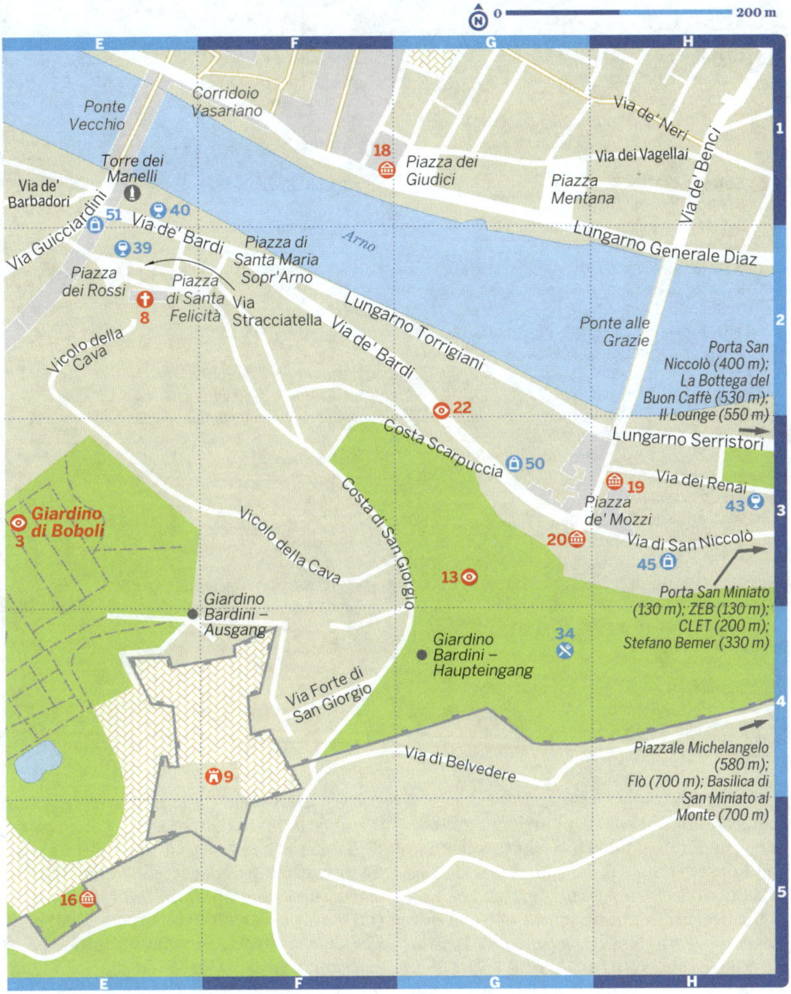

Heute sind hier ein eindrucksvolles Silbermuseum sowie einige Kunstmuseen untergebracht. Einige Räume widmen sich dem Palastleben aus der Zeit der Savoyer.

➡ *Erdgeschoss*

Wunderschöne Schnitzereien in Bernstein, Elfenbeinminiaturen, funkelnde Tiaras und anderer Kopfschmuck, silberne Pillendöschen und alle möglichen weiteren Preziosen bestücken die Räume des **Museo degli Argenti** (Silbermuseum; Karte S. 86; Erw./erm. inkl. Museo delle Porcellane, Galleria del Costume & Giardino di Boboli 7/3,50 €; ⏲Sommer 8.15–18.50 Uhr, im Winter kürzer, 1. & letzter Mo des Monats geschl.). In den reich mit Fresken verzierten ehemaligen Empfangszimmern finden gelegentlich auch Wechselausstellungen statt. Sehenswert, aber nicht immer zugänglich ist die **Sala di Giovanni da San Giovanni** mit ihren mannshohen Gemälden (1635–1642), die Lorenzo den Prächtigen zum Thema haben (u. a. ist Michelangelo zu sehen, der Lorenzo eine Statue überreicht). „Rede wenig, fasse dich kurz und sei geistreich", lautet das Motto über der gemalten Treppe im Raum daneben, wo der Großherzog Hof hielt und Audienzen gewährte.

Oltrarno

Highlights

1	Basilica di Santo Spirito	C2
2	Cappella Brancacci	A1
3	Giardino di Boboli	E3
4	Palazzo Pitti	D3

Sehenswertes

5	Appartamenti Reali	D3
6	Casa Guidi	C3
7	Cenacolo di Santo Spirito	C2
8	Chiesa di Santa Felicità	E2
9	Forte di Belvedere	F4
10	Galleria d'Arte Moderna	D3
11	Galleria del Costume	D3
12	Galleria Palatina	D3
13	Giardino Bardini	G3
14	Giardino Torrigiani	A4
15	Museo degli Argenti	D2
16	Museo delle Porcellane	E5
17	Museo di Storia Naturale – Zoologia La Specola	B3
18	Museo Galileo	F1
19	Museo Stefano Bardini	H3
20	Palazzo de' Mozzi	G3
21	Torre de' Belfredelli	D1
22	Via de' Bardi	G2

Aktivitäten, Kurse & Touren

23	In Tavola	C2

Schlafen

24	Hotel La Scaletta	D2
25	Ostello Santa Monaca	A1
26	Palazzo Belfiore	D2
27	Palazzo Guadagni Hotel	B2
28	SoprArno Suites	C2

Essen

29	5 e Cinque	D1
30	Gustapizza	C2
31	Il Magazzino	D1
32	Il Santo Graal	B4
33	La Casalinga	C2
34	La Leggenda dei Frati	G4
35	S.Forno	B1
36	Tamerò	C2
37	Trattoria 4 Leoni	D2

Ausgehen & Nachtleben

38	Caffè degli Artigiani	D2
39	Le Volpi e l'Uva	E2
40	Open Bar	E1
41	Vivanda	B1
42	Volume	C2
43	Zoé	H3

Shoppen

44	& Company	C2
45	Alessandro Dari	H3
46	Byørk	D1
47	Casini Firenze	D2
48	Geraldine Tayar	D2
49	Giulio Giannini e Figlio	D2
50	Lorenzo Villoresi	G3
51	Madova	E1

➡ *1. Etage*

Raffael und Rubens konkurrieren miteinander in der unglaublich reichen Kollektion von Kunstwerken aus dem 16. bis 18. Jh. Das Ergebnis der Sammelwut der Medici und Lothringer präsentiert sich in der **Galleria Palatina** (Karte S. 86; Erw./erm. inkl. Appartamenti Reali & Galleria d'Arte Moderna 8,50/4,25 €; ⌚ Sommer Di–So 8.15–18.50 Uhr, im Winter kürzer), zu der mehrere Treppen vom zentralen Platz des Palazzos führen. Da die ursprüngliche Anordnung der Gemälde unangetastet blieb (mache hängen so eng, dass sie sich überlappen), kann es leicht zum visuellen Overkill kommen. Da hilft nur eins: langsam gehen und den Blick fokussieren.

Hier nur einige der Highlights: Fra Filippo Lippis *Madonna mit Kind und Geschichten aus dem Leben der hl. Anna* (auch *Tondo Bartolini* genannt; 1452–1453) und Botticellis *Madonna mit Kind und dem jungen Johannes dem Täufer* (um 1490–1495) in der **Sala di Prometeo**, Raffaels *Madonna dell'Impannata* (1513–1514) in der **Sala di Ulisse** und Caravaggios *Schlafender Cupido* (1608) in der **Sala dell'Educazione di Giove**. Sehenswert ist auch die **Sala di Saturno** mit wunderbaren Werken Raffaels, darunter die *Madonna auf dem Stuhle* (1511) sowie Porträts von Anolo Doni und Maddalena Strozzi (um 1506). In der nahe gelegenen **Sala di Giove** hängt seine *Dame mit Schleier* (auch *La Velata* genannt; um 1516), der Giorgiones *Drei Menschenalter* (um 1500) Gesellschaft leisten.

Hinter der **Sala di Venere** beginnen die **Appartamenti Reali** (Königliche Gemächer; Karte S. 86; Erw./erm. inkl. Galleria Palatina & Galleria d'Arte Moderna 8,50/4,25 €; ⌚ Sommer Di–So 8.15–18.50 Uhr, im Winter kürzer). Die Einrichtung der Räume entspricht noch dem Zustand um 1880–1891, als sie von den Mitgliedern des Hauses Savoyen bewohnt wurden.

➡ *2. Etage*

In der **Galleria d'Arte Moderna** (Karte S. 86; Erw./erm. inkl. Appartamenti Reali & Galleria Palatina 8,50/4,25 €; ⌚ Sommer Di–So 8.15–18.50 Uhr, im Winter kürzer) geht es um Werke aus dem 18. und 19. Jh., vor allem von den florentinischen Macchiaioli (lokale Gruppe von Impressionisten).

Die Krönung des Palastes ist die **Galleria del Costume** (Karte S. 86; Eintritt inkl. Museo degli Argenti, Museo delle Porcellane & Giardino di Boboli Erw./erm. 7/3,50 €; ⏲Sommer 8.15–18.50 Uhr, im Winter kürzer; 1. & letzter Mo. des Monats geschl.) mit einem Querschnitt durch die Mode seit den Zeiten von Cosimo I. bis zur Haute Couture der 1990er-Jahre.

★Giardino di Boboli — GÄRTEN

(Karte S. 86; Piazza dei Pitti; Erw./erm. inkl. Museo degli Argenti, Museo delle Porcellane & Galleria del Costume 7/3,50 €; ⏲Sommer 8.15–19.30 Uhr, im Winter kürzer) Hinter dem Palazzo Pitti beginnen die Gärten, die Mitte des 16. Jhs. nach Plänen des Architekten Niccolò Pericoli angelegt wurden. Phantastische Ausblicke in die ländliche Umgebung eröffnen sich am Südrand unterhalb des von Buchsbaumhecken eingefassten Rosengartens und des **Museo delle Porcellane** (Porzellanmuseum; Karte S. 86; Giardino di Boboli; Erw./erm. 7/3,50 € inkl. Giardino di Boboli, Museo degli Argenti & Museo del Costume; ⏲Sommer 8.15–19.30 Uhr, im Winter kürzer).

Giardino Bardini — GÄRTEN

(Karte S. 86; www.bardinipeyron.it; Eingänge Via de' Bardi 1r & Costa di San Giorgio 2; Erw./erm. 8/6 €; ⏲Di–So 10–19 Uhr) Namenspate des Gartens war der Kunstsammler Stefano Bardini (1836–1922), der die Villa 1913 kaufte und große Teile der Gartenanlage aus dem Mittelalter restaurierte. Alle Elemente eines typischen toskanischen Gartens sind erhalten – künstliche Grotten, eine Orangerie, Marmorstatuen und Springbrunnen. Auf der 2. Etage der Villa befinden sich das **Museo Pietro Annigoni**, das Werke des gleichnamigen Malers (1910–1988) zeigt. Das **Museo Roberto Capucci** mit einer Modekollektion von Capucci liegt im 4. Stock. Außerdem werden hier Wechselausstellungen gezeigt und es gibt eine herrliche **Dachterrasse** im 3. Stock, von der man einen tollen Blick auf die Stadt hat.

April und Mai sind gute Monate für einen Besuch, wenn Azaleen, Pfingstrosen und Glyzinien blühen, ebenso der Juni mit seinen blühenden Schwertlilien. Das Gartenrestaurant La Leggenda Dei Frati (S. 109) mit Stein-Loggia, von der man einen wunderbaren Blick über Florenz genießen kann, gehört zu den besten Lokalen für ein romantisches Essen.

Museo Stefano Bardini — MUSEUM

(Karte S. 86; www.bardinipeyron.it; Via dei Renai 37; Ew./erm. 6/4,50 €; ⏲Fr–Mo 11–17 Uhr) Im weniger bekannten Palazzo-Museum erfahren Besucher alles über Stefano Bardini, einen Antiquar und Kunstsammler des 19. Jhs. Er gehörte zu den angesehensten Antiquaren Italiens und konnte mit einem kleinen Vermögen seine eigene, ausgedehnte Sammlung mit Kunstwerken der Renaissance zusammenstellen, die hier zu sehen ist. Sie gehört zu den Geheimtipps in Florenz. Bardini kaufte 1881 die ehemalige Kirche und das Kloster von San Gregorio della Pace und ließ sie in einen *palazzo* im Renaissance-Stil umbauen, in dem er seine Sammlung und Werkstätten zu ihrer Restaurierung unterbrachte.

Giardino Torrigiani — GÄRTEN

(Karte S. 86; ☎055 22 45 27; www.giardinotorrigiani.it; Via de' Serragli 144; 1½-stündige Führung gegen Spende; ⏲Anmeldung vorab per E-Mail) Unglaublich, aber wahr: Hinter den unauffälligen Häuserfassaden der Via de' Serragli versteckt sich ein riesiger Park – Europas größte private Grünanlage in einem historischen Stadtgebiet. Sie gehört den Familien Torrigiani Malaspina und Torrigiani di Santa Cristina, die sich mit viel Liebe und Engagement um den Erhalt kümmern. Der Rundgang durch das kleine Paradies in Begleitung des charismatischen Marquis Vanni Torrigiani Malaspina und seiner Frau Susanna ist ein wahres Vergnügen. Die sehr persönliche Führung (auf Englisch oder Italienisch) eröffnet Einblicke in eine privilegierte, sehr florentinische Welt.

Die grüne Oase rund um die Villa aus dem 16. Jh. wurde zusammen mit den weiteren Bauten im frühen 19. Jh., auf dem Höhepunkt der Romantik, angelegt. Seltene Baumarten, englischer Rasen, Kräuter- und Gemüsegärten, Steinlöwen, ein wunderschön restauriertes Gewächshaus und weitere Augenweiden werden durch Reste der alten Stadtmauer ergänzt, die Cosimo I. 1544 errichten ließ (als eine der insgesamt sechs Mauern, die Florenz im Lauf der Zeit schützen sollten; Reste eines Walls aus dem 14. Jh. sind außerhalb des Gartens zu erkennen).

VON PARK ZU PARK

In nur fünf Minuten kommt man zu Fuß vom Giardino di Boboli in den Giardino Bardini. Das Tor zwischen den beiden Parks schließt um 17 Uhr.

FLORENZ FÜR KIDS

Kinder werden in Florenz so ziemlich überall gern gesehen; viele Familien gehen abends mitsamt dem Nachwuchs aus, sei es zu einem Spaziergang mit Eis am Arno oder zum Abendessen unter freiem Himmel. Und trotzdem ist Florenz nicht gerade ein Urlaubsparadies für die ganz Kleinen: Grünflächen und Spielplätze sind Mangelware, und auch Kinderbetreuung ist nur schwer zu bekommen (höchstens in einigen etwas teureren Hotels).

Für eine Verschnaufpause gibt's für Eltern mit Baby nichts Einfacheres, Zentraleres und Angenehmeres als das **Gucci Museo Caffè** (S. 111). Die sauberen Toiletten sind mit einem Wickeltisch ausgestattet, keiner hebt eine Augenbraue beim Anblick stillender Mütter, und mit den vielen Kunstbüchern und iPads, die gratis benutzt werden können, sind auch die Kleinen einige Zeit beschäftigt.

Unzählige in Florenz herausgegebene Kinderbücher geben Ideen für Entdeckungstouren durch die Stadt – die Museumsläden im Palazzo Vecchio und in den Uffizien halten eine große Auswahl bereit.

Kunstführungen & Workshops

Die Kunststadt Florenz ermutigt Kinder ihre erstaunlichen Kunstschätze zu entdecken. **Palazzo Vecchio** (S. 71) und **Museo Novecento** (S. 76) bieten thematischen Führungen und Workshops für Kinder ab vier Jahre; Online-Buchung unter www.museofirenze.it. Im **Palazzo Strozzi** (S. 74) gibt es jeden Monat Wochenendangebote für die ganze Familie. Außerhalb der Stadt veranstaltet das **Museo Primo Conti** (S. 96) großartige Workshops für Kinder.

Die lizensierte Kunstführerin **Molly McIlwrath** (http://letterartemente.com) bietet private Führungen und organisiert Kreativworkshops für Kinder und ihre Eltern (70 €/Std.). Es gibt Mitmach-Workshops zu Themen wie Kalligraphie, Fresken, die Kunst der Mosaike, Buchherstellung und Selbstporträts im Stil von Arcimboldo mit Gemüse und Obst. Viele der Führungen von Molly enden in einem Künstleratelier in Oltrarno.

Context Travel (www.contexttravel.com) organisiert kleine Familienführungen, darunter eine 2½-stündige Führung zur „Kunst in Florenz" (ab sechs Jahre) mit dem Schwerpunkt Uffizien oder eine zweistündige „Wissenschaftsexpedition" (ab acht Jahre), bei der es um die Wissenschaft in der Stadt geht, sowie eine zweistündige Stadtführung zum Leben in der Renaissance (ab sechs Jahre).

Kochkurse

Fast jede Kochschule in Florenz bietet auch Kurse für Kinder. Bei **Curious Appetite** (S. 94) lernen Kids, wie Eis gemacht wird, und zu **Freya's Florence** (S. 94) gehen zukünftige Pizzabäcker (1½ Std., 45 €/Pers.).

Museen & Denkmäler

Wer mit Kinderwagen oder Buggy unterwegs ist, hat's in der Tat schwer, aber für ältere Kinder gibt's nichts Cooleres als die **Torre d'Arnolfo im Palazzo Vecchio** (S. 71) und den Campanile am Dom hinaufzusteigen und Florenz von oben zu sehen oder das Innere der beeindruckenden Domkuppel zu erkunden. Für Kinder ab sechs Jahren lohnt sich ein Besuch des **Museo di Storia Naturale – Zoologia La Specola** (S. 91), des **Museo Stibbert** (S. 76) und des hochmodernen naturwissenschaftlichen **Museo Galileo** (S. 72).

Parks & Spielplätze

Die besten Spielplätze für Kinder unter sechs Jahren sind auf der Piazza Massimo d'Azeglio nicht weit vom Dom sowie am Lungarno Santa Rosa und an der Piazza Torquato Tasso auf der anderen Seite des Flusses. Das nostalgische **Karussell** auf der Piazza della Repubblica verfehlt selten seine Wirkung.

Kinder ab sechs Jahren spielen zwischen den Statuen im **Giardino di Boboli** (S. 89) Versteck oder tollen im 118 ha großen **Parco delle Cascine** (Viale degli Olmi) herum, wo im Sommer auch ein Freibad zum Planschen einlädt.

Die Anlage steckt voller Freimaurer-Symbole wie z. B. dem eleganten, neugotischen Turm, dessen drei Segmente an die drei Stadien erinnern, die ein Normalsterblicher durchläuft, um in die Gemeinschaft der Freimaurer aufgenommen zu werden.

Im restaurierten alten Gewächshaus mit Garten, **Serra Torrigiani**, veranstaltet das Ehepaar Vanni Kurse und Workshops zu den Themen Gartenbau und Malerei.

Casa Guidi MUSEUM

(Karte S. 86; www.browningsociety.org; Piazza San Felice 8; ⌚April–Nov. Mo, Mi & Fr 15–18 Uhr) GRATIS Gegenüber dem Südflügel des Palazzo Pitti hat sich das englische Dichterehepaar Robert und Elizabeth Browning 1847, ein Jahr nach der Hochzeit, eine Erdgeschosswohnung in der Casa Guidi gemietet und darin 14 Jahre lang gelebt: Er schrieb seinen Roman *Men and Women*; sie brachte hier ihr einziges Kind zur Welt und starb später in diesen Gemächern.

Museo di Storia Naturale – Zoologia La Specola MUSEUM

(Karte S. 86; www.msn.unifi.it; Via Romana 17; Erw./erm. 6/3 €; ⌚Winter Di–So 9.30–16.30 Uhr, Sommer bis 17.30 Uhr) Das Haus ist Teil des 1775 gegründeten Naturhistorischen Museums von Florenz und zeigt rund 5000 Tiere aus dem Gesamtfundus von unglaublichen 3,5 Mio. Exemplaren! Absolutes Highlight (aber nichts für zarte Kinderseelen und schwache Nerven) sind die Wachsmodelle verschiedener menschlicher Körperteile in unterschiedlichen Krankheitsstadien.

Via de' Bardi STRASSE

(Karte S. 86) Der erste Abschnitt der Via de' Bardi östlich des Ponte Vecchio weist deutliche Spuren der jüngeren Vergangenheit auf: Das ganze Gebiet war 1944 von der Wehrmacht in die Luft gejagt und nach dem Krieg ruckzuck wieder bebaut worden, ohne einen Gedanken an Ästhetik zu verschwenden. Die Straße führt über die Piazza di Santa Maria Soprarno rechts weiter durch ein angenehm ruhiges Eckchen von Florenz. Einst gehörte die gesamte Häuserzeile der mächtigen Bardi-Familie.

Allerdings waren deren beste Tage bereits vorbei, als Cosimo der Ältere 1415 die Contessina de' Bardi heiratete. Die Via de' Bardi endet an der Piazza de' Mozzi, die von wuchtigen, feudalen Stadtpalazzi eingekreist wird. Während seiner Schlichtungsversuche zwischen Ghibellinen und Guelfen wohnte Papst Gregor X. im **Palazzo de' Mozzi** (Karte S. 86; Piazza de' Mozzi 2).

Forte di Belvedere FESTUNG, GALERIE

(Karte S. 86; www.museicivicifiorentini.comune.fi.it; Via di San Leonardo 1; Erw./erm. 5/3 €; ⌚unterschiedlich) Die weitläufige Befestigungsanlage hat Bernardo Buontalenti Ende des 16. Jhs. für Großherzog Ferdinand I. gebaut. Sie bietet eine perfekte Sicht in alle vier Himmelsrichtungen, sodass die Wachen sowohl nach fremden Invasoren von außen wie auch nach Angreifern auf den Palazzo Pitti aus dem Inneren der Stadt Ausschau halten konnten. Heute finden hier zeitweise Kunstausstellungen statt, die sich schon alleine dafür lohnen, dass sich hier ein herrliches Stadtpanorama vor den Besuchern ausbreitet.

Der Weg zum Forte di Belvedere führt von der Piazza de' Mozzi aus nach Osten über die Via dei Renai zur grünen Piazza Nicola Demidoff, die ihren Namen einem russischen Industriellen und Menschenfreund verdankt, der im 19. Jh. in der Parallelstraße Via di San Niccolò wohnte. Am Ende der Via dei Renai geht es rechts in die Via di San Niccolò, auf der es in östlicher Richtung weiter geht bis zum Turm der **Porta San Niccolò**, einem Rest der früheren Stadtmauer. Wer wissen will, wie diese Mauer einst aussah, macht hinter der Chiesa di San Niccolò Oltrarno einen Schlenker nach Süden zur **Porta San Miniato**. Dort steht links ein Stummelstück, rechts davon führt die alte Mauer steil den Berg hinauf zur Festung.

Piazzale Michelangelo AUSSICHTSPUNKT

(🚌13) Wer den Ständen mit Touristenramsch (*David* im Miniaturformat, *David* auf Boxershorts usw.) auf dieser großen Piazza den Rücken kehrt, hat ein atemberaubendes Panorama von Florenz mitsamt einer *David*-Kopie vor sich – vor allem bei Sonnenuntergang ist der Anblick spektakulär. Vom Arno schlängelt sich ein Fußweg (10 Min.) mit Treppen und Serpentinen über die Piazza Giuseppe Poggi hinauf zu diesem Platz. Auch von der Piazza San Niccolò aus geht ein Weg nach oben. Achtung: beim Schild „Viale Michelangelo" links halten und die lange Treppe nehmen. Oder auf die einfache Tour am Hauptbahnhof in den Bus Nr. 13 einsteigen.

Basilica di San Miniato al Monte KIRCHE

(www.sanminiatoalmonte.it; Via Monte alle Croci; ⌚Sommer 8–19 Uhr, Winter 8–12 & 15–18 Uhr) Ein fünfminütiger Fußmarsch vom Piazzale Michelangelo führt bergauf zu der wunderschönen romanischen Basilika. Sie ist dem heiligen Minias geweiht, einem frühchristlichen Märtyrer aus Florenz, der angeblich nach seinem Tod hierher geflogen sein soll (andere wiederum behaupten, er sei nach seiner Enthauptung mit dem Kopf unter dem Arm zu Fuß hinaufgegangen). Die Kirche stammt aus dem frühen 11. Jh.; die für die Toskana typische mehrfarbige Marmorfassade wurde erst einige Jahrhunderte später hochgezogen.

Im unbeleuchteten Inneren prunkt die Südwand mit Fresken aus dem 13. bis 15. Jh. Das ganze Kirchenschiff ist mit aufwendigen Marmorintarsien verziert und endet über einer großartigen romanischen Krypta. Die Sakristei in der Südostecke besticht mit Fresken von Spinello Aretino, die das Leben des hl. Benedikt darstellen. Das Juwel von San Miniato blinkt im Zentrum des Schiffs: die **Cappella del Crocefisso**, in der sich Michelozzo, Agnolo Gaddi und Luca della Robbia verausgabt haben.

Kurse

In Florenz gibt's Trillionen von Schulen, die italienische Sprach-, Koch- und kulturgeschichtliche Kurse anbieten. **Context Travel** (www.contexttravel.com) organisiert Workshops, bei denen man die Freskenmalerei erlernen kann.

Desinare KOCHKURS
(☎055 22 11 18; www.desinare.it; Via dei Serragli 234r) Zutaten für ein typisch toskanisches Essen einkaufen und zubereiten und alles über italienischen Käse oder die Kunst des Pasta-Machens lernen – das bietet diese empfehlenswerte (und superschicke) Schule in der Nähe der Boboli-Gärten. Prächtige Kücheneinrichtungen zum Anschauen und Kaufen sowie Verkostungen am „Tisch des Küchenchefs" im Showroom des Innendesigners Riccardo Barthel.

Cucina Lorenzo de' Medici KOCHKURSE
(Karte S. 78; www.cucinaldm.com; Via dell'Ariento, Piazza del Mercato Centrale) Glänzende Kochschule mit hochmoderner Ausstattung in der geschäftigen Lebensmittelabteilung im Obergeschoss der zentralen Markthalle von Florenz. An 16 Herden lernen die Teilnehmer (90–130 €, 3 Std.) neue Rezepte; außerdem Kochvorführungen und Verkostungen am Tisch des Küchenchefs (38 €, 1½ Std.). Buchung vorab online oder am Infotisch in der Lebensmittelmeile.

MaMa Florence KOCHKURSE
(☎055 22 01 01; www.mamaflorence.com; Viale Petrarca 12) Von Marktführungen über Weinverkostungen und glutenfreiem Kochen bis zu Pasta selber machen und fleischhaltige Hauptgerichte zubereiten – diese tatkräftige Kochschule bietet etwas für jeden Geschmack.

Scuola di Arte Culinaria Cordon Bleu KOCHKURSE
(Karte S. 82; ☎055 234 54 68; www.cordonbleu-it.com; Via Giusti 7) Professionelle Kochschule für Amateure und Profis. Die Kurse dauern unterschiedlich lange; auch Einzelabende stehen auf dem Programm.

In Tavola KOCHKURSE
(Karte S. 86; ☎055 21 76 72; www.intavola.org; Via dei Velluti 18r) In Dutzenden von Kursen lernen Anfänger wie Profis die Geheimnisse von Pizza, Gelato, Pasta, toskanischen Spezialitäten und mehr kennen.

Geführte Touren

De Gustibus TOUR
(☎340 579 62 07; www.de-gustibus.it) Diese Dachorganisation für Bauernhöfe der Umgebung von Florenz organisiert äußerst leckere Ausflüge zu kleinen, familiengeführten Bio-Bauernhöfen. Die Touren sind thematisch gestaltet – Wein, Trüffel, Olivenöl – und finden mit dem Auto, zu Fuß oder auf dem Fahrrad statt. Infos zum aktuellen Angebot stehen auf der Website oder auf der Facebook-Seite.

City Sightseeing Firenze BUSTOUREN
(Karte S. 76; ☎055 29 04 51; www.firenze.city-sightseeing.it; Piazza della Stazione 1; Erw. 1/2/3 Tage 20/25/30 €) Im offenen roten Bus durch Florenz. Die Tickets gibt's beim Fahrer und gelten 24 Stunden; man kann nach Belieben an den 15 Haltepunkten ein- und aussteigen.

Tuscany Bike Tours RADTOUREN
(Karte S. 82; ☎055 386 02 53; www.tuscany-biketours.com; Via Ghibellina 34r) 23-km-Ganztagestour durchs Chianti mit Mittagessen, Schlossführung, Wein- und Ölverkostung für 80 €. Transfer ins Chianti per Minibus.

Italy by Segway TOUR
(Karte S. 68; www.italysegwaytours.com; Via dei Cimatori 9r; ⊙Mo–Sa 9–13 & 14–18 Uhr, Winter Sa geschl.) 3-stündige Segway-Touren mit Karte und Audioguide (75 €) oder einem Stadtführer (90 €). Nächtliche Sommertouren beginnen um 20 Uhr (2½ Std., 65 €). Vorab online reservieren.

ArtViva STADTSPAZIERGÄNGE
(Karte S. 68; ☎055 264 50 33; www.italy.artviva.com; Via de' Sassetti 1; ab 25 €/Pers.) Ein- bis dreistündige Stadtspaziergänge mit Stadt-

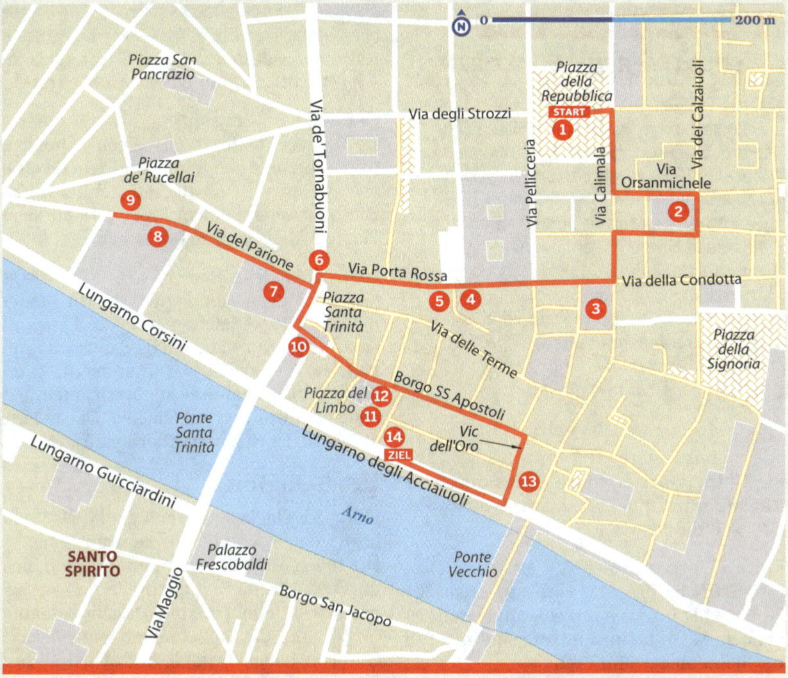

Spaziergang
Durch das Herz von Florenz

START PIAZZA DELLA REPUBBLICA
ZIEL AMBLÉ
LÄNGE/DAUER 2 KM; 2 STUNDEN

Mit einem Tässchen Kaffee auf der 1 **Piazza della Repubblica** (S. 72) gestärkt, geht's auf der Via Calimala nach Süden und links in die Via Orsanmichele in zur 2 **Chiesa e Museo di Orsanmichele** (S. 73), einer außergewöhnlichen Kirche mit Museum. Danach kehrt man zur Via Calimala zurück und läuft weiter nach Süden, bis die Loggia des 3 **Mercato Nuovo** (S. 116) ins Blickfeld kommt. Auf dem „Neuen Markt" steht eine Wildschweinstatue aus Bronze. Wer am Rüssel reibt, so heißt es, kehrt nach Florenz zurück.

Der Weg führt anschließend durch die Via Porta Rossa zum 4 **Palazzo Davanzati** (S. 74). Ein paar Häuser weiter schnell einen Blick durch das Eisentor neben der Bar 5 **Slowly** (S. 111) werfen: Genauso stellt man sich das Florenz der 1001 Tore und Gassen vor!

Dann kreuzt die 6 **Via de' Tornabuoni** (S. 73) mit ihren Luxusboutiquen den Weg; wunderschön sind aber auch die Fresken in der 7 **Chiesa di Santa Trinità** (S. 74). Ein Abstecher in die Via del Parione lohnt sich vor allem wegen der Kunsthandwerksläden von 8 **Alberto Cozzi** (Papier, S. 117) und 9 **Letizia Fiorini** (Puppen, S. 116).

Zurück auf der Via de' Tornabuoni nach rechts gehen, vorbei am 10 **Palazzo Spini-Feroni** (S. 74), heute Flagshipstore von Ferragamo, bis zum Borgo Santi Apostoli. An der Piazza del Limbo taucht dann die romanische 11 **Chiesa dei Santissimi Apostoli** auf.

In der 12 **La Bottega dell'Olio** (S. 118) gibt's Olivenöl aus der Toskana, dann führt der Weg östlich weiter und nach rechts in den Vicolo dell' Oro mit dem 13 **Hotel Continentale**. Die schicke Dachterrasse ist ideal für einen Sundowner mit Blick auf den Ponte Vecchio. Wer eher nach dem hippen Florenz sucht, geht zum *aperitivo* ins 14 **Amblé** (S. 111).

ABSEITS DER ÜBLICHEN PFADE

IM OLDTIMER DURCH FLORENZ

Der **500 Touring Club** (www.500touringclub.com; Via Gherardo Silvani 149a) bietet Stadtrundfahrten im Cinquecento aus den 1960er-Jahren zum Selberfahren an – einfach einsteigen und dem Stadtführer hinterher. Jeder Oldtimer hat einen Namen: Giacomo der Playboy, Anna die Emanze usw. Bei den thematischen Rundfahrten ist für jeden Geschmack etwas dabei: für Familien Picknicktouren, für Paare Weinproben.

Von März bis November geht nichts ohne längere Voranmeldung.

oder Kunsthistorikern, im Angebot sind die Uffizien, der originale *David* oder eine Kunstführung nur für Erwachsene: „Sex, Drugs und Renaissance".

Freya's Florence Tours STADTSPAZIERGÄNGE
(☎349 074 89 07; www.freyasflorence.com; 70–90 €/Std.) Führungen mit einer in Florenz lebenden Australierin; Eintritte sind nicht in der Teilnahmegebühr enthalten.

Curious Appetite TOUREN
(www.curiousappetitetravel.com) Lebensmittel- und Weinverkostungen für Privatpersonen und Gruppen mit der Italo-Amerikanerin Coral Lelah. Die Verkostungen dauern 3½ Std., kosten ab 65 € pro Person (mind. vier Personen) und sind thematisch gestaltet: Marktbesuch, selbstgerührte Cocktails und *aperitivi*, italienisches Essen und der passende Wein, hausgemachtes Eis.

Accidental Tourist TOUR
(☎055 69 93 76; www.accidentaltourist.com) 10 € kostet die Mitgliedschaft bei Accidental Tourist, dafür gibt's Weintouren (60 €), Kochkurse (70 €), Feinschmecker-Picknicks (35 €) u.v.m. in und um Florenz.

Festivals & Events

Festa di Anna Maria Medici KULTUR
(⊙18. Feb.) Eine Kostümparade vom Palazzo Vecchio zum Grab der Anna Maria Luisa in den Cappelle Medicee erinnert an den Tod der letzten Medici im Jahr 1743.

Scoppio del Carro FEUERWERK
(⊙Ostersonntag) Am Ostersonntag um 11 Uhr wird ein Karren mit Feuerwerkskörpern vor dem Dom in die Luft gejagt.

Maggio Musicale Fiorentino KULTUR
(www.operadifirenze.it; ⊙April–Juni) Das älteste Kulturfestival Italiens bietet Theater, klassische Musik, Jazz und Ballett von Weltrang.

Festa di San Giovanni KIRCHE
(⊙24. Juni) Florenz lässt seinen Schutzpatron Johannes den Täufer mit einer Partie *calcio storico* (Fußball) auf der Piazza di Santa Croce und einem Feuerwerk auf dem Piazzale Michelangelo hochleben.

Festa delle Rificolone KIRCHE
(⊙7. Sept.) Beim Lampionfest ziehen Kinder mit ihren Papierlaternen von der Piazza di Santa Croce zur Piazza della Santissima Annunziata – begleitet von Trommlern, *sbandieratori* (Fahnenwerfern), Musikanten und anderen historisch gekleideten Darstellern. Anlass ist der Geburtstag der Jungfrau Maria.

Schlafen

Florenz ist kleiner, als man denkt. Dadurch liegt jede Unterkunft im Zentrum günstig. Die billigeren Adressen konzentrieren sich im Viertel Santa Maria Novella und im benachbarten San Lorenzo. Das hippe Santa Croce und das zunehmend gentrifizierte Oltrarno haben unzählige großartige Restaurants zu bieten.

Duomo bis Piazza della Signoria

Unglaublich, aber wahr: Auch mitten im touristischen Zentrum von Florenz findet sich eine ganze Reihe preisgünstiger Unterkünfte.

Hotel Cestelli HOTEL €
(Karte S. 68; ☎055 21 42 13; www.hotelcestelli.com; Borgo SS Apostoli 25; DZ 70–100 €, ohne Bad EZ 40–60 €, DZ 50–80 €; ⊙geschl. 4 Wochen Jan.–Feb., 2–3 Wochen Aug.; 📶) Nur einen Absatz entfernt von der eleganten Via de' Tornabuoni liegt dieses überschaubare Hoteljuwel mit acht Zimmern in einem Palazzo aus dem 12. Jh. Die Zimmer sind mit polierten Antiquitäten, glitzernden Kronleuchtern, alter Kunst und Seidenvorhängen geschmackvoll und gediegen eingerichtet. Die Besitzer Alessio und Asumi geben ihr unermessliches Wissen über die Stadt gerne weiter. Kein Frühstück.

★**Hotel Scoti** PENSION €€
(Karte S. 68; ☎055 29 21 28; www.hotelscoti.com; Via de' Tornabuoni 7; EZ/DZ 75/130 €; 📶) Eingezwängt zwischen den Designgeschäften in der schicksten Einkaufsmeile von Florenz,

versteckt sich diese *pensione*, die die perfekte Mischung aus altmodischem Charme und günstigen Preisen bietet. Die 16 traditionell eingerichteten Zimmer verteilen sich über die 2. Etage eines hohen Palazzo aus dem 16. Jh.; einige mit herrlichem Ausblick über die anliegenden Dächer. Unschlagbar ist aber die mit Fresken verzierte Lounge aus dem Jahr 1780. Frühstück 5 €.

★ Hotel Davanzati HOTEL **€€**
(Karte S. 68; ☎ 055 28 66 66; www.hoteldavanzati.it; Via Porta Rossa 5; EZ/DZ 132/199 €; ❄@📶) 20 Stufen führen hinauf zu diesem schicken Hotel. In einem Labyrinth mit 27 bezaubernden Zimmern finden sich Fresken genauso wie moderner Komfort. Kurz – jede Menge Ambiente, zu dem auch die Florentiner Brüder Tommaso und Riccardo sowie ihr Vater Fabrizio beitragen (Großvater Marcello hat die Oberaufsicht). Die Zimmer sind mit Laptop, Nespresso-Maschine und 300 kostenfreien Filmen im TV ausgestattet; iPads und Playstations können an der Rezeption geliehen werden.

Hotel Benivieni HOTEL **€€**
(Karte S. 68; ☎ 055 238 21 33; www.hotelbenivieni.it; Via delle Oche 5; DZ/3BZ/4BZ 170/195/215 €; ❄@📶) Phantastisch gelegen in einer engen Gasse im Herzen der Florentiner Altstadt hat man quasi alle wichtigen Sehenswürdigkeiten und viele verführerische Lokale vor der Tür. Drei-Sterne-Zimmer mit angenehmer klassischer Einrichtung, kostenlosen Hausschuhen, verdunkelnden Vorhängen und angenehmer Lärmdämmung; außerdem ausgezeichnete Familienzimmer.

ABSEITS DER ÜBLICHEN PFADE

TOP 5: ABSEITS DER MASSEN

- Florenz kann ganz schön schlauchen. Eine Möglichkeit zur Erholung bietet das friedliche Städtchen Fiesole in den Hügeln über der Stadt: entspannt zu Mittag essen mit atemberaubender Aussicht.
- Auch beim Mittagssnack im wunderschön gepflegten **Giardino Bardini** (S. 89) liegt einem die Stadt zu Füßen.
- Ohne Gedränge geht's bei einer exklusiven Führung durch den geheimnisvollen **Vasari-Korridor** (S. 85) zu.
- Rein in den 1960er-Jahre-Cinquecento und raus aus der Stadt zu Weinbergen und Olivenhainen: mit dem **500 Touring Club** (S. 94).
- Steinlöwen und seltene Bäume locken Besucher in den versteckt liegenden **Giardino Torrigiani** (S. 89), Europas größte private Grünanlage im Herzen von Florenz.

Hotel Perseo HOTEL **€€**
(Karte S. 68; ☎ 055 21 25 04; www.hotelperseo.it; Via de' Cerretani 1; EZ 130 €, DZ 155–210 €; ❄@📶👪) Die 20 großen, praktisch eingerichteten Zimmer und die netten Besitzer – Louise aus Neuseeland und ihr italienischer Mann Giacinto – machen das Perseo zum perfekten Familienhotel. Die Zimmer auf der obersten Etage bieten einen herrlichen Blick über die Dächer auf den Dom. Die (schwarze) Hausnummer 1 ist nicht leicht zu finden, aber das macht nichts: Die rote 23 ist auch richtig. Die günstigsten Preise gibt's bei Online-Buchung.

★ Antica Torre di Via de' Tornabuoni 1 BOUTIQUEHOTEL **€€€**
(Karte S. 68; ☎ 055 265 81 61; www.tornabuoni1.com; Via de' Tournabuoni 1; DZ ab 200 €; 📶) Nur ein paar Schritte vom Arno entfernt versteckt sich das vielgepriesene Hotel im wunderhübschen Palazzo Gianfigliazzi aus dem 14. Jh. Die 20 geräumigen Zimmer sind modern gestylt, der Bringer ist die Dachterrasse, die in ganz Florenz ihresgleichen sucht. Wenn die Gäste hier ihren Frühstückscappuccino schlürfen, liegt ihnen die Stadt zu Füßen.

Portrait Firenze DESIGNHOTEL **€€€**
(Karte S. 68; ☎ 055 2726 8000; http://portrait-firenze.hotel-rn.com; Lungarno degli Acciaiuoli 4; DZ ab 450 €) Dieses luxuriöse Hotel mit 44 Zimmern liegt herrlich direkt am Fluss, nur einen Steinwurf vom Ponte Vecchio entfernt – Deluxe-Studios und Suites mit Balkon in den oberen Etagen bieten einen Blick auf die Brücke. Genauso glanzvoll sind die Zimmer eingerichtet, inspiriert von der Haute Couture der 1950er-Jahre, mit alten Fotos, auf denen italienisches Dolce Vita (das süße Leben) abgebildet ist. Jedes der maßgeschneiderten Zimmer hat eine eigene moderne Küchenzeile.

Palazzo Vecchietti DESIGNHOTEL **€€€**
(Karte S. 68; ☎ 055 230 28 02; www.palazzovecchietti.com; Via degli Strozzi 4; DZ ab 429 €; ❄@📶) Die zwischen Designläden gelegene *residenza d'epoca* (historische Unterkunft) mit ihren 14 superromantischen Zimmern

TAGESAUSFLUG NACH FIESOLE

Florenz ist toll – allgemein aus der Ferne und im Besonderen von Fiesole aus gesehen. Das Schmuckstück von einem Dorf schmiegt sich in die Hügel 9 km nordöstlich von Florenz. Schon Boccaccio, Marcel Proust, Gertrude Stein und Frank Lloyd Wright erlagen der Idylle aus frischer Luft und Olivenhainen, hinter denen immer wieder elegante Villen im Renaissancestil auftauchen. Die Ausblicke auf die Ebene und Florenz sind schlicht umwerfend.

10 Uhr

Fiesole wurde im 7. Jh. v. Chr. von den Etruskern gegründet und war die wichtigste Stadt im nördlichen Etrurien. Wer sich gedanklich in diese Blütezeit zurückbeamen will, geht in die **Area Archeologica** (www.museidifiesole.it; Via Portigiani 1; Erw./erm. Fr–So 10/6 €, Mo–Do 8/4 €; ⊙Sommer 10–19 Uhr, sonst kürzer) nicht weit von der zentralen Piazza Mino di Fiesole. Karten gibt's in der Touristeninformation ganz in der Nähe. Der Weg führt an den Ruinen eines kleinen etruskischen Tempels und einer römischen Bäderanlage vorbei zum archäologischen Museum. Für eine Pause bieten sich die Steinstufen des römischen Amphitheaters aus dem 1. Jh. v. Chr. an. Im Sommer treten dort Musiker und Schauspieler beim ältesten Open-Air-Festival Italiens auf, der **Estate Fiesolana**.

Nebenan zeigt das **Museo Bandini** (www.museidifiesole.it; Via Dupré; Erw./erm. 5/3 €, frei für Ticket-Inhaber der Area Archeologica; ⊙Sommer 10–19 Uhr, sonst kürzer) toskanische Werke der Frührenaissance, darunter Medaillons (um 1505–1520) von Giovanni della Robbia sowie Taddeo Gaddis strahlende *Verkündigung* (1340–1345).

12 Uhr

Vom Museo Bandini aus führt ein 300 m langer Spaziergang über die Via Giovanni Dupré zum **Museo Primo Conti** (☎055 59 70 95; www.fondazioneprimoconti.org; Via Giovanni Dupré 18; Eintritt 3 €; ⊙Mo–Fr 9–14 Uhr). Hier lebte und arbeitete im 20. Jh. der gleichnamige Avantgardekünstler. Um hineinzukommen und seine rund 60 Werke sehen und die Aussicht im Garten genießen zu können, einfach klingeln.

13 Uhr

Zurück zur **Piazza Mino di Fiesole**, wo am ersten Sonntag im Monat ein Antiquitätenmarkt stattfindet. Hier locken die im Freien aufgestellten Tische von Cafés und Restaurants. Die meisten Gäste zieht es wegen des spektakulären Blicks auf Florenz auf die überdachte Terrasse der 1860 eröffneten **Villa Aurora** (☎055 5 93 63; www.villaurora.net; Piazza Mino da Fiesole 39; Mahlzeiten 30 €, ⊙12–14.30 & 19–22.30 Uhr). Wem der Sinn nach einer rustikalen,

und der Loggia in einem Palazzo aus dem 15. Jh. definiert Hotelstyle neu. Wandteppiche, Bücherregale und Gemälde zieren die alten Steinwände, traditionelle Farbtöne sind mit sattem Blau, Rot oder Violett geschmackvoll kombiniert. Drei der Zimmer haben eine Terrasse – der ideale Ort für ein stilvolles Frühstück über den Dächern. Kein Wunder: Hinter alledem steckt *der* Innenausstatter von Florenz, Michele Bönan.

Hotel Torre Guelfa HISTORISCHES HOTEL **€€€**
(Karte S. 68; ☎055 239 63 38; www.hoteltorreguelfa.com; Borgo SS Apostoli 8; DZ/3BZ 240/270 €; P❄@令) Wer mal in einem durch und durch original Florentiner Palazzo schlafen will, ohne sich dabei finanziell zu ruinieren, nimmt sich eines der 31 Zimmer hinter der festungsartigen Fassade dieses Hotels. Der 50 m hohe Turm aus dem 13. Jh. – der höchste der Stadt in Privatbesitz – ist perfekt für einen Sundowner: Beim Ausblick auf Florenz bleibt einem die Luft weg. In der Nebensaison fallen die Preise praktisch auf die Hälfte. Wer schon vom Bett aus ein umwerfendes Florenz-Panorama genießen will, bucht die Deluxe-Suite mit eigener Terrasse (310 €). Parkplatz kostet 26 € für 24 Stunden.

Santa Maria Novella

Ostello Archi Rossi HOSTEL **€**
(Karte S. 78; ☎055 29 08 04; www.hostelarchirossi.com; Via Faenza 94r; B 25–32 €; ⊙Dez. geschl.; @令) Kunst und Graffiti von Gästen lockern die Wände des beliebten Hostels in der Nähe des Hauptbahnhofs auf. Die Schlafsäle sind in strahlendem Weiß gehalten, bieten drei bis neun Betten und müssen zwischen 10.30 und 14.30 Uhr zum Putzen

typisch toskanischen Mahlzeit am Gemeinschaftstisch steht, geht ins **Vinandro** (☎055 5 91 21; www.vinandrofiesole.com; Piazza Mino da Fiesole 33; Mahlzeiten 25 €; ⏲12–24 Uhr), noch besser ist **La Reggia degli Etruschi** (☎055 5 93 85; www.lareggiadeglietruschi.com; Via San Francesco; Mahlzeiten 30 €; ⏲Mo–Mi 19–21.30 & Do–So 12.30–13.30 & 19–21.30 Uhr), das sonntags von Florentinern wimmelt, die neben dem Essen auch die traumhafte Aussicht schätzen.

15 Uhr

Jetzt ist die **Cattedrale di San Romolo** (Piazza Mino di Fiesole; ⏲7.30–12 & 15–17 Uhr) GRATIS dran, deren Grundstein im 11. Jh. gelegt wurde. Die Skulptur aus glasierter Terrakotta, die das Portal von innen bewacht, stammt von Giovanni della Robbia und stellt den heiligen Romolo dar. Anschließend geht's die von Mauern gesäumte **Via San Francesco** steil bergauf – der Lohn ist wieder ein Florenz-Panorama, das sich vom Platz neben der **Chiesa e Convento di San Francesco** aus dem 15. Jh. bietet! Hier gibt's überall viel Grün für ein Nachmittagsschläfchen, und wer sich dort oben noch weiter die Füße vertreten will, bekommt bei der Touristeninfo eine Broschüre mit Spaziergängen (1–3,5 km).

17 Uhr

Die Florentiner machen sich nun bereit für den *aperitivo* im populären **JJ Hill** (☎055 5 93 24; Piazza Mino da Fiesole 40; ⏲Mo–Mi 18–24, Do–Sa 17–1, So bis 17–23 Uhr). Das stimmungsvolle irische Pub bietet nicht nur gute Biere, sondern auch exzellente Burger und andere Kneipenklassiker. Aktive Romantiker entscheiden sich vielleicht für die geführte 2½-stündige Radtour (21 km, 45 € inkl. Leihrad) bei Sonnenuntergang zurück nach Florenz mit **Fiesole-Bike** (☎345 3350926; www.fiesolebike.it; Piazza Mino da Fiesole). Die Agentur wird von Giovanni Crescioli geleitet, einem super Guide aus Fiesole für Radtouren und Wanderungen. In der Saison beginnt seine Sonnenuntergangstour an der Piazza Mino di Fiesole täglich um 17 Uhr; sie kann vorab online gebucht werden.

Praktisch & konkret

Die **Touristeninformation** (☎055 596 13 11, 055 596 13 23; www.fiesoleforyou.it; Via Portigiani 3, Fiesole; ⏲Sommer 10–18.30 Uhr, Winter bis 17.30 Uhr) gibt Auskünfte über Fiesole.

Der ATAF-Bus 7 (1,20 €, 20 Min., 4-mal/Std.) fährt von der Piazza San Marco in Florenz zur zentralen Piazza Mino di Fiesole.

geräumt sein. Gäste können Waschmaschinen, Tiefkühlkost-Automaten und Mikrowellenherde nutzen. Keine Sperrstunde, nach 2 Uhr muss aber die Türklingel benutzt werden.

Hotel Azzi HOTEL €€
(Locanda degli Artisti; Karte S. 78; ☎055 21 38 06; www.hotelazzi.com; Via Faenza 56/88r; DZ 120–150 €, 3BZ 160–180 €, 4BZ 180–210 €; ❄📶👪) Dass es vom zentralen Markt und Hauptbahnhof nur fünf Gehminuten bis zu dem gepflegten 24-Zimmer Hotel sind, ist nur ein weiteres Plus. Es wirkt etwas angestaubt und die Möbel sind aus einem anderen Jahrhundert. Aber die Dreibett- und Vierbettzimmer sind sehr geräumig – hervorragend für Familien – und es gibt eine Spielecke für Kinder, eine gut bestückte Bibliothek sowie eine herrliche Sommerterrasse.

Hotel L'O DESIGNHOTEL €€€
(Karte S. 68; ☎055 27 73 80; www.hotelorologioflorence.com; Piazza di Santa Maria Novella 24; DZ ab 375 €; P❄@📶) Das Hotel ist so durchgestylt, dass sich James Bond wie zu Hause fühlen würde. Möglicherweise dient es vor allem als schicker Ausstellungsraum für die (unglaublich teure) Sammlung von Prestige-Armbanduhren des (unglaublich reichen) Besitzers. Das L'O (hippe Abkürzung für *l'orologio*, also „die Uhr") hat vier Sterne. Die Zimmer sind nach Uhren benannt, und überall tickt es.

San Lorenzo & San Marco

★ **Academy Hostel** HOSTEL €
(Karte S. 68; ☎055 239 86 65; www.academyhostel.eu; Via Ricasoli 9r; B 32–36 €, EZ/DZ 42/100 €, DZ ohne Bad 85 €; ❄@📶) Die einla-

1

PHOTO SCALA, FLORENCE - COURTESY OF THE MINISTERO BENI E ATT. CULTURALI ©

2

4

SUPERSTOCK/ALAMY ©

. *Quatuor Coronati* (Vier ;ekrönte) von Nanni di Banco, :hiesa e Museo di Orsanmichele ;. 73)

ie außergewöhnliche Kirche zieren viele Statuen erühmter Renaissancekünstler.

. Fra' Angelicos *Kreuzabnahme*, Iuseo di San Marco (S. 79)

as Kloster, in dem Fra' Angelico einst als Mönch bte, ist heute eines der bewegendsten Museen on Florenz: das Museo di San Marco.

. Michelangelos *David*, Galleria ell'Accademia (S. 78)

rotz der langen Warteschlange ist die berühm- ste Statue der Welt einen Besuch wert.

. Uffizien (S. 61)

ie Uffizien sind einer der größten Schätze on Florenz und beherbergen Kunstwerke aller pochen, der Schwerpunkt liegt jedoch auf Ieisterwerken der Renaissance.

3

JOHN HARPER/GETTY IMAGES ©

dende Lobby dieses edlen 10-Zimmer- bzw. 40-Betten-Hostels im 1. Stock von Baron Ricasolis *palazzo* aus dem 17. Jh. war früher ein Theater. Die Schlafsäle haben maximal vier bis sechs Betten, hohe, gewölbte Decken und leuchtend bunte Spinde. Die Terrasse ist ein erstklassiger Ort zum Entspannen. Keine Kreditkarte bei Zahlungen unter 100 €.

Hotel Orto de' Medici HOTEL €€
(Karte S. 78; ☎055 48 34 27; www.ortodeimedici.it; Via San Gallo 30; DZ ab 184 €; ❄@📶) Dieses 3-Sterne-Hotel in San Marco definiert Eleganz ganz neu: majestätisch hohe Decken, schicke austerngraue Farben und moderne Möbel stehen im Kontrast zur Hülle des historischen *palazzo*. Interessant sind das merkwürdige Fresko aus dem 19. Jh. und der Garten mit Zitronenbäumen, Terrakottatöpfen und rankendem Efeu. Wer sich etwas gönnen möchte, wählt ein Zimmer mit eigener, blühender Terrasse.

Antica Dimora Johlea B&B €€
(☎055 463 32 92; www.johanna.it; Via San Gallo 80; DZ 90–220 €; ❄@📶) Diese makellose Unterkunft liegt nur einen Spaziergang entfernt vom Stadtzentrum und ist ein herrlicher Rückzugsort. Ein Hauch Eleganz der alten Welt umschmeichelt die sechs Gästezimmer mit ihren Himmelbetten, knarzendem Parkett, hohen Decken und Antiquitäten. Gäste schenken sich an der Bar mit Kasse des Vertrauens selbst ein und die kleine Terrasse bietet einen schönen Blick auf den Dom.

Hotel Morandi alla Crocetta BOUTIQUEHOTEL €€
(Karte S. 78; ☎055 234 47 47; www.hotelmorandi.it; Via Laura 50; EZ/DZ 105/170 €; P❄📶) Schlafen in einem ehemaligen Kloster aus dem Mittelalter? Und dann noch abseits der Horden von San Marco? Ja! Die Zimmer sind edel und traditionell eingerichtet mit alten Möbeln, Holzbalken und Ölgemälden und bieten ein ruhiges, altmodisches Ambiente. Besonders hübsch ist Zimmer Nr. 29, eine mit Fresken geschmückte ehemalige Kapelle.

Santa Croce

★Hotel Dalí HOTEL €
(Karte S. 82; ☎055 234 07 06; www.hoteldali.com; Via dell'Oriuolo 17; DZ 90 €, EZ/DZ mit Bad 40/70 €, Apt. ab 95 €; P📶) Marco und Samantha begrüßen ihre Gäste herzlich in diesem herrlichen, kleinen Hotel. Zehn sonnige Zimmer liegen in Steinwurfweite vom Dom entfernt, einige gehen auf einen grünen Innenhof hinaus. Sie sind modern eingerichtet und mit Kesseln für Kaffee und Tee ausgestattet. Kein Frühstück, aber – wundersam für das Zentrum von Florenz – kostenlose Parkplätze im hinteren Hof.

Das Sahnehäubchen sind die drei Apartments für 2, 4 bzw. 6 Selbstversorger (davon eins mit Blick auf den Dom).

Hotel Orchidea HOTEL €
(Karte S. 82; ☎055 248 03 46; www.hotelorchideaflorence.it; Borgo degli Albizi 11; EZ/DZ mit Gemeinschaftsbad 60/80 €) Die reizvolle Pension vom alten Schlag liegt in dem Gebäude, das schon im 13. Jh. der Familie Donati als Wohnhaus diente. Dantes Ehefrau Gemma soll hier im Turm zur Welt gekommen sein. Die sieben Zimmer ohne eigenes Bad und WC (allerdings mit Waschbecken) sind einfach, aber der Ausblick verdient fünf Sterne. Manche Gäste kommen jedes Jahr wieder, nur um die 100-jährige Glyzinie blühen zu sehen (Mai–Juni). Es gibt kein Frühstück.

Von Zimmer Nr. 5, 6 und 7 gehen riesige Fenster auf einen prächtigen Garten, die Nr. 4 hat eine alte Steinterrasse.

Villa Landucci B&B €€
(☎055 66 05 95; www.villalanducci.it; Via Luca Landucci 7; DZ/3BZ 130/150 €; P📶) Fünf elegante, wohltuend geräumige Zimmer, die nach toskanischen Weinen benannt sind, zeichnen dieses kulinarisch geprägte B&B nicht weit von Santa Croce aus. Die beiden besten Zimmer, „Bolgheri" und „Chianti", gehen nach hinten raus zum gepflegten Garten mit Gemüsebeeten, einem Magnolienbaum, einer altehrwürdigen Palme und einem Spielplatz. Das Frühstück ist überwiegend bio und kostenlose Parkplätze sind eine Seltenheit.

Wer will, leiht sich ein Fahrrad (vorher anmelden), um die 500 m zur Piazza del Duomo zu radeln. Die beiden Besitzer, Debora (von Beruf Sommelière) und ihr Partner Marco, kennen sämtliche lohnenswerten Gastroadressen der Gegend und organisieren für ihre Gäste Weinproben und kulinarische Ausflüge.

Hotel Monna Lisa HOTEL €€€
(Karte S. 82; ☎055 247 97 51; www.monnalisa.it; Borgo Pinti 27; EZ/DZ 59/152 €; 📶; 🖥) Monna Lisa ist eine elegante Herberge in einem Renaissancepalast mit hübschen Gemälden und Skulpturen. Es gibt 45 traditionelle 4-Sterne-Zimmer und großartige Gemeinschaftsräume – eine Loggia mit bemalter Decke und einen außerordentlichen Garten mit Kieswegen, Jasmin- und Zitronenbäumen.

ABSEITS DER ÜBLICHEN PFADE

RUHIG SCHLAFEN

Denen, die eine ruhige Unterkunft im Grünen suchen, seien zwei außergewöhnliche Adressen (eine für Low-Budget-Traveller, die andere für Gutbetuchte) ans Herz gelegt.

Die **Villa Camerata** (☎055 60 14 51; www.ostellofirenze.it; Viale Augusto Righi 2–4; B 19–21 €; P @ ☰) aus dem 17. Jh. gehört mit ihrem weitläufigen Park zu den schönsten Jugendherbergen Italiens und ist dazu noch typisch toskanisch. Die Buslinie 17 vom Hauptbahnhof hält 400 m vom Hostel entfernt. Alles in allem ist man 30 Minuten unterwegs.

Das **Il Salviatino** (☎055 904 11 11; www.salviatino.com; Via del Salviatino 21; DZ ab 430 €; P ❄ @ ☰ ≋) ist benannt nach der Familie Salviati, die ihre Villa aus dem 14. Jh. drei Jahrhunderte später in den atemberaubenden Luxustempel verwandelte, den wir heute kennen: Der Stoff, aus dem die toskanischen Träume sind, versteckt sich in den Bergen 3,5 km östlich von Florenz zwischen Zypressen. Im 17. und 18. Jh. haben sich hier italienische Literaten getroffen; heute checken qualitätsbewusste europäische Trendsetter ein, um sich im Wellnessbereich verwöhnen zu lassen, im Panoramapool oder im makellos zurechtgestutzten Park zu faulenzen oder von der Terrassenbar ein Auge auf den Dom zu werfen – ein Ausblick, der nicht zu verachten ist.

Oltrarno

★ Ostello Tasso HOSTEL €
(☎055 060 20 87; www.ostellotassofirenze.it; Via Villani 15; B 30–32 €, EZ/DZ 37/70 €; @ ☰) Hostels in Florenz haben seit Eröffnung dieser krachend schicken Herberge eine neue Stufe in Sachen Stil erklommen. Nur zwei Minuten Fußweg von den leckeren Restaurants der Piazza Tasso entfernt erwarten die Gäste Drei- bis Sechsbettzimmer mit farbenfroher Bettwäsche und Teppichen. Der Garten im Hof ist traumhaft und in der hippen Lounge-Bar legen DJs auf (nicht nur für Gäste). Frühstück, Schließfach, Bettwäsche und Handtücher sind inklusive.

Ostello Santa Monaca HOSTEL €
(Karte S. 86; ☎055 26 83 38; www.ostellosantamonaca.com; Via Santa Monaca 6; B 19–22 €; @ ☰) Bis in die 1860er-Jahre hieß es hier für Mönche „ora et labora" (bete und arbeite), dann wurde 1966 das 112-Betten-Hostel eröffnet, um Flutopfer aufzunehmen. Es gibt eine hübsche kleine Terrasse, von der man in Sommernächten Sterne betrachten kann, eine gut ausgestattete Küche, kostenlose Schließfächer und einen Fahrradverleih. Die Schlafsäle (nur für Frauen und gemischt) mit 8 bis 22 Betten müssen zwischen 10 und 14 Uhr wegen Reinigung geräumt werden. Um 2 Uhr ist Zapfenstreich.

La Terrazza su Boboli B&B €
(☎055 233 73 94; www.laterrazzasuboboli.com; Via Petrarca 122; DZ/Suite ab 80/120 €; ❄ @ ☰) Jenseits der alten Stadtmauern und gegenüber der verkehrsreichen Porta Romana liegt dieses elegante B&B nur einen Sprung von den Boboli-Gärten entfernt. Die sechs Zimmer sind komfortabel und geräumig, mit vielen Büchern, Verzierungen und allerlei Schnickschnack für die Gäste. In den besten Zimmern können die Gäste auf der eigenen, winzigen Terrasse frühstücken.

★ Palazzo Guadagni Hotel HOTEL €€
(Karte S. 86; ☎055 265 83 76; www.palazzoguadagni.com; Piazza Santo Spirito 9; DZ 150 €, Extra-Bett 45 €; ❄ ☰) Das romantische Hotel an dem Platz in Florenz, wo im Sommer das Leben tobt, ist legendär – Zeffirelli hat hier Szenen für *Tee für Mussolini* gedreht. In dem kunstvoll restaurierten Renaissancepalast gibt es 15 geräumige, etwas altmodische Zimmer und eine unglaublich romantische Loggia mit Korbstühlen und traumhaften Ausblicken. In der Nebensaison fallen die Preise für Doppelzimmer auf bis zu 90 €.

Hotel La Scaletta HOTEL €€
(Karte S. 86; ☎055 28 30 28; www.hotellascaletta.it; Via Guicciardini 13; DZ 124–174 €, Suite 194–214 €) Ein Hauch von Gediegenheit schwebt durch das labyrinthartige Hotel in einem Stadthaus aus dem 15. Jh. nicht weit vom Palazzo Pitti. Doch seine Zimmer sind geräumig (die teuersten haben Blick auf die Boboli-Gärten), und das Panorama auf der traumhaften Dachterrasse ist einfach phantastisch. Wer hier im Sommer frühstückt oder sich einen Sundowner genehmigt, kann sich nur beglückwünschen, eine der schönsten Unterkünfte der Stadt gefunden zu haben.

INSIDERWISSEN

DER LETZTE SCHREI

Als Stadt ist Florenz ein verlässliches Schmuckstück, aber kulinarisch und kulturell erwarten einen immer wieder neue Überraschungen. Wer auf dem neuesten Stand sein möchte, liest hier nach:

- **The Florentine** (www.theflorentine.net) Englischsprachige Zeitung.
- **The Florence Diary** (http://theflorencediary.com) Kulturblog von drei Florentinern, der darüber berichtet, was gerade passiert.
- **Emiko Davies** (www.emikodavies.com) Außergewöhnliche Food-Bloggerin aus Florenz, Kochbuchautorin und Fotografin.
- **Lost in Florence** (www.lostinflorence.it) Großartige Quelle für Neueröffnungen von Hipster-Boutiquen in Florenz.
- **Art Trav** (www.arttrav.com) Blog einer in Florenz lebenden Kunsthistorikerin.

Palazzo Belfiore APARTMENT €€
(Karte S. 86; ☎055 26 44 15; www.palazzobelfiore.it; Via dei Velluti 8; DZ 160–185 €; 📶) Die fesche, taupefarbene Tür mit glänzenden, schwarzen Türklopfern steht für den modernen Schwung im historischen Ambiente dieser stilvollen Herberge in einem Renaissancepalast in Oltrarno. Die sieben Apartments mit Küche sind groß und nobel; zum Start in den Tag gibt es eine kostenlose Tageszeitung nach Wunsch. Für einen Aufpreis kann Frühstück bestellt werden.

★ **SoprArno Suites** PENSION €€€
(Karte S. 86; ☎055 046 87 18; www.soprarnosuites.com; Via Maggio 35; DZ ab 230 €; 📶) Ein strahlender Zuwachs für die Hotelszene von Florenz ist diese Boutiqueherberge, die sich in einem Hof in Oltrarno versteckt. Es bietet eine heimelige Atmosphäre, in der sich jeder Gast als etwas Besonderes fühlen darf. Jedes der elf Designzimmer ist erlesen eingerichtet mit alten Kunstobjekten und Sammlerstücken, die einer Leidenschaft des Besitzerehepaars geschuldet sind – dem Florentiner Matteo und seiner begabten in Florenz geborenen, aber in England aufgewachsenen Frau Betty Soldi (selbst eine Kalligraphin und Grafikdesignerin).

Einige Zimmer haben frei stehende Badewannen, in anderen richtet sich die Einrichtung nach den erhaltenen Deckenfresken aus dem 19. Jh. In jedem Zimmer gibt es Wasserkocher, Kühlschrank, eine Minibar und einen DVD-Player (kein TV). Frühstück wird an einem gemeinsamen, großen Tisch serviert.

Palazzo Magnani Feroni HISTORISCHES HOTEL €€€
(Karte S. 68; ☎055 239 95 44; www.florencepalace.com; Borgo San Frediano 5; DZ ab 430 €; P ❄ @ 📶) Dieser außergewöhnliche alte Palazzo ist einfach phantastisch. Die auf vier Etagen verteilten zwölf riesigen Suiten (zwischen denen auch die Privatgemächer der Familie liegen) sind elegant mit alten Möbeln, dicken Stoffen und Bulgari-Toiletten ausgestattet. Und der Rundumblick von der Dachterrasse ist unschlagbar.

Essen

Hochwertige Zutaten und Zubereitung ohne Schnickschnack sind die Markenzeichen der Florentiner Küche. Die Krone bildet die *bistecca alla fiorentina*: ein riesiges T-Bone-Steak, mit Olivenöl eingerieben, auf Holzkohle gegrillt, mit Salz und Pfeffer gewürzt und richtig schön *al sangue* (blutig) serviert. Weitere typische Gerichte sind *crostini* (geröstete Weißbrotscheiben, meist mit Hühnerleberpastete), *ribollita* (Eintopf aus Gemüse, Brot und Bohnen), *pappa al pomodoro* (Brot-Tomaten-Suppe) und *trippa alla fiorentina* (Kutteln in pikanter Tomatensauce).

Duomo bis Piazza della Signoria

Eine ausgezeichnete Wahl zum Speisen in dieser touristischen Gegend ist die bezaubernde Weinbar Coquinarius (S. 110) mit herausragenden Pastagerichten und großen Salaten – für alle, die mal nicht traditionell toskanisch essen möchten.

★ **Osteria Il Buongustai** OSTERIA €
(Karte S. 68; Via dei Cerchi 15r; Mahlzeiten 15 €; ⏲Mo–Sa 11.30–15.30 Uhr) Laura und Lucia wirbeln elegant und mit atemberaubender Geschwindigkeit durch das Lokal, in dem sich Einheimische in der Mittagspause mit kulinarisch anspruchsvollen Studenten um die Tische drängen. Kein Wunder, denn hier gibt's leckere toskanische Familienküche zu günstigen Preisen. Das Ambiente ist wohltuend einfach, die Leute rücken zusammen, bezahlt wird in bar (d. h. keine Kreditkarten).

★ Trattoria Marione TRATTORIA €

(Karte S. 68; ☎055 21 47 56; Via della Spada 27; Mahlzeiten 25 €; ⏰12–15 & 19–23 Uhr) Durch und durch italienisch geht es im Marione zu: lebhaft, laut, 99,9 % der Gäste sind Einheimische und das Essen kommt direkt aus Omas toskanischer Küche. Italienische Vokabeln sollte man parat haben, englisch wird hier nicht gesprochen, aber das ausgesprochen leckere und günstige traditionelle Essen ist die Mühe wert.

Cantinetta dei Verrazzano TOSKANISCH €

(Karte S. 68; Via dei Tavolini 18–20; Focaccia ab 3 €; ⏰Sommer 8–21 Uhr, Winter Mo–Sa 8–16, So 10–16.30 Uhr) Die Kombi aus *forno* (Backofen) und *cantinetta* (kleinem Weinkeller) ist genial. Wer an einem der Marmortische Platz nimmt, kann vom Chianti der Verrazzanos aus hauseigenem Anbau kosten und sich an traditioneller Focaccia oder einer kalten Aufschnittplatte laben.

La Spada TRATTORIA €

(Karte S. 68; ☎055 21 87 57; www.laspadaitalia.com; Via della Spada 62r; Mahlzeiten 35 €; ⏰12–15 & 19–22.30 Uhr) Diese Trattoria und *rosticceria* (Rotisserie) gibt es schon seit ewigen Zeiten. Traditionelle Gerichte im altmodischen Ambiente locken zuverlässig Stammkunden an. Das Mittagsmenü ist jeden Cent des Festpreises (15 €) wert; abends ist das über dem offenen Feuer gebratene Fleisch der Renner.

Obicà ITALIENISCH €€

(Karte S. 68; ☎055 277 35 26; www.obica.com; Via de' Tornabuoni 16; 1/2/3 Mozzarellas 13/20/30 €, Pizza 9,50–17 €, Taglierini 4,50–19,50 €; ⏰Mo–Fr 12–16 & 18.30–23.30, Sa & So 12–23 Uhr) Der Laden ist durchgestylt und megatrendy, kein Wunder bei *der* exklusiven Lage im Palazzo Tornabuoni – hier sind sogar die Tischsets Upcycling-Ergebnisse aus Bioprodukten. Im kathedralenartigen Innenraum oder draußen auf den (von Heizstrahlern erwärmten) Sofas unter freiem Himmel können verschiedene Mozzarellasorten probiert werden. Zum *aperitivo* bieten sich *taglierini* (Probierteller mit Käse, Salami, frittiertem Gemüse und einigem mehr) an.

La Canova di Gustavino TOSKANISCH €€

(Karte S. 68; ☎055 239 98 06; Via della Condotta 29r; Mahlzeiten 45 €; ⏰12–24 Uhr) Im hinteren Raum der stimmungsvollen *enoteca* steht Wein aus der Toskana im Regal. Er passt bestens zu den hausgemachten schwarzen Tagliolini mit Meeresfrüchten und Pesto, Wolfsbarsch mit Salzkruste oder der gegrillten Wachtel mit Polenta und Crème brûlée vom Radicchio. Das ist kreative toskanische Küche vom Feinsten, kombiniert mit ebenso edlen Tropfen.

Santa Maria Novella

Il Latini TRATTORIA €€

(Karte S. 68; ☎055 21 09 16; www.illatini.com; Via dei Palchetti 6r; Mahlzeiten 30 €; ⏰Di–So 12.30–14.30 & 19.30–22.30 Uhr) Ein Liebling der Reiseführer: Traditionelle *crostini*, lokale Wurstspezialitäten, leckere Nudeln und Fleischgerichte. Abends wird in zwei Runden an großen Gemeinschaftstischen serviert (19.30 und 21 Uhr), der Service ist unterschiedlich gut. Vorher reservieren!

KUTTELN: FAST-FOOD-FAVORIT

Wenn der kleine Hunger kommt, sausen Florentiner mal eben zu einem *trippaio* (eine meist fahrbare Imbissbude). Hier genehmigen sie sich eine Portion Kutteln im Brötchen – genau: in Streifen geschnittener, gekochter und gewürzter Kuhmagen.

In den *trippaia*, diesen Bastionen der guten alten Florentiner Tradition, brummt nach wie vor das Geschäft. Einer steht an der Südwestecke des Mercato Nuovo; weitere sind **L'Antico Trippaio** (Karte S. 68; Piazza dei Cimatori; ⏰unterschiedlich), **Pollini** (Karte S. 82; Piazza Sant' Ambrogio; ⏰unterschiedlich) in Santa Croce und der winzige **Da Vinattieri** (Karte S. 68; Via Santa Margherita 4; Panini 4,50 €; ⏰Mo–Fr 10–19.30, Sa & So bis 20 Uhr), der sich in einer Gasse neben Dantes Chiesa di Santa Margherita versteckt. Eine Portion Kutteln mit giftgrüner *salsa verde* (Pesto aus Petersilie, Knoblauch, Kapern und Sardellen) oder mit Salz, Pfeffer und Chili bestreut kostet zwischen 3,50 € und 4,50 €. Ebenfalls im Angebot: ein Teller *lampredotto* (klein geschnittener Labmagen, stundenlang gekocht; 5,50–7 €).

Die standhafte **Osteria del Cocotrippone** (☎055 234 75 27; Via Vincenzo Gioberti 140; Mahlzeiten 25 €; ⏰12–14.30 & 19–22.30 Uhr) im Viertel Beccaria, jenseits des Stadtzentrums, ist eine Pilgerstätte für Einheimische, die die Innereien der traditionellen Küche von Florenz verehren. Die *trippa alla fiorentina* (Kutteln in Tomatensauce) und *l'Intelligente* (gebratenes Hirn mit Zucchini) sind lokale Legenden.

★**L'Osteria di Giovanni** TOSKANISCH €€€
(Karte S. 68; ☎055 28 48 97; www.osteriadigiovanni.it; Via del Moro 22; Mahlzeiten 50 €; ⊙Mo–Fr 19–22, Sa & So 12–15 & 19–22 Uhr) Die toskanische Küche in diesem schicken Lokal ist opulent – Trüffel, zarte Steaks und Pastagerichte wie *pici al sugo di salsiccia e cavolo nero* (dicke Spaghetti mit Wurst und Schwarzkohl). Dazu ein Gratis-Prosecco – kein Wunder, dass die Gäste immer wieder kommen.

San Lorenzo & San Marco

★**Mercato Centrale** TOSKANISCH €
(Karte S. 78; ☎055 239 97 98; www.mercatocentrale.it; Piazza del Mercato Centrale 4; Gerichte 7–15 €; ⊙10–1 Uhr, Essensstände 12–15 & 19–24 Uhr; 📶) Durch das Erdgeschoss der ältesten und größten Markhalle von Florenz zieht sich ein Labyrinth von Ständen mit frischen Produkten.

Im neuen, glänzenden 1. Stock des Eisen- und Glasbaus aus dem 19. Jh. befindet sich ein lebhafter Lebensmittelmarkt, dazu ein engagierter Buchladen, eine Kochschule, eine Bar und Imbissstände, an denen Steaks, Burger, vegetarische Gerichte, Pizza, Eis, Pasteten und Pasta zubereitet werden. Perfekt, um Energie zu tanken.

Pugi BÄCKEREI €
(Karte S. 78; www.focacceria-pugi.it; Piazza San Marco 9b; ⊙Mo–Sa 7.45–20 Uhr, Mitte Aug. zwei Wochen geschl.) Die Wartenden vor der Tür sprechen für sich. Die Florentiner versorgen sich in dieser Bäckerei mit Pizzastücken und *schiacchata* (toskanisches Brot), mit Salz und Rosmarin gebacken oder mit leckeren, saisonalen Produkten gefüllt. Hier ist Geduld gefragt: Nummer ziehen und den appetitlichen (und süßen) Leckereien entgegenschmachten, bis die Nummer aufgerufen wird.

Die Warteschlange zur Besichtigung des *David* in der Galleria dell'Accademia ist nicht weit entfernt, Pugi bietet sich als Abstecher für alle an, die sich das Warten versüßen wollen.

★**Trattoria Mario** TOSKANISCH €
(Karte S. 78; www.trattoria-mario.com; Via Rosina 2; Mahlzeiten 20 €; ⊙Mo–Sa 12–15.30 Uhr, Aug. drei Wochen geschl.; ❄) Wer nicht Punkt 12 Uhr da ist, hat kaum Chancen auf einen Platz in der lauten, hektischen, wunderbaren Trattoria, in der Fremde zusammen an den Tischen sitzen. Obwohl das Lokal in allen Reiseführern steht, ist es eine Lieblingsadresse der Einheimischen geblieben und fast eine Legende. Fabio schmeißt den Laden, den sein Großvater Mario 1953 eröffnet hat, mit viel Charme; sein großer Bruder Romeo und sein Neffe Francesco wirbeln in der Küche.

DIE BESTEN EISDIELEN

Für Florentiner ist *gelato* ein großes Thema. Deshalb herrscht zwischen den *gelaterie artigianale* (Eisdielen, die ihr Eis selbst herstellen) ein gesunder Konkurrenzkampf. Jeder behauptet, das cremigste, aromatischste und frischeste Eis der Stadt zu produzieren. Das Angebot wird von den Früchten der Saison bestimmt. Eine kleine/mittlere/große/extra große Portion kostet rund 2/3/4/5 €.

Vivoli (Karte S. 82; Via dell'Isola delle Stinche 7; Becher 2–10 €; ⊙Sommer Di–So 7.30–24 Uhr, Winter bis 21 Uhr) Das Besondere an dieser Eisdiele ist der Salon, in dem die Gäste außer Eis auch Kaffee und Kuchen genießen. Die Renner sind Pistazien-, Birne-Karamell- und Schoko-Orangen-Eis. Erst an der Kasse zahlen, dann Bon einlösen. Nur Becher, keine Waffeln.

Grom (Karte S. 68; www.grom.it; Ecke Via del Campanile & Via delle Oche; Waffel 2,50–4,50 €, Becher 2,50–5,50 €; ⊙Sommer 10–24 Uhr, Winter bis 23 Uhr) Es kann regnen, stürmen oder schneien, die Schlange der Wartenden reicht immer weit auf die Straße hinaus. Viele Zutaten stammen aus Bio-Anbau. Die heiße Schokolade und die Milchshakes sind auch lecker.

Gelateria La Carraia (Karte S. 68; Piazza Nazario Sauro 25r; Waffeln/Becher 1,50–6 €; ⊙Sommer 11–23 Uhr, Winter bis 22 Uhr) Ein Blick auf die Warteschlange vor dem in Hellgrün und Zitronengelb gehaltenen Laden macht klar, dass die Florentiner auf diese Eiscreme fliegen – kein Wunder bei so leckeren Sorten wie Ricotta-Birne, Zuppa Inglese und dem besten Pfefferminzeis der Stadt.

Carabé (Karte S. 78; www.parcocarabe.it; Via Ricasoli 60r; ⊙10–24 Uhr, Mitte Dez.–Mitte Jan. geschl.) Traditionelles sizilianisches Eis, außerdem *granita* (Sorbet) und *brioche* (eine Art Eis-Sandwich). Sehr günstig gelegen für alle, die für einen Blick auf den *David* Schlange stehen.

TOP-PANINI

Ein üppig belegtes *panino* (Brötchen) kostet meist zwischen 5 und 8 €. Die Vintage-Bäckerei **S.Forno** (S. 118) in Oltrarno ist eine neue angesagte Adresse.

Mariano (Karte S. 68; Via del Parione 19r; Panini 3–5 €; ⌚Mo–Fr 8–15 & 17–19.30, Sa 8–15 Uhr) Seit 1973 gibt es diesen Laden, der durch seine Schlichtheit besticht. Den ganzen Tag herrscht in dem Souterraingeschäft mit Backsteingewölbe aus dem 13. Jh. Betrieb: Die Florentiner genehmigen sich am Tresen einen Espresso oder ein Glas Wein und lassen sich Salat und *panini* schmecken. Ideal für ein einfaches Frühstück, ein leichtes Mittagessen, einen Aperitif – oder zum Mitnehmen. Erkennungszeichen sind das grüne Neonschild „pizzicheria" oben an der Fassade und der unauffällige Schriftzug „Alimentari" über dem Eingang.

Semel (Karte S. 82; Piazza Ghiberti 44r; Panini 3,50–5 €; ⌚11.30–15 Uhr) Die Florentiner schwören auf diese winzige Panini-Bar gegenüber von Sant' Ambrogio. Es gibt keine feste Karte, sondern die Qual der Wahl zwischen sechs Feinschmecker-Kombinationen, die mit Liebe und Leidenschaft vom Besitzer und Panini-König Marco Paparozzi zubereitet werden. Auf eine der günstigsten und leckersten Brotzeiten der Stadt sollte man unbedingt mit einem Glas Wasser oder Wein anstoßen.

'Ino (Karte S. 68; www.inofirenze.com; Via dei Georgofili 3r–7r; Panini 5–8 €; ⌚Sommer 11.30–16.30 Uhr, Winter Mo–Fr 12–15.30, Sa & So 11.30–16.30 Uhr) In der genialen *panini*-Bar nicht weit von den Uffizien ist alles Handarbeit. Die Zutaten stammen aus der Umgebung und werden von Alessandro Frassica phantasievoll kombiniert. Wer sich seine Kreation nicht selbst zusammenstellen will, wählt unter den Dutzenden von Hausspezialitäten oder entscheidet sich für eine Verkostungsplatte (Salami, Käse, Pecorini). Zum Abschluss unbedingt einen Schokoladen-Probierteller *(degustazione)* nehmen – die Schokolade mit Olivenöl und Zitronenschale schmeckt sensationell!

All'Antico Vinaio (Karte S. 68; ☎055 238 27 23; www.allanticovinaio.com; Via dei Neri 65r; Verkostungsplatten 8–30 €, Focaccia 5–7 €; ⌚Di–Sa 10–16 & 18–23, So 12–15.30 Uhr) Die Leute stehen vor diesem lauten Florentiner *panini*-Vollblüter bis auf die Straße. Wer Käse und Salami im Sitzen verzehren möchte, muss sich zu einem der Tische im hinteren Bereich durchkämpfen. Wenn es schneller gehen soll, ist auch die gut gefüllte Focaccia (5–7 €) von der Theke, zum Mitnehmen in gewachstes Papier eingepackt, herausragend. Die Wartezeit verkürzt ein Glas Wein (2 €).

I Due Fratellini (Karte S. 68; www.iduefratellini.com; Via dei Cimatori 38r; Panini 3 €; ⌚Mo–Sa 9–20 Uhr) Seit 1875 gibt es diesen Straßenverkauf. Hier lautet die Devise: *panino* genießen, am Wein nippen und das leere Glas draußen aufs Holzbrett stellen.

Oil Shoppe (Karte S. 82; Via Sant'Egidio 22r; Panini 3,50–4,50 €; ⌚Mo– Fr 11–17 Uhr) Warme *panini* gibt's hinten im Laden, die kalten vorne. Hier wimmelt es von Studenten. Die Gäste wählen die Zutaten selbst aus oder nehmen das Meisterwerk des Küchenchefs Alberto Scorzon mit zehn Zutaten.

Montags und donnerstags gibt's Kutteln und freitags Fisch. Die Florentiner kommen aber jeden Tag in Scharen, um sich eine herrliche, blutige *bistecca alla fiorentina* zu gönnen. Keine Reservierungen, keine Kreditkarten.

Da Nerbone — MARKT €

(Karte S. 78; Piazza del Mercato Centrale, Mercato Centrale; ⌚Mo–Sa 7–14 Uhr) Wer sich zur Mittagszeit an den Käse-, Fleisch- und Wurstständen im Erdgeschoss des Mercato Centrale vorbeikämpft, sieht bald die Schlange beim traditionsreichen Stand von Nerbone (seit 1872 vor Ort), wo sich die Einheimischen *trippa alla fiorentina* (Eintopf mit Kutteln und Tomaten) genehmigen oder die beliebten *panini con bollito* (deftiges, gekochtes Rindfleisch im Brötchen, das vor dem Essen noch extra in Fleischsaft getränkt wird). Wer keinen Tisch ergattert, isst eben im Stehen.

Clubhouse — AMERIKANISCH, PIZZA €

(Karte S. 78; ☎055 21 14 27; www.theclubhouse.it; Via de' Ginori 6r; Pizza 6–15 €, Pasta 10–14 €; ⌚12–24 Uhr) Das Kellerlokal ist eine Mischung aus amerikanischer Bar, Pizzeria und Restaurant. Dank seiner Lage nicht weit vom *David* bietet es sich zu jeder Tageszeit für eine Verschnaufpause an, auch der Sonntagsbrunch ist attraktiv. Designfans finden den Industrielook cool, Foodies können hier Pizzakurse buchen. Es gibt glutenfreie Kost, und ab 18 Uhr lockt das Aperitif-Angebot.

Antica Trattoria da Tito TRATTORIA €€

(☎055 47 24 75; www.trattoriadatito.it; Via San Gallo 112r; Mahlzeiten 30 €; ⌚Mo–Sa mittags & abends) Die Ankündigung im Fenster „keine durchgebratenen Steaks" sagt schon alles: Hier werden lokale Küchentraditionen eisern hochgehalten. Da Tito serviert schon seit 1913 beste toskanische Zwiebelsuppe oder Pasta mit Wildschwein. Die Atmosphäre ist herzlich, an den Tischen sitzen hauptsächlich Stammgäste. Aber keine Angst, auch Fremde sind willkommen.

La Cucina del Garga TOSKANISCH €€

(Karte S. 78; ☎055 47 52 86; www.garga.it; Via San Zanobi 33r; Mahlzeiten 30 €; ⌚Mo–Sa 19.30–22.20 Uhr) Alessandro Gargani, ehemaliger Chefkoch in New York und Sohn des berühmten Giuliano „Garga" Gargani, dessen Trattoria in San Frediano 30 Jahre lang Florenz in Verzückung versetzte, zieht die Strippen in diesem schwungvollen und originellen Restaurant, das mit moderner Kunst vollgehängt ist. *Tagliatelle de magnifico* (Bandnudeln mit Minze und Zitronenschale in Cognacsahne) ist ein Garga-Klassiker. An Wochenenden läuft ohne Reservierung nichts.

Santa Croce

Brac VEGETARISCH €

(Karte S. 82; ☎055 094 48 77; www.libreriabrac.net; Via dei Vagellai 18r; Mahlzeiten 20 €; ⌚12–24 Uhr, Mitte Aug. zwei Wochen geschl.; 🖉) Das Buchladen-Café, in dem es auch *aperitivi* und Abendessen gibt, zaubert phantasievolle vegetarische und vegane Leckerbissen. Die Einrichtung stammt vom Flohmarkt und Kinderzeichnungen sorgen für einen familiären Touch. Gegessen wird an der Bar im vorderen Raum, im Innenhof oder an einem Tisch mit Kerzen im Hinterzimmer. An Wochenenden sollte vorbestellt werden. Das Brac ist gar nicht so einfach zu finden, da draußen kein Schild hängt. Es liegt einen Block vom Arno entfernt, der Eingang ist unauffällig, aber das Fenster ist mit Büchern zugestellt – also nicht aufgeben!

Antico Noè OSTERIA €€

(Karte S. 82; Volta di San Piero 6r; Mahlzeiten 30 €; ⌚Mo–Sa 12–24 Uhr) Die Typen, die draußen herumlungern, sind harmlos, und die abweisend wirkende Gasse sollte auch nicht abschrecken: Hier versteckt sich eine ehemalige Metzgerei mit marmorverkleideten Wänden, Fleischerhaken und rustikalen, authentisch-toskanischen Gaumenfreuden! Wer nur eine Kleinigkeit essen will, bekommt in der *fiaschetteria* (Imbiss) nebenan *panini* (4,50–5 €). Keine Kreditkarten.

ERSTKLASSIGE PIZZERIEN

Berberé (☎055 238 29 46; www.berberepizza.it; Piazza dei Nerli 1; Pizza 6,50–13 €; ⌚Fr–So 12–14.30 & 19–24, Mo–Do 19–24 Uhr) Der neueste Pizzatempel in Florenz: diese erstaunliche, moderne Pizzeria in San Frediano mit einem ansprechenden Mix aus perfekten Pizzas, leckerem Craft-Bier von kleinen Brauereien und ausgesprochen moderner Einrichtung. An der weißen Marmorbar gibt es eine Auswahl von 14 Pizzas – einige auch vegetarisch – aus Biomehl und lebender Hefe. Reservierung erforderlich.

Gustapizza (Karte S. 86; Via Maggio 46r; Pizza 4,50–8 €; ⌚Di–So 11.30–15 & 19–23 Uhr) Die Pizzeria an der Piazza Santo Spirito kommt ohne Firlefanz aus und ist immer zum Bersten voll. Wer einen Barhocker an einem der zu Tischen umgebauten Holzfässer ergattern will, muss früh aufkreuzen. Sieben Pizzas stehen zur Auswahl.

Pizzeria del' Osteria del Caffè Italiano (Karte S. 82; ☎055 289 368; Via dell'Isola delle Stinche 11–13r; Pizza 8 €; ⌚Di–So 19–23 Uhr, mittags geschl.) Die Parole lautet: Weniger ist mehr. Nur drei verschiedene Pizzas kommen in dieser Minipizzeria aus dem Ofen: *margherita, napoli* und *marinara.* Keine Kreditkarten.

Il Pizzaiuolo (Karte S. 82; ☎055 24 11 71; Via dei Macci 113r; Pizza 5–10 €; ⌚Mo–Sa 12.30–14.30 & 19.30–24 Uhr, Aug. geschl.) Die Jugend strömt zum „Pizzabäcker" und mampft hier neapolitanische Pizza mit dickem Rand, frisch aus dem Holzofen. Abends geht nichts ohne Reservierung.

★ Il Teatro del Sale TOSKANISCH €€
(Karte S. 82; ☎ 055 200 14 92; www.teatrodelsale.com; Via dei Macci 111r; mittags/abends/Wochenendbrunch 15/20/30 €; ⊙ Di–Sa 11–15 & 19.30–23, So 11–15 Uhr, Aug. geschl.) Fabio Picchi, legendärer Florentiner Küchenchef, stiehlt dem Theater die Show mit seinem originellen Club, zu dem nur Mitglieder Zutritt haben (jeder kann für einen Jahresbeitrag von 7 € problemlos beitreten). Der Club liegt in einem ehemaligen Theatergebäude und ist jeweils zu den Mahlzeiten geöffnet. Dies ist übrigens das einzige Picchi-Restaurant in Florenz, in dem auch Pasta auf den Tisch kommt. Das Abendessen ist temporeich: Jeder Gast schnappt sich einen Stuhl, versorgt sich mit Wein, Wasser und Antipasti und wartet. Sobald Picchi verkündet, was es zu essen gibt, stürmen alle zur Durchreiche und holen sich ihren *primo* und *secondo* ab. Desserts und Kaffee gibt's dann kurz vor der Vorstellung am Buffet. Ab 21.30 Uhr geht es los mit turbulenten Liveauftritten von Musikern, Schauspielern und Komikern, die Maria Cassi, Picchis Frau, Komödiantin und Intendantin, organisiert.

Trattoria Cibrèo TOSKANISCH €€
(Karte S. 82; www.edizioniteatrodelsalecibreofirenze.it; Via dei Macci 122r; Mahlzeiten 30 €; ⊙ Di–Sa 12.50–14.30 & 18.50–23 Uhr, Aug. geschl.) Wer hier isst, kapiert sofort, warum sich abends vor der Tür Schlangen bilden. Denn die Küche läuft wirklich zur Hochform auf, z. B. bei *pappa al pomodoro* (dicke Tomatensuppe, Brot und Basilikum) gefolgt von *polpettine di pollo e ricotta* (Hühnchen-Ricotta-Bällchen). Wer jetzt Appetit bekommen hat, sollte unbedingt früh da sein, um einen der Tische zu ergattern, denn hier sind Reservierung und Kreditkarten Fremdworte (genauso wie Kaffee und Pasta).

Enoteca Pinchiorri TOSKANISCH €€€
(Karte S. 82; ☎ 055 24 27 77; www.enotecapinchiorri.com; Via Ghibellina 87r; 6-/9-Gänge-Verkostungsmenü 175/250 €; ⊙ Di–Sa mittags & abends, Aug. geschl.) Küchenchefin Annie Féolde verbindet feinste toskanische Küche mit französischer Raffinesse und das so geschickt, dass sie als einziges Restaurant in der Toskana drei Michelin-Sterne absahnen konnte. Gespeist wird in einem Palazzo aus dem 16. Jh. Die Weinkarte ist galaktisch – in Bezug auf Umfang, Qualität und Preis. Aber einmal im Leben darf man sich das gönnen.

Oltrarno

In diesem zunehmend gentrifizierten Viertel auf der „anderen Seite" des Arno tauchen ständig neue Restaurants auf. Mehrere Feinschmeckerlokale säumen die Piazza del Passera, einen hübschen Platz ohne Straßenverkehr.

★ 5 e Cinque VEGETARISCH €
(Karte S. 86; ☎ 055 274 15 83; Piazza della Passera 1; Mahlzeiten 25 €; ⊙ Di–So 10–22 Uhr) Harte Arbeit und Leidenschaft eines Fotografen und Antiquitätenhändlers stehen hinter diesem überaus kreativen, kleinen Restaurant, das von einheimischen Kennern bewundert wird. Die Küche ist vegetarisch und basiert auf genuesischen Rezepten – „5 e Cinque" (5 + 5) ist ein Kichererbsen-Baguette aus Livorno. Legendär ist auch das *cecina* (traditionelles ligurisches flaches Brot aus Kichererbsenmehl).

Das 5 e Cinque liegt an einem der hübschesten und entspannendsten Plätze des alten Florenz in einer Fußgängerzone.

★ Gnam BURGER €
(☎ 055 22 39 52; www.gnamfirenze.it; Via di Camaldoli 2r; Mahlzeiten ab 10 €; ⊙ 12–15 & 18–24 Uhr) In diesem Öko-Burgerladen in San Frediano wird das Brot in braunen Papiertüten serviert und die Pommes kommen in winzigen

NICHT VERSÄUMEN

DINNER MIT SILBERBESTECK

In Fabbrica (☎ 347 5145468; http://www.pampaloni.com/restaurant/; Via del Gelsomino 99; Mahlzeit 45 €; ⊙ Mi–Sa 20–22.30 Uhr) Das Lokal liegt 1,5 km südlich von Porto Romana an der Via Senese in Oltrarno. In Fabbrica bedeutet „in der Fabrik" – hier werden die außerordentlichen Florentiner Handwerkskünste mit einer ebenso edlen Küche kombiniert. Tagsüber essen hier die Arbeiter der Silberwerkstatt **Pampaloni** (Karte S. 68; www.pampaloni.com; Via Porta Rossa 97; ⊙ Mo–Sa 10–13.30 & 15–19.30 Uhr), die in der dritten Generation Silber verarbeitet. Nach Sonnenuntergang öffnen sich die Türen der Kantine für exklusive Dinners.

Die Tische werden mit Silberbesteck eingedeckt und prächtige Kronleuchter beleuchten den Raum, die Kellner tragen weiße Handschuhe und es gibt zwei feste Menüs – ein italienisches und ein japanisches. Reservierung ist erforderlich.

Kupferkesseln. Die Zutaten sind saisonal, aus der Region und Bio und es gibt vegetarische und glutenfreie Burger ebenso wie die traditionellen Fleischvarianten, die allesamt in Handarbeit zubereitet werden. Außerdem leckere, hausgemachte Suppen, zum Mitnehmen oder zum Vor-Ort-Verzehr.

Tamerò ITALIENISCH €
(Karte S. 86; ☎055 28 25 96; www.tamero.it; Piazza Santa Spirito 11r; Mahlzeiten 20 €; ⏲Di–So 12–15 & 19–2 Uhr) Ein echter In-Laden an der hipsten Piazza von Florenz! In der offenen Küche lassen sich die Köche auf die Finger schauen, wodurch die Wartezeit auf einen freien Tisch erträglicher wird. Frische Pasta, gigantische Salate sowie üppig bestückte Aufschnitt- und Käseplatten sind die perfekte Grundlage für die aufgekratzte Gästeschar, um hinterher irgendwo abzutanzen. Am Wochenende dreht ab 22 Uhr ein DJ an den Turntables, und der Laden im trendigen Industrie-Look brummt.

La Casalinga TRATTORIA €
(Karte S. 86; ☎055 21 86 24; www.trattorialacasalinga.it; Via de' Michelozzi 9r; Mahlzeiten 25 €; ⏲Mo–Sa 12–14.30 & 19–22 Uhr) Die ganze Familie werkelt in der bescheidenen, immer vollen Trattoria, deren Preise in Florenz einfach unschlagbar sind. Nicht böse sein, wenn Paolo, der wie Gottvater hinter der Bar steht und das Chaos dirigiert, Einheimische den „Fremdlingen" vorzieht – das ist hier eben so, und die herzhaften, perfekt zubereiteten toskanischen Leckerbissen trösten locker über die „Zwei-Klassen-Gesellschaft" hinweg. *Bollito misto con salsa verde* (Siedfleisch mit Kräutersauce), Spaghetti *al pomodoro* und *ribollita* (Gemüseeintopf) schmecken genauso, wie sie schon die Urgroßmutter gekocht hat.

★ **Il Santo Graal** TOSKANISCH €€
(Karte S. 86; ☎055 228 65 33; www.ristorantesantograal.it; Via Romana 70r; 2/4 Gänge mittags 20/35 €, Mahlzeiten 45 €; ⏲Fr–So 12–15, Do–Di 19–22.30 Uhr) Der Name ist kein Zufall – der heilige Gral und sein junger Chefkoch Simone Cipriani bieten hervorragende toskanische Küche mit innovativem Kick, so wie z. B. Spaghetti im Kohlmantel in einer *ribollita*-Brühe oder Kichererbsensuppe mit Orangen. Freigelegte rote Ziegelsteine und niedrige ge-

INSIDERWISSEN

VOM FELD AUF DEN TISCH

Culinaria Bistrot (☎055 22 94 94; www.de-gustibus.it/en; Piazza Torquato Tasso 13; Mahlzeiten 20 €; ⏲Mi–Mo 12.30–14.30 & 18–23.30 Uhr) Kein anderes Restaurant in Florenz erfüllt das Motto „vom Feld auf den Tisch" mit so einer kulinarischen Magie wie dieses Bistro in San Frediano. Unter einer Gewölbedecke aus Ziegelsteinen zaubert der französische Chefkoch Jacques Pachoud unvergessliche toskanische und mediterrane Gerichte aus Bioprodukten von Bauernhöfen der Umgebung.

Die Geschmacksnerven werden durch traditionelle Verkostungsplatten mit Salami und/oder Käse (10–13 €) angeregt und danach mit geschmortem Hühnchen und Pflaumen oder Schweinbäckchen und überbackenen Bohnen verwöhnt.

Das Bistro ist Aushängeschild von **De Gustibus** (S. 92, auch Culinaria De Gustibus), einer Organisation, die sich für nachhaltigen Feinschmecker- und Weintourismus einsetzt und Verkostungen, Mittagessen, Führungen und andere verführerische Veranstaltungen rund ums gute Essen organisiert. Das Bistro wird von Bauern aus dem Netzwerk mit einer gewaltigen Auswahl hervorragender lokaler Produkte versorgt.

La Bottega del Buon Caffè (☎055 553 56 77; www.borgointhecity.com; Lungarno Benvenuto Cellini 69r; 4 Gänge mittags 60 €, 6-Gänge-Verkostungsmenü 80 € & 95 €, inkl. Wein 125 € & 145 €; ⏲Di–Sa 12.30–15 & 19.30–22.30, So 12.30–15 Uhr) In diesem mit einem Michelin-Stern ausgezeichneten Restaurant verzaubert Chefkoch Antonello Sardi seine Gäste mit herrlichen Gerichten aus seiner offenen Küche. Gemüse und Kräuter stammen vom eigenen Bauernhof, Borgo Santa Pietro, in den Bergen von Siena. Brot und Focaccia (mit Nuss einfach himmlisch) sind selbst gemacht und das Olivenöl (spezielle Herstellung von Vinci) gehört zu den Besten überhaupt.

Die Zutaten sind überwältigend frisch, bio und natürlich – von dem kostenlosen Amuse-Gueule (Pecorino-Käse-Mousse auf einem großen Bohnenblatt mit Rosmarinblüte) bis zum pinkfarbenen Rettich mit einem Dip aus gesalzener Butter, die Sardis kreative Interpretation der traditionellen Hühnchen-Leberpastete begleiten.

wölbte Decken bestimmen die Atmosphäre. Die Lage eignet sich perfekt für den Mittagstisch nach einem Besuch im Palazzo Pitti.

★Il Santo Bevitore TOSKANISCH €€

(Karte S. 68; ☎055 21 12 64; www.ilsantobevitore.com; Via di Santo Spirito 64–66r; Mahlzeiten 40 €; ⌚12.30–14.30 & 19.30–23 Uhr, Aug. geschl.) Nur wer reserviert hat oder zumindest Punkt 19.30 Uhr da ist, bekommt in dem allseits beliebten Restaurant einen Platz. Hier ist essen mit Stil angesagt: Feinschmecker speisen bei Kerzenlicht in einem weißgekalkten Raum mit Gewölbedecke und Flaschenregalen. Sowohl die Mittags- als auch die Abendkarte greift phantasievoll Klassiker der Jahreszeitenküche auf, z. B. lilafarbene Rotkohlsuppe mit Mozzarellacreme und Sardellensirup oder Bayerische Creme mit Akazienhonig und in Vin Santo eingelegten Trockenfrüchten.

All'Antico Ristoro di' Cambi TOSKANISCH €€

(☎055 21 71 34; www.anticoristorodicambi.it; Via Sant'Onofrio 1r; Mahlzeiten 35 €; ⌚Mo–Sa 12–14.30 & 18–22.30 Uhr) 1950 als Weingeschäft gegründet, hält sich diese Institution in Oltrarno streng an die Tradition – eine lange Liste guter toskanischer Weine, getrocknetes Fleisch, das von der gewölbten Ziegelsteindecke hängt, und eine Glasvitrine, in der stolz das hoch beachtete *bistecca alla fiorentina* reift. Dies ist eines der besten Lokale der Stadt, um das allgegenwärtige T-Bone-Steak zu probieren. Freunde fleischlicher Genüsse werden außerdem das saftige *tagliata di cinta senese* (Sieneser Schweinesteak) zu würdigen wissen.

Trattoria 4 Leoni TOSKANISCH €€

(Karte S. 86; ☎055 21 85 62; www.4leoni.com; Piazza della Passera 2/3; Mahlzeiten 40 €; ⌚12–24 Uhr) Die glaubwürdig gediegene toskanische Küche dieses Lokals zaubert besonders älteren Florentinern ein Lächeln ins Gesicht. 4 Leoni bietet verlässlich gute Fleisch- und Fischgerichte, besonders erwähnenswert ist das in Florenz berühmte *bistecca alla fiorentina*, das hier seit 1550 auf der Karte steht. Herrlich ist auch die Sommerterrasse, die sich über die Piazza della Passera ausbreitet; Reservierung ist unumgänglich.

Il Magazzino OSTERIA €€

(Karte S. 86; ☎055 21 59 69; www.tripperiailmagazzino.com; Piazza della Passera 2/3; Mahlzeiten 32 €; ⌚12–15 & 19.30–23 Uhr) Diese unscheinbare Osteria an einem der schönsten autofreien Plätze von Oltrarno ist die erste Adresse für alle, die auf ein Florentiner Kuttel-Erlebnis aus sind: Vorspeise mit *tagliatelle con ragù di lampredotto* (Tagliatelle mit Kuttelsauce) gefolgt von *trippa alla fiorentina* (Kutteln in köchelnden Tomaten und Kräutern) oder *lampredotto* (gekochte Kutteln mit Möhren und Kräutern). Reservierung wird empfohlen.

Olio & Convivium TOSKANISCH €€

(Karte S. 68; ☎055 265 81 98; www.conviviumfirenze.it; Via di Santo Spirito 4; Mahlzeiten 35 €; ⌚Di–Sa mittags & abends, Mo mittags) Die Adresse ist ein kulinarisches Muss: Beim Anblick der Schinken, Trüffelkonserven, Käseräder, Landbrote und anderer Delikatessen, die im Laden verkauft werden, bilden sich unweigerlich kleine Pfützchen im Mund. All das wird im Hinterhof serviert.

★La Leggenda dei Frati TOSKANISCH €€€

(Karte S. 86; ☎055 068 05 45; www.laleggendadeifrati.it; Costa di San Giorgio 6, Villa Bardini; Menüs 55 & 70 €, Mahlzeiten 60 €; ⌚Di–So mittags & abends) Hier geht's im Sommer rund: im historischen Garten der Villa Bardini bietet die Legende der Mönche (betrieben von den hoch angesehenen Saporito-Brüdern, die vorher in Castellina in Chianti gearbeitet haben) die romantischste Terrasse mit Blick über die Stadt. Das Gemüse kommt frisch aus dem Gemüsegarten, der zwischen Wasserfällen und Zierbeeten im Giardino Bardini liegt. Moderne Kunst schmückt die klassische Einrichtung.

Die Küche ist toskanisch für Feinschmecker und lohnt die frühzeitige Reservierung.

Camillo TRATTORIA €€€

(Karte S. 68; ☎055 21 24 27; Borgo San Jacopo 57r; Mahlzeiten 45 €; ⌚Do–Mo mittags & abends) *Crostini* mit (aphrodisierenden!) Spänen von weißen Trüffeln, im Teigmantel frittierte grüne Tomaten und Zucchiniblüten oder hausgemachter Walnusslikör sind nur ein paar der Saisonspezialitäten, die in dem jahrhundertealten Backsteingewölbe der beliebten Trattoria auf den Tisch kommen. Die Qualität der Zutaten ist 1a und der Service rührend altmodisch.

iO Osteria Personale TOSKANISCH €€€

(☎055 933 13 41; www.io-osteriapersonale.it; Borgo San Frediano 167r; 4-/5-/6-Gänge-Verkostungsmenü 40/48/55 €, Mahlzeiten 45 €; ⌚Mo–Sa abends ab 20 Uhr) Am besten ist es, wenn sich der ganze Tisch für das Probiermenü entscheidet, das erspart allen die Qual der Wahl, denn in dieser wunderbar zeitgemäßen,

APERICENA

Die *apericena* liegt bei Studenten und Jungvolk mit wenig Geld voll im Trend: Es handelt sich dabei um ein Buffet mit kleinen Gerichten zum *aperitivo*, oft so üppig bestückt, dass es locker das Abendessen *(cena)* ersetzt. Lokale mit besonders reichhaltigem Häppchenangebot sind Kitsch (S. 114) und Slowly (S. 111).

kreativen Osteria schmeckt einfach alles zum Niederknien! Der in Pontedera geborene Küchenchef Nicolò Baretti verwendet nur Zutaten der Saison, keine Industrieprodukte, keine künstlichen Aromen – und das Ergebnis ist einfach sensationell.

Das kann beispielsweise Tartar vom Wolfsbarsch mit Ricotta, Pinienkernen und Spinatsalat sein oder aber Kalbsbries mit Majoran-Artischocken. Ein rauschendes Finale bilden Desserts wie Creme von weißer Schokolade und Olivenöl mit Lavendel-Sorbet und Maracujagelee.

Außerhalb

Im Sommer kann die Luft in der Stadt ziemlich drückend werden. Die Florentiner tun dann das einzig Wahre: Sie fahren raus ins Grüne und schlemmen zwischen Blumen oder am Wasser.

Targa TOSKANISCH €€

(☎055 67 73 77; www.targabistrot.net; Lungarno Colombo 7; Mahlzeiten 30 €; ⌚Mo–Sa 12–15 & 19–23.30 Uhr) „Friendly food" – mit diesem Slogan wirbt das elegante, erfrischend moderne *bistrot Fiorentino* am Ufer des Arno, gut 1 km östlich des Ponte San Niccolò. Drinnen oder draußen auf der Holzveranda sitzen die Gäste zwischen viel Grün an Bistrotischen, wie man sie aus Paris kennt. Die Weinkarte ist exzellent. Ohne Reservierung geht nichts.

Trattoria Bibe TRATTORIA €€

(☎055 204 00 85; www.trattoriabibe.com; Via della Bagnese 11r, Galuzzo; Mahlzeiten 35 €; ⌚Dez.–Jan. & März–Okt. Sa & So 12.30–14.30 & 19.30–21.30, Mo, Di, Do & Fr 19.30–21.30 Uhr; 🚌46) Taube, Froschschenkel, Hase und Perlhuhn gehören zu den vielen Fleischspezialitäten, die in diesem herrlich altmodischen Gasthaus brutzeln (Wartezeit mindestens 40 Min.). Das Lokal ist legendär; der italienische Schriftsteller Eugenio Montale hat 1927 sogar ein Gedicht über den damaligen Wirt und Namensgeber „Opa Bibe" geschrieben. Das Ambiente ist drinnen genauso elegant wie draußen zwischen den Blumen. Das Ganze liegt 3 km südlich von Florenz.

Trattoria le Cave di Maiano TRATTORIA €€

(☎055 5 91 33; Via Cave di Maiano 16, Maiano; Mahlzeiten 35 €; ⌚12.30–14.30 & 19.30–22.30 Uhr, Winter Mo geschl.) An jedem schönen Wochenende fallen die Florentiner in dem Terrassenlokal in Maiano bei Fiesole (8 km nördlich von Florenz) ein, um im Freien zu schlemmen. Kein Wunder, denn die Portionen sind reichlich, alles ist hausgemacht, und dass der Koch eher Handfestes liebt, zeigen die vielen Gerichte mit Kaninchen, Wildschwein und Spanferkel, zu denen der süffige Hauswein bestens passt.

Ausgehen & Nachtleben

Wenn Florentiner ausgehen, haben sie die Wahl zwischen einer *enoteca* (die Weinlokale liegen voll im Trend und tischen immer auch tolles Essen auf), coolen Bars mit kulinarischen Kleinigkeiten zum *aperitivo* und regulären Cafés, die mittags oft auch Mahlzeiten anbieten. Das Berberé (S. 106) ist Anlaufstelle für Craft Bier.

Duomo bis Piazza della Signoria

★Coquinarius WEINBAR

(Karte S. 68; www.coquinarius.com; Via delle Oche 11r; Crostini & Carpaccio 4 €, Mahlzeiten 35 €; ⌚12–22.30 Uhr) Steingewölbe, blanke Holztische und erfrischend modernes Flair sind das Erfolgsrezept der weitläufigen, durchgestylten *enoteca*. Nicolas, der charismatische Besitzer, bietet jede Menge mehr oder weniger berühmter toskanischer Weine an, dazu herzhafte *crostini* (geröstetes Weißbrot mit verschiedenen Belägen) und *carpacci* (hauchdünn aufgeschnittenes Fleisch) – da bleibt niemand hungrig.

Die großen Salate (12–15 €) und die Ravioli mit Burrata-Käse und Pistazienpesto sind besonders herausragend.

Café Apollo CAFÉ

(Karte S. 68; Piazza Strozzi; ⌚Fr–Mi 8.30–20, Do bis 23 Uhr) Hohe, gewölbte Decken, glatte, schwarze Panton-Stühle, exzellenter Kaffee, unerreichte Preise und Künstlerambiente im Palazzo Strozzi an der Design-Straße von Florenz sprechen ein gemischtes Publikum an. Das gleiche Team betreibt auch das Caffè

Giacosa (S. 112) von Roberto Cavalli auf der anderen Straßenseite. Der Cappuccino mit Schokolade gehört zu den besten der Stadt.

Amblé BAR, CAFÉ

(Karte S. 68; ☎055 26 85 28; Piazzetta dei del Bene 7a; ⏲Mo–Sa 10–22, So 12–22 Uhr) Diese Café-Bar unweit des Ponte Vecchio ist nicht leicht zu finden. Alte Tische und Stühle – alle auch zu kaufen – sorgen für ein Shabby-Chic-Ambiente. Bei einem Sommerabend auf der winzigen Terrasse geraten die Touristenmassen in Vergessenheit. Vom Fluss geht es die Viccolo Oro hinunter zum Hotel Continentale und dann links die Gasse entlang, die parallel zum Fluss verläuft.

La Terrazza BAR

(Karte S. 68; www.continentale.it; Viccolo dell Oro 6r; ⏲April–Sept. 14.30–23.30 Uhr) Drei große Sonnenschirme und ein Dutzend Tische auf dem Kaufhausdach machen die gut versteckte Dachterrasse zu einem besonderen Ort. Von Vögeln umschwirrt tun sich die Gäste an einem Espresso oder einem Cocktail gütlich und genießen dabei den Blick auf den Dom, die Piazza della Repubblica und die Hügel im Hintergrund.

Sei Divino WEINBAR

(Karte S. 68; Borgo d'Ognissanti 42r; ⏲ Mi–Mo 18–2 Uhr) Die stilvolle Weinbar unter einem Ziegelsteingewölbe ist ein Geheimtipp der Florentiner *aperitivo*-Szene. Hier spielt Musik, gelegentlich gibt es Kunstausstellungen und im Sommer dehnt sich das Geschehen auf den Bürgersteig aus. Die *aperitivo*-Stunde (mit reichlich gedeckter Tafel) dauert von 19 bis 22 Uhr.

Open Bar LOUNGE, BAR

(Karte S. 86; www.goldenviewopenbar.com; Via de' Bardi 58; ⏲7.30–1.30 Uhr) Klar geht's hier touristisch zu, schließlich ist der Ponte Vecchio ganz in der Nähe. Trotzdem lohnt es sich vorbeizuschauen – vor allem zum *aperitivo* (Glas Wein/Champagner 10/14 €, Cocktail 10–15 €) zwischen 18.30 und 21 Uhr, wenn die schicken Florentiner an Cocktails nippen, Austern schlürfen und auf den Arno hinunter schauen, der ihnen zu Füßen liegt. An der Bar ist es günstiger als am Tisch.

Fiaschetteria Nuvoli WEINBAR

(Karte S. 68; Piazza dell'Olio 15r; ⏲Mo–Sa 7–21 Uhr) In der altmodischen *fiaschetteria*, einen Steinwurf vom Dom entfernt, kommt man bei einem Glas *vino della casa* zwanglos mit den Stammgästen ins Plaudern, die auf Hockern vor dem Lokal sitzen.

Procacci CAFÉ

(Karte S. 68; www.procacci1885.it; Via de' Tornabuoni 64r; ⏲Mo–Sa 10–21 & So 11–20 Uhr, Aug. drei Wochen geschl.) Die letzte Bastion des Florenz „der guten, alten Zeit" in der Via de' Tornabuoni ist dieses winzige Café. Es war 1885 gegenüber der englischen Apotheke als Feinkostgeschäft eröffnet worden, das Trüffeln und andere Delikatessen verkaufte. Bis heute sind die häppchengroßen *panini tartufati* (Brötchen mit Trüffelpaste) der Renner und schmecken mit einem Glas Prosecco (5 €) besonders lecker.

Cuculia CAFÉ

(Karte S. 68; www.cuculia.it; Via dei Serragli 11; ⏲Di–Fr 10–24, Sa bis 1 Uhr) Wer ein paar Stunden lang zwischen Bücherregalen bei klassischer Musik träumen will, geht in das wunderbar gemütliche Buchladen-Café und lässt sich von der nostalgisch-kultivierten Atmosphäre einlullen. Für ein romantisches Tête-à-tête bei einem Cocktail-*aperitivo* bietet sich die kleine, von Kerzen beleuchtete Ecke an. Es wird auch Essen serviert; der Wochenendbrunch ist ausgezeichnet.

Colle Bereto LOUNGE, BAR

(Karte S. 68; Piazza Strozzi 5; ⏲Di–So 8–17 Uhr; 📶) Das megagestylte Colle Bereto ist die erste Wahl bei den Florentiner Fashionistas. Hier treffen sich die Schönen und Verwegenen zum Frühstück, zum Mittag- oder Abendessen oder zum Aperitif – und natürlich zum Sehen und Gesehenwerden.

Slowly LOUNGE, BAR

(Karte S. 68; www.slowlycafe.com; Via Porta Rossa 63r; ⏲Mo–Sa 18.30–3 Uhr, Aug. geschl.) Manchmal bis zur Hochnäsigkeit elegant kommt diese Lounge-Bar daher. Besondere Kennzeichen: auf jedem Tisch eine Kerze, todschicke Einrichtung, Schürzenjäger und aufwändige Cocktails mit frischen Früchten – zur *aperitivo*-Zeit (18.30–22 Uhr) für 10 € inklusive Snacks. Aus den Boxen kommen vor allem Loungetracks à la Ibiza.

Gucci Museo Caffè CAFÉ

(Karte S. 68; Piazza della Signoria 10; Mahlzeiten 25 €; ⏲10–23 Uhr; 📶) Vom Besteck bis hin zu den Zuckerstückchen in G-Form leuchtet einem überall das Gucci-Monogramm entgegen. Aber abgesehen von der Markenhysterie handelt es sich um eine relaxte In-Location, wo sich die Gäste zum Kaffee, Mittagessen oder Aperitif treffen, Zeitung lesen oder sich mit den ausliegenden iPads vergnügen. Ein großer Tisch mit Dockingstationen steht für Laptop-Nutzer bereit.

NICHT VERSÄUMEN

CAFÉS MIT GESCHICHTE

Es gibt nicht viele Cafés, die so viel in ihrem Leben gesehen und gehört haben wie diese alten Florentiner Schätze.

Caffè Giacosa (Karte S. 68; www.caffegiacosa.it; Via della Spada 10r; ⌚Mo–Fr 7.45–20.30, Sa 8.30–20.30, So 12.30–20 Uhr) Das kleine Café ist berühmt für seine Vergangenheit: gegründet 1815, Geburtsstätte des Cocktails Negroni und Treffpunkt von englisch-florentinischen Aristokraten und Intellektuellen in den Jahren zwischen den Weltkriegen. Es ist aber auch für das bekannt, was aus ihm geworden ist: ein angesagtes Café unter der Leitung des Erfolgsdesigners Roberto Cavalli. Sein Flagshipstore liegt gleich nebenan. Erstaunlicherweise ist das Giacosa preislich gemäßigt. Auf der anderen Straßenseite gibt es am Palazzo Strozzi einen ebenso hippen Ableger mit gleichermaßen gutem Kaffee.

Spitzenreiter der Karte sind Kräuterdrinks, Ginseng-Cappuccino und Caffè de' Medici (geschüttelter Espresso mit geschlagener Sahne, Haferflocken und Schokolade).

Caffè Rivoire (Karte S. 68; Piazza della Signoria 4; ⌚Di–So 7–23 Uhr) Der Evergreen der Cafészene ist unschlagbar in puncto Leutegucken. Seit 1872 werden hier mit die leckersten Pralinen der Stadt unters Volk gebracht. Für den eleganten Rahmen sorgen die Barkeeper mit schwarzer Weste und Krawatte.

Gilli (Karte S. 68; www.gilli.it; Piazza della Repubblica 39r; ⌚7.30–1.30 Uhr) Das berühmteste unter den historischen Cafés serviert seit 1733 extrem leckere Kuchen, Pralinen, Obsttörtchen und *millefoglie* (Blätterteig mit sahniger Vanille- oder Schokocreme) – zum Hineinlegen. 1910 ist das Lokal an die heutige Adresse am alten römischen Forum gezogen. Die Jugendstileinrichtung ist wunderbar in Schuss.

La Terrazza CAFÉ

(Karte S. 68; La Rinascente, Piazza della Repubblica 1; ⌚Mo–Sa 9–21, So 10.30–20 Uhr) Drei große Sonnenschirme und ein Dutzend Tische auf dem Kaufhausdach machen die gut versteckte Dachterrasse zu einem besonderen Ort. Von Vögeln umschwirrt tun sich die Gäste an einem Espresso oder einem Cocktail gütlich und genießen dabei den Blick auf den Dom, die Piazza della Repubblica und die Hügel im Hintergrund.

Todo Modo CAFÉ

(Karte S. 68; ☎055 239 91 10; www.todomodo.org; Via dei Fossi 15r; ⌚Di–So 10–20 Uhr) Diese moderne Buchhandlung mit Café-Bar und winzigem Theater im Hinterzimmer ist eine frische Abwechslung zur üblichen *caffè*-Norm. Unterschiedliche vom Sperrmüll gerettete Tische und Stühle stehen zwischen Bücher- und Weinregalen in einer entspannten Atmosphäre. Das Café wird auch „UqBar" genannt, nach einem fiktiven Ort in einer Kurzgeschichte des argentinischen Autors Jorges Luis Borges.

YAB CLUB

(Karte S. 68; www.yab.it; Via de' Sassetti 5r; ⌚Okt.–Mai 21–4 Uhr) Wer hierher pilgert, sollte wissen, was an dem Abend läuft. Der populärste Club von Florenz hinter dem Palazzo Strozzi ist seit den 1970er-Jahren aktiv.

Oltrarno

★Le Volpi e l'Uva WEINBAR

(Karte S. 86; www.levolpieluva.com; Piazza dei Rossi 1; ⌚Mo–Sa 11–21 Uhr) Diese unscheinbare Bar, versteckt in der Nähe der Chiesa di Santa Felicità, ist so einladend wie am Tag ihrer Eröffnung vor über zehn Jahren. Das erstklassige Speisen- und Weinangebot ist aufeinander abgestimmt – erlesene Weine von 150 kleinen Winzern aus ganz Italien können verkostet und gekauft werden, dazu die passenden Käse- und Wurstsorten sowie die besten *crostini* (Toasts mit verschiedenen Belägen) der Stadt. Auch Weinproben und Kurse.

Il Santino WEINBAR

(Karte S. 68; Via di Santo Spirito 60r; ⌚12.30–23 Uhr) In diesem Weinlokal im Westentaschenformat herrscht jeden Abend Hochbetrieb. Drinnen heben sich die wuchtigen Holzhocker von den alten Ziegelwänden ab. Nach 21 Uhr steppt der Bär vor allem draußen, wenn die weinseligen Gäste auf die Straße schwappen.

★Volume BAR

(Karte S. 86; www.volumefirenze.com; Piazza Santo Spirito 3r; ⌚9–1.30 Uhr) Sessel, jede Menge Antikes und Recyceltes vom Flohmarkt, Bücher, Musikbox, Crêpes, leckere Kleinigkeiten zum Kaffee sowie leichte Mittagsgerichte machen die Mischung aus Bar, Galerie und Café unheimlich attraktiv. Das Ganze ist in einer ehemaligen Hutmacherwerkstatt untergebracht, altes Werkzeug und Holzmodelle unterstützen den kreativen Vintage-Look. Wenn Musik, Kunst, DJs oder andere Events auf dem Programm stehen, lohnt sich der Besuch doppelt.

ZEB WEINBAR
(www.zebgastronomia.com; Via San Miniato 2r; ⌚So–Di 12–15, Do–Sa 12–15 & 19.30–22.30 Uhr) Florentiner Gastronomen schätzen diese modern-minimalistische *enoteca* im dorfähnlichen San Niccolò unterhalb des Hügels, der zum Piazzale Michelangelo führt. Wer zuvor den Panoramablick vom Piazzale Michelangelo genossen hat, kann sich an der Theke des Delis über eine leckere Auswahl kalter Gerichte und kreativer toskanischer Gerichte freuen, die von Alberto Navari und seiner *mamma* Giuseppina mit Leidenschaft zubereitet werden.

Flò LOUNGE
(☎055 65 07 91; www.flofirenze.com; Piazzale Michelangelo 84; ⌚Sommer 7.30 Uhr bis spät) Zweifellos die angesagteste Location der Stadt, um sich sehen zu lassen. Die Sommernächte im Flò, das ab Mai oder Juni am Piazzale Michelangelo aufmacht, sind wirklich hot. Verschiedene, thematisch eingerichtete Lounges, Tanzfläche und ein VIP-Bereich (wo nur die Florentiner Schickimicki-Szene einen Tisch bekommt) machen Laune.

Il Lounge LOUNGE
(Lungarno Benvenuto Cellini 69r; ⌚Di–Sa 14–24, So 12–15 Uhr) Wem die irrsinnigen Massen und lärmenden toskanischen *fiaschetteria* zu viel werden, findet in dieser stilvollen Lounge einen himmlischen Ruhepol. Die Weinkarte ist außerordentlich, der Kamin sorgt für Gemütlichkeit und die Snacks an der Bar kommen direkt aus der Feinschmeckerküche des mit einem Michelin-Stern gekrönten Chefkochs Antonello Sardi (sein Restaurant ist nebenan). An Wochenenden gibt es Livemusik, Lesungen und Kunstevents.

Zoé BAR
(Karte S. 86; Via dei Renai 13r; ⌚9–3 Uhr; 📶) Die strahlend weiße Bar auf der anderen Seite des Arno bietet genau das, was ihre Stammkunden wollen: relaxte Atmosphäre im Industrielook. Hier ist (fast) rund um die Uhr chillen angesagt. Ob Frühstück, Mittagessen, Cocktails oder Partynacht, Zoé ist stets zur Stelle. Sobald es wärmer wird, hängen die Gäste draußen auf der Holzterrasse ab. Oft sorgen DJs und Partys für Stimmung.

Vivanda WEINBAR
(Karte S. 86; ☎055 238 12 08; www.vivandafirenze.it; Via Santa Monaca 7r) Diese moderne *enoteca* legt Wert auf Bioweine. An den eng gestellten Tischen werden am frühen Abend Weinproben angeboten: verschiedene Bioweine, perfekt begleitet von in Asche gereiftem Pecorino, Büffelricotta und Salami vom Cienta-Sienese-Schwein. Tischreservierung ist ratsam.

Caffè degli Artigiani CAFÉ
(Karte S. 86; www.caffedegliartigiani.it; Via dello Sprone 16r; ⌚Mo 7–19, Di–Sa bis 1 Uhr, Aug. geschl.) Das ländliche Café an einer der stimmungsvollen Piazzas von Florenz ist Anlaufstelle von örtlichen Künstlern, die eine Espressodusche oder einen Brandyschmeichler benötigen, um ihr Tageswerk abzuschließen. Im Hinterzimmer, das aus einem provenzalischen Bauernhaus zu stammen scheint, werden schnelle Gerichte serviert, wie Baguettes und selbst gebackene Kuchen. Noch einladender sind die wenigen Tische vor der Tür.

NICHT VERSÄUMEN

HANDGEMACHTE COCKTAILS

Mayday (Karte S. 68; ☎055 238 12 90; Via Dante Alighieri 16; Cocktails 8 €; ⌚Di–Sa 19–2 Uhr) Wer sich von dem Barkeeper Marco in ein Gespräch verwickeln lässt, ist in Sekundenschnelle seinen selbst erfundenen Mischungen und erstaunlichen Aufgüssen ausgeliefert. Alle sind aus ausschließlich toskanischen Zutaten von Hand gemixt, z. B. Pancetta in Whiskey, Safran-Limoncello oder Steinpilzlikör. Auch die Cocktailkarte von Marco ist eindrucksvoll – wer ihm seine Lieblingsaromen nennt, bekommt einen persönlichen Überraschungsdrink.

Bierliebhaber freuen sich über Pale Ale, Bitter und andere handgebraute Biere der toskanischen Mikrobrauerei Birrificio Artigianale Ororo.

Surf Ventura (☎055 68 85 89; Via Ser Ventura Monachi 21r ; ⌚Do–Di 17–2 Uhr) Wer schon immer einmal Alkohol aus einer ausgehöhlten Papaya trinken wollte, ist hier richtig.

James Joyce PUB
(☎055 658 08 56; Lungarno Benvenuto Cellini 1r; ⏲So–Do 18–2, Fr & Sa bis 15 Uhr) Trotz des Namens ist die Kneipe weder zu sehr auf Irland noch auf Literatur fixiert. Der Dauerbrenner mit Biergarten zieht vor allem (ehemalige) Studenten an, die auf die gigantische Uferterrasse, Guinness vom Fass, Tischfußball und Musik von U2 stehen.

Santa Croce

★ **L'Arte del Sogno** CAFÉ, TEEHAUS
(Karte S. 82; ☎055 012 02 93; Borgo La Croce 24–26r; ⏲Mo–Fr 9–19.30, Sa bis 23 Uhr) Ob nun mit Zimt gewürzte Milch, Cappuccino oder der außergewöhnlichste Kaffee mit jedweder Sahne-Nuss-Schokoladenhaube, dieses moderne Café mit Teestube ist einfach göttlich. Die Auswahl an heißer Schokolade, Tee und Koffeinvariationen, ganz zu schweigen von Keksen, Kuchen, Muffins und Gebäck, ist eindrucksvoll. Tische aus recycelten, vergoldeten Bilderrahmen und Treibholz geben dem Ganzen eine künstlerische Note.

Kitsch BAR
(Karte S. 82; www.kitschfirenze.com; Viale A Gramsci 5; ⏲18.30–2.30 Uhr; 📶) Wer in Florenz auf den Cent schaut, liebt das amerikanisch gestylte Kitsch wegen des üppig bestücken Aperitif-Buffets – für 10 € gibt's zum Getränk so viel zum Knabbern, dass sich das Abendessen von selbst erledigt. Die angesagte, in dramatischem Dunkelrot gehaltene Bar zieht feierfreudige Leute in den 20ern und 30ern an, gegen später heizen DJs ein. **Kitsch Devx** (Karte S. 78; Via San Gallo 22r; ⏲18–2 Uhr) ist die kleine Schwester.

Moyo BAR
(Karte S. 82; www.moyo.it; Via de' Benci 23r; ⏲So–Do 8–2, Fr & Sa 9–3 Uhr; 📶) Ein trendiger Allrounder, den vor allem geldsorgenfreie Youngsters frequentieren. Pluspunkte sind das endlose Line-up an DJs, *aperitivi* und Cocktails (oft themenbezogen), ein großes Frühstücksangebot, schnelle Mittagessen und der amerikanische Brunch am Wochenende. Vor allem die Cocktails können sich sehen lassen – Spezialität des Hauses ist ein Cranberry-Martini mit Zitronensaft und Triple sec.

Drogheria LOUNGE, BAR
(Karte S. 82; www.drogheriafirenze.it; Largo Annigoni 22; ⏲10–2 Uhr) Egal, ob's draußen stürmt oder schneit, hier ist immer was los. Mit ihrer Vintage-Einrichtung (dunkles Holz, weiche grüne Sessel) bietet sich die moderne Bar in Santa Croce zum gemütlichen Herumlümmeln an. Ab Frühling verlegt sich die Action auf die Terrasse an der riesigen Piazza hinter dem Markt Sant' Abrogio. Die Küche liefert hauptsächlich Burger mit Fleisch, Gemüse, Tofu oder Falafel.

Lion's Fountain IRISH PUB
(Karte S. 82; www.thelionsfountain.com; Borgo degli Albizi 34r; ⏲10–2 Uhr) Wer sich leichter tut, auf Englisch ins Gespräch zu kommen statt auf Italienisch, ist hier richtig – aber auch wer eine Liveband aus der Umgebung hören will. Im belebtesten Irish Pub von Florenz geht's vor allem im Sommer ab, wenn biertrinkende Gäste den hübschen, verkehrsberuhigten Platz bevölkern.

Bamboo CLUB
(Karte S. 82; ☎335 43 44 84; www.bamboolounge club.com; Via Giuseppe Verdi 59r; ⏲Do–Sa 19–4 Uhr) Der neue Club in Santa Croce mit Lounge und Tanzfläche, roten Samtbänken, einer Bar aus grauem Stahl und einer Mischung aus Hip Hop und R&B auf den Plattentellern ist die perfekte Hipster-Location – in Schale werfen, gut aussehen und die Türen öffnen sich.

Full Up CLUB
(Karte S. 82; Via della Vigna Vecchia 21r; ⏲Sept.–Juni Mo–Sa 23–4 Uhr) Das Partyvolk in dem angesagten Club lässt sich von einem bunten Soundmix in Stimmung bringen. Vor allem Leute in den 20ern tanzen hier bis zum Morgengrauen ab.

San Lorenzo & San Marco

News Cafe CAFÉ
(Karte S. 68; ☎055 21 11 68; Via del Giglio 59) Es gibt einen guten Grund, in diesem Café in San Lorenzo einen Kaffee zu bestellen: der maßgeschneiderte Cappuccino von Barista Marco. Die Muster im Milchschaum werden nach Stimmung und Laune gestaltet, der kleine Preis bleibt aber immer gleich – 1,20/2,10 € stehend/sitzend.

Un Cafe CAFÉ, BAR
(Karte S. 78; Via Cesare Battisti 3; ⏲wechselnd) Künstler-Flair beschwingt diese Café-Bar an der Piazza della Santissima Annunziata in San Marco. Der Raum ist winzig, aber die Einrichtung im Vintage-Style und die muntere Stimmung sind sehr charmant. Es gibt keine festen Öffnungszeiten – geschlossen wird, wenn die Letzten gegangen sind.

NICHT VERSÄUMEN

GEPFLEGT ABHÄNGEN

Ditta Artigianale (Karte S. 82; ☎055 274 15 41; www.dittaartigianale.it; Via dei Neri 32r; ⏲Mo–Do 8–22, Fr 8–24, Sa 9.30–24, So 9.30–22 Uhr; 📶) Industrieambiente und einladende, entspannte Stimmung erfüllen die geniale Kaffeerösterei und Café-Bar Ditta Artgianale. Hinter der Bar stehen der weitgereiste Florentiner Barista Francesco Sanapo und Gin-Königin Cecilia und mixen, was das Zeug hält – erstklassigen Kaffee und zünftige Gin-Cocktails. Brunch gibt es zwischen 10 und 16 Uhr und der Feinschmecker-*aperitivo* beginnt um 19 Uhr, sodass das Abhängen hier zu jeder Zeit lohnt.

Santa Maria Novella

Shake Café CAFÉ
(Karte S. 68; ☎055 29 53 10; www.shakecafe.bio; Via degli Avelli 2r; ⏲7–20 Uhr) In der Nähe des Bahnhofs liegt diese Saftbar mit Selbstbedienung und perfekter Terrasse, um auf der autofreien Piazza Santa Maria Novella Leute zu beobachten. Säfte und Smoothies gibt es u. a. in fabelhaften Mischungen wie Ananas, Fenchel, Sellerie, Minze, Chicorée und Lakritze. Ungewöhnlich für Florenz: Hier gibt es auch Cappuccino mit Soja-, Mandel- oder Reismilch. Für Hungrige sind Salate, Wraps, Sandwiches und Eis im Angebot.

Space Club CLUB
(Karte S. 68; www.spaceclubfirenze.com; Via Palazzuolo 37r; Eintritt inkl. 1 Drink 16 €; ⏲22–4 Uhr) Allein die Größe des Clubs in Santa Maria Novella ist ein Hammer – hier heißt es Tanzen, Trinken und Video-Karaoke in der Bar. Das Publikum ist international und studentisch.

Außerhalb

Tenax CLUB
(www.tenax.org; Via Pratese 46; Eintritt wechselt; ⏲ Okt.–April Do–So 22–4 Uhr) Als einziger Club in Florenz hat das Tenax europaweit einen Ruf wegen seiner internationalen Gast-DJs und der abgefahrenen „Nobody's Perfect"-House-Partys am Samstag. Das kaufhausähnliche Gebäude liegt außerhalb, nicht weit vom Flughafen, und ist mit Bus 29 oder 30 ab Stazione di Santa Maria Novella zu erreichen.

☆ Unterhaltung

An lauen Sommerabenden lässt es sich natürlich vor den Cafés und Bars prima aushalten. Dass Florenz aber auch eine quirlige Unterhaltungsszene zu bieten hat, ist unter anderem den vielen ausländischen Studenten zu verdanken. Es gibt renommierte Bühnen, eine ganze Reihe Festivals und ab Mitternacht, wenn *aperitivo* und Abendessen abgehakt sind, eine nicht sehr große, aber bunte Clubszene.

Livemusik

Die meisten Locations liegen außerhalb der Stadt und sind im Juli und/oder August geschlossen.

La Cité LIVEMUSIK
(Karte S. 68; www.lacitelibreria.info; Borgo San Frediano 20r; ⏲Mo–Sa 8–2, So 15–2 Uhr; 📶) Das angesagte Büchercafé mit zusammengewürfelten alten Sitzmöbeln ist ein herrlicher

KULTUR IM GEFÄNGNIS

Das ehemalige Stadtgefängnis (1883–1985) und das Nonnenkloster aus dem 15. Jh. hinter dem Mercato di Sant'Ambrogio haben sich in eines der spannendsten Kulturzentren von Florenz verwandelt. Schon der um einen Innenhof gruppierte rote Backsteinkomplex hat etwas: Die massiven Türen führen eindeutig in ehemalige Gefängniszellen, die nun zum Großteil von einem Buchladen, einer Weinbar, Kunstgalerien oder Ähnlichem okkupiert werden. Das absolute Highlight ist **Le Murate Caffè Letterario** (Karte S. 82; ☎055 234 68 72; www.lemurate.it; Piazza delle Murate Firenze; ⏲9–1 Uhr), eine künstlerische Café-Bar im Zentrum der Anlage. Hier treffen sich Literaten bei einer Tasse Kaffee oder einem Häppchen zum Diskutieren, Fabulieren und Vorlesen. Das Literaturcafé versteht sich als Plattform für Schriftsteller aus dem In- und Ausland, die für Lesungen und Vorträge eingeladen werden. Dazu gibt's Filmvorführungen, Gesprächsrunden, Livemusik und Kunstausstellungen. Mehrere im Retrostil eingerichtete Räume mit Flohmarktstühlen und Tischplatten aus recycelten Fensterrahmen bilden ein funkiges Ambiente, im Sommer verlagert sich das Geschehen in den gepflasterten Innenhof. Das Veranstaltungsprogramm steht im Internet.

kleiner Ort für Livemusik – Jazz, Swing, Weltmusik – und Lesungen.

Jazz Club JAZZ
(Karte S. 82; Via Nuovo de' Caccini 3; ⌚Di–Sa 22.30–2 Uhr, Juli & Aug. geschl.) *Der* Jazzclub in Florenz bietet außer Jazz auch Salsa, Blues, Dixieland und Weltmusik.

Theater, klassische Musik & Tanz

Opera di Firenze OPER
(☎055 277 9350; www.operadifirenze.it; Piazzale Vittorio Gui, Viale Fratelli Rosselli; ⌚Kasse Mo 14–18, Di–Sa 10–18 Uhr) Das bemerkenswerte neue Opernhaus von Florenz liegt mit seiner funkelnden, modernen, geometrischen Fassade an der grünen Ecke des Stadtparks Parco delle Cascine. In den drei durchdachten multifunktionalen Konzertsälen finden 5000 Besucher Platz. Im Frühling findet hier das Maggio Musicale Fiorentino statt.

Teatro della Pergola THEATER
(Karte S. 82; ☎055 2 26 41; www.teatrodellapergola.com; Via della Pergola 18) In dem schönen Stadttheater mit dem faszinierenden Eingang werden von Oktober bis April klassische Konzerte aufgeführt.

Shoppen

Geschmacklose Massenware wie Boxershorts mit dem David-Schniedel drauf gibt's überall, vor allem auf den beiden großen Märkten der Stadt: dem Mercato Centrale (S. 104) und dem **Mercato Nuovo** (Karte S. 68; Loggia Mercato Nuovo; ⌚Mo–Sa 8.30–19 Uhr). Sie werden von minderwertigen Textilien, Handtaschen und billigen Ledererzeugnissen nur so überflutet. Für alle, die niveauvoller shoppen wollen, öffnet sich eine Welt mit Werkstätten und Boutiquen. Seit dem Mittelalter steht Florenz für solide Handwerkskunst: Lederwaren, Schmuck und handbestickte Bett- oder Tischwäsche, Designerklamotten, Parfüm, Marmorpapier, Wein, Puppen und kulinarische Spezialitäten – da findet sich in jedem Fall ein schönes Souvenir.

Duomo bis Piazza della Signoria

Grevi MODE
(Karte S. 68; www.grevi.it; Via della Spada 11–13r; ⌚Mo–Sa 10–14 & 15–20 Uhr) In *Tee mit Mussolini* (1999) trug Cher einen Hut von Siena Grevi, ebenso Maggie Smith in *Mein Haus in Umbrien* (2003). Wer sich wie ein Star fühlen will, probiert in der unglaublich romantischen Boutique mal ein paar Hüte durch – zu Preisen ab 30 € bis unerschwinglich.

Officina de' Tornabuoni KOSMETIK
(Karte S. 68; http://odtshop.com; Via del Parione 52r; ⌚Mo–Sa 10–19 Uhr) In diesem Florentiner Salon werden hochhackige Einheimische seit 1843 (der Eröffnung in der nahe gelegenen Via de' Tornabuoni) mit natürlicher Hautpflege, Düften und Wellnessprodukten verwöhnt. In diesem frischen, weißen Salon geht es um Verführung – ob nun durch Rosen- und Orangengesichtswasser oder durch das Tornabuoni-Reiseset mit Löwenzahnextrakt und Salbeiöl.

Fabriano Boutique GESCHENKE, KUNSTHANDWERK
(Karte S. 68; www.fabrianoboutique.com; Via del Corso 59r; ⌚Mo–Sa 10–19.30, So 11–19 Uhr) Luxuriöses Schreibpapier, Origami, originelle Klappkarten und andere nette Papierprodukte ziehen Kunden in diesen hochmodernen Schreibwarenladen. Er bietet auch Kurse für Kalligraphie, Kartenherstellung und Origami an.

★ **Letizia Fiorini** GESCHENKE, KUNSTHANDWERK
(Karte S. 68; Via del Parione 60r; ⌚Di–Sa 10–19 Uhr) Das bezaubernde Märchenparadies ist ein One-Woman-Unternehmen: Letizia Fiorini

DESIGNER-OUTLETS

Designstücke der abgelaufenen Saison gibt es günstig in zwei Outlets vor den Toren der Stadt.

Barberino Designer Outlet (☎055 84 21 61; www.mcarthurglen.it; Via Meucci, Barberino di Mugello; ⌚Mo–Fr 10–20, Sa & So bis 21 Uhr) Kollektionen der vergangenen Saison von D&G, Prada, Roberto Cavalli, Missoni usw. zu geringeren Preisen. 40 km nördlich von Florenz; ein Shuttle-Bus (Erw./erm. hin & zurück 15/8 €, 30 Min.) fährt 2- bis 4-mal am Tag von der Piazza della Stazione 44 (vor Zoppini). Der aktuelle Fahrplan ist online zu finden.

The Mall (☎055 865 77 75; www.themall.it; Via Europa 8, Leccio; ⌚Sommer 10–20 Uhr, Winter bis 19 Uhr) Alte Modelle von Gucci, Ferragamo, Ermenegildo Zegna, Fendi, Valentino usw., 30 km von Florenz entfernt. Busse (5 €, bis zu 8-mal am Tag) fahren vom SITA-Busbahnhof ab.

sitzt hinter der Ladentheke, und wenn sie gerade mal Leerlauf hat, näht sie an ihren ausdrucksstarken Puppen. Von den Regalen grüßen Pulcinella, der Clown Arlecchino, die hübsche Magd Colombina, Doctor Peste (mit Gesichtsmaske gegen die Pest), der freche Brighella, der Draufgänger Il Capitano und viele andere Figuren aus der Commedia dell'Arte.

Alberto Cozzi KUNSTHANDWERK

(Karte S. 68; Via del Parione 35r; ⌚Mo–Fr 9–13 & 14.30–19, Sa 15–19 Uhr) Florenz ist berühmt für feinstes marmoriertes Papier, und das stellt dieser Buchbinder- und Restaurationsbetrieb seit 1908 in Handarbeit her – inzwischen in der vierten Generation. Daneben gibt's auch in Leder gebundene Alben und Tagebücher, bunte Karten und Schreibwaren.

Scriptorium HANDWERK

(Karte S. 68; Via dei Pucci 4; ⌚Mo–Fr 9.30–19.30, Sa 9.30–13 Uhr) Es lohnt sich, einfach mal durch diese exklusive Boutique zu schlendern und in die cineastische Kulisse im Hof des Palazzo Pucci, in dem sich der Laden versteckt, einzutauchen. Hier werden erlesene Ledertaschen und Bücher, Kalligraphiewerkzeuge und altmodische Wachssiegel in jeglicher Farbe hergestellt.

Il Papiro SOUVENIR

(Karte S. 68; www.ilpapirofirenze.it; Via Porta Rosso 76; ⌚10–19 Uhr) Dies ist eine von mehreren Filialen des eleganten Schreibwarengeschäfts – Notizhefte, Tagebücher, Schreibpapier, Karten und anderes Büromaterial aus dem für Florenz typischen, handgeschöpften marmorierten Papier.

Marioluca Giusti GESCHIRR

(Karte S. 68; www.mariolucagiusti.com; Via della Vigna Nuova 88r; ⌚Mo–Sa 10–19.30, So 11–19.30 Uhr) Kannen, Becher, Gläser und anderes elegantes Geschirr in diesem auffälligen Geschäft sehen aus wie aus Glas – sind sie aber nicht! Der Florentiner Designer Marioluca Giusti verwendet ausschließlich Acryl, Melamin oder andere synthetische Materialien für seine Entwürfe. Ob poppig oder im alten Stil – das Geschirr ist immer erfrischend bunt und ein perfektes Mitbringsel.

Bartolini KÜCHENZUBEHÖR

(Karte S. 82; ☎055 29 14 97; www.dinobartolini.it; Via dei Servi 72r; ⌚Mo–Sa 10–19 Uhr) Feinschmecker und Hobbyköche werden in dem berühmtesten Küchenladen von Florenz ins Schwärmen geraten. Unbedingt sehenswert: die Werkzeuge zum Pastamachen.

Mrs Macis MODE

(Karte S. 82; Borgo Pinti 38r; ⌚Mo 16–19.30, Di–Sa 10.30–13 & 16–19.30 Uhr) Die begnadete Carla Macis hat ihr Atelier mit Verkaufsraum im Puppenstubenlook eingerichtet – ein echter Blickfang. Die Boutique ist auf sehr feminine Damenmode im Stil der 50er-, 60er- und 70er-Jahre und Schmuck aus neuen und recycelten Materialien spezialisiert. Hier gibt es nur Einzelstücke.

★ Street Doing MODE, VINTAGE

(Karte S. 78; ☎055 538 13 34; www.streetdoingvintage.it; Via dei Servi 88r; ⌚Mo 14.30–19.30, Di–Sa 10.30–19.30 Uhr) In dieser außergewöhnlichen Kleiderhöhle dreht sich alles um Vintage-Mode für Männer und Frauen – mit sicherlich dem größten Second-Hand-Angebot in Florenz. Die sorgfältig ausgesuchten Stoffe und Accessoires stammen von den führenden italienischen Designern und sind in hervorragendem Zustand: mit Perlen bestickte Clutches aus den 1950er-Jahren von Gucci, blumige Pucci-Kleider aus den 1960ern, Modelle von Valentino aus allen vergangenen Kollektionen. Ein wahrer Modehimmel!

Il Cancello ANTIQUITÄTEN, MODE

(Karte S. 68; www.antiquariatoilcancello.com; Via dei Fossi 13r; ⌚Di–Sa 10–19 Uhr) Glitzer, Glamour und Romantik vergangener Zeiten werden in diesem herrlichen Antiquitätengeschäft, das sich auf Mode spezialisiert hat, wiederbelebt. Die Stücke und Accessoires aus den 1920er- bis 1980er-Jahren werden herrlich präsentiert, im Fenster sind z. B. reizende Federhüte aus den 1940er-Jahren und Reisekoffer ausgestellt. In der gleichen Straße gibt es noch einige weitere Antiquitätenläden.

Angela Caputi SCHMUCK

(Karte S. 68; www.angelacaputi.com; Borgo SS Apostoli 42–46; ⌚Mo–Sa 10–13 & 15.30–19.30 Uhr) Der bunte, peppige Gießharzschmuck von Angela Caputi, die seit den 1970er-Jahren in Florenz tätig ist, hat viele Fans. Ketten und Broschen sind echte Hingucker und kommen in Kombination mit den Klamotten der originellen Modelabels, die Angela auf ihren vielen Reisen entdeckt hat, besonders gut zur Geltung.

Aprosio & Co ACCESSOIRES, SCHMUCK

(Karte S. 68; www.aprosio.it; Via della Spada 38; ⌚Mo–Fr 10–19, Sa 10.30–19.30 Uhr) Aus winzig kleinen Glasperlen fabriziert Ornella Aprosio glitzernde Schmuckstücke und veredelt damit Haarspangen, Broschen in Tierform, Handtaschen und sogar Kaschmirpullis. Einfach zauberhaft!

INSIDERWISSEN

SHOPPEN FÜR FEINSCHMECKER

Kulinaria einzukaufen ist in Florenz eine wahre Freude. Die Florentiner leben, um zu essen. Neben dem Mercato Centrale (S. 104) sind dies die besten Lebensmittelläden von Florenz. Außerdem ein Muss für jeden Besucher sind die eingelegten Gemüse und andere selbst gemachte Spezialitäten bei Il Teatro del Sale (S. 107).

La Bottega Della Frutta (Karte S. 68; Via dei Federighi 31r; ⌚ Mo–Sa 8.30–19.30 Uhr, Aug. geschl.) Am besten Einheimischen folgen, um diesen bezaubernden Laden zu finden. Draußen stehen mit Blumen und Gemüse beladene Fahrräder, drinnen stapeln sich erlesene Käse, Bioobst und -gemüse, Kekse, Schokolade, konservierte Produkte, exzellente Weine usw. Jeden Dienstag wird frischer Mozzarella, von dem die frische Milch noch abtropft, aus Eboli auf Sizilien geliefert. Wer plant, Olivenöl zu kaufen, sollte unbedingt hier vorbeischauen; einfach nach Elisabeta oder Ehemann Francesco fragen.

Pegna (Karte S. 68; www.pegnafirenze.com; Via dello Studio 8; ⌚ Mo–Sa 9.30–19.30, So 11–19 Uhr) Diese historische *salumeria* (Delikatessenladen) und *drogheria* (Gemischtwarenladen) wurde 1860 eröffnet und ist ein Qualitätsversprechen für Feinschmeckerkäse, Aufschnitt und Plätzchen, aber auch für Florentiner Zimt- oder Ginseng-Minz-Zahnpasta und hausgemachte Martelli Pasta.

Alla Sosta dei Pipi (Karte S. 82; ☎ 055 234 11 74; www.sostadeipapi.it; Via Borgo la Croce 81r; ⌚ Mo 16–20, Di–Sa 9–13.30 & 16–20 Uhr) Diese winzige *enoteca* ist ein Mekka für Weinkenner. Weinfässer und Regale mit Flaschen füllen den kleinen Raum fast vollständig aus. Die Weine aus der Toskana reichen von günstig wie eine Tüte Chips (eigene Flasche mitbringen und für 2,30 €/l füllen lassen) bis zu unerschwinglich.

Eataly (Karte S. 68; ☎ 055 015 36 01; Via de' Martelli 22r; ⌚ 10–22.30 Uhr) In den Geschäften von Eataly ist die Aufklärung über Lebensmittel genauso wichtig wie ihr Verkauf, auch in der Florentiner Filiale. Am Informationsschalter gibt es einen kostenlosen Audio-Guide, mit dem man durch die Gänge mit Kaffee, Keksen, konservierten Gemüsen, Pasta, Reis, Olivenöl usw. schlendert und dabei Märchen aus der Renaissance lauscht. Die Lieferanten vieler Produkte (die meisten sind auch bio) sind kleine Bauernhöfe aus der Region.

S.Forno (Karte S. 86; Via Santa Monaco 3r; ⌚ 7.30–19.30 Uhr) Frisches Brot, Panini und Feinschmeckerprodukte liegen in dieser angesagten Bäckerei in Vintage-Regalen; Bäcker Angelo hat hier den Hut auf.

Dolce Forte (Karte S. 68; www.dolceforte.it; Via della Scala 21; ⌚ Mi–Sa & Mo 10–13 & 15.30–19.45, Di 15.30–19 45 Uhr) Elena steckt mit Leib, Seele und Know-how hinter dieser unglaublichen Chocolaterie. Hier wandert nur beste Qualität über die Theke: Schokolade mit schwarzen Trüffeln, mit Grappa getränkte Kirschen in weißer Schokolade oder das ultimative Geschmackserlebnis, in Dessertwein marinierter *formaggio di fossa* (ein Käse aus Mittelitalien), umhüllt von Bitterschokolade.

Obsequium (Karte S. 68; www.obsequium.it; Borgo San Jacopo 17–39r; ⌚ 11–19.30 Uhr) Der Laden liegt im Erdgeschoss eines der am besten erhaltenen mittelalterlichen Türme der Stadt und bietet feine toskanische Weine, Weinzubehör und Delikatessen (auch Trüffeln) an.

La Bottega dell'Olio (Karte S. 68; Piazza del Limbo 2r; ⌚ Mo 14.30–18.30, Di–Sa 10 –13 & 14–18.30 Uhr) In dem Laden werden Olivenöle, Seifen und Kosmetika aus Olivenöl (die Lepo-Serie ist super!) sowie Teller und Platten aus Olivenholz mit viel Liebe und Geschick in Szene gesetzt.

Mercato di Sant'Ambrogio (Karte S. 82; Piazza Ghiberti; ⌚ Mo–Sa 7–14 Uhr) Der Freiluftmarkt besticht durch seine nachbarschaftliche Atmosphäre.

Desii Lab MODE

(Karte S. 68; Via della Spada 40r; ⌚ Mo 11–13.30 & 14–19.30, Di–Sa 10.30–13.30 & 14.30–19.30 Uhr) Ob mit lila und türkisfarbenen Steinchen besetzte Uggs, gelbe Doc Martens aus Kunstleder oder das neueste Converse-Modell, der Laden für Schuhe, Streetfashion und Accessoires hat einfach alles (neu und gebraucht).

Mio Concept WOHNACCESSOIRES

(Karte S. 68; www.mio-concept.com; Via della Spada 34r; ⌚ Mo 15–19, Di–Sa 10–13.30 & 14.30–

19 Uhr) Ein überraschendes und faszinierendes Sortiment an Design-objekten für die Wohnung (zum Teil recycelt oder getunt), Schmuck, T-Shirts und anderem füllen die schicke Boutique der deutschen Weltenbummlerin Antje bis zum Bersten. Die originell verfremdeten Straßenschilder des in Florenz wohnenden Künstlers CLET sind ein Highlight.

Loretta Caponi MODE
(Karte S. 68; www.lorettacaponi.com; Piazza degli Antinori 4r; Mo 15–19, Di–Sa 10–19 Uhr) Der alte Familienbetrieb (schon vor Urzeiten Ausstatter des Adels) verkauft in seinem unsagbar tollen Laden handbestickte Schlafanzüge, Bett- und Tischwäsche, Hausschuhe, Bademäntel und exquisite Kinderklamotten – piekfeines Boudoir-Ambiente.

Famarcia SS Annunziata KOSMETIK
(Karte S. 78; 055 21 07 38; www.farmaciassannunziata1561.it; Via dei Servi 80r; Mo–Fr 9–13 & 15.30–19.30, Sa 9.30–13 Uhr) In dieser Apotheke mit Kräuterladen aus dem 16. Jh. lebt noch das alte Florenz – elegante Schränke aus dunklem Holz, gemusterte Bodenfliesen und eine Gewölbedecke (alle aus dem 18. Jh.) zeichnen diesen Familienbetrieb aus. Die Rezepte der Schönheitsprodukte stammen aus der gleichen Zeit wie die Einrichtung des Geschäfts. Hier gibt es Zahnbürsten aus natürlichem Bambus, weißende Zahnpasta mit Salbei oder Ginseng- und Ginkgo-Haarwasser.

Santa Maria Novella

★ Officina Profumo-Farmaceutica di Santa Maria Novella KOSMETIK, GESCHENKE
(Karte S. 68; www.smnovella.it; Via della Scala 16; 9.30–19.30 Uhr) Schon 1612 mischten die Dominikanermönche von Santa Maria Novella in der Parfümerie und Apotheke Kräuter aus dem Klostergarten zu duftenden Salben und heilenden Tinkturen. In den Regalen der prächtigen Verkaufsräume drängen sich Duftwässerchen, Kosmetikprodukte und Kräuteressenzen nach alten Rezepten neben Tees, Kräutersäften, Likören, Duftkerzen, Bio-Olivenöl, Honig und Keksen.

Trotz digitalem Verkaufskatalog und modernstem Zahlungssystem hat das Geschäft seinen nostalgischen Charme nicht verloren. Nach einem Besuch in den chronisch überfüllten Uffizien oder der Accademia kann man hier seinen Nerven etwas Aqua di Santa Maria Novella gönnen – das hilft angeblich gegen Hysterie.

Midinette MODE
(Karte S. 78; Piazza della Stazione 5; Mo–Sa 10.30–19.30, So 11–19.30 Uhr) Vom Shabby-chic-Boden – zum Teil mit Originalfliesen, zum Teil mit Farbe übermalt – bis zur Mode im Retro-Look ist diese Boutique mit Klamotten und Accessoires für Frauen unanständig romantisch. Die Schwester-Boutique **La Poème**, zwei Häuser weiter, wurde von dem gleichen französischen Designer gestaltet.

Penko SCHMUCK
(Karte S. 68; Via Ferdinando Zannetti 14–16r; Mo–Sa 9.30–19 Uhr) Schmuck und Edelsteine der Renaissance sind die Inspirationsquelle für die Entwürfe von Juwelier Paolo Penko. Werkstatt und Geschäft wurden 1950 vom Großvater eröffnet. Heute führend sie Vater und Sohn gemeinsam in dritter Generation. Alles wird von Hand hergestellt, wie die zahllosen alten Werkzeuge auf der Werkbank zeigen. Wer Glück hat und im richtigen Moment den Laden betritt, bekommt einen von Paolo geprägten persönlichen Florentiner Gulden aus Bronze, Silber oder Gold (10–30 €).

Santa Croce

Aquaflor KOSMETIK
(Karte S. 82; 055 234 34 71; www.florenceparfum.com; Via Borgo Santa Croce 6; 10–19 Uhr) Diese elegante Parfümerie in einem gewölbten Palazzo aus dem 15. Jh. verströmt Romantik und Exotik. Die Düfte werden mit großer Sorgfalt und Präzision von Meisterparfümeur Sileno Cheloni selbst hergestellt, der mit wertvollen Essenzen aus aller Welt arbeitet, wie z. B. der Florentiner Schwertlilie. Bioseifen, Kosmetik und Körperpflegeprodukte sind herrliche Mitbringsel für die Daheimgebliebenen.

Scuola del Cuoio ACCESSOIRES
(Karte S. 82; www.scuoladelcuoio.com; Via San Giuseppe 5r; 10–18 Uhr) Laden und Werkstatt liegen versteckt in einem Hof hinter der Kirche von Santa Croce. In einem langgestreckten Flur fertigen die Handwerker an ihren Maschinen ihre eigenen Lederprodukte.

Boutique Nadine VINTAGE
(Karte S. 82; www.boutiquenadine.com; Via de' Benci 32r; Mo 14.30–19.30, Di–Sa 10.30–19.30, So 14–19 Uhr) Es gibt keine elegantere, nostalgischere Adresse für Vintage-Klamotten, Schmuck, Wohnaccessoires und anderen Schnickschnack als diesen Laden mit Holzboden, antiken Vitrinen und der Umkleidekabine von anno dazumal. Hier stimmt alles

1

Shoppen in Florenz

Florenz hat Stil – schließlich brachte die Stadt die Renaissance und Gucci hervor. Ob angesagte große Labels oder handgenähte Einzelstücke lokaler Designer, Mode spielt hier eine riesige Rolle. Michele Negri, Enrico Coveri, Patrizia Pepe und Ermanno Daelli sind nur einige der angesagten Modeschöpfer der Stadt, geniale Ledersachen vom Kunsthandwerkstalent Jennifer Tattanelli gibt's bei Casini Firenze (S. 122).

Einkaufsmeilen

Alle bekannten Luxusmarken haben einen Laden in der **Via de' Tornabuoni**. Das ist *die* Florentiner Shoppingmeile mit einem unglaublichen Line-up internationaler Häuser (von Prada bis Cartier) und lokaler Namen wie Gucci, Roberto Cavalli und Ferragamo (dessen Schuhmuseum ebenfalls vom Feinsten ist). Nicht weit davon haben in der malerisch-altmodischen **Via della Vigna Nuova** und **Via della Spada** einige der kreativsten Designer der Stadt ihr Atelier: Die Hutmacherin Grevi (S. 116) aus Siena und die Perlenkünstlerin Ornella Aprosio (S. 117) sind nur zwei Beispiele für die vielen schicken Boutiquen, die in letzter Zeit hier aufgemacht haben. Weiter östlich in **Santa Croce** konzentrieren sich Läden mit Vintage-Mode und Objekten aus Recyclingmaterialien, vor allem in den Straßen Borgo degli Albizi, Borgo Pinti und Via di Mezzo.

Im traditionellen „Arbeiterviertel" **Oltrarno** ist seit jeher das florentinische Kunsthandwerk mit seinen Werkstätten zu Hause. Borgo San Jacopo und Via Santo Spirito sind Fundgruben für Avantgarde-Mode, Schuhe, Holzarbeiten

RICHARD I'ANSON/GETTY IMAGES ©

LONELY PLANET/GETTY IMAGES ©

1. Mercato Nuovo (S. 116)
2. Lederwerkstatt, Santa Croce
3. Luxusmode, Via de' Tornabuoni

HEMIS/ALAMY ©

und Schmuck. Nicht weit vom Arno arbeitet CLET (S. 83), einer der witzigsten (und populärsten) Künstler der Stadt, in der Via dell'Olmo wahrscheinlich gerade an seinem nächsten Straßenschild, das bei Passanten garantiert für ein Schmunzeln sorgt.

Handarbeit

Sattler schneiden Taschen aus Kalbsleder zu, Buchbinder marmorieren Papier mit Pfauenmustern, Puppenmacher nähen an Stoffgeschöpfen und Juweliere hämmern und löten Gold – da macht Shoppen Spaß. Zu sehen u. a. in der Scuola del Cuoio (S. 119), bei Letizia Fiorini (S. 116) und Giulio Giannini e Figlio (S. 122).

Märkte

Ein Bummel über die beiden größten Florentiner Märkte, den **Mercato de San Lorenzo** (Piazza San Lorenzo; ⌚Mo–Sa 9–19 Uhr) und den Mercato Nuovo (S. 116), ist nett, aber die Lederwaren dort sind meist billiger, importierter Ramsch. Wer Qualität sucht, wird in einem traditionellen Familienbetrieb eher fündig.

SPEZIALGESCHÄFTE

- Grevi (S. 116)
- Street Doing (S. 117)
- & Company (S. 122)
- Byørk (S. 122)
- Mio Concept (S. 118)

bis aufs Detail. Am Fluss in der Nähe des Ponte Vecchio (Lungarno Acciaiuoli 22r) gibt es einen weiteren Laden.

Oltrarno

Lorenzo Villoresi PARFÜM

(Karte S. 86; ☎055 234 11 87; www.lorenzovilloresi.it; Via de' Bardi 14; ⊙Mo–Sa 10–19 Uhr) Für seine Parfüms und Duftpotpourris vermählt Villoresi typisch toskanische Aromen wie Lorbeer, Olive, Zypresse und Iris mit ätherischen Ölen und Essenzen aus der ganzen Welt. Seine magischen Düfte sind äußerst begehrt, und ein Besuch des Geschäfts im familieneigenen Palazzo aus dem 15. Jh. ist ein echtes Erlebnis. Laufkundschaft ist willkommen, aber es schadet nichts, vorher anzurufen.

★ & Company KUNST, HANDWERK

(Karte S. 86; http://andcompanyshop.tumblr.com/; Via Maggio 60r; ⊙Mo–Sa 10.30–13 & 15–18.30 Uhr) Diese faszinierende Büchse der Pandora wird von der in Florenz geborenen und in England aufgewachsenen Kalligraphin und Grafikdesignerin Betty Soldi und ihrem Ehemann und Vintage-Liebhaber Matteo Perduca mit herrlichen Objekten und Papierkreationen gefüllt. Das Paar hat ein außerordentliches Geschäft aufgebaut, in dem sie ihre eigenen Karten und umgestalteten Haushaltsgegenstände sowie Arbeiten von anderen Designern verkaufen. Perfekt, um sich mit Souvenirs einzudecken.

Byørk MODE

(Karte S. 86; Via della Sprone; ⊙Mo 14.30–19.30, Di–Fr 10.30–13.30 & 14.30–19.30, Sa 10.30–13 & 14.30–19.30 Uhr) Trendige Mode sowie Heftchen, Bücher und Magazine werden in diesem hippen Laden verkauft, der so gar nicht zwischen die schmuddeligen, alten Kunstateliers in einer Hinterstraße von Oltrarno passt. Das Geschäft ist das Werk des weitgereisten Modefreaks Filippo Anzaione, dessen Gespür für italienische und moderne europäische Designer unschlagbar ist.

Le Gare 24 MODE

(Karte S. 68; Borgo d'Ognissanti 24r; ⊙Mo–Sa 10–20 Uhr) Wer die Retroboutique nicht weit vom Arno betritt und als Erstes das türkisfarbene Sofa mit pinkfarbenen Kissen sieht, weiß, dass er hier an einer der ersten Adressen für abgefahrene Mode gelandet ist.

Casini Firenze MODE

(Karte S. 86; www.casinifirenze.it; Piazza dei Pitti 30–31r; ⊙Mo–Sa 10–19, So 11–18 Uhr) Die hübsche Boutique gegenüber dem Palazzo Pitti zählt zu den ältesten und angesehensten Modehäusern in Florenz, ist aber dank der Modeschöpferin und Stylistin Jennifer Tattanelli immer topaktuell. Die Florentinerin mit amerikanischen Wurzeln berät persönlich.

Stefano Bemer SCHUHE

(www.stefanobemersrl.com; Via di San Niccolò 2; ⊙Mo–Sa 10–19 Uhr) Maßgeschneiderte Schuhe für den Herren – in die Sohle des linken Schuhs wird als Glücksbringer eine originale Sechs-Pence-Münze eingearbeitet – sind das Markenzeichen dieses Florentiner Schuhmachers. Kunden können zwischen 40 Grundmustern und aus einem erstaunlichen Lederangebot wählen, darunter Rotwild, Rind, Hai, Nilpferd oder russisches Rentier, deren Lederhäute durch traditionelle, seit 1786 angewandte Gerbmethoden konserviert werden.

Francesco SCHUHE

(Karte S. 68; www.francescodafirenze.it; Via di Santo Spirito 62r; ⊙Mo–Sa 10–13 & 15.30–19.30, So 10–13 Uhr, Aug. zwei Wochen geschl.) Von Hand genähte Lederwaren sind der Grundpfeiler des kleinen Familienbetriebs. Wem die Damen- und Herrenschuhe in den Regalen nicht gut genug sind, kann sich ein Paar nach Maß anfertigen lassen.

Madova ACCESSOIRES

(Karte S. 86; www.madova.com; Via Guicciardini 1r; ⊙Mo–Sa 9.30–19.30 Uhr, Aug. Mo–Fr 10.30–19 Uhr) Egal, ob mit Kaschmir-, Seiden- oder Lammfellfutter oder auch ungefüttert – hier gibt's Handschuhe in allen Größen und Farben und aus jedem Leder, das das Herz begehrt. Der Betrieb besteht seit 1919.

Alessandro Dari SCHMUCK

(Karte S. 86; www.alessandrodari.com; Via di San Niccolò 115r; ⊙Mo–Sa 10–19 Uhr) Der Juwelier und Konzertgitarrist kreiert in seiner Werkstatt aus dem 15. Jh. in San Niccolò einzigartige Stücke – frei nach dem Motto „Skulpturen zum Anziehen".

Geraldine Tayar MODE

(Karte S. 86; Sdrucciolo de' Pitti 6r; ⊙Mo–Sa 10–18 Uhr) Taschen, Gürtel, Umhänge und Kissen sind nur einige der Dinge, die Designerin Geraldine Tayar in dieser Werkstatt in der Nähe des Palazzo Pitti herstellt. Besonders auffällig sind ihre ungewöhnlichen Strickwaren und die farbenfrohen Stoffe.

Giulio Giannini e Figlio KUNSTHANDWERK

(Karte S. 86; www.giuliogiannini.it; Piazza dei Pitti 37r; ⊙Mo–Sa 10–19, So 11–18.30 Uhr) Die urige alte Ladenfront dieser Buchbinderei gibt es seit 1856. Hier werkelt mit den Giannini eine der ältesten Handwerkerfamilien der Stadt. Hergestellt und verkauft werden Marmorpapier, wunderschön gebundene Bücher und Schreibwaren.

Praktische Informationen

MEDIZINISCHE VERSORGUNG

24-Stunden-Apotheke (Stazione di Santa Maria Novella) Diese Apotheke im Hauptbahnhof von Florenz hat 24 Stunden geöffnet, meist ist wenigstens ein Mitarbeiter mit Englischkenntnissen anwesend.

Dr. Stephen Kerr: Medical Service (☎ 055 28 80 55, 335 8361682; www.dr-kerr.com; Piazza Mercato Nuovo 1; ⏲ Mo–Fr 15–17, oder mit Termin Mo–Fr 9–15 Uhr) Britischer Arzt.

Krankenhaus (Ospedale di Santa Maria Nuova; ☎ 055 2 75 81; Piazza di Santa Maria Nuova 1)

NOTFALL

Polizei (Questura; ☎ englischsprachiger Service 055 497 72 68, 055 4 97 71; http://questure.poliziadistato.it; Via Zara 2; ⏲ 24 Std.)
An Wochentagen zwischen 9 und 14 Uhr sind Englisch sprechende Mitarbeiter vor Ort.

TOURISTENINFORMATIONEN

Flughafen (☎ 055 31 58 74; www.firenzeturismo.it; Via del Termine, Aeroporto Vespucci; ⏲ Mo–Sa 9–19, So bis 14 Uhr)

Infopoint Hauptbahnhof (Karte S. 68; ☎ 055 21 22 45; www.firenzeturismo.it; Piazza della Stazione 5; ⏲ Mo–Sa 9–19, So bis 14 Uhr)

Touristeninformation (Karte S. 78; ☎ 055 29 08 32; www.firenzeturismo.it; Via Cavour 1r; ⏲ Mo–Sa 9–18 Uhr)

Infopoint Bigallo (Karte S. 68; ☎ 055 28 84 96; www.firenzeturismo.it; Piazza San Giovanni 1; ⏲ Mo–Sa 9–19, So bis 14 Uhr)

Parco delle Cascine (Piazzale delle Cascine, Parco delle Cascine; ⏲ Mo–Sa 9–19, So bis 17 Uhr)

An- & Weiterreise

AUTO & MOTORRAD

Die A1 verbindet Florenz mit Bologna und Mailand im Norden sowie mit Rom und Neapel im Süden. Die Autostrada del Mare (A11) führt von Florenz nach Pistoia, Lucca, Pisa und zur Küste. Die meisten Einheimischen bevorzugen die *superstrada* FI-PI-LI (zweispurig, dafür gratis); den blauen Hinweisschildern FI-PI-LI (für Firenze-Pisa-Livorno) folgen. Die ebenfalls zweispurige S2 verbindet Florenz mit Siena. Viel malerischer ist die West-Ost-Verbindung SS67 von Pisa über Florenz nach Forli und Ravenna.

BUS

Der **SITA-Busbahnhof** (Autostazione Busitalia-Sita Nord; Karte S. 68; ☎ 800 37 37 60; Via Santa Caterina da Siena 17r; ⏲ Mo–Sa 5.30–20.30, So 6–20 Uhr) an der Westseite der Piazza della Stazione bietet nur eine begrenzte Anzahl an Busverbindungen an, die Zugverbindungen sind besser. Folgende Ziele werden angefahren:

Greve in Chianti (4,20 €, 1 Std., stündl.)

San Gimignano (über Poggibonsi; 7,20 €, 1¼ Std., 14-mal tgl.)

Siena (7,80 €, 1¼ Std., mind. stündl.)

FLUGZEUG

Der internationale Flughafen der Toskana (S. 240) liegt in Pisa und bietet Verbindungen zu fast allen großen europäischen Städten.

Flughafen Florenz (Aeroport Vespucci; ☎ 055 306 13 00; www.aeroporto.firenze.it; Via del Termine) Auch Amerigo Vespucci oder Peretola genannt, 5 km nordwestlich der Stadtmitte; vor allem Inlandsflüge und europäische Ziele.

ZUG

Die **Stazione di Santa Maria Novella** (Piazza della Stazione) ist der Hauptbahnhof von Florenz. Die **Gepäckaufbewahrung** (deposito bagagliamano; Stazione di Santa Maria Novella; bis 5 Std. 6 €, dann 0,90 €/Std.; ⏲ 6–23 Uhr) liegt am Gleis 16. Fahrkarten werden in der Schalterhalle verkauft, können aber auch (ohne Schlangestehen) an Automaten mit Touch-Screen-Bedienung (auch auf Deutsch) erstanden werden. Zahlung mit Kreditkarte möglich.

Florenz liegt an der Verbindungsachse Mailand–Rom. Züge gehen nach:

ZIEL	PREIS	FAHRTZEIT
Bologna	24 €	1–1¾ Std.
Lucca	7,20 €	1½–1¾ Std.
Mailand	50–60 €	2¼–3½ Std.
Pisa	8 €	45 Min.–1 Std.
Pistoia	4,30 €	45 Min.–1 Std.
Rom	43–52 €	1¾–4¼ Std.
Venedig	45 €	2¾–4½ Std.

Unterwegs vor Ort

Zwischen dem Bahnhof und dem Busbahnhof im Stadtzentrum und den Flughäfen von Florenz und Pisa verkehren regelmäßig Busse. Florenz ist klein und kann am besten zu Fuß erkundet werden. Es gibt Fahrradverleihe und ein gut funktionierendes Netz mit Bussen und Straßenbahnen. Ein Auto ist wirklich nicht nötig.

AUTO & MOTORRAD

Die Innenstadt ist fast die ganze Woche über für den Individualverkehr gesperrt (Anlieger frei).

Aber mit dem Auto nach Florenz reinzufahren, bringt ohnehin nur Ärger und Stress.

FAHRRAD & MOTORROLLER

Milleunabici (www.bicifirenze.it; Piazza della Stazione; 1 Std./5 Std./1 Tag 2/5/10 €; ⌚März–Okt. 10–19 Uhr) Vor dem Hauptbahnhof Santa Maria Novella können gegen Vorlage eines Ausweises violette Fahrräder gemietet werden.

Florence by Bike (Karte S. 78; www.florencebybike.com; Via San Zanobi 54r; 1 Std./5 Std./1 Tag 3/9/14 €; ⌚Sommer Mo–Sa 9–13 & 15.30–19.30, So 9–17 Uhr, Winter So geschl.) Erstklassiger Fahrradladen mit Verleih (Stadtfahrräder, Mountainbikes, Touren- und Rennräder), Tipps für Fahrradwege und Organisation von Fahrradtouren (2-stündige Fotografiertour durch die Stadt, Tagesausflüge ins Chianti).

ÖFFENTLICHE VERKEHRSMITTEL

Die Busse und elektrischen Minibusse der städtischen **ATAF** verkehren in Florenz. Die meisten (auch Bus 13 zum Piazzale Michelangelo) halten an der ATAF-Haltestelle gegenüber dem Südostausgang der Stazione di Santa Maria Novella. Tickets kosten 1,20 € (im Bus 2 €; Fahrer wechseln nicht!) und gelten 90 Minuten (Rückfahrten sind nicht erlaubt). Verkauft werden sie an Kiosken, in Tabakläden und im **Auskunfts- und Ticketbüro der ATAF** (Karte S. 78; ☎199 10 42 45, 800 42 45 00; www.ataf.net; Piazza della Stazione; Stazione di Santa Maria Novella; ⌚Mo–Sa 6.45–20 Uhr) im Hauptbahnhof. Buspässe für 1/3/7 Tage kosten 5/12/18 €. Einzelfahrscheine müssen bei Fahrtantritt im Bus entwertet werden (andernfalls droht Bußgeld von 50 €). Es gibt eine Straßenbahnlinie, weitere Linien sind für 2017 geplant.

TAXI

Taxiruf ☎055 42 42.

VON/ZUM FLUGHAFEN

Bus

ATAF (einfach/hin & zurück 6/8 €, 20 Min.) pendelt mit dem „Vola in bus" zwischen dem Flughafen Amerigo Vespucci und dem Busbahnhof. Er verkehrt zwischen 6 und 20 Uhr im 30-Minuten-Takt, von 20.30 bis 23.30 Uhr dann stündlich (vom Flughafen aus 5.30–0.30 Uhr). Von/zum Flughafen in Pisa fahren täglich Busse von **Terravision** (www.terravision.eu; einfach 4,99 €, 70 Min.) und **Autostradale** (www.airportbusexpress.it; einfach 5 €, 80 Min., stündl.) zu den Bushaltestellen vor dem Bahnhof Santa Maria Novella in der Via Alamanni (unter der Digitaluhr). Fahrscheine gibt es für beide Anbieter online, im Bus und in Pisa am Informationsschalter der Ankunftshalle im Flughafen.

Taxi

Ein Taxi vom Flughafen Florenz Vespucci in die Stadt kostet 20 € (Festpreis; an Sonn- und Feiertagen 23 €, zwischen 22 und 6 Uhr 22 €) plus 1 € Zuschlag pro Gepäckstück und 1 € für einen vierten Mitfahrer. Der Taxistand liegt gleich rechts vom Ausgang des Terminals.

Zug

Züge verkehren regelmäßig zwischen dem Bahnhof Santa Maria Novella in Florenz und dem Hauptbahnhof in Pisa (8 €, 1½ Std., zwischen 4.30 und 22.25 Uhr mindestens stündl.), von wo der Pisa Mover Shuttle Bus (1,30 €, 8 Min.) weiter zum Internationalen Flughafen Pisa fährt.

PARKEN IN FLORENZ

In der Altstadt *(centro storico)* gibt's eine verkehrsberuhigte Zone *(Zona a Traffico Limitato; ZTL)*, die von Montag bis Freitag zwischen 7.30 und 19.30 Uhr und am Samstag zwischen 7.30 und 18 Uhr für den Autoverkehr gesperrt ist (Anwohner frei). Überwachungskameras an den Zufahrten stellen sicher, dass sich alle daran halten. Von Ende Mai bis Mitte September gilt das Verbot auch donnerstags, freitags und samstags zwischen 23 und 3 Uhr. Wer in einem Hotel in der verkehrsberuhigten Zone wohnt, darf dorthin fahren, um sein Gepäck abzuladen, muss aber vorher telefonisch bei der Rezeption Autonummer und Uhrzeit durchgeben (es gibt ein zweistündiges Zeitfenster), damit das Hotel eine Fahrgenehmigung beantragen kann. Bei Verstößen gegen das Fahrverbot flattert dem Fahrer bzw. der Mietwagenfirma eine Verwarnung über rund 150 € ins Haus. Ausführlichere Infos hierzu stehen auf der Website www.comunie.fi.it.

In den Straßen rund um den Piazzale Michelangelo dürfen Autos umsonst parken. Rund um die Stadt gibt es unzählige Parkhäuser, die zwischen 2 und 3 € pro Stunde kosten, z. B. am Bahnhof Santa Maria Novella, an der Fortezza da Basso und im Oltrarno unterhalb des Piazzale di Porta Romana. Eine vollständige Liste mit Parkhäusern steht auf www.firenzeparcheggi.it.

Siena & Zentraltoskana

Inhalt ➡

Gut essen

- Il Leccio (S. 166)
- Enoteca I Terzi (S. 139)
- Osteria di Passignano (S. 147)
- Osteria Acquacheta (S. 175)
- Locanda Sant'Agostino (S. 157)

Schön übernachten

- Il Paluffo (S. 158)
- La Bandita (S. 173)
- Pensione Palazzo Ravizza (S. 138)
- Podere San Lorenzo (S. 163)
- Fattoria di Rignana (S. 145)

Auf nach Siena & in die Zentraltoskana

Dieser Teil der Toskana ist einfach zum Verlieben. Die holprigen Nebenstraßen des Chianti führen durch eine Landschaft voller Weinstöcke und zypressengesäumter Wege. Moderne und traditionelle Weingüter bieten Weinproben an. In San Gimignano recken sich 14 mittelalterliche Türme himmelwärts und die Gassen des nahen Volterra verströmen das Flair eines alten Bergdorfs und moderner Vampirgeschichten aus dem 21. Jh.

In den sanften Hügeln und Weinbergen des Val d'Orcia verstecken sich romanische Abteien und Thermalquellen. Pienza lockt mit seiner einzigartigen Renaissancekulisse, Montepulciano und Montalcino mit ihrem berühmten Wein. Und dann ist da natürlich noch Siena, reich an spektakulärer Architektur und exquisiter Kunst. Die lebhafte Stadt ist eine Art gotische Zeitkapsel, in der der Alltag noch zu einem Großteil daraus besteht, gut zu essen und zu trinken und sich Zeit für Gespräche zu nehmen. Kurz gesagt: Siena ist einfach lebens- und liebenswert.

Entfernungen (km)

	Montepulciano	Siena	San Gimignano	Volterra
Siena	70			
San Gimignano	112	46		
Volterra	120	50	30	
Greve in Chianti	102	48	33	53

Highlights

1 In der Weinregion Chianti feinste Küche genießen und Weingüter besuchen: **Antinori** (S. 144) ist technisch auf dem neuesten Stand, **Badia a Passignano** (S. 145) das historische Gegenstück.

2 Das traumhafte Siena kennenlernen: den **Dom** (S. 131) erkunden, auf einem der schönsten Plätze Italiens Leute beobachten und Kunst von Weltrang bewundern.

3 In der romanischen **Abbazia di Sant'Antimo** (S. 169) gregorianischen Gesängen lauschen.

4 Die 218 Stufen der mittelalterlichen **Torre Grossa** (S. 154) hinaufsteigen und auf die jahrhundertealten Straßen von San Gimignano hinabblicken.

5 Die steile, gewundene Hauptstraße von Montepulciano, **Il Corso** (S. 172), hochlaufen – mit ein paar Gläschen Vino Nobile geht's leichter.

6 Die Künstlerhochburg **Volterra** (S. 159) entdecken – samt etruskischer Artefakte und Kunsthandwerk aus Alabaster.

7 Den berühmtesten toskanischen Wein, den Brunello, in Montalcinos historischer **Fortezza** (S. 166) kosten.

8 Auf idyllischen Nebenstraßen einen Abstecher ins **Val d'Orcia** (S. 165) unternehmen, eine Weltkulturerbestätte der Unesco.

0
20 km
Valdarno
Monti del Chianti
Montevarchi
Volpaia
Radda in Chianti
Gaiole in Chianti
ecchi in Chianti
SS408
Pievasciata
SP9
Arno
Arezzo
A1
e Scotte
ena
Monte San Savino
Rapolano Terme
SS438
SS2
Cortona
Serre di Rapolano
Asciano
Crete Senese
Bettolle
Trequanda
sanova
Murlo
Abbazia di Monte Oliveto Maggiore
San Giovanni d'Asso
Montisi
Lago Trasimeno
Petrignano
Buonconvento
Montefollonico
UMBRIEN
5
Montepulciano
Lago di Chiusi
Lama
San Quirico d'Orcia
Pienza
Montalcino
7
8
Val d'Orcia
Monticchiello
Val di Chiana
Chiusi-Chianciano Terme
Bagno Vignoni
Abbazia di Sant'Antimo
3
Castiglione d'Orca
Sant'Angelo in Colle
Castelnuovo dell'Abate
Monte Amiata
Sarteano
Città della Pieve
Cetona
SS2
A1
Bagni San Filippo
Radicófani
Monte Amiata

Siena

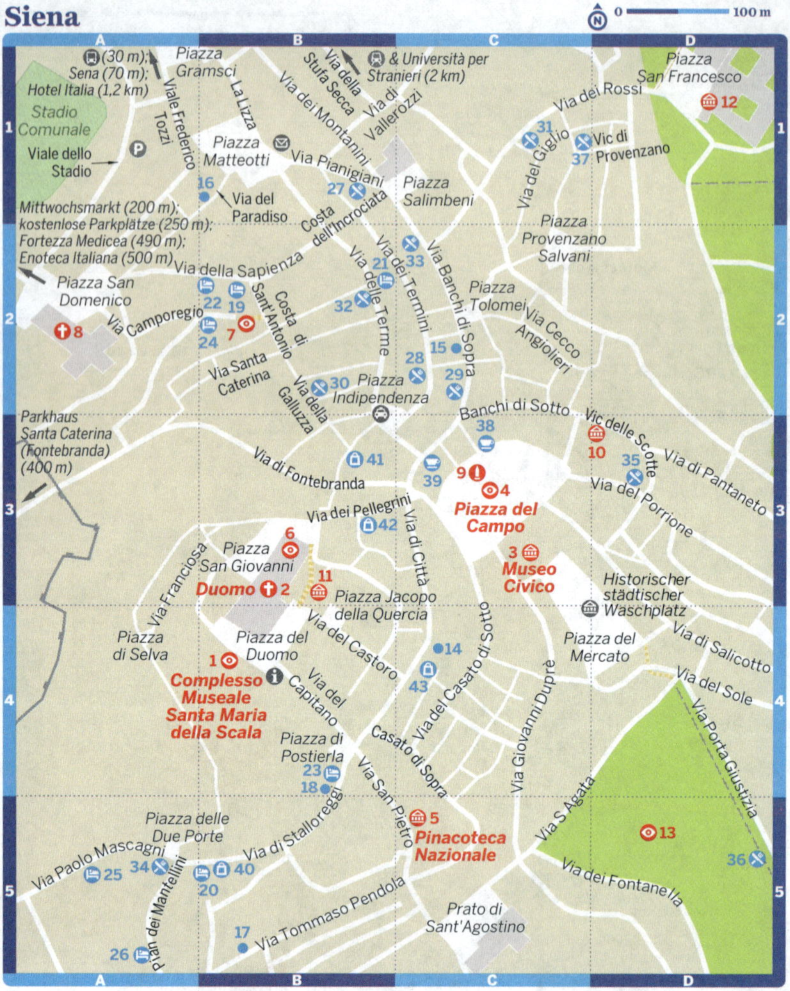

SIENA

54 100 EW.

Sienas Vorzeigebauwerke zeichnen sich durch ihre Höhe aus – und haben durchaus das Zeug, auch die Stimmung der Betrachter zu heben. Die religiösen und säkularen Baudenkmäler aus dem Mittelalter stehen harmonisch Seite an Seite und bilden gemeinsam ein weitläufiges, gotisches Freiluftmuseum. Viele Gebäude beherbergen Kunst aus Siena und wenn man dann noch die quirligen Straßen hinzunimmt, in denen (ganz ohne Übertreibung) jede dritte Tür zu einem Restaurant, einer *enoteca* oder einem Feinkostladen gehört, wird klar, dass einen wunderbare Zeiten erwarten! In Siena offenbart sich das Italien, wie es vor der Renaissance war, und wird auf geradezu magische Weise in die moderne Gegenwart übertragen.

Geschichte

Der Legende nach wurde Siena vom Sohn des Remus gegründet. Deswegen ist die Wölfin, die die Zwillinge Romulus und Remus säugt, in Siena so gegenwärtig wie in Rom. Wahrscheinlich ist die Stadt etruskischen Ursprungs; sie wuchs allerdings erst ab dem

Siena

Highlights
1 Complesso Museale Santa Maria della Scala B4
2 Duomo B3
3 Museo Civico C3
4 Piazza del Campo C3
5 Pinacoteca Nazionale C5

Sehenswertes
6 Battistero di San Giovanni B3
7 Casa Santuario di Santa Caterina B2
8 Chiesa di San Domenico A2
Cripta .... (s. 6)
9 Fonte Gaia C3
10 Museo delle Tavolette di Biccherna D3
11 Museo dell'Opera del Duomo B3
12 Oratorio di San Bernardino D1
13 Orto de' Pecci D5
Palazzo Comunale .... (s. 3)
Panorama del Facciatone .... (s. 11)
Torre del Mangia .... (s. 3)

Aktivitäten, Kurse & Touren
14 Accademia Musicale Chigiana C4
15 Centro Guide Turistiche Siena e Provincia C2
16 Scuola Leonardo da Vinci B1
17 Società Dante Alighieri B5
18 Tuscan Wine School B4

Schlafen
19 Albergo Bernini B2
20 Alle Due Porte B5
21 Antica Residenza Cicogna B2
22 Campo Regio Relais B2
23 Casa del Conte B4
24 Hotel Alma Domus B2
25 Hotel Athena A5
26 Pensione Palazzo Ravizza A5

Essen
27 Consorzio Agrario di Siena B1
28 Enoteca I Terzi C2
29 Grom C2
30 Grotta Santa Caterina da Bagoga B2
31 Kopa Kabana C1
32 La Compagnia dei Vinattieri B2
33 Morbidi C2
34 Nonna Gina A5
35 Osteria Le Logge D3
36 Ristorante All'Orto de' Pecci D5
37 Tre Cristi C1

Ausgehen & Nachtleben
38 Bar Il Palio C3
39 Caffè Fiorella C3

Shoppen
40 Bottega d'Arte B5
41 Il Pellicano B3
42 Panificio Il Magnifico B3
43 Pizzicheria de Miccoli C4

1. Jh. v. Chr. zu einer richtigen Stadt heran, als die Römer hier die Militärkolonie Sena Julia gründeten.

Im 12. Jh. brachte der Ausbau von Handel und Verkehr Siena Wohlstand, Größe und Macht. Mit der Bedeutung Sienas wuchs auch die Rivalität mit dem benachbarten Florenz, die im 13. Jh. zu mehreren gewaltsamen Auseinandersetzungen zwischen der Hauptstadt der Guelfen und dem ghibellinischen Siena führte. Im Jahr 1230 belagerten Truppen aus Florenz Siena und katapultierten Kot und Eselsfleisch über die Stadtmauern. Siena revanchierte sich 1260 mit einem überragenden Sieg in der Schlacht von Montaperti. Allerdings war der Erfolg nur von kurzer Dauer. Schon zehn Jahre später wurden die toskanischen Ghibellinen von Karl von Anjou besiegt, und Siena war gezwungen, sich mit Florenz, der Hauptstadt der toskanischen Guelfen, zu verbünden.

In den folgenden Jahrhunderten wurde Siena vom *Consiglio dei Nove* (Rat der Neun) regiert, einer Gruppe von wohlhabenden Bürgern, die ständig im Streit mit dem Adel lag. Der Rat gab viele der gotischen Bauten Sienas in Auftrag, die das Stadtbild prägen. Zu den bleibenden Baudenkmälern gehören der *duomo* (Dom), der Palazzo Comunale und die Piazza del Campo.

In der Malerei entwickelte sich die Sieneser Schule, die Anfang des 14. Jhs. mit Künstlern wie Duccio di Buoninsegna und Ambrogio Lorenzetti ihren Höhepunkt erreichte.

Der Ausbruch der Pest im Jahr 1348 raffte zwei Drittel der 100 000 Einwohner von Siena dahin und leitete eine Zeit des Niedergangs ein, die 200 Jahre später in der Übergabe der Stadt an den Florentiner Cosimo I. de' Medici gipfelte. Der neue Herrscher untersagte den Einwohnern der Stadt jegliche Finanzgeschäfte und schmälerte damit ihren Einfluss erheblich.

Aus heutiger Sicht war der sich über Jahrhunderte hinziehende ökonomische Niedergang ein Segen, weil dadurch Geld für große städtebauliche Erneuerungen fehlte. Im Zweiten Weltkrieg nahmen die Franzosen

DREI PERFEKTE TAGE

1. Tag: Chianti – Essen & Weine

Die Geschmacksknospen auf einer Führung durch das supermoderne Weingut **Antinori nel Chianti Classico** „aufwärmen" und vielleicht im **Rinuccio 1180** zu Mittag essen, bevor es auf ein historisches Gut wie **Badia a Passignano** oder **Castello di Verrazzano** geht. Danach folgt man Nebenstraßen an Weinbergen vorbei nach Greve in Chianti, um sich die **Antica Macellerìa Falorni** anzusehen. Weiter südlich, in Panzano in Chianti, sollte man in einem **Dario-Cecchini-Restaurant** einkehren. Empfehlenswerte Unterkünfte sind **Locanda La Capannuccia** und **Il Colombaio**.

2. Tag: Val d'Elsa

Vormittags führt ein Bummel durch die Kopfsteinpflasterstraßen Volterras zum **Museo Etrusco Guarnacci** und in Alabaster-Werkstätten. Zum Mittagessen bieten sich das **RistoranteEnoteca Del Duca** (edel) oder **L'Incontro** (im Stil eines Cafés) an. Anschließend lockt das mittelalterliche San Gimignano mit einem Kunstausflug, bei dem sich Traditionelles (**Collegiata**) und Zeitgenössisches (**Galleria Continua**) die Waage halten.

3. Tag: Rund um Montalcino

Hoffentlich erlebt man einen Gottesdienst in der mittelalterlichen Abtei **Sant'Antimo** mit, um den Gesang der Mönche zu hören. Nach einer Fahrt vorbei an Sangiovese-Rebstöcken gibt's im **Il Leccio** Mittagessen in der Gesellschaft lokaler Winzer. Als Nächstes steht Montalcino auf dem Programm, die Heimat der berühmten Brunello-Weine. Man kann die **Wehrmauern der Fortezza** erklimmen, Wein in der dortigen *enoteca* verkosten und sich dann bei **Osticcio** noch einen kleinen Degustations-„Nachschlag" besorgen.

Siena ohne nennenswerte Gegenwehr ein, sodass die Stadt fast unzerstört blieb. All dies führte dazu, dass das historische Zentrum von der Unesco zum Weltkulturerbe erklärt wurde: als lebendiges Beispiel einer mittelalterlichen Stadt.

Sehenswertes

★ Piazza del Campo — PLATZ

Die abschüssige Piazza wird im Volksmund einfach „Il Campo" genannt. Sie wurde Mitte des 12. Jhs. im Auftrag des *Consiglio dei Nove* angelegt und ist seither das politische und gesellschaftliche Zentrum der Stadt. Früher befand sich hier ein römischer Marktplatz. Die neun Kreissegmente im Pflastermuster stehen für die neun Mitglieder des Rates.

1346 sprudelte zum ersten Mal Wasser aus der **Fonte Gaia** (Fröhlicher Brunnen; Piazza del Campo) im oberen Bereich des Platzes. Bei den Bildtafeln am Brunnen handelt es sich um Reproduktionen; die stark verwitterten Originale, die im frühen 15. Jh. von Jacopo della Quercia geschaffen wurden, sind im Complesso Museale di Santa Maria della Scala (S. 135) ausgestellt.

Il Campo ist zweifellos das Herz der Stadt. Das prachtvolle Pflaster wirkt wie ein Teppich, auf dem Studenten und Besucher picknicken und entspannen. Die Cafés rund um den Platz gehören zu den beliebtesten Lokalen der Stadt für einen Aperitif vor dem Abendessen.

Palazzo Comunale — HISTORISCHES GEBÄUDE

(Palazzo Pubblico; Piazza del Campo; ⏲ Sommer 10–19 Uhr, Winter bis 18 Uhr) Der auf schlichte Weise elegante Palazzo Comunale (14. Jh.) ist das prachtvolle Herz des Campo. Seine konkave Fassade passt sich der konvexen Form des Platzes perfekt an. Der Palazzo hat einen hohen, grazilen Glockenturm (102 m), die **Torre del Mangia** (Palazzo Comunale, Piazza del Campo; Eintritt 10 €; ⏲ Sommer 10–19 Uhr, Winter bis 16 Uhr). Zwischen dem tollen Ausblick von der Spitze und dem Eingang liegen mehr als 500 Stufen.

Der Eintritt zum zentralen Innenhof (ebenerdig) ist kostenlos.

★ Museo Civico — MUSEUM

(Palazzo Comunale, Piazza del Campo; Erw./erm. 9/8 €; ⏲ Sommer 10–19 Uhr, Winter bis 18 Uhr) Die Räume des eindrucksvollsten Museums der Stadt sind reich mit Fresken von Künstlern der Sieneser Schule ausgeschmückt. Das Besondere an diesen Fresken ist, dass sie von der Stadtregierung in Auftrag gegeben wurden und nicht von der Kirche; daher sind viele nicht den bevorzugten religiösen Themen der Zeit, sondern weltlichen Themen gewidmet. Ein Highlight ist Simone Martinis *Maestà* (thronende Madonna; 1315) in der **Sala del Mappamondo** (Saal der Weltkarte). Martinis ältestes bekanntes Werk zeigt die von Heiligen und Engeln umringte Madonna unter einem Baldachin.

Nach dem Kartenkauf geht's nach oben in die **Sala del Risorgimento**. Ihre Fresken aus dem ausgehenden 19. Jh. zeigen Schlüsselszenen des Kampfes um die Einigung Italiens (des Risorgimento). In der **Sala di Balia** (Saal der Macht) erzählen Wandfresken Episoden aus dem Leben Papst Alexanders III. (des Sienesen Rolando Bandinelli), u. a. seine Auseinandersetzung mit Kaiser Friedrich Barbarossa. Anschließend geht's in die **Sala del Concistoro** (Saal des Kirchenrats), die von den allegorischen Deckenmalereien des Manieristen Domenico Beccafumi beherrscht wird. Hinter einem Vestibül links liegen die Anticappella (Kapellenvorraum) und die Kapelle selbst. Die Fresken der **Anticappella** stammen von Taddeo di Bartolo, der 1415 die Tugenden der Macht (Gerechtigkeit, Großmut, Stärke, Vorsicht, Religion) sowie einige republikanische Führer aus dem Alten Rom malte. Die **Cappella** selbst beherbergt die herrliche *Sacra Famiglia e San Leonardo* (hl. Familie und hl. Leonhard) von Il Sodoma. Das Highlight im Vestibolo (Vestibül) nebenan ist die Bronzeskulptur einer Wölfin, dem Symboltier der Stadt.

KOMBITICKETS FÜR SIENA

Wer sich die wichtigsten Sehenswürdigkeiten von Siena ansehen möchte, kann mit verschiedenen Kombitickets Geld sparen.

- OPA SI Pass (gültig für den *duomo*, die Libreria Piccolomini, das Museo dell'Opera, das Battistero di San Giovanni, die Cripta und das Oratorio di San Bernardino); März–Okt. 12 €, Nov.–Feb. 8 €, 3 Tage gültig. Erhältlich im Ticketbüro des *duomo* neben dem Museo dell'Opera.
- Kombiticket Museo Civico und Museale Santa Maria della Scala; 13 € (erhältlich in den beiden Museen).
- Kombiticket Museo Civico, Museale Santa Maria della Scala und Torre del Mangia; 20 € (erhältlich in den Museen).

Vom Vestibül gelangt man in die Sala del Mappamondo, wo das Juwel des Museums zu bestaunen ist, Simone Martinis ein- und ausdrucksvolle *Maestà*. Auf der gegenüberliegenden Seite befindet sich ein weiteres Fresko von Martini, sein berühmtes Porträt (1328–1330) von Guidoriccio da Fogliano, einem Feldherrn der Sieneser Armee.

Im nächsten Saal, der **Sala dei Nove**, tagte der Rat der Neun. Die Wände schmückt ein Freskenzyklus von Ambrogio Lorenzetti, die *Allegorien der guten und der schlechten Regierung* (1338–1340). Das Fresko in der Mitte zeigt Personifikationen der Gerechtigkeit, der Weisheit, der Tugend und des Friedens, die (für diese Zeit ungewöhnlich) alle als Frauen dargestellt sind; daneben werden Bestrafungen für Vergehen und Belohnungen für Rechtschaffenheit gezeigt. Im rechten Winkel dazu sind die beiden Fresken *Allegorie der guten Regierung* und *Allegorie der schlechten Regierung* zu sehen, die in der wiedererkennbaren Umgebung von Siena sehr gegensätzliche Szenen darstellen. Die Folgen des guten Regierens sind eine sonnendurchflutete, idyllische Stadt mit fröhlichen Bürgern und fruchtbare Landschaften; die schlecht regierte Stadt ist gekennzeichnet von Lasterhaftigkeit, Verbrechen und Krankheit. Die Fresken gehören zu den bedeutendsten weltlichen Bildern der Renaissance und sind unbedingt sehenswert.

★ Duomo KATHEDRALE

(www.operaduomo.siena.it; Piazza del Duomo; Sommer/Winter 4 €/frei, 7 €, wenn der Kathedralenboden aufgedeckt ist; ⌚ Sommer Mo–Sa 10.30–19, So 13.30–18 Uhr, Winter Mo–Sa 10.30–17.30, So 13.30–17.30 Uhr) Der Dom von Siena ist eine der beeindruckendsten Kathedralen Italiens. Der Bau begann im Jahre 1215. In den folgenden Jahrhunderten haben viele der besten Künstler des Landes Hand angelegt. Giovanni Pisano gestaltete z. B. die fein gearbeitete Fassade aus weißem, grünem und rotem Marmor, Nicola Pisano schnitzte die reich verzierte Kanzel. Mehrere Fresken stammen von Pinturicchio und Michelangelo, Donatello und Gian Lorenzo Bernini steuerten Skulpturen bei.

Dieses Glanzstück der romanisch-gotischen Architektur besitzt ein wahrhaft atemberaubendes Inneres. An den Wänden und Säulen setzt sich das Streifenmuster der Außenfassade fort, während die Gewölbe blau ausgemalt und mit goldenen Sternen versehen sind. Intarsien im **Boden** zeigen in 56 Bildfeldern historische und biblische

Motive. Die Einlegearbeiten wurden im Laufe von mehr als 200 Jahren – vom 14. Jh. an – von etwa 40 Künstlern gestaltet. Die älteren, rechteckigen Felder stammen von unbekannten Meistern, so z. B. das *Rad der Fortuna* (1372) und *Die Wölfin von Siena mit den Wappenzeichen der verbündeten Städte* (1373). Domenico di Niccolò dei Cori war der erste bekannte Künstler, der an der Kathedrale mitarbeitete und zwischen 1413 und 1423 mehrere Bildfelder schuf, gefolgt vom berühmten Maler Domenico di Bartolo, der 1434 *Kaiser Sigismund auf dem Thron* beisteuerte. Im 15. Jh. erweiterten Alberto Aringhieri und der gefeierte Sieneser Künstler Domenico Beccafumi das Bildprogramm auf dem Boden. Diese späteren Felder wurden in verschiedenfarbigem Marmor und mit sechseckigen und rautenförmigen Intarsien ausgeführt. Leider sind viele Bildfelder

DIE HEILIGE KATHARINA VON SIENA

Sie ist eine von zwei Schutzheiligen Italiens (der andere ist der hl. Franziskus) und eine von nur drei Kirchenlehrerinnen (zusammen mit der hl. Teresa von Avilà und der hl. Therese von Liseux). Die hl. Katharina wurde 1347 in Siena geboren. Sie war das 23. von 25 Kindern der Familie. Wie es sich für ein Wunderkind gehört, hatte sie ihre ersten Visionen bereits in sehr jungen Jahren. Es wird erzählt, dass sie beabsichtigte, sich für einen Mann auszugeben, um sich dem Dominikanerorden anschließen zu können, und dass sie gelegentlich auf die Straße hinaus rannte, um den Boden zu küssen, über den Dominikanermönche gelaufen waren.

Im zarten Alter von sieben Jahren weihte sie, sehr zum Unwillen der Familie, ihre Jungfräulichkeit Jesus Christus. Mit 18 Jahren trat sie dem 3. Orden der Dominikaner bei und entschloss sich, wie sich das für einen eigensinnigen Teenager gehört, als Einsiedlerin im Keller des elterlichen Hauses zu leben, um sich ganz der Andacht und spirituellen Ekstase hinzugeben. Sie war bekannt dafür, über lange Zeiträume fasten zu können und sich nur von der Kommunion zu nähren. Ernährungswissenschaftler werden bestätigen, dass dies wohl die Ursache für das eine oder andere Delirium gewesen sein könnte. Eines dieser Erlebnisse bezeichnete Katharina als „mystische Vermählung" mit Jesus. Einem humanitären Drang zum Helfen folgend, verließ sie schließlich ihr klösterliches Exil im Keller und widmete sich im Ospedale Santa Maria della Scala der Sorge um die Kranken und Armen.

Weitere Visionen – diesmal von Hölle, Fegefeuer und Himmel – überzeugten Katharina, noch einen Schritt weiterzugehen. Sie schrieb unerschrockene Briefe an verschiedene einflussreiche Menschen, darunter auch Papst Gregor XI., mit dem sie einen ausgedehnten Briefwechsel begann. Sie ersuchte adlige und religiöse Führer um alles Mögliche, vom Wunsch nach Frieden zwischen den italienischen Republiken bis zur Reform der Kirche. Diese direkte, sehr frühe Form des Bürgerengagements war für Frauen äußerst ungehörig, und ihre kompromisslose Art, mit der sie Kardinäle und Könige wie ungezogenen Kindern die Leviten las, war mehr als mutig. Doch sie wurde für ihre Anmaßung nicht verfolgt, vielmehr wurde sie für die Kraft ihrer Überzeugung bewundert, mit der sie oft Erfolge erzielte, wo andere gescheitert waren. Katharina soll auch die Wundmale empfangen haben, was jedoch nicht bekannt gemacht wurde, denn es gehörte sich nicht, Stigmatisierungen für sich zu beanspruchen. Die wurden damals nur einem zugestanden: dem hl. Franziskus.

Als Botschafterin für Florenz ging Katharina nach Avignon und konnte Papst Gregor XI. überzeugen, den Sitz des Papstes nach 73 Jahren in Frankreich wieder nach Rom zu verlegen. Einige Jahre später wurde sie vom neu gewählten Papst Urban VI. nach Rom gerufen, um an seiner Seite den Gegenpapst zu bekämpfen (Großes Abendländisches Schisma). Sie bemühte sich nach bestem Wissen und Gewissen, die Auswirkungen seiner Launenhaftigkeit und seines Despotismus abzufangen. Dieser heroische, sie völlig verzehrende Einsatz führte 1380 wahrscheinlich zu ihrem verfrühten Tod im Alter von 33 Jahren.

Die enthusiastische Verehrung Katharinas setzte schon bald nach ihrem Tod ein. Papst Pius II. sprach sie 1461 heilig. Erst in jüngster Zeit, 1970, verlieh Papst Paul VI. Katharina den Titel „Kirchenlehrerin", und Papst Johannes Paul II. erklärte sie 1999 zu einer Schutzheiligen Europas. Sie ist außerdem eine von drei Schutzpatronen Sienas (zusammen mit den hl. Ansano und Ambrosius).

Informationen zu Führungen durch das Siena der hl. Katharina sowie Tipps für Stadterkundungen auf eigene Faust gibt es unter www.viaesiena.it.

den Großteil des Jahres über bedeckt. Alles zu sehen aber ist von Mitte August bis Oktober, wenn die Kathedrale länger geöffnet ist (Mo–Sa 10.30–19, So 9.30–18 Uhr).

Aufmerksamkeit verdient auch die **Kanzel** aus Marmor und Porphyr von Nicola Pisano, der bei seiner Arbeit von Arnolfo di Cambio (der später den Neubau des Florentiner Doms leitete) unterstützt wurde. Die fein gearbeiteten, realistischen Massenszenen sind Meisterwerke gotischer Bildhauerei. Von der Kanzel aus rechts des Transepts befindet sich die **Cappella del Voto** mit zwei Marmorstatuen des hl. Hieronymus und Maria Magdalenas, gestaltet von dem barocken Meister Gian Lorenzo Bernini.

Donatellos berühmte Bronze von Johannes dem Täufer ist das Highlight in der **Cappella di San Giovanni Battista**, die sich neben der **Libreria Piccolomini** befindet. Zugang zu der zauberhaften Bibliothek hat man durch eine Tür im nördlichen Seitenschiff. Sie wurde für die Büchersammlung von Enea Silvio Piccolomini, besser bekannt als Papst Pius II., gebaut. Die Wände des kleinen Saals wurden zwischen 1502 und 1507 von Bernardino Pinturicchio mit farbenfrohen Fresken bemalt, die Szenen aus dem Leben Piccolominis zeigen. Nahebei, auf dem **Piccolomini-Altar**, können vier Heiligenfiguren aus den Händen des jungen Michelangelo bestaunt werden.

Eigentlich hätte der *duomo* noch prachtvoller werden sollen. Die mittelalterlichen Herrscher der Stadt entwarfen 1339 Pläne zur Vergrößerung der Kathedrale; sie wollten eine der größten Kirchen Italiens bauen. Überreste dieses Vorhabens, des sogenannten *duomo nuovo* (Neuer Dom), sind auf der Piazza Jacopo della Quercia auf der Ostseite des Doms zu finden. Der Ausbruch der Pest im Jahr 1348 vereitelte den tollkühnen Plan, ein riesiges neues Kirchenschiff zu bauen und den existierenden Dom als Querschiff zu verwenden. Eintrittskarten erhält man am **Ticketschalter des Doms** (www.operaduomo.siena.it; Piazza del Duomo; ⌚Sommer 10.30–19 Uhr, Winter bis 17.30 Uhr).

Museo dell'Opera del Duomo MUSEUM
(www.operaduomo.siena.it; Piazza del Duomo 8; Eintritt 7 €; ⌚Sommer 10.30–19 Uhr, Winter bis 17.30 Uhr) Die Sammlung zeigt Kunstwerke, die für den Dom geschaffen wurden, darunter zwölf Propheten- und Philosophenstatuen von Giovanni Pisano, die früher an der Fassade angebracht waren. Viele Figuren haben verzerrte Proportionen und recken ihre Hälse so unansehnlich nach vorne, weil sie ursprünglich aus großer Entfernung und aus der Untersicht betrachtet werden sollten. Glanzstück des Museums ist die einzigartige *Maestà* (1311) von Duccio di Buoninsegna. Der beidseitig bemalte Aufsatz für den Hochaltar des Doms zeigt die Jungfrau Maria umringt von Engeln, Heiligen und prominenten Bürgern Sienas.

Auf der Rückseite (leider unvollständig) sind Szenen aus der Passionsgeschichte dargestellt. Auch das Fenster mit der leuchtenden Glasmalerei im Untergeschoss ist ein Werk von Duccio und gehörte ursprünglich in den Dom.

ABSEITS DER ÜBLICHEN PFADE

ORTO DE' PECCI

Sienas grüne **Oase** (www.ortodepecci.it; ⌚24 Std.) GRATIS mit Gänsen, Enten, Ziegen und Eseln eignet sich wunderbar für ein Picknick oder eine Siesta am Nachmittag. Viele Einheimische suchen hier Zuflucht vor den Touristenhorden. Das Gelände umfasst einen mittelalterlichen Garten, einen Weinberg, der mit Klonen mittelalterlicher Rebsorten bepflanzt ist, und einen gemeinschaftlich betriebenen Biohof, der das **Restaurant** (Orto de' Pecci; Gerichte 8 €, 4-Gänge-Menü mittags/abends 30/45 €; ⌚12.30–14.30 & 19.30–22.30 Uhr, Sommer So abends geschl., Winter So abends & Mo–Do geschl.) vor Ort beliefert. An Sommerabenden finden hier ab und zu auch Konzerte statt.

Battistero di San Giovanni WAHRZEICHEN
(Piazza San Giovanni; Eintritt 4 €; ⌚Sommer 10.30–19 Uhr, Winter bis 17.30 Uhr) Die Taufkapelle ist reich an Fresken. In der Mitte steht ein achteckiges Marmortaufbecken von Jacopo della Quercia, das mit Bronzereliefs verkleidet ist. Die Reliefs zeigen Szenen aus dem Leben von Johannes dem Täufer und stammen von Künstlern wie Lorenzo Ghiberti *(Taufe Christi* und *Gefangennahme des Johannes)* sowie Donatello *(Gelage des Herodes)*. Tickets gibt's beim Domschalter.

Cripta CHRISTLICHE STÄTTE
(Piazza San Giovanni; Eintritt inkl. Audioguide 6 €; ⌚Sommer 10.30–19 Uhr, Winter bis 17.30 Uhr) Noch bis 1999 füllte Schutt dieses stimmungsvolle Gewölbe – Schutt, der dort im 14. Jh. abgeladen wurde! Jetzt sind stolze 180 m^2 *pintura a secco* („trockene Bilder", auch Wandbilder genannt) zu sehen. Sie

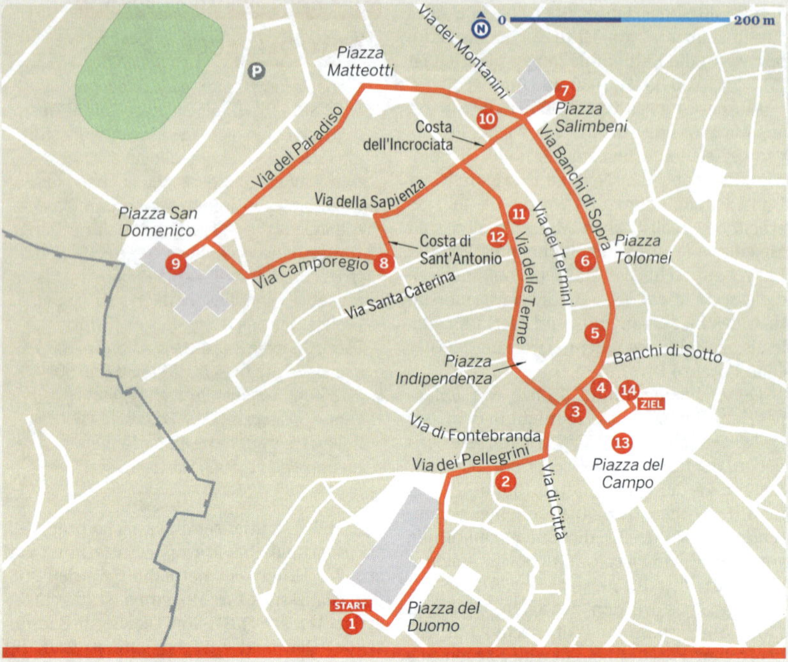

Spaziergang
Siena: Sehenswertes, Straßen & Restaurants

START COMPLESSO MUSEALE SANTA MARIA DELLA SCALA
ZIEL BAR IL PALIO
LÄNGE/DAUER 2 KM; 2 STUNDEN

Wer der Domfassade den Rücken kehrt, sieht die strengen Linien des 1 **Complesso Museale Santa Maria della Scala** (S. 134), eins der ältesten Krankenhäuser der Welt. Rechts am *duomo* vorbei geht's unter dem hohen Bogen durch und steile Stufen hinab zur Via del Pellegrini. Dort lockt 2 **Panificio Il Magnifico** (S. 140) mit süßen Verführungen. Mit dem Campo weiter vorn in Sicht biegt man in die Via di Città und genehmigt sich einen Kaffee im historischen 3 **Caffè Fiorella** (S. 140). Nächste Station ist die 4 **Loggia della Mercanzia** (13. Jh.) mit ihren Bogen und Steinmetzarbeiten. Eis gibt's bei 5 **Grom** (S. 139) in der Einkaufsmeile Via Banchi di Sopra. Weiter geht's zum 6 **Palazzo Tolomei**, einem hohen gotischen Bauwerk mit doppelten Lanzettfenstern. Es gehörte der Bankerfamilie Tolomei, Guelfen, erklärten Feinden der ghibellinischen Salimbeni; deren stattliches Haus, der 7 **Palazzo Salimbeni**, steht am nächsten Platz.

Nun folgt man den mittelalterlichen Gassen zur ruhigen 8 **Casa Santuario di Santa Caterina** (S. 135). Nach deren Besichtigung läuft man den Hügel wieder ein paar Schritte hoch und hält sich dann links, wo zwei Stufen in eine namenlose Straße führen. Dort eröffnen sich herrliche Aussichten und man gelangt zur 9 **Chiesa di San Domenico** (S. 135), wo der Kopf der hl. Katharina aufbewahrt wird. Im Anschluss geht's die Via del Paradiso hoch und über die Piazza Matteotti, wo man sich im 10 **Consorzio Agrario di Siena** (S. 139) mit Pizza stärken kann. Läuft man die Costa dell' Incrociata zurück, zweigt links die Via delle Terme ab. Durstig? Dann empfiehlt sich ein Abstecher in die 11 **Osteria da Trombicche** auf ein entspanntes Weinchen, wer es lieber edler hätte, ist in der 12 **La Compagnia dei Vinattieri** (S. 139) gut aufgehoben. Vorbei an Feinkostläden, *enoteche* und Bäckereien geht's zur Via di Città. Dort sind es noch etwa 20 Schritte bis zu einer Gasse, die am 13 **Il Campo** (S. 130) endet. Während man sich ein Getränk in der 14 **Bar Il Palio** (S. 140) genehmigt, kann man das Ambiente in all seiner Pracht auf sich wirken zu lassen.

stammen aus dem 13. Jh. Die „trockene" Wandmalerei steht im Gegensatz zu Fresken, die auf den frischen, noch feuchten Putz aufgetragen werden und dadurch dauerhafter sind. Eintrittskarten bekommt man am Dom-Ticketschalter.

Panorama del Facciatone TURM

(Piazza del Duomo 8; ⌚Sommer 10.30–19 Uhr, Winter bis 17.30 Uhr) 131 Stufen über eine enge Wendeltreppe sind der Tribut für den unvergesslichen Blick über die Dächer Sienas auf dem **Panorama del Facciatone**. Der Eintritt ist im Ticketpreis für das Museo dell'Opera enthalten.

★Complesso Museale Santa Maria della Scala GEBÄUDE

(www.santamariadellascala.com; Piazza del Duomo 1; Erw./erm. 9/8 €; ⌚Sommer Mi–Mo 10.30–18.30 Uhr, Winter bis 16.30 Uhr) Teile des ehemaligen Krankenhauses stammen aus dem 13. Jh. Es war ursprünglich als Hospiz für Pilger auf der Via Francigena gedacht. Ein echtes Highlight ist der **Pellegrinaio** (Pilgerhalle) im obersten Geschoss. Lebendige Fresken aus dem 15. Jh. von Lorenzo Vecchietta, Priamo della Quercia und Domenico di Bartolo preisen die guten Werke des Krankenhauses und seiner Schutzherren.

Heute ist das Gebäude ein Kulturzentrum mit drei Museen, von denen das archäologische Museum in den Kellergewölben das eindrucksvollste ist. Ebenfalls sehenswert ist der mittelalterliche *fienile* (Heuboden) im 3. Stock; dort stehen die Originalskulpturen der *Fonte Gaia* von Jacopo della Quercia.

★Pinacoteca Nazionale KUNSTMUSEUM

(Via San Pietro 29; Erw./erm. 4/2 €; ⌚Di–Sa 8.15–19.15, So & Mo 9–13 Uhr) Der einst herrliche, heute leider etwas vernachlässigte Palazzo Buonsignori aus dem 14. Jh. zeigt eine unglaubliche Sammlung gotischer Meister der Sieneser Schule. Die besten Stücke sind in der zweiten Etage zu sehen: herrliche, inspirierende Werke von Duccio di Buoninsegna, Simone Martini, Niccolò di Segna, Lippo Memmi, Ambrogio und Pietro Lorenzetti, Bartolo di Fredi und Taddeo di Bartolo.

Die Sammlung ist allerdings auch ein Beweis für den großen Graben zwischen der Sieneser Kunstwelt und der von Florenz im 15. Jh. Während 70 km weiter nördlich die Renaissance erblühte, blieben die Künstler und deren Förderer in Siena den byzantinischen und gotischen Konzepten verhaftet, mit denen sie seit dem frühen 13. Jh. so erfolgreich waren. Zu sehen sind altbewährte religiöse Motive, typischerweise großzügig mit Blattgold verziert. Sie sind jedoch ohne den Ehrgeiz ausgeführt, Neuerungen in puncto Perspektive, Ausdruck und Bewegung zu wagen, wie ihn die Florentiner Maler an den Tag legten. Das macht sie keineswegs minderwertig – viele Werke gehören zum Schönsten und Wichtigsten, was in jener Zeit geschaffen wurde.

Unbedingt sehenswert sind Duccios *Madonna mit Kind* (Saal 2), *Madonna mit Kind und Heiligen* (Saal 4) und *Santa Maria Maddalena* (Saal 5). Außerdem Simone Martinis *Madonna della Misericordia* und *Madonna mit Kind* (beide Saal 4), seine weitere *Madonna mit Kind* und sein Altarbild *Der hl. Augustinus* (beide Saal 6). Weiter geht's mit Lippo Memmis *Anbetung der Könige* (Saal 6), Ambrogio Lorenzettis *Himmelfahrt* und *Madonna mit Kind* (beide Saal 8), Pietro Lorenzettis *Thronende Jungfrau mit hl. Nikolaus und Prophet Elias* und *Kreuzigung* (beide Saal 8) sowie Taddeo di Bartolos *Verkündigung* (Saal 11).

Die Ausstellungsordnung wird gelegentlich geändert; bei unserem letzten Besuch trafen die genannten Saalnummern zu.

Chiesa di San Domenico KIRCHE

(Piazza San Domenico; ⌚9–12.30 & 15–19 Uhr) GRATIS In der eindrucksvollen Kirche legte die hl. Katharina ihr Gelübde ab. Fresken von Il Sodoma in der **Cappella di Santa Caterina** zeigen Szenen aus ihrem Leben. Katharina starb in Rom, ihr Kopf aber kehrte als Reliquie nach Siena zurück (er liegt – deutlich sichtbar – in einem Tabernakel aus dem 15. Jh. oberhalb des Altars, in einer beschilderten *cappella* nahe dem Andenkenladen).

Auch ihr vertrockneter Daumen (in dem kleinen Glaskasten auf der rechten Seite der Kapelle) ist zu sehen, ebenso wie eine übel aussehende Kettenpeitsche, mit der die Heilige sich geißelte.

Casa Santuario di Santa Caterina PILGERSTÄTTE

(Costa di Sant'Antonio 6; ⌚März–Nov. 9–18.30, Dez.–Feb. 10–18 Uhr) GRATIS Ruhe und Gelassenheit zeichnen diese Pilgerstätte aus, das ehemalige Zuhause der hl. Katharina, ihrer Eltern und ihrer 24 Geschwister (die Einheimischen merken gern an, dass Katharinas Mutter wohl auch eine Heilige war). Die Zimmer des Hauses wurden im 15. Jh. in kleine Kapellen umgewandelt. An das Zimmer der Heiligen auf der unteren Etage, das 1893 von Alessandro Franchi mit Fresken versehen wurde, schließt sich Katharinas unveränderte, fast leere Zelle an.

Die größte Kapelle wird von Nonnen betreut und ist während deren Mittagspause (12.30–15 Uhr) geschlossen.

Oratorio di San Bernardino MUSEUM
(Piazza San Francesco 10; Eintritt 3 €; ⌚ Mitte März–Okt. 10.30–13.30 & 15–17.30 Uhr) Im Schatten der großen gotischen Kirche San Francesco steht, an ihre Mauern geschmiegt, das Bethaus aus dem 15. Jh. Es ist dem hl. Bernhard geweiht und mit manieristischen Fresken von Il Sodoma, Beccafumi und Pacchia ausgeschmückt. Im Obergeschoss zeigt das kleine **Museo Diocesano di Arte Sacra** hübsche Bilder wie die *Madonna del Latte* (Stillende Madonna, um 1340) von Ambrogio Lorenzetti.

Museo delle Tavolette di Biccherna MUSEUM
(www.archiviostato.si.it; Banchi di Sotto 52; ⌚ Führungen Mo–Sa 9.30, 10.30 & 11.30 Uhr) GRATIS Sienas Staatsarchive sind im **Palazzo Piccolomini** untergebracht, einem prächtigen Renaissancegebäude. Der Eingang liegt im Innenhof, ein Fahrstuhl bringt Besucher zu dem bezaubernden Museum im 4. Stock. Seinen Namen verdankt es dem Sahnestück der Ausstellung, den *tavolette di Biccherna*. Die Serie kleinformatiger, bemalter und mit Gold verzierter Holztafeln stammt aus dem späten 13. Jh.

Sieneser Künstler wie Ambrogio Lorenzetti hatten die *tavolette* als Umschlagbilder für die Rechnungsbücher gemalt. Wer sie (und weitere historisch wertvolle Dokumente, z. T. aus dem Mittelalter) sehen will, muss an einer Führung (nur auf Italienisch) teilnehmen.

Kurse

Accademia Musicale Chigiana MUSIK
(☎ 0577 2 20 91; www.chigiana.it; Via di Città 89; ab 145 €) Veranstaltet jeden Sommer Meisterkurse und Workshops in klassischer Musik (Bewerbungsverfahren).

Fondazione Siena Jazz MUSIK
(☎ 0577 27 14 01; www.sienajazz.it; Fortezza Medicea 1; ab 250 €) Eine der führenden europäischen Institutionen in diesem Bereich, bietet Kurse und Workshops für erfahrene Jazzmusiker an.

Scuola Leonardo da Vinci SPRACHKURSE
(☎ 0577 24 90 97; www.scuolaleonardo.com; Via del Paradiso 16; 200/360 € für 1/2 Wochen) Italienisch-Sprachschule mit ergänzendem Kulturprogramm.

Società Dante Alighieri SPRACHKURSE
(☎ 0577 4 95 33; www.dantealighieri.com; Via Tommaso Pendola 37; 210/380 € für 1/2 Woche) Kurse zu Sprache und Kultur; die Schule liegt südwestlich vom Stadtzentrum.

Tuscan Wine School WEIN
(☎ 0577 22 17 04; www.tuscanwineschool.com; Via di Stalloreggi 26; ⌚ März–Okt. Mo–Sa 11–18.30 Uhr) Täglich zweistündige Weinseminare zu italienischen und toskanischen Weinen (40 €).

Università per Stranieri SPRACHKURSE
(Ausländeruniversität; ☎ 0577 24 01 00; www.unistrasi.it; Piazza Carlo Rosselli 27; 520 € pro Monat) Bietet Kurse zur italienischen Sprache und Kultur; Lage in Bahnhofsnähe.

Geführte Touren

Centro Guide Turistiche Siena e Provincia KULTUR
(☎ 0577 4 32 73; www.guidesiena.it; Galleria Odeon, Via Banchi di Sopra 31; ⌚ Mo–Fr 10–13 & 15–17 Uhr) Die schönsten Touren dieses Verbands eingetragener Fremdenführer sind der klassische, 90-minütige Stadtrundgang (Mo–Sa 11 Uhr; 20 €), der zu den wichtigsten historischen und kulturellen Orten führt, und der 90-minütige Secret Siena Walk (So 11 Uhr; 20 €) durch die Straßen der Stadt und in die Krypta des Doms. Die Eintrittsgelder sind im Führungspreis inbegriffen.

Treffpunkt ist vor der Touristeninformation auf der Piazza Duomo. Tickets erhält man beim Guide; eine Vorabreservierung ist nicht nötig. Kinder unter 12 Jahren dürfen kostenlos teilnehmen. Der Verband organisiert auch private Führungen in Siena und Umgebung (3/6 Std. 140/260 €).

Festivals & Events

Accademia Musicale Chigiana MUSIK
(www.chigiana.it) Die Accademia Musicale Chigiana veranstaltet drei hochrangige Konzertserien klassischer Musik mit Künstlern aus aller Welt: **Micat in Vertice** von November bis April, **Settimana Musicale Senese** im Juli und **Estate Musicale Chigiana** im Juli und August.

Schlafen

★ **Hotel Alma Domus** HOTEL €
(☎ 0577 4 41 77; www.hotelalmadomus.it; Via Camporegio 37; EZ 40–52 €, DZ 60–122 €; ❄ 📶) Das ist die Chance, mal in einem echten Kloster zu übernachten! Das Alma Domus

gehört der Kirche und ist noch heute Wohnort mehrerer Dominikanerinnen. Die „Economy"-Zimmer sind sehr komfortabel, dabei ist das Design ausgesprochen schlicht. Die teurere Preiskategorie ist nicht weniger als opulent. Dort erwarten einen blitzsaubere Bäder, minimalistische Möbel und Dekoelemente in kräftigen Farben von Magenta bis Limette. Oft ist auch ein Minibalkon mit unverstelltem Blick auf den *duomo* dabei. Familien sind willkommen. Achtung: Um 1 Uhr ist Sperrstunde.

Antica Residenza Cicogna B&B €

(☎ 0577 28 56 13; www.anticaresidenzacicogna.it; Via delle Terme 76; EZ 70–95 €, DZ 95–115 €, Suite 120–155 €; ❄@📶) In diesem edlen Palazzo aus dem 13. Jh. bekommt man ein Gespür für Sienas Geschichte. Die Fliesenböden, reich verzierten Lampen und bemalten Decken werden von warmen Farbtönen (gelber Ocker, verbranntes Siena) in Szene gesetzt. Die schönste Suite ist nach dem Landschaftsmaler Paesaggi benannt. Holztafeln über den Köpfen zeigen bukolische Szenen und ein winziger blauer Durchgang führt zum Bad.

In der Lounge kann man bei kostenlosem Vin Santo und *cantuccini* (hartes, süßes Mandelgebäck) die Seele baumeln lassen.

Alle Due Porte B&B €

(☎ 0577 28 76 70; www.sienatur.it; Via di Stalloreggi 51; DZ/3BZ 85/110 €; ❄📶) Nicht nur die zentrale Lage in der Nähe des namensgebenden Stadttors, sondern auch die unglaublich familiäre Atmosphäre macht das individuelle B&B bei Travellern beliebt. Auf der ersten Etage des restaurierten Turmhauses aus dem 12. Jh. werden drei typisch toskanische Zimmer (zwei davon mit Klimaanlage) mit Balken und Bettgestellen aus Metall vermietet.

Hotel Italia HOTEL €

(☎ 0577 4 45 54; www.hotelitalia-siena.it; Viale Camillo Benso Conte di Cavour 67; DZ 59–120 €; P❄📶) Die meisten Hotels in der Stadt gehören der Kategorie „Baudenkmal im Palazzostil" an, nicht so das Hotel Italia, das vor allem modern ist. Bar und Frühstücksbereich sind in hellen Farben gehalten. Dort dominieren klare Linien, in den schnittigen Schlafzimmern sind bonbonfarbene Streifen und Karos die Blickfänge. Die Ausnahme bildet der Love Room, der vor lauter Herzen, Kissen und romantischer Musik förmlich überquillt. Das Hotel Italia befindet sich in der Nähe des Bahnhofs; bis ins historische Zentrum sind es 20 Gehminuten. Ein Hotelparkplatz kostet 10 €, in den Straßen ringsum kann man aber auch einen kostenlosen Parkplatz finden.

Casa del Conte B&B €

(☎ 0577 4 30 41; www.bbsienaincentro.com; Via di Stalloreggi 14; EZ 40–50 €, DZ 60–80 €) Seidenbezüge, Bettgestelle aus Messing und nackte Dachsparren verleihen diesem B&B ein heimeliges Flair. Es gibt eine gute Auswahl an

IL PALIO

Das spektakuläre, jährlich wiederkehrende Ereignis hat seine Wurzeln im Mittelalter. Am 2. Juli und am 16. August dreht sich in Siena alles um farbenprächtige Festumzüge und ein wildes Pferderennen. Beim *palio* kämpfen 10 der insgesamt 17 Stadtviertel, die *contrade*, um ein begehrtes Seidenbanner. Jedes Viertel hat seine eigenen Traditionen, Symbole und Farben, eine eigene Kirche und ein Palio-Museum.

Das Rennen findet auf dem Campo statt. Ab etwa 17 Uhr ziehen Vertreter der konkurrierenden *contrade* in historischen Kostümen und Fahnen schwenkend um den Platz. Später rasen dann für gerade mal eine aufregende Minute zehn ungesattelte Pferde samt Reiter mit einer Geschwindigkeit und Rücksichtslosigkeit drei Runden auf einer provisorischen Rennbahn, dass einem die Haare zu Berge stehen.

Im Juli startet das Rennen um 19.45 Uhr, im August um 19 Uhr. Besucher sollten sich mindestens vier Stunden vor dem Startschuss in der Mitte des Campo einfinden, um einen guten Platz zu ergattern. Allerdings kommt man dann bis zum Ende des Rennens auch nicht mehr heraus, etwa um auf Toilette zu gehen oder etwas zu trinken zu holen. Die Cafés am Campo verkaufen Plätze auf ihren Terrassen, die Preise liegen zwischen 350 und 400 € pro Ticket. Bei der Touristeninformation können die Plätze bis zu ein Jahr im Voraus gebucht werden.

Während des Palio erhöhen die Hotels die Zimmerpreise um 10 bis 50 % und legen einen Mindestaufenthalt fest.

Zimmern und eine Gästeküche. Dieselbe Familie betreibt noch zwei weitere B&Bs (eins ist in der Nähe, das andere befindet sich am nordwestlichen Rand der Altstadt). Die genannte Adresse gehört übrigens zur Rezeption; die eigentliche Casa del Conte liegt versteckt in einer Gasse um die Ecke.

Albergo Bernini PENSION €
(☎0577 28 90 47; www.albergobernini.com; Via della Sapienza 15; DZ 85 €, ohne Bad 65 €;) Vielleicht reicht schon die winzige Terrasse aus, um einen zu einer Übernachtung in diesem einladenden Familienbetrieb zu bewegen. Von hier genießt man einen Blick auf den Dom wie auf einer Tribüne; ein zauberhafter Fleck für ein Frühstück oder ein paar Getränke am Nachmittag. Die Schlafzimmer sind traditionell aufgemacht und nur zwei (das Einzel- und das Dreibettzimmer) sind klimatisiert. Das Frühstück kostet 9 €. Günstigere Tarife im Winter. Nur Bargeldzahlungen.

Casa Mastacchi B&B €
(☎0577 22 39 38; www.casamastacchi.com; Via Camollia 52; DZ 100 €) Holzbalken, gemusterte Böden und kunstvoll arrangierte Vorhänge verpassen der Casa Mastacchi eine Extraportion Persönlichkeit, ein paar Zimmer sind allerdings klein. Das B&B liegt ein Stück abseits des Touristengewusels im Norden der Altstadt, einen netten Spaziergang vom Campo entfernt (10 Min.).

★ **Pensione Palazzo Ravizza** BOUTIQUEHOTEL €€
(☎0577 28 04 62; www.palazzoravizza.it; Pian dei Mantellini 34; DZ 80–220 €, Suite 180–320 €; P) In dem Renaissancepalazzo ergibt sich aus historisch-traditionellen Details und Luxuselementen eine unwiderstehliche Mischung. Deckenfresken, Steintreppen und Spiegel mit Goldrahmen fügen sich stimmig in die elegante Ausstattung mit Holzläden ein und in einigen Schlafzimmern gibt's oben drauf noch einen wunderbaren Ausblick. Der mit Pflanzen eingerahmte Garten hinten ist ganz entzückend. Die Gäste können es sich auf einem der Rattanstühle bequem machen und in Richtung der Hügel blicken. Manch einer wird gar nicht mehr abreisen wollen!

★ **Castel Pietraio** HISTORISCHES HOTEL €€
(☎0577 30 00 20; www.castelpietraio.it; Strada di Strove 33, Monteriggion; EZ 90 €, DZ 120–165 €) Das Castel Pietraio ist eins jener Hotels, das man nicht verpassen darf. Das mittelalterliche Schloss gehört Barone Neri Del Nero und die Schlafzimmer in den angrenzenden Nebengebäuden strotzen nur so von aristokratischem Schnickschnack wie Bädern aus Carrara-Marmor und Balken aus Kastanie. Der Weinkeller ist gefüllt mit den eigenen DOCG-Chianti- und DOC-Vin-Santo-Weinen des Barons. Die Anlage befindet sich 15 km westlich von Siena.

Hotel Athena HOTEL €€
(☎0577 28 63 13; www.hotelathena.com; Via Paolo Mascagni 55; EZ 70–140 €, DZ 80–250 €; P) Frisch renoviert präsentieren sich die Zimmer in diesem hervorragend geführten Hotel ausgesprochen prachtvoll in warmem Rot und Gold. Die Zimmer der „Executive"-Klasse unterscheiden sich nur in Sachen Größe und Aussicht (top sind die, in denen man Stadt und Land sieht!). Terrassenbar und Restaurant gewähren derweil einen Blick auf die Hügel der Toskana; das ist der Stoff, aus dem bleibende Erinnerungen gemacht werden.

★ **Campo Regio Relais** BOUTIQUEHOTEL €€€
(☎0577 22 20 73; www.camporegio.com; Via della Sapienza 25; DZ 220–400 €, Suite 450 €;) Das Dekor in den sechs individuell gestalteten Zimmern ist exquisit. Die Gäste dürfen sich auf altes Mahagoniholz und feinste Bettwäsche, Antiquitäten aus dem 18. Jh. und Jugendstilelemente freuen. Das Frühstück wird in einer opulent eingerichteten Lounge oder auf der Terrasse serviert – der Blick über das Dächermeer bis zur Torre del Mangia und zum *duomo* ist magisch.

★ **Castello delle Serre** BOUTIQUEHOTEL €€€
(☎338 5040811; www.castellodelleserre.com; Piazza XX Settembre 1, Serre di Rapolano; DZ 225–265 €, Suite 275–395 €; P) Die Aussicht, eine Nacht in dieser phantastischen, mittelalterlichen Burg östlich von Siena verbringen zu können, rechtfertigt die 40 km lange Fahrt. Die italienisch-amerikanische Hoteliersfamilie Gangale hat alles liebevoll renoviert. Die Zimmer sind riesig, und es gibt einen schicken Pool. Für einen unvergesslichen Aufenthalt sollte man die Deluxe-Suite im Turm buchen. Sie hat eine eigene Terrasse mit wahrhaft majestätischem Panoramablick.

Villa Scacciapensieri BOUTIQUEHOTEL €€€
(☎0577 4 14 41; www.villascacciapensieri.it; Via Scacciapensieri 10; EZ 65–140 €, DZ 100–275 €, Suite 220–450 €; P) Etwa 2 km nördlich von Siena bietet die Villa aus dem 19. Jh.

mit zwei Anbauten viele Annehmlichkeiten – Gartenanlage, Swimmingpool, Restaurant (donnerstags bis dienstags Abendessen 45 €) und Tennisplätze. Praktisch: Wer mit dem (Leih-)Wagen unterwegs ist, kann ihn hier stehen lassen, für einen Tagesausflug nach Florenz nimmt man dann den Bus. Die Bushaltestelle liegt vor der Tür.

Essen

Zu den vielen Sieneser Gerichten gehören *panzanella* (ein Salat mit eingeweichtem Brot, Basilikum, Zwiebeln und Tomaten), *ribollita* (deftige Gemüsesuppe mit Bohnen und Brot), *pappardelle con la lepre* (Bandnudeln mit Hasenragout) und *panforte* (Gewürzkuchen mit Mandeln, Honig und kandierten Früchten). Bei Fleischgerichten lohnt es sich, auf der Karte nach der toskanischen Schweinerasse *cinta senese* zu suchen.

★ Morbidi FEINKOST €
(www.morbidi.com; Via Banchi di Sopra 75; Mittagsbuffet 12 €; ⌚ Mo–Do 8–20, Fr & Sa bis 21 Uhr) Das wahrscheinlich feinste, erschwingliche Essen von ganz Siena gibt's im stylischen Delikatessengeschäft Morbidi. Das angebotene Mittagsbuffet ist ein Knaller. Für gerade mal 12 € kann man es den gut gekleideten Einheimischen gleichtun und sich an Antipastiplatten, Salaten, Pastagerichten und Desserts des Tages bedienen, Nachschlag inklusive! Wasserflaschen stehen auf den Tischen, Wein und Kaffee müssen extra bestellt werden. Das Buffetticket kaufen, bevor man sich in den Keller begibt.

Consorzio Agrario di Siena FEINKOST €
(www.capsi.it; Via Pianigiani 13; ⌚ Mo–Sa 8–20.30, So 9.30–20 Uhr) Seit 1901 funktioniert diese Agrarkooperative, die eine reiche Auswahl an Ess-und Trinkbarem (meist aus der Region) bietet. Im kleinen Thekenbereich können frisch gebackene Pizzastücke bestellt und verschlungen werden (12–14,30 € pro kg).

Grom EISDIELE €
(www.grom.it; Via Banchi di Sopra 11; Portion 2,50–5,50 €; ⌚ Sommer 11–24 Uhr, Winter bis 23 Uhr) Köstliches Eis in den Geschmäckern der Saison; viele Zutaten sind aus biologischem Anbau oder von Slow Food zertifiziert. Milchshakes gibt's auch.

Kopa Kabana EISDIELE €
(www.gelateriakopakabana.it; Via dei Rossi 52–55; Portion 1,90–4,50 €; ⌚ Mitte Feb.–Mitte Nov. 11–20 Uhr, bei gutem Wetter länger) Frisches Eis aus der Küche des selbst ernannten Eismeisters Fabio – das Ergebnis spricht für sich.

★ Enoteca I Terzi TOSKANISCH €€
(☎ 0577 4 43 29; www.enotecaiterzi.it; Via dei Termini 7; Gerichte 35–40 €; ⌚ Sommer 11–1 Uhr, Winter 11–16 & 18.30–24 Uhr, So geschl.) Bei den Einheimischen hoch im Kurs steht diese historische *enoteca*. Die Stammgäste kommen, um gemütlich zu Mittag zu essen, *aperitivi* und lockere Abendessen zu genießen. Die toskanischen *salumi* (geräucherter Aufschnitt), die hauchzarte, handgemachte Pasta und die Weine sind vom Feinsten.

Nonna Gina OSTERIA €€
(☎ 0577 28 72 47; www.osterianonnagina.com; Pian dei Mantellini 2; Gerichte 25–35 €; ⌚ Di–So 12.30–14.30 & 19.30–22.30 Uhr) Stimmung und Ambiente sind typisch Sieneser Eckkneipe. Auf den Tischen liegen rot-karierte Tischdecken und an den Wänden heften massenhaft Postkarten sowie Fotos von Palio-Reitern. Auch die Speisekarte ist wunderbar traditionell und lokaltypisch: Das *antipasto Toscano* setzt sich aus Bergen von Fleisch aus der Region zusammen, beim Hauswein handelt es sich um einen wirklich anständigen Chianti und das Geheimrezept für die Sauce, die die dicken, mit Käse gefüllten Gnocchi einhüllt, wird der Erfinder wohl mit ins Grab nehmen.

La Compagnia dei Vinattieri TOSKANISCH €€
(☎ 0577 23 65 68; www.vinattieri.net; Via delle Terme 79; Antipastiteller 7–9 €, Gerichte 35 €; ⌚ 12–22 Uhr, Ende Feb.–Ende März geschl.) Eine niedrige Treppe führt in den Keller, wo ein schnelles Glas Wein mit Aufschnitt- oder Käseplatte genauso Laune macht wie ein ausgedehntes Schlemmermahl, z. B. mit einer *radicchio*-Pastete mit Gorgonzola und Walnüssen, Perlhuhnravioli oder Tintenfisch mit Spinatfüllung nach toskanischer Art. Und zu trinken gibt's etwas von der 1000 Weine umfassenden Weinkarte.

Grotta Santa Caterina da Bagoga TOSKANISCH €€
(☎ 0577 28 22 08; www.bagoga.it; Via della Galluzza 26; Gerichte 35 €; ⌚ Di–Sa 12–15 & 19–22, So 12–15 Uhr) Pierino „Bagoga" Fagnani war ein legendärer Sieneser Palio-Jockey, der 1973 die Sporen gegen die Kochmütze tauschte und sich seither in diesem beliebten Restaurant verwirklicht. Auf der Karte stehen toskanische Gaumenschmeichler, die in den

viergängigen Menüs „tipico" (35 €) und „degustazione" (50 € inkl. Wein) am besten zur Geltung kommen. Nur mit Reservierung.

★ **Tre Cristi** FISCH & MEERESFRÜCHTE €€€
(☎ 0577 28 06 08; www.trecristi.com; Vicolo di Provenzano 1; 4-Gänge-Probiermenü 35–45 €, 6-Gänge-Menü 65 €; ⏲ Mo–Sa 12.30–14.30 & 19.30–22 Uhr) Fischrestaurants sind eher eine Seltenheit in dieser fleischbesessenen Region. Es gibt also gute Gründe, das Durchhaltevermögen des Tre Cristi zu würdigen – immerhin gibt es das Restaurant seit 1830. Die Menüs sind so elegant wie das Ambiente, dazu kommen kleine Aufmerksamkeiten wie ein kostenloses Glas Prosecco zum Aperitif.

Osteria Le Logge TOSKANISCH €€€
(☎ 0577 4 80 13; www.osterialelogge.it; Via del Porrione 33; Gerichte 55 €; ⏲ Mo–Sa 12–14.30 & 19–22.30 Uhr) Das Angebot kreativer toskanischer Küche wechselt fast täglich. Die besten Tische stehen draußen vor der Tür und im Untergeschoss der ehemaligen Apotheke, von der noch hübsche Verkaufsvitrinen übrig geblieben sind. Die Antipasti und die *primi* (erster Gang) sind durchweg köstlich, die Hauptgerichte können manchmal enttäuschen.

Ausgehen & Nachtleben

Caffè Fiorella CAFÉ
(www.torrefazionefiorella.it; Via di Città 13; ⏲ Mo–Sa 7–20 Uhr) Für einen der besten Kaffees von Siena muss man sich in das winzige Lokal im Zentrum des Geschehens quetschen. Im Sommer bietet die Kaffeegranita mit einem Klecks Sahne eine herrliche Abkühlung.

Enoteca Italiana WEINBAR
(www.enoteca-italiana.it; Fortezza Medicea, Piazza Libertà 1; ⏲ Mi–Sa 12–24, Mo & Di bis 19.30 Uhr) Munitionskeller und Verlies der ehemaligen Festung wurden gekonnt in eine elegante *enoteca* verwandelt, in der über 1500 italienische Weine angeboten werden. Man kann den Wein in Flaschen kaufen, ihn sich kistenweise liefern lassen oder auch ein oder zwei Gläser in dem schönen Hof bzw. dem stimmungsvollen Gewölbesaal kosten. Meist gibt es dazu auch Essbares.

Bar Il Palio CAFÉ
(Piazza del Campo 47; ⏲ 8–24 Uhr) Der wohl beste Kaffee am Campo schmeckt preisgünstig im Stehen – wer bequem sitzen will, muss den Mehrpreis akzeptieren.

Shoppen

Panificio Il Magnifico BÄCKEREI
(www.ilmagnifico.siena.it; Via dei Pellegrini 27; ⏲ Mo–Sa 7.30–19.30 Uhr) Lorenzo Rossi ist Sienas bester Bäcker. Viele Sienesen kaufen hier ihren Wochenvorrat an *panforte*, *ricciarelli* (weiches, mit Puderzucker bestäubtes Mandelgebäck) und *cavallucci* (Mandelgebäck mit toskanischem Blütenhonig). Wer sie einmal im Laden hinter dem *duomo* probiert hat, versteht warum.

Bottega d'Arte KUNST
(☎ 349 2928636; www.arteinsiena.it; Via di Stalloreggi 47; ⏲ Öffnungszeiten variieren) Die sienesischen Meister des 14. und 15. Jhs. inspirierten die beiden Künstler Chiara Perinetti Casoni und Michelangelo Attardo Perinetti Casoni zu diesen exquisiten Tempera-Ikonen mit Blattgold. Teuer? Ja. Lohnt sich trotzdem? Auf jeden Fall!

ABSEITS DER ÜBLICHEN PFADE

ABBAZIA DI MONTE OLIVETO MAGGIORE

Die **mittelalterliche Abtei** (☎ 0577 70 76 11; www.monteolivetomaggiore.it; Monte Oliveto Maggiore; Eintritt frei, in der Bücherei Spende erbeten; ⏲ Mo–Sa 9–12 & 15–17, Sommer bis 18, So bis 12.30 Uhr) 39 km südöstlich von Siena wurde 1313 von Giovanni Tolomei gegründet. Der Klosterbau begann jedoch erst 1393. Noch heute leben hier einige Benediktinermönche. Besucher kommen vor allem wegen des wunderbaren Freskenzyklus im großen Kreuzgang, der von Luca Signorelli und Il Sodoma geschaffen wurde und Szenen aus dem Leben des Ordensgründers, des hl. Benedikt, darstellt.

Auch die Kirche mit dem prächtigen Chorgestühl mit Holzintarsien ist sehenswert, ebenso das Refektorium mit Fresken von Paolo Novelli, die herrliche Bibliothek von 1518, die Apotheke und der Kapitelsaal.

Unterhalb des Hauptgebäudes liegt die Cantina Storica (historischer Weinkeller; www.agricolamonteoliveto.com; Monte Oliveto Maggiore; ⏲ 10–13 & 14–18 Uhr) des Klosters. In dem Gebäude aus dem 14. Jh. werden Führungen und Weinproben angeboten.

ABSEITS DER ÜBLICHEN PFADE

ABBAZIA DI SAN GALGANO

45 km südwestlich von Siena erreicht die SS73 die beeindruckenden Ruinen eines Zisterzienserklosters aus dem 13. Jh., der **Abbazia di San Galgano** (www.sangalgano.info; San Galgano; Erw./erm. 2/1 €; ⌚Sommer 9–19 Uhr, Winter 9.30–17.30 Uhr), die ihrerzeit eines der schönsten Gotikbauwerke des Landes war. Noch heute bietet das dachlose Kloster einen faszinierenden Anblick mit seinen hoch aufragenden Steinbogen und runden, gähnenden Löchern (dort befanden sich einst die Fenster) in den erstaunlich gut erhaltenen Wänden.

Auf einem Hügel oberhalb der Abtei steht der romanische Rundbau der kleinen **Cappella di Monte Siepi**, in der schlecht erhaltene Fresken von Ambrogio Lorenzetti ihr Dasein fristen. Sie zeigen Episoden aus dem Leben von San Galgano, Soldat und Heiliger, der hier seine letzten Lebensjahre als Eremit verbrachte.

Kurz vor der Klosterzufahrt steht eine **fattoria** (Bauernhof) mit **Café** (Panini 3,50–4 €) und **Restaurant** (Mahlzeiten 22 €).

Wer anschließend nach Siena, Montalcino, Pienza oder Montepulciano weiterfahren will, sollte unbedingt die SS73 südwärts nehmen und dann nach Osten auf die SP delle Pinete (Richtung San Lorenzo a Merse) abbiegen, die durch malerische, unter Naturschutz stehende Wälder führt.

Il Pellicano KERAMIK
(☎340 5974038; www.siena-ilpellicano.it; Via Diacceto 17a; ⌚Sommer 10.30–19 Uhr, im Winter unterschiedl.) Seit über 30 Jahren töpfert, brennt und bemalt Elisabetta traditionelle Keramikobjekte. Oft greift sie dabei auf Stilelemente der Renaissance oder *contrade*-Motive zurück. Elisabetta unterrichtet auch alte Töpfertechniken – bei Interesse einfach anrufen.

Mittwochsmarkt MARKT
(⌚7.30–13 Uhr) Einer der größten Märkte der Toskana, der sich von der Fortezza Medicea bis zum Stadio Comunale erstreckt. Zu kaufen gibt's preiswerte Kleidung und auch ein paar Lebensmittel. Jeden dritten Sonntag des Monats gesellt sich ein Flohmarkt dazu.

Pizzicheria de Miccoli FEINKOST
(Via di Città 93; ⌚Mo–Sa 9–21, So 10–18 Uhr) De Miccoli duftet nicht nur verführerisch, der Laden fällt auch ins Auge: Über dem Eingang hängt ein ausgestopfter Wildschweinkopf, und die Fenster sind mit Würsten, Käselaiben und Säcken voller *funghi porcini* (Steinpilze) festlich dekoriert. Es gibt auch *panini* zum Mitnehmen.

ℹ Praktische Informationen

Krankenhaus (☎0577 58 51 11; www.ao-siena.toscana.it; Viale Bracci) Nördlich von Siena in Le Scotte.

Polizei (☎0577 20 11 11; Via del Castoro 6)

Touristeninformationen (☎0577 28 05 51; www.terresiena.it; Piazza del Duomo 1; ⌚Sommer tgl. 9–18 Uhr, Winter Mo–Sa 10–17, So bis 13 Uhr) Kostenlose Stadtpläne, Unterkunftsreservierungen, Verkauf von Zugtickets (mit Kommission). Außerdem organisieren die Mitarbeiter Mietautos und -roller und nehmen Buchungen für Tagestouren vor.

ℹ An- & Weiterreise

AUTO & MOTORRAD

Die *S2 superstrada* (Autobahn) führt direkt nach Florenz, auf der SR222 ist die Fahrt malerischer.

BUS

Siena Mobilità (☎800 922984; www.sienamobilita.it) gehört zum Netzwerk Tiemme und verbindet Siena mit dem Rest der Toskana. Der **Ticketkiosk** (☎0577 20 42 25; www.tiemmespa.it; Piazza Gramsci; ⌚Mo–Fr 6.30–19.30, Sa & So 7–19 Uhr) steht unterhalb des Busbahnhofs an der Piazza Gramsci, wo es auch eine Gepäckaufbewahrung (24 Std. 5,50 €) gibt.

Sonntags und an Feiertagen ist das Angebot an Busverbindungen stark eingeschränkt.

Hier ein paar Fahrtziele, die Siena Mobilità von Montag bis Samstag bedient:

Arezzo (6,60 €, 1½ Std., 8-mal tgl.)

Colle di Val d'Elsa (3,40 €, 30 Min., stündl.) Mit Umsteigemöglichkeit nach **Volterra** (2,75 €, 4-mal tgl.).

Florenz (7,80 €, 1¼ Std., häufig) „Corse Rapide"-(Express-)Busse.

Flughafen Pisa (einfache Fahrt/hin & zurück 13/26 €, 2 Std.) Abfahrt in Siena um 7.10 Uhr, in Pisa um 11.45 Uhr. Tickets mindestens einen Tag im Voraus am Busbahnhof oder online besorgen.

Flughafen Rom Fiumicino (22 €, 3¾ Std., 2-mal tgl.)

Montalcino (4,90 €, 70 Min., 6-mal tgl.) Abfahrt am Bahnhof.

Montepulciano (6,60 €, 1½ Std., 2-mal tgl.) Abfahrt am Bahnhof.

Pienza (5,50 €, 70 Min., 2-mal tgl.) Abfahrt am Bahnhof.

Poggibonsi (4,35 €, 1 Std., stündl.)

San Gimignano (6 €, 1–1½ Std., 10-mal tgl.) Entweder direkt oder mit Umstieg in Poggibonsi.

Das Unternehmen **Sena** (www.sena.it) unterhält einen **Fahrkartenverkauf** (☎0861 1991900; Piazza Gramsci; ⏲Mo–Sa 8.30–19.45 Uhr) unterm Busbahnhof auf der Piazza Gramsci.

Sena hat folgende Strecken im Programm:

Mailand (25 €, 4¼ Std., 3-mal tgl.)

Perugia (15 €, 1½ Std., 2-mal tgl.)

Rom (20 €, 3½ Std., 9-mal tgl.)

Turin (20 €, 7¼ Std., 2-mal tgl.)

Venedig (20 €, 5½ Std., 2-mal tgl.)

ZUG

Sienas Angebot an Zugverbindungen ist ziemlich überschaubar. Mit Bussen kommt man oft besser voran.

Die Fahrt nach Rom macht ein einmaliges Umsteigen erforderlich, oft in Grosseto oder Chiusi. Wer nach Pisa will, muss in Empoli umsteigen.

Direktverbindungen:

Florenz (10 €, 1½ Std., stündl.)

Grosseto (9 €, 1½ Std., 8-mal tgl.)

Unterwegs vor Ort

AUTO & MOTORRAD

Das historische Zentrum ist eine ZTL *(Zona a Traffico Limitato)*; Besucher dürfen ihr Gepäck häufig am Hotel ausladen, müssen die Altstadt dann aber wieder verlassen (dem Hotel das Kennzeichen mitteilen, sonst riskiert man einen saftigen Strafzettel).

Große Parkplätze befinden sich am Stadio Comunale und rund um die Fortezza Medicea, beide etwas nördlich der Piazza San Domenico. Es gibt einige (hart umkämpfte) kostenlose Parkmöglichkeiten (nach den weißen Markierungen schauen) in der Viale Vittorio Veneto am südlichen Ende der Fortezza Medicea. Die gebührenpflichtigen Parkhäuser in San Francesco und Santa Caterina (Fontebranda) verfügen jeweils über eine *scala mobile* (Rolltreppe), mit der man ins oberhalb gelegene Stadtzentrum kommt.

Die Gebühr beträgt meist 2 €/Std. Mehr Infos zum Parken in Siena unter www.sienaparcheggi.com.

BUS

Siena Mobilità betreibt die städtischen Busse (1,10 € für 90 Minuten). Die Buslinien 3 und 9 fahren zwischen dem Bahnhof und der Piazza Gramsci.

CHIANTI

In den uralten Weinbergen dieser Bilderbuchgegend wachsen die Trauben, aus denen der Chianti und Chianti Classico gekeltert werden. Der Vertrieb dieser weltberühmten Rotweine erfolgt unter der Schutzmarke „Gallo Nero" (Schwarzer Hahn). Der Wein prägt die Identität dieser Region, aber auch ihr „Gesicht": Tadellos gepflegte Reihen von Rebstöcken ziehen sich die Hänge hinunter und bilden geometrische, z. T. gegenläufige Muster. Im Frühling, wenn die Reben zurückgeschnitten werden, liegt der Geruch nach verbranntem Holz in der Luft, im Herbst, zur Traubenernte, duftet es nach Wein. Diese historische, noch sehr ursprüngliche Landschaft ist von alten Olivenbaumhainen und dichten Wäldern durchzogen. Dazwischen stehen steinerne Bauernhäuser, grazile, romanische *pieve* (Landkirchen), Renaissancevillen und mittelalterliche Burgen aus Stein, errichtet von florentinischen und sienesischen Kriegsherren.

Der Süden des Chianti, der heute zur Provinz Siena gehört, war in früherer Zeit Kerngebiet der Lega del Chianti, eines militärischen und verwaltungstechnischen Verbundes der Orte Castellina, Gaiole und Radda innerhalb des Stadtstaats Florenz. Der Norden des Chianti gehört zur Provinz Florenz und ist ein beliebtes Tagesausflugsziel. Touristen reisen mit dem Bus, Wagen oder Fahrrad an.

Die wichtigste Straße ins Chianti ist die SR222 (Via Chiantigiana). Die Region wird von einem Netz malerischer *strade provinciale* (Bundesstraßen) und *strade secondarie* (Landstraßen) durchzogen, von denen einige unbefestigt, schmal und entsprechend schwierig zu befahren sind. Eine empfehlenswerte Karte ist *Le strade del Gallo Nero* (2,50 €), in der Haupt- und Nebenstraßen des Weinanbaugebiets verzeichnet sind. Erhältlich an Kiosken in der Region.

Festivals & Events

Chianti Classico E — KULINARISCH

Ein beliebtes zehntägiges Fest, vollgepackt mit Weinverkostungen, leckerem Essen und Kunstveranstaltungen. Es findet im Mai und Juni statt. Veranstalter ist das Consorzio Vino Chianti Classico (www.chianticlassico.com).

Chianti Festival — DARSTELLENDE KUNST

(www.chiantifestival.com) Vielseitiges, hochwertiges Kunstprogramm im Juni und Juli.

Chianti

Greve in Chianti

14 000 EW.

Die Hauptstadt des Chianti Fiorentino und Hochburg der lokalen Weinproduktion liegt etwa 26 km südlich von Florenz. Sie besitzt ein liebenswertes Marktstadtflair und einen hübschen zentralen Platz. In den Restaurants und *enoteche* bekommt man das Beste an Speis und Trank, was das Chianti zu bieten hat.

Die **Weinmesse** von Greve wird jährlich in der ersten oder zweiten Woche im September abgehalten. Übernachtungen in dieser Zeit müssen weit im Voraus gebucht werden.

Sehenswertes & Aktivitäten

Enoteca Falorni WEINBAR

(www.enotecafalorni.it; Galleria delle Cantine 2; Mo, Do & Fr 11.30–17.30, Sa & So bis 19.30 Uhr) Die Enoteca Falorni ist die größte Weinbar im Chianti. Hier lagern mehr als 1000 Weine, um die 100 Sorten können verkostet werden, darunter Toscana IGTs („Supertoskaner"), Spitzen-DOC- und DOCG-Weine, Vin Santo und Grappa. An der zentralen Theke werden Prepaid-Weinkarten für 10 bis 25 € verkauft. Die Karte wird in den jeweiligen Zapfautomaten gesteckt – und schon fließt der gewünschte Tropfen ins Glas. Es werden aber auch Flaschen zum Mitnehmen verkauft. Gegenüber vom Eingang des Supermarkts an der Hauptstraße führt eine Treppe zur Weinbar hinab.

Schlafen & Essen

★ **Casa al Sole** PENSION €

(0558 54 64 29; www.casaalsole.net; Via Vittorio Veneto 82; EZ 60–90 €, DZ 70–135 €) Gemütliche Zimmer in sanften Farbtönen und die nette Betreiberfamilie machen diese kleine Pension zu einer exzellenten Wahl im Herzen der Stadt.

Giovanni da Verrazzano HOTEL €
(☎0558 5 31 89; Piazza Matteotti 28; EZ 68–86 €, DZ 90–105 €; ⏲Speisesaal 12–14 & 19–21.30 Uhr, Mo geschl.) Diese *albergo* wirkt so „normal", dass man beinahe das Gefühl hat, ein Wohnhaus betreten zu haben. Die ansprechend-altmodischen Zimmer sind mit massiven Möbelstücken eingerichtet, die Stoffe sind traditionell und neben dem Speisesaal locken durchgesessene Sessel. Auf der Terrasse überblickt man den zentralen Platz von Greve. Zu essen gibt's herzhafte Klassiker wie Ravioli mit Artischocken und Käse oder Wildschweineintopf (Gerichte 35 €).

★**Mangiando Mangiando** TOSKANISCH €€
(☎0558 54 63 72; www.mangiandomangiando.it; Piazza Matteotti 80; Gerichte 30 €; ⏲Feb.–Dez. 12–15 & 19–22 Uhr, Do geschl.) Wenn ein Restaurant die Bezugsquellen seiner Zutaten ähnlich stolz erwähnt wie die Gerichte, die aus ihnen gemacht werden, kann man davon ausgehen, dass die Speisen regional und gut sind. So ist es auch in diesem fröhlichen, legeren Lokal, in dem toskanische Leibspeisen wie reichhaltige Pasta mit Rind zu Suppen voller Geschmack serviert werden. Chianti Classico (4,50 €) und Riserva (5,50 €) können glasweise bestellt werden.

Shoppen

Antica Macellerìa Falorni LEBENSMITTEL
(www.falorni.it; Piazza Matteotti 71; ⏲9.30–13.30 & 15.30–19.30 Uhr) Die 1729 von der Familie Falorni eröffnete *macellerìa* (Fleischerei) mit viel Atmosphäre an der zentralen Piazza ist bekannt für ihre *finocchiona briciolona* (Schweinesalami mit Fenchelsamen und Chianti), aber man bekommt hier auch andere Zutaten für ein leckeres Picknick.

Praktische Informationen

Touristeninformationen (☎0558 54 62 99; info@turismo.greveinchianti.eu; Piazza Matteotti 11; ⏲Sommer 10–19 Uhr, im Winter kürzer) Am Hauptplatz.

Anreise & Unterwegs vor Ort

AUTO & MOTORRAD

Greve liegt an der Via Chiantigiana. Das zweistöckige, offene Parkhaus an der Piazza della Resistenza, auf der anderen Seite der Hauptstraße zur Piazza Matteotti, ist kostenlos. Wer in der Nacht von Freitag auf Samstag sein Fahrzeug auf den gebührenpflichtigen Plätzen an der Piazza Matteotti parkt, muss damit rechnen, dass es abgeschleppt wird, um den Ständen für den Samstagsmarkt Platz zu machen.

BUS

Busse pendeln zwischen Greve in Chianti und Florenz (3,30 €, 1 Std, stündl.).

Rund um Greve in Chianti

Die Hügellandschaft rund um Greve ist ein idyllisches Fleckchen Erde. Ein welliger Teppich aus Rebstöcken erstreckt sich so weit das Auge reicht – ein Weinanbaugebiet par excellence, aber auch eine phantastische Region, um alte Dörfer und prestigeträchtige Weingüter zu erkunden.

Sehenswertes & Aktivitäten

Montefioralle DORF
Das mittelalterliche Montefioralle thront auf einer Anhöhe 1 km östlich von Greve. Das stimmungsvolle Gewimmel aus Häuschen mit Panoramablick ist der Heimatort von Amerigo Vespucci (1415–1512), einem Entdecker, der nach Kolumbus nach Amerika reiste. Er schrieb so begeistert über die Neue Welt, dass der deutsche Kartograf Martin Waldseemüller auf seiner 1507 gedruckten Weltkarte den neuen Kontinent nach Amerigo „Amerika" nannte.

★**Antinori nel Chianti Classico** WEINGUT
(☎0552 35 97 00; www.antinorichianticlassico.it; Via Cassia per Siena 133, Località Bargino; Führung & Weinprobe 25–50 €; ⏲Sommer 10–18 Uhr, Winter bis 17 Uhr) Manch einer wird sich beim Besuch der weitläufigen Kellerei wie in einem James-Bond-Film vorkommen. Am bewachten Eingangstor wird man registriert, dann geht's zum skulpturalen Haupthaus, das in den Hang gebaut wurde. Anschließend besucht man die geschmackvoll designte Kellerei, die mit allerlei architektonischen Schmankerln und einer hochmodernen Ausstattung aufwartet. Die einstündige Führung (auf Italienisch und Englisch; nur mit Reservierung) endet mit einer kundig erläuterten Probe dreier Antinori-Weine neben dem Familienmuseum.

In der schicken Bar neben dem Laden können 16 verschiedene Weine verkostet werden, entweder allein (4–9 € pro Kostprobe) oder mit Unterstützung eines Sommeliers (3 Weine 9 oder 12 €). Kenner wählen selbst, was sie im Glas haben wollen (ab 7 € pro Glas für einen Marchese Antinori 2009 bis 35 € pro Glas für den Solaia 2009). Anschließend bietet sich ein Mittagessen im Rinuccio 1180 an.

Bargino liegt 20 km nordwestlich von Greve (der SS222, SP3 und SS2 folgen).

Badia a Passignano WEINGUT
(www.osteriadipassignano.com; Badia a Passignano) Viel mehr Atmosphäre geht fast nicht. Die Benediktinerabtei aus dem 11. Jh. liegt inmitten der Weinstöcke der legendären Antinori-Winzerdynastie. Die vierstündige Führung „Antinori und die Badia a Passignano“ (150 €, Mo–Sa 2-mal tgl.) geht durch Rebzeilen und Kellergewölbe und schließt mit einem Essen in der hauseigenen Osteria di Passignano (S. 147) ab, das von vier berühmten Antinori-Weinen begleitet wird.

Weitere Touren führen zum Weinberg Tignanello, wo die Trauben für die Supertoskaner Tignanello und Solaia wachsen, und in die Weinkeller, in denen vier Weine probiert werden (80 €; Mo–Sa tgl. 1 Führung). Führungen nur mit Reservierung!

Alternativ stattet man einfach dem Weinladen, La Bottega (S. 147), einen spontanen Besuch ab, um Antinori-Weine und Olivenöl zu kosten und zu kaufen. Badia a Passignano liegt 7 km westlich von Greve.

Castello di Verrazzano WEINGUT
(☎0558 5 42 43; www.verrazzano.com; Via Citille, Greti; Führungen 16–115 €) Im Schloss 3 km nördlich von Greve lebte einst Giovanni Verrazzano (1485–1528), der die nordamerikanische Küste erkundete. In New York erinnert die Verrazano-Narrows Bridge an den Entdecker – ein „z“ muss der Seefahrer irgendwo auf dem Atlantik verloren haben. Heute gehört das Schloss zu einem 220 ha großen historischen Weingut, in dem eine große Bandbreite an Führungen angeboten wird.

Sie alle schließen einen kurzen Besuch der alten Weinkeller und der Gärten sowie eine Verkostung von hauseigenen Weinen (inklusive dem berühmten Chianti Classico) und anderen Produkten (Honig, Olivenöl, Balsamicoessig usw.) ein. Zur „Classic Wine Tour“ (16 €, 1½ Std., Mo–Fr 10 und 15 Uhr) gehört eine Verkostung mehrerer Weine, bei der „Chianti Tradition Tour“ (34 €, 2½ Std., Mo–Fr 11 Uhr) werden dazu auch gastronomische Spezialitäten gereicht. Die „Wine and Food Experience“ (58 €, 3 Std., Mo–Fr 12 Uhr) schließt mit einem viergängigen Mittagessen und Gutsweinen ab. Die Touren müssen vorab gebucht werden.

INSIDERWISSEN

OUTLETS

Italienische Schnäppchenjäger lieben die Gegend um das Val d'Arno im Nordosten des Chianti, wo auch ausländische Fashionistas ihre Kreditkarte zum Glühen bringen können. In mehreren Outlets werden Teile aus den letzten Kollektionen zu günstigen Preisen angeboten. Zu den beliebtesten gehören **The Mall** (www.themall.it; Via Europa 8; 10–19, Juni–Aug. bis 20 Uhr) in Leccio Regello, **Dolce & Gabbana** (☎055 833 13 00; Via Pian dell'Isola 49, Località Santa Maria Maddalena; Mo–Sa 10–19, So 15–19 Uhr) an der SR69 bei Incisa Val d'Arno und **Prada** (☎0552 8 34 39; www.prada.com; Space Factory Outlets, Via Levanella Becorpi, Località Levanella; Mo–Fr & So 10.30–19.30, Sa 9.30–19.30 Uhr) nicht weit von der SR69 am südlichen Ende von Montevarchi.

Schlafen

Ostello del Chianti HOSTEL €
(☎0558 05 02 65; www.ostellodelchianti.it; Via Roma 137, Tavarnelle Val di Pesa; B 16 €, DZ/4BZ 50/70 €; Rezeption 8.30–11 & 16–24 Uhr, Hostel Nov.–Mitte März geschl.; P @) Das Hostel gehört zu den ältesten Italiens und liegt in einem hässlichen Gebäude im langweiligen Städtchen Tavarnelle Val di Pesa. Aber dafür ist das Personal supernett, und die Preise sind unschlagbar billig. In den Schlafsälen stehen nie mehr als sechs Betten, Frühstück kostet 2 € und ein Leihrad 8 € pro Tag. Guter Anschluss an Florenz mit SITA-Bussen (3,30 €, 1 Std.).

★ **Fattoria di Rignana** AGRITURISMO €€
(☎0558 5 20 65; www.rignana.it; Via di Rignana 15, Rignana; Fattoria DZ 110 €, ohne Bad 95 €, Villa DZ 140 €; P @) Die lange Fahrt entlang der Holperpiste lohnt sich: Das schicke, historische Bauernhaus hat seinen eigenen Glockenturm und bietet eine phantastische Landschaft ringsum, einen großen Pool und ein wirklich gutes Restaurant. Es gibt zwei Übernachtungsmöglichkeiten: die eleganten Zimmer in der Villa aus dem 17. Jh. und die eher rustikalen Zimmer in der *fattoria* (Bauernhaus). Bis Badia a Passignano sind es 4 km, Greve liegt 10 km östlich.

Villa Il Poggiale BOUTIQUEHOTEL €€
(☎0558 2 83 11; www.villailpoggiale.it; Via Empolese 69, San Casciano in Val di Pesa; DZ 150–170 €, Suite 195–350 €; P @) In der Regel sind

Unterkünfte im Chianti verboten teuer, doch diese auf einem Hügel thronende Renaissancevilla bildet die berühmte Ausnahme. Die großen Zimmer warten mit Himmelbetten und Freskendecken auf, unten befindet sich ein Spa und im Pool genießt man einen Rundumblick. Das ist der perfekte Ort, um sich nach einem langen Sightseeingtag mit dem kostenlosen Nachmittagstee verwöhnen zu lassen. Die Villa Il Poggiale liegt 20 km nordwestlich von Greve.

Villa Le Barone BOUTIQUEHOTEL **€€€**
(☎055 85 26 21; www.villalebarone.com; Via San Liolino 19, Panzano in Chianti; Zi. 195–370 €; P 📶 🏊) Das stilvolle Gutshaus mit Panoramablick inmitten eines Rosengartens wurde einst von der berühmten Bildhauerfamilie della Robbia bewohnt. Ebenso prestigeträchtig sind die luxuriösen Annehmlichkeiten wie Pool, Tennisplatz und Edelrestaurant (Abendessen 35 €). Die Zimmer verteilen sich auf die Villa, verschiedene Wirtschaftsgebäude und einen umgebauten Heuschober.

Villa I Barronci HOTEL **€€€**
(☎0558 2 05 98; www.ibarronci.com; Via Sorripa 10, San Casciano in Val di Pesa; DZ 190–250 €; P ❄ @ 📶 🏊) Ein beispiellos guter Service, erstklassige Einrichtungen und sehr viel Komfort sind die Garanten dafür, dass man dieses moderne Landhotel nicht so schnell vergisst. Es gibt eine Bar zum Entspannen, ein Spa für die Verjüngungskur, einen Pool zum Faulenzen, und in der Umgebung liegen Volterra, San Gimignano und Siena für Tagesausflüge. Die Villa ist 20 km nordwestlich von Greve und 15 km südlich von Florenz.

Essen & Ausgehen

★ Rinuccio 1180 TOSKANISCH **€€**
(☎0552 35 97 20; www.antinorichianticlassico.it; Via Cassia per Siena 133, Bargino; Gerichte 35 €, Probierteller 10–15 €; ⌚12–16 Uhr) Wie wär's mit einem Mittagessen hinter riesigen Panoramascheiben oder auf einer Terrasse mit berauschendem 180-Grad-Blick auf Hügel und leuchtend grüne Weinberge bei dezentem Vogelgezwitscher? Genau das bietet der Star der Gastroszene des Chianti auf dem Gelände des topmodernen Weinguts Antinori in Bargino. Die Küche ist toskanisch, saisonal, modern und originell, und die Weinkarte erwartungsgemäß fabelhaft. Reservieren!

Bargino liegt ungefähr 20 km nordwestlich von Greve.

La Cantinetta di Rignana TOSKANISCH **€€**
(☎0558 5 26 01; www.lacantinettadirignana.com; Rignana; Gerichte 40 €; ⌚Sommer Mi–Mo 12–15 & 19–22 Uhr, im Winter unterschiedl.) Auf der Terrasse der Cantinetta di Rignana fragt man sich, ob man gerade den schönsten Ort im Chianti für ein ausgedehntes Mittagessen gefunden hat. Eine historische Mühle dient als Kulisse, mit Weingärten bewachsene Hügel erstrecken sich bis zum Horizont und aus heimischen Zutaten werden rustikale Speisen mit herrlichem Aroma gezaubert. Von Badia a Passignano sind es 4 km; die Cantinetta steht am Ende einer unbefestigten Straße.

La Castellana TOSKANISCH **€€**
(☎0558 5 31 34; www.ristorantelacastellana.it; Montefioralle; Gerichte 30 €; ⌚Sommer Di–So 12–14 & 19.30–21.30 Uhr, im Winter unterschiedl.) Einfache Holztische und unverputzte Steinwände bestimmen das Ambiente, in dem ganz phantastische toskanische Hausmannskost serviert wird. Das könnte z. B. eine Portion duftende Ravioli, gefüllt mit Pilzen und Trüffeln, sein oder aber ein Stück saftiges Rindfleisch mit Rosmarin. Die Weinkarte liest sich wie eine Liste der Highlights des Chianti. Am besten nimmt man auf der Terrasse am Hang

CHIANTI: DIE WEINE

Die rubinroten DOCG-Weine Chianti und Chianti Classico müssen mindestens zu 75 % (Chianti) bzw. 80 % (Chianti Classico) aus Sangiovesetrauben bestehen. Sie sind zweifellos die Spitzenweine der Region, aber sie sind nicht die einzigen Qualitätsmarken, die hier gekeltert werden. Auch der Colli dell'Etruria Centrale, Pomino, Vin Santo del Chianti und Vin Santo del Chianti Classico DOC sind erste Güte.

Die größten Weingüter haben *cantine* (Keller) – große und kleine –, in denen Weinproben stattfinden und Wein direkt verkauft wird. Sie können ohne Voranmeldung besucht werden. Eine umfassende Übersicht und Karte der Weingüter bietet *Le strade del Gallo Nero* (2,50 €), erhältlich an lokalen Kiosken.

Die Website des bekannten Konsortiums regionaler Weinproduzenten **Consorzio Vino Chianti Classico** (www.chianticlassico.com) informiert über die 600 Mitglieder, die Weine, Weinfestivals u. Ä.

Platz, um den Blick über die Weinreben und Zypressen voll auskosten zu können.

Das Restaurant befindet sich in dem Dorf Montefioralle 1 km westlich von Greve.

La Locanda di Pietracupa TOSKANISCH €€
(☎0558 07 24 00; www.locandapietracupa.com; Via Madonna di Pietracupa 31, San Donato in Poggio; Gerichte 40 €; ⊙Sommer tgl. 12.30–14.30 & 19.30–21.30 Uhr, Winter Di geschl.; P ᯤ) Vortrefflich angerichtete Speisen aus lokalen Zutaten sind das Markenzeichen des eleganten, aber nicht steifen Restaurants 20 km südwestlich von Greve in Chianti. Auf der regelmäßig wechselnden Karte steht vielleicht Rind an einer Chianti-Classico-Reduktion, Taube mit Trüffelvinaigrette oder *tagliolini* mit Zucchiniblüten. Auch die Gästezimmer (EZ/DZ 80/95 €) mit bonbonfarbener Bettwäsche und schmiedeeisernen Bettgestellen sind edel.

L'Antica Scuderia TOSKANISCH €€
(☎0558 07 16 23; www.ristorolanticascuderia.com; Via di Passignano 17, Badia a Passignano; Gerichte 45 €, Pizzas 8–15 €; ⊙Mi–Mo 12.30–14.30 & 19.30–22.30 Uhr) Wenn jemand davon träumt, auf einer Gartenterrasse mit Blick auf die Antinori-Weinberge zu speisen, ist das zwanglose Lokal genau das Richtige. Zu Mittag gibt es Antipasti, Pasta und traditionelle gegrillte Fleischgerichte, abends wird vor allem Pizza serviert. Kinder lieben den Spielplatz – und Erwachsene den Umstand, dass er am anderen Ende des Gartens liegt.

★ **Osteria di Passignano** TOSKANISCH €€€
(☎0558 07 12 78; www.osteriadipassignano.com; Via di Passignano 33, Badia a Passignano; Gerichte 60 €; ⊙Mo–Sa 12.15–14.15 & 19.30–22 Uhr) Rings um Badia a Passignano erstrecken sich Rebzeilen so weit das Auge reicht. Das elegante Lokal im Zentrum des Dorfs ist schon seit Langem die glamouröseste Essadresse der Toskana. Raffinierte, toskanisch inspirierte Gerichte aus hiesigen Zutaten und eine umfangreiche Weinkarte mit zahlreichen Antinori-Weinen (7–35 € pro Glas) machen ordentlich Eindruck.

Das sechsgängige Probiermenü *(menù degustazione)* für 80 € bzw. 130 € inkl. Wein ist geradezu episch.

La Bottega WEINBAR
(www.osteriadipassignano.com; Badia di Passignano; ⊙10–19.30 Uhr, So geschl.) In der *enoteca* neben der angesehenen Osteria di Passignano liegt die Verkostung von drei Gläsern Qualitätswein bei 25 bis 55 €.

DIE SCHÖNSTEN WEINPROBEN

Am besten vorab reservieren, denn die folgenden Weingüter sind renommiert.

Antinori nel Chianti Classico (S. 144) Neben dem Wein ist auch die hochmoderne Architektur des berühmten Weinguts sagenhaft.

Castello di Ama (S. 149) Weine von Weltrang verkosten und durch einen Skulpturenpark wandeln.

Poggio Antico (S. 166) Preisgekrönte Brunellos und Hightech-Weinkeller.

Fattoria Le Capezzine (S. 176) Auf dem Avignonesi-Gut ist der Vino Nobile di Montepulciano ein besonderes Highlight.

Castellina in Chianti & Umgebung

2900 EW.

Von den Etruskern gegründet und im 15. Jh. von den Florentinern als Verteidigungsposten gegen die Sieneser befestigt, ist Castellina in Chianti heute eines der wichtigsten Zentren der Weinindustrie. Unverkennbares Merkmal sind die riesigen Tanks, randvoll mit Chianti Classico, an den Zufahrtsstraßen des Ortes.

Sehenswertes & Aktivitäten

Museo Archeologico del Chianti Senese MUSEUM
(www.museoarcheologicochianti.it; Piazza del Comune 18; Erw./erm. 5/3 €; ⊙April, Mai, Sept. & Okt. tgl. 10–18 Uhr, Juni–Aug. 11–19 Uhr, Nov.–März Sa & So 10–17 Uhr) Im archäologischen Museum sind regionale Funde aus der Zeit der Etrusker ausgestellt; es befindet sich in der mittelalterlichen *rocca* (Festung) der Stadt. Artefakte aus den **etruskischen Grabstätten am Monte Calvario** (Ipogeo Etrusco di Monte Calvario; ⊙24 Std.) GRATIS aus dem 7. Jh. v. Chr. sind in Raum 4 zu sehen. Der Fundort liegt am nördlichen Stadtrand abseits der SR222.

Via delle Volte WANDERN
Von Castellinas Parkplatz im Süden geht es über die Via Ferrucio oder den Panoramaweg unterhalb der östlichen Befestigungswälle zur stimmungsvollen Via delle Volte, einem tunnelartigen Durchgang, in dem

RADFAHREN IM CHIANTI

Eine Radtour im Chianti ist für viele ein Höhepunkt ihrer Reise. Die Touristeninformation von Greve in Chianti gibt eine Broschüre mit den Wander- und Radwegen der Gegend heraus. Fahrräder verleiht **Ramuzzi** (☎055 85 30 37; www.ramuzzi.com; Via Italo Stecchi 23; Tourenrad 35/220 € pro Tag/Woche, Roller 55/290 € pro Tag/Woche; ⌚Mo–Fr 9–13 & 15–19, Sa 9–13 Sa), ebenfalls in Greve in Chianti.

Folgende Anbieter organisieren geführte Radtouren von Florenz aus:

Florence By Bike (☎0554 8 89 92; www.florencebybike.it) Tagesausflug in den Norden des Chianti, Mittagessen und Weinprobe inklusive (83 €; März–Okt. 4-mal wöchentl.).

I Bike Italy (☎342 9352395; www.ibikeitaly.com) Zweitägige Tour inkl. Übernachtung, Frühstück, Mittag- und Abendessen (375 €; Mitte März–Okt.).

I Bike Tuscany (☎335 812 07 69; www.ibiketuscany.com) Bietet ganzjährig Tagesausflüge (155 €) für alle Schwierigkeitsgrade an. Der Transport ab Florenz ist inbegriffen.

im Mittelalter heilige Riten gefeiert wurden und der später von den Florentinern überdacht und zu Verteidigungszwecken umgebaut wurde.

Schlafen

Il Colombaio B&B €

(☎0577 74 04 44; www.albergoilcolombaio.it; Via Chiantigiana 29; DZ 90 €; P 📶 ≋) Ein geschmackvoller Umbau hat das Bauernhaus aus dem 14. Jh. am Stadtrand von Castellina in ein stylisches B&B mit historischem Flair verwandelt: mit Dekostoffen bezogene Stühle, Spitzenvorhänge, Ölgemälde, ein großes Steinbecken ziert den Sitzbereich. Das Frühstück wird im Gewölbekeller oder auf der Terrasse aufgetischt. Im Anschluss lockt ein Hüpfer in den Pool.

Locanda La Capannuccia LANDGASTHOF €€

(☎0577 74 11 83; www.lacapannuccia.it; Borgo di Pietrafitta; EZ 80–90 €, DZ 96–130 €, mind. 2 Übernachtungen; ⌚Nov.–Feb. geschl.; P 📶 ≋) Keine Lust auf eine Art Offroad-Rallye? Dann ist dieses toskanische Refugium wohl nicht das Richtige, denn der Weg dorthin führt über eine 1,5 km lange, steile, Haken schlagende Piste. Doch an deren Ende erwartet die Gäste die authentische Atmosphäre eines echten Landgasthofs. Die Zimmer sind dezent und komfortabel und auf Wunsch kann man sich abends bekochen lassen. Die Unterkunft ist an der Straße nach Pietrafitta, die von der SR222 abgeht. Castellina ist 5 km südlich.

Essen

Ristorante Albergaccio TOSKANISCH €€€

(☎0577 74 10 42; www.albergacciocast.com; Via Fiorentina 63, Castellina in Chianti; 4/5 Gänge 58/68 €, 3-gängiges Menü für Kinder 27 €; ⌚12.30–14.30 & 19.30–21.30 Uhr, Dez.–März zeitweise geschl.; 🖉) Im Albergaccio kommt (laut eigener Beschreibung) „das Land auf den Tisch" – mit biologisch angebauten, saisonalen Zutaten der Region. Die Gerichte sind innovativ und gediegen, die Weinkarte trumpft mit 320 Weinen zu fairen Preisen auf. Deshalb ist das Restaurant zu Recht bei einheimischen und ausländischen Feinschmeckern beliebt. Es befindet sich 1 km nordöstlich von Castellina an der Straße nach San Donato in Poggio.

Shoppen

Antica Fattoria la Castellina WEIN

(Via Ferruccio 26; ⌚10.30–12.30 & 14.30–17.30 Uhr) Im bekanntesten Weinladen der Stadt darf vorm Kauf auch mal gekostet werden.

Praktische Informationen

Touristeninformationen (☎0577 74 13 92; www.turismo.comune.castellina.si.it; Via Ferruccio 40; ⌚Juni–Okt. tgl. 10–12 & 15–18 Uhr, März–Mai nur Di, Do, Sa & So, im Winter kürzer) Hier gibt's Stadtpläne. Die Angestellten buchen Besuche auf Weingütern.

Anreise & Unterwegs vor Ort

AUTO & MOTORRAD

Der Parkplatz im Süden des Ortes, erreichbar über die Via IV Novembre, liegt besonders günstig (1/5 € pro Std./Tag).

BUS

Busse von **Tiemme** (www.tiemmespa.it) verkehren zwischen Castellina in Chianti und Siena (3,40 €, 35 Min., Mo–Sa 7-mal tgl.).

Radda in Chianti & Umgebung

1670 EW.

Die hübschen alten Straßen von Radda gehen strahlenförmig von dem zentralen Platz ab. Dort sorgen die Schilde und Wappen am Palazzo del Podestà (16. Jh.) für einen Hauch von Drama. Radda ist ein historisches Weinstädtchen und macht sich wunderbar als Ausgangsstation für Besuche der bekannten Weingüter und Skulpturengärten.

Sehenswertes & Aktivitäten

★ Castello di Brolio BURG

(☎ 0577 73 02 80; www.ricasoli.it; Garten, Kapelle & Krypta 5 €, Führungen 8 €; ⏲ April–Okt. 10–19 Uhr, Führungen Di–So 10.30–12.30 & 14.30–17 Uhr alle 30 Min.) Der Stammsitz der Adelsfamilie Ricasoli wurde im 11. Jh. gebaut und ist Italiens ältestes Weingut. Der mittlerweile 32. Baron öffnet sein Haus mit Gartenanlage, Panoramaterrasse und Museum interessierten Tagesausflüglern, die nach der hochinteressanten Museumsführung meist in der hauseigenen *osteria* zu Mittag essen.

Drei Räume im Burgturm dokumentieren das Leben des Barons Bettino Ricasoli (1809–1880), seines Zeichens zweiter Ministerpräsident der Republik Italien und Besitzer eines außerordentlichen Schnurrbarts, aber eigentlich als Wissenschaftler, Landwirt, Winzer, Politiker und Geschäftsmann ein echtes Allroundtalent. Er war eine der Schlüsselfiguren bei der Einigung Italiens („Il Risorgimento"), hat jedoch mit der Erstellung des Regelwerks für den Chianti Classico weit wichtigere Lorbeeren geerntet (finden zumindest wir).

Die Kapelle des *castello* stammt aus dem frühen 14. Jh.; in der Krypta darunter wurden Generationen von Ricasolis zur ewigen Ruhe gebettet.

Auf dem Anwesen werden Wein und Olivenöl produziert. Von der riesigen Terrasse aus bietet sich ein Panoramablick auf die Anbauflächen. Die „Classic Tour" (25 €, 2 Std., Mo, Mi & Fr 10 Uhr, März–Juni auch 15 Uhr) schließt den Besuch der Weinproduktionsstätten und eine Weinprobe ein, auf der „Vineyard Tour" (45 €, 2 Std., Di & Do 15.30 Uhr) geht es zu verschiedenen Weinbergen und die Produkte werden gleich neben den Reben verkostet.

Die Burg wird von einem *bosco Inglese* (Englischer Garten) umrahmt. Darin befindet sich, nicht weit vom Parkplatz entfernt, die hauseigene **Osteria del Castello** (☎ 0577 73 02 90; 4-gängiges Probiermenü mit Weinen 50 €; ⏲ Ende März–Okt. Fr–Mi 12–14.30 & 19.30–21.30 Uhr). Auf der anderen Seite des Eingangstors an der SP484 steht eine moderne **cantina** (⏲ April–Mitte Okt. Mo–Fr 9–19.30, Sa & So 10–19 Uhr), in der der renommierte Chianti Classico des Castello di Brolio probiert werden kann.

★ Castello di Ama SKULPTUREN

(☎ 0577 74 60 31; www.castellodiama.com; Località Ama; Führungen 15 €, mit Wein- & Ölverkostung 35 €; ⏲ ganzjährig nach vorheriger Anmeldung) Im Castello di Ama treffen jahrhundertealte Keltertradition und brandaktuelle moderne Kunst aufeinander. Auf dem Weingut werden international berühmte Weine wie der Merlot „L'Apparita" produziert und in dem Skulpturenpark sind 13 eigens für dieses Gelände geschaffene Werke von Künstlern wie Louise Bourgeois, Chen Zhen, Anish Kapoor, Kendell Geers und Daniel Buren zu sehen. Das Gut befindet sich 9 km südlich von Radda in der Nähe von Lecchi in Chianti.

L'ANTICA MACELLERÌA CECCHINI

Das 10 km südlich von Greve gelegene Städtchen Panzano in Chianti ist in ganz Italien für seine Metzgerei, **L'Antica Macellerìa Cecchini** (www.dariocecchini.com; Via XX Luglio 11; ⏲ 9–16 Uhr), bekannt. Sie gehört dem populären, sehr extrovertierten **Dario Cecchini**, einem Metzger aus Leidenschaft. Als poetisch veranlagter Wächter der *bistecca* (Steak) und anderer toskanischer Fleischspezialitäten hat er sich seine persönliche Nische geschaffen. Mittlerweile betreibt er neben der *macellerìa* noch drei Esslokale: die **Officina della Bistecca** (☎ 0558 5 21 76; Via XX Luglio 11; Menü 50 €; ⏲ Servierzeiten: 13 & 20 Uhr) mit einem Menü rund um die legendäre *bistecca*, das **Solociccia** (☎ 0558 5 27 27; Via Chiantigiana 5; Menü 30 & 50 €; ⏲ Servierzeiten um 13, 19 & 21 Uhr), in dem die Gäste andere Fleischgerichte als Steak bestellen können, und das **Dario DOC** (Via XX Luglio 11; Burger 10–15 €, leichte Mahlzeit 20 €; ⏲ Mo–Sa 12–15 Uhr), Cecchinis legeres Mittagsrestaurant. Für die Officina und das Solociccia benötigt man eine Reservierung.

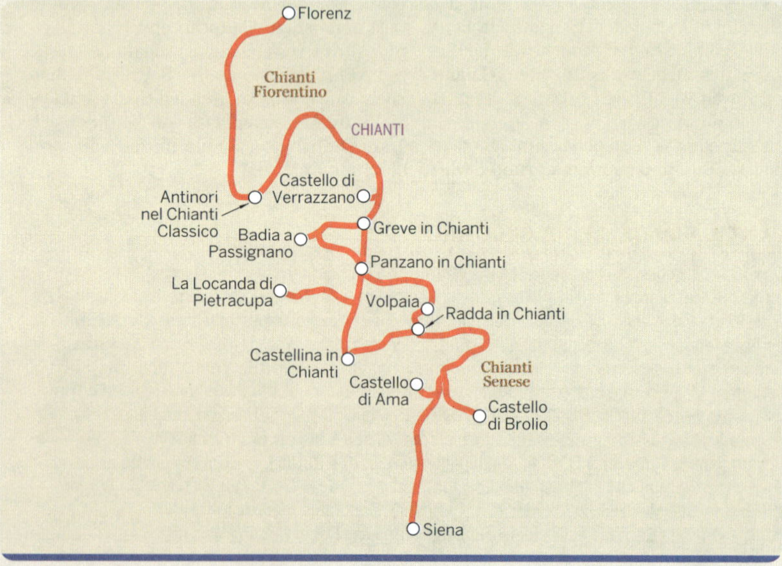
Florenz
Chianti Fiorentino
CHIANTI
Castello di Verrazzano
Antinori nel Chianti Classico
Greve in Chianti
Badia a Passignano
Panzano in Chianti
La Locanda di Pietracupa
Volpaia
Radda in Chianti
Castellina in Chianti
Chianti Senese
Castello di Ama
Castello di Brolio
Siena

JOHN ELK/GETTY IMAGES ©

ROCCO FASANO/GETTY IMAGES ©

…n: Weinberge im Chianti
…en: Großvater, Vater und Sohn: Winzerfamilie bei der Arbeit

4 TAGE Chianti-Weintour

Mit unzähligen Highlights wartet die Toskana auf, aber nur wenige besitzen den Zauber des Chianti.

Ab **Florenz** geht's auf der *superstrada* (Schnellstraße) Richtung Siena bis zur Ausfahrt Bargino und weiter nach **Antinori nel Chianti Classico** (S. 144; ausgeschildert). Das moderne Weingut mit innovativer Kellerarchitektur bietet sich als erster Verkostungsstopp an. Im Restaurant Rinuccio 1180 gibt es ein Mittagessen.

Auf der Weiterfahrt über die SS2, SP3 und SS222 (Via Chiantigiana) in Richtung Greve in Chianti ist das historische **Castello di Verrazzano** (S. 145) der nächste Boxenstopp für eine Weinprobe.

Am zweiten Tag steht in **Greve in Chianti** eine selbstorganisierte Verkostung in der Enoteca Falorni (S. 143) auf dem Plan. Zum Mittagessen gibt's einen toskanischen Burger bei Dario DOC (S. 149) in **Panzano in Chianti** oder ein Mahl in der Locanda di Pietracupa (S. 147). Nachmittags wartet die **Badia a Passignano** (S. 145), aus dem 11. Jh., eine noch aktive Abtei des Vallombrosanerordens inmitten der Rebhänge des Weinguts Antinori. Eine Weinprobe in der *enoteca* mündet vielleicht in einen Besuch der Pizzeria L'Antica Scuderia (S. 147) gegenüber der Abtei.

Tag drei beginnt im malerischen Ort **Volpaia** auf einer Hügelkuppe bei **Radda in Chianti**. Nach einer Tour durch die Keller des Castello di Volpaia (S. 152) wird der leere Magen entweder in der entspannten Bar Ucci (S. 152) besänftigt oder mit innovativer Küche im Ristorante Albergaccio (S. 148) in **Castellina in Chianti**.

Am letzten Tag geht's in Richtung **Siena**. Unterwegs steht eine Führung durch das **Castello di Brolio** (S. 149) auf dem Programm, den Stammsitz der Adelsfamilie Ricasoli. Ihr Weingut ist das älteste Italiens, und eine Verkostung diverser Jahrgänge des Chianti Classico in der *cantina* (Keller) oder beim Mittagessen in der *osteria* (Gastwirtschaft) sollte sich keiner entgehen lassen. Abschließend laden preisgekrönte Weine und zeitgenössische Kunst im **Castello di Ama** (S. 149) zu einer Entdeckungsreise ein.

Führungen durch die Keller, die Villa und den Skulpturenpark werden auf Deutsch, Englisch, Französisch und Italienisch angeboten. Außerdem gibt es „L'Apparita". Topweine sind der „Haiku" (hergestellt aus Sangiovese-, Cabernet-Franc- und Merlot-Trauben) und ein köstlicher Chianti Classico namens „Vigneto Bellavista".

Parco Sculture del Chianti SKULPTUREN
(Chianti-Skulpturenpark; ☎ 0577 35 71 51; www.chiantisculpturepark.it; Località La Fornace; Erw./Kind 10/5 €; ⏲ April–Okt. 10 Uhr–Sonnenuntergang, Nov.–März nach vorheriger Anmeldung; 👪) In einem 5 ha großen Wald stehen mehr als 25 speziell für diese Anlage geschaffene Kunstwerke. Auf einem Streifzug wird man abstrakte menschliche Figuren, Kuben und bunte Kühe zwischen den Bäumen entdecken. Zwischen Juni und August finden jede Woche bei Sonnenuntergang **Jazz- und Opernkonzerte** in dem Amphitheater aus weißem Carrara-Marmor und schwarzem Granit aus Simbabwe statt. Im Publikum sitzen auch bekannte Größen wie Hitchcock, Fellini und Charlie Chaplin.

Der Park befindet sich 16 km südlich von Radda. Wenn man schon mal hier ist, sollte man sich auch das Dorf **Pievasciata** anschauen, dessen Straßen von immer mehr Kunstwerken zeitgenössischer Künstler verschönert werden; vielleicht stehen Yu Zhaoyangs witzige Town Ostriches (Stadtstrauße) noch neben den Zypressen.

Castello di Volpaia WEINGUT
(☎ 0577 73 80 66; www.volpaia.it; Località Volpaia) Wein, Olivenöl, Essig und Honig werden in diesem Weingut im mittelalterlichen Weiler Volpaia schon seit Jahrhunderten produziert. Wer die Weinkeller besichtigen und an einer Weinprobe teilnehmen will (11 €), muss sich vorher anmelden. Eine Stippvisite in der *enoteca* im größten Turm Volpaias ist donnerstags bis dienstags von 12 bis 19 Uhr möglich.

Schlafen

★ **Villa Sassolini** BOUTIQUEHOTEL €€€
(☎ 0559 70 22 46; www.villasassolini.it; Largo Moncioni, Località Moncioni; DZ 200–345 €, Suite 325–443 €, Abendessen 50 €; ⏲ Nov.–Mitte März geschl.; ❄ 📶 🏊) In puncto Romantik ist das in den dichten Wäldern an der Grenze zum Valdarno gelegene Hotel kaum zu toppen. Luxuriöse Zimmer, ein intimes Restaurant und eine spektakuläre Terrasse mit Pool sind nur drei der vielen Pluspunkte dieser absolut unwiderstehlichen Adresse – die Nähe zum Designer-Outlet in Valdarno könnte ein vierter sein. Die Villa Sassolini liegt 25 km östlich von Radda.

La Locanda BOUTIQUEHOTEL €€€
(☎ 0577 73 88 32; www.lalocanda.it; Montanino di Volpaia; EZ 200–245 €, DZ 220–290 €, Suite 290–310 €; ⏲ Nov.–Mitte April geschl.; P ❄ 📶 🏊) Oberhalb des mittelalterlichen Dorfs Volpaia 7 km nördlich von Radda in Chianti versteckt sich das umgebaute Bauernhaus aus dem 16. Jh. Es bietet sieben hübsche Zimmer sowie eine Lounge und eine Bibliothek. Der Speisesaal (Abendessen montags, mittwochs und freitags 35 €) befindet sich im ehemaligen Stall.

Essen

Bar Ucci TOSKANISCH, WEINBAR €
(www.bar-ucci.it; Piazza della Torre 9, Volpaia; Crostoni 4,50–6 €, Antipastiteller 7–12 €, Salate 4–8 €; ⏲ Di–So 8–21 Uhr) Die Philosophie dieses Bar-Cafés: Gute Zutaten und ein herzlicher Empfang schaffen besondere Augenblicke. Die Rechnung geht auf. Die Salami macht der Vater des Besitzers selbst, in der Küche werden *crostoni*, aber auch Wildschweineintopf zubereitet, und die Auswahl an Chianti-Weinen (Flaschen) sowie Volpaias Chianti Classico und Riserva (glasweise) ist verführerisch. Volpaia findet man 7 km nördlich von Radda in Chianti.

★ **Ristorante La Bottega** TOSKANISCH €€
(☎ 0577 73 80 01; www.labottegadivolpaia.it; Piazza della Torre 1, Volpaia; Gerichte 25 €; ⏲ Ostern–Jan. Mi–Mo 12–14.30 & 19.30–21.30 Uhr) *Cucina contadina* (Bauernküche) ist das Aushängeschild dieses hübschen Restaurants der Familie Barucci. Der Küchengarten ist direkt vor der Tür und es ist sehr wahrscheinlich, dass Mamma Gina höchstpersönlich die Suppe bzw. Pasta gemacht hat (ihre *ribollita* ist legendär!). Und welcher Ort wäre besser zum Speisen geeignet als die von Bäumen beschattete Terrasse mit dem umwerfenden Blick über die Hügel des Chianti?

Osteria Le Panzanelle TOSKANISCH €€
(☎ 0577 73 35 11; www.lepanzanelle.it; Lucarelli; Gerichte 35 €; ⏲ Di–So 12.30–14 & 19.30–21 Uhr, Jan. & Feb. zeitweise geschl.) Unterwegs vom Chianti nach Siena ist die Osteria Le Panzanelle der perfekte Ort für eine Mittagspause. Der Gasthof direkt an der Straße serviert im Garten und im Bar-Gastraum im Souterrain traditionelle Gerichte der

Toskana. Die Karte wechselt jeden Monat und orientiert sich an der Jahreszeit. 5 km südlich von Panzano in Chianti, gleich neben der SP2 nach Radda in Chianti. Reservierung empfohlen.

Praktische Informationen

Touristeninformationen (☎ 0577 73 84 94; proradda@chiantinet.it; Piazza Castello 2, Radda in Chianti; ⊙ Sommer 10–13 & 15–19 Uhr, Winter 10.30–12.30 & 15.30–18.30 Uhr) Bucht Unterkünfte und Ausflüge in diesem Teil des Chianti. Zudem gibt's hier Infos über Wanderungen in der Region.

VAL D'ELSA

Das Tal ist eine optimale Ausgangsbasis für Ausflüge in die ganze Toskana. Es erstreckt sich vom Chianti bis zur Maremma und enthält eine ganze Reihe Sehenswürdigkeiten, die auf das Programm einer Toskanareise gehören. Dazu kommen unzählige Gelegenheiten, Essen, Wein und Landschaft zu genießen. Die größten Städte im Tal sind Colle di Val d'Elsa und Poggibonsi, die touristische Hauptattraktion ist das mittelalterliche San Gimignano. Volterra liegt zwar im Val di Cecina (Provinz Pisa), ist aber ein nahe gelegener Abstecher und deshalb in diesem Abschnitt aufgeführt.

San Gimignano

7770 EW.

Von den nahen Hügeln aus betrachtet, erscheint das von einer Stadtmauer umgebene San Gimignano mit seinen 14 Türmen wie ein mittelalterliches Manhattan. Die Stadt, ursprünglich ein etruskisches Dorf, wurde nach dem Bischof von Modena, dem hl. Gimignano, benannt, der sie vor dem Hunnenkönig Attila gerettet haben soll. 1199 wurde sie zu einer unabhängigen *comune* und kam u. a. wegen der Lage an der Via Francigena zu Wohlstand. Um ihren Reichtum und ihre Macht zu zeigen, wetteiferten die adeligen Familien der Stadt im Bau möglichst hoher „Geschlechtertürme" (ursprünglich waren es 72). Im Jahr 1348 raffte die Pest einen Großteil der Bevölkerung dahin und schwächte die örtliche Wirtschaft so stark, dass sich die Stadt 1353 Florenz unterwarf. Heute würde wohl nicht einmal die Pest die Massen sommerlicher Tagesbesucher abschrecken, die hierherkommen, um sich von der Geschichte, den mittelalterlichen Straßen und der zauberhaften Landschaft drum herum verführen zu lassen.

Sehenswertes

Die dreieckige Piazza della Cisterna ist nach dem Brunnen aus dem 13. Jh. in ihrer Mitte benannt. An der Piazza del Duomo stehen gegenüber dem Dom auch der **Palazzo Vecchio del Podestà** aus dem späten 13. Jh. samt **Torre della Rognosa**.

★ Collegiata KIRCHE

(Duomo oder Basilica di Santa Maria Assunta; Piazza del Duomo; Erw./erm. 4/2 €; ⊙ Sommer Mo–Fr 10–19, Sa bis 17, So 12.30–19 Uhr, Winter tgl. bis 16.30 Uhr) Teile der romanischen Kathedrale von San Gimignano stammen aus der zweiten Hälfte des 11. Jhs., die bemerkenswert lebendigen Fresken (sie zeigen Szenen aus dem Alten und Neuen Testament) wurden jedoch im 14. Jh. gestaltet. Sehr sehenswert ist auch die Cappella di Santa Fina in der Nähe des Hauptaltars. Die Renaissancekapelle ist mit naiven, anrührenden Fresken von Domenico Ghirlandaio ausgeschmückt, die Stationen aus dem Leben eines Schutzpatrons der Stadt zeigen. Szenen aus Franco Zeffirellis Film *Tee mit Mussolini* von 1999 wurden hier gedreht.

Der Zugang erfolgt über eine Seitentreppe durch eine Loggia (Balkon), die ursprünglich überdacht war und für Taufen genutzt wurde. In Blickrichtung zum Altar an der linken Wand sind Bartolo di Fredis Szenen aus der Genesis und Motive aus dem Alten Testament (um 1367) zu sehen. Die obere Freskenfolge erzählt die Geschichte von der Erschaffung der Welt bis zum Sündenfall. Weiter geht's in der mittleren Reihe mit einem Fresko, das die Vertreibung Adams und Evas aus dem Paradies darstellt (und im Krieg beschädigt wurde). Weitere Bilder zeigen die Geschichten von Kain und Abel, der Arche Noah und von Josefs Mantel. In den unteren Szenenfolgen sind u. a. der Auszug der Juden aus Ägypten und die Geschichte von Hiob zu sehen.

Auf der rechten (südlichen) Wand befinden sich Szenen aus dem Neuen Testament von Künstlern aus der Werkstatt von Simone Martini (vermutlich geleitet von Lippo Memmi, dem Schwager von Martini), die 1336 fertiggestellt wurden. Die Fresken verteilen sich ebenfalls auf drei Reihen. Die sechs oberen Lunetten zeigen u. a. die Verkündigung der Geburt Christi, Epiphanias (Erscheinung des Herrn), der kleine Jesus

San Gimignano

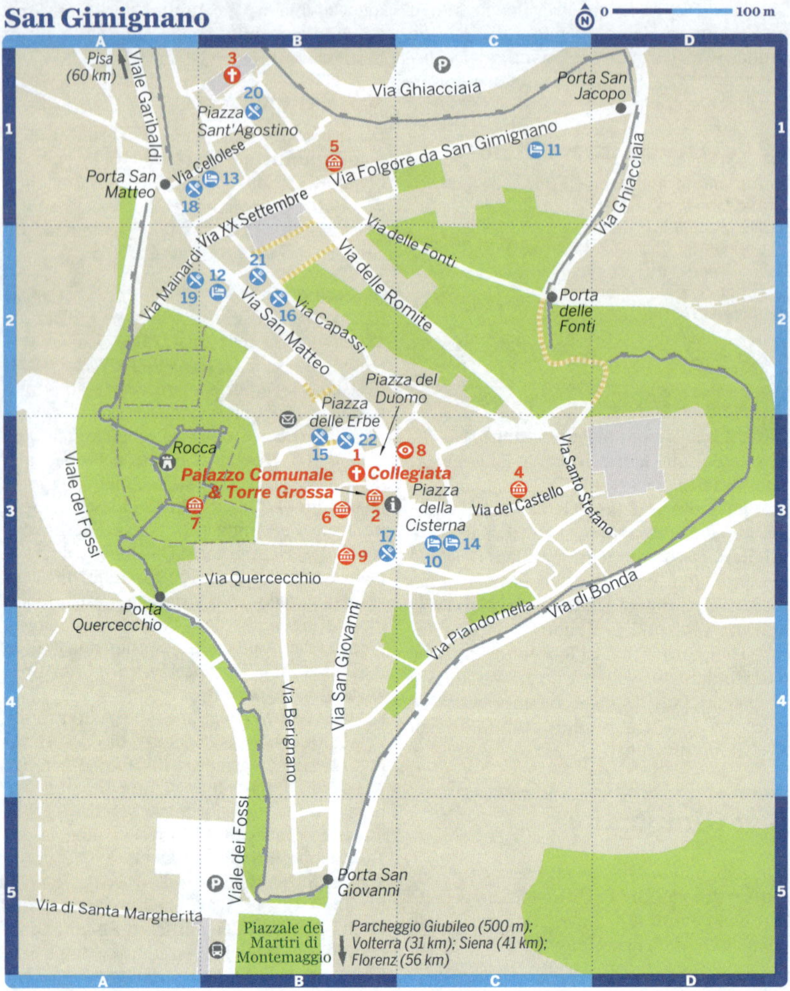

im Tempel und das Massaker des Herodes an den unschuldigen Kindern. Auf den Fresken in den unteren Reihen ist das Leben und Leiden Christi mit Wiederauferstehung usw. dargestellt. Einige der Fresken haben Schäden davongetragen, aber die meisten sind in gutem Zustand.

Über die gesamte Innenwandbreite der vorderen Fassade erstreckt sich eine beachtliche Darstellung des Jüngsten Gerichts von Taddeo di Bartolo. Oben links ist das Paradies dargestellt, oben rechts die Hölle. Das Fresko darunter zeigt den hl. Sebastian und stammt von Benozzo Gozzoli.

Die Kirche ist gemeinhin als Collegiata bekannt, nach dem einst hier ansässigen Priesterkolleg, von dem sie ursprünglich verwaltet wurde.

★ Palazzo Comunale & Torre Grossa MUSEUM

(Museo Civico; ☎0577 99 03 12; Piazza del Duomo 2; Erw./erm. 6/5 €; ⏲Sommer 9–18.30 Uhr, Winter 11–17 Uhr) Der Palazzo Comunale (12. Jh.) beherbergt die **Camera del Podestà** mit ihrem bis ins kleinste Detail restaurierten und etwas unverschämten Freskenzyklus von Memmo di Filippuccio, der eine moralische

San Gimignano

Highlights
1 Collegiata ... B3
2 Palazzo Comunale & Torre Grossa ... B3

Sehenswertes
3 Chiesa di Sant'Agostino ... B1
4 Galleria Continua ... C3
5 Museo Archeologico & Speziera di Santa Fina ... B1
6 Museo d'Arte Sacra ... B3
7 Museo del Vino ... A3
8 Palazzo Vecchio del Podestà ... C3
9 San Gimignano del 1300 ... B3

Schlafen
10 Al Pozzo dei Desideri ... C3
11 Foresteria Monastero di San Girolamo ... C1
12 Hotel L'Antico Pozzo ... B2
13 Il Pino ... B1
14 La Cisterna ... C3

Essen
15 Caffè Delle Erbe ... B3
16 Dal Bertelli ... B2
17 Gelateria Dondoli ... B3
18 Il Pino ... A1
19 La Mangiatoia ... A2
20 Locanda Sant'Agostino ... B1
21 Perucà ... B2
22 Markt am Donnerstagmorgen ... B3

Botschaft bereithält: Der Lohn der Ehe wird in Szenen dargestellt, in denen Ehemann und Weib nackt im Badezuber und im Bett zu sehen sind. Besucher sollten auch unbedingt die 218 Stufen der 54 m hohen Torre Grossa hinaufsteigen. Der Blick über die Stadt und die Landschaft ringsum ist atemberaubend schön.

In der **Sala di Dante** (auch Sala del Consiglio genannt) sprach der große Dichter 1299 zum Rat der Stadt und drängte darauf, sich auf die Seite der Guelfen zu stellen. Nicht zu übersehen ist die *Maestà* von Lippo Memmi aus dem frühen 14. Jh. Die thronende Jungfrau mit Kind ist umringt von Engeln, Heiligen und örtlichen Würdenträgern – der kniende Herr in Rot-Schwarz ist der *podestà* (Ratspräsident). Die übrigen Fresken zeigen Turnier- und Jagdszenen sowie Burgen. Wer sich für technischen Schnickschnack interessiert, der sollte sich eine Augmented-Reality-Brille (zur Wahrnehmungserweiterung) im Souvenirladen leihen, die digitale mittelalterliche Figuren über den Fresken einblendet.

Die kleine **Pinacoteca** in der Etage darüber beherbergt Glanzstücke wie zwei *Mariä Verkündigungen* (1482) von Filippino Lippi, *Gnadenreiche Madonna, angebetet von zwei Heiligen* (1466) und *Madonna mit Kind und Heiligen* (1466) von Benozzo Gozzoli und ein Altarbild von Taddeo di Bartolo (1401), auf dem das Leben des hl. Gimignano dargestellt ist.

Chiesa di Sant'Agostino — KIRCHE

(Piazza Sant'Agostino; Sommer 7–12 & 15–19 Uhr, Winter bis 18 Uhr) GRATIS Die Kirche aus dem späten 13. Jh. ist vor allem wegen eines besonders schönen Freskenzyklus über das Leben des hl. Augustinus von Benozzo Gozzoli bekannt (hinter dem Altar; für eine bessere Beleuchtung ein 50-Cent-Stück einwerfen). Von Gozzoli stammt auch das Fresko mit dem hl. Sebastian an der Nordwand. Der Heilige beschützt die Bürger von San Gimignano vor der Pest im Jahre 1464. Das Ungewöhnliche an der Darstellung ist, dass ihm dabei eine barbusige Jungfrau Maria zur Seite steht – ein Symbol für ihre mütterliche Liebe zur Menschheit.

Museo del Vino — MUSEUM

(www.sangimignanomuseovernaccia.com; Parco della Rocca; April–Okt. 11.30–18.30 Uhr) GRATIS Das Museum neben der *rocca* (Festung) ist eine einzige Hommage an den Vernaccia, San Gimignanos berühmten Weißwein. Die Exponate zeichnen die Geschichte des Weins und des Landes, auf dem er angebaut wird, nach. In der *enoteca* kann man sich ein Gläschen von dem edlen Tropfen bestellen und auf einer Terrasse mit großartigem Panorama zu Gemüte führen.

Museo Archeologico & Speziera di Santa Fina — MUSEUM

(Via Folgore da San Gimignano 11; Erw./erm. 6/5 €; Sommer 9.30–18.30 Uhr, Winter 11–17 Uhr) Die Speziera di Santa Fina, eines von gleich zwei Museen an demselben Standort, wartet mit einer teilweise rekonstruierten Apotheke aus dem 15. bis 18. Jh. auf. Auf den Regalen stehen bunte Keramikgefäße, halbvolle Flaschen mit geheimnisvollen Tinkturen, Terrakottaschüsseln voller Zutaten und in Leder gebundene Inventarlisten in schnörkeliger Handschrift. Das Museo Archeologico

KOMBITICKETS SAN GIMIGNANO

Sparmöglichkeiten bieten zwei Kombitickets: Das erste (Erw./erm. 6/5 €) gilt für das Museo Civico, das Museo Archeologico, die Speziera di Santa Fina und ein kleines Vogelkundemuseum. Das zweite (Erw./erm. 6/3 €) gilt für die Collegiata und das Museo d'Arte Sacra.

(archäologisches Museum) beherbergt derweil feine Tonwaren, riesige Servierplatten mit Wappen und Gegenstände aus römischer Zeit, wie etwa winzige Bronzefigürchen, geätzte Spiegel und stapelweise farbige Mosaikkacheln.

Treppauf ist die moderne Kunstgalerie **Galleria d'Arte Moderne e Contemporanea**, zu deren ständiger Ausstellung Renato Guttusos eindrucksvolle *Marina* (1970) gehört.

Museo d'Arte Sacra MUSEUM
(Piazza Pecori 1; Erw./Kind 3,50/2 €; ⌚ Sommer Mo–Fr 10–19, Sa bis 17, So 12.30–19 Uhr, Winter Mo–Sa 10–16.30, So 12.30–16.30 Uhr) In diesem schlichten Museum werden Werke religiöser Kunst aus den wichtigsten Kirchen der Stadt gezeigt. Besonders schön sind die Kelche und Weihrauchfässer aus Gold und Silber und die exquisit bestickten Textilien.

San Gimignano del 1300 MUSEUM
(www.sangimignano1300.com; Via Costarella 3; Erw./Kind 3 €/frei; ⌚ Sommer 10–18 Uhr) Vor allem Kinder lieben die Nachbildung der mittelalterlichen Stadt aus Tonerde und Tuffstein. Die großartige Handwerkerleistung zeigt, wie Häuser, Straßen, Türme und Menschen wohl um 1300 ausgesehen haben. Wahrscheinlich inspiriert es den Nachwuchs nach der Heimkehr zu noch kühneren Lego-Projekten als je zuvor!

Geführte Touren

★ Vernaccia di San Gimignano Vineyard Visit WEINGUT
(Weinprobe 20 €; ⌚ April–Okt. Di & Do 17–19 Uhr) Die Weinproben und Verköstigungen regionaler Spezialitäten in Begleitung eines englischsprachigen Guides sind Genuss pur. Wenigstens einen Tag vorab bei der Touristeninformation buchen.

Naturwanderungen WANDERUNG
(Touren 22–25 €; ⌚ unterschiedl.) Aktivere können verschiedene Wanderungen in den umliegenden Hügeln unternehmen und der Via Francigena 6 bis 9 km folgen oder Teile der Riserva Naturale di Castelvecchio südwestlich von San Gimignano erkunden. Auch hier ist ein englischsprachiger Führer dabei. Buchung in der Touristeninformation.

Festivals & Events

Ferie delle Messi KULTURELL
(www.cavalieridisantafina.it) Im Juni (meist am dritten Wochenende) versetzt dieser Festumzug den Ort mit nachgespielten Schlachten, Bogenschießen und Gauklerspielen zurück ins Mittelalter.

Festival Barocco di San Gimignano MUSIK
Eine Reihe erstklassiger Barockkonzerte im September und Anfang Oktober. Siehe www.sangimignano.com.

Schlafen

★ Al Pozzo dei Desideri APARTMENT €
(☎ 370 3102538, 0577 90 71 99; www.alpozzodeidesideri.it; Piazza della Cisterna 32; DZ/3BZ/4BZ 110/120/160 €; ❄ 📶) Drei Zimmer mit Aussicht (zwei hinaus ins Grüne, eins auf den Hauptplatz) bietet das bildschöne B&B in einem Gebäude aus dem 13. Jh. Marmorbäder, Vorhänge und warme Steinwände sind Standard, ebenso wie ein Kühlschrank und alles zum Kaffee-/Teekochen. Es gibt kein Frühstück, dafür ein nettes Café um die Ecke.

Il Pino B&B €
(☎ 0577 94 04 15; www.locandailpino.it; Via Cellolese 6; EZ/DZ 52/70 €; 📶) Freigelegte Dachsparren, durchgetretene Terrakottaböden und ein tolles Preis-Leistungs-Verhältnis machen den Charme dieser *locanda* (Gasthaus) aus. Die Steppdecken und die smarten, modernen Bäder sorgen zusätzlich für Behaglichkeit und Komfort. Auch die Lage in einem ruhigeren Teil der Stadt, aber noch innerhalb der alten Stadtmauer könnte nicht besser sein.

Foresteria Monastero di San Girolamo HOSTEL €
(☎ 0577 94 05 73; www.monasterosangirolamo.it; Via Folgore da San Gimignano 30; EZ/2BZ 43/75 €; P) Eine tolle Option für Backpacker. Sie wird von freundlichen vallombrosanischen Nonnen betrieben. Die Zimmer für zwei bis fünf Personen sind einfach, aber komfortabel und haben ein eigenes Bad. Küchenbenutzung und Parkplatz kosten nicht die Welt, die Buchung sollte vorab online auf www.monasterystays.com erfolgen, da oft belegt ist.

Wer nicht reserviert hat, sollte zwischen 9 und 12 Uhr oder 15.30 und 17.30 Uhr an der Klosterglocke klingeln (näher am Stadtzentrum), nicht an der Foresteria, da kommt keiner.

Hotel L'Antico Pozzo BOUTIQUEHOTEL €€
(☎0577 94 20 14; www.anticopozzo.com; Via San Matteo 87; EZ 80–95 €, DZ 90–180 €; ❄@📶) Das historische Flair dieser Unterkunft ist unwiderstehlich. Steinbogen und gewundene Treppen führen zu einer lauschigen Frühstücksterrasse, Gesimse und ein Netzwerk aus Balken darüber sind die Blickfänge in den schicken, geräumigen Schlafzimmern. Die edleren Zimmer sind nach Dichtern benannt, das Beste ist, natürlich, das Dante-Zimmer, eine wahre Schönheit mit hohen Decken und viel poliertem Holz.

La Cisterna HOTEL €€
(☎0577 94 03 28; www.hotelcisterna.it; Piazza della Cisterna 24; EZ 72–78 €, DZ 96–150 €; ❄@📶) Die Aussicht aus den teureren Balkonzimmern wird als „Panoramablick" beschrieben. Das trifft es zumindest zur Hälfte: Man hat einen 180-Grad-Blick über Häuserdächer, winzige Gemüsegärten und Weinstöcke bis hin zu den dunstigen Hügeln in der Ferne. Unter den Bogen in den Räumen stehen Betten mit Eisengestellen und handbemalte Möbel. Die günstigeren Zimmer sind zwar auch sehr komfortabel, aber nicht mal ansatzweise so stilvoll wie die Balkonzimmer.

Essen & Ausgehen

San Gimignano ist bekannt für den Handel mit *zafferano* (Safran). Auf dem **Markt am Donnerstagmorgen** (Piazza delle Erbe) rund um die Piazze Cisterna, Duomo und Erbe gibt's außer Fleisch, Gemüse und Fisch auch viele Leckereien zum Mitnehmen.

Dal Bertelli PANINI €
(Via Capassi 30; Panini 4–6 €, Glas Wein 2 €; ⏲März–Anfang Jan. 13–19 Uhr) Die Bertelli-Familie ist seit 1779 in San Gimignano ansässig, und der derzeitige Patriarch ist genauso stolz auf seine Herkunft wie auf seine *panini*. Er erwirbt Salami, Käse, Brot und Wein ausschließlich von örtlichen Produzenten und zaubert daraus opulente belegte Brote, die in wunderbar authentischem Ambiente mit marmornen Arbeitsflächen, Holzregalen und seltsamen landwirtschaftlichen Gerätschaften an den Steinwänden über die Theke gehen.

Caffè Delle Erbe CAFÉ €
(☎0577 94 04 78; www.caffedelleerbesangimignano.it; Piazza delle Erbe; Panini 5 €, gemischte Platten 6–13 €; ⏲Mi–Mo 9–19 Uhr) Die *panini* besser überspringen und gleich zum *piatto misto* mit leckerer Bruschetta, Salaten und einer feinen Auswahl toskanischer Fleisch- und Käsespezialitäten übergehen. Das Ganze schmeckt am besten mit einem Glas Vernaccia an einem Tisch auf dem Bürgersteig mit Blick auf die berühmten Türme von San Gimignano.

Gelateria Dondoli EISDIELE €
(www.gelateriadipiazza.com; Piazza della Cisterna 4; Portion 2,50–5 €; ⏲Sommer 9–23 Uhr, Winter bis 19.30 Uhr) Was hier kredenzt wird, hat weniger mit Eiscreme zu tun als mit Kunst. Der frühere „Gelato-Weltmeister" Sergio Dondoli ist Mitglied der italienischen Eiscreme-Nationalmannschaft (natürlich gibt es so was!). Seine berühmtesten Kreationen sind die *Crema di Santa Fina* (mit Safran) und das Vernaccia-Sorbet.

★ **Locanda Sant'Agostino** TOSKANISCH €€
(☎0577 94 31 41; www.locandasantagostino.net; Piazza Sant'Agostino 15; Gerichte 30 €; ⏲Do–Di 12.30–14.30 & 19–22 Uhr) Hier einzukehren fühlt sich ein bisschen an wie eine Mahlzeit bei der italienischen Oma. Weizengarben baumeln von der Decke, auf den Regalen tummeln sich allerlei Stehrumchen und die Küche ist famos. Die hausgemachte *pici* (dicke, von Hand gerollte Pasta) wird z. B.

GALLERIA CONTINUA

Es erscheint etwas merkwürdig, in der mittelalterlichen Zeitkapsel San Gimignano ausgerechnet auf einen Hort moderner Kunst hinzuweisen. Aber dafür gibt es einen guten Grund: Die Galleria Continua (☎0577 94 31 34; www.galleriacontinua.com; Via del Castello 11; ⏲Mo–Sa 10–13 & 14–19 Uhr) gehört zu den besten kommerziellen Kunstgalerien Europas. Hier werden Arbeiten von weltbekannten Künstlern ausgestellt, darunter Ai Weiwei, Daniel Buren, Carlos Garaicoa, Moataz Nasr, Kendell Geers und Sophie Whettnall.

Die Galerie verteilt sich auf drei Orte (ein altes Kino, einen mittelalterlichen Turm und ein mittelalterliches Kellergewölbe) und ist eine der spannendsten Attraktionen von San Gimignano.

ABSEITS DER ÜBLICHEN PFADE

IL PALUFFO

In den Hügeln 20 km nördlich von San Gimignano befindet sich ein innovativer Luxus-*agriturismo*, an den man sich noch lange erinnern wird. **Il Paluffo** (☎0571 66 42 59; www.paluffo.com; via Citerna 144, nahe Lucardo; B&B DZ 160 €, 4-/6-Pers.-Apt. 1890/2300 € pro Woche; P ❄ @ 🛜 ≋) war früher einmal ein Olivengut. Die Unterkunft ist mehrere hundert Jahre alt und wurde clever umgebaut: Aus dem Fermentierraum wurde dabei eine mit Büchern vollgestopfte, zweistöckige Lounge mit wuchtigen Sofas und schrägem Kamin.

Die Schlafzimmer zeichnen sich derweil durch Fresken aus dem 18. Jh., polierte Holzläden und Spiegel mit den ersten blinden Flecken aus. Beim Anblick der Bäder fällt einem erst mal die Kinnlade runter: Die Wannen sind kreisrund und überall wurde das Holz von alten Weinfässern verarbeitet.

Das Personal organisiert Aktivitäten wie Weinproben, Trüffelsuchen und Kochkurse, bei denen man alles von Pastaherstellung bis zum Anrichten einer typisch toskanischen Dinnerparty lernen kann. Weitere Extras sind der opulente Swimmingpool (mit Biofilter), eine Bar mit toskanischen Weinen zur Selbstbedienung, ein mit Zitronenbäumchen bestandener Hof und Terrassen, auf denen man übers Tal hinweg bis zu den Türmen von San Gimignano blicken kann. Traumhaft.

mit Windschwein-*ragù* serviert, es gibt aber auch Trüffeln en masse, die, ähnlich wie der Vernaccia, in großzügigen Mengen kredenzt werden.

Perucà TOSKANISCH €€
(☎0577 94 31 36; www.peruca.eu; Via Capassi 16; Gerichte 30 €; ⏲Mitte Feb.–Anfang Dez. Di–So 12.30–14 & 19.30–22 Uhr, April–Sept. auch Mo) Die Besitzerin kennt und liebt das Essen und die Weine der Region, was sich in ihrer exzellenten Küche bemerkbar macht. Besonders empfehlenswert ist die Spezialität des Hauses, *fagottini del contadino* (mit Pecorino, Birnen und Safrancreme gefüllte Teigtaschen) mit einem Glas Vernacchia der Fattoria San Donato – ein himmlischer Genuss.

La Mangiatoia TOSKANISCH €€
(☎0577 94 15 28; Via Mainardi 5; Gerichte 20 €; ⏲Mi–Mo 12.30–14.30 & 19.30–21.30 Uhr) Die Köche im La Mangiatoia wissen, was sie können. Bei den Antipasti, *primi* und *secondi piatti* stehen den Gästen immer nur jeweils fünf Gerichte zur Auswahl. Die sind aber tatsächlich alle prima, denn traditionell toskanische Zutaten wie Rindfleisch, Wild und Wildschwein werden mit geübter Hand zubereitet.

Il Pino TOSKANISCH €€
(☎0577 94 04 15; www.ristoranteilpino.it; Via Cellolese 8; Gerichte 25–50 €; ⏲Fr, Sa & Mo–Mi 12–14.30 & 19–21.30, So 12–14.30 Uhr) Trüffeln hier, Trüffeln da, Trüffeln überall! Sie scheinen das erklärte „Lieblingskind" in dem eleganten Speiseraum mit der Gewölbedecke zu sein. Denkwürdig ist z. B. die Version mit mariniertem Chianina-Rind und Pecorino. Das Brot ist selbstgebacken, die Zutaten sind saisonal und die viergängigen Menüs für 25 bis 50 € sind ein echtes Schnäppchen.

ℹ Praktische Informationen

Touristeninformationen (☎0577 94 00 08; www.sangimignano.com; Piazza del Duomo 1; ⏲Sommer 9–13 & 15–19 Uhr, Winter 9–13 & 14–18 Uhr) Die ausgesprochen hilfsbereite Touristeninformation organisiert Ausflüge und hält Kartenmaterial bereit. Sie bietet auch Infos zur *Strada del Vino Vernaccia di San Gimignano* (Vernaccia-Weinstraße von San Gimignano). Auf der Website können Unterkünfte gebucht werden.

ℹ An- & Weiterreise

AUTO & MOTORRAD

Autofahrer nehmen in Florenz oder Siena die *superstrada*, dann die SR2 und in Poggibonsi-Nord schließlich die SP1. Ab Volterra geht es auf der SR68 ostwärts und dann auf der SP47 nordwärts nach San Gimignano.

Parken ist teuer! Am billigsten ist der Parcheggio Giubileo (pro Std./24 Std. 1,50/6 €) am südlichen Ortsrand, am bequemsten der Parcheggio Montemaggio an der Porta San Giovanni (pro Std./24 Std. 2/20 €).

BUS

Die Bushaltestelle liegt direkt neben den Carabinieri (Polizeistation) an der Porta San Giovanni. Tickets verkauft die Touristeninformation. Hier ein paar Fahrtziele:

Florenz (6,80 €, 1¼–2 Std., 14-mal tgl.) Umsteigen in Poggibonsi.
Siena (6 €, 1–1½ Std., Mo–Sa 10-mal tgl.)
Volterra (6 €, 1½ Std., Mo–Sa 4-mal tgl.) Umsteigen in Colle di Val d'Elsa.

ZUG

Der nächste Bahnhof liegt in Poggibonsi (Bus 2,50 €, 30 Min., häufig).

Volterra

10 800 EW.

Die gut erhaltenen Stadtmauern von Volterra verleihen der windumtosten Stadt einen abweisenden, stolzen Charakter. Wohl deshalb wählte sie die Autorin Stephenie Meyer für ihre megapopuläre *Twilight*-Serie als Hauptsitz der Vampire. Glücklicherweise sieht die Wirklichkeit bei einem Gang durch die gewundenen Kopfsteinpflastergassen viel freundlicher aus.

Die etruskische Siedlung Velathri war ein wichtiges Handelszentrum und ranghohes Mitglied der zwölf Bundesstädte Etruriens. Während der Blütezeit der Etrusker sollen hier 25 000 Menschen gelebt haben. Auch aufgrund ihrer unwirtlichen Umgebung war die Stadt eine der letzten, die sich Rom unterwerfen mussten – sie wurde erst um 260 v. Chr. ins Römische Reich integriert und erhielt den Namen Volaterrae. Im 12. und 13. Jh. entstand der Großteil der Altstadt. Volterra war zu dieser Zeit eine freie Gemeinde, die ihre Unabhängigkeit zu verteidigen wusste. Erst 1361 gelangte die Stadt unter den Machteinfluss von Florenz, widersetzte sich aber weiter tapfer der Herrschaft der Medici. Ihr Widerstand wurde von den Soldaten Lorenzos I. de' Medici gebrochen, die die Stadt 1472 einnahmen. 1530 rebellierten die Einwohner von Volterra erneut und wurden wieder brutal von den Florentinern niedergeschlagen. Volterra erhielt seine Unabhängigkeit nie zurück, denn von den Florentinern ging die Herrschaft direkt auf das Großherzogtum Toskana über, das die Stadt bis zur Einigung Italiens 1860 regierte. Schon die Etrusker fertigten wunderbare Waren aus Alabaster, der in nahegelegenen Steinbrüchen abgebaut wurde. Für dieses Kunsthandwerk sind die Bewohner Volterras noch heute bekannt.

> **KOMBITICKET VOLTERRA**
>
> Das *biglietto cumulativo* (Erw./erm. 10/6 €) gilt für das Museo Etrusco Guarnacci, die Pinacoteca Comunale und das Ecomuseo dell'Alabastro.

Sehenswertes & Aktivitäten

★ Museo Etrusco Guarnacci MUSEUM
(Via Don Minzoni 15; Erw./erm. inkl. Pinacoteca Comunale & Ecomuseo dell'Alabastro 10/6 €; ⏲ Sommer 9–19 Uhr, Winter 10–16.30 Uhr) Die hier gezeigte Sammlung etruskischer Kunst gehört zu den eindrucksvollsten in ganz Italien. Alle Ausstellungsstücke wurden in der Umgebung gefunden, darunter mehr als 600 Begräbnisurnen, überwiegend aus Alabaster und Tuffstein. Die vielleicht bemerkenswerteste ist die *Urne der Eheleute* mit einem erstaunlich realistischen Terrakotta-Relief eines älteren Paars. Die Funde werden nach Motiven und Zeitperioden geordnet präsentiert. Die schönsten Exemplare (aus späterer Zeit) befinden sich im 2. und 3. Stock.

Gesehen haben sollte man den Helm aus der Tomba del Guernero bei Poggio alle Croci und *L'Ombra della Sera* (Schatten des Abends), eine lang gestreckte nackte Bronzefigur, die verblüffend an die Skulpturen des Schweizer Bildhauers Alberto Giacometti erinnert.

★ Cattedrale di Santa Maria Assunta KATHEDRALE
(Duomo di Volterra; Piazza San Giovanni; ⏲ Sommer 8–12 & 14–19 Uhr, Winter bis 17 Uhr) Der Dom stammt aus dem 12. und 13. Jh., wurde aber im 16. Jh. umgestaltet. Er verfügt über eine hübsche Kassettendecke. Die **Kapelle der Mater Dolorosa**, links vom Eingang an der Piazza San Giovanni, birgt zwei Skulpturen von Andrea della Robbia und das kleine Fresko *Zug der Könige* von Benozzo Gozzoli.

Vor dem Dom steht das **Baptisterium** (Piazza San Giovanni) aus dem 13. Jh. mit einem kleinen marmornen Taufbecken (1502) von Andrea Sansovino.

Palazzo dei Priori HISTORISCHES GEBÄUDE
(Piazza dei Priori; Erw./erm. 4/3 €; ⏲ Sommer 10.30–17.30 Uhr, Winter Sa & So 10–16 Uhr) Volterras Rathaus aus dem 13. Jh. ist der älteste Sitz einer Regionalregierung in der Toskana. Das Fresko von Piero Francesco Fiorentino an der Treppe stellt die Kreuzigung Jesu dar, der Ratssaal verfügt über ein phantastisches Kreuzgewölbe. Der hohe **Glockenturm** wurde im 19. Jh. erheblich umgebaut; eine Treppe und ein Lift führen nach oben.

1. *Maestà* von di Buoninsegna 2. Piazza dei Priori, Volterra
3. Abbazia di Sant'Antimo 4. Palazzo Comunale, Siena

TINO SORIANO/GETTY IMAGES ©

Mittelalterliche Meisterstücke

Das Mittelalter kommt wohl in vielen Geschichtsdarstellungen nicht gut weg. Hunger, Pest und Krieg mögen die Bevölkerung heimgesucht haben, aber die Epoche brachte auch außerordentliche Werke in Kunst und Architektur hervor. Städte wie Siena, San Gimignano und Volterra sind gespickt mit Meisterwerken, die aus dieser Zeit stammen.

Palazzo Comunale, Siena

Erbaut an der Schwelle zwischen Mittelalter und Renaissance ist das Rathaus von Siena (S. 130) ein Triumph gotisch-säkulärer Architektur. Drinnen zeigt das Museo Civico eine Sammlung, die zwar nicht groß, aber von herausragender Qualität ist.

Abbazia di Sant'Antimo

Seit dem Mittelalter pflegen die Benediktinermönche des romanischen Klosters (S. 169) bei Montalcino den gregorianischen Chorgesang. Das Kloster betört durch karge Schönheit und eine idyllische Umgebung.

Piazza dei Priori, Volterra

Den zentralen Platz von Volterra (S. 162) umgeben mittelalterliche Palazzi, allen voran der hübsche Palazzo dei Priori und der Palazzo Pretorio. Letzterer wird gekrönt von der Torre del Porcellino (Turm des Ferkels), so benannt nach der kleinen Skulptur im oberen Teil.

Maestà von Duccio di Buoninsegna, Siena

Das Altarbild von Duccio zeigt die Jungfrau Maria mit Engeln, Heiligen und prominenten Bürgern Sienas. Für die Kathedrale von Siena geschaffen, ist es heute das Glanzstück des Museo dell'Opera (S. 133).

Collegiata, San Gimignano

Das Innere der romanischen Kathedrale (S. 153) ist mit farbigen Fresken bemalt, die sich wie ein Comic über die Wände ziehen.

Volterra

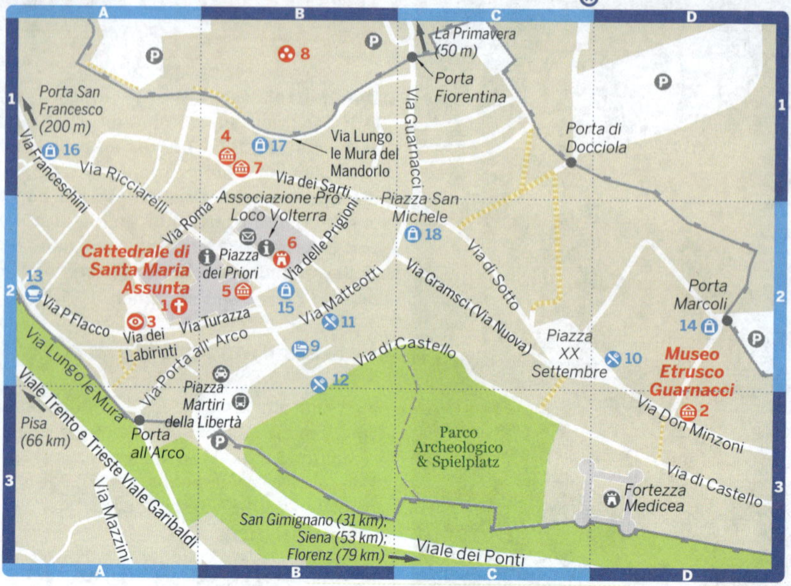

Volterra

Highlights
- 1 Cattedrale di Santa Maria Assunta A2
- 2 Museo Etrusco Guarnacci D3

Sehenswertes
- 3 Baptisterium.. A2
- 4 Ecomuseo dell'Alabastro........................ B1
- 5 Palazzo dei Priori B2
- 6 Palazzo Pretorio...................................... B2
- 7 Pinacoteca Comunale B1
- 8 Römisches Theater.................................. B1

Schlafen
- 9 Nazionale B2

Essen
- 10 La Carabaccia D2
- 11 L'Incontro B2
- 12 Ristorante-Enoteca Del Duca B2

Ausgehen & Nachtleben
- 13 Caffè dei Fornelli.....................................A2

Shoppen
- 14 Alab'Arte D2
- 15 Cooperativa Artieri dell'Alabastro.........B2
- 16 Emporio del Gusto.................................. A1
- 17 Fabula Etrusca B1
- 18 Paolo Sabatini C2

Palazzo Pretorio PALAZZO
(Piazza del Priori; nicht öffentlich zugänglich) Der Palazzo Pretorio diente als Sitz des Bürgermeisters und thront am zentralen Platz von Volterra. Vom Palazzo ragt einer der ältesten Türme der Stadt empor, die **Torre del Porcellino** (Schweinchenturm), die ihren Namen der kleinen Skulptur eines Keilers im oberen Teil verdankt.

Pinacoteca Comunale KUNSTMUSEUM
(Via dei Sarti 1; Erw./erm. inkl. Museo Etrusco Guarnacci & Ecomuseo dell'Alabastro 10/6 €; Sommer 9–19 Uhr, Winter 10–16.30 Uhr) Eine kleine Sammlung von Kunstwerken aus Volterra, Siena und Florenz ist in den Räumen des Palazzo Minucci Solaini zu sehen, unter anderem eine liebliche *Madonna mit Kind* (1411) von Taddeo di Bartolo und die erstaunlich modern wirkende *Kreuzabnahme* (1521) von Rosso Fiorentino.

Ecomuseo dell'Alabastro MUSEUM
(Via dei Sarti 1; Erw./erm. inkl. Museo Etrusco Guarnacci & Pinacoteca Comunale 10/6 €; Sommer 9–19 Uhr, Winter 10–16.30 Uhr) Wie es sich für eine Stadt gehört, die den Werkstoff Alabaster seit etruskischer Zeit aus den benachbarten Steinbrüchen holt, verfügt Volterra über ein Alabastermuseum. Es beleuchtet alle As-

pekte des wertvollen Minerals, angefangen bei der Produktion und Verarbeitung bis hin zur Vermarktung. Es sind viele moderne Arbeiten zu sehen, aber auch aus etruskischer Zeit und späteren Epochen; außerdem befindet sich hier die Rekonstruktion einer Steinmetzwerkstatt.

Römisches Theater ARCHÄOLOGISCHE STÄTTE
(Via Francesco Ferrucci; Eintritt 3,50 €; ⊙ Sommer 10.30–17.30 Uhr, Winter 10–16.30 Uhr) Volterra trumpft mit einem der schönsten und besterhaltenen Amphitheater Italiens auf, einer sinnträchtigen Stätte mit grasbewachsenen Sitzrängen und hoch aufragenden Säulen. Es wurde im 1. Jh. v. Chr. errichtet und bot 2000 Zuschauern Platz. Die Ränge des Sitzbereichs *(cavea)*, der Orchestergraben und die Bühne sind noch deutlich erkennbar. Wer nicht unbedingt alles aus nächster Nähe betrachten will, kann einen kostenlosen Blick auf das Theater erhaschen: von der Via Lungo Le Mura del Mandorlo.

Geführte Touren

★ **Volterra by Night** STADTSPAZIERGANG
(www.volterratur.it/en; Erw./Kind 10 €/frei; ⊙ Mitte Juni–Mitte Sept. wöchentl.) Die ausgesprochen stimmungsvollen nächtlichen Streifzüge führen durch die unfassbar engen Gassen von Volterra und vorbei an der gotischen Architektur. Die Spaziergänge dauern 90 Minuten (Start: 21.30 Uhr) und müssen am selben Tag bis 16 Uhr reserviert werden.

New Moon Tour STADTSPAZIERGANG
(☎ 0588 8 60 99; www.newmoonofficialtour.com; Führung 30 €) *Twilight*-Fans haben einen Heidenspaß daran, den Glockenturm, die Gassen und steinernen Bogen zu entdecken, durch die Edward und Bella in Stephenie Meyers Roman *New Moon – Bis(s) zur Mittagsstunde* hasten. Die abendlichen Spaziergänge finden im April und Mai zweimal monatlich statt, Tickets müssen vorab gebucht werden. Im Preis inbegriffen: ein *aperitivo* und die eine oder andere Überraschung …

Volterra Walking Tour STADTSPAZIERGANG
(☎ 0588 08 62 01; www.volterrawalkingtour.com; Führung 10 €; ⊙ April–Juli & Sept.–Okt. 18 Uhr) Diese nette, einstündige Führung in englischer Sprache zollt Volterras etruskischer, römischer und mittelalterlicher Vergangenheit Tribut. Los geht's an der Piazza Martiri della Libertà. Eine vorherige Reservierung ist nicht nötig; nur Barzahlung.

ABSEITS DER ÜBLICHEN PFADE

DIE VIA FRANCIGENA

Wer im Urlaub nicht nur faulenzen will, kann zur Abwechslung ein Stück auf der **Via Francigena** fahren oder wandern. Die mittelalterliche Pilgerstrecke vom südenglischen Canterbury nach Rom führt durch viele interessante toskanische Orte, darunter San Gimignano, Monteriggioni, San Quirico d'Orcia und Radicófani. GlobalMap gibt die Karte Via Francigena in Toscana (8 €) heraus, eine erstklassige Wanderkarte (1:50 000) mit genauen Streckenbeschreibungen und Infos zu Übernachtungsmöglichkeiten für Pilger. Es gibt sie bei Touristeninformationen und Buchhandlungen in der ganzen Region. Online sind Streckenkarten und GPS-Koordinaten unter www.francigena librari.beniculturali.it zu finden.

Festivals & Events

Volterra AD 1398 KULTUR
(www.volterra1398.it; Tagespass Erw./erm. 10/6 €) Am dritten und vierten Sonntag im August drehen die Einwohner von Volterra die Zeit um gut 600 Jahre zurück und ziehen in historischen Kostümen durch die Straßen und über den mittelalterlichen Jahrmarkt.

Volterragusto REGIONALE ERZEUGNISSE
(www.volterragusto.com) Verschiedene Events Mitte März, Ende Oktober und Anfang November stellen die Produkte der Region vor, darunter Käse, weiße Trüffeln, Olivenöl und Schokolade.

Schlafen

★ **Podere San Lorenzo** AGRITURISMO €
(☎ 0588 3 90 80; www.agriturismo-volterra.it; Via Allori 80; B&B DZ 100 €, Apt. mit 2/3/4 Schlafzimmern ohne Frühstück 105/135/160 €;) In diesem ruhigen Musterbeispiel von einem Agriturismo-Betrieb tauchen die Gäste voll ein ins ländliche Idyll. Gleich neben dem beneidenswerten Gemüsegarten befindet sich ein Swimmingpool, der, ganz „bio", von einer Quelle gespeist wird. Die Apartments (zwei davon mit eigener Terrasse) atmen Geschichte: In dem ältesten haben auch die „neuen" Balken schon 500 Jahre auf dem Buckel. Das Feinschmeckerabendessen (30 € pro Pers. inkl. Wein) wird in einer ehemaligen Kapelle aus dem 12. Jh. aufgetragen.

Aktivitäten wie Wandern, Radfahren und Mithilfe bei der Olivenölproduktion sowie Kochkurse bei Mariana (100 € pro Pers.) halten die Gäste auf Trab. Die Olivenfarm liegt ca. 3 km außerhalb von Volterra. Bei Anfahrt über die SS68 aus Siena, Florenz und San Gimignano passiert man die Skulptur eines roten Kreises am Ortseingang; dann rechts in die schmale Straße hinter dem Autohändler abbiegen.

★ La Primavera B&B €
(☎0588 8 72 95; www.affittacamere-laprimavera.com; Via Porta Diana 15; EZ/DZ/3BZ 50/75/100 €; ⏲Mitte April–Mitte Nov.; P 📶) Dass ein paar Zimmer in dem heimeligen B&B mit opulent verzierten, in Stein gemeißelten Kaminen ausgestattet sind, passt natürlich zu seiner ehemaligen Verwendung als Alabasterwerkstatt. La Primavera ist eine gemütliche Unterkunft mit gemeinschaftlichem Sitzbereich, einem hübschen Garten, polierten Parkettböden und schmeichelnden Pastelltönen in Violett, Gelb, Grün und Blau. Sie liegt etwas außerhalb der Stadtmauern, zehn Gehminuten von der Piazza dei Priori entfernt. Keine Kreditkartenzahlung.

Molina d'Era HOTEL €
(☎0588 3 32 20; www.molinodera.com; Molina d'Era; SR439; EZ 59–69 €, DZ 69–79 €; ⏲Jan., Feb. und So–Do im März geschl.; P 📶) Manchmal kommt es einfach auf die Leute an. Das pinke Gebäude aus den 1990ern wird sicherlich nicht zum toskanischen Baudenkmal des Jahres gekürt. Aber die beiden quirligen Schwestern, die das Hotel betreiben, heißen ihre Gäste derart herzlich willkommen, dass dies allein schon Grund ist zu bleiben. Hinzu kommen die gemeinschaftliche Atmosphäre im Restaurant, die Qualität der Hausmannskost, der Kaffee und die selbst gebackenen Amaretti. Zum Verlieben.

Nazionale PENSION €
(☎0588 8 62 84; www.hotelnazionale-volterra.it; Via Dei Marchesi 11; EZ/DZ 65/88 €; 📶) Eine waschechte, altmodische *pensione* samt dazugehöriger lächelnder Signora, knarzendem Aufzug, einfachen, aber sauberen Zimmern, einem vernünftigen Frühstücksangebot und toller, zentraler Lage.

Chiosco delle Monache HOSTEL €
(☎0588 8 66 13; www.ostellovolterra.it; Via del Teatro 4, Località San Girolamo; B 18 €, B&B EZ/DZ 53/69 €; ⏲Mitte März–Okt.; P 📶) Das wunderbare, privat geführte Hostel öffnete nach einer Generalüberholung der Räumlichkeiten 2009. Es liegt in einem Kloster aus dem 13. Jh. mit Refektorium, wo das Frühstück serviert wird. Die Zimmer mit Blick auf den Kreuzgang haben hohe Decken und gute Matratzen und Bäder. In den Schlafsälen stehen maximal sechs Betten, Frühstück kostet 6 €. Das Stadtzentrum ist 1 km entfernt.

Busse von und zur Piazza Martiri della Libertà (1 €) halten direkt vor der Tür. Die Rezeption ist von 8 bis 12 Uhr und von 17 bis 23 Uhr besetzt.

Essen & Ausgehen

L'Incontro CAFÉ €
(Via G Matteotti 18; Panini 2,50–3,50 €; ⏲Do–Di 7–1 Uhr; 📶) Hinten im *salone* gibt's eine schnelle Antipastiplatte oder ein *panino* in der Mittagspause, vorn an der Bar tummeln sich ganztägig die Einheimischen, sei es bei Espresso oder *aperitivo*. Die selbstgebackenen Kekse sind göttlich, vor allem die nussigen, weichen *brutti ma buoni* (hässlich, aber gut) und ihre helle Variante, die *ossi di morto* (Totenknochen). Eine kleine, aber feine Auswahl toskanischer Weine rundet das Angebot ab (Glas 3–8 €).

La Carabaccia TOSKANISCH €€
(☎0588 8 62 39; www.lacarabacciavolterra.it; Piazza XX Settembre 4–5; Gerichte 25 €; ⏲12–14.30 & 19.30–21.30 Uhr, Okt.–Ostern Mo geschl.; 🖉) Ein Frauentrio – die Schwestern Sara, Lala und Patrizia – sind Herz und Seele der großartigen Trattoria. Das beste Mittagslokal der Stadt ist nach einer einfachen, toskanischen Gemüsesuppe benannt – selbige ist denn auch eine der Spezialitäten des Hauses! Die übersichtliche Karte wechselt täglich, je nachdem was die Bauern der Umgebung gerade anbieten. Die Gäste sitzen auf der Terrasse vorn oder im rustikalen Speisesaal.

★ Ristorante-Enoteca Del Duca TOSKANISCH €€
(☎0588 8 15 10; www.enoteca-delduca-ristorante.it; Via di Castello 2; 5-gängiges Probiermenü 45 €; ⏲Mi–Mo 12.30–15 & 19.30–22 Uhr; 🖉) Auf dem Speiseplan des einzigen Edelrestaurants in Volterra steht traditionelle toskanische Küche, die in Kellergewölben und einem herrlichen Garten hinter dem Haus serviert wird. Die Weinkarte ist exzellent – kein Wunder, der Betreiber hat einen eigenen Weinberg (sehr zu empfehlen: sein Merlot Giusto Alle Balze).

Caffè dei Fornelli CAFÉ, BAR
(☎0588 8 05 96; www.caffedeifornelli.it; Piazza dei Fornelli 3; ⌚9–23 Uhr, im Winter Do geschl.) Treffpunkt der örtlichen Bohème ist das Lokal des freundlichen Carlo Bigazzi, der oft Lesungen, Jazzkonzerte und Ausstellungen organisiert. Billiger Hauswein (1,50 € pro Glas) schmeckt im nett gestalteten Innenraum und auf der Straßenterrasse, deren Tische sehr begehrt sind.

Shoppen

Die jahrhundertealte Tradition der Alabasterproduktion ist noch heute spürbar: Viele Geschäfte verkaufen handgefertigte Gegenstände aus dieser Gipsart. Die **Cooperativa Artieri dell'Alabastro** (www.artierialabastro.it; Piazza dei Priori 5; ⌚10–18 Uhr) präsentiert die beeindruckenden Arbeiten von 23 hiesigen Kunsthandwerkern in einem großen Laden im Stadtkern. Der Verkaufsraum von **Paolo Sabatini** (www.paolosabatini.com; Via G Matteotti 56; ⌚unterschiedl.) ist kleiner und persönlicher. Bei **alab'Arte** (www.alabarte.com; Via Orti San Agostino 28; ⌚Mo–Sa 10–12.30 & 15–18 Uhr) kann man zuschauen, wie Alabaster bearbeitet wird.

Infos über Kunsthandwerk in Volterra stehen auf www.arteinbottegavolterra.it.

Emporio del Gusto LEBENSMITTEL
(Via San Lino 2; ⌚Di 7.30–13, Mi–Fr 7.30–13 & 17–20, Sa 9.30–13 Uhr) Ein wahres Festmahl aus lokalen Leckerbissen türmt sich in den Regalen der Lebensmittelgenossenschaft, die von der *comune* (Gemeinde) subventioniert wird. Es gibt allerlei aus Olivenöl (auch zur Körperpflege), frische Milch und Joghurt, Käse, Gemüse, Safran, Trüffeln, Pasta, Brot und Wein.

Fabula Etrusca SCHMUCK
(www.fabulaetrusca.it; Via Lungo Le Mura del Mandorlo 10; ⌚Ostern–Weihnachten 10–19 Uhr) Die Werkstatt auf den nördlichen Stadtmauern verkauft handgearbeitete Unikate aus 18-karätigem Gold, oft von etruskischen Motiven inspiriert.

Praktische Informationen

Touristeninformationen (☎0588 8 60 99; www.volterratur.it; Piazza dei Priori 19; ⌚9.30–13 & 14–18 Uhr) Sehr effizientes Büro. Die Angestellten versorgen Besucher mit kostenlosem Kartenmaterial, buchen Unterkünfte und vermieten Audioguides für einen Stadtrundgang.

Anreise & Unterwegs vor Ort

AUTO & MOTORRAD

Mit dem Auto ist Volterra über die SR68 erreichbar, die, nicht weit von der Autobahn Siena-Florenz entfernt, vom Küstenort Cecina nach Colle di Val d'Elsa führt.

Im historischen Zentrum herrscht Parkverbot. Am günstigsten liegt der Parkplatz hinter der Piazza Martiri della Libertà (pro Std./Tag 1,50/11 €). Ob bzw. wie viel die anderen Parkplätze rund um die Stadt etwas kosten, hängt von der Jahreszeit ab, und die Tarife verändern sich regelmäßig. Am besten bringt man sich in der Touristeninformation auf den aktuellsten Stand.

BUS

Die Bushaltestelle ist an der Piazza Martiri della Libertà, Fahrkarten bekommt man in *tabacchi* oder im Büro der von Freiwilligen geleiteten **Associazione Pro Loco Volterra** (☎0588 8 61 50; www.provolterra.it; Piazza dei Priori 10; ⌚9.30–12.30 & 15–18 Uhr, Öffnungszeiten variieren). Achtung: Sonntags fahren nur sehr wenige Busse.

CPT-Busse (☎800 570530; www.cpt.pisa.it) verkehren zwischen Volterra und Pisa (6,10 €, 2 Std., Mo–Sa bis zu 10-mal).

In Colle di Val d'Elsa (2,75 €, 50 Min., Mo–Sa 4-mal) bestehen vier Anschlussverbindungen (Mo–Sa) nach San Gimignano (3,40 €, 35 Min.), Siena (3,40 €, 2 Std.) und Florenz (8,35 €, 2 Std.).

VAL D'ORCIA

Das malerische, landwirtschaftlich genutzte Tal wurde, zusammen mit dem Ort Pienza am Nordostrand, von der Unesco zum Weltkulturerbe erklärt. Seine besondere Landschaft ist durchzogen von flachen Kalkebenen, aus denen sich beinahe kegelförmige Hügel mit befestigten Siedlungen und prächtigen Klöstern erheben – Letztere waren einst Pilgerstationen auf der Via Francigena.

Montalcino & Umgebung

5130 EW.

Montalcino ist international als die Heimat eines der besten Weine überhaupt bekannt, dem Brunello di Montalcino, und die gesamte Stadt definiert sich über die Frucht der Weinstöcke: Eine bemerkenswerte Anzahl von *enoteche* säumt die mittelalterlichen Straßen. Auch geschichtlich hat der

KOMBITICKET MONTALCINO

Wer ein paar Euro für die „Weinkasse" sparen möchte, sollte sich ein Kombiticket (6 €) in der Touristeninformation zulegen, mit dem man die Wehrmauer der *fortezza* und das Museo Civico e Diocesano d'Arte Sacra besichtigen kann.

Ort einiges zu bieten. Montalcino konnte sich dem mächtigen Florenz lange widersetzen, auch nach dem Fall von Siena. Aus dieser Zeit stammt der Name „Republik von Siena in Montalcino".

Sehenswertes & Aktivitäten

Fortezza HISTORISCHES GEBÄUDE

(Piazzale Fortezza; Hof frei, Wehrmauer Erw./Kind 4/2 €; April–Okt. 9–20 Uhr, Nov.–März 10–18 Uhr) Die beeindruckende Festung aus dem 14. Jh., die später unter den Medici-Herzögen erweitert wurde, dominiert die Silhouette der Stadt. In der *enoteca* der Festung kann man Weine aus der Gegend probieren (Verkostung von 2/3/5 Brunellos 9/13/19 €) und erwerben. Wer möchte, kann die Festungsmauern besteigen.

Museo Civico e Diocesano d'Arte Sacra MUSEUM

(0577 84 60 14; Via Ricasoli 31; Erw./erm. 4,50/3 €; Di–So 10–13 & 14–17.30 Uhr) Das Museum im ehemaligen Konvent der benachbarten **Chiesa di Sant'Agostino** zeigt eine Sammlung religiöser Kunst aus dem Ort und der Umgebung. Dazu gehören ein Triptychon von Duccio, eine *Madonna mit Kind* von Simone Martini sowie Werke von den Gebrüdern Lorenzetti, Giovanni di Paolo und Sano di Pietro.

★ **Poggio Antico** WEINGUT

(0577 84 80 44; www.poggioantico.com; Cantina 10–18 äuhr, Restaurant Di–So 12–14.30 & 19–21.30 Uhr, im Winter So abends geschl.) 5 km außerhalb von Montalcino an der Straße nach Grosseto liegt das Weingut Poggio Antico, eine tolle Adresse für Feinschmecker. Hier werden preisgekrönte Weine gekeltert (unbedingt den Brunello Altero oder Riserva probieren!). Die Kellerführung in Deutsch, Englisch oder Italienisch ist kostenlos, die Weinproben liegen bei 25 € (je nach Wein) und im hauseigenen Restaurant werden Probiermenüs angeboten (40 €). Die Führung muss vorab gebucht werden.

Festivals & Events

Internationales Kammermusikfestival MUSIK

(www.musica-reale.com) Findet gewöhnlich im Juli statt, fiel jedoch mehrere Jahre wegen finanzieller Schwierigkeiten und Mängeln am Veranstaltungsort aus. Die Organisatoren hoffen aber, dass es 2016 weitergeht.

Sagra del Tordo KULTUR

(www.comunedimontalcino.it; Okt.) Am letzten Oktoberwochenende zieht eine Prozession durch den Ort, anschließend geht's zum traditionellen Wettkampf im Bogenschießen.

Schlafen

★ **Il Palazzo** B&B €

(0577 84 91 10; www.ilpalazzomontalcino.it; Via Panfilo Dell'Oca 23; DZ 75–80 €; P) Il Palazzo schafft es, seine Gäste trotz aristokratischen Ambientes mit einer Gemütlichkeit wie zu Hause zu verwöhnen. Das weitläufige Gebäude ist 500 Jahre alt und verfügt über reich verzierte Fliesenböden, Balken, schöne Tapisserien und antike Stühle. Die eigentlichen Highlights sind aber die freundlichen Angestellten und die geradezu beiläufig wirkende Pracht der Räumlichkeiten. Dafür sind die Preise ausgesprochen günstig!

Hotel Vecchia Oliviera HOTEL €€

(0577 84 60 28; www.vecchiaoliviera.com; Via Landi 1; EZ 70–85 €, DZ 120–190 €; P) Kronleuchter, elegante Sessel, glänzende Holzböden und dicke Läufer verleihen dieser umgebauten Ölmühle das gewisse Extra. Das schönste der elf Zimmer gewährt einen Blick auf die Hügel und hat einen Whirlpool. Der Pool liegt in einem hübschen Garten, die Terrasse bietet eine unverstellte Aussicht in alle Richtungen.

Hotel Il Giglio HOTEL €€

(0577 84 65 77; www.gigliohotel.com; Via Soccorso Saloni 5; EZ 95 €, DZ 138–148 €, Apt. 2/4 Pers. 100/150 €; P) Hier herrscht ein Flair wie in guten, alten Zeiten! Das wird zusätzlich unterstützt von dem traditionell toskanischen Kamin im Sitzbereich, den Messingbettgestellen und den Bogendecken im Obergeschoss. Der Ausblick aus den Fenstern über die Ebene ist fesselnd.

Essen & Ausgehen

★ **Il Leccio** TOSKANISCH €€

(0577 84 41 75; www.illeccio.net; Costa Castellare 1, Sant'Angelo in Colle; Gerichte 40 €; 12–15 & 19–22 Uhr) Ein einfaches Gericht perfekt

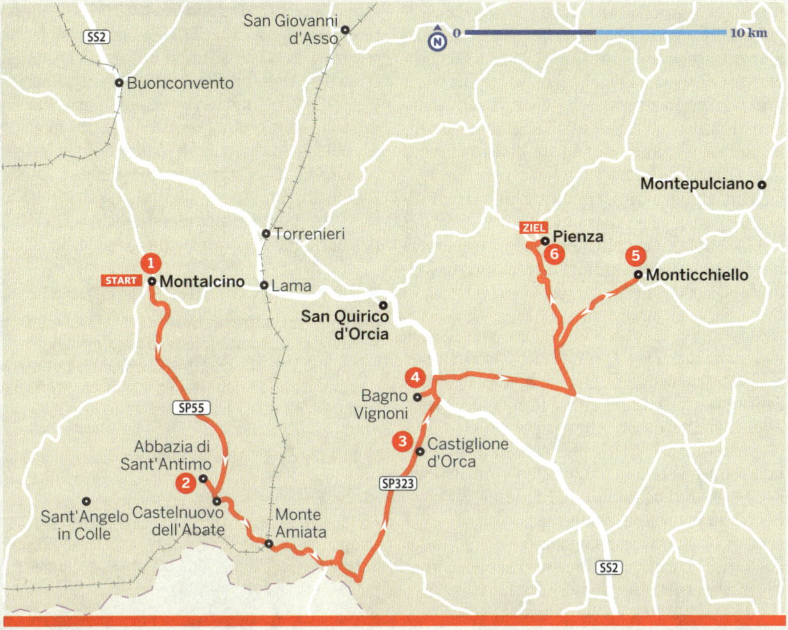

Autotour
Das Val d'Orcia erkunden

START MONTALCINO
ZIEL PIENZA
LÄNGE/DAUER 55 KM; 1 TAG

Nach einem Frühstück in der Fiaschetteria Italiana 1888 geht's los: In 1 **Montalcino** die SP55 nach Süden nehmen, vorbei an Weinbergen und Olivenhainen. Bald taucht rechter Hand die 2 **Abbazia di Sant'Antimo** (S. 169) auf, deren Schönheit man in Ruhe genießen sollte. Weiter geht's auf der SP55 (Richtung Castiglione d'Orcia) und dann auf die SP323. Die beiden Straßen verlaufen auf einem Kamm mit weitem Blick auf das Tal, bevor es erst in Serpentinen bergab geht und dann wieder hinauf, durch eine typisch toskanische Landschaft mit honiggelben Bauernhäusern zwischen Zypressenalleen und Weinstöcken.

Nahe Castiglione d'Orcia schiebt sich dann die kantige 3 **Rocca d'Orcia** (auch Rocca di Tentennano) ins Blickfeld. Die Festung aus dem 13. Jh. klammert sich an einen Kalksteinfelsen. Unterhalb ist ein Parkplatz; den Schildern folgen. Hochzukraxeln lohnt sich – zum einen wegen der Burg selbst, aber auch wegen der Landschaft, die sich weiter unterhalb ausbreitet wie eine lebendige Karte.

Weiter auf der SP323 bleibt das Panorama überwältigend. In 4 **Bagno Vignoni** bietet sich ein Spaziergang über den hübschen Platz im Zentrum und zum großen, mit Thermalwasser gefüllten Bassin an. Wer nicht schon für ein Mittagessen in Monticchiello reserviert hat, kann in einer der hiesigen *osterie* einkehren. Wieder auf der Straße geht's rechts ab Richtung Monticchiello (ausgeschildert) und ins Tal hinein, das man zuvor von oben gesehen hat. Mehrere schnurgerade Nebenstraßen führen an Zypressenbäumen und Bauerngehöften vorüber.

Das winzige 5 **Monticchiello** (S. 171) lockt mit schmalen Gassen, malerischen Plätzen und Panoramaaussichten auf das Val d'Orcia, die man z. B. auf der Terrasse der Osteria La Porta genießen kann (reservieren!).

Den Abschluss bildet 6 **Pienza** (S. 169). Je näher die Stadt rückt, desto beeindruckender wirkt ihre mit Türmchen gespickte Skyline. Den Wagen abstellen und ein außergewöhnliches Meisterwerk der Stadtplanung aus dem 15. Jh. entdecken! Als Unterkunft empfiehlt sich das La Bandita Townhouse, für eine Mahlzeit im Freien die Osteria Sette di Vino. Dort darf sich dann auch der Fahrer endlich ein Schlückchen genehmigen!

hinzubekommen, kann eine schwierige Aufgabe sein. Der Koch dieser Trattoria im Herzen der Toskana kann's. Wer ihm zusieht, wie er für jede Bestellung zwischen Herd und Garten herumwuselt, wird „frisch" ganz neu definieren. Das Resultat seiner Bemühungen – wie auch der Brunello des Hauses – ist jedenfalls göttlich!

Sant'Angelo in Colle liegt 10 km südwestlich von Montalcino (Anfahrt über die Via del Sole). Es geht über einen ungeteerten, aber ausgeschilderten Wirtschaftsweg durch die Weinberge.

★Osticcio WEINBAR
(www.osticcio.it; Via Matteotti 23; Antipastiteller 7–18 €, Mahlzeiten 37 €; ⏲Fr–Mi 12–16 & 19–23, im Sommer auch Do 12–19 Uhr) Montalcino bietet *enoteche* en masse, aber diese hier ist das Nonplusultra. Eine riesige Auswahl an Brunello und seinem bescheideneren Bruder, dem Rosso di Montalcino, wird hier zu köstlichen marinierten Anchovis, *crostini cinta senese* (toskanisches Schweinefleisch) oder Pasta mit Kürbis und Pecorino serviert. Fast noch besser ist aber der Panoramablick.

Fiaschetteria Italiana 1888 CAFÉ
(Piazza del Popolo 6; ⏲7.30–24 Uhr Uhr, Winter Do geschl.) Die Gäste können auf dem schmalen Platz vor diesem stimmungsvollen *enoteca*-Café Platz nehmen, verpassen dann jedoch die tolle Einrichtung aus dem 19. Jh. mit viel Messing, Spiegeln und hübscher Beleuchtung. Seit 1888 servieren die Kellner Kaffee und Brunello, daher die Jahreszahl im Namen. In puncto unwiderstehlicher Charme hat der Laden seither nichts eingebüßt.

ℹ Praktische Informationen

Die **Touristeninformationen** (☎0577 84 93 31; www.prolocomontalcino.com; Costa del Municipio 1; ⏲10–13 & 14–17.50 Uhr) liegt am Hauptplatz und bucht Kellerbesichtigungen wie Unterkünfte.

ℹ An- & Weiterreise

AUTO & MOTORRAD

Ab Siena folgt man der SS2 (Via Cassia); hinter Buonconvento biegt man auf die SP45 ab. Rund um die *fortezza* gibt's jede Menge Parkplätze (1,50 € pro Std.; 8–20 Uhr).

BRUNELLOPOLI

2008 zog Montalcino die Aufmerksamkeit der Welt auf sich, als einige örtliche Weinbauern beschuldigt wurden, ihren Brunello di Montalcino mit „fremden" Rebsorten wie Merlot oder Cabernet Sauvignon verschnitten zu haben. Der Disciplinare di Produzione dei Vini a Denominazione di Origine Controllata (italienische Produktionsverordnung für Wein) legt fest, dass der Brunello aus 100 % Sangiovesetrauben bestehen muss, weswegen das Vergehen weder von der Regierung noch von der Weinindustrie und der internationalen Fachpresse auf die leichte Schulter genommen wurde.

Es folgte eine große Untersuchung. Viele Weingüter wurden unter Quarantäne gestellt und Tausende Liter Wein beschlagnahmt. Die Verdächtigten wiesen jede Schuld von sich. Obwohl es keine Hinweise auf gesundheitliche Risiken gab, reagierten die USA auf die Beschuldigungen mit einem Importverbot für Brunello, was die Wirtschaft von Montalcino hart traf (etwa 25 % der Ernte werden in die USA verkauft), und der Ruf der heimischen Weinindustrie litt erheblich.

Das Consorzio del Vino Brunello (der wichtigste lokale Winzerverband) unternahm daraufhin verschiedene Schritte, damit sich ein solcher Skandal nicht wiederholen kann. Es entwarf einen Ethikkodex und kontrolliert den Weinverkauf stärker als früher. Der Skandal, der in der Presse als Brunellopoli oder Brunellogate bekannt wurde, warf die Frage auf, ob die strengen DOCG-Regeln nicht aufgeweicht werden sollten. Das Beimischen von anderen Trauben sollte den Verkaufswert des Brunello erhöhen, insbesondere bei jenen Weintrinkern, die an die Tropfen der Neuen Welt gewöhnt sind. Daraufhin wurde heftig debattiert, ob das Bestehen auf Traditionen bedeute, sich dem Fortschritt zu verschließen.

Eine große Mehrheit der rund 700 Mitglieder des Konsortiums sprach sich für die Reinsortigkeit aus, weil sie die Eigentümlichkeit und Einzigartigkeit des Weins am besten hervorbringe und zugleich sein stärkstes Qualitäts- und Marketingmerkmal sei. Das Mischen bedeute lediglich einen weiteren Schritt hin zur Homogenisierung des globalen Weingeschmacks. Befürworter einer Änderung der Regel argumentieren, dass sie nicht nur wirtschaftliche Vorteile habe, sondern sich auf diesem Weg auch bessere Weine hervorbringen ließen.

Hier dürfte das letzte Wort noch nicht gesprochen sein.

ABBAZIA DI SANT'ANTIMO

Die wunderschöne romanische **Abbazia di Sant'Antimo** (www.antimo.it; Castelnuovo dell'Abate; ⌚ Mo–Sa 10.15–12.30 & 15–18.30, So 9.15–10.45 & 15–18 Uhr) GRATIS liegt in einem abgelegenen Tal direkt unterhalb des Dorfes Castelnuovo dell'Abate, 11 km von Montalcino entfernt. Die Abtei sollte am besten morgens besichtigt werden, wenn das Licht, das durch die Fenster der Ostwand fällt, für eine fast surreale Atmosphäre sorgt. Auch abends, wenn die Kirche wie ein Leuchtturm strahlt, ist der Anblick beeindruckend.

Der Überlieferung nach soll Karl der Große 781 das zugehörige Kloster gestiftet haben. Abgesehen von den in Stein gemeißelten Fabeltieren präsentiert sich das Äußere der Kirche aus blassem Travertin sehr schlicht. Im Innern sollte man sich die Säulenkapitelle im Langhaus genauer ansehen, besonders das mit Daniel in der Löwengrube (vom Eingang gesehen die zweite Säule rechts). Weitere Highlights sind eine besonders ausdrucksstarke mehrfarbige Madonna mit Kind (13. Jh.) sowie über dem Altar eine bewegende Kreuzigung (12. Jh.). Die Hauptattraktion sind aber die täglichen Messen, wenn die Mönche gregorianische Choräle singen; die Uhrzeiten stehen auf der Website.

Von Montalcino fahren täglich drei bis vier Busse (1,50 €, 15 Min., Mo–Sa) in das Dorf Castelnuovo dell'Abate.

Zu Fuß braucht man zwei bis drei Stunden von Montalcino zum Kloster. Der Weg beginnt neben der Polizeistation in der Nähe des zentralen Kreisverkehrs. Viele Besucher wandern zum Kloster und fahren mit dem Bus zurück. Die Abfahrtszeiten hängen in der Touristeninformation aus (S. 168).

BUS

Die Busse von Siena Mobilità (5 €, 1½ Std., Mo–Sa 6-mal tgl.) fahren von/nach Siena.

Pienza

2130 EW.

Das hübsche Pienza ist wirklich einzigartig. Das einst verschlafene Nest erlebte seine wundersame Verwandlung 1459, als Papst Pius II. begann, aus seinem Heimatort eine perfekte Renaissancestadt zu machen. Das Resultat ist erstaunlich. Die Kirche, der päpstliche Palast, das Rathaus und die dazu gehörenden Bauten an und rund um die Piazza Pio II schossen innerhalb von nur vier Jahren aus dem Boden und sind seither nicht mehr umgebaut worden. 1996 setzte die Unesco Pienza wegen der revolutionären Städtebauvision auf die Liste der Welterbestätten. Im Sommer zieht es Touristen in rauen Mengen hierher; falls möglich, sollte man seinen Besuch nicht aufs Wochenende legen.

Sehenswertes

Piazza Pio II PIAZZA

Wer sich auf diesem prächtigen Platz einmal um die eigene Achse dreht, hat alle wichtigen Sehenswürdigkeiten von Pienza gesehen. Sämtliche Gebäude wurden innerhalb von nur drei Jahren zwischen 1459 und 1462 errichtet – getreu dem Entwurf von Bernado Rossellino und streng nach den Renaissancevorstellungen von einer idealen Stadt, die ihm sein Lehrer Leon Battista Alberti vermittelt hatte.

Da der Platz, der Rossellino zur Verfügung stand, begrenzt war, setzte er die Gebäude schräg zum Dom und um eine kunstvoll gepflasterte Piazza. Dadurch wurden die perspektivische Wirkung und die erhabene Anmutung der großartigen Gebäude noch verstärkt. Eine Glanzleistung.

Duomo KATHEDRALE

(Piazza Pio II; ⌚ 8.30–13 & 14.15–18.30 Uhr) Blickfang der Piazza ist der Dom mit seiner hübschen Renaissancefassade aus Travertin. Das Kircheninnere ist eine merkwürdige Mischung aus Gotik und Renaissance und beherbergt eine Sammlung von fünf Altargemälden aus der Sieneser Schule sowie einen prächtigen Marmortabernakel von Rossellino, in dem eine Reliquie des Apostels Andreas, des Schutzpatrons von Pienza, aufbewahrt wird.

An dieser Stelle stand einst die romanische Chiesa di Santa Maria, von der nur noch wenig erhalten ist. Eine päpstliche Bulle von 1462 verbat jegliche Veränderungen an der Kirche, sodass sie heute mehr oder weniger noch genauso aussieht wie damals. Nebenan steht die Casa dei Canonici (Haus der Kanoniker).

Palazzo Piccolomini PALAZZO
(www.palazzopiccolominipienza.it; Führungen Erw./erm. 7/5 €; ⌚Sommer Di–So 10–18.30 Uhr, Winter bis 16.30 Uhr) Der Palazzo, seinerzeit als Residenz Pius' II. errichtet, gilt als Bernardo Rossellinos Meisterwerk. Vor dem Bau standen auf dem Grundstück Häuser der päpstlichen Familie. Über eine Treppe im schönen Innenhof gelangt man in die päpstlichen Gemächer, die mit Möbeln aus der Zeit und unbedeutenden Kunstwerken bestückt sind. Führungen starten alle 30 Minuten; ein Blick in den Hof ist kostenlos. Hinten gewährt eine dreistöckige Loggia einen spektakulären Ausblick auf das Val d'Orcia.

Palazzo Borgia PALAZZO
(Palazzo Vescovile; Piazza Pio II) Kardinal Roderigo Borgia, der spätere Papst Alexander VI., ließ diesen Palazzo 1492 umbauen und vergrößern. Er beherbergt das **Museo Diocesano** (☎0578 74 99 05; Corso Rossellino 30; Erw./erm. 4,50/3 €; ⌚Sommer Mi–Mo 10–13 & 14–17 Uhr, Winter Sa & So 10–16 Uhr) mit einer faszinierend bunten Mischung aus Kunstwerken, illuminierten Manuskripten, Tapisserien und Miniaturen. Auch die Touristeninformation ist hier untergebracht. Zugang über den Hof auf dem Corso Rossellino.

Pieve di Corsignano KIRCHE
(⌚Sommer 9–18 Uhr, Winter ab 10 Uhr) Die romanische Kirche am Stadtrand stammt aus dem 10. Jh., als Pienza noch Corsignano hieß, und hat einen merkwürdigen runden Glockenturm mit acht Bogenfenstern. Bei genauem Hinsehen erkennt man in der Steinmetzarbeit über dem Haupteingang eine zweiköpfige Sirene und am rechten Seiteneingang Szenen von Christi Geburt und der Anbetung der Heiligen Drei Könige. Am Taufbecken im Innenraum wurde Papst Pius II. nass gemacht.

Schlafen

★ **Cavalierino** AGRITURISMO €
(☎0578 75 87 33; www.cavalierino.it; Via di Poggiano 17; 4-Pers.-Apt. ab 180/1100 € pro Nacht/Woche; P 📶 🏊) Das Erste, was einem an Cavalierino auffällt, ist die Ruhe. In der superstylischen Öko-Unterkunft auf einem Hügel ergeben Rattanmöbel, zeitgenössische Gemälde, helle Zimmer und Terrakottaböden ein stimmiges Bild. In den Schlafzimmern im Obergeschoss eröffnet sich ein traumhafter Blick auf die Weinberge. Auch Pool und Sauna sind erhebliche Wohlfühlfaktoren, genauso wie die Waschmaschinen und gut ausgestatteten Küchen (inkl. Kaffeemaschinen). Das Cavalierino liegt auf halber Strecke zwischen Pienza und Montepulciano.

★ **La Bandita Townhouse** BOUTIQUEHOTEL €€€
(☎0578 74 90 05; www.labanditatownhouse.com; Corso Il Rossellino 111; Zi. 250–495 €, Suite 350–695 €; P ❄ @ 📶) La Bandita hat etwas Unwiderstehliches. Der Konvent aus der Renaissance beherbergt zwölf verträumt luxuriöse Zimmer. Schnittige Ledersofas und schwebend wirkende Betten stehen vor uralten Steinmauern. Noch schöner ist aber die Mission der Betreiber, den Gästen ein echtes Stück toskanisches Dorfleben zu präsentieren. Dabei hilft die zentrale Lage in Pienza, aber auch der wunderschöne Gemeinschaftssitzbereich und die entspannte Weinbar.

Essen

Osteria Sette di Vino TOSKANISCH €
(☎0578 74 90 92; Piazza di Spagna 1; Gerichte 20 €; ⌚Do–Di 12.30–14.30 & 19.30–22 Uhr) Die einfache *osteria* ist berühmt für ihre *zuppa di pane e fagioli* (Suppe aus Brot und weißen Bohnen), *bruschette* und verschiedene Pecorino-Sorten. Geführt wird sie von dem temperamentvollen Luciano, der über dem Tresen auf einer Kopie von Caravaggios berühmtem Bild als Bacchus verewigt wurde. Es gibt nur eine Handvoll Tische drinnen und draußen, Reservierung erforderlich.

Pummarò PIZZA €
(Via del Giglio 4; Stück 2,50 €, ganze Pizza 6–10 €; ⌚Di–So 12–23 Uhr; 📶 🖊) In einer Gasse an der Via Rossellino, wo bunt bemalte Fahrräder stehen, liegt der Eingang zu der aufgeweckten Pizzeria, die für einen schnellen, preiswerten Happen ideal ist. Einfallsreich ist das „nichts als Gemüse"-Angebot. Unser Tipp: die *pizza pummarò* (mit Kirschtomaten, Büffelmozzarella und Basilikum).

Townhouse Caffè TOSKANISCH €€
(☎0578 74 90 05; www.labanditatownhouse.com; Via San Andrea 8; Gerichte 15–20 €, komplette Mahlzeiten 40 €; ⌚Di–So 12–14.30, tgl. 19–22 Uhr) Die Besitzer sind der Überzeugung, dass Köche sich mit ihren Gästen unterhalten und täglich einkaufen gehen sollten, deshalb die offene Küche und die so besonders frischen Zutaten. Auf dem Teller landen vielleicht Zucchiniblüten im Bierteig, gefüllt mit Ricotta und Minze, köstliches, toskanisches Fleisch

INSIDERWISSEN

BAGNI SAN FILIPPO

Auf diesen Abschnitt der Via Francigena von Canterbury nach Rom freuten sich die mittelalterlichen Pilger ganz besonders, denn hier sprudeln unzählige Thermalquellen. Das therapeutische Einweichen ist heute so beliebt wie damals. Wer sich das gönnen will, sollte die berühmten Bäder und Hotels in Bagno Vignoni links liegen lassen und in das kleine Dorf Bagni San Filippo weiterfahren. Es liegt 16 km südwestlich von Pienza und hat Wasserfälle mit Thermalwasser. Sie rauschen direkt oberhalb des Hotels Le Terme – den Schildern mit der Aufschrift „Fosso Bianco" folgen (ca. 150 m). Wer mit dem Wagen unterwegs ist, stellt ihn am Ortseingang ab und nimmt einen der (weniger steilen) ausgetretenen Pfade am Hang. Beide Wege führen zu mehreren kleinen Becken, in denen sich das heiße Wasser der Wasserfälle sammelt – das hat was von einem kostenlosen Spa unter freiem Himmel!

vom Grill oder aus dem Ofen oder Spargel mit einer Garnitur aus Ei und Trüffelscheibchen. Auch das Ambiente – ein mittelalterlicher Hof – ist hinreißend.

Il Rosselino TOSKANISCH €€
(☎0578 74 90 64; Piazza di Spagna 4; Gerichte 40 €; ⊙Fr–Mi 12.30–14.30 & 19.30–21.30 Uhr) Das altmodische Lokal mit nur einer Handvoll Tischen hat sich mit hausgemachter Pasta und perfekt zubereiteten Fleischgerichten einen Namen gemacht. Spezialität des Hauses sind die selbstgemachten *pici* (toskanische Pastasorte) mit Steinpilzen in einer köstlichen Sauce. Kompliment auch für die Weinkarte.

Shoppen

La Bottega del Cacio LEBENSMITTEL
(Corso Il Rossellino 64 ; ⊙10–19.30 Uhr, Winter geschl.) Tür aufmachen, eintreten und außerordentliche Aromen erschnüffeln: Auf den Regalen stapeln sich erstaunlich viele Sorten von Pecorino (20–30 Stück!). Dazu noch ein bisschen Salami und Wein und ab in den Picknickkorb.

Praktische Informationen

Touristeninformationen (☎0578 74 99 05; info.turismo@comune.pienza.si.it; Corso Rossellino 30; ⊙Sommer Mi–Mo 10–13 & 14–17 Uhr, Winter Sa & So 10–16 Uhr) Im Erdgeschoss des Palazzo Borgia.

An- & Weiterreise

AUTO & MOTORRAD

An Wochenenden im Sommer kann die Parkplatzsuche zur Zerreißprobe werden, denn der Parkplatz in Zentrumsnähe ist schnell voll (1,50 € pro Std.).

BUS

Zwei Busse von Siena Mobilità verkehren montags bis samstags zwischen Siena und Pienza (5,50 €, 70 Min.) und neun Busse fahren ab/nach Montepulciano (2,50 €). Die Bushaltestellen liegen an der Piazza Dante Alighieri. Fahrscheine gibt's in den Bars der Umgebung.

Monticchiello

Monticchiello, ein ziemlich verschlafenes, aber bildhübsches mittelalterliches Dorf, thront 10 km südlich von Pienza auf einem Hügel.

Schlafen & Essen

★**La Casa di Adelina** B&B €
(☎0578 75 51 67; www.lacasadiadelina.eu; Piazza San Martino 3; EZ 55 €, DZ 85–105 €, Apt. mit 4 Betten 204 €; @📶) Vier wunderbare, rustikal-schicke Zimmer mit Farbakzenten in Taubengrau und Aquamarin, dazu eine Lounge mit Holzofen (super im Winter!), freundliche Gastgeber, jede Menge Kunst und unheimlich viel Atmosphäre – was will man mehr? Das ähnlich aufgemachte Apartment mit zwei Schlafzimmern verfügt über alle modernen Extras und eignet sich prima für längere Aufenthalte (dann kann man auch über einen Rabatt reden).

Osteria La Porta TOSKANISCH €€
(☎0578 75 51 63; www.osterialaporta.it; Via del Piano 3; Gerichte 40 €; ⊙Café 9–12.30 & 15–19 Uhr, Restaurant 12.30–15 & 19.30–22.30 Uhr, Winter Do geschl.) Wenn etwas dermaßen gut ist wie die Osteria La Porta, sollte man tunlichst mit Reservierung auflaufen. Das hochgelobte Lokal direkt am Haupttor von Pienza hat eine Terrasse mit Panoramablick über das Val d'Orcia und jede Menge einheimische Stammgäste. Das Mittagsmenü (23 €) ist gleichermaßen stilvoll wie preiswert und *spuntini* (Snacks) wie Bruschetta, Oliven und Käseteller werden auch außerhalb der normalen Essenszeiten serviert.

VAL DI CHIANA

Das malerische Tal Val di Chiana erstreckt sich über die Provinzen Siena und Arezzo und ist vor allem für gutes Essen und besondere Weine bekannt. Ein Restaurantbesuch in Montepulciano, der größten Stadt in der Region, ist ein Highlight - besonders wenn das Steak auf dem Teller vom toskanischen Chianina-Rind stammt und daneben ein Glas (oder zwei) des berühmten Vino Nobile steht.

Montepulciano

14 300 EW.

Der schmale, steile vulkanische Bergrücken, auf dem sich Montepulciano erstreckt, strapaziert die Beinmuskeln der Besucher bis aufs Äußerste. Bei der Erholung helfen ein ordentlicher Schluck vom renommierten Vino Nobile und ein spektakulärer Blick über die Täler Val di Chiana und Val d'Orcia.

Die ältesten Besiedlungsspuren sind Überreste einer Festung aus der späten Etruskerzeit. Im Mittelalter war der Ort ein ständiger Zankapfel zwischen Florenz und Siena, bis Florenz 1404 die Oberhand gewann. Und so löste der Marzocco, der florentinische Löwe, die sienesische Wölfin als Wappentier der Stadt ab. Die neuen Herren luden Architekten wie Michelozzo und Sangallo il Vecchio ein, die den frischen Wind der Renaissance in die gotisch geprägte Stadt brachten. Die spannungsreiche Mischung gleicht den steilen Aufstieg wieder aus.

Sehenswertes & Aktivitäten

Il Corso STRASSE

Die Hauptstraße klettert von der **Porta al Prato** am Ostrand des Städtchens hoch und am Westrand wieder hinunter zur Via di Collazi. Unterwegs ändert sie ihren Namen von Via di Gracciano in Via di Voltaia und Via dell'Opio. Zur Piazza Grande im Zentrum geht's rechts ab in die Via del Teatro.

Oberhalb der Porta al Prato, auf der Piazza Savonarola, steht die **Colonna del Marzocca** (Piazza Savonarola), die 1511 zum Zeichen der florentinischen Herrschaft über Montepulciano errichtet wurde. Der mächtige Steinlöwe, der wie ein dicker Hauskater auf seiner Säule thront, ist eine Kopie; das Original befindet sich im Museo Civico. Beachtenswert unter den vielen schmucken Gebäuden sind der **Palazzo Avignonesi** (Via di Gracciano nel Corso 91) aus der Spätrenaissance, der **Palazzo Cocconi** (Via di Gracciano nel Corso 70) und der **Palazzo di Bucelli** (Via di Gracciano nel Corso 73), in dessen Sockel etruskische und lateinische Inschriften und Reliefs eingelassen sind.

Weiter oben steht Michelozzos **Chiesa di Sant'Agostino** (Piazza Michelozzo; ⌚9–12 & 15–18 Uhr). Die Terrakotta-Gruppe im Bogenfeld über dem Portal zeigt eine Madonna mit Kind, Johannes den Täufer und den hl. Augustinus. Auf der gegenüberliegenden **Torre di Pulcinella** (Piazza Michelozzo), einem mittelalterlichen Turmhaus mit Stadtuhr, schlägt Pulcinella, der Hanswurst des italienischen Volkstheaters, Einheimischen und Besuchern die Stunde. Hinter dem schönen alten Caffè Poliziano (S. 176) geht der Corso geradeaus weiter, die Via del Teatro biegt scharf rechts davon ab.

Piazza Grande PIAZZA

Die elegante Piazza Grande ist der höchste Punkt der Stadt. Sollte einen das Gefühl beschleichen, diesen Platz schon mal irgendwo gesehen zu haben, hat man wahrscheinlich den zweiten Film der *Twilight*-Reihe gesehen, *New Moon – Bis(s) zur Mittagsstunde*. Die große Massenszene wurde hier gedreht, obwohl das Buch eigentlich in Volterra spielt.

★ Palazzo Comunale PALAZZO

(Piazza Grande; Terrasse/Turm 3/5 €; ⌚Sommer 10–18 Uhr) Der Palazzo Comunale wurde im 14. Jh. im gotischen Stil erbaut und im 15. Jh. von Michelozzo umgestaltet. An seiner Funktion hat sich nichts geändert: Er dient noch heute als Rathaus. Die Hauptgründe für einen Besuch sind der Ausblick von der Panoramaterrasse und dem Turm. Von Letzterem erspäht man Pienza, Montalcino und, bei gutem Wetter, sogar Siena in der Ferne.

Duomo KATHEDRALE

(Piazza Grande; ⌚8–18 Uhr) Der Anblick auf Montepulcianos Kathedrale, ein Bauwerk aus dem ausgehenden 16. Jh., gesselt jeden – insbesondere, weil die unfertige Fassade dem Gebäude eine eigentümlich organische, stark verwitterte Qualität verleiht. Drinnen sollte man sich auf die Suche nach Taddeo di Bartolos wunderbarem Triptychon *Himmelfahrt* (1401) hinter dem Hochaltar begeben.

★ Museo Civico MUSEUM, KUNSTGALERIE

(www.museocivicomontepulciano.it; Via Ricci 10; Erw./erm. 5/3 €; ⌚Sommer Di–So 10–13 & 15–18 Uhr, im Winter nur Sa & So) Dem bescheidenen Museum plus Pinacoteca von Montepulciano ist unlängst etwas Wunderbares widerfahren: Eines der Gemälde aus der Sammlung wurde Caravaggio zugesprochen. Das ist der Stoff, aus dem Kuratorenträume gemacht sind. Das Meisterwerk ist ein charakteristisches Bildnis eines Mannes. Schon allein dafür lohnt es sich, den Eintritt zu bezahlen. Dem Hightech-Touchscreen kann man Infos zu Details des Bildes, seiner Restaurierung und Zuordnung entlocken.

Via Ricci STRASSE
Von der Piazza Grande führt die Via Ricci am **Palazzo Ricci** (www.palazzoricci.com; Via Ricci 9–11) vorüber, der inzwischen eine deutsche Musikakademie beherbergt. Die Straße endet an der **Piazza San Francesco**, von wo aus man einen tollen Blick über das Val di Chiana hat.

★ **Cantina del Redi** WEINPROBE
(Via Ricci; Weinproben kostenpflichtig; ⌚ Mitte März–Anfang Jan. 10.30–19 Uhr, Anfang Jan.–Mitte März nur Sa & So) Der wohl stimmungsvollste Weinkeller der Stadt liegt am Fuß einer steilen, gewundenen Treppe. Unter den steinernen Gewölben ragen zwei Etagen hohe Weinfässer auf. Das Ambiente ist schummerig beleuchtet und ruhig, das Ganze wirkt wie eine Kathedrale des Weins. Der Eintritt ist frei; nur, wer Wein probiert, muss etwas zahlen. Dabei hängt der Preis von den ausgewählten Weinen ab.

Cantine Contucci WEINPROBE
(www.contucci.it; Via del Teatro 1; Weinproben kostenpflichtig; ⌚ Mo–Fr 9.30–12.30 & 14.30–18, Sa & So ab 9.30 Uhr) Contucci war einer der ersten Produzenten des Vino Nobile. Die historischen Weinkeller eröffnen einen wunderbaren Einblick in das reiche Erbe der Region. Der Eintritt ist frei; zwischen den Steinbogen türmen sich die Weinfässer. Eigentlich kosten die Weinproben etwas, aber glücklicherweise staubt man doch sehr oft ein paar Schlückchen umsonst ab.

Kurse & Geführte Touren

Strada del Vino Nobile di Montepulciano FÜHRUNGEN & KURSE
(☎ 0578 71 74 84; www.stradavinonobile.it; Piazza Grande 7) Die Vereinigung Strada del Vino Nobile di Montepulciano veranstaltet Führungen und Kurse, darunter Kochkurse (60–180 €), Führungen auf Weingütern (30–115 €), Slow-Food-Touren (100–155 €), Weinseminare (40 €) und Spaziergänge durch Weingüter mit abschließender Weinprobe (45–60 €).

Festivals & Events

Fondazione Cantiere DARSTELLENDE KÜNSTE
(www.fondazionecantiere.it; Juli) Oper, Theater, klassische und zeitgenössische Musik finden an verschiedenen Veranstaltungsorten eine Bühne.

Bruscello Festival MUSIK
(www.bruscello.it; Aug.) Das viertägige Theater- und Musikfestival unter freiem Himmel findet Mitte August auf der Piazza Grande vor der Kathedrale statt.

Bravio delle Botti KULTUR
(www.braviodellebotti.com; ⌚ Aug.) Am letzten Augustsonntag liefern sich die Einwohner der acht *contrade* von Montepulciano einen Wettstreit: Sie rollen 80 kg schwere Weinfässer den Berg hinauf. In der Woche davor steigt ein buntes Renaissancefest.

Kammermusikfestival MUSIK
(www.palazzoricci.com; Aug. & Sept.) Findet Ende August und im September im Palazzo Ricci statt.

Schlafen

Camere Bellavista HOTEL €
(☎ 0578 75 73 48; www.camerebellavista.it; Via Ricci 25; DZ 75–100 €; P 📶) Dieses hervorragende Budgethotel am Rande der Altstadt ist vier Stockwerke hoch. Der Blick ist genauso,

LA BANDITA

Die ländliche Oase **La Bandita** (☎ 333 4046704; www.la-bandita.com; DZ 195–600 €; ⌚ März–Dez.; P ❄ @ 📶 ≋) liegt umringt von Schafherden in einer der schönsten Gegenden des Val d'Orcia. Besitzer und Betreiber sind der ehemalige Musikmanager John Voigtmann aus New York und seine Frau (Autorin von Reiseführern, aber nicht für Lonely Planet). Sie bieten ausgesprochen stylische Zimmer, Annehmlichkeiten im Überfluss (Toilettenartikel von Ortigia!), eine wunderbare Küche und herzlichen, individuellen Service.

Mit einem Wort: Das ist der Landsitz, von dem alle träumen, den sich aber leider nur die wenigsten leisten könnten. Idealer Ausgangspunkt für Ausflüge nach Pienza, Montepulciano und Montalcino.

Montepulciano

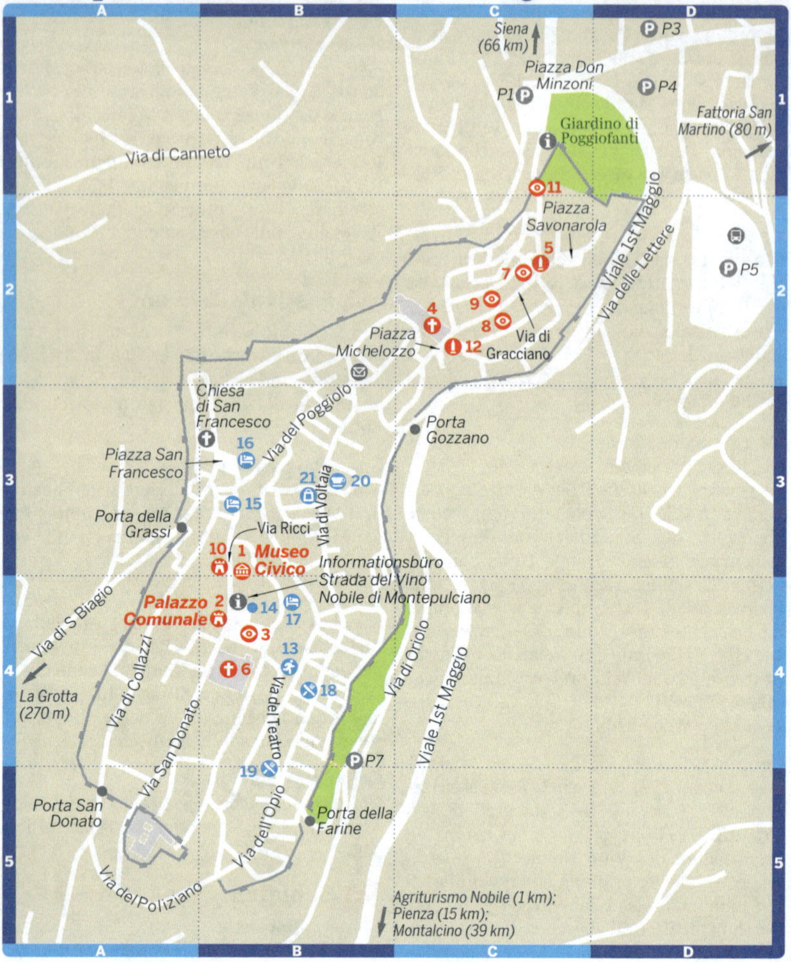

wie es der Name des Hotels verspricht. Der Stil ist historisch-rustikal: Balken, massive Holzmöbel, Bettgestelle aus Messing. Die Bäder sind derweil modern und smart aufgemacht. Da der Besitzer nicht im Haus wohnt, muss man vorher anrufen und einen Termin für die Schlüsselübergabe ausmachen. Kein Frühstück.

★ Locanda San Francesco B&B **€€**
(☎0578 75 87 25; www.locandasanfrancesco.it; Piazza San Francesco 3; DZ 160–250 €; P ❄ @ ☜) Das B&B hat eigentlich nur einen Nachteil: Ist man einmal drin in dem anheimelnden Palazzo aus dem 14. Jh., will man ihn gar nicht mehr verlassen. Die Unterkunft ist elegant und trotzdem heimelig, mit schönen Möbeln, vollen Bücherregalen, Stoffen in dezenten Farben und kuscheligen Bademänteln. Das schönste Zimmer gewährt tolle Aussichten über das Val d'Orcia auf der einen und das Val di Chiana auf der anderen Seite.

★ Fattoria San Martino AGRITURISMO **€€**
(☎0578 71 74 63; www.fattoriasanmartino.it; Via di Martiena 3; Zi. 140–180 €; ⏲ Dez.–Ostern geschl.; P ☜ ≋) 🍃 Ein Job in Mailands hektischer Modebranche brachte die Holländerin Karin und den Italiener Antonio zusammen. Sie beschlossen, dass ein Biobauernhof eher

Montepulciano

ihr Ding sei, und begeistern nun Gäste in ihrem um- und ausgebauten Anwesen aus dem 12. Jh. mit gemütlichen Zimmern, vegetarischen Mahlzeiten (Abendessen 35 € plus Wein), einem schönen Garten, biologisch gefiltertem Pool und konsequenter Nachhaltigkeit.

Meublé Il Riccio B&B €€
(☎0578 75 77 13; www.ilriccio.net; Via Talosa 21; EZ 80 €, DZ 100–110 €, Suite 150–180 €; P ❄ @ ☏) Jahrhundertealte Gemäuer, Innenhöfe, historische Möbel und knarrende Türen schaffen ein uriges Ambiente. Mehr Atmosphäre geht kaum. Il Riccio ist seit dem 13. Jh. im Besitz ein und derselben Familie und befindet sich im Herzen der oberen Altstadt. Der Frühstückssalon ist beeindruckend (Frühstück 8 €) und auf der Terrasse eröffnen sich spektakuläre Aussichten.

Agriturismo Nobile AGRITURISMO €€
(☎0578 75 73 98; www.agriturismonobile.it; Strada per Chianciano; DZ 90–99 €, 2-/4-/6-Pers.-Apt. 780/870/1250 € pro Woche; P ☏) Im 15. Jh. dienten die fünf rustikal-schicken Apartments mit den hohen Decken als Schuppen und Hühnerställe. Manche Unterkünfte verfügen über große, offene Kamine, viele gewähren phantastische Ausblicke auf Montepulciano und vor allem Familien mit Kindern werden die Tischtennisplatte und den Kickertisch lieben. Der Agriturismo Nobile liegt 1 km südlich der Stadt neben der Hauptstraße, so richtig ruhig ist es hier also nicht. In dem eigentlichen Bauernhaus (15. Jh.) stehen weitere fünf Zimmer bereit. Sie sind günstiger, einfacher und lauter.

Essen & Ausgehen

★ **Osteria Acquacheta** TOSKANISCH €€
(☎0578 71 70 86; www.acquacheta.eu; Via del Teatro 2; Gerichte 25 €; ⏲Mi–Mo 12.15–16 & 19.30–22.30 Uhr) Der Laden brummt. Er ist bei Einheimischen und Besuchern gleichermaßen beliebt. Die Spezialität ist *bistecca alla fiorentina* (über Holzkohle gegrilltes T-Bone-Steak), das in riesigen Scheiben, kurz gebraten und unglaublich schmackhaft daherkommt (bloß nicht fragen, ob man es durchgebraten bekommen kann!). Es wird je in zwei Runden serviert, mittags um 12.15 und 14.15, abends um 19.30 und 21.15 Uhr.

Cagnano TRATTORIA €€
(☎0578 75 87 57; www.trattoriadicagnano.it; Via dell'opio 30; Gerichte 30 €; ⏲Di–Sa 12–14.30 & 19.30–22 Uhr) In einem schnörkellosen Speisesaal wird herzhafte toskanische Hausmannskost aufgetragen. Es gibt z. B. Kartoffel- und *pici*-Suppe, und die Polenta wird mit Wildschwein gereicht, das in Montepulciano Nobile gezogen ist. DOC-Versionen dieses Weins können ebenfalls verkostet werden (Glas ab 3 €).

★ **La Grotta** RISTORANTE €€€
(☎0578 75 74 79; www.lagrottamontepulciano.it; Via San Biagio 15; Gerichte 44 €, 6-Gänge-Probiermenü 48 €; ⏲Do–Di 12.30–14.30 & 19.30–22 Uhr, Mitte Jan.–Mitte März geschl.) Die Zutaten – und manchmal auch die Gerichte – sind vielleicht traditionell, sie werden aber extravagant arrangiert. Kunstvoll geschichtete Parmesan-Späne und Kräuterzweige zieren feine „Türme" aus Pasta, Gemüse und

Fleisch. Der Service ist vorbildlich und der Garten im Hof bildschön. La Grotta befindet sich gleich außerhalb der Stadt an der Straße nach Chiusi.

E Lucevan Le Stelle WEINBAR
(www.locandasanfrancesco.it; Piazza San Francesco 5; ⌚Mitte März–Dez. 12–23 Uhr; 📶) Die überdachte Terrasse ist die beste Adresse in ganz Montepulciano, um den Sonnenuntergang zu beobachten. Drinnen sorgen durchgesessene Sofas, moderne Kunst und Jazzmusik für eine chillige Atmosphäre. Die Antipastiteller (4,50–8 €), *piadinas* (Fladenbrote; 6 €) und Pastagerichte (6,50–9 €) sind einfach, aber lecker und Montepulciano-Nobile-Weine können glasweise bestellt werden (5–7 €). Alternativ entscheidet man sich für eine Verkostung von drei Weinen (15 €) – aus Sangiovese- (Chianti, Montepulciano Nobile und Brunello) oder Montepulciano-Trauben (Rosso, Nobile und Nobile Riserva).

Caffè Poliziano CAFÉ
(Via di Voltaia 27; ⌚Mo–Do 7–20, Fr bis 22, Sa bis 23, So bis 21 Uhr; 📶) Seit das 1868 eröffnete Café vor 20 Jahren liebevoll in seine ursprüngliche Form zurückverwandelt wurde, ist es der Lieblingstreff der Einheimischen. Der Kaffee im Sitzen ist teuer, aber wenn es einem gelingt, einen der winzigen, wackeligen Balkontische zu ergattern, ist es die Investition wert.

FATTORIA LE CAPEZZINE

Das Weingut **Fattoria Le Capezzine** (☎0578 72 43 04; www.avignonesi.it; Via Colonica 1, Valiano di Montepulciano; ⌚Mo–Fr 9–17, Sa & So ab 11 Uhr, Dez.–Feb. keine Führungen) 15 km nordöstlich von Montepulciano gehört zum legendären Unternehmen Avignonesi, welches Vino Nobile di Montepulciano, Rosso di Montepulciano, Vin Santo, Grappa und Olivenöl produziert. Es erstreckt sich über 19 ha und hat sich mit seinem „runden Weinberg" einen Namen gemacht: Das Projekt untersucht, inwiefern die Weinqualität von der Rebdichte und der Rebunterlage abhängt.

Wer vorab bucht, kann eine zweistündige **Führung** (Standard-/Premiumweinprobe 18/40 €; ⌚Führungen März–Nov. Mo–Fr, Mai–Okt. auch Sa) durch Weinberge, Reifekeller und vinsantaia (wo der Vin Santo schlummert) mitmachen, gefolgt von einer Verkostung von Avignonesi-Weinen.

Shoppen

Maledetti Toscani ACCESSOIRES
(Via di Voltaia 44–46; ⌚10.30–13.30 & 15.30–18.30 Uhr) Die Erfolgsstory des Lederspezialisten dauert schon seit 1848, denn die Qualität der Schuhe, Taschen, Jacken und Gürtel sucht wirklich ihresgleichen. Hier werden Damen fündig, der Laden für Herren ist in Hausnr. 40.

Praktische Informationen

Informationsbüro Strada del Vino Nobile di Montepulciano (☎0578 71 74 84; www.stradavinonobile.it; Piazza Grande 7; ⌚Mo–Fr 10–13 & 15–18 Uhr) Bucht Unterkünfte, Kurse und Führungen.

Touristeninformationen (☎0578 75 73 41; www.prolocomontepulciano.it; Piazza Don Minzoni 1; ⌚Mo–Sa 9.30–12.30 & 15–18, So 9.30–12.30 Uhr) Bucht Unterkünfte auf den letzten Drücker (persönlich im Büro vorbeischauen), bietet Internetzugang (3,50 € pro Std.), hat Stadtpläne, verkauft Fahrscheine für Bus und Zug (Zugfahrkarten mit 1 € Kommission) und gibt Tipps zum Mountainbike- und Rollerverleih (25–50 €).

Anreise & Unterwegs vor Ort

AUTO & MOTORRAD

Von Florenz geht es über die A1 (Richtung Bettolle-Sinalunga) bis zur Ausfahrt Valdichiana. Dann den Schildern folgen. Von Siena aus nimmt man die *superstrada* Siena–Bettolle–Perugia.

Von Mai bis September ist das historische Stadtzentrum durchgehend verkehrsberuhigt (ZTL); von Oktober bis April gilt das Fahrverbot von 8 bis 20 Uhr, von November bis März von 8 bis 17 Uhr. Hotels können meist eine Fahrerlaubnis besorgen. Zu empfehlen ist der Parkplatz an der Piazza Don Minzoni (April–Okt. 1,30 € pro Std., sonst gratis), von der sich Minibusse (1 €) zur Piazza Grande hinaufschlängeln.

BUS

Der Busbahnhof liegt neben dem Parkplatz P5. Siena Mobilità fährt viermal täglich zwischen Siena und Montepulciano (6,60 €, 1 Std.) mit Zwischenstopp in Pienza (2,50 €). Von/nach Florenz gibt es drei Verbindungen täglich (11,20 €, 90 Min.).

Außerdem fahren Busse regelmäßig nach Chiusi-Chianciano Terme (3,40 €, 40 Min.), von wo es mit dem Zug über Arezzo (6,40 €, 50 Min.) nach Florenz weitergeht (12,50 €, 2 Std., häufig).

ABSTECHER

ORVIETO

Die umbrische Stadt erhebt sich wahrhaft spektakulär über der *superstrada* (Autobahn) A1 auf einem zerklüfteten, vulkanischen Hügel. Ihre Silhouette beherrscht die riesige **Kathedrale** (☎ 0763 34 24 77; www.opsm.it; Piazza Duomo 26; Eintritt 3 €; ⌚ Mo–Sa 9.30–18, So 13–17.30 Uhr, im Winter kürzer), ein Meisterwerk mittelalterlicher Baukunst. Der 1290 begonnene Bau wurde erst drei Jahrhunderte später fertiggestellt. Kaum eine Kirche Italiens kann sich einer derartig schönen Fassade rühmen; im schlichten, aber äußerst stimmungsvollen Innenraum bezaubert Luca Signorellis Freskenzyklus *Das Jüngste Gericht*. Er hatte 1499 mit diesen außerordentlichen Malereien begonnen, und es heißt, Michelangelo habe sich davon inspirieren lassen.

Die **Touristeninformation** (☎ 0763 34 17 72; www.orvieto.regioneumbria.eu; Piazza Duomo 24; ⌚ Mo–Fr 8.15–13.50 & 16–19, Sa & So 10–13 & 15–18 Uhr) liegt gegenüber dem Dom. Nicht weit davon findet sich eines der besten Restaurants von ganz Umbrien, **I Sette Consoli** (☎ 0763 34 39 11; www.isetteconsoli.it; Piazza Sant'Angelo 1a; Gerichte um 45 €, 6-Gänge-Probiermenü 42 €; ⌚ 12.30–15 & 19.30–22 Uhr, Mi & So abends geschl.). Spezialitäten des Hauses sind wunderbare Pasta-, Fleisch- und Fischgerichte voller Geschmack. Das sechsgängige Probiermenü ist ein Verwöhnprogramm für den Gaumen.

Orvieto liegt nur etwa eine Stunde Fahrtzeit von Montepulciano oder Arezzo entfernt, kann also bequem innerhalb eines Tages besucht werden, wenn man sich im Val di Chiana aufhält. Züge fahren von/nach Florenz (*regionale veloce*, 15 €, 2¼ Std., 8-mal tgl.) und Rom (*regionale veloce*, 8 €, 80 Min., 8-mal tgl.). Für den Transfer vom Bahnhof hinauf ins Zentrum sorgt der *funicolore* (Seilbahn; 1 €, mit Zugfahrkarte 0,80 €, 8.15–20 Uhr alle 10 Min.). Der Parkplatz neben der Bergstation des *funicolore* kostet zwischen 8 und 20 Uhr 1,50 € pro Stunde.

Südliche Toskana

Inhalt ➡

Gut essen

- Il Tufo Allegro (S. 189)
- Il Pellicano (S. 197)
- Grantosco (S. 193)
- La Tana del Brillo Parlante (S. 183)
- La Vecchia Hosteria (S. 187)

Schön übernachten

- Sant'Egle (S. 192)
- Le Camere del Ceccottino (S. 189)
- La Fattoria di Tatti (S. 183)
- Pieve di Caminino (S. 187)
- Villa Fattoria Granducale (S. 195)

Auf in die südliche Toskana

Viele Italientouristen begegnet die südliche Toskana nur als Randnotiz, dabei hat sie viel zu bieten. Denn hier befindet sich die stimmungsvolle Città del Tufo: drei Bergorte, von den Etruskern ins Vulkangestein gehauen und noch heute bewohnt, umgeben von Ausgrabungsstätten, Renaissancesiedlungen, Kirchen und Museen, die auf Entdeckung warten.

Die Einheimischen sind fürchterlich stolz auf die Traditionen und die Esskultur der Region Maremma. Besucher haben die Wahl zwischen innovativen Lokalen mit Michelinstern und traditionellen Gerichten, die schon seit vielen Generationen perfektioniert werden. All das natürlich mit einem feinen Wein aus der Region. Dank der riesigen Vielfalt an Naturreichtümern umfasst eine Fahrt von nur wenigen Stunden alles vom Sandstrand über artenreiche Feuchtgebiete und mit Wein bewachsenen Bergen bis zum schneebedeckten Gipfel. Genauso verlockend sind die vielen Aktivitäten: Schwimmen, Wandern, Reiten und Mountainbiken bieten für jeden etwas, bevor man seine Batterien nachts in einem abgeschiedenen *agriturismo* wieder aufladen kann.

Entfernungen (km)

	Vetulonia	Massa Marittima	Grosseto	Pitigliano
Massa Marittima	38			
Grosseto	52	48		
Pitigliano	129	120	75	
Parco Regionale della Maremma	28	67	20	56

ALTA MAREMMA

Die Alta (Obere) Maremma beginnt südlich von Livorno und erstreckt sich bis hinunter nach Grosseto. Sie umfasst Massa Marittima und die umliegenden Colline Metallifere (Erzberge), die jetzt Teil des Europäischen Geoparknetzes der Unesco sind. Zur Alta Maremma gehören außerdem die Bergorte im Landesinneren südlich der Crete Senesi und die Gebirgsregion um den Monte Amiata.

Massa Marittima

8670 EW.

Zu den Anziehungspunkten des stillen Bergstädtchens zählen ausgefallene Museen, eine bezaubernde zentrale Piazza und größtenteils intakte mittelalterliche Straßen, durch die sich glücklicherweise keine Busladungen mit Touristen schieben.

Massa Marittima stand für kurze Zeit unter pisanischer Herrschaft und errang 1225 sogar den Status einer unabhängigen *comune* (Stadtstaat), wurde aber ein Jahrhundert später von Siena vereinnahmt. Die Pest von 1348 und der Niedergang der profitablen Metallgewinnung brachten die Stadt an den Rand des Ruins. Die weite Verbreitung der Malaria aufgrund der umliegenden Sümpfe tat ein Übriges. Erst nach der Trockenlegung der Sümpfe im 18. Jh. und der Wiederaufnahme der Metallgewinnung erblühte die Stadt zu neuem Leben.

Die Stadt ist in drei Bezirke unterteilt: die Città Vecchia (Altstadt), die Città Nuova (Neustadt) und den Borgo.

Sehenswertes & Aktivitäten

★ Cattedrale di San Cerbone DOM

(Piazza Garibaldi; Sommer 12–19 Uhr, im Winter bis 18 Uhr) Über der pittoresken Piazza Garibaldi (auch Piazza Duomo genannt) thront der im 13. Jh. schräg zum Platz erbaute *duomo* von Massa Marittima. Er ist dem hl. Cerbonius geweiht, dem Schutzpatron der Stadt, der immer mit einer Schar von Gänsen dargestellt wird. Besondere Betrachtung im Kirchenschiff verdient die freistehende *Maestà* (Jungfrau mit Kind auf dem Thron; 1316). Manche Experten schreiben die Skulptur Duccio di Buoninsegna zu.

Zu den weiteren Schätzen des *duomo* zählen die geschnitzte Marmorurne *Arca di San Cerbone* (Sarkophag des San Cerbone; 1324) hinter dem Hochaltar und ein hölzernes Kruzifix von Giovanni Pisano aus dem frühen 14. Jh. auf dem Altar selbst.

DREI PERFEKTE TAGE

1. Tag: Città del Tufo

Pitigliano lädt ein zum Flanieren durch jahrhundertealte Gassen sowie das **alte jüdische Viertel** und dann zur einzigartigen Regionalküche bei **La Rocca** oder der **Hostaria del Ceccottino**. Anschließend warten etruskische Nekropolen und mysteriöse *vie cave* (versunkene Straßen) in Sorano und Sovana. Schweiß und Staub kann man dann in den kostenlosen Thermaltümpeln der **Terme di Saturnia** abwaschen. Eine stilvolle Unterkunft bietet die **Taverna Etrusca**.

2. Tag: Parco Regionale della Maremma

Heute geht es Richtung Westen nach **Terenzi**, um den preisgekrönten Wein Morellino di Scansano zu probieren, und dann zum Wandern, Radfahren oder Kanufahren in den **Parco Regionale della Maremma**. In der **Agienza Regionale Agricola di Alberese** kann man den Farmalltag aus erster Hand erleben und vielleicht sogar eine Runde mit den berühmten Maremma-Cowboys reiten. Wer will, macht einen Abstecher in den ausgefallenen Skulpturengarten **Giardino dei Tarocchi** oder fährt direkt zum Essen und Schlafen ins erstklassige **Il Pellicano**.

3. Tag: Massa Marittima

Heute geht die Reise nach Norden in die mittelalterliche Stadt mit engen Gassen, toller Pizza und der **Cattedrale di San Cerbone**. Nach einer Essenspause im **La Tana del Brillo Parlante** kann man in den geologischen Stätten rund um **Monterotondo Marittimo** oder der etruskischen Siedlung bei **Vetulonia** wieder Kalorien verbrennen. Zum Schlafen bieten sich heute die idyllischen Unterkünfte **Pieve di Caminino** und **La Fattoria di Tatti** an.

Highlights

1 Mit den Maremma-Cowboys im **Parco Regionale della Maremma** (S. 195) ausreiten.

4 In **Pitigliano** (S. 187), einer Hügelfestung im Vulkanfelsen, Tausende von Jahren Geschichte erleben.

3 Eine Wanderung durch die unwirkliche Geothermallandschaft von **Monterotondo Marittimo** (S. 186) unternehmen.

4 Ein kostenloses Bad in den mineralreichen Freilufttümpeln der **Terme di Saturnia** (S. 190) genießen.

5 Über die mysteriösen **versunkenen Straßen** (S. 188) um Sovana auf den Spuren der Etrusker wandeln.

6 In **Massa Marittima** (S. 169) ein frivoles Fresko und eine der schönsten Piazze Italiens bewundern.

7 Zehntausenden Zugvögeln in die unberührte Natur der **Riserva Naturale Provinciale Diaccia Botrona** (S. 194) folgen.

8 Aufregende **etruskische Stätten** (S. 187) bei den Ausgrabungen rund um Vetulonia erkunden.

0
10 km
Buonconvento
SS223
Bagni di Petriolo
Castelnuovo dell'Abate
Monte Amiata
SS2
Monte Amiata (1736 m)
Cinigiano
Arcidosso
Abbadia San Salvatore
Santa Fiora
Roselle
Arcille
Roccalbegna
Castel Azzara
SS322
Semproniano
Monte Elmo (829 m)
Scansano
San Quirico
Sorano
Società Agricola Terenzi
Terme di Saturnia
4
Sovana
5
Parco Archeologico 'Città del Tufa'
2
Pitigliano
SS322
SS323
Magliano in Toscana
Manciano
Talamone
SS1
SS74
Monte Bellino (516 m)
Albinia
L'Oasi WWF di Orbetello
Monte Maggiore (379 m)
LATIUM
Laguna di Ponente
Orbetello Scalo
Orbetello
Capalbio
Laguna di Levante
Giardino dei Tarocchi
Capalbio Scalo
Monte Argentario
Porto Ercole
Lago di Burano
Riserva Naturale WWF Lago di Burano

Massa Marittima

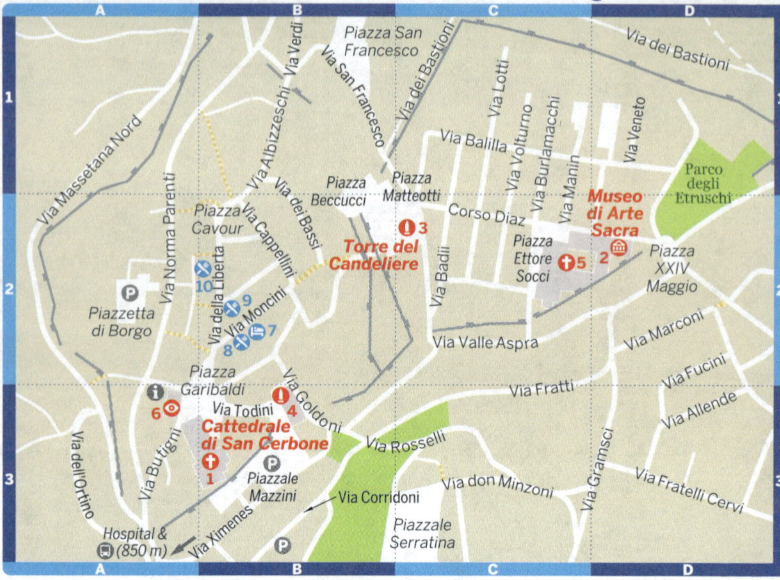

Massa Marittima

Highlights
1 Cattedrale di San Cerbone B3
2 Museo di Arte Sacra D2
3 Torre del Candeliere C2

Sehenswertes
4 Albero della Fecondità B3
Arco Senese .... (s. 3)
5 Chiesa e Chiostro di Sant'Agostino C2
Museo Archeologico .... (s. 6)
6 Palazzo del Podestà A3

Schlafen
7 Residenza d'Epoca Palazzo Malfatti B2

Essen
8 Il Bacchino B2
9 La Tana del Brillo Parlante B2
10 L'Osteria da Tronca B2

An der Fassade über dem Haupteingang sind Szenen aus dem Leben des hl. Cerbonius zu sehen.

★ Museo di Arte Sacra MUSEUM

(Museum für Sakralkunst; ☎ 0566 90 19 54; www.museiartesacra.net; Corso Diaz 36; Erw./erm. 5/3 €; ⏱ Sommer Di–So 10–13 & 15–18 Uhr, Winter Di–So 11–13 & 15–17 Uhr) Das Museum befindet sich im ehemaligen Kloster San Pietro all'Orto. Die Ausstellungsstücke umfassen eine großartige *Maestà* (um 1335–1337) von Ambrogio Lorenzetti sowie Skulpturen aus der Werkstatt von Giovanni Pisano, die ursprünglich die Domfassade zierten. Auch die schlichten Flachreliefs aus grauem Alabaster waren einst Teil des *duomo*, stammen jedoch aus einer früheren Zeit.

Auf manchen regionalen Karten ist das Museum als „Complesso museale di San Pietro all'Orto" verzeichnet.

Museo Archeologico MUSEUM

(Piazza Garibaldi 1; Erw./erm. 3/1,50 €; ⏱ Sommer Di–So 10–12.30 & 15.30–19 Uhr, Winter Di–So 10–12.30 & 15–17 Uhr) Das etwas angestaubte Archäologische Museum residiert im **Palazzo del Podestà** aus dem 13. Jh. Das Paradestück der Sammlung ist *La Stele del Vado all'Arancio*, eine einfache, aber beeindruckende Steinstele aus dem 3. Jahrtausend v. Chr.

Albero della Fecondità DENKMAL

(Via Ximenes, unterhalb der Piazza Garibaldi) GRATIS Unterhalb eines ehemaligen Kornspeichers aus dem 13. Jh. versteckt sich eine frivole Überraschung. Im Schutz der Loggia befindet sich die Fonte dell'Abbondanza (Brunnen des Überflusses), ein inzwischen stillgelegter, früher öffentlicher Trinkbrunnen. Außergewöhnlich ist daran vor allem das Fresko des *Albero della Fecondità* (Fruchtbarkeitsbaum), das einem zarten Gemüt wohl die Schamesröte ins Gesicht treibt. Wer genau hinschaut, sieht, was für Früchte vom Baum hängen!

★ Torre del Candeliere TURM
(Kerzenleuchterturm; Piazza Matteotti; Erw./Kind 3/2 €; ⌚ Sommer Di–So 10–13 & 15–18 Uhr, Winter Di–So 11–13 & 14.30–16.30 Uhr) Wer den 74 m hohen Turm aus dem 13. Jh. erklimmt, wird mit einem sagenhaften Ausblick über die Altstadt belohnt.

Arco Senese ARCHITEKTUR
(Piazza Matteotti) Der riesige Sieneser Torbogen aus dem Mittelalter beginnt an der alten Stadtmauer und spannt sich zwischen Città Vecchia und Città Nuova.

Festivals & Events

Balestro del Girifalco KULTUR
(Falkenherzwettstreit; www.societaterzierimassetani.it) Der Wettbewerb im Armbrustschießen findet zweimal jährlich statt, und zwar am ersten Sonntag nach dem 20. Mai sowie an einem Sonntag im Juli oder August (gewöhnlich zweiter Sonntag im August). 24 Schützen aus den drei *terzieri* (Stadtbezirke) konkurrieren in mittelalterlicher Kleidung um einen goldenen Pfeil.

Schlafen

★ La Fattoria di Tatti B&B €
(☎ 0566 91 20 01; www.tattifattoria.it; Via Matteotti 10, Tatti; EZ 60–80 €, DZ 90–115 €; ⌚ Nov.–Mitte März geschl.; P @) Die Fattoria di Tatti ist eines dieser imposanter toskanischen Bauernhäuser mit vier Stockwerken. Die verwitterten Mauern aus dem 18. Jh. beherbergen acht schlichte, aber stilvolle Zimmer, die dank der Lage ganz am Gipfel der Bergortschaft Tatti (25 km südöstlich von Massa Marittima) einen spektakulären Ausblick bieten.

Das leckere Frühstück wird von der Inhaberin selbst zubereitet; den Rest des Tages dürfen Gäste die Küche auch selbst benutzen. Dank der Nähe zu einem Spielplatz und einer Pizzeria/Trattoria ist die Unterkunft ideal für Familien.

Residenza d'Epoca Palazzo Malfatti APARTMENT €
(☎ 0566 90 41 81; www.palazzomalfattiresidenzadepoca.com; Via Moncini 10; DZ 68–127 €, 3BZ 95–148 €, 6BZ 149–220 €; 📶) Die sieben Apartments in einem Palazzo aus dem 13. Jh. mit Blick auf die Piazza Garibaldi sind attraktiv für Selbstversorger, die länger bleiben (die zweite/dritte Woche kostet 10/15 % weniger). Das Gebäude verbreitet altertümlichen Charme mit Steintreppen, Stabkreuzfenstern, schmiedeeisernen Möbeln und bunten Teppichen auf den Fliesenböden.

> **i KOMBITICKET FÜR MASSA MARITTIMA**
>
> Mit einem Kombiticket (Erw./Kind 15/10 €) kann man sämtliche Museen und Wahrzeichen von Massa Marittima besuchen.

Podere Riparbella AGRITURISMO €€
(☎ 0566 91 55 57; www.riparbella.com; Località Sopra Pian di Mucini; EZ 82–92 €, DZ 164 €; ⌚ Anfang Jan.–Mitte April geschl.; P 📶) Das 46 ha große Anwesen liegt 5 km außerhalb der Stadt, wo die Schweizer Inhaber auf ihrem Biohof Trauben und Oliven anbauen und Marmeladen herstellen. Die elf Gästezimmer befinden sich in einem charmanten Altbau mit gemeinsamer Lounge und Terrasse. im Preis enthalten ist abends ein feines Viergängemenü mit Zutaten aus eigenem Anbau und aus der Region. Keine Kreditkarten.

Essen & Ausgehen

Il Bacchino DELIKATESSEN €
(Via Moncini 8; ⌚ Sommer 9–22 Uhr, Winter Di–Sa 10–13 & 16–19.30 Uhr) Magdy Lamei, der Eigentümer von Il Bacchino, ist zwar kein waschechter Einheimischer (er stammt aus Kairo), aber kaum jemand weist so viel Fachkenntnis und Begeisterung für die regionalen Lebensmittel auf wie er. Eine ausgezeichnete Adresse für toskanische Weine und Picknickzutaten wie Marmelade, Käse und Salami.

★ La Tana del Brillo Parlante TOSKANISCH €€
(☎ 0566 90 12 74; www.latanadeibrilli.it; Vicolo del Ciambellano 4; Gerichte 32 €; ⌚ Dez.–Okt. Do–Di 12–14.30 & 19–22 Uhr) Das bezaubernde Lokal ist mit rustikalem Nippes und Lichterketten dekoriert. „Italiens kleinste *osteria*" hat ganze zehn Sitzplätze (weitere sechs Gäste können sich vor der Tür an die Tische quetschen). Das Essen hat alles, was Slow Food haben muss, und ist auf leckere, authentische Regionalküche fokussiert. Im Sommer sowie am Wochenende sollte man weit im Voraus reservieren. Keine Kreditkarten.

1

3

WAYNE WALTON/GETTY IMAGES ©

1. Pitigliano (S. 187)
Das Bergdorf thront spektakulär auf einem schroffen Vulkanfelsen.

2. Massa Marittima (S. 179)
Das stille Bergstädtchen besticht durch ausgefallene, sehenswerte Museen, eine besonders reizende zentrale Piazza und größtenteils erhaltene mittelalterliche Straßen.

3. Bei Porto Ercole, Monte Argentario (S. 197)
Spanische Festungen rahmen den kleinen, idyllischen Hafen von Porto Ercole an der weniger überlaufenen Südseite des Monte Argentario ein.

2

CHARLES BOWMAN/GETTY IMAGES ©

COLLINE METALLIFERE

Die schönen Gebäude und Kunstschätze verdankt Massa Marittima seiner Lage im Herzen der Colline Metallifere (Erzberge). Bergbau gab es hier drei Jahrtausende lang, und er hat die Landschaft und die Kultur der Region geprägt. Dem wurde Rechnung getragen, als der **Parco Nazionale Technologico Archeologico delle Colline Metallifere Grossetane** (Nationaler Technologie- und Archäologie-Park der Colline Metallifere; www.parcocollinemetallifere.it) unter der Schirmherrschaft der Unesco in das Europäische Geoparknetz aufgenommen wurde.

Zum Nationalpark gehören zahlreiche Stätten, darunter **Le Biancane** (☎0566 91 70 39; Via Poggiarello, Monterotondo Maritime; ⏲Infobüro Di–Fr 10.30–12.30 Uhr) GRATIS in Monterotondo Marittimo. In dem geothermischen Park 21 km nördlich von Massa verwandeln Dampfturbinen seit 1916 die Erdwärme in Energie. Damit werden rund 1 Mio. Haushalte der Toskana versorgt– insgesamt sind damit 25 % des Energiebedarfs der Toskana abgedeckt. Besucher begeben sich auf einen zweistündigen Rundgang durch bewaldetes Terrain vorbei an dampfenden Löchern und wundervollen Klumpen aus Schwefelkristallen.

Einen Besuch lohnt auch der **Parco Minerario Naturalistico Gavorrano** (☎0566 84 62 31; www.parcominerario.it; Località Ex Bagnetti, Gavorrano; Erw./erm. 8/4 €; ⏲Mitte Juni–Mitte Sept. Di–So 10–13 & 16–19 Uhr, Mai–Mitte Juni & Mitte Sept.–Dez. nur Sa & So). Das Museum samt Bildungsstätte befindet sich in einer riesigen alten Pyritmine, die von 1898 bis 1984 in Betrieb und einst die größte Mine ihrer Art in Europa war. Ein Teil der insgesamt 180 km langen Stollen kann im Rahmen einer faszinierenden Führung besichtigt werden; dabei erfahren die Teilnehmer auch etwas über die Sozialgeschichte des Bergbaus, es gibt auch interaktive Exponate.

L'Osteria da Tronca TOSKANISCH €€
(☎0566 90 19 91; Vicolo Porte 5; Gerichte 32 €; ⏲März–Juli & Sept.–Mitte Dez. Do–Di 7.30–22.30 Uhr, Aug. 7.30–22 Uhr; ✎) Das Restaurant in einer Nebenstraße hinter dem Hotel Il Sole mit Steinwänden ist auf die rustikalen Gerichte der Maremma spezialisiert. Dazu zählen *acquacotta* (eine herzhafte Gemüsesuppe mit Brot und Ei), *tortelli alla maremma* (Teigtaschen mit Ricotta-Spinat-Füllung) und *coniglio in porchetta* (gebratenes gefülltes Kaninchen). Nur abends geöffnet.

Praktische Informationen

Touristeninformation (☎0566 90 27 56; www.altamaremmaturismo.it; Via Todini 3; ⏲Di–So 9.30–13 & 14–18.30 Uhr) An einer Seitenstraße unterhalb des Museo Archeologico.

An- & Weiterreise

AUTO

Ein günstig gelegener Parkplatz (tagsüber 1 € pro Stunde, nachts kostenlos) befindet sich in der Nähe der Piazza Garibaldi: den Hang hoch auf der linken Seite. Weiter unten am Hang gibt es einen kostenlosen Parkplatz an der Piazzetta di Borgo.

BUS

Der Busbahnhof befindet sich in der Nähe des Krankenhauses an der Piazza del Risorgimento, 1 km von der Piazza Garibaldi den Hügel hinab. Von Montag bis Samstag fahren vier Busse nach Grosseto (4 €, 1 1/4 Std.) und einer um 7.10 Uhr nach Siena (5,50 €, 2 Std.). Um nach Volterra zu kommen, muss man in Monterotondo Marittimo umsteigen. Bus- und Zugfahrkarten verkauft **Massa Veternensis** (Piazza Garibaldi 18).

ZUG

Der nächstgelegene Bahnhof ist Massa-Follonica in Follonica, 22 km südwestlich von Massa; dorthin verkehrt ein Pendelbus (2,60 €, 25 Min., 10-mal tgl.).

Vetulonia & Umgebung

Das windgepeitschte Bergdorf 23 km nordwestlich von Grosseto war ursprünglich eine wichtige Niederlassung der Etrusker. Sie wurde 224 v. Chr. von den Römern in Beschlag genommen und weist bedeutsame Spuren beider Kulturen auf.

Sehenswertes & Aktivitäten

★ **Museo Civico Archeologico Isidoro Falchi** MUSEUM
(www.museidimaremma.it; Piazza Vatluna; Erw./erm. 4,50/2,50 €; ⏲Juni–Sept. Di–So 10–13 & 16–21 Uhr, März–Mai Di–So 10–13 & 15–18 Uhr) Von der Hauptpiazza des Ortes bieten sich spektakuläre Ausblicke auf das umliegende

Land. Am Platz residiert auch dieses kleine, trotzdem sehr eindrucksvolle Museum mit einer großen Zahl an Exponaten. Sie wurden aus etruskischen Gräbern und Siedlungen der Gegend zutage gefördert. Zu den Highlights zählen die Fundstücke aus der Grabstätte *Fibula d'Oro* (Goldene Brosche), darunter die kostbare Brosche selbst.

Schlafen

★ Montebelli Agriturismo & Country Hotel AGRITURISMO €€
(☎0566 88 71 00; www.montebelli.com; Località Molinetto Caldana; Zi. Agriturismo 110–145 €, Landhotel 178–225 €; ⏲Jan.–Ende März geschl.; P❄📶🏊) Auf dem weitläufigen biologisch-dynamischen Wein- und Olivengut 10 km nördlich von Vetulonia herrscht eine Art Country-Club-Flair. Die Einrichtungen sind sensationell: Tennisplatz, zwei Pools (einer drinnen, einer draußen), Reitstunden, Restaurant (5-Gänge-Abendessen Erw./Kind 30/15 €) und ein schickes Wellnesszentrum. Gäste haben die Wahl zwischen billigeren (aber stimmungsvolleren) Zimmern im *agriturismo* und luxuriösen, klimatisierten Zimmern im modernen Country Hotel.

★ Pieve di Caminino AGRITURISMO €€
(☎0564 56 97 36; www.caminino.com; Via Provinciale di Peruzzo, Roccatederighi; Suite 90–180 €, 4-Pers.-Apt. 180–250 €; P❄📶🏊) Kaum eine andere Unterkunft versprüht solch ein historisches Flair wie dieses 25 km nordöstlich von Vetulonia gelegene Kloster aus dem 11. Jh. Sie liegt auf einem 500 ha großen Anwesen mit Olivenbäumen und Weinstöcken und bietet sechs reizend eingerichtete Zwei-Personen-Suiten und zwei Ferienwohnungen. Jede Einheit verfügt über Panoramaterrasse, Sitzecke und Küchenzeile, manche haben auch WLAN und Klimaanlage. Frühstück kostet 5–10 €.

Essen

★ La Vecchia Hosteria TOSKANISCH €€
(☎0566 84 49 80; Viale Marconi 249, Bagno di Gavorrano; Gerichte 31 €; ⏲Feb.–Dez. Fr–Mi 12–14.30 & 19–22 Uhr) Das unscheinbare Äußere des Lokals an der Hauptstraße von Bagno di Gavorrano verrät nichts über die außergewöhnliche Qualität seiner Küche. Die hausgemachte Pasta ist großartig (vor allem die *tortelli di ricotta*), und die rustikalen Hauptgerichte sind ebenfalls unglaublich gut. Das Städtchen liegt 14 km nördlich von Vetulonia in der Nähe des Parco Minerario Naturalistico Gavorrano.

ℹ An- & Weiterreise

Um nach Vetulonia zu gelangen, biegen Autofahrer bei der Ausfahrt Montepescali/Braccagni Richtung Braccagni von der SS1 ab und folgen dann der SP152 und SP72 bergan zum Dorf.

CITTÀ DEL TUFO

Die malerischen Orte Pitigliano, Sovana und Sorano bilden ein Dreieck um eine spektakuläre Landschaft, in der die Häuser seit den Zeiten der Etrusker aus vulkanischem Tuffstein gebaut werden. Die Region wird Città del Tufo (Tuffsteinstadt) genannt, manchmal auch Paese del Tufo (Tuffsteinland).

Pitigliano

3880 EW.

Wer sich Pitigliano mit dem Auto nähert, muss aufpassen, dass er beim Anblick des malerisch auf einem Felsen thronenden Dorfes nicht plötzlich und ohne Rücksicht auf Verluste auf die Bremsen steigt, den Fotoapparat zückt und sich in einer Knipsorgie ergeht. Der Ort scheint wie verwachsen mit dem Berg. Die Abhänge, die Pitigliano auf drei Seiten umgeben, bilden eine natürliche Abwehr vor Feinden, und im Osten wehrte eine Festung Eindringlinge ab. Im Ort selbst verschwinden gewundene Steintreppen geheimnisvoll hinter Häuserecken, grazile Bögen spannen sich über Kopfsteinpflastergassen, und die urigen Steinhäuser des Dorfes scheinen planlos übereinandergestapelt worden zu sein.

FUNDE AUS DER ETRUSKERZEIT

Scavi di Città (⏲Sommer Mo, Mi & Fr–So 10.10–18.50 Uhr, Winter Mo, Mi & Fr–Sa 8.30–16.50 Uhr) 2009 begann ein kleines Archäologenteam mit der Ausgrabung dieser Fundamente eines 2300 Jahre alten etruskischen *domus* (Haus). Die Grabungsstätte liegt an der Hauptstraße gleich unterhalb von Vetulonia. Dabei wurden Bruchsteinmauern freigelegt, außerdem ein Ziegelsteinfußboden, ein kleiner Terrakotta-Altar, jede Menge Amphoren und das Fragment eines Wandfreskos. Man hält dies für die besterhaltene Villa aus etruskisch-römischer Zeit und vermutet in der Nähe noch weitere unentdeckte Häuser, Läden und Tempel.

Ursprünglich von den Etruskern erbaut, gelangte Pitigliano unter römische Herrschaft, um dann von den reichen Familien der Aldobrandeschi und Orsini übernommen zu werden. Die Orsini ließen die Festung erweitern, die Wehrmauern verstärken und den beeindruckenden Aquädukt erbauen. Ihre Herrschaft über die Stadt endete, als Pitigliano dem Großherzogtum Toskana einverleibt wurde.

1944 wurden bei alliierten Luftangriffen 88 Einwohner des Ortes getötet und viele Gebäude beschädigt. Eine Gedenktafel bei der Piazza della Repubblica erinnert an die Opfer.

Sehenswertes & Aktivitäten

La Piccola Gerusalemme MUSEUM

(Klein-Jerusalem; ☎0564 61 42 30; www.lapiccolagerusalemme.it; Vicolo Manin 30; Erw./erm. 4/3 €; ⌚Sommer 10–13 & 14.30–18 Uhr, Winter 10–12 & 15–17 Uhr) Wer die Via Zuccarelli entlang geht und beim Wegweiser „La Piccola Gerusalemme" links abbiegt, begibt sich auf eine faszinierende Zeitreise in die reiche, aber leider fast ausgestorbene jüdische Kultur Pitiglianos. Zu sehen sind eine winzige, reich geschmückte Synagoge (nur eine von fünf in der Toskana, 1598 begründet), ein rituelles Bad, eine koschere Metzgerei, eine Bäckerei, ein Weinkeller und Färbereien.

Auf Informationstafeln ist die geschichtliche Entwicklung festgehalten: Im Lauf des 16. Jhs. entstand in Pitigliano eine jüdische Gemeinde, die spürbar wuchs, als Papst Pius IV. 1569 die Juden aus Rom verbannte. Unter den Medici mussten die Juden in dieses kleine Getto umziehen, wo sie bis 1772 blieben. Von da ab und bis weit ins folgende Jahrhundert hinein erlebte die rund 400 Seelen starke Gemeinde ihre Blütezeit, und dieser größten jüdischen Gemeinde Italiens verdankte Pitigliano den Beinamen „Klein-Jerusalem". Als die Faschisten 1938 ihre Rassegesetze erließen, waren die meisten Juden schon fortgezogen; etwa 80 blieben zurück, und nur wenige, die von Einheimischen vor den Faschisten versteckt wurden, überlebten den Krieg.

Palazzo Orsini MUSEUM

(☎0564 61 60 74; www.palazzo-orsini-pitigliano.it; Piazza della Fortezza; Erw./erm. 4,50/3,50 €; ⌚Sommer Di–So 10–13 & 15–20 Uhr, Winter Di–So 10–13 & 15–17 Uhr) Die miteinander verbundenen Plätze Piazza Petruccioli und Piazza Ga-

VIE CAVE

In den Tälern unterhalb von Pitigliano gibt es mindestens 15 in den Tuffstein gehauene *vie cave* (Hohlwege). Diese gewaltigen Durchgänge – bis zu 20 m tief und 3 m breit – gelten im Volksglauben als heilige Wege, welche die Nekropolen und andere Kultstätten miteinander verbanden. Einer anderen, simpleren Erklärung zufolge wurden durch die prähistorischen Korridore – unsichtbar für den Feind – Tiere und Gerätschaften für Verteidigungszwecke von einem Dorf zum nächsten transportiert. Was auch immer der Grund für ihren Bau war: Jedes Frühjahr findet in der Nacht der Tagundnachtgleiche (19. März) ein Fackelumzug auf der Via Cava di San Giuseppe statt. Diese **Torciata di San Giuseppe** endet mit einem riesigen Freudenfeuer auf der Piazza Garibaldi in Pitigliano, es ist ein Symbol der Reinigung und Erneuerung am Ende des Winters.

Zwei besonders sehenswerte *vie cave* – die Via Cava di Fratenuti und die Via Cava di San Giuseppe – befinden sich 500 m westlich von Pitigliano an der Straße nach Sovana. Die Fratenuti weist hohe senkrechte Wände und etruskische Zeichen auf. Die San Giuseppe führt an der Fontana dell'Olmo vorbei, einem in den Fels gehauenen Brunnen. Dem Betrachter blickt an dieser Quelle Bacchus, der römische Gott der Fruchtbarkeit, entgegen.

Von Pitigliano nach Sovana (8 km) verläuft ein herrlicher Wanderweg, der teilweise auch *vie cave* mit einschließt. Eine Beschreibung und eine Karte der Strecke finden sich auf www.trekking.it; hier kann man unter dem Abschnitt „Maremma" eine PDF-Datei herunterladen. Ein schöner, 2 km langer Weg führt von der kleinen Steinbrücke in der Schlucht unterhalb von Sorano durch die Via Cava San Rocco zu den **Necropoli di San Rocco**, einer weiteren etruskischen Begräbnisstätte.

Das **Museo Archeologico all'Aperto Alberto Manzi** (Archäologisches Freiluftmuseum Alberto Manzi; ☎0564 61 40 67; Strada Provinciale 127 Pantano, abseits der SS74; Erw./erm. 4/2,50 €; ⌚April–Okt. Di–So 11–19 Uhr), ein Freiluftmuseum südlich von Pitigliano an der Straße nach Saturnia, umfasst Abschnitte von *vie cave* sowie mehrere Nekropolen.

ribaldi bilden einen majestätischen Laufsteg hin zu dieser Burg aus dem 13. Jh. Sie wurde im 16. Jh. von den Orsini erweitert, um als Bischofsresidenz zu dienen, und beherbergt heute ein Museum. Die Räume sind gefüllt mit Kunstwerken und diversen religiösen Gegenständen aus der Umgebung.

Museo Civico Archeologico di Pitigliano MUSEUM
(☎0564 61 40 67; Piazza della Fortezza; Erw./erm. 3/2 €; ⌚Juni–Aug. Mo, Do & Fr 10–17, Sa & So bis 18 Uhr, Ostern–Mai Sa & So 10–17 Uhr) Eine Steintreppe führt zu dem kleinen, gut geführten Museum, das eine reiche Sammlung an etruskischen Funden von örtlichen Ausgrabungen beherbergt. Zu den Highlights zählen große intakte *bucchero*-Urnen (aus schwarzem Ton) aus dem 6. Jh. v. Chr. und reizende rosafarbene Ölgefäße aus Ton in der Form kleiner Rehe.

Festivals & Events

Settembre diVino – Festa delle Cantine WEIN
(Fest der Weinkeller; ⌚Sept.) Am ersten Wochenende im September feiert die Stadt von Donnerstag bis Sonntag seinen trockenen, belebenden Bianco di Pitigliano. Die *cantine* (Weinkeller) sind für Weinproben geöffnet – Näheres unter www.comune.pitigliano.gr.it.

Schlafen

Il Tufo Rosa PENSION €
(☎0564 61 70 19; www.iltuforosa.com; Piazza Petruccioli 97–101; EZ 42–48 €, DZ 55–75 €; ❄📶) Die hübschen Zimmer in einer Festung an der Piazza Petruccioli am Stadtrand haben etwas standhaft Altmodisches. Jedes ist nach einer Gräfin der Aldobrandeschi, Orsini oder Medici benannt und mit seidiger Wäsche, zierlichen Kissen und schimmernden Stoffen ausstaffiert. Kein Frühstück; nur wenige Zimmer mit Klimaanlage.

★**Le Camere del Ceccottino** PENSION €€
(☎0564 61 42 73; www.ceccottino.com; Via Roma 159; Zi. 80–150 €; ❄📶) Die überaus hilfsbereiten Eigentümer Chiara und Alessandro wohnen im Haus und betreiben auch eine benachbarte Osteria und Enoteca gleichen Namens. Ihre *pensione* in erstklassiger Lage beim Dom hat vier makellose, gut ausgestattete Zimmer. Man sollte sich aber möglichst eins der teureren geben lassen, denn die sind großzügiger als die etwas zu klein geratenen Standardzimmer. Kein Frühstück.

KOMBITICKET

Wer bei den Etruskerstätten sparen will, kauft das Kombiticket (Erw./erm. 6/3 €) für das Museo Civico Archeologico di Pitigliano und das außerhalb der Stadt gelegene Museo Archeologico all'Aperto Alberto Manzi.

Essen & Ausgehen

★**La Rocca** TOSKANISCH, WEINBAR €
(Piazza della Repubblica 92; Panini 4 €, Gerichte 28 €; ⌚Di–Sa 10–15, So bis 24 Uhr) Regionale Weine in großzügiger Dosis, darunter auch der DOC-Weißwein aus Pitigliano selbst, sind die Spezialität dieser riesigen Weinbar im hintersten Eck der Piazza della Repubblica, nahe dem Panorama-Aussichtspunkt. Auch die Auswahl an *prodotti tipici* (typischen Regionalprodukten) kann sich sehen lassen und umfasst alles von rustikaler Pasta über Antipastiteller und Panini mit Räucherfleisch bis hin zum Pecorino.

Enoteca La Corte del Cechcottino TOSKANISCH, WEINBAR €
(Via Vignoli 202; Gerichte ab 9 €; ⌚Mitte März–Mitte Jan. Fr–Mi unterschiedl. Öffnungszeiten) Der „versenkte" Patio ist ein romantisches Plätzchen für ein (oder zwei) Glas toskanischen Weins und dazu ein Teller Antipasti oder eine Portion Pasta.

★**Il Tufo Allegro** TOSKANISCH €€
(☎0564 61 61 92; www.iltufoallegro.com; Vicolo della Costituzione 5; Gerichte 22–70 €; ⌚Mi–So 12–14.30 & 20–22.30, März–Dez. 19.30–21.30 Uhr) Die Düfte, die aus der Küchentür an der Via Zuccarelli entweichen, reichen eigentlich schon aus, um jeden Vorbeigehenden die Treppe hinab an die gemütlichen Tische zu locken. Küchenchef Domenico Pichini stellt Menüs zusammen, die ein breites Spektrum von traditionell bis modern abdecken und in erster Linie aus regionalen Produkten bestehen. Das Lokal liegt in der Nähe von Piccola Gerusalemme.

Hostaria del Ceccottino ITALIENISCH €€
(☎0564 61 42 73; www.ceccottino.com; Piazza San Gregorio VII 64; Gerichte 45 €; ⌚Mitte März–Mitte Jan. 12–15 & 19–21.30 Uhr, Okt.–Mai Do geschl.; 🖉) Küchenchefin Carla kocht seit 30 Jahren regionale Spezialitäten – und keines ihrer Rezepte wurde jemals zu Papier gebracht. In Pitigliano zeigt sich das jüdische Erbe auch im Essen, sodass man hier neben erst-

TERME DI SATURNIA

Die schwefelhaltigen **Terme di Saturnia** (☎ 0564 60 01 11; www.termedisaturnia.it; Tageskarte 25 €, nach 14 Uhr 20 €; ⏲ Sommer 9.30–19 Uhr, Winter bis 17 Uhr) liegen gute 3 km unterhalb des gleichnamigen Dorfes, das 3 km von Sorano und 26 km von Pitigliano entfernt ist. Besucher dieses Luxusresorts können wie die alten Römer einen ganzen Tag lang in den warmen Becken planschen oder sich Wellnessanwendungen gönnen. Wem das zu teuer ist, der kann die Quellen direkt besuchen. Gleich südlich des Abzweigs zu den Terme di Saturnia kann man schon nach Fahrzeugen Ausschau halten, die an der Straße parken (oder nach der Beschilderung zur *Cascate del Gorello*), und dort einem Pfad folgen bis zu dem völlig kostenlosen, konstant 37,5 °C warmen Wasser. Eine weitere Alternative ist eine Übernachtung im **Hotel Saturno Fontepura** (☎ 0564 60 13 13; www.hotelsaturnofontepura.com; Località la Croce; Zi. 135–190 €; P ❄ 📶 🏊). Das Wellness-Resort mit eigenem Thermalbecken liegt an der Straße oberhalb der *terme*.

klassigen Regionalzutaten wie Fleisch von Chianina- und Maremmana-Rindern auch *Sfratto Pitiglianese* findet – ein jüdisches Gebäck mit Honig und Walnüssen.

Praktische Informationen

Touristeninformation (☎ 0564 61 71 11; www.comune.pitigliano.gr.it; Piazza Garibaldi 12; ⏲ Sommer Di–Sa 10–12.30 & 15.30–18, Fr & Sa 10–12.30 & 15–17.30 Uhr, Winter 10–12.30 Uhr) In der Piazza gleich innerhalb des Haupttors zur Altstadt.

An- & Weiterreise

AUTO

Die Stadt hat jede Menge kostenlose Parkplätze – einfach nach der weißen Markierung suchen. Wer keine mehr findet, kann immer noch von 8 bis 13 und 15 bis 20 Uhr für 50 Cent auf dem Parkplatz nahe der Piazza Petruccioli parken.

BUS

Busse des Unternehmens **Tiemme** (www.tiemmespa.it) fahren an der Via Santa Chiara ab, gleich abseits der Piazza Petruccioli. Meist fahren sie nur montags bis samstags, Fahrkarten gibt's in der Bar Guastini an der Piazza Petruccioli. Zu den Reisezielen gehören:

Grosseto (6 €, 2 Std., 3-mal tgl.)
Siena (8,50 €, 3 Std., 1-mal tgl.)
Sorano (1,50 €, 10–20 Min., 4-mal tgl.)
Sovana (1,50 €, 10–20 Min., 1-mal tgl.)

Sovana

Die Hauptattraktionen des bildhübschen Städtchens sind die kopfsteingepflasterte Hauptstraße aus der Römerzeit, zwei wunderbar schlichte romanische Kirchen und ein Museum mit antiken Goldmünzen.

Sehenswertes

Duomo DOM
(Concattedrale dei Santi Pietro e Paolo; ⏲ Sommer 10–13 & 14.30–18 Uhr, Winter 11–13 & 14.30–17 Uhr) Der romanische Dom, der ab dem 12. Jh. über einen Zeitraum von 200 Jahren entstand, geht zurück auf Papst Gregor VII. (Hildebrand von Sovana, um 1015–85). Das ungewöhnlich positionierte Portal ist mit Darstellungen von Menschen, Tieren und Pflanzen geschmückt, das Innere verdankt seine Schönheit weniger irgendwelchen Kunstwerken als vor allem der genialen Architektur.

Museo di San Mamiliano MUSEUM
(Piazza del Pretorio; Erw./Kind 4/2 €; ⏲ Sommer Do–Di 10–13 & 15–19 Uhr, Aug. tgl., Okt. bis 18 Uhr, Nov. & Dez. Sa & So 10–13 & 14–17 Uhr) 2004 machten Archäologen unter den Ruinen der aus dem 9. Jh. stammenden Kirche des hl. Mamiliano die Entdeckung ihres Lebens: Sie fanden 498 Goldmünzen in einer Vase, die im 5. Jh. n. Chr. unter dem Kirchenboden vergraben wurde. Fast alle Münzen sind in diesem kleinen Römerzeit-Museum in der restaurierten Kirche ausgestellt.

Santa Maria Maggiore KIRCHE
(Piazza Pretorio; ⏲ 9–17 Uhr) Die Fresken in der Apsis dieser Kirche im romanisch-gotischen Übergangsstil aus dem 16. Jh. sind wohl der Hauptgrund für einen Besuch in dieser Kirche. Ungewöhnlich ist aber auch das steinerne *ciborium* (Gewölbedecke über dem Altar) aus dem 9. Jh.

Schlafen & Essen

★ **Taverna Etrusca** HOTEL €
(☎ 0564 61 41 13; www.tavernaetrusca.com; Piazza del Pretorio 16; DZ 80–90 €, Mahlzeiten 20–60 €;

) Das großartige Erbe der Stadt macht sich in dieser stilvollen Unterkunft mehr als bemerkbar. Eine hölzerne Wendeltreppe führt hinauf zu stattlichen Zimmern mit stimmungsvoller Beleuchtung und Steinwänden. Unten wird feine, moderne toskanische Küche im schattigen Innenhof sowie unter dem alten Gebälk des in Backstein gemauerten Speisesaals serviert. Auf der 30-seitigen *carta dei vini* finden sich DOC-Weine aus Sovana und Morellino di Scansano.

La Tavernetta TRATTORIA €
(www.latavernettasovana.it; Via del Pretorio 3; Gerichte 20 €, Pizza 4–7 €; Sommer tgl. 12.30–14.30 & 19–21 Uhr, Winter Mi–Mo;) Das entspannte Lokal in der Nähe der Touristeninformation hat eine Terrasse zur Straße und serviert tagsüber schlichte, traditionelle Regionalkost (besonders gut sind *Tortelli alla Maremmana* und *Salumi Toscana*) und abends Holzofenpizza.

Praktische Informationen

Touristeninformation (0564 61 40 74; nur im Sommer Fr–Mi 10–13 & 15–19 Uhr) Hilfsbereite Touristeninformation im Palazzo Pretorio am Hauptplatz.

An- & Weiterreise

AUTO

Der Parkplatz am Ortseingang kostet 50 Cent pro Stunde.

BUS

Von Montag bis Samstag bietet das Busunternehmen **Tiemme** (www.tiemmespa.it) Verbindungen nach/von Pitigliano (1,50 €, 10–20 Min., 1-mal tgl.) und Sorano (1,50 €, 15 Min., 1- bis 2-mal tgl.)

Parco Archeologico Città del Tufo

Parco Archeologico Città del Tufo AUSGRABUNGSSTÄTTE
(Necropoli di Sovana; www.leviecave.it; Eintritt 5 €; Sommer 10–19 Uhr, Nov. & März Sa & So bis 17 Uhr) Die bedeutendsten etruskischen Gräber liegen 1,5 km östlich der Stadt. Italienische und englische Infotafeln lotsen Besucher durch die vier komplexen Grabanlagen. Hauptattraktion ist die nach Gregor VII. benannte **Tomba Ildebranda**, an der noch Spuren der in den Stein gemeißelten Säulen und Treppen zu sehen sind. Die **Tomba dei Demoni Alati** (Grab der geflügelten Dämonen) ziert eine liegende, kopflose Terrakottafigur.

Die Skulptur eines Meeresdämons mit riesigen Flügeln – ursprünglich das Herzstück des Grabmals – steht heute geschützt in einem überdachten Bereich etwas abseits. Ein Weg führt vorbei an verschiedenen direkt in den Felsen gehauenen Grabfassaden und gelangt nach 300 m zur **Tomba del Tifone** (Grab des Taifuns). In der Nähe sind noch zwei spannende *vie cave*: die Hohlwege „Cavone" und „Poggio Prisca".

Gegenüber liegt die **Tomba della Sirena** sowie eine weitere *via cava* („San Sebastiano"), die aber zum Zeitpunkt der Recherche aus Sicherheitsgründen geschlossen war.

Sorano & Umgebung

3510 EW.

Wahrhaft dramatisch sitzen die vom Wetter gezeichneten Steinhäuser entlang eines Felsrückens oberhalb der Schlucht des Flusses Lente. Unterhalb des Kammes sind in den Tuffstein *cantine* (Keller) sowie terrassierte Gärten gehauen – viele davon vor neugierigen Blicken versteckt.

Sehenswertes & Aktivitäten

Fortezza Orsini FESTUNG
(0564 63 34 24; Eintritt 4 €; Sommer 10–13 & 15–19 Uhr, Aug. tgl., Okt. bis 18 Uhr, März Sa & So 10–13 & 14–17 Uhr) Die Bauarbeiten an dieser riesigen Festung begannen bereits im 11. Jh. Heute wacht sie noch immer über die Stadt und verbindet mit kräftigen Mauern zwei Bastionen, die von einem trockenen Burggraben umgeben sind. Der Höhepunkt eines Besuchs ist zweifellos eine Führung der stimmungsvollen unterirdischen Gänge (11 und 15.30 Uhr), die selbst im toskanischen Hochsommer bemerkenswert kühl sind.

Area Archeologica di Vitozza AUSGRABUNGSSTÄTTE
(10 Uhr bis Sonnenuntergang) GRATIS Die gut 200 Höhlen in diesem hohen Felsrücken

KOMBITICKET

Wer sowohl das Museo di San Mamiliano als auch den Parco Archeologico Città del Tufo außerhalb der Stadt sowie die Fortezza Orsini in Sorano besuchen will, kann mit einem Kombiticket (Erw./Kind 8/5 €) Geld sparen.

sind der Überrest einer der größten Höhlensiedlungen Italiens, die erstmals in prähistorischer Zeit bewohnt war. Wer die Stätte besichtigen will, sollte feste Schuhe und zwei Stunden Zeit mitbringen. Sie liegt 5 km östlich von Sorano in der Nähe des Örtchens San Quírico; von der SR74 aus der Beschilderung folgen.

Schlafen

★ Sant'Egle AGRITURISMO €€

(☎329 4250285; www.santegle.it; Case Sparse Sant'Egle 18; DZ/3BZ 112/150 €; P) Hier geht jeder toskanische Biotraum in Erfüllung. Das Zollhaus aus dem 17. Jh. hat wunderschöne Zimmer mit Sichtbalken und originellen, selbst gemachten Details wie alten Leitern als Kleiderständer und Regalen aus grob gesägtem Holz. Ein Zimmer ist in der ehemaligen Küche und hat einen Kamin, in dem man locker auch schlafen könnte (wobei das Himmelbett wahrscheinlich doch gemütlicher ist).

Von Bettzeug und Pflegeprodukten (mit extra viel Olivenöl) bis hin zu Gourmetfrühstück und Abendessen (vier Gänge 30 €) ist fast alles Bio. Zum Angebot gehören noch ein ruhiger Garten, ein winziger Bio-Pool sowie ein Whirlpool im Freien und Kurse in Brotbacken, Käseherstellung und toskanischer Küche. Sehr zu empfehlen!

Hotel della Fortezza HOTEL €€

(☎0564 63 35 49; www.fortezzahotel.it; Piazza Cairoli 5; DZ 100–120 €, Suite 115–140 €; P) Wer schon immer mal in einer mittelalterlichen Festung übernachten wollte, ist in diesem komfortablen Hotel genau richtig. Es liegt in einer der Bastionen, und von vielen der 16 Zimmer bieten sich spektakuläre Ausblicke. Am bezauberndsten ist zweifellos die riesige (Turm)-Suite „La Torre".

Essen & Ausgehen

Cantina L'Ottava Rima WEINBAR

(www.cantinaottavarima.com; Via del Borgo 25; ⊙Sommer 12–15 & 18–24 Uhr, Winter nur Do–So) Die entspannte *cantina* ist direkt in den Tuffstein gebaut und serviert ihre Weine an wackligen Tischen zwischen den Felswänden. Ein stimmungsvoller Ort, um Weine und schlichte Gerichte (Antipasti 12 €) mit Betonung auf hochwertige Produkte der Region zu probieren. Der Eingang liegt an einem Terrassenweg am unteren Ende der Stadt.

Praktische Informationen

Touristeninformation (☎0564 63 30 99; ⊙Di–So 10–13 & 15–19 Uhr) Soranos günstig gelegene Touristeninformation ist direkt an der *fortezza*.

An- & Weiterreise

AUTO

Der Parkplatz vor dem Rathaus verlangt tagsüber von 8 bis 13 und 15 bis 20 Uhr 50 Cent pro Stunde. An der *fortezza* kann man hingegen umsonst parken.

BUS

Tiemme (www.tiemmespa.it) bietet Busverbindungen nach Pitigliano (1,50 €, 10–20 Min., 4-mal tgl.) und Sovana (1,50 €, 15 Min., 1- bis 2-mal tgl.)

BASSA MAREMMA

Die Bassa (Untere) Maremma zieht sich von Grosseto an der Küste entlang. Sie umfasst die Halbinsel Monte Argentario ebenso wie die Berge und Sumpfgebiete des Parco Regionale della Maremma.

Grosseto

81 540 EW.

Grosseto findet touristisch wenig Beachtung Es ist nicht besonders schön gelegen und hat nur wenige Sehenswürdigkeiten vorzuweisen. Praktisch ist es vor allem als Orientierungsmarke für Reisende auf der Küstenschnellstraße hinunter bis nach Rom. Die attraktive, wenn auch unspektakuläre Altstadt, ein paar lebhafte Lokale und ein alternativ angehauchtes Flair sind aber vielleicht trotzdem Grund für einen Boxenstopp.

Grosseto war eine der letzten von Siena beherrschten Städte, die in die Hände der Medici fielen. Als die Florentiner 1559 die Macht übernahmen, machten sie sich gleich daran, Wehranlagen und 2,5 km lange Mauern im Sechseck um die Stadt zu bauen, um das für das Großherzogtum wichtige Getreide- und Salzdepot zu schützen. Heute ist Grosseto Provinzhauptstadt der Maremma. Außerdem bietet die Altstadt ideale Bedingungen für einen gemütlichen Stadtbummel und eine *passeggiata* (Abendspaziergang) über den Corso Carducci.

Die Stadt ist im Winter für ihre heftigen Regenfälle berüchtigt. Diese haben in der Vergangenheit schon zu katastrophalen Überschwemmungen geführt.

Sehenswertes & Aktivitäten

Cattedrale di San Lorenzo DOM

(Piazza del Duomo; 7.30–12 & 15.30–19 Uhr) Der auf das 13. Jh. zurückgehende Dom verströmt sienesisches Flair und beeindruckt mit einer besonders schönen Fensterrose. Ein großer Teil der Fassade wurde im 19. Jh. im neoromanischen Stil erneuert. Drinnen lohnt ein Blick auf die *Madonna delle Grazie* im linken Querschiff; ebenfalls bemerkenswert sind das Taufbecken von 1470 und die beiden Buntglasfenster aus dem 15. Jh. mit Heiligendarstellungen.

Museo Archeologico e d'Arte della Maremma MUSEUM

(http://maam.comune.grosseto.it/; Piazza Baccarini 3; Erw./erm. 5/2,50 €; Juni–Mitte Sept. Di–Fr 10–17.30, Sa & So 10–13 & 17–20 Uhr, Sept.–Mai Di–Fr 9–15, Sa & So 10–13 & 16–19 Uhr) Grossetos größte Touristenattraktion hat im Erdgeschoss ein archäologisches Museum und im Obergeschoss ein Museum für sakrale Kunst. Etruskische und römische Artefakte aus den Ausgrabungen in Roselle und Vetulonia gehören zur Ausstellung, darunter auch einige gut erhaltene etruskische Schriftstücke aus dem 6. Jh. v. Chr. Unter den Kunstwerken aus dem 13. bis 19. Jh. finden sich eindrucksvoll illuminierte Handschriften aus dem 13. Jh.

Festivals & Events

Festa di San Lorenzo KULTUR

(Aug.) Dieses Fest am 9. und 10. August ist Grossetos Schutzpatron St. Lorenz gewidmet.

Schlafen

Appennino PENSION €

(0564 2 30 09; www.albergoappennino.it; Viale Goffredo Mameli 1; EZ/DZ 40/80 €; P) Die schlichten, aber freundlichen Zimmer in diesem 2-Sterne-*albergo* liegen 10 Gehminuten vom *centro storico* entfernt. Eine gute Wahl für Kurzaufenthalte. Kein Frühstück.

Grand Hotel Bastiani HOTEL €€

(0564 2 00 47; www.hotelbastiani.com; Piazza Gioberti 64; EZ 82 €, DZ ab 120 €, Suite ab 180 €; P @) Der imposante alte Bau mit Marmorböden und ausladendem Treppenhaus hat vornehme Zimmer mit poliertem Holz, würdevollen Stoffen und glänzenden Bädern und bietet ein üppiges Frühstücksbuffet. Es liegt gleich hinter dem Haupttor in die Altstadt.

ABSEITS DER ÜBLICHEN PFADE

TERENZI

Das 2013 im renommierten Gambero-Rosso-Weinführer *Vini d'Italia* (italienische Weine) als „Aufsteiger des Jahres" ausgezeichnete Weingut **Terenzi** (0564 59 96 01; www.terenzi.eu; Località Montedonico, Scansano) liegt an einem landschaftlich reizvollen Straßenabschnitt unweit der Ortschaft Scansano, 50 Minuten Autofahrt von Pitigliano über eine Landstraße Richtung Grosseto.

Aushängeschild ist der Morellino di Scansano DOCG, ein rubinroter Sangiovese mit dem Aroma von Beeren und Veilchen, den man sich bei einem Mahl im hauseigenen **Restaurant** (Gerichte 35 €; 12–15 Uhr, im Winter geschl.) schmecken lassen oder in der **Cantina** (3 Weine 10–20 €; Sommer 9.30–19.30 Uhr, Winter Mo–Fr 9.30–13 & 14–17.30, Sa & So 10–18 Uhr) auf dem Gut käuflich erwerben kann. Für Reisende, die ein paar Tage lang die wundervolle Aussicht und die angebotenen Weine genießen möchten, steht eine **Locanda** (DZ 110–155 €, Suite 140–175 €; P) bereit.

Essen & Ausgehen

Vineria da Romolo TOSKANISCH €

(Via Vinzaglio 3; Gerichte 20 €; 10–15.30 & 18–24 Uhr, Di & Mi geschl.) Die chillige *osteria* hat ein ausgesprochen alternatives Flair: Vorne stehen Tische und Stühle aus alten Weinfässern, innen prägen leere Flaschen, Plastiktrauben und der eine oder andere ausgestopfte Papagei das Bild. Das Essen ist lecker und traditionell: rustikale Pasta und sehr großzügige Fleisch- und Käseplatten.

★ **Grantosco** TOSKANISCH €€

(0564 2 60 27; www.grantosco.it; Via Solferino 4; Gerichte 35 €; 12–14.30 & 19–22 Uhr) Saftige Fleischgerichte aus Maremma-Rind, *cinta senese* (toskanisches Schweinefleisch) und in Morellino di Scansano mariniertes *gingiale*

(Wildschwein) sind hier die Spezialität, aber Pasta und Nachtisch sind auch nicht von schlechten Eltern. Atmosphäre schaffen die sanfte Beleuchtung und die mit Weinflaschen dekorierten Wände.

★ **Caffè Ricasoli** BAR
(www.caffericasoli.it; Strada Ricasoli 20; ⏲Mo–Sa 8–24 Uhr; 📶) Zwar hängen alte Vinylplatten von der Decke, aber die Musik in Grossetos bester Beatnik-Café-Bar ist alles andere als angestaubt. Gegen Ende der Woche legen DJs italienische Popmusik auf die Platte und hin und wieder gibt's auch Livemusik. Hinten ist ein Internetcafé und das kostenlose WLAN ist ebenso stark wie der Kaffee.

Shoppen

Dolci Tradizioni dalla Maremma Toscana ESSEN
(Via Garibaldi 60; ⏲Mo–Sa 8–16 Uhr) Die wundervolle *pasticceria* gegenüber der Medici-Festung ist auf Leckereien wie *lo sfratto*, ein traditionelles jüdisches Gebäck mit Honig und Walnüssen, spezialisiert. Alles wird von Hand gefertigt und in schönen Päckchen verkauft.

Praktische Informationen

Touristeninformation (☎0564 42 79 18; www.turismoinmaremma.it; Piazza del Popolo 3; ⏲Sommer Do 10–14, Fr 16–18 Uhr, Winter Mo, Di & Do 9–11.30, Di, Mi & Fr 15–17.30 Uhr) Versteckt sich neben der *Bastione della Rimembranza* im Nordwesten der Altstadt.

An- & Weiterreise

AUTO

Im *centro storico* ist der Verkehr sehr eingeschränkt. Um die Stadtmauern herum gibt's jede Menge kostenpflichtige Parkplätze; am praktischsten ist der beim Stadttor am Viale Zimenes bei der Piazza Lamaremma (1 € pro Std.).

BUS

Busse fahren meist vom Bahnhof ab. Fahrkarten sind im nahe gelegenen Tiemme-Büro erhältlich. Montags bis samstags gibt es die folgenden Busverbindungen:

Florenz (11 €, 2 Std., 6-mal tgl.)

Massa Marittima (3,70 €, 1 Std., 4-mal tgl.)

Pitigliano (6 €, 2 Std., 3-mal tgl.)

Porto Santo Stefano (3,70 €, 1 Std., 1-mal tgl.)

Siena (7,80 €, 80 Min., 10-mal tgl.)

ZUG

Die wichtigste Küstenstrecke verläuft zwischen Pisa, Livorno und Rom über Grosseto. Hier fährt unter anderem auch der Hochgeschwindigkeitszug (Alta Velocità) Frecciabianca. Regelmäßig (etwa stündlich) fahren von Grosseto Züge nach:

Genua (Alta Velocità, 22 €, 3 Std.; Intercity, 17 €, 3½ Std.)

Livorno (Alta Velocità, 20 €, 1 Std.; Intercity, 10 €, 70 Min.)

Pisa (Alta Velocità, 20 €, 75 Min.; Intercity, 10 €, 90 Min.)

Rom (Alta Velocità, 28 €, 90 Min.; Intercity, 20 €, 2 Std.)

Siena (Regionale, 9 €, 90 Min., 7-mal tgl.)

Riserva Naturale Provinciale Diaccia Botrona

Riserva Naturale Provinciale Diaccia Botrona PARK
(☎0564 2 02 98; www.maremma-online.it) Die Feuchtgebiete rund um die Küstenstadt Castiglione della Pescaia bieten Zugvögeln einen wichtigen Schutz. Das 1272 ha große Naturschutzgebiet abseits der SS322 ist eine einmalige Gelegenheit, die flache, aber faszinierende Landschaft zu erkunden. **Bootsausflüge** (Erw./erm. 12/10 €; ⏲Mitte Juni–Mitte Sept. Di–So 17 & 18.30 Uhr) bieten Gelegenheit, Wasservögel, Reiher, Flamingos und andere Vogelarten zu sehen. Im Voraus buchen.

Die Bootsausflüge legen am **Besucherzentrum** (Multimediavorführung Erw./erm. 3,50/2,50 €; ⏲Mitte Juni–Mitte Sept. Di–So 16–20.30 Uhr, Mitte Sept.–Mitte Juni 15.30 Uhr–Sonnenuntergang) in der **Casa Rossa Ximenes** ab. Das hübsche Schleusenhaus wurde Mitte des 18. Jhs. vom Großherzog Pietro Leopoldo I. von Lorriane in Auftrag gegeben, mit dem Ziel, die Sumpfgebiete landwirtschaftlich nutzbar zu machen und die schrecklich hohen Malariazahlen der Region zu senken. Im Besucherzentrum gibt es eine Multimediaausstellung (nur auf Italienisch) über die Fauna des Schutzgebiets, das Gebäude und die Trockenlegung der Sümpfe.

Geführte Mountainbiketouren des Naturschutzgebiets (Erw./erm. 8/5 €) starten von Mai bis Anfang Oktober in der nahe gelegenen Stadt Castiglione della Pescaia. Unbedingt reservieren!

Roselle

Roselle AUSGRABUNGSSTÄTTE
(SS 223; Erw./erm. 4/2 €; ⌚Mai–Aug. 8.30–19 Uhr, März, April, Sept. & Okt. bis 18.30 Uhr, Nov.–Feb. bis 17.30 Uhr) Bereits im 7. Jh. v. Chr. gab es hier eine etruskische Stadt namens Rusellae, die im 3 Jh. v. Chr. unter die Herrschaft der Römer fiel. Großartige Denkmäler gibt es zwar keine, aber römische Befestigungsmauern, Amphitheater, Überreste von Häusern, Forum und Straßen vermitteln auch heute noch ein Bild der damaligen Stadt. Roselle liegt rund sieben Kilometer nordöstlich von Grosseto.

Parco Regionale della Maremma

Dieser Nationalpark bietet Hunderte Hektar Wälder, unberührte Küste, zahllose Aktivitäten sowie die Chance, Cowboy zu spielen.

Sehenswertes & Aktivitäten

★Parco Regionale della Maremma NATURSCHUTZGEBIET
(☎0564 40 70 98; www.parco-maremma.it; Erw./erm. 10/5 €) Der spektakuläre Regionalpark umfasst das Uccellina-Gebirge, einen 600 ha großen Pinienwald, sumpfige Ebenen und 20 km unberührte Küste. Der Parkzugang beschränkt sich auf 13 beschilderte Wanderwege mit jeweils 2,5 bis 13 km Länge. Beliebt ist vor allem die 5,8 km lange Wanderung A2 („Le Torri"), die zum Strand führt. Ende Juni bis Ende September ist der Parkbesuch wegen der Waldbrandgefahr nur im Rahmen einer Führung möglich. Zeiten können telefonisch erfragt werden. Eintritt wird an der Haupt-Touristeninformation in Alberese kassiert.

★Agienza Regionale Agricola di Alberese Farm Experience BAUERNHOF
(☎0564 40 71 80; www.alberese.com; Via della Spergolaia, Alberese; Farmerlebnis 20–60 €; ⌚Juli & Aug. Do 10–13 Uhr, sonst nach Reservierung) Teile des Parks werden landwirtschaftlich genutzt, hauptsächlich als Weideland für die berühmten Maremma-Rinder. Hier kann man einen tollen Einblick in die Arbeit der einheimischen *butteri* (traditionelle Cowboys) gewinnen. Erfahrene Reiter dürfen sich sogar selbst im Kühehüten üben. Die Agienza ist außerdem der regionale Hauptsitz der Slow-Food-Organisation und bietet Proben ihrer Produkte an. Besucher sollten mindestens 24 Stunden im Voraus buchen.

Kanutouren KANUFAHREN
(Erw./erm. 16/10 €) Entspannte 2½-stündige Paddeltour durch ruhige Gewässer, wo sich hin und wieder auch Enten, Gänse oder Biber blicken lassen. Reservieren kann man mindestens einen Tag im Voraus bei der Touristeninformation in Albarese.

Mountainbiketouren FAHRRADTOUR
(Radtouren 20–25 €) Die geführten zwei- bis sechsstündigen (teils richtig anspruchsvollen) Mountainbiketouren führen ins Herz des Parks. Teilnehmer sollten mindestens 24 Stunden im Voraus bei der Touristeninformation in Albarese buchen.

Circolo Ippico Uccellina REITEN
(☎334 9797181; www.circoloippicouccellina.it; Località Collecchio 38, Magliano in Toscana; halber/ganzer Tag ab 55/95 €) Die Treks für fortgeschrittene Anfänger und erfahrene Reiter gehen vom 2½-stündigen Ausritt bis zur fünfstündigen Expedition in die Hügel, wo man mit etwas Glück auch Rehe und Wildschweine zu sehen bekommt.

Il Gelsomino REITEN
(☎0564 40 5 133; www.ilgelsomino.com; Via Strada del Barbicato 4, Alberese; Treks ab 30 €) Die Pferdetreks durch den Park eignen sich für jede Könnensstufe – Anfänger willkommen!

Schlafen

★Villa Fattoria Granducale AGRITURISMO €
(☎0564 40 71 00; www.alberese.com/fattoria-granducale; Alberese; B&B DZ & 3BZ 90–100 €, Apt. 100–140 €) Die stilvolle Villa aus dem 15. Jh. sitzt auf einer kleinen Anhöhe gleich oberhalb der Ortschaft Alberese. Innen hat eine sorgfältige Renovierung elegante Zimmer mit historischen Details hervorgebracht, in denen Sichtbalken und Steinbögen auf indirekte Beleuchtung und schicke Stühle treffen. Es vermietet auch einfache Apartments in den umliegenden Farmgebäuden. Mindestaufenthalt zwei Nächte.

Essen & Ausgehen

La Bottega Maremmana CAFÉ €
(Alberese; ⌚Sommer Mo–Mi, Fr & Sa 7–13 & 16–19.30, So 8.30–12.30 Uhr, im Winter kürzer) Ein Café gegenüber der Touristeninformation in Alberese bietet eine große Auswahl an Regionalprodukten an.

Shoppen

Agienza Regionale Agricola di Alberese Fattoria ESSEN & TRINKEN
(Via dell'Artigliere 4, Alberese; ⌚Di & Do–So 8.30–12.30 & 16–19 Uhr) Die regionalen, von der Slow-Food-Bewegung ausgezeichneten Produkte sind unwiderstehlich. Besonders gut sind die Olivenöle, *pecorini* (Schafskäsesorten), *salumi* (Fleischprodukte), Biobrote und DOCG-Weine. Eine Variante des kräftigen Morellino di Scansano kostet lächerliche 2 € pro Liter – es lohnt sich, ein paar leere Flaschen zum Abfüllen mitzubringen!

Praktische Informationen

Haupt-Touristeninformation (☎0564 40 70 98; Via del Bersagliere 7–9, Alberese; ⌚Mitte Juni–Mitte Sept. 8–18 Uhr, Mitte Sept.–Mitte Nov. bis 16 Uhr, Mitte Nov.–Mitte Juni bis 14 Uhr) Die Haupt-Touristeninformation des Parco Regionale della Maremma.

Saisonale Touristeninformation (☎0564 88 71 73; Via Nizza 12, Talamone; ⌚Juli & Aug. 9–12 & 15–17 Uhr) Die nur im Sommer geöffnete Touristeninformation ist direkt neben dem Talamone Aquarium am südlichen Rand des Parks (das Aquarium widmet sich hauptsächlich der heimischen Ökologie der Lagune und engagiert sich für die Rettung der dortigen Schildkröten).

Orbetello

14 900 EW.

Orbetello sitzt auf einem schmalen Isthmus durch eine Lagune südlich des Parco Regionale della Maremma und ist ein recht entspanntes Reiseziel mit hübschen, wenn auch unauffälligen historischen Bauten und einem vogelreichen Naturschutzgebiet.

Sehenswertes

Zum Erbe der fast 150 Jahre in Orbetello stationierten spanischen Garnison gehören die **Residenz des Vizekönigs** an der Piazza Eroe dei Due Mondi, die **Festung** und die **Stadtmauern**, die teilweise noch aus der ursprünglichen etruskischen Befestigung bestehen.

Kathedrale DOM
(Piazza della Repubblica; ⌚9–12 & 15–18 Uhr) GRATIS Orbetellos *duomo* ist im Vergleich zu vielen toskanischen Kirchen eher bescheiden. Aber die attraktive gotische Fassade aus dem 14. Jh. ist trotz einer Umgestaltung im spanischen Stil des 16. Jhs. durchaus einen Blick wert.

L'Oasi WWF di Orbetello NATURSCHUTZGEBIET
(☎0564 89 88 29; www.wwf.it; SS Aurelia, Località Ceriolo; Erw./erm. 5/3 €; ⌚Führungen Sept.–April Sa & So 9.30 & 13.30 Uhr) Unglaubliche 140 Vogelarten wurden schon auf der Lagune von Orbetello gesichtet. Der beste Ort, um sie zu beobachten, ist die nördlich der Stadt gelegene L'Oasi WWF di Orbetello. Neben den Wochenenden im Winter sind Besuche des Naturschutzgebiets auch im Juli und August möglich, aber nur dienstags und samstags um 17.30 Uhr sowie nach Vereinbarung.

Essen

La Taverna TAVERNE €
(☎0564 86 79 69; Via Roma 48; Gerichte 20 €; ⌚Mi–Mo 12.30–14 & 19.30–22 Uhr) Die Trattoria und Pizzeria serviert leckere Regionalküche mit Betonung auf Meeresfrüchten und Krustentiere.

Praktische Informationen

Touristeninformation (☎0564 86 04 47; www.proloco-orbetello.it; Piazza della Repubblica 1; ⌚10–13 & 16–18 Uhr) Gegenüber vom Dom.

ABSEITS DER ÜBLICHEN PFADE

MAGLIANO IN TOSCANA

Dieser Bergort liegt 23 km von Orbetello entfernt im Landesinnern. Er ist mit monumentalen Mauern befestigt, die zwischen dem 14. und 16. Jh. errichtet wurden. Die Sehenswürdigkeiten beschränken sich auf die romanischen Kirchen **San Martino** und **San Giovanni Battista** (Letztere mit umgestalteter Renaissance-Fassade). Die Fahrt hierher lohnt sich dennoch allein für ein Mittagessen im hübschen geschützten Garten der **Antica Trattoria Aurora** (☎0564 59 27 74; Via Chiasso Lavagnini 12, Magliano in Toscana; Gerichte 45 €; ⌚März–Dez. Do–Di 12–14.30 & 19.30–22 Uhr). Hier wird ausgezeichnete moderne toskanische Küche serviert. Wer es weniger förmlich und günstiger mag, kann in der angeschlossenen *cantina* (Gerichte 8–16 €) etwas essen. Nach Magliano gelangt man, indem man die SS1 bei der Ausfahrt Albinia verlässt und dann nach links auf die SS323 abbiegt.

ABSEITS DER ÜBLICHEN PFADE

GIARDINO DEI TAROCCHI

Dieser im wahrsten Sinne des Wortes phantastische Skulpturengarten **Giardino dei Tarocchi Scultura** (www.nikidesaintphalle.com; Località Garavicchio-Capalbio; Erw./erm. 12/7 €; ⌚Sommer 14.30–19.30 Uhr) zieht sich über eine Bergflanke. Die franko-amerikanische Künstlerin Niki de Saint Phalle (1930–2002) hat hier 22 übergroße, von Gaudí beeinflusste Skulpturen geschaffen, die mit Mosaiken überzogen sind und sich perfekt in die Landschaft einfügen. Das Ergebnis ist – mit den Worten der Künstlerin – ein „Garten der Freude". Das kolossale Projekt spielt mit Tarotkartenmotiven wie Mond, Narr und Gerechtigkeit. In einer der Skulpturen lebte die Künstlerin sogar während der Bauzeit.

Der Schweizer Bildhauer Jean Tinguely steuerte zu vielen der Figuren bewegliche Elemente bei; das Besucherzentrum entwarf der Schweizer Architekt Mario Botta. Der Skulpturengarten befindet sich 15 km östlich von Orbetello; von der SS1 die Ausfahrt Pescia Fiorentina nehmen.

Monte Argentario

12 939 EW.

Die schroffe Landzunge war ursprünglich eine Insel, die inzwischen durch drei 6 km lange Sandbänke mit dem Festland verbunden ist; eine davon bildet heute den Isthmus von Orbetello. Die Nordseite ist leider stark bebaut, vor allem um der überlaufene Hafenort **Porto Santo Stefano**. Im Sommer lohnt sich ein Aufenthalt schon wegen der hohen Unterkunftspreise kaum – da schlägt man seine Zelte besser auf dem Festland auf und macht einen Tagesausflug hierher. Östlich und westlich der Stadt ist jeweils ein schöner Kiesstrand.

Auf der weniger überlaufenen Südseite der Landzunge liegt der kleinere, hübschere Hafen **Porto Ercole**. Hier ist auch ein relativ sauberer Strand, der sich allerdings schnell mit Strandliegen füllt.

Sehenswertes & Aktivitäten

Altstadt HISTORISCHE STÄTTE
(Porto Ercole) Das *centro storico* erstreckt sich den ganzen Hügel hinauf, vorbei an der eingequetschten Chiesa di Sant'Erasmo bis zu der größten der drei spanischen Festungen, die die Stadt einrahmen.

Via Panoramica AUTOTOUR
Die schmale Straße, die um die gesamte Landzunge des Monte Argentario führt, ist gut beschildert. Hier hat man einen weiten Blick über das Meer zum Inselrücken der Isola de Giglio. Die Straße kann im Sommer gefährlich voll werden.

Essen & Ausgehen

★ **Il Pellicano** FISCH & MEERESFRÜCHTE €€€
(☎0564 85 82 75; www.pellicanohotel.com; Località Lo Sbarcatello, Porto Ercole; Menü 85–195 €; ⌚Sommer tgl. 19.30 Uhr; 📶) Das noble Restaurant im gleichnamigen 5-Sterne-Hotel ist stolzer Träger eines Michelin-Sterns. Spezialität sind aufwendige Kreationen aus Meeresfrüchten, die auf den beiden Terrassen mit spektakulärem Ausblick tadellos serviert werden. Ein wenig günstiger ist das Essen im nicht ganz so exklusiven Grill am Pool, der sowohl zum Mittag- als auch Abendessen geöffnet hat.

Bar Giulia CAFÉ
(Via del Molo 16, Porto Santo Stefano; ⌚Di–So 6.30–2 Uhr, im Sommer tgl.) Die Terrasse der Bar Giulia ist vor allem bei den Locals beliebt – kein Wunder bei der Aussicht auf den Hafen und die umliegenden Berge. Alles in allem ein sehr malerischer Ort für einen Frühstückskaffee, ein *panino* oder einen spätnachmittäglichen *aperitivo*. Die Bar liegt ganz am westlichen Ende des *lungomare* (Hafenpromenade).

Praktische Informationen

Touristeninformation Porto Santo Stefano
(☎0564 81 42 08; www.turismoinmaremma.it; Piazzale Sant'Andrea; ⌚Sommer 9–13 & 16–20 Uhr, Winter Sa 10–13 & 15–18, So 10–13, Fr 15–18 Uhr) Am östlichen Ende des Hafens.

An- & Weiterreise

AUTO & MOTORRAD

Von der SS1, die Grosseto mit Rom verbindet, der Ausschilderung zum Monte Argentario folgen.

BUS

Die meisten Orte am Monte Argentario sind durch die häufig verkehrenden Busse der Gesellschaft **Tiemme** (www.tiemmespa.it) mit dem Zentrum und Bahnhof von Orbetello (2,60 €, 20 Min.) verbunden. Es gibt auch Busse nach Grosseto (3,70 €, 1 Std., bis zu 4-mal tgl.).

Etruskische Riviera & Elba

Inhalt ➡

Gut essen

- ➡ La Barrocciaia (S. 202)
- ➡ del Cacini (S. 211)
- ➡ Ristorante Capo Nord (S. 223)
- ➡ Il Castagnacciao (S. 220)
- ➡ Enoteca Tognoni (S. 208)

Schön übernachten

- ➡ Castello di Bolgheri (S. 208)
- ➡ Belvedere di Suvereto (S. 211)
- ➡ Podere dell'Orso (S. 207)
- ➡ Tenuta La Chiusa (S. 221)
- ➡ La Cerreta (S. 210)

Auf an die Etruskische Riviera & nach Elba

Trotz traumhafter Landschaft ist dieser Teil der Toskana nur mäßig besucht. So kann man sich hier am geschäftigen Treiben der Hafenstadt Livorno erfreuen. Der eher unwirtliche Hafen ist von bezaubernden Kanälen und leckeren Fischrestaurants umgeben. Hier beginnt auch die Strada del Vino e dell'Olio Costa degli Etruschi, die sich schmal und kurvenreich durch Weinberge, Olivenhaine und mittelalterliche Dörfer windet. Sie bietet unendlich viele Gelegenheiten, das Essen und die Weine der Gegend zu verkosten.

Im Süden laden Sandstrände zum Sonnenbaden ein und überall kann man direkt am Wasser speisen, vor allem rund um den herrlichen Golfo di Baratti. Direkt vor der toskanischen Küste liegt Elba. Die kleine Mittelmeerinsel mit Orangenbäumen und Palmen ist ein Paradies für Outdoor-Fans. Und weitgehend unberührt, denn kein einziges Hochhaus verunstaltet die Strände. Im wild zerklüfteten Landesinneren lässt es sich herrlich wandern, mountainbiken oder mit dem Seekajak die versteckten kleinen Buchten erkunden.

Entfernungen (km)

	Suvereto	Livorno	Piombino	Bogheri
Livorno	79			
Piombino	24	86		
Bolgheri	39	50	38	
Portoferrario	24 + 1 Std.	86 + 1 Std.	1 Std.	38 + 1 Std.

LIVORNO

160 512 EW.

Die zweitgrößte Stadt der Toskana ist eine typische Hafenstadt. Auch wenn der erste Eindruck nicht gerade freundlich ist, erschließt sich mit der Zeit doch der Charme einer „richtigen" Stadt. So gibt es hier die besten Fische der Tyrrhenischen Küste, die schäbigen Altstadtviertel sind von schönen Kanälen im venezianischen Stil durchzogen und die Kieselstrände südlich der Stadt erstrecken sich vor eleganten Villen der Belle Époque. Ob als kurzer Zwischenstopp auf dem Weg zur Fähre oder als Tagesausflug von Florenz oder Pisa – ein Besuch der oft unterschätzten Stadt lohnt sich allemal.

Geschichte

Hinweise auf eine Besiedlung Livornos reichen bis ins Jahr 1017 zurück. Jahrhundertelang stand der Hafen unter der Herrschaft von Pisa und Genua, bevor er 1421 von Florenz übernommen wurde. In der damals noch winzigen Hafenstadt lebten um 1550 gerade einmal 480 Menschen. Das änderte sich grundlegend unter dem Medici-Fürsten Cosimo I., der das Dorf in eine wehrhafte Festung verwandelte. Bis heute ist Livorno in ganz Italien als „Medici-Stadt" bekannt.

Als Livorno im 17. Jh. zum Freihafen erklärt wurde, begann ein rasanter Aufschwung. Ende des 19. Jhs. lebten bereits 80 000 Menschen in der betriebsamen Metropole, die ein wichtiger Stützpunkt des britischen und niederländischen Handels mit dem Vorderen Orient war. Wirtschaft, Kunst und Kultur entwickelten sich gleichermaßen im 19. Jh.

Als einer der wichtigsten Marinestützpunkte des faschistischen Italiens wurde die Stadt im Zweiten Weltkrieg stark bombardiert. Beim anschließenden Wiederaufbau erhielt sie ihr heutiges unscheinbares Gesicht, das wohl nur Seeleute wirklich schön finden.

Sehenswertes & Aktivitäten

★ Terrazza Mascagni — PROMENADE

(Viale Italia; 24 Std.) GRATIS Man hat Livorno nicht wirklich gesehen, ohne einmal über diese herrliche Uferpromenade mit ihren steinernen Balustraden und schwarz-weißem Pflaster spaziert zu sein (und sie fotografiert zu haben). Als die Straße in den 1920er-Jahren angelegt wurde, hieß sie noch Terrazza Ciano nach dem Führer der Faschisten in Livorno. Den heutigen Namen erhielt zu Ehren des in der Stadt geborenen Opernkomponisten Pietro Mascagni (1863–1945).

Acquario di Livorno — AQUARIUM

(www.acquariodilivorno.it; Terrazza Mascagni; Erw./erm. 13/11 €; Sommer 10–19 Uhr (Juli & Aug. 10–21 Uhr), Winter nur am Wochenende 10–18 Uhr) In dem sehr modernen Aquarium tummeln sich 300 verschiedene Arten von Fischen und anderen Bewohnern des Mittelmeers. Die absoluten Stars sind die Schwarzspitzen-Riffhaie, Seepferdchen und die riesigen Suppenschildkröten Ari und Cuba.

★ Piccola Venezia — HISTORISCHES VIERTEL

Das „kleine Venedig" ist von schmalen Kanälen durchzogen, die im 17. Jh. nach dem Vorbild der venezianischen Landgewinnung angelegt wurden. Mittendrin stehen die Überreste der **Fortezza Nuova** (Neue Festung; 24 Std.) GRATIS aus der Medici-Zeit. Von dort gelangt man auf den Kanälen zur **Fortezza Vecchia** (Alte Festung; 24 Std.) GRATIS am Hafen, die 60 Jahre vor der Neuen Festung errichtet worden war. Es macht großen Spaß, das heruntergekommen schicke Viertel zu Fuß entlang der Kanäle oder mit einer Bootstour zu erkunden. Zwischen den alten Wohnhäusern, von denen der Putz abbröckelt, hängt farbenfrohe Wäsche zum Trocknen und immer wieder stehen die wackeligen Tische eines Cafés direkt am Wasser.

Den Spaziergang durch Klein-Venedig beendet man am besten auf der **Piazza dei Domenicani** jenseits der Brücke am nördlichen Ende der Via Borra. An der Westseite des Platzes erhebt sich die imposante **Chiesa di Santa Catarina** (Piazza dei Domenicani) mit ihren dicken Mauern, die vor vier Jahrhunderten unter den Medici erbaut wurde.

Museo Civico Giovanni Fattori — KUNSTMUSEUM

(Via San Jacopo in Acquaviva 65; Erw./erm. 4/2,50 €; Di–So 10–13 & 16–19 Uhr) Das Museum in einem hübschen Park zeigt die Werke der italienischen Impressionistengruppe Macchiaioli um den in Livorno geborenen Giovanni Fattori. Inspiriert von der Pariser Schule von Barbizon lehnte die Malergruppe des 19. Jhs. die strengen akademischen Regeln der Kunst ab und arbeitete frei nach der Natur. Charakteristisch für ihre Werke sind die realistische Darstellung und die unmittelbar wirkenden Farbflecken (ital. *macchia:* Fleck).

Highlights

1 Im geschäftigen **Livorno** (S. 199) köstlichen Fisch genießen, die Hafenpromenade Terrazza Mascagni aus den 1920er-Jahren entlangschlendern und in den Seebädern des 19. Jhs. abtauchen.

2 Auf der Strada del Vino e dell'Olio in Bolgheri einige der besten Weine Italiens probieren und die längste **Zypressenallee** (S. 208) der Toskana bestaunen.

3 Im **Parco Archeologico di Baratti e Populonia** (S. 214) zwischen etruskischen Gräbern picknicken und dabei den grandiosen Blick aufs Meer genießen.

4 Zu Napoleons Inselexil **Elba** (S. 215) schippern, mit den Fischern feilschen, in der Altstadt von Portoferraio zu Mittag

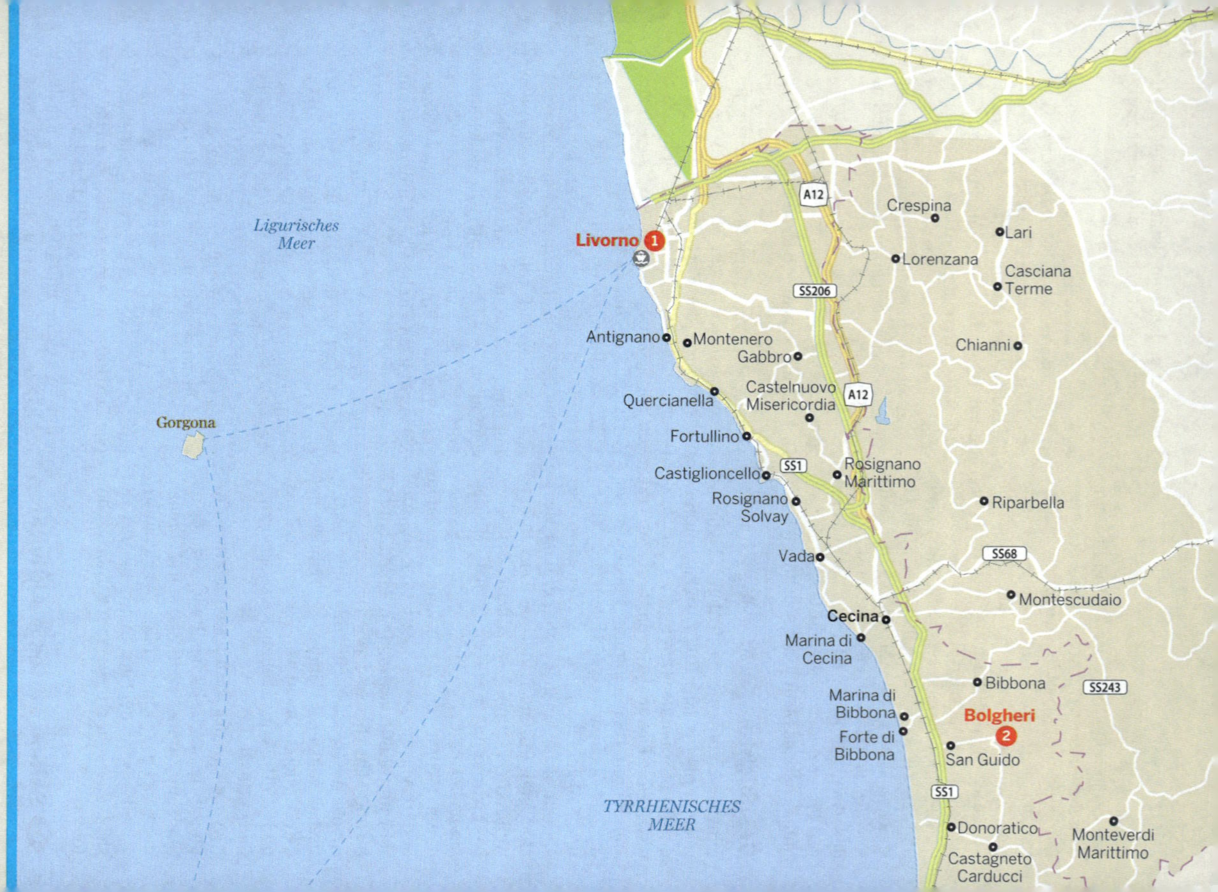

essen und eines der alten, nach Orangenblüten duftenden Weingüter besuchen.

5 In **San Vincenzo** (S. 210) in ein Bergwerk einfahren, in mineralhaltigen Thermalquellen baden und am Sandstrand unter Pinien entspannen.

Museo di Storia Naturale del Mediterraneo MUSEUM
(Via Roma 234; Erw./erm. 6/3 €; ⌚ Mi & Fr 9–13.30, Di, Do & Sa 9–19, So 15–19 Uhr) Das ausgezeichnete Naturkundemuseum lädt zum Mitmachen ein. Glanzstück der Dauerausstellung ist das 20 m lange Walskelett namens Annie.

Bagni Pancaldi SCHWIMMEN
(www.pancaldiacquaviva.it; Viale Italia 56, Terrazza Mascagni; Erw./erm. 5/4 €; ⌚ Sommer Sa & So 8.30–12 & 15–18 Uhr) Hinter der eleganten, apricotfarbenen Fassade verbirgt sich ein herrlich altmodisches Schwimmbad, in dem man nicht nur baden, sondern auch Kanus leihen, in farbenfrohen Zelten sitzen und in der Sonne liegen kann. Bei seiner Eröffnung 1846 galt das Bad als Gipfel der Kultiviertheit, wo sich die Gesellschaft zum Tanztee und zu Soirées mit Musik traf.

Geführte Touren

Giro in Battello BOOTSFAHRTEN
(Erw./erm. 10/5 €; ⌚ Sommer 11, 12 & 16 Uhr) Zwei- bis dreimal täglich finden die 45-minütigen Bootstouren auf den alten Kanälen der Medici statt. Tickets gibt's bei der Touristeninformation.

Schlafen

Camping Miramare CAMPINGPLATZ €
(☎0586 58 04 02; www.campingmiramare.it; Via del Littorale 220; 2 Pers., Auto & Zelt 32–65 €;) Auf dem ganzjährig geöffneten Campingplatz können Urlauber das Zelt unter Bäumen aufschlagen oder luxuriös in einem Mobilheim, in großen Wohnwagen oder einem Bungalow mit Holzterrasse und Liegestühlen wohnen. Außerhalb der Saison im Hochsommer kostet alles nur noch die Hälfte oder noch weniger. Der Campingplatz ist in Antignano, 8 km südlich der Stadt.

Hotel Cavour PENSION €
(☎0586 89 96 04; www.hotelcavour-livorno.it; Via Adua 10; DZ 50–70 €, 3BZ 70–90 €) In einigen der freundlich eingerichteten, preiswerten Zimmer stehen auch drei und vier Betten.

★ **Hotel al Teatro** BOUTIQUEHOTEL €€
(☎0586 89 87 05; www.hotelalteatro.it; Via Mayer 42; EZ/DZ 85/110 €; P ✻ @) Mit einem Treppenhaus aus Marmor, antiken Möbeln, Wandteppichen und acht ganz individuell gestalteten Zimmern ist dies eines der schönsten Stadthotels der ganzen Toskana. Und das Allerbeste ist der Garten hinter dem Haus, auf dessen Kieswegen die Gäste flanieren oder sich in den grünen Korbmöbeln unter einem traumhaft schönen, 350 Jahre alten Magnolienbaum entspannen können.

Grand Hotel Palazzo HISTORSCHES HOTEL €€
(☎0586 26 08 36; www.grandhotelpalazzo.com; Viale Italia 195, nahe Terrazza Mascagni; DZ 150–190 €, Suite 350–400 €; P ✻ @) Das glamouröse Luxushotel in einem Palast des 19. Jhs. direkt am Wasser hat 123 perfekt ausgestattete Zimmer mit sagenhaftem Meerblick. Hier lebt die Belle Époque Livornos wieder auf. Am Infinity-Pool auf dem Dach kann man bei einem *aperitivo* den Sonnenuntergang mit freiem Blick aufs Meer genießen. Beim Abendessen auf der Terrasse des Dachrestaurants schweift der Blick weit übers Meer bis zur kleinen Insel Gorgona. Wer zwei Wochen im Voraus bucht, erhält 10 % Ermäßigung auf den Zimmerpreis.

Hotel Gran Duca HOTEL €€
(☎0586 89 10 24; www.granduca.it; Piazza Micheli 16; EZ 85 €, DZ 90–130 €, Suite 120–160 €; ✻ @) Von den Zimmern auf der Vorderseite blicken Gäste nicht nur auf die Straße, sondern auch auf den Hafen mit den Fischerbooten und aufgehäuften Netzen. Die 60 Zimmer sind mit Stoffen in edlen Farben klassisch eingerichtet. Einige bieten einen Blick auf die Festung, andere können mit einer eigenen Terrasse inmitten der dicken Stadtmauer der Medici glatt als Filmkulisse dienen.

Essen & Ausgehen

Niemand sollte Livorno verlassen, ohne den traditionellen Fischeintopf *cacciucco* probiert zu haben.

★ **La Barrocciaia** OSTERIA €
(☎0586 88 26 37; www.labarrocciaia.it; Piazza Cavallotti 13; Gerichte 20 €; ⌚ Di–Sa 11–15 & 18–23 Uhr) Die Einheimischen loben das Lokal in den höchsten Tönen: zum einen wegen der gemütlichen Einrichtung und guten Stimmung, zum anderen natürlich wegen des einfachen, aber ausgezeichneten Essens. Auf der ständig wechselnden Karte sind vor allem leckere Eintöpfe mit Wildschwein, Oktopus oder Tintenfisch zu finden. Die Nudeln verschwinden schon mal unter einem Berg Krabben und der Schokoladen-Birnen-Kuchen zum Nachtisch ist einmalig!

Livorno

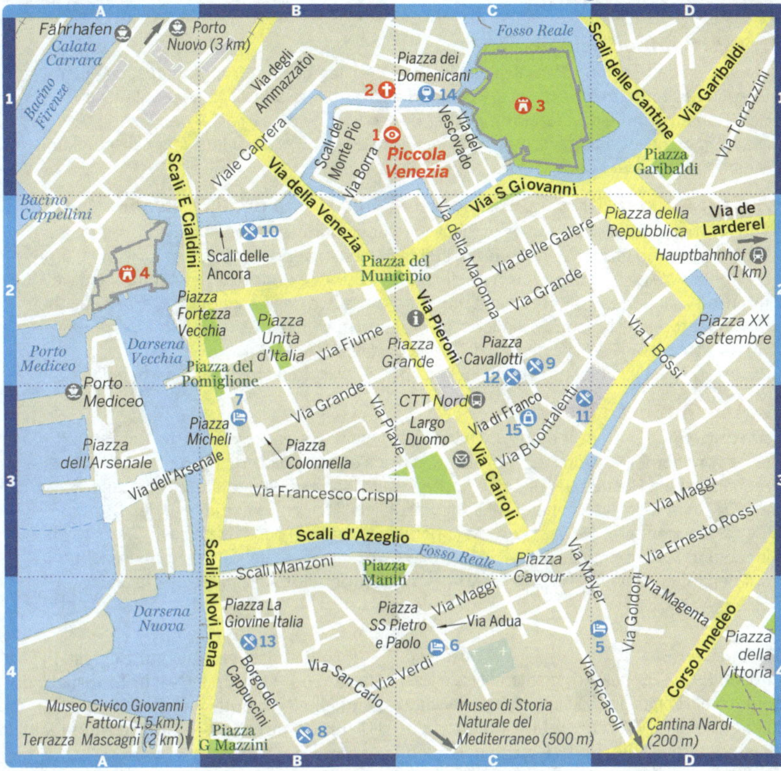

Livorno

Highlights
1 Piccola Venezia B1

Sehenswertes
2 Chiesa di Santa Catarina B1
3 Fortezza Nuova C1
4 Fortezza Vecchia A2

Schlafen
5 Hotel al Teatro D4
6 Hotel Cavour C4
7 Hotel Gran Duca B3

Essen
8 Cantina Senese B4
9 La Barrocciaia C2
10 L'Ancora B2
11 Mercato Centrale C3
12 Mercato di Piazza Cavallotti C2
13 Osteria del Mare B4

Ausgehen & Nachtleben
14 La Bodeguita C1

Shoppen
15 VAD Formaggi C3

Cantina Nardi TOSKANISCH €
(☎0586 80 80 06; Via Cambini 6; Gerichte 20 €; ⊙Mo–Sa 11–16 & 18.30–21 Uhr) Die freundlichen Nardis sind seit 1965 im Geschäft und verstehen deshalb eine ganze Menge von herzhaftem toskanischem Essen und den phantastischen Weinen, die dazu passen. Und das Ganze ist auch noch absolut erschwinglich. Das bistroähnliche Restaurant, das dem Prinzip des Slow Food huldigt, betreibt auch eine *enoteca* (Weinstube), in der Weinproben veranstaltet und vor dem Essen die *aperitivi* serviert werden. Man kann drinnen zwischen Regalen voller Weinflaschen oder auf der hübschen Terrasse essen.

DREI PERFEKTE TAGE

1. Tag: Seafood schlemmen

Livorno ist das Seafood-Paradies der Toskana. Der Tag beginnt frühmorgens mit einem Besuch des **Mercato Centrale**, wo auch viele Raritäten fangfrisch angeboten werden. Danach führt ein Stadtbummel über das schwarz-weiße Pflaster der **Terrazza Mascagni**, bevor das **L'Ancora** oder die **Osteria del Mare** mit köstlichen Fischen und Meeresfrüchten zu Mittag locken.

2. Tag: Auf der Strada del Vino e dell'Olio Costa degli Etruschi

Von Livorno geht's landeinwärts in Richtung Süden durch sanftes Hügelland, mittelalterliche Dörfer und grüne Weinberge. Ein erster Zwischenstopp lohnt sich in **Bolgheri**, um die noblen Weine und feinen Leckereien der **Enoteca Tognoni** zu verkosten. Nach weiteren kurvenreichen 20 km erreicht man **Sassetta**, wo das Landgut **La Cerreta** auch Übernachtungen anbietet. Am nächsten Tag kann man in der **Enoteca dei Difficili** in **Suvereto** die DOC-Weine des Val di Cornia probieren. Am **Golfo di Baratti**, 25 km südwestlich, gibt es schöne Picknickplätze zwischen etruskischen Ruinen.

3. Tag: Auf nach Elba!

Am dritten Tag schippert man zum herrlichen Inselparadies vor der Küste. Die Fähre setzt von Piombino nach Portoferraio über. Nach einem Spaziergang auf der Uferpromenade ist ein Besuch der napoleonischen Villen interessant und ein Mittagessen in der **Osteria Libertaria** in der Altstadt vorzüglich. Danach kann man auf den **Monte Capanne** wandern, die *passeggiata* (Abendspaziergang) durch **Marciana Marina** erleben und zum Abendessen im **Ristorante Capo Nord** einkehren. Eine Übernachtung auf dem alten Weingut **Tenuta La Chiusa** ist der perfekte Abschluss des Tages.

Cantina Senese OSTERIA €

(☎0586 89 02 39; www.ristorantecantinasenese livorno.com; Borgo dei Cappuccini 95; Gerichte 20 €; ⏲Mo–Sa 12–14 & 19–22 Uhr) Hafenarbeiter sind immer die Ersten an den langen Holztischen dieses wunderbar einfachen Lokals. Später gesellen sich die Familien aus der Nachbarschaft dazu. Statt die Karte zu bemühen, verlassen sich die Gäste beim Bestellen auf die Empfehlungen der Bedienung. Die Muscheln sind ebenso ausgezeichnet wie der *cacciucco* und beides wird mit würzigem Knoblauchbrot serviert.

Surfer Joe's Diner AMERIKANISCH €

(☎0586 80 92 11; www.surferjoe.it/diner; Terrazza Mascagni; Gerichte 15–30 €; ⏲So–Do 11–24, Fr & Sa 11–1 Uhr, im Winter kürzer) Die lebhafte Surfbar direkt am Meer bringt ordentlichen Schwung in die Restaurant- und Kneipenszene Livornos. Typisch amerikanische Burger mit Zwiebelringen sowie Pfannkuchen und Smoothies stehen auf der Karte. Die Einrichtung ist ganz im Stil eines US-Diners der 1950er-Jahre und aus den Lautsprechern dröhnt Surfmusik. Das Sahnehäubchen ist die riesige Terrasse, auf der man die frische Meeresbrise genießen und im Schatten kleiner Bambushütten sitzen kann.

Tagsüber ist das Restaurant fest in der Hand von Familien. Nach Einbruch der Dunkelheit strömt jüngeres Publikum zu DJ- und Jamsessions, Konzerten und lauter Surfmusik.

★ **L'Ancora** FISCH & MEERESFRÜCHTE €€

(☎0586 88 14 01; www.ristoranteancoralivorno.com; Scali delle Ancora 10; Gerichte 35 €; ⏲Sommer 12–14.30 & 19–22.30 Uhr, Winter Mi–Mo) Bei gutem Wetter ist die Terrasse direkt am Kanal heiß umkämpft. Dabei sind auch die Plätze unter dem Tonnengewölbe des Ziegelsteinbootshauses aus dem 17. Jh. sehr schön. Es gibt hier natürlich auch *cacciucco*, doch die Spezialität des Hauses und ganzer Stolz der Inhaberfamilie ist die *carbonara di mare* (Nudeln mit Meeresfrüchten in cremiger Sauce).

Osteria del Mare FISCH & MEERESFRÜCHTE €€

(☎0586 88 10 27; Borgo dei Cappuccini 5; Gerichte 25–30 €; ⏲Fr–Mi 12.30–14.30 & 19.30–22 Uhr) In der netten, altmodischen *osteria* am Wasser lockt die traditionell zubereitete Hausmannskost die Gäste an, die sich bevorzugt für *riso nero* (schwarzer Reis) mit dem Fang des Tages oder einfach eine Platte mit *fritto misto* (frittierte Fischstückchen) entscheiden. Als *secondi* (zweiten Gang) gibt's fast ausschließlich Fisch.

La Bodeguita BAR
(☎346 6100832; www.labodeguitalivornese.com; Piazza dei Domenicani 20; ⏲Fr–So 12.30–13.30, Mo, Mi & Do 18.30–1.30 Uhr) Zu der roten Backsteinbar im Keller gehört auch eine sonnige Holzterrasse am großen Kanal in Klein-Venedig. Gäste können bei einem Cocktail und üppig belegter Bruschetta den Mitgliedern des örtlichen Rudervereins beim Training oder der Jugend beim abendlichen Abtanzen zu Livemusik zusehen.

Praktische Informationen

Touristeninformation (☎0586 89 42 36; www.costadeglietruschi.it; Via Pieroni 16; ⏲Sommer 8.30–17 Uhr, Winter 9.30–15.30 Uhr) Hier kann man sich mit kostenlosen Karten und Stadtplänen eindecken sowie Bootsfahrten buchen.

An- & Weiterreise

AUTO

Die A12 führt an der Stadt vorbei, und die SS1 verbindet Livorno mit Rom. Am Hafen gibt's mehrere Parkplätze.

FÄHRE

Livorno ist ein wichtiger Fährhafen. Die Linienfähren nach Sardinien und Korsika legen im Fährhafen von Calata Carrara ab. Die Fähren nach Capraia nutzen den kleinen Hafen **Porto Mediceo** (Via del Molo Mediceo) in der Nähe der Piazza dell'Arsenale. Die Fähren nach Spanien und Sizilien sowie einige Fähren nach Sardinien legen im Porto Nuovo ab, 3 km nördlich der Stadt.

Corsica Ferries (☎825 095095 Anruf 0,15 €/Min.; www.corsica-ferries.de) Es gibt zwei bis sieben Verbindungen pro Woche nach Bastia auf Korsika (ab 30 €, 4 Std.) und Golfo Aranci auf Sardinien (ab 50 €, 6–10 Std.).

Grimaldi Lines (www.grimaldi-ferries.com) Die Fähren verkehren wöchentlich nach Barcelona (ab 35 €, 21 Std.) und Tanger in Marokko (ab 80 €, 58 Std.).

Moby (www.mobylines.de) Das ganze Jahr über schippern die Fähren mindestens zweimal täglich nach Olbia auf Sardinien (ab 48 €, 7–10 Std.). Im Sommer gibt's auch einige Verbindungen pro Woche nach Bastia auf Korsika (ab 30 €, 4 Std.).

Toremar (www.toremar.it) Die Fähren setzen das ganze Jahr mehrmals in der Woche nach Capraia (17 €, 2¾ Std.) über.

ZUG

Fußgänger gelangen vom **Hauptbahnhof** (Piazza Dante) geradeaus in Richtung Westen über die Viale Carducci, Via de Larderel und Via Grande zur Piazza Grande, dem zentralen Hauptplatz von Livorno.

Zugverbindungen gibt es u. a. nach:

Florenz (10 €, 1½ Std., stündl.)

Pisa (3 €, 15 Min., 2- bis 4-mal stündl.)

Rom (ab 19 €, 3–4 Std., 12-mal tgl.)

Unterwegs vor Ort

Bus 1 von **CTT Nord** (www.livorno.cttnord.it; Via Bellatalla 1) fährt vom Hauptbahnhof über die Piazza Grande zum Porto Mediceo (1,20 €, im Bus 1,70 €, gilt für 75 Min.). Wer mit der Fähre nach Sardinien oder Korsika fahren möchte, nimmt Bus 1 bis zur Piazza Grande und steigt in der Via Cogorano, die von der Piazza Grande abgeht, in Bus 5 um.

MARKTVERGNÜGEN

Ein Paradies für Feinschmecker ist der **Mercato Centrale** (Via Buontalenti; ⏲Mo–Sa 6–14 Uhr). Der 95 m lange, neoklassizistische Prachtbau aus dem späten 19. Jh. hat wie durch ein Wunder die alliierten Bombenangriffe im Zweiten Weltkrieg überstanden. In dem riesigen, kulinarisch wie architektonisch gleichermaßen interessanten Labyrinth biegen sich die Marktstände unter den Produkten aus der Region, darunter auch den erstaunlichsten Fischen und Meeresfrüchten.

Mercato di Piazza Cavallotti (Piazza Cavallotti; ⏲Mo–Sa 6–14 Uhr) Jeden Samstagmorgen verwandelt sich die ansonsten ruhige Piazza Cavallotti in ein Meer aus bunten Marktständen voller Artischocken, Zucchiniblüten, Chilis und dem Obst und Gemüse der Saison.

VAD Formaggi (www.vadformaggi.com; Via di Franco 36; ⏲Mo & Mi 7.45–12.45, Do–Sa 7.45–12.45 & 16.40–19.30 Uhr) An den Wänden des ungewöhnlichen Käseladens, den es schon seit 1955 gibt, stapeln sich vom Boden bis zur Decke riesige Parmesanlaibe. An Markttagen reicht die Schlange der Kunden bis auf die Straße hinaus.

ABSEITS DER ÜBLICHEN PFADE

PASTA HAUSGEMACHT

Im mittelalterlichen Bergdorf Lari (8755 Ew.) befindet sich gegenüber den dicken Backsteinmauern der massiven Festung aus dem 11. Jh. das Geschäft von **Martelli** (www.martelli.info; Via San Martino 3; ⌚Mo, Di, Do & Fr 10–12 & 15–16 Uhr), das jeder Feinschmecker kennen sollte. Hinter der leuchtend gelben Fassade der *pastificio tradizionale* (traditioneller Pastahersteller) produzieren die sieben Mitglieder der Familie Martelli jedes Jahr 1 Tonne Nudeln – diese Menge schafft eine Nudelfabrik in ein paar Stunden. Der sorgfältig geknetete Teig wird durch traditionelle Bronzeformen gedrückt und verlässt sie als lange Spaghetti und Spaghettini, Penne, Makkaroni und Fusilli. Diese trocknen dann 50 Stunden lang an der Luft (gegenüber 3 Stunden bei industrieller Fertigung), bevor sie geschnitten und von Hand in die markanten, ebenfalls leuchtend gelben Papiertüten verpackt werden. Die Verpackung soll an das bis in die 1960er-Jahre übliche Papier erinnern, in das die lose auf dem Markt gekauften Nudeln eingepackt wurden, bevor sich durch die Industrialisierung alles änderte.

Die Pastafabrikation der Martellis gibt es seit 1926. Durch die grobere Struktur und rauere Oberfläche nehmen die Nudeln besonders viel Sauce auf und passen daher vorzüglich zu Fleisch- und Wildragout. So werden die Nudeln in Feinschmeckerläden auf der ganzen Welt exportiert, darunter auch ins Harrods in London. In Lari, das 35 km südöstlich von Pisa liegt, werden sie für 4 € pro Kilo im örtlichen Café und Tabakladen **La Bottega delle Specialità** (Via Diaz 12–14) verkauft und natürlich auch in den Restaurants des Dorfs angeboten.

Wer den Betrieb besichtigen möchte, steckt einfach den Kopf in den Laden und fragt, ob man sich umschauen darf. Dann geht's durch eine kleine Seitengasse in den Produktionsraum.

ETRUSKISCHE RIVIERA

Die Küste südlich von Livorno bis kurz hinter Piombino wird ihrem geschichtsträchtigen Namen voll und ganz gerecht. Denn entlang der *Costa degli Etruschi* (Küste der Etrusker) wurden unzählige etruskische Gräber entdeckt. Machen die einfachen Sandstrände nicht viel her, sind wenige Kilometer im Landesinneren hübsche Bergdörfer und weniger bekannte, aber umso bessere Weine zu entdecken.

Piombino ist der wichtigste Hafen für die Fähren nach Elba. Auf der Internetseite www.costadeglietruschi.it finden sich jede Menge nützlicher Infos und auch eine Reihe ausgezeichneter Vorschläge für Radtouren.

Castiglioncello

Das winzige Städtchen 30 km südlich von Livorno ist ein angenehm zurückhaltendes Seebad, in dem Ende des 19. Jhs. der italienische Kunstkritiker Diego Martelli Hof hielt. Indem er die bedeutendsten Florentiner Impressionisten um sich versammelte, begründete er die sogenannte *Scuola di Castiglioncello* (Schule von Castiglioncello). Die besten Sandstrände befinden sich am nördlichen Stadtrand.

Sehenswertes & Aktivitäten

Centro per l'Arte Diego Martelli KUNSTMUSEUM
(☎0586 75 90 12; Piazza della Vittoria; ⌚Sa & So 10.30–13 & 15.30–19 Uhr) GRATIS Die Ausstellung widmet sich dem Leben und der Zeit des einflussreichen Kunstmäzens Diego Martelli (mit Schwerpunkt auf den 1860er-Jahren). Zu sehen sind aber auch die Werke einheimischer Maler, Schriftsteller, Filmemacher, Schauspieler und Tänzer, die das kulturelle Leben der Stadt bis heute geprägt haben.

Castello Pasquini SCHLOSS
(Piazza della Vittoria; ⌚24 Std.) GRATIS Das reich mit Zinnen versehene Schloss wurde Ende des 19. Jhs. errichtet. Heute befinden sich auf dem Gelände mit schattigem Baumbestand ein toller Spielplatz und das städtische Theater.

Schlafen

★**Albergo Bartoli** PENSION €
(☎0586 7 52 05; www.albergobartoli.com; Via Martelli 9; EZ/DZ 60/80 €, Halbpension 58–70 €, Vollpension 70–75 € pro Pers.; P) Die ausgezeichnete Pension in einer topgepflegten Villa ist so gemütlich wie Großmutters gute Stube.

Den 17 Zimmern, fünf davon mit Meerblick, geben polierte Holzmöbel, Fliesenböden, Fotos und allerlei Schnickschnack ihren eigenen Charme. Der schattige Garten ist ein Paradies. Von Juni bis August können die Zimmer nur mit Halb- oder Vollpension gebucht werden.

★ **Podere dell'Orso** BAUERNHOF **€**
(☎0506 6 26 98; Serre di Sotto 1, Colle Alberti, Lorenzana; DZ/3BZ 95/120 €) Die Suche nach *der* typisch toskanischen Unterkunft hat hier ein Ende. Der feudale Hof aus dem 15. Jh. ist von Obstgärten, Olivenhainen und so viel friedlicher Ruhe umgeben, dass man für immer bleiben möchte. In der hauseigenen *osteria* werden Klassiker der toskanischen Küche mit eigenem Olivenöl zubereitet und serviert (freitag- und samstagabends sowie sonntagmittags; Reservierung erforderlich!).

Von Lorenzana folgt man den Hinweisschildern nach Casciana Terme und biegt nach 3 km links ab in das Dorf Colle Alberti.

La Moriccia AGRITURISMO **€**
(☎333 1283042; lamoriccia@hotmail.net; Via Comunale di Terricciola 107, Casciana Terme; DZ 50–60 €; P ☎) Hier ist Kartenlesen gefragt, denn der Bauernhof befindet sich hoch oben in den Bergen am Ende einer holprigen Schotterpiste. Die vier Zimmer mit rustikalem Schick verfügen über handgemachte Betten, gusseiserne Armaturen und duftige Vorhänge. Eines der Zimmer hat sogar einen offenen Kamin. Kinderbetten, Dreibettzimmer und jede Menge Tiere kennzeichnen den familienfreundlichen Bauernhof. Er befindet sich 35 km nordöstlich von Castiglioncello und 1 km außerhalb von Casciana Terme.

Grand Hotel Villa Parisi DESIGNHOTEL **€€€**
(☎0586 75 16 98; www.villaparisi.com; Via Romolo Monti 10; EZ 112–135 €, DZ 170–235 €; ⏰April–Sept.; P ❄ ☎ ≋) Mit der cremeweißen Fassade und den grasgrünen Fensterläden würde das noble Strandhotel auch auf die Titelseite eines Hochglanzmagazins passen. Die edle Eleganz setzt sich im Inneren fort und die Terrasse mit Meerblick sowie der superschicke Swimmingpool sind einfach atemberaubend. Das mit Abstand beste und stilvollste Hotel der Stadt hat auch ein hervorragendes Fünf-Sterne-Restaurant.

Ausgehen

Caffè Ginori CAFÉ
(Piazza della Vittoria; ⏰6.30–21 Uhr) Das Café ist *der* Treffpunkt der Einheimischen. Kein Wunder, denn in der coolen Bar im Stil der 1940er-Jahre und auf der schattigen Terrasse werden sagenhafte Minikuchen serviert, die eigentlich viel zu schön zum Essen sind. Es war auch das Lieblingslokal des Schauspielers und Herzensbrechers Marcello Mastroianni, der ein Sommerhaus in der Stadt hatte.

Praktische Informationen

Touristeninformation (☎0586 75 48 90; Via Aurelia 632; ⏰9.30–12.30 & 16–18 Uhr) In dem Büro beim Bahnhof sind kostenlose Stadtpläne erhältlich.

An- & Weiterreise

Es fährt stündlich ein Zug nach Livorno (3,10 €, 20 Min.).

ABSEITS DER ÜBLICHEN PFADE

WEIN UND OLIVENÖL

Weinproben mit Blick aufs Meer und Fahrradtouren durch Olivenhaine – das bietet die **Strada del Vino e dell'Olio Costa degli Etruschi** (www.lastradadelvino.com). Die 150 km lange Straße für Autos und Fahrräder beginnt südlich von Livorno und führt über Piombino bis nach Elba. Sie ist gesäumt von Kellereien, Weingütern und Bauernhöfen, wo man nicht nur die dort produzierten Weine und Olivenöle probieren und kaufen kann, sondern auch überall gute Restaurants und Unterkünfte findet. Das **Besucherzentrum** (S. 208) befindet sich etwas außerhalb von Bolgheri. Da die Weingüter nach einem rotierenden System geöffnet haben, sollte man mindestens zwei Tage im Voraus reservieren.

Bolgheri & Umgebung

Hoch über dem winzigen, von einer Stadtmauer umgebenen Dorf thront ein Bilderbuchschloss aus rotem Ziegelstein mit imposantem Tor und der teilweise romanischen Chiesa dei Santi Giacomo e Cristoro. Doch nicht wegen des Schlosses und der teuren Souvenirläden strömen die Besucher hierher, sondern wegen eines Rotweins. Der hier angebaute, weltweit berühmte Sassicaia gilt als *der* toskanische Wein schlechthin.

DIE BESTEN WEINE VERKOSTEN

Cantina Nardi (S. 203)
Enoteca Tognoni (S. 208)
Enoteca dei Difficili (S. 214)
Tenuta La Chiusa (S. 204)
Fandango (S. 225)

Sehenswertes

Zypressenallee WAHRZEICHEN
Die schnurgerade, 5 km lange Allee führt von Bolgheri nach San Guido. Nicht weniger als 2540 Bäume säumen diese unglaublich romantische Straße. Weithin bekannt wurde sie 1874 durch das Gedicht *Davanti a San Guido* des toskanischen Poeten Giosuè Carducci. Jedes Jahr im Juli findet hier das Kunstfestival **Bolgheri Melody** (www.bolgheri melody.com) statt.

Schlafen

DallOlivo AGRITURISMO €
(☎347 5423060; www.dallolivo.it; Magazzino 273; Apt. für 4 Pers. 510–800 €/Woche; P ❄ 📶) Die beiden modernen Ferienwohnungen sind in fröhlichem Gelb und Rot gehalten. Die Terrassen in unmittelbarer Nähe zu den Olivenhainen sind herrlich zum Entspannen oder um bei frischer Luft ein Feuer oder einen Regenschauer aus heiterem Himmel zu genießen. Zur Begrüßung gibt's eine Flasche eigenes Olivenöl. Und die Gäste können auch Fahrräder ausleihen. Das Anwesen ist 5 km südlich von Bolgheri an der Straße nach Castagneto.

★ **Castello di Bolgheri** APARTMENTS €€
(☎0565 76 21 10; www.castellodibolgheri.eu/en; Bolgheri; Landhaus für 2/4/6 Pers. 950/1500/2000 € pro Woche; P ❄ 📶) Die Häuser stehen auf aristokratischem Boden, nämlich dem Familiensitz des Grafen Zileri Dal Verme. Die schicken, freundlichen Zimmer in den ehemaligen Bauernhäusern gehen auf den Garten hinaus, der wiederum an die Olivenhaine grenzt. Gäste erhalten eine kostenlose Führung durch die Kellerei von Castello di Bolgheri und können zum Essen ins Dorf Bolgheri spazieren. Außerhalb der Hochsaison kostet jedes Haus gut 150 € weniger.

Strada Giulia 16 B&B €€
(☎331 2661699; www.stradagiuliabolgheri.it; Strada Giulia 16, Bolgheri; DZ 150–190 €; P) „Strada Giulia 16" ist sowohl der Name als auch die Adresse der Mischung aus B&B und Boutiquehotel in einem jahrhundertealten Haus. Allein die Lage in der Altstadt von Bolgheri ist absolut zauberhaft. Die vier Zimmer tragen die Namen prominenter Frauen: Marilyn, Brigitte, Jaqueline und Lady D.

Essen & Ausgehen

★ **La Taverna del Pittore** TOSKANISCH €€
(☎0565 76 21 84; www.latavernadelpittore.it; Largo Nonna Lucia 4, Bolgheri; Gerichte 30–40 €; ⏲12–14.30 & 19–22 Uhr, Mo geschl.) Das bezaubernde Restaurant nördlich des Dorfplatzes hat auch eine schöne Terrasse. Drinnen tanzen Ballerinas an den Wänden. Die toskanischen Klassiker werden hier wirklich hervorragend zubereitet. Der mit Ricotta, Pilzen und Fasan gefüllte *tortello* (große Teigtasche) und der Eintopf mit Weiderindfleisch aus Bolgheri werden zu Recht in den höchsten Tönen gelobt.

★ **Enoteca Tognoni** WEINLOKAL
(☎0565 76 20 01; www.enotecatognoni.it; Via Lauretta 5, Bolgheri; Gerichte 30 €; ⏲Do–Di 2–14.30 & 19–22 Uhr) In diesem Tempel des guten Geschmacks am zentralen Platz von Bolgheri ist das Essen ebenso hervorragend wie der Wein. Auf der Weinkarte steht neben dem Sassicaia (0,1 l 22 €) auch der Wein des Castello di Bolgheri. Dazu passt ein Teller voller Antipasti (12 €) mit reichlich Salami, Käse, Tomaten-Bruschetta und *crostini*. Himmlisch!

Praktische Informationen

Strada del Vino e dell'Olio Visitor Centre
(☎0565 74 97 05; www.lastradadelvino.com; Castegneto Carducci 45, San Guido; ⏲Sommer Mo–Sa 9.30–19.30 Uhr, Winter Mo–Sa 10–13 & 14–17 Uhr) Bei der Touristeninformation gibt's eine Liste der Weingüter, bei denen man Wein probieren und kaufen kann. Es werden auch Besichtigungen von Weingütern, Oliven- und Honigfarmen organisiert. Die Touren sollten ein paar Tage im Voraus gebucht werden. Das Büro befindet sich an der SS1.

Castagneto Carducci

8906 EW.

Das Bergdorf inmitten von Wäldern, Weinbergen und Olivenhainen ist von einer dicken Wehrmauer umgeben, die das Labyrinth von engen, steilen Gassen und alten Häusern schützt. Beherrscht wird der Ort vom Schloss der Familie Gherardesca, die

Autotour
Die Wein- und Olivenölstraße

START SAN GUIDO
ZIEL BARATTI
LÄNGE/DAUER 65 KM; 1 TAG

Mit Infomaterial aus dem Besucherzentrum der Strada del Vino e dell'Olio in 1 **San Guido** versorgt geht's zunächst durch die 5 km lange 2 **Zypressenallee** (S. 208) ins hübsche 3 **Bolgheri**. Man parkt vor der Stadt und schlendert durch den befestigten Torbogen, um die *trattorias* und *enoteche* des Städtchens zu erkunden. Danach fährt man die Zypressenallee zurück, biegt aber nach 0, 8 km auf die schmale, kurvenreiche SP16B ab und fährt durch Wälder, an Weinbergen und Olivenhainen vorbei, bis die hellgelben Gebäude von 4 **Castagneto Carducci** hoch über der Straße auftauchen. Vom Parkplatz am Ortsrand geht man eine der kleinen Straßen den Berg hinauf. Die meisten führen zur Propositura di San Lorenzo aus dem 13. Jh. Die spärlich beleuchtete Kirche hat neben verblassten Wandmalereien und geschnitzten Deckenbalken auch eine Terrasse mit einem tollen Blick auf die Etruskische Küste.

Auf der Weiterfahrt nach Sassetta warnen Schilder vor Gefahren wie engen Straßen, Steinschlag, unbefestigten Seitenstreifen und Wildwechsel. Da bleibt kaum Zeit, die Aussicht zu genießen. In 5 **Sassetta** faszinieren das Gewirr enger Gassen und die förmlich am Hang klebenden Häuser. Hinter Sassetta ist die Straße ebenso schmal und kurvenreich wie zuvor. Statt dichtem Wald zeigen sich nun auc mal Olivenbäume und Zypressen. Kurz vor Suvereto biegt man scharf links in eine Nebenstraße ein, die über noch schmalere Straßen und engere Kurven zum Weiler 6 **Belvedere** hinaufführt, das mit spektakulärer Aussicht und einem stilvollen Bistro belohnt. Dann geht es wieder hinab ins bezaubernde 7 **Suvereto** mit vielen historischen Gebäuden. Sehr gut zum Essen und Trinken sind del Cacini und die Enoteca dei Difficili. Schließlich verlässt man die Hügellandschaft südwestwärts mit Kurs auf die Küste. Kurz vor der malerischen Hafenstadt Baratti besucht man noch die etruskischen Ruinen des 8 **archäologischen Parks** (S. 214), bevor der Tag mit einem Sundowner und fangfrischem Fisch im Restaurant Canessa in 9 **Baratti** endet.

einst das gesamte Gebiet kontrollierte. Im 18. Jh. wurde die alte Burg zum Schloss umgebaut. Der toskanische Dichter des 19. Jhs., Giosuè Carducci, verbrachte hier einen Großteil seiner Kindheit.

Von Castagneto windet sich eine kleine Straße durch die Wälder zum winzigen Dorf **Sassetta** (532 Einwohner) hinauf. Die Häuser scheinen bedrohlich über dem Abgrund zu schweben. Auf einer Karte am Ortseingang sind die Wanderwege der Gegend verzeichnet.

Schlafen & Essen

★La Cerreta AGRITURISMO €€
(☎0565 79 43 52; www.lacerreta.it; Via Campagna Sud 143, Pian delle Vigne; EZ/DZ mit Halbpension 85/130 €; P) Die Toskana, wie sie sich alle vorstellen: Das biologisch-dynamische Anwesen liegt mitten in einer sanften Hügellandschaft und bietet vier Steinhäuser zwischen Wald, Feigenbäumen und Weinbergen. Es stehen Pferde für Ausritte bereit, der 70 ha große Betrieb mit *cinta senese* (toskanischen Schweinen), Maremma-Rindern und seltenen Leghorn-Hühnern kann besichtigt werden. Ein ländliches Paradies auf Erden!

Die Zutaten fürs Abendessen stammen zu 95 % aus eigener Erzeugung. Hier ist alles in absolutem Einklang mit der Natur, selbst das hypermoderne Thermalbad (Eintritt 20 €) mit mehreren Kieselsteinbecken, die sich in Kaskaden den Hang hinunter erstrecken.

San Vincenzo & Umgebung

7007 EW.

Der mäßig ansprechende Küstenort ist wegen seiner Sandstrände vor dem Hintergrund duftender *macchia* (immergrünes Gestrüpp) und Pinienwälder ein Lieblingsziel italienischer Sommerurlauber. In der schicken, hochmodernen **Marina di San Vincenzo** liegen noble Jachten vor Anker. Das flache Landesinnere ist reich an alten Industriedenkmälern und wohltuenden Thermalquellen.

Sehenswertes & Aktivitäten

Parco Archeominerario di San Silvestro ARCHÄOLOGISCHE STÄTTE
(www.parchivaldicornia.it; an der SP20; Erw./erm. 15/11 €; ⏲Sommer 10–18 Uhr, Juli & Aug. 10–20 Uhr, sonst kürzer, Nov. & Dez. geschl.) Die 3000 Jahre alte Geschichte des Bergbaus in dieser Gegend wird in dem faszinierenden Industriepark anschaulich dargestellt. Er befindet sich wenige Kilometer von San Vincenzo entfernt im Landesinneren. Mit einer Grubenbahn fahren die Besucher durch die alten Kupfer- und Bleiminen von Temperino zu den Ruinen der Bergarbeiterstadt Rocca di San Silvestro aus dem 14. Jh. Die Besichtigungen beginnen etwa jede Stunde.

50 m vor der Abzweigung zum Parkeingang führt der Hohlweg *forni fusori* auf der rechten Seite zu den Überresten von Schmelzöfen der Etrusker, die sie einst beim Kupferabbau verwendeten.

Calidario Terme Etrusche THERMALQUELLE
(☎0565 85 15 04; www.calidario.it; Via del Bottaccio 40, Venturina; Tageseintritt Schwimmbad Erw./erm. 20/10 €, Wellnesspaket inkl. Schwimmbad & 30 Min. Massage ab 80 €) Was für eine Wohltat: In dem Thermalbad können Gäste nicht nur einen Tag lang schwimmen und sich massieren lassen, sondern auch übernachten. Das magnesium- und kalziumreiche Quellwasser ist angenehme 36 °C warm und ergießt sich in einen kleinen See. Das gemauerte Becken mit roten Fliesen im Inneren grenzt direkt an die Behandlungsräume. Die Hotelzimmer (DZ ab 150 €) in einem umgebauten Nebengebäude sind mit duftenden Stoffen und sanfter Beleuchtung ausgestattet.

Calidario liegt 15 km südlich von San Vincenzo.

Schlafen

Podere San Michele AGRITURISMO €
(☎335 7809881; www.poderesanmichele.it; Via della Caduta 3; EZ/DZ 45/90 €; P) Der herzliche Empfang auf dem Weingut ist überwältigend. Korbmöbel, riesige Betten und blitzblanke Bäder zeichnen die Zimmer aus. Das Frühstück ist mehr als üppig, und natürlich kann der hier angebaute Wein verkostet werden. Die Lage auf dem flachen Land südlich von San Vincenzo ist nicht ganz so traumhaft, aber ideal, um sowohl die Hügel im Landesinneren als auch die Küste zu erkunden.

Ausgehen

Zanzibar BAR
(☎0565 70 29 27; Piazza del Porto; ⏲Do–Di 12–24 Uhr) Die treue Stammkundschaft weiß genau, was sie an der Shabby-chic-Bar mit nostalgischer Einrichtung, Designeressen und DJ-Musik hat. Die Bar befindet sich in einer ehemaligen Fischerhütte am nördlichen Ende des Jachthafens.

Suvereto

3115 EW.

Der Ort gehört zu den schönsten mittelalterlichen Städten der Toskana. Und so sind die engen Gassen mit Kopfsteinpflaster und steilen, sandfarbenen Steintreppen unter blumengeschmückten Balkonen immer voller Besucher. Der Bischofssitz wurde erst 1815 in das Großherzogtum Toskana eingegliedert.

Sehenswertes

Rocca BURG

(Via Corta; ⌚9–18 Uhr oder bis Sonnenuntergang) Hoch über der Stadt thront die alte *rocca* (Burg), die teilweise noch aus dem 15. Jh. stammt, Anfang des 17. Jhs. aufgegeben und nun langsam wieder restauriert wird. Der steile Anstieg durch die gewundenen Gassen der Stadt ist anstrengend, wird aber mit einem tollen Blick auf Felder und Olivenhaine belohnt. Besonders zauberhaft ist die Aussicht bei Sonnenuntergang an einem schönen Sommerabend.

Convento di San Francesco RELIGIÖSE STÄTTE

(Via del Crocifisso; ⌚wechselnde Öffnungszeiten) GRATIS Wer von der Hauptstraße Via Matteoti durch die Via del Crocifisso den Berg hinauf spaziert, gelangt zu den wenigen Überresten des Klosters aus dem 13. Jh. Die wunderbare Backsteinkirche von San Francesco dient heute als traumhafte Kulisse für Konzerte, Theateraufführungen und andere kulturelle Veranstaltungen im Sommer.

Festivals & Events

Serate Medioevali KULTUR

Mitte Juli verwandeln die Serate Medioevali (Mittelalterabende) das romanische Kloster Convento di San Francesco in einen mittelalterlichen Marktplatz. Die Einheimischen tragen die Kleidung der damaligen Zeit, es gibt ein Bankett mit Speisen des Mittelalters und Euromünzen werden gegen mittelalterliche Taler eingetauscht, mit denen die Besucher für Essen und Kunsthandwerk bezahlen.

Schlafen

★ **Belvedere di Suvereto** B&B €

(☎0565 82 70 61; www.belvederedisuvereto.it; Piazza San Tommaso 33, Belvedere; EZ/DZ 60/90 €) Die stilvolle Pension mit Bistro sieht von außen und innen gleichermaßen gut aus. Strahlend weiße Wände tragen rustikale Dachkonstruktionen, in den minimalistisch eingerichteten Zimmern setzen alte Bauernmöbel schöne Akzente. Und natürlich ist die Aussicht *(belvedere)* auf das hübsche Suvereto weit unten im Tal spektakulär, insbesondere vom Zimmer im obersten Stockwerk.

> INSIDERWISSEN
>
> **BELVEDERE**
>
> *Belvedere* bedeutet „Aussichtspunkt". Und genau das ist das gleichnamige Bergdorf, das 3 km nördlich von Suvereto auf 280 m über dem Meeresspiegel liegt. Mitte des 16. Jhs. errichteten reiche Bürger der Stadt hier ihre Häuser, um der Malaria in der sumpfigen Ebene zu entgehen. Der winzige, unbefestigte Dorfplatz ist einer der ursprünglichsten und bezauberndsten Plätze der Toskana.

Essen & Ausgehen

Angesichts der Auszeichnungen als „Stadt des Slow Food", „Weindorf" und „Olivenölstadt" ist Suvereto der ideale Ort, um die DOC-Weine des Val di Cornia zu probieren und fürstlich zu speisen.

★ **del Cacini** TOSKANISCH €€

(☎0565 82 83 13; www.ilcacini.it; Via del Crocifisso 3; Mittagessen 3/4 Gänge 30/40 €; ⌚12–15 & 19–22 Uhr, Di geschl.) Das schicke Restaurant serviert die besten Fische und Meeresfrüchte der Stadt. Da sie absolut fangfrisch auf den Teller kommen, wechselt die Karte täglich. Die Tische sind mit feinem Leinen gedeckt und mit Treibholz dekoriert. Von der weinumrankten Terrasse und dem schattigen Garten sieht man das Meer. Der ideale Ort für ein gemütliches Mittagessen oder das abendliche Verkostungsmenü mit sieben Gängen (55 €).

l'Ciocio TOSKANISCH €€

(☎0565 82 99 47; www.osteriadisuvereto.it; Piazza dei Giudici 1; Gerichte 40 €; ⌚12–14.30 & 19–22.30 Uhr, Mo geschl.) Die innovative *osteria* bietet eine interessante Mischung aus Alt und Neu. Von der sehr modern möblierten, schönen Terrasse fällt der Blick auf den alten Backsteinbau des Palazzo Comunale (Rathaus) gegenüber. Das kulinarische Angebot ist vom Feinsten – das beweisen alleine die zwölf Arten von Zucker, die es zum Kaffee nach dem Essen gibt.

1

3

ADINA TOVY/ROBERT HARDING WORLD IMAGERY/CORBIS ©

. Terrazza Mascagni
S. 199), Livorno
ie elegante Promenade zieht sich
ıalerisch am Meer entlang.

. Golfo di Baratti (S. 214)
ie sonnenverwöhnte Küste des Golfo
i Baratti ist die perfekte Location für
in Mittagessen am Meer.

. Portoferraio (S. 218), Elba
ie Altstadt von Portoferraio ist ein
abyrinth aus engen Straßen und
assen, die sich vom alten Hafen den
ang hinaufwinden.

UNIVERSAL IMAGES GROUP/DEAGOSTINI/ALAMY ©

Enoteca dei Difficili WEINLOKAL
(Via San Leonardo 2; ⌚ Di–Do 18–2, Fr–So 18–3 Uhr; 📶) Die einheimischen Feinschmecker lieben diese muntere *osteria*. Kein Wunder: Die Einrichtung mit Ziegelsteindecken und nostalgischen Stühlen ist äußerst stilvoll, die Suppen, *crostini* und *taglieri* (Platten mit Wildschweinfleisch, Salami und Käse) für 10 € sind superlecker. Das Ganze genießt man am besten mit einem guten Glas Wein an einem Tisch auf der Straße, mit Blick auf die Chiesa della Madonna di sopra la Porta aus dem 18. Jh.

ℹ Praktische Informationen

Touristeninformation (www.costadeglietruschi.it; Via Magenta 14; ⌚ Sommer 10.30–12.30 & 15.30–18 Uhr, Winter Sa 15.30–18, So 10.30–12.30 & 15.30–18 Uhr) Das kleine Büro befindet sich im Museo artistico della Bambola.

Golfo di Baratti

Der Golf von Baratti liegt vor dem südlichsten Zipfel der Etruskischen Riviera am Ende einer schnurgeraden, 12 km langen Straße, die an herrlichen Sandstränden und meterhohen Schirmkiefern entlangführt. Hauptattraktionen sind der wunderbare kleine Fischerhafen von Baratti und die vielen Ausgrabungsstätten in der Gegend.

Sehenswertes & Aktivitäten

★ **Parco Archeologico di Baratti e Populonia** ARCHÄOLOGISCHE STÄTTE
(☎ 0565 22 64 45; www.parchivaldicornia.it; Baratti; Nekropole oder Akropolis Erw./Kind 9/6 €, gesamter Park Erw./Kind/Fam. 10/7/25 €; ⌚ Juli & Aug. 9.30–20 Uhr, April–Juni & Sept.–Mitte Okt. Di–So 10–18 Uhr) Diese etruskischen Ausgrabungsstätten gehören zu den schönsten und am besten erhaltenen der Toskana. Fünf gut beschilderte Wege führen durch den riesigen begrünten Park zu den Überresten einer Etruskerstadt und unglaublich gut erhaltenen, prähistorischen Gräbern. Besonders beeindruckend sind die gigantischen Hügelgräber der **Necropoli di San Cerbone**, darunter das **Tomba dei Carri** mit einem Durchmesser von unglaublichen 28 m!

Auf der **Via delle Cave** wandert man zwei Stunden lang durch den schattigen Wald zu einer Reihe von Kammergräbern, die in den weichen, ockerfarbenen Sandstein der Gegend geschlagen wurden. Vereinzelt sind auch noch die alten Steinbrüche zu sehen.

Die **Via della Romanella** (Weg der Metallverarbeitung, 2½ Std.) führt zur etruskischen **Acropoli di Populonia** (altes Populonia). Bei den Ausgrabungen wurden die Fundamente eines etruskischen Tempels aus dem 2. Jh. v. Chr. entdeckt. Daneben sind auch die Überreste römischer Tempel, der zentrale Platz der alten Stadt, meterhohe Hangterrassen und die grob gepflasterte Hauptstraße zu erkennen. Bei der Besichtigung unbedingt eine Kopfbedeckung, Sonnenschutz und feste Schuhe tragen!

DAS BESTE FÜR FAMILIEN

- **Acquario di Livorno** (S. 199)
- **Parco Archeominerario di San Silvestro** (S. 210)
- **Parco Archeologico di Baratti e Populonia** (s. oben)
- **Museo dei Minerali e dell'Arte Mineraria** (S. 225)
- **Cabinovia Monte Capanne** (S. 223)

Schlafen & Essen

Canessa FISCH & MEERESFRÜCHTE €€
(☎ 0565 2 95 30; www.canessacamere.it; Baratti; DZ 75–105 €, Gerichte 33 €; ⌚ 12–14.30 & 19–22 Uhr, Sept.–Juni Mo geschl.) Das einzigartige Restaurant befindet sich in einem modernen Gebäude, das rund um einen Wachturm aus dem 15. Jh. gebaut wurde. Fisch und Meeresfrüchte sind fangfrisch, durch die riesigen Fenster blickt man direkt aufs Meer. Für alle, die (wie viele) spontan beschließen, länger im hübschen Baratti zu bleiben, bietet das Canessa auch vier Zimmer mit romantischer Terrasse und Meerblick.

ELBA & TOSKANISCHER ARCHIPEL

31 000 EW.

Einer Legende zufolge fielen der Göttin Venus, als sie aus den Wellen stieg, sieben Edelsteine aus ihrem Diadem. Aus diesen sollen die sieben Inseln des Toskanischen Archipels entstanden sein. Die Größe dieser kleinen Schmuckstücke reicht von gerade einmal 2,23 km^2 der winzigen, unbewohnten Insel Gorgona bis zu den imposanten 224 km^2 der größten und bedeutendsten Insel Elba, deren bekanntester Bewohner Napoleon eher unfreiwillig hier lebte.

Nationalparks

Im **Parco Nazionale dell'Arcipelago Toscano** (Nationalpark Toskanischer Archipel; www.islepark.it) wird das empfindliche Ökosystem der sieben Inseln rund um Elba sowie das 600 km² große Meeresgebiet der Umgebung geschützt. Damit ist der Nationalpark das größte Meeresschutzgebiet Europas. Hier leben eine ganze Reihe seltener Meeresbewohner wie das nur hier vorkommende Neptungras. In den tiefen Meeresschluchten vor Montecristo tummeln sich noch Mönchsrobben, die der Mensch von den anderen Inseln schon längst vertrieben hat. Die Inselwelt ist auch eine wichtige Zwischenstation der Zugvögel auf ihrem Weg von Europa nach Afrika und zurück. Auf Elba und Pianosa hat auch das scheue Rothuhn Zuflucht gefunden. Im gesamten Nationalpark lebt mehr als ein Drittel des weltweiten Bestands der korsischen Seemöwe, die auch das Wappentier des Parks ist.

Besucherzentren des Nationalparks gibt es auf Elba in Enfola, Marciana und Rio nell'Elba.

Elba

Napoleon würde es sich heute wohl zweimal überlegen, sein Exil auf Elba zu verlassen. Denn die Insel ist bei Weitem nicht mehr so einsam und abgelegen wie bei seiner Landung 1814 (und der Flucht ein knappes Jahr später). Heutige Besucher kommen wegen der paradiesischen Strandbuchten mit azurblauem Wasser, der vom Weinanbau geprägten Landschaft, den Straßen voller atemberaubender Haarnadelkurven, dem mit 1018 m höchsten Berg Monte Capanne und den spektakulären Ausblicken. Nicht zu vergessen, die feine Meeresküche und die herrlichen Weine sowie die unzähligen Möglichkeiten zum Wandern, Radfahren und Paddeln mit dem Seekajak.

Abgesehen von der Hochsaison im August, wenn Strände und Straßen der Insel rappelvoll sind, ist Elba ein wahres Paradies à la Robinson Crusoe. Im Frühjahr, Frühsommer und zur Trauben- und Olivenernte im Herbst lässt sich die malerische, 28 km lange und 19 km breite Insel in aller Ruhe genießen.

Geschichte

Elba war schon in der Eisenzeit besiedelt. Der Abbau von Eisenerz und die Metallverarbeitung waren auch bis weit in die zweite Hälfte des 20. Jhs. die Haupteinnahmequellen der Insel. 1917 wurden noch jährlich gut 840 000 t Eisen produziert, doch im Zweiten Weltkrieg legten die alliierten Bombenangriffe die Industrie in Schutt und Asche.

Ligurische Stämme waren die ersten Bewohner Elbas, gefolgt von Etruskern und Griechen. Nach einigen friedlichen Jahrhunderten unter den Römern folgten mit dem Einfall der Langobarden unruhige Zeiten. Elba wurde auch zum Zufluchtsort der Menschen vom Festland. Im 11. Jh. stand die Insel unter der Herrschaft Pisas (und später Piombinos). Festungen wurden errichtet, um muslimische Plünderer und Piraten aus Nordafrika abzuwehren.

Im 16. Jh. besetzte der Medici-Fürst Cosimo I. den Norden Elbas und gründete die Hafenstadt Cosmopolis, das heutige Portoferraio.

Aktivitäten

Die Touristeninformation in Portoferraio hält ausführliches Material über die zahlreichen **Wander- und Radwege** der Insel sowie Outdoor-Aktivitäten bereit. Im Besucherzentrum des Nationalparks in Enfola gibt's eine Wanderkarte zu dem schönen Weg rund um das Kap, der direkt bei dem Büro am Wasser beginnt. Von Mai bis Oktober werden auch geführte Wanderungen zu verschiedenen Themen angeboten.

Von Juni bis September kann man im glasklaren Wasser rund um Elba hervorragend **tauchen** und **schnorcheln**. Oder man erkundet die vielen Strände und Buchten mit einem **Motorboot**, **Kajak** oder **Segelboot**.

Sea Kayak Italy KAJAKFAHREN
(☎348 3337654; www.seakayakitaly.com) Es gibt Kurse im Seekajakfahren (2 Tage 180 €), verschiedene Ausflüge und eine tolle Zweitagestour mit Angeln, Übernachten am Strand und Lagerfeuer, auf dem der selbst gefangene Fisch gegrillt wird (140 €, mind. 2 Teilnehmer). Oder man umrundet die gesamte Insel in sieben zauberhaften Tagen (550 €).

Il Viottolo TREKKING & RADFAHREN
(☎329 7367100; www.ilviottolo.com; Via Fucini 279, Marina di Campo) Der auf Abenteuertouren spezialisierte Veranstalter bietet die verschiedensten Touren an: von Trekking über archäologische und mineralogische Führungen bis hin zu Wanderungen im Mondschein (1/2 Tage ab 40/200 €), Mountainbiken

Elba

0
5 km
Capraia
Piombino
Piombino
Piombino
Cavo
Tyrrhenisches Meer
Capo d'Enfola
Enfola
Spiaggia di Sansone
Spiaggia di Capo Bianco
Spiaggia la Padulella
Spiaggia di Sorgente
Viticcio
Nisportino
Nisporto
Rio dell'Elba
Rio Marina
Portoferraio
Golfo della Biodola
Capo Sant' Andrea
Bagnaia
Ottone
Magazzini
Cima del Monte (516 m)
Ortano
Schiopparello
Marciana Marina
Spiaggia di Scaglieri
La Biodola
San Giovanni
Le Grotte
Spiaggia della Paolina
Spiaggia di Spartaia
Marciana
Poggio
Monte Perone (630 m)
Colle d'Orano
Santuario della Madonna del Monte
Procchio
San Martino
Via Colle Reciso
SP37
Monte Capanne (1018 m)
Monte Maolo (749 m)
Marmi
Porto Azzurro
La Pila
Aeroporto Isola d'Elba
Lacona
Chiessi
Sant'Ilario in Campo
San Piero in Campo
Marina di Campo
Spiaggia di Zuccale
Spiaggia di Naregno
Pomonte
Capoliveri
Golfo della Lacona
Spiaggia di Barabarca
Fetovaia
Seccheto
Cavoli
Spiaggia delle Tombe
Le Piscine
Golfo di Campo
Spiaggia di Morcone
Spiaggia di Pareti
Monte Calamita (413 m)
Spiaggia dello Stagnone
Punta di Fetovia
Spiaggia dell'Innamorata
Tyrrhenisches Meer
Montecristo (35 km)
Punta della Calamita
Pianosa

(½ Tag 40 €); Segeltörns (½ Tag 90 €) und Seekajakfahrten (½ Tag 40 €).

Enfola Diving Center TAUCHEN
(☎339 6791367; www.enfoladivingcenter.it; Enfola; ⏲Juni–Sept.) Die Tauch- und Schnorchelschule am Strand von Enfola, 6 km westlich von Portoferraio, stellt die Ausrüstung zur Verfügung, erteilt Unterricht und organisiert Ausflüge.

Diving in Elba TAUCHEN
(☎347 3715788; www.divinginelba.com) Die größte Tauchschule der Insel organisiert Tauchgänge zu Adlerrochen, Mondfischen, Barrakudas und römischen Schiffswracks. Getaucht wird an gut 25 Stellen an der Nordküste. Weitere Niederlassungen gibt's in Portoferraio, La Biodola und Procchio.

ℹ Praktische Informationen

Bei der Touristeninformation in Portoferraio gibt's Infos für die ganze Insel.

ℹ An- & Weiterreise

FÄHRE

Die das ganze Jahr über regelmäßig verkehrenden Auto- und Passagierfähren fahren mindestens einmal pro Stunde vom Fährhafen Stazione Marittima in Piombino nach Portoferraio auf Elba. Abgesehen von August oder den Wochenenden im ganzen Sommer muss man die Fähre nicht im Voraus buchen. Es genügt, das Ticket vor der Abfahrt im Hafen zu kaufen. Die Preise (einfache Fahrt um die 14/55 € pro Pers./Auto mit Fahrer) sind je nach Saison sehr unterschiedlich. Die Überfahrt dauert eine Stunde.

Blunavy (www.blunavytraghetti.com)
Moby (www.mobylines.com)
Toremar (www.toremar.it)

FLUGZEUG

Elbas Flugplatz **Aeroporto Isola d'Elba** (www.elbaisland-airport.it) liegt in La Pila, 2 km nördlich von Marina di Campo. Es gibt Verbindungen nach Pisa und Florenz sowie in viele andere europäische Städte.

ℹ Unterwegs vor Ort

AUTO

Das Auto ist das bequemste Verkehrsmittel auf der Insel, allerdings nicht im August, wenn die Straßen hoffnungslos überlastet sind. Die spektakulärsten Straßen findet man an der Südwestküste. Wenn nichts los ist, dauert die 35 km lange Strecke von Procchio nach Cavoli eine Stunde.

Twn Rent (☎0565 91 46 66; www.twn-rent.it; Viale Elba 32) in Portoferraio verleiht Autos und Roller. Ein Mietwagen kostet etwa 60 € für einen Tag. Für vier Tage kostet die Leihgebühr zwischen 175 € in der Nebensaison und 220 € im August.

BUS

Die Busse von CTT Nord (www.livorno.cttnord.it) fahren relativ regelmäßig in alle größeren Städte auf Elba. In Portoferraio starten die Busse am Busbahnhof, gegenüber dem Hauptanleger der Fähren aus Piombino.

ABSEITS DER ÜBLICHEN PFADE

RADFAHREN & WANDERN AUF ELBA

Ein weitverzweigtes Netz von Wanderwegen und Mountainbike-Strecken durchzieht Elba. Die meisten Wege beginnen in Portoferraio, doch einige der besten und ursprünglichsten haben ihren Ausgangspunkt oft an weit abgelegenen Orten.

Rund um den Monte Capanne Auf dem 20 km langen Rundweg radelt man drei Stunden lang auf befestigten und unbefestigten Wegen an den Hängen des höchsten Berges auf Elba entlang, immer begleitet vom Duft der *macchia* und der Pinienwälder. Insgesamt werden 540 Höhenmeter bewältigt.

Von Marciana nach Chiessi Der 12 km lange Wanderweg beginnt hoch oben in Marciana und schlängelt sich vorbei an alten Kirchen, Felsblöcken aus Granit und schönen Aussichtspunkten hinunter an die Küste, wo er nach 6 Stunden in Chiessi endet.

Einmal quer durch Elba Für den 60 km langen Weg, der von Ost nach West über die Insel führt, sollte man drei bis vier Tage einplanen. Unterwegs wandert man auch auf den 1018 m hohen Monte Capanne, dem höchsten Berg auf Elba, und übernachtet an der Küste (wildes Campen abseits des Weges ist nicht erlaubt). Höhepunkt der Wanderung ist die 19 km lange Schlussetappe von Poggio nach Pomonte, die an der Pilgerstätte Santuario della Madonna del Monte und der Felsenformation des Masso dell'Aquila vorbeiführt.

Portoferraio & Umgebung

12 027 EW.

Bei den Römern hieß sie Fabricia und später dann Ferraia, da sie den Hafen für die Verschiffung von Eisenerz nutzten. Mitte des 16. Jhs. eroberte Medici-Fürst Cosimo I. die kleine Hafenstadt und ließ sie befestigen.

Im Hauptort Elbas kann es recht voll werden, vor allem im August, wenn etwa alle 20 Minuten eine Fähre mit neuen Urlaubern anlegt. Dennoch ist es sehr reizvoll, durch die schöne Altstadt mit ihren Gassen und Treppen zu spazieren, in den netten Lokalen zu essen und mit den Fischern um den Preis für Sardinen zu feilschen.

Sehenswertes & Aktivitäten

Altstadt HISTORISCHES VIERTEL

Das Labyrinth aus schmalen Straßen und kleinen Gassen zieht sich vom alten Hafen den Hügel hinauf zu den beiden Festungen hoch über der Stadt. Auf den Festungsmauern des **Forte Falcone** und des lachsfarbenen **Forte Stella** (Via della Stella; Erw./erm. 2/1,50 €; Ostern–Sept. 9–19 Uhr) aus dem 16. Jh. kann man entlanglaufen und die kreischenden Möwen beobachten.

Von der zentralen Piazza Cavour geht es durch die Via Garibaldi steil bergauf zur monumentalen Treppe **Scalinata Medici**. Das Wunderwerk besteht aus 140 ausgetretenen Stufen, die im Sonnenlicht wie Bernstein schimmern und zur spärlich beleuchteten **Chiesa della Misericordia** (Via della Misericordia; 8–17 Uhr) hinaufführen. Im Inneren der Kirche ist Napoleons Totenmaske ausgestellt. Am oberen Ende der Treppe befinden sich die beiden Festungen und die **Villa dei Mulini**, in der Napoleon einst residierte.

Museo Nazionale della Residenza Napoleoniche MUSEUM

(Villa dei Mulini; Piazzale Napoleone; Erw./erm. 5/3 €; Mo & Mi–Sa 9–19, So 9–13 Uhr) Während seines Exils auf Elba wohnte Napoleon in der Villa dei Mulini, die von einem herrlichen mediterranen Garten mit Feigenbäumen umgeben ist und eine tolle Aussicht aufs Meer bietet. In der mit Möbeln im eleganten Empire-Stil und einer umfangreichen Bibliothek ausgestatteten Villa fehlte es dem Kaiser wirklich an nichts. Ganz im Gegensatz dazu stehen das einfache Feldbett und der schlichte Schrankkoffer, die er auf seinen Feldzügen nutzte.

Museo Archeologica della Linguelle ARCHÄOLOGISCHE STÄTTE & MUSEUM

(Torre della Linguella; Calata Buccari; Erw./erm. 3/2 €; Sommer Fr–Mi 10–13 & 15.30–19 Uhr) Nach seiner Ankunft auf Elba 1814 wurde Napoleon zunächst in der **Torre del Martello** aus dem 16. Jh. „eingekerkert". Der rotbraune, achteckige Turm diente noch bis 1877 als Gefängnisturm. Die Überreste vor dem Turm waren im 1.–5. Jh. eine römische Luxusvilla und sind heute Teil des kleinen archäologischen Museums.

Museo Villa Napoleonica di San Martino MUSEUM

(San Martino; Erw./erm. 5/2,50 €; Sommer Di–Sa 9–19, So 9–13 Uhr, Winter Di–Sa 9–15, So 9–13 Uhr) Die überreich verzierte Villa 5 km südwestlich von Portoferraio diente Napoleon als Sommerresidenz. Eigentlich ist

NICHT VERSÄUMEN

FRISCHE FISCHE

Mit den Einheimischen auf das Einlaufen der Fischerboote zu warten, ist eine der Hauptbeschäftigungen in Portoferraio. Gegen 9.30 Uhr strömen die Massen zum Kai, und wenn um 10 Uhr die ersten Boote anlegen, warten die Kunden in einer langen Schlange darauf, ihre zerknitterten Geldscheine gegen fangfrischen Fisch einzutauschen.

Die großen Industrieboote legen am **Banchina d'Alto Fondale** auf halbem Weg zwischen dem Fährhafen und dem Hafen der Altstadt an. Gelegentlich haben die Boote einen riesigen Thunfisch an Bord, der dann auch jede Menge Schaulustiger anzieht. In erster Linie werden hier aber Sardinen, Makrelen und Anchovis in Holzkisten direkt ab Boot verkauft (zu 5 € für eine Plastiktüte voll Fisch).

Die kleinen Boote mit nur einem oder zwei Fischern an Bord legen jeden Morgen schon ab 8 Uhr an der **Calata Giacomo Matteotti** im alten Hafen an. Bei ihnen gibt's die echten Schätze wie Tintenfisch, Hummer, Aal und an guten Tagen sogar Schwertfisch.

Wer um den Preis für den Fisch nicht feilschen will, geht ins Fischgeschäft **Pescheria del Porto** (Calata Matteotti 10; Mo–Sa 8–12.30 Uhr).

EIN KAISER IM EXIL

Am 3. Mai 1814 ging die englische Fregatte *Undaunted* um Punkt 18 Uhr im Hafen von Portoferraio auf Elba vor Anker. Sie hatte eine ungewöhnliche Fracht an Bord: Gemäß dem Vertrag von Fontainebleau musste sich Napoleon Bonaparte in den scheinbar sicheren „offenen Strafvollzug" auf der Insel 15 km vor der toskanischen Küste begeben.

Dabei hätte es für den Kaiser der Franzosen, der mit seiner Armee ganz Europa durchquert und Ägypten erobert hatte, wesentlich schlimmer kommen können.

Bitter war es dennoch. Und so stürzte sich der chronisch hyperaktive Napoleon in seinem neuen Herrschaftsgebiet sofort in hektischen Aktionismus. Er ordnete eine Reihe öffentlicher Arbeiten an, so wollte er etwa die Effizienz der Eisenerzgruben steigern (deren Gewinne dann in seine Taschen flossen). Er förderte die Landwirtschaft, ließ Straßen bauen, Sümpfe trockenlegen und modernisierte das gesamte Rechts- und Bildungssystem.

Einige Wochen nach seiner Ankunft trafen auch seine Mutter Letizia und seine Schwester Paolina ein. Von seiner Frau Marie-Louise hielt er sich weiterhin fern, dafür besuchte ihn seine Geliebte Maria Walewska für zwei Tage.

Auf dem Wiener Kongress wollte die französische Regierung unter König Ludwig XVIII. Napoleon an einen weiter entfernten Ort verbannen. Im Gespräch war Malta, doch Großbritannien lehnte ab und schlug stattdessen das abgelegene Inselchen St. Helena im südlichen Atlantik vor. Der Kongress endete, ohne dass eine Entscheidung getroffen wurde.

Napoleon, der sehr wohl um diese Vorhaben wusste und sein Leben lang immer auf volles Risiko setzte, beschloss, die Dinge selbst in die Hand zu nehmen. Schon seit Monaten schickte er immer wieder Schiffe unter der Flagge seines kleinen Inselreichs auf „Routinefahrten" durchs ganze Mittelmeer. Als dann am 26. Februar 1815 die *Incostante* auslief, kam deshalb niemand auf die Idee, dass der Eroberer Europas als blinder Passagier mitsegelte.

Napoleon schlug sich bis nach Frankreich durch, kehrte für 100 Tage an die Macht zurück und setzte seinen Expansionskurs fort. Dieser endete schließlich im Debakel der Schlacht von Waterloo und Napoleon wurde endgültig auf die Atlantik-Insel St. Helena verbannt, wo er 1821 an einer Arsenvergiftung starb. Angeblich war das Arsen in dem Haartonikum enthalten, mit dem er seiner Frisur den bemerkenswerten Glanz verlieh.

es ein umgebautes Bauernhaus mit einer Dachterrasse, die er mit steinernen napoleonischen Adlern schmücken ließ. In den 1850er-Jahren ließ ein russischer Adliger die Galerie anbauen, in der heute Ausstellungen rund um Napoleon Bonaparte stattfinden.

Schlafen

Im August sind die Hotelzimmer in der Regel nur mit Halbpension zu buchen. Viele Hotels haben nur von April bis Oktober geöffnet.

Villa Ombrosa HOTEL €
(☎0565 91 43 63; www.villaombrosa.it; Via Alcide de Gasperi 3, Portoferraio; DZ ab 95 €, Halbpension 60–126 €/Pers.; P 📶) Das ganzjährig geöffnete Drei-Sterne-Haus mit Blick aufs Meer und das winzige Inselchen Lo Scoglietto ist eines der wenigen Hotels in der Stadt selbst. Die Einrichtung der Zimmer ist ein wildes Durcheinander der Stilrichtungen. Im Sommer sind eine Liege und ein Sonnenschirm am Ghiaie Beach auf der anderen Straßenseite im Preis inbegriffen. Die Zimmer mit Meerblick haben einen Minibalkon, zum Frühstück gibt's luftig-leichtes Gebäck.

Porta del Mare PENSION €
(☎328 8261441; www.bebportadelmarelba.com; Piazza Cavour 34, Portoferraio; DZ 70–140 €, 3BZ 160–170 €; 📶) Mitten im Geschehen liegt diese Pension im 4. Stock eines eleganten Stadthauses. Die hellen, freundlichen Zimmer haben hohe Decken und luftige Vorhänge, zwei davon auch einen grandiosen Blick auf den Hafen. Das Haus steht direkt am Hauptplatz von Portoferraio (wo es abends recht laut werden kann). Frühstück (2,50 €) gibt's im Café mit Meerblick nebenan.

Rosselba Le Palme CAMPINGPLATZ €
(☎0565 93 31 01; www.rosselbalepalme.it; Ottone; Erw. 14–23 €, Zelt 6–55 €, Auto 1–6 €; ⏱Mitte April–Sept.; P 📶 🏊) Nur wenige Campingplätze sind so groß und schattig wie dieser. Er liegt rund um einen botanischen Garten und

DIE SCHÖNSTEN STRÄNDE AUF ELBA

Angesichts der vielen Buchten an der 147 km langen Küste Elbas lohnt es sich, etwas mehr über die diversen *spiagge* (Strände) zu erfahren. Sandstrände gibt es an der Südküste und am Golfo della Biodola sowie im Westen des Capo d'Enfola. Der Portoferraio nächstgelegene Sandstrand ist **La Biodola**. Die schönsten einsamen Strände verstecken sich in kleinen Felsenbuchten und sind oft nur über einen steilen Trampelpfad zu erreichen. Die wenigen Parkplätze befinden sich ausnahmslos direkt an der Straße.

Enfola

Das winzige Fischerdorf 6 km westlich von Portoferraio lockt weniger mit seinem grauen Kieselstrand als vielmehr mit zahllosen Outdoor-Aktivitäten. Hier kann man mit dem Tretboot fahren, tauchen (lernen) und auf dem familienfreundlichen, 2,5 km langen **Rundwanderweg** um das grüne Kap spazieren. Hier befindet sich auch das **Besucherzentrum des Parco Nazionale dell'Arcipelago Toscano** (Nationalpark Toskanischer Archipel; ☎0565 91 94 11; www.islepark.it; Enfola; ⊙Sommer 10.30–13.30 & 14.30–16.30 Uhr).

Sansone & Sorgente

Die beiden von hohen Klippen umgebenen Kies- bzw. Kieselstrände zeichnen sich durch glasklares, türkisblaues Wasser aus, das ideal zum **Schnorcheln** ist. Mit dem Auto fährt man von Portoferraio auf der SP27 in Richtung Enfola. Parken ist schwierig.

Morcone, Pareti & Innamorata

Die drei bezaubernden Sand- und Kieselbuchten vor duftenden Pinien liegen rund 3 km südlich von Capoliveri im Südosten der Insel. Am Strand von Innamorata, dem wildesten der drei, kann man Seekajaks mieten und aufs offene Meer hinauspaddeln. Im **Hotel Stella Maris** (☎0565 96 84 25; www.albergostellamaris.it; Pareti; DZ mit Halbpension 70–125 €/Pers.; P ❄) am Strand von Pareti können Gäste fein speisen und schön übernachten. Es ist eines der wenigen Drei-Sterne-Hotels direkt am Strand.

Colle d'Orano & Fetovaia

Das schönste an den beiden herrlichen, goldgelben Sandstränden an der Westküste ist die spektakuläre Verbindungsstraße dazwischen. Napoleon soll oft an den Colle d'Orano gekommen sein, um hier von seiner Heimatinsel Korsika zu träumen, die am Horizont zu sehen ist. Eine mit duftender *macchia* (immergrünes Gebüsch) bedeckte Landzunge schützt den Sandstrand von Fetovaia, wo sich Nudisten auf den Granitfelsen von **Le Piscine** sonnen.

vor einem mediterranen Wald. Zum Strand führt ein 400 m langer Fußweg zwischen den Bäumen hindurch. Neben einfachen Zeltplätzen stehen auch hübsche Holzhütten, Luxuszelte mit Badewanne und Apartments zur Verfügung. Der Platz liegt bei Ottone, 9 km östlich von Portoferraio.

Hotel e Ristorante Mare HOTEL €€
(☎0565 93 30 69; www.hotelmare.org; Magazzini; DZ 125–180 €, Halbpension 55–110 €/Pers.; ⊙Sommer; ❄@🛜≋) Das abgelegene Hotel steht in phantastischer Lage an einer winzigen Hafenbucht 9 km östlich von Portoferraio. Frische blau-weiße Streifen sorgen für maritimes Flair, die noble Dachterrasse, der Swimmingpool und das Restaurant direkt am Wasser erinnern an einen Luxusliner. Und dazu gibt's den spektakulären Blick über die wunderbare Bucht.

Villa Ottone HISTORISCHES HOTEL €€€
(☎0565 93 30 42; www.villaottone.com; Ottone 4; EZ 94–170 €, DZ 234–414 €, DZ in Ferienhaus 199–390 €, Abendessen 30 €; ⊙Mai–Sept.; P❄@🛜≋) Mit Abstand das nobelste Hotel auf ganz Elba! Die Eleganz und der Luxus dieses Palastes aus dem 19. Jh. mit Blick aufs Meer sind einzigartig. Das Haus 10 km östlich von Portoferraio wurde bis in die 1920er-Jahre von Grafen der Toskana bewohnt. Mit eigenem Strand, Wellnessbereich, Poolbar, üppigen Gärten und feinen Restaurants werden die Gäste rundum verwöhnt. Die günstigeren Zimmer befinden sich in einem modernen Nebengebäude. Nur mit Halbpension.

Essen

★**Il Castagnacciao** PIZZERIA €
(Via del Mercato Vecchio 13; Pizza 4,50–7 €; ⊙Do–Di 10–14.30 & 17–22.30 Uhr, Sommer 10–14.30 &

17–24 Uhr) Der rauchige Geruch des ständig auf Hochtouren laufenden Holzofens dringt bis in den Speiseraum. Wer es den Einheimischen gleichtun möchte, bestellt als Vorspeise *torta di ceci* (Kichererbsenpizza) und danach eine rechteckige Holzofenpizza mit superdünnem Boden. Und zum Nachtisch dann den berühmten *castagnaccio* (Kastanienkuchen), der ebenfalls im Holzofen gebacken wird.

Caffescondido TRATTORIA **€€**
(Via del Carmine 65; Gerichte 25 €; ⏲ Mo–Sa 12–14 & 19–21.30 Uhr) Das nur wenige Schritte von der hübschen Piazza Gramsci entfernte Slow-Food-Restaurant ist eine Oase der Ruhe abseits des Trubels der Uferpromenade. Die Speisekarte ist sehr übersichtlich: Auf der Kreidetafel stehen nur eine Handvoll *primi* (erster Gang) und *secondi* sowie zumeist ein Klassiker aus der Region wie *baccacà alla marinese* (Stockfisch mit Kartoffeln) oder *polpo brisco* (Oktopus). Kreditkarten werden nicht akzeptiert.

Osteria Libertaria TOSKANISCH **€€**
(☎ 0565 91 49 78; Calata Giacomo Matteotti 12; Gerichte 30 €; ⏲ Sommer 12–14.30 & 17–21.30 Uhr) Die Fischlastigkeit der Speisekarte dieser traditionellen *osteria* ist kein Wunder, denn die Boote legen praktisch direkt vor dem Lokal an. Die klassischen Gerichte wie gebratene Calamares oder *tonno in crosta di pistacchi* (Thunfischfilets im Pistazienmantel) sind immer superfrisch und perfekt zubereitet. Einige der gefliesten Tische stehen an der lauten Straße, schöner und ruhiger sitzt man auf der Terrasse in einer Seitengasse.

La Lucchetta TRATTORIA **€€**
(Piazza della Repubblica 40; Gerichte 30 €; ⏲ Mi–Mo 11.30–15 & 18–23.30 Uhr) Dieses Lokal ist eher einfach als schick (gleich auf mehreren Fernsehern kann man die Abendnachrichten verfolgen), aber die Meeresfrüchtegerichte sind erstklassig. Die Gnocchi oder *pappardelle primi* verschwinden unter einem Berg von Meeresfrüchten und Fischstückchen, und der mit viel Knoblauch gewürzte Fang des Tages wird auf Holzkohle gegrillt, mit Zitrone und Olivenöl besprüht und mit Rucola serviert.

Bitta 20 FISCH & MEERESFRÜCHTE **€€€**
(☎ 0565 93 02 70; Calata Mazzini 20; Gerichte 45 €; ⏲ 12–14.30 & 19–23 Uhr) Der beste Koch von Portoferraio steht jetzt am Herd des freundlichen Restaurants am Hafen, wo man von einem der vielen Tische direkt

ABSEITS DER ÜBLICHEN PFADE

UNTERKÜNFTE FÜR FEINSCHMECKER

Tenuta La Chiusa (☎ 0565 93 30 46; www.tenutalachiusa.it; Magazzini 93; 2 Pers. 450–850 €/Woche, bis zu 5 Pers. 750–1300 €/Woche; P) Auf dem ältesten Weingut Elbas, das rund 8 km östlich von Portoferraio liegt, verbrachte schon Napoleon 1814 seine erste Nacht auf der Insel. Das atemberaubende Anwesen mit einem Bauernhaus aus dem 17. Jh., einer Villa aus dem 18. Jh. und Weinbergen, Olivenhainen und Palmen auf einer Fläche von 8 ha liegt direkt an der Küste. Einige der zehn Apartments befinden sich in ehemaligen Bauernkaten direkt am Strand.

Die einfachen, aber bezaubernden Unterkünfte sind für Selbstversorger, die mindestens eine Woche bleiben müssen. An der Rezeption wird Olivenöl und Wein verkauft. Wer nicht selber kochen will, geht 2 Minuten an der Küste entlang in das winzige Hafenstädtchen Magazzini, in dem es ein ausgezeichnetes Restaurant gibt. Das Weingut bietet auch Weinverkostungen an.

Agriturismo Due Palme (☎ 0565 93 30 17, 338 7433736; www.agriturismoelba.it; Via Schiopparello 28, Schiopparello; DZ 50–70 €, Haus für 4 Pers. 720–900 €/Woche) Obwohl nur wenige Minuten von der Straße zwischen Portoferraio und Magazzini entfernt, ist der malerische *agriturismo* absolut ruhig. Die fünf ehemaligen Arbeiterhäuschen im traditionellen Stil stehen inmitten von Orangen- und Zitronenbäumen in 100 Jahre alten Olivenhainen. Der vom Großvater des freundlichen Fabrizio gegründete Betrieb ist die einzige Olivenplantage auf Elba, deren Öl das IGP-Gütesiegel tragen darf.

Natürlich können die Gäste das samtweiche, hellgrüne Olivenöl probieren und kaufen (19 €/Liter). Ebenso locken die Orangen mit ihrem betörenden Duft. Liegestühle unter schattigen Bäumen, ein Grillplatz und ein wunderbarer Blumengarten machen das märchenhafte Idyll perfekt.

auf die im Wasser liegenden Jachten blickt. Weiße Tischtücher und guter Service passen zu den hervorragenden Fischgerichten, die äußerst kreativ zubereitet werden. Kein Wunder, dass es sehr beliebt ist. Deshalb unbedingt reservieren!

Praktische Informationen

Touristeninformation (☎0565 91 46 71; www.isoleditoscana.it; Calata Italia 44; ⊙Sommer Mo–Sa 9–19, So 10–13 & 15–18 Uhr, Winter Mo–Do 9–17, Fr 9–13 Uhr) Das hilfsbereite Personal hat jede Menge Infos zum Wandern und Radfahren auf der Insel. Das Büro befindet sich direkt am Wasser, in der Nähe der Fähranleger.

Procchio & Umgebung

Im Sommer strömen die Massen in diesen geschäftigen Badeort 10 km westlich von Portoferraio, denn hier befindet sich einer der längsten Sandstrände Elbas. Westlich von Procchio windet sich die Straße an den Klippen oberhalb der schönen kleinen Strände **Spiaggia di Spartaia** und **Spiaggia della Paolina** entlang, zu denen steile Fußwege hinunterführen.

Aktivitäten

Rent Procchio FAHRRADVERLEIH
(☎338 7185735; www.rentprocchio.it; Via Provinciale di Procchio; Mountainbike 15–30 €/Tag) Der Laden in der Hauptstraße verleiht nicht nur Fahrräder, sondern hält auch Tourenvorschläge bereit.

Schlafen

Relais Baia Bianca APARTMENTS €€€
(☎0565 96 99 16; www.baiabiancarelais.com; La Biodola 16; DZ 132–600 €; ⊙April–Sept.) Nur ein tipptopp gepflegter Garten, feiner englischer Rasen und Holzbohlenwege trennen die strahlend weißen Designer-Apartments vom sandigen Strand. Jedes Apartment dieser hochgelobten Anlage für Selbstversorger hat eine eigene, sonnige Veranda direkt am Wasser. Hotelzimmer stehen ebenfalls zur Verfügung. Das Ganze befindet sich am goldgelben Strand von La Biodola, im Nordosten von Procchio.

Von Juni bis August muss man mindestens sieben Nächte bleiben.

Hotel Hermitage LUXUSHOTEL €€€
(☎0565 97 40; www.hotelhermitage.it; La Biodola; Halbpension 130–365 €/Pers.; ⊙Sommer; P ❄ @ ☎ ≋) Wenn James Bond im Smoking mit dem Fallschirm über Elba abspringen sollte, würde er garantiert auf dem Tennisplatz dieses Hotels landen. Als eines der wenigen echten Luxushotels der Insel verfügt es über einen Infinity-Pool mit Meerblick, Golfplatz, Schönheitssalons und zahllose andere wohltuende Annehmlichkeiten. Es befindet sich im winzigen Badeort La Biodola, nordöstlich von Procchio.

Essen & Ausgehen

Scalo 70 EISDIELE €
(Via del Mare 10, Procchio; Eis in der Waffel 2,20–4,50 €; ⊙Sommer 12–20 Uhr) Hier gibt's wohl das beste Eis und die besten sizilianischen *granite* auf ganz Elba. Unbedingt probieren: das Reis- oder das Nuss-Feigen-Karamell-Eis.

La Casa del Vino BAR
(Via del Mare 15, Procchio; ⊙Mi–Mo 10–14 & 16–2 Uhr) Abgewetzter Holzfußboden, dunkle Holzfässer und mitreißende DJs machen diese Bar zum Epizentrum der Kneipenszene. Auf der Terrasse an der Straße kann man den guten Grappa oder Wein der Insel genießen und dabei die Leute beobachten.

Marciana & Marciana Marina

2250 EW.

Im Gegensatz zu vielen modernen Jachthäfen, die alle gleich aussehen, hat die hübsche Marina von Marciana echten Charme und eine lange Geschichte und zudem noch schöne Kieselstrände. Der Hafen ist 18 km westlich von Portoferraio. Von dort windet sich eine 9 km lange Bergstraße zum Ort Marciana im Landesinneren hoch. Das älteste und mit 375 m auch höchstgelegene Bergdorf der Insel wird von einer ziemlich heruntergekommenen Festung beherrscht.

Beim Bummel durch die alten gepflasterten Straßen und steinernen Bögen, vorbei an üppigen Blumenkästen an winzigen Balkonen erhascht man immer wieder einen Blick auf die Küste und das Meer weit unterhalb. Höhepunkt des Besuchs ist aber die kurze Halbtageswanderung zur bedeutendsten Pilgerstätte auf Elba, dem Santuario della Madonna del Monte.

Sehenswertes & Aktivitäten

Santuario della Madonna del Monte KAPELLE
(⊙Sonnenaufgang–Sonnenuntergang) Vom Parkplatz am Ortseingang von Marciana läuft man in 40 Minuten durch die Via delle Fonti und weiter durch die Via delle Coste

MARCIANA MARINA: EINE TRADITIONELLE PASSEGGIATA

Der schönste Moment des Tages in Marciana Marina ist am frühen Abend, wenn die ganze Stadt am Wasser entlang zu spazieren scheint. Dann ist es Zeit für die sogenannte *passeggiata*, den traditionellen abendlichen Spaziergang.

Los geht es am östlichen Ende der Uferpromenade, wo man unter den gigantischen Palmen oder in einer Bar der **Piazza della Vittoria** auch erst einmal den Lauf der Dinge beobachten kann. Bei **La Svolta** (www.gelaterialasvolta.it; Via Cairoli 6; ⌚Di–So 14–20 Uhr) gleich um die Ecke gibt's so ungewöhnliche Eissorten wie Apfel mit Zimt oder Orange mit schwarzem Pfeffer.

Nach ein paar Minuten auf der Viale Margherita am Wasser entlang nach Westen lohnt sich ein kurzer Abstecher landeinwärts zur **Piazza Vittorio Emanuele** mit dem hübschen Kopfsteinpflaster und der pfirsichfarbenen Kirche.

Wieder zurück am Wasser schlängelt sich der Weg weiter in Richtung Westen, vorbei an Boutiquen und dem winzigen Jachthafen, bis man pünktlich zum Sonnenuntergang die **Spiaggia di Capo Nord** erreicht. Der hübsche Strand mit groben Kieseln wird von einem Turm der Sarazenen aus dem 12. Jh. bewacht.

Im unglaublich romantischen **Ristorante Capo Nord** (☎0565 99 69 83; www.ristorantecaponord.it; Gerichte 50 €; ⌚Di–So 12–14 & 19–21.30 Uhr) können Flaneure auf der wunderbaren Strandterrasse mit Blick aufs Meer die *passeggiata* mit einem feinen Tintenfisch-Risotto oder gegrilltem Schwertfisch beenden.

und Via dei Monti zu der kleinen Kirche aus dem 11. Jh., die seitdem mehrfach verändert wurde. Auf einen Stein im Inneren soll eine göttliche Hand das Bildnis der Jungfrau Maria gemalt haben, das angeblich Wunder bewirken kann.

Die schöne Bergwanderung führt über einen alten Maultierpfad, der von duftenden Schirmkiefern, Kastanienbäumen, wildem Salbei und Thymian gesäumt ist. Je höher man steigt, desto beeindruckender wird das Küstenpanorama. Endlich an der Kapelle auf dem Berg (627 m) angekommen, sollte man Napoleon nacheifern und erst einmal einen Schluck aus dem alten Steinbrunnen gegenüber der Kirche trinken. Eine Tafel erinnert an seinen Besuch 1814, bei dem er allerdings auf dem Rücken seines Pferdes kam. Danach geht man auf einem kleinen Pfad noch fünf Minuten weiter und genießt den Blick auf Korsika.

★ Cabinovia Monte Capanne SEILBAHN
(Seilbahn; ☎0565 90 10 20; www.cabinovia-isoladelba.it; einfach/hin & zurück 12/18 €; ⌚April–Sept. 10–13 & 14.20–18 Uhr, Okt. 10–13 & 14.20–17 Uhr) Wer in Portoferraio nur Zeit für einen Ausflug hat, sollte unbedingt hierher fahren. Gut 750 m südlich von Marciana steigt man an der Straße nach Poggio in die offenen Drahtkörbe der Seilbahn, die eher wie gelbe Vogelkäfige aussehen, und gondelt in 20 Minuten gemütlich bis zum Gipfel des **Monte Capanne**, des mit 1018 m höchsten Bergs Elbas.

Auf dem felsigen Gipfel eröffnet sich ein toller Rundumblick auf ganz Elba, den Toskanischen Archipel, die Etruskische Riviera und die nur 50 km entfernte Nachbarinsel Korsika. Über allem liegt der betörende Duft der *macchia*. Man kann auch mit der Seilbahn ganz hinauffahren und nur hinunterwandern. Für den steinigen, aber gut markierten Weg benötigt man 1½ Stunden.

Essen

★ Osteria del Noce FISCH €€
(☎0565 90 12 84; www.osteriadelnoce.it; Via della Madonna 14; Gerichte 25 €; ⌚Ende März–Sept. 12–14 & 19.30–21.30 Uhr) In dem Familienbetrieb im Bergdorf Marciana wird das Brot mit Fenchel, Kastanienmehl und anderen saisonabhängigen Zutaten noch selbst gebacken. Der *miso mare del Noce* (*antipasti* mit verschiedenen Fischsorten) und die Spaghetti mit *Granseolo Elbano* (einer großen, für Elba typischen Krabbenart) sind ebenso beeindruckend wie die sagenhafte Aussicht.

Praktische Informationen

Casa del Parco di Marciana (☎0565 90 10 30; www.islepark.it; Fortezza Pisana; ⌚Mo 10–13, Di 9–13, Mi & Do 9–13 & 17.30–19.30, Sa 10–13 & 15–19 Uhr, Nebensaison verkürzte Öffnungszeiten, Nov.–März geschl.) Das Besucherzentrum des Nationalparks unterhalb der Fortezza Pisana bietet jede Menge Infos zum Wandern und zu anderen Outdooraktivitäten.

Poggio

Eine kurvenreiche Straße entlang steiler Abhänge führt in das hübsche Bergdorf direkt an der SP25. Der bezaubernde kleine Ort mit steilen, kopfsteingepflasterten Gassen und atemberaubendem Blick auf die Küste ist vor allem für sein Quellwasser bekannt.

Sehenswertes & Aktivitäten

Monte Perone BERG

Südlich von Poggio windet sich die SP37 zu einem gut ausgeschilderten Picknickplatz am Fuße des Monte Perone (630 m). Geht man nach links (Osten), kann man den Berg hinaufsteigen und die spektakuläre Aussicht über fast die ganze Insel genießen. Der Weg nach rechts (Westen) hingegen führt recht schnell zu einer kleinen Anhöhe, von der man auf Poggio, Marciana und Marciana Marina blickt.

Monte Maolo BERG

Beim Monte Maolo (749 m), etwas südlich von Poggio und dem Monte Perone, führt die Straße in den Süden der Insel hinunter. Unterwegs kommt man an den Außenmauern der romanischen **Chiesa di San Giovanni** aus Granit und den Überresten der **Torre di San Giovanni** vorbei. Die winzigen Dörfer Sant'Ilario in Campo und San Piero in Campo sind lohnenswert, um sich kurz die Beine zu vertreten.

Essen

Publius TOSKANISCH €€

(☎0565 9 92 08; www.ristorantepublius.it; Piazza del Castagneto 11; Gerichte 35 €; ⏲März–Nov. Di–So 12–14.30 & 19–21.30 Uhr) Wer durch die raumhohen Fenster des eleganten Bergrestaurants am unteren Ende von Poggio blickt, hat das Gefühl, in einem schicken Baumhaus zu sitzen. Auf der eleganten Dachterrasse meint man dagegen, über dem Meer zu schweben. Auf der feinen Speisekarte stehen toskanische Gerichte mit Fisch und Produkten der heimischen Berge. Eine beliebte Spezialität des Hauses sind Gnocchi aus Kastanienmehl mit Entenragout.

Marina di Campo

Der Ort mit dem kleinen Fischerhafen im Süden der Insel ist die zweitgrößte Stadt Elbas. Einzig die malerische Bucht mit den kleinen Booten sorgt für etwas Flair in der ansonsten sehr touristischen Stadt. Während die Sommerurlauber in Scharen zum strahlend weißen Sandstrand der Stadt strömen, ist es in den weniger spektakulären Buchten im Westen wesentlich ruhiger.

Sehenswertes

Cavoli STRAND

Der feine Kiesstrand von Cavoli, 6 km westlich von Marina di Campo, ist besonders familienfreundlich, da es hier ein Strandcafé, Liegen, Tretboote und einen Spielplatz gibt.

Acquario dell'Elba AQUARIUM

(www.acquarioelba.com; Marina di Campo; Erw./Kind 7/3 €; ⏲April–Okt. 9–19 Uhr, Juni–Mitte Sept. 9–23.30 Uhr) Mehr als 150 Arten von Mittelmeerbewohnern tummeln sich in dem unspektakulären Aquarium, das ein nettes Ausflugsziel bei schlechtem Wetter ist. Es befindet sich 2 km nordöstlich der Stadt und ist von der SP30 nach Lacona gut ausgeschildert.

Essen & Ausgehen

★ **Il Cantuccio** TRATTORIA €

(☎0565 97 67 75; www.ristoranteilcantuccio.eu; Largo Garibaldi 6; Pizza 6–9 €, Gerichte 25 €; ⏲12–13 & 19–23 Uhr) Es lohnt sich, den mit der Speisekarte wedelnden Kellnern der Uferpromenade den Rücken zu kehren und den Weg zur Piazza della Fontana auf sich zu nehmen. Das schlichte Restaurant mit der lindgrünen Fassade gibt es schon seit 1930 – und es ist immer noch ausgezeichnet. Das wissen auch die Einheimischen zu schätzen, die hier seit Jahren toskanische Klassiker, hausgemachte Nudeln, Pizza aus dem Holzofen und 18 verschiedene Sorten Olivenöl genießen.

Da Mario BAR

(Piazza Teseo Tesei 56; ⏲8–23 Uhr) Die Bar mit Blick auf Fischerboote und den langen Sandstrand gibt es schon seit 1952. Das erklärt nicht nur, warum sie eine Institution der Stadt, sondern auch der ideale Ort ist, um sich bei einem Cappuccino oder Drink zu entspannen.

Capoliveri

3910 EW.

Der malerische Ort liegt hoch oben in den Bergen im südöstlichen Zipfel Elbas. In den steilen, engen Gassen drängen sich die Häuser dicht an dicht. Von der alten Steinterrasse der zentralen **Piazza Matteotti** hat man einen tollen Blick auf die Dächer der Stadt und das Meer.

Schlafen

Villa Wanda HOTEL €€
(☎0565 94 00 25; www.hotelvillawanda.com; Via Generinco 17, Lido di Capoliveri; DZ 140–200 €) Die 15 einfachen Zimmer des netten Familienbetriebs 4 km nördlich von Capoliveri sind hell und freundlich. Mehrere große Terrassen laden zum Entspannen ein. Die besten Zimmer haben Balkon mit tollem Meerblick, Zimmer 301 hat sogar eine riesige Terrasse. Zum Sandstrand von Lido di Capoliveri sind es nur 10 Minuten zu Fuß.

Essen & Ausgehen

La Taverna dei Poeti TOSKANISCH €€
(☎0565 96 83 06; www.latavernadeipoeti.com; Via Roma 14, Capoliveri; Gerichte 35 €; ⏲Sommer tgl. 18–23 Uhr) In dem von den Einheimischen heiß geliebten, traditionellen Restaurant würzt Küchenchef Massimo die besten Produkte der Toskana mit einer ordentlichen Prise geradliniger Kochkunst. Die Speisekarte ist in *mare* (Meer) und *terre* (eigentlich „Erde", also Fleisch) unterteilt. Beim Verkostungsmenü für 50 € gibt's zu jedem der vier Gänge den passenden Wein.

Il Chiasso FISCH & MEERESFRÜCHTE €€€
(☎0565 96 87 09; Nazario Sauro 13, Capoliveri; Gerichte 48 €; ⏲Ostern–Okt. 19–21.30 Uhr) Das in einer kleinen Gasse *(chiasso)* versteckte Lokal fällt nur durch die obligatorische Wäscheleine auf. Zu klassischen Fischgerichten gibt's ausgezeichnete Weine. Typisch für Capoliveri ist die Fischsuppe *di Luciano* (25 €), die Küchenchef Luciano schon seit einer Ewigkeit mit dem Fang aus einheimischen Gewässern zubereitet. Reservierung empfohlen!

★ **Fandango** WEINLOKAL
(Via Cardenti 1, Capoliveri; ⏲Ostern–Okt. Di–So) Die lebhafte *enoteca* befindet sich unterhalb der Aussichtsterrasse am äußersten Ende der zentralen Piazza Matteotti. Am frühen Abend ist die von Weinlaub umrankte Pergola besonders stimmungsvoll. Cocktails, Livemusik und *piccolo cucina* (kleine Snacks) sorgen für kulinarischen und akustischen Genuss.

Porto Azzurro

3730 EW.

Die entspannte Hafenstadt ist das beste Beispiel eines für Elba typischen Städtchens. Direkt am tatsächlich strahlend blauen Hafen liegt ein verkehrsberuhigter Platz mit Palmen. Dahinter erstreckt sich das Gewirr blumengeschmückter Gassen mit Restaurants und Straßencafés. Der ideale Ort, um in stimmungsvoller Atmosphäre Fisch und Wein aus der Region zu genießen und danach an einen der schönen Strände zu radeln.

Essen

★ **La Botte Gaia** OSTERIA €€
(☎0565 9 56 07; www.labottegaia.com; Viale Europa 5, Porto Azzurro; Gerichte 35 €; ⏲Di–So 19–21.30 Uhr) Das Slow-Food-Lokal ist zu Recht *das* Restaurant der Stadt für ein feines Abendessen. Hausgemachte Nudeln und fangfrischer Fisch werden zu kreativen Gerichten verarbeitet. Dazu gibt's Wein von der Insel sowie einige Raritäten wie sanft gegarten Stockfisch mit Trüffeln, *gazpacho* vom Oktopus und Gänsesalami. Im Voraus reservieren!

L'Osteria dei Quattro Gatti FISCH & MEERESFRÜCHTE €€
(☎0565 9 52 40; Piazza Mercato 4; Gerichte 35 €; ⏲19–21.30 Uhr) Im Gewirr der Gassen, die vom Hauptplatz (Piazza Matteotti) wegführen, befindet sich diese *osteria* mit ihrer blumengeschmückten Terrasse, auf der ausgezeichnete Fischgerichte wie die bemerkenswerten *spaghetti alle vongole* serviert werden.

Rio nell'Elba & Rio Marina

Der bergige und recht abgelegene Nordosten Elbas war das Zentrum des Bergbaus auf der Insel. Diese Vergangenheit wird in vielen Industriedenkmälern wieder lebendig. Die beiden bedeutendsten Bergbaustädte waren Rio nell'Elba (1212 Einwohner) in den Bergen und Rio Marina (2233 Einwohner) an der Küste. Beide sind über ein Gewirr von steilen, kurvenreichen Straßen zu erreichen, die gute Nerven und noch bessere Fahrkünste erfordern.

Sehenswertes

Museo dei Minerali e dell'Arte Mineraria MUSEUM
(☎0565 96 20 88; www.parcominelba.it; Via Magenta 26, Rio Marina; Erw./erm. 2,50/1,50 €; ⏲Sommer 9.30–12.30 & 15.30–18.30 Uhr) Schon die Etrusker betrieben Bergbau in Rio und die ganze Gegend lebte vom Tagebau, bis die letzten Minen 1982 geschlossen wurden. Das Museum dokumentiert nicht nur diese lange Geschichte, sondern organisiert auch

Führungen mit einer Elektrobahn in die Abbaugebiete (Erw./Kind 12/7,50 €). Dabei dürfen die Besucher auch selber nach Mineralien schürfen – Werkzeug und Plastiktüten werden gestellt. Die Führungen müssen einige Tage im Voraus gebucht werden.

Gorgona, Capraia, Pianosa & Giglio

Die winzige Isola di Gorgona ist die nördlichste und mit Abstand grünste Insel des Toskanischen Archipels. Sie darf nur im Rahmen einer geführten Tour besucht werden. Zwei von den Pisanern und Florentiner Medicis gebaute Türme bewachen die steile Küste und das herrliche Landesinnere, das seit 1869 teilweise als Gefängnis mit offenem Vollzug genutzt wird. **Toscana Trekking** (www.toscanatrekking.it) bietet Tagestouren (Erw./Kind 68/42 €) auf die Insel an, die etwa einmal pro Woche ab Livorno stattfinden.

Dagegen gibt es auf der nur 31 km von Korsika entfernten Vulkaninsel Capraia (400 Einwohner) mehrere Hotels und Restaurants. Die Insel ist 8 km lang und 4 km breit, die höchste Erhebung ist der 447 m hohe Monte Castello. Sie verfügt über großartige Wanderwege, wie etwa zum See Stagnone. Bei der **Touristeninformation** (☎ 0586 90 51 38; www.prolococapraiaisola.it; Via Assunzione 42; ⏰ Sommer Fr–Mi 9–12.30 & 16.30–19 Uhr) sind Wander- und Radkarten mit Tourenvorschlägen für die ganze Insel erhältlich. Im Laufe ihrer wechselvollen Geschichte stand Capraia unter der Herrschaft der Genueser, Sardiniens, der Sarazenen aus Nordafrika und Napoleons. **Aquavision** (www.aquavision.it) bietet einmal wöchentlich eine Tagestour (Erw./Kind hin & zurück 30/15 €, 5 Std.) zur Erkundung der Insel an. Abfahrt ist in Portoferraio auf Elba. Die Fähren von **Toremar** (www.toremar.it) fahren von Livorno direkt nach Capraia (hin & zurück 38 €, 2½ Std. pro Überfahrt; im Sommer 1- bis 2-mal tgl., im Winter weniger häufig). In der Hochsaison ist es teilweise möglich, an einem Tag hin- und zurückzufahren, doch sollte man dies vor der Abfahrt ganz genau abklären.

Südlich von Elba liegt die Insel Giglio (1500 Einwohner). Die mit 21 km^2 zweitgrößte Insel des Toskanischen Archipels ist spätestens seit der Havarie des Kreuzfahrtschiffs *Costa Concordia* Anfang 2012 weltberühmt. Das friedliche Mini-Inselchen Pianosa schließlich liegt 14 km südwestlich von Elba. Bis 1997 war es eine Gefängnisinsel. Aquavision bietet Tagestouren nach Giglio und Pianosa an (Erw./Kind hin & zurück ab 20/10 €). Zur Zeit der Recherche fanden die Touren ein- bis dreimal wöchentlich statt und starteten nur im Heimathafen des Veranstalters, Marina di Campo auf Elba.

Nordwestliche Toskana

Inhalt ➡

Gut essen

- Osteria Vecchia Mulino (S. 260)
- Pepenero (S. 258)
- Magno Gaudio (S. 255)
- Buca di Baldabò (S. 263)
- Osteria Il Papero (S. 257)

Abseits der Massen

- Barbialla Nuova (S. 257)
- Museo di Palazzo Pretorio (S. 256)
- Al Benefizio (S. 261)
- Villa Bongi (S. 249)
- Palazzo Pfanner (S. 245)

Auf in die nordwestliche Toskana

Der berühmte Schiefe Turm ist nur eines der vielen Highlights in dieser grünen Ecke der Toskana. Dennoch düsen die meisten Urlauber hindurch, um schnell nach Florenz und Siena zu kommen. Dabei bieten sich hier tolle Gelegenheiten zu entschleunigen und aufs Fahrrad bzw. die eigenen zwei Beine umzusteigen. Warum nicht erstmal ausgiebig all die regionalen Schlemmereien probieren, bevor eine Wanderung rund um mittelalterliche Dörfer oder auf uralten Pilgerwegen lockt?

Pisa ist eine lebendige Studentenstadt und Lucca mit seiner Stadtmauer aus dem 16. Jh., dem Gassenlabyrinth, den Plätzen und romanischen Prachtbauten ist einfach charmant. Die weniger bekannten, alle abseits der Touristenpfade gelegenen Städte Pistoia, Prato und Pietrasanta sind in der Hochsaison wunderbare Rückzugsorte von den Massen (und nur einen schlappen Halbtags- oder Tagesausflug per Bahn von Florenz entfernt). Hier zeigt sich das bunte italienische Leben jenseits aller Hektik.

Entfernungen (km)

	Pistoia	Pisa	Lucca	San Miniato
Pisa	55			
Lucca	40	23		
San Miniato	64	47	70	
Pietrasanta	68	31	30	77

Highlights

❶ Auf der malerischen Renaissance-Stadtmauer von **Lucca** (S. 241) radeln und picknicken.

❷ Durchs mittelalterliche Pisa bummeln und den berühmten **Schiefen Turm** (S. 231) bei Sonnenuntergang erleben.

❸ Mit einem Trüffelhund in den Herbstwäldern von **Barbialla Nuova** (S. 257) in Montaione, unweit der Foodie-Adresse San Miniato, weiße Trüffeln aufstöbern.

❹ Im Städtchen **Pistoia** (S. 251) den Massen entgehen und im kunstsinnigen **Prato** (S. 256) das faszinierendste Geschichtsmuseum der Toskana erkunden.

❺ Jede Menge zeitgenössische Kunst, kulinarische Köstlichkeiten und großartige Shops in **Pietrasanta** (S. 266) genießen.

❻ Ein Streifzug durch die grüne, ländliche Toskana in der kastanienreichen **Region Garfagnana** (S. 259).

❼ Die Marmorsteinbrüche von **Carrara** (S. 264) besichtigen, die einst Michelangelo das Rohmaterial lieferten.

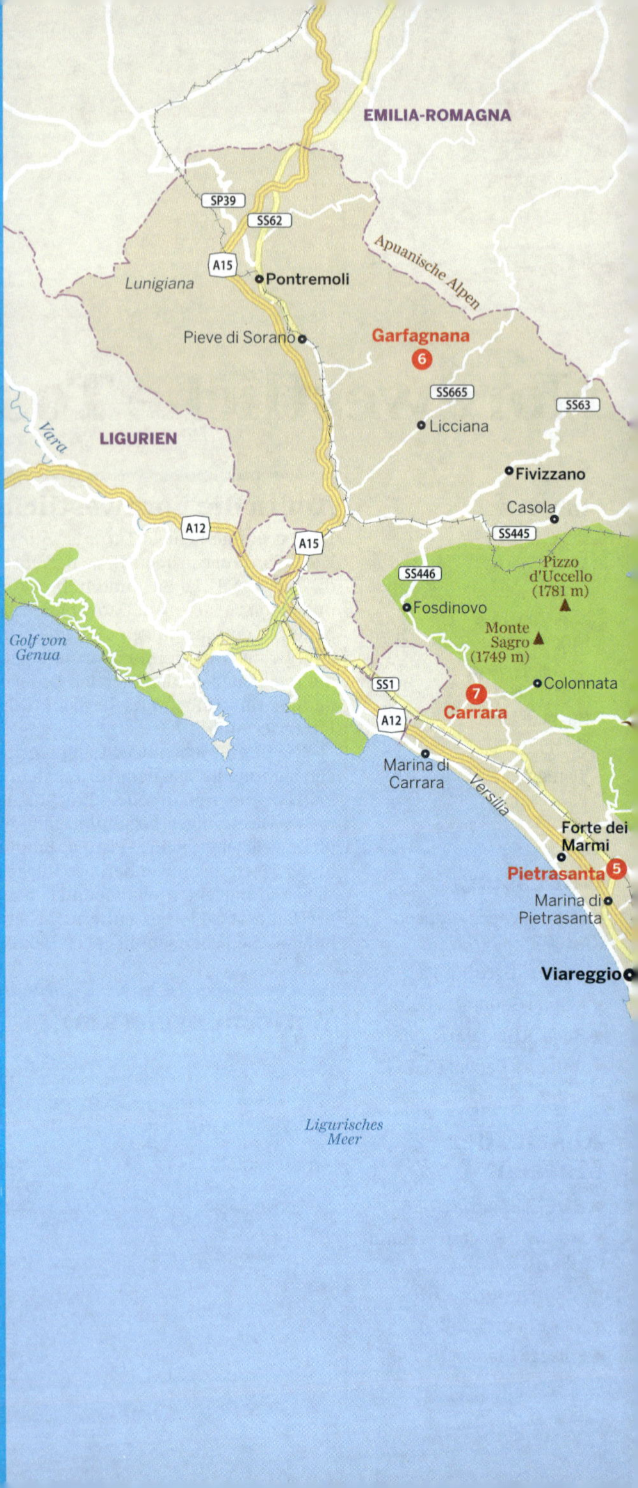

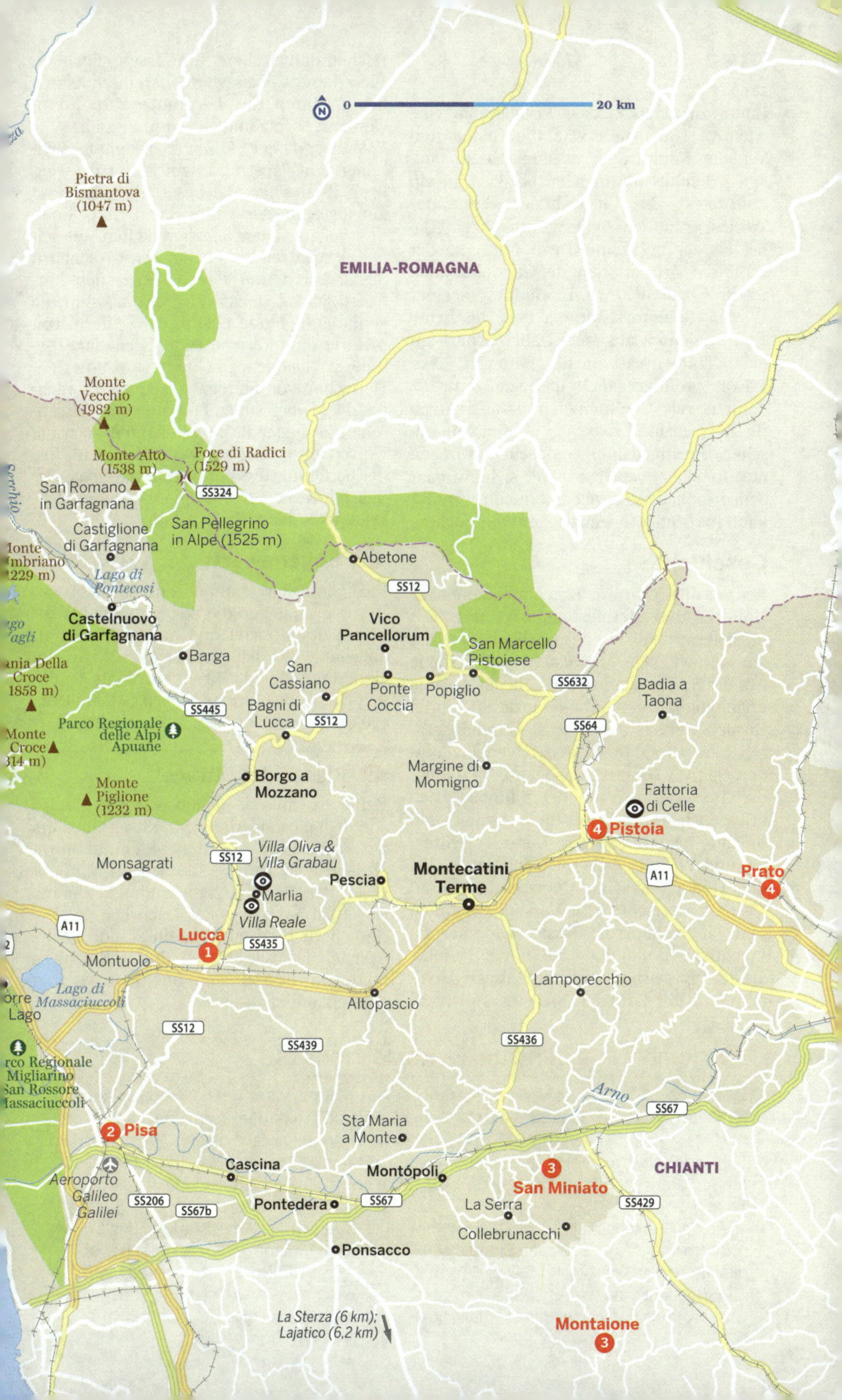

0
20 km
Pietra di Bismantova (1047 m)
EMILIA-ROMAGNA
Monte Vecchio (1982 m)
Monte Alto (1538 m)
Foce di Radici (1529 m)
San Romano in Garfagnana
SS324
Castiglione di Garfagnana
San Pellegrino in Alpe (1525 m)
Abetone
Lago di Pontecosi
SS12
Castelnuovo di Garfagnana
Vico Pancellorum
San Marcello Pistoiese
Barga
San Cassiano
Ponte Coccia
Popiglio
SS632
Badia a Taona
Bagni di Lucca
SS12
SS445
Parco Regionale delle Alpi Apuane
SS64
Borgo a Mozzano
Margine di Momigno
Monte Piglione (1232 m)
Fattoria di Celle
4 Pistoia
SS12
Villa Oliva & Villa Grabau
Monsagrati
Pescia
Montecatini Terme
Marlia
A11
Prato 4
Villa Reale
A11
Lucca 1
SS435
Montuolo
Lago di Massaciuccoli
Altopascio
Lamporecchio
SS12
SS439
SS436
Arno
SS67
Sta Maria a Monte
2 Pisa
Cascina
Montópoli
3 San Miniato
CHIANTI
Aeroporto Galileo Galilei
SS206
SS67b
Pontedera
SS67
La Serra
SS429
Collebrunacchi
Ponsacco
La Sterza (6 km); Lajatico (6,2 km)
Montaione 3

PISA

88 600 EW.

Kaum zu glauben, dass Pisa einmal eine wichtige Hafenstadt war, die Genua und Venedig Konkurrenz machte. Heute denken jedenfalls die meisten bei Pisa an ein Bauprojekt, das im wahrsten Sinne des Wortes gründlich schief gegangen ist. Dabei ist der berühmte Turm nur eine der zahllosen Attraktionen der faszinierenden Stadt. Seit dem 15. Jh. ist Bildung hier der Wirtschaftsmotor Nummer eins; bis heute sind Studenten aus ganz Italien scharf auf einen Studienplatz an der Elite-Uni Pisas. Davon profitiert auch das Stadtzentrum, denn die relaxten Kneipen und Cafés sorgen für Abwechslung zwischen all den romanischen Prestigebauten, gotischen Kirchen und Renaissanceplätzen. Wer sich ein paar Schritte von der Piazza dei Miracoli entfernt, kann ins Studentengewusel mit eintauchen.

Geschichte

Für das alte Rom war Pisa ein bedeutender Handels- und Marinestützpunkt und auch in späteren Jahrhunderten blieb der Hafen eine wichtige Anlaufstelle. Die goldene Ära der Stadt begann im 10. Jh., als sie eine unabhängige Seerepublik wurde und ihren Rivalen Genua und Venedig durchaus Paroli bieten konnte. In den folgenden hundert Jahren segelte Pisas Flotte weit über die Grenzen des Mittelmeers hinaus, trieb erfolgreich Handel mit dem Orient und brachte neue Ideen für Kunst, Architektur und Wissenschaft mit nach Hause. Auf dem Höhepunkt seiner Glanzzeit im 12. und 13. Jh. beherrschte Pisa Korsika, Sardinien und die toskanische Küste. Die meisten Prachtbauten stammen aus dieser Periode, als der typisch pisanisch-romanische Architekturstil mit farbigem Marmor und maurisch-andalusischen Einflüssen florierte. Viele dieser Gebäude erhielten ihren letzten Schliff durch das berühmte Vater-Sohn-Gespann Nicola und Giovanni Pisano.

Während der Konkurrenzkämpfe zwischen dem Papst und dem Kaiser des Heiligen Römischen Reiches schlug sich Pisa auf die Seite der kaisertreuen Ghibellinen und bekam daher Schwierigkeiten mit seinen papsttreuen guelfischen Nachbarn Siena, Lucca und Florenz. Aber den härtesten Schlag steckte Pisa ein, als ihm die genuesische Flotte 1284 in der Schlacht von Meloria eine vernichtende Niederlage bescherte. Nachdem die Stadt 1406 unter die Herrschaft von Florenz gefallen war, brachten die Medici Kunst, Literatur und Wissenschaft zu neuer Blüte. Sie bauten auch die Universität wieder auf, wo Ende des 16. Jhs. der berühmteste Sohn der Stadt, Galileo Galilei, lehrte. Leider wurden im Zweiten Weltkrieg 40 % der Altstadt zerstört.

Sehenswertes & Aktivitäten

Viele Besucher kommen am Bahnhof San Rossore an, gehen die paar Schritte bis zur Piazza dei Miracoli und haben Pisa damit abgehakt. Viel schlauer ist es, bis zur Stazione Centrale zu fahren, um dann gemütlich durch das *centro storico* (Altstadt) zu schlendern.

Piazza dei Miracoli

Keine toskanische Sehenswürdigkeit wird so gnadenlos als Motiv für Kitschsouvenirs ausgeschlachtet wie der berühmte Turm an dem Platz namens **Campo dei Miracoli** (Feld der Wunder), auch Piazza Duomo (Domplatz) genannt. Mit jährlich 2 Mio. Besuchern herrscht hier ein ständiges Gedränge, das gelegentlich durch Blitzüberfälle von Bustouristen aus Florenz zum Massenauflauf ausartet.

TICKETS FÜR DEN TURM & KOMBITICKETS

Zwei gut ausgeschilderte Verkaufsstellen, der **Hauptkartenschalter** (www.opapisa.it; Piazza dei Miracoli; Sommer 8–20 Uhr, Winter 10–17 Uhr) hinter dem Turm und der kleinere Kartenschalter im Museo delle Sinópie, verkaufen Karten für den Schiefen Turm. Wer das Schlangestehen in der Hochsaison vermeiden und ganz sicher gehen will, am gewünschten Tag dranzukommen, kauft sein Ticket vorab online (frühestens 20 Tage vor dem Termin möglich).

An den Kartenschaltern gibt's auch Kombitickets, die für das Baptisterium, den Camposanto und das Museo delle Sinópie gelten. Ein Ticket für eine/zwei/drei Sehenswürdigkeiten nach Wahl kostet 5/7/8 € (ermäßigt 3/4/5 €). Der Dom kostet keinen Eintritt, aber Besucher müssen entweder ein Ticket für eine der anderen Attraktionen oder einen Gratiscoupon vorzeigen, der ebenfalls am Kartenschalter erhältlich ist.

DREI PERFEKTE TAGE

1. Tag: Lucca per Rad

Einfach ein Fahrrad mieten, sich mit den leckersten Picknickzutaten der Stadt eindecken und ab geht's durch die mittelalterlichen Straßen von Lucca. Das Picknick kann man auf der imposanten Stadtmauer abhalten oder man radelt weiter nach Osten und genießt es in der Parkanlage einer Renaissancevilla im Osten von Lucca. Als stilvoller Abschluss lockt abends ein Kirchenkonzert mit Puccini-Arien.

2. Tag: Auf Nebenstraßen in und um Pisa

Pisabesucher nehmen sich am besten erstmal Zeit, sich in die abgeschiedenen Gassen von Pisa zu verlieben, und heben sich die **Piazza dei Miracoli** bis zum Schluss auf. Die besten Fotos vom SchiefenTurm lassen sich im Klostergarten des **Museo dell' Opera del Duomo** schießen, sobald es nach der Renovierung wieder geöffnet ist. Am Spätnachmittag fährt man aus Pisa hinaus ins Slow-Food-Städtchen **San Miniato**, schlürft bei wunderschönem Talblick einen *aperitivo* in einem entzückenden traditionellen Café und geht zum Abendessen ins **Pepenero** oder in die außerhalb gelegene **Osteria Il Papero**. Übernachtet wird auf der Trüffelfarm **Barbialla Nuova**.

3. Tag: Berge & Meer

Der Tag beginnt in **Castelnuovo di Garfagnana** mit Markteinkäufen fürs Picknick, dann geht die Fahrt über die **Apuanischen Alpen**. Es lohnen sich Zwischenstopps, um zuzuschauen, wie gigantische Marmorblöcke aus den Bergflanken gebrochen werden. Der **Passo del Vestito** ist ideal für das mitgebrachte Mittagessen unter freiem Himmel mit anschließendem Besuch des botanischen Gartens. Unten an der Küste warten **Massa** und weiter nördlich **Carrara** mit seinen Marmorsteinbrüchen; im Süden liegt **Pietrasanta** mit faszinierender Kunst und spannenden Restaurants.

Von Mitte Juni bis zum letzten Augustsonntag (oder dem ersten Sonntag im September) können der Schiefe Turm und der Camposanto bis 22 Uhr besichtigt werden – spätabends ist der Besuch ein echtes Erlebnis!

★ Schiefer Turm TURM

(Torre Pendente; www.opapisa.it; Piazza dei Miracoli; Eintritt 18 €; ⏲Sommer 9–22 Uhr, Winter 10–17 Uhr) Die Torre Pendente, ein Wahrzeichen Italiens, macht mit einer Schräge von erschreckenden 3,9 Grad ihrem Namen alle Ehre. Beinahe 200 Jahre dauerte es, bis der 56 m hohe Turm, eigentlich der *campanile* (Glockenturm) des Doms, fertig war. Er hatte aber schon bei seiner Einweihung im Jahr 1372 Schlagseite und diese verschlimmerte sich unaufhaltsam, denn der Turm steht auf weichem Boden. Erst durch ein aufwendiges Stabilisierungsprojekt in den 1990er-Jahren wurde dieser Prozess gestoppt.

Der Turmbau begann 1173 unter Aufsicht des Architekten Bonanno Pisano. Als gerade einmal drei der sieben Stockwerke fertig waren, musste Pisano jedoch aufgeben, weil die Konstruktion sich zu neigen begann. 1272 wurde die Arbeit schließlich wieder aufgenommen. Die Baumeister und Maurer versuchten die Fundamente zu verstärken, was ihnen jedoch nicht gelang. Trotzdem bauten sie weiter und glichen dabei die Schieflage aus, indem sie die neuen Stockwerke nicht mit einem kleineren Neigungswinkel aufsetzten. Aber dann war man erneut gezwungen, die Arbeit einzustellen, diesmal weil Krieg ausgebrochen war. Erst in der zweiten Hälfte des 14. Jhs. war der Turm fertig.

Im Verlauf der nächsten 600 Jahre neigte er sich pro Jahr um etwa einen Millimeter weiter zur Seite. 1993 hatte sich der Turm um 4,47 m von der Vertikalen entfernt, das entspricht einer Neigung von über 5 %. Um dem entgegenzuwirken, wurden rund um das 3. Stockwerk Klammern angebracht und der Turm per Stahlseile mit seinen Nachbargebäuden vertäut. So war der Turm erst mal fixiert, während Arbeiter vorsichtig unter dem Nordfundament Erde abtrugen. Nachdem 70 t Aushub entfernt worden waren, sank der Turm auf sein Niveau aus dem 18. Jh. zurück; der Abstand zur Senkrechten verringerte sich dadurch um 43,8 cm. Experten sind der Ansicht, dass der Turm so die nächsten 300 Jahre überstehen wird.

Pisa

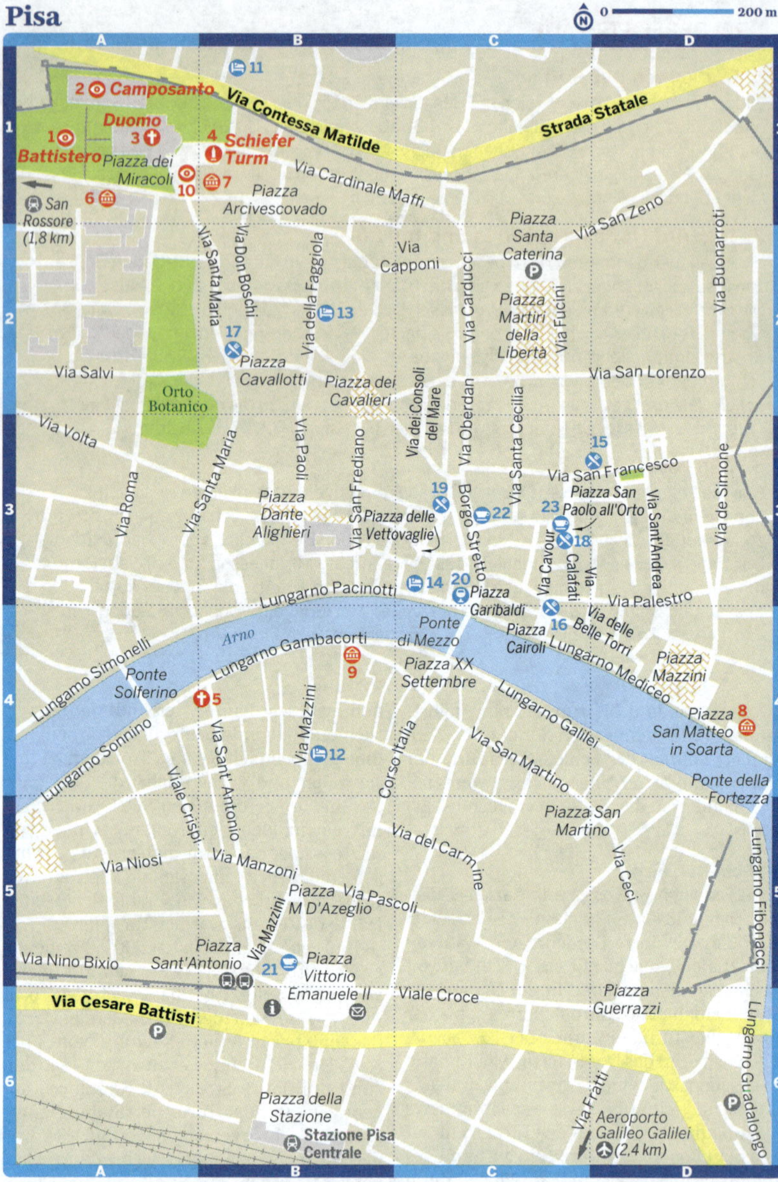

Maximal 40 Besucher dürfen gleichzeitig den Turm besteigen; Kinder unter acht Jahren haben keinen Zutritt, Acht- bis Zehnjährige nur, wenn ein Erwachsener sie an die Hand nimmt. Wer keine Lust auf stundenlanges Warten hat, reserviert sein Ticket vorab oder steuert sofort nach der Ankunft in Pisa das nächstliegende Kartenhäuschen an, um sich ein Ticket für später am Tag zu sichern. Besucher haben 30 Minuten Zeit, um die rund 300 zum Teil glatten Stufen zu bewältigen und die Aussicht zu genießen.

Pisa

Jegliches Gepäck, auch Handtaschen, muss vorher an der kostenlosen Gepäckaufbewahrung neben der Hauptticketverkaufsstelle abgegeben werden. Immerhin ist es erlaubt, die Kamera mitzunehmen.

★ Duomo DOM
(www.opapisa.it; Piazza dei Miracoli; Sommer ca. 10–20 Uhr, Winter 10–12.45 & 14–17 Uhr) GRATIS Baubeginn des wunderbaren romanischen Doms war 1064, eingeweiht wurde er 1118. Die prächtige Fassade ziert ein auffälliges Streifenmuster aus grünem und cremefarbenem Marmor und das weitläufige Kirchenschiff mit seinen zahlreichen Säulen krönt eine goldene Holzdecke. Die ovale Kuppel, die 1380 aufgesetzt wurde, war ein europäisches Novum.

Der Eintritt ist zwar frei, aber zum Betreten des Gotteshauses benötigt man einen Coupon vom Ticketschalter oder einer der anderen Sehenswürdigkeiten an der Piazza dei Miracoli.

Im Jahr 1063 hatten die Pisaner bei Palermo eine arabische Flotte besiegt und der Erlös der dabei gemachten Beute floss in den Bau der Kathedrale, die bald zum Markenzeichen romanischer Kirchen in der Toskana wurde. Der Dom sollte den Sieg verewigen und die Vormachtstellung Pisas am Mittelmeer unterstreichen. Bei Fertigstellung war er dann auch das größte Gotteshaus in ganz Europa.

Die erst im 13. Jh. vollendete Hauptfassade ist mit vier prächtigen Blendarkaden geschmückt, deren Säulen mit zunehmender Höhe immer zierlicher werden. Im 96 m langen und 28 m hohen Innenraum tragen 68 massive Granitsäulen die Last der Holzdecke, deren Verzierungen aus 24-karätigem Gold eine Hinterlassenschaft der Medici sind.

Bemerkenswert sind die drei doppelflügeligen Bronzetüren des Haupteingangs an der Westseite aus dem 16. Jh. Sie stammen aus der Werkstatt der Schule von Giambologna und ersetzten die ursprünglichen Holztüren, die sich zusammen mit großen Teilen der Innenausstattung bei einem Brand 1596 in Rauch aufgelöst hatten. Man könnte Stunden damit verbringen, die dargestellten biblischen Szenen zu entschlüsseln. Sie stellen u.a. die unbefleckte Empfängnis und Christi Geburt (mittlere Tür), den Kalvarienberg und die Kreuzigung (rechts) und das Wirken Christi (links) dar. Beliebtes Suchspiel für Kinder: Wo versteckt sich das Nashorn?

Im Innenraum ist die achteckige Kanzel aus Carrara-Marmor im nördlichen Seitenschiff ein Highlight; Giovanni Pisano verzierte sie Anfang des 14. Jhs. mit Figuren von Nackten und Helden, die unglaublich fein gearbeitet sind und der Skulpturensprache der Gotik einen neuen, lebendigeren Ausdruck verliehen. Im krassen Gegensatz dazu stehen die moderne Kanzel und der Altar des italienischen Bildhauers Giuliano Vangi, deren Aufstellung 2001 für Kontroversen sorgte.

★ Battistero SAKRALBAU
(Baptisterium; www.opapisa.it; Piazza dei Miracoli; Erw./erm. 5/3 €, Kombiticket mit Camposanto & Museo delle Sinópie 2/3 Sehenswürdigkeiten 7/8 € (erm. 4/5 €); Sommer 8–20, Nov.–Feb. 10–17 Uhr) Das ungewöhnliche, runde Baptisterium besitzt zwei übereinander gelagerte Kuppeln, die halb mit Ziegeln, halb mit Bleischindeln gedeckt sind und von einer vergoldeten Bronzeskulptur Johannes des Täufers (1395) gekrönt werden. Die Bauarbeiten hatten 1152 begonnen, aber ein gutes Jahrhundert später nahmen Nicola

1

Warum Pisa schief liegt

Im Jahr 1160 hatte Pisa mehr als 10 000 Türme vorzuweisen, nur dem Dom fehlte ein *campanile* (Glockenturm). Diesen Missstand behob die aufrechte Pisanerin Berta di Bernardo. Als sie 1172 starb, vermachte sie der Stadt 60 Silberstücke, damit die sich daran machte, einen *campanile* zu errichten.

Als Bonnano Pisano 1173 mit dem Bau des berühmtesten *campanile* (Glockenturm) der Welt begann, übersah er leider, dass er sich dabei auf ziemlich unsicheres Terrain begab: Unter der Piazza dei Miracoli verbarg sich eine 40 m dicke tückische Schicht aus Sand und Lehm. Als die Arbeiten fünf Jahre und drei Stockwerke später zum Stillstand kamen, hatte der Stummel von Italiens künftiger Ikone bereits Schlagseite. Bei Wiederaufnahme der Arbeiten 1272 versuchten Bauarbeiter, die Neigung durch eine leichte Bananenform auszugleichen. Im 19. Jh. waren viele überzeugt, dass der Turm schlicht eine schrullige Idee seiner Erfinder und absichtlich schief gebaut worden war.

Als 1838 Schlamm entfernt wurde, der durch den Sockel des Turms quoll, war ein für alle Mal klar, dass das Bauwerk auf unsicherem Fundament ruhte. In den 1950er-Jahren legte man die sieben Glocken im Turm still, die seit 1370 von 14 Männern vom Boden aus geläutet wurden und alle in einem unterschiedlichen Ton erklangen, aus Angst, der Turm könne kollabieren. 1990 wurde der Turm für die Öffentlichkeit gesperrt. Als Gegengewicht zum Überhang auf der Südseite ließen Ingenieure auf der

1. Dom und Schiefer Turm von Pisa
2. Straßenszene mit Dom und Schiefem Turm 3. Der Schiefe Turm aus der Nähe

Nordseite Bleiblöcke anbringen, die insgesamt 1000 t wogen. Um das zweite Stockwerk wurden Stahlbänder gelegt.

1995 kippte der Turm um 2,5 mm. Nun wurde das dritte Stockwerk mit Klammern gesichert, die über Stahlseile mit schweren, Zugankern verbunden waren. Später wurden die Anker entfernt und der Schiefe Turm mit den Nachbargebäuden vertäut. Dann wurde unterhalb der Fundamente vorsichtig Erde abgetragen – insgesamt 70 t. Dadurch sank der Turm wieder zurück und richtete sich bis 2011 um 43,8 cm auf: Operation geglückt!

Jedes Jahr führen Wissenschaftler Untersuchungen an Pisas strahlend weißem Schiefen Turm durch, um seine Neigung zu messen und seine Stabilität zu prüfen. Die Ergebnisse von 2013 zeigten nun, dass der berühmteste schiefe Turm der Welt 2,5 cm seiner namengebenden Neigung verloren hatte. Einige Forscher prognostizieren sogar eine vollständige Aufrichtung bis zum Jahr 2300. Was bedauerlich wäre.

GANZ SCHÖN SCHRÄG

➡ **Dom & Baptisterium** (S. 233) Die Nachbarn des Schiefen Turms neigen sich um 25 bzw. 51 cm.

➡ **Chiesa di San Nicola** (Via Santa Maria) Auch Nicola Pisanos achteckiger Glockenturm kämpft mit der Erdanziehung.

➡ **Chiesa di San Michele degli Scalzi** (Via San Michele degli Scalzi) Der quadratische rote Backsteinturm hat deutlich Schlagseite.

RUNDGANG ÜBER DIE PIAZZA DEI MIRACOLI

Wo gibt es noch so eine herrliche Piazza mit riesigen Rasenflächen und einer derartigen Konzentration an romanischen Meisterwerken? Vom **Kartenhäuschen** (S. 230) hinter dem Schiefen Turm geht es zuerst Richtung **Dom** (S. 233), dem ältesten Platzhirsch. Auf dem Weg zum Haupteingang lohnt sich ein Blick auf die **Portale di San Ranieri** (gegenüber dem Schiefen Turm) mit ihren Bronzetüren (Kopien der Originale aus dem 12. Jh.), auf denen das Leben Christi dargestellt ist. San Ranieri, der hl. Rainer, ist Pisas Schutzpatron.

Am Hauptportal des Doms angelangt, bereitet die prächtige Marmorfassade schon auf weitere Highlights im Inneren vor: Unter der gigantischen goldenen Decke geht's an der Kanzel vorbei zur **Cappella di San Ranieri**. Hier ruht das mumifizierte Skelett des Schutzheiligen in einem marmornen Sarg mit verglasten Seitenwänden. Arabische Schmuckelemente demonstrieren den damals starken Einfluss der islamischen Welt; der Bronzegreif (11. Jh.), der bis 1828 auf dem Domfirst thronte, war Kriegsbeute und stammt wahrscheinlich aus Ägypten.

Vom *duomo* führt ein kurzer, mit Marmor gepflasterter Weg zum **Battistero** (S. 233), das ein Jahrhundert später gebaut wurde. Auf der **oberen Galerie** wird die außerordentliche Akustik, die ein Angestellter demonstriert, besonders deutlich. Nach einem Bummel zu den **Souvenirständen** auf der Südseite der Piazza und dem obligatorischen Erinnerungsfoto, auf dem der Schiefe Turm gestemmt wird, ist der idyllische **Camposanto** (s. unten) eine Oase der Ruhe. Gegenüber bezaubert das **Museo delle Sinópie** (S. 237) mit seinen Fresken und erklärt auch gleichzeitig, wie diese entstanden. Im 13. Jh. bot das weitläufige Gebäude Armen, Kranken, Waisen und Pilgern Zuflucht und wurde bis 1979 als Krankenhaus genutzt.

Nach seiner Wiedereröffnung wird kein anderes Museum die architektonischen Wunderwerke an der Piazza dei Miracoli besser erläutern als das **Museo dell'Opera del Duomo** (S. 237). Die Runde endet vor den original Bronzetüren des Portale di San Ranieri und dem prächtigen Greif, den die Pisaner einst klauten, um damit ihren *duomo* zu krönen.

Der Spaziergang dauert einschließlich Besichtigung der Monumente drei bis vier Stunden.

und Giovanni Pisano wichtige Änderungen vor. Vollendet wurde der Bau erst im 14. Jh. Im Innern ist Nicola Pisanos phänomenale sechseckige Marmorkanzel (1260) eindeutig die Hauptattraktion.

Die untere Arkadenreihe lässt sich der Pisaner Romanik zuordnen, der mit Spitzgiebeln versehene obere Teil und die Kuppel sind gotisch.

Schon Galileo Galilei, der aus Pisa stammte, badete im achteckigen Taufbecken von 1246. Es heißt, dass ihn der Anblick einer schaukelnden Lampe im Dom auf seine Pendelgesetze gebracht hätte. Als Banause outet sich, wer das Baptisterium verlässt, ohne von der **oberen Galerie** aus die außergewöhnliche Akustik und die Echoeffekte der Doppelkuppel bewundert zu haben, die ein Angestellter alle 30 Minuten demonstriert.

★ Camposanto FRIEDHOF
(www.opapisa.it; Piazza dei Miracoli; Erw./erm. 5/3 €, Kombiticket mit Battistero & Museo delle Sinópie 2/3 Sehenswürdigkeiten 7/8 € (erm. 4/5 €); ⌚Sommer 8–20 Uhr, Winter 10–17 Uhr) Von Kreuzrittern mitgebrachte Erde vom Kalvarienberg füllt angeblich das von weißen Mauern eingefasste Areal dieses berückend schönen Friedhofs. Hier haben viele prominente Pisaner ihre letzte Ruhestätte gefunden. Ein Großteil der wertvollen Fresken im Kreuzgang wurde während des Zweiten Weltkriegs von den Alliierten zerstört. Was davon übrig geblieben ist, kann in der **Sala Affreschi** (Freskensaal) bewundert werden.

Besonders sehenswert ist der *Triumph des Todes* (1333–1341), eine phantasievolle Darstellung der Hölle. Sie wird dem Maler Buonamico Buffalmacco zugesprochen. Zum Glück wurden die Spiegel entfernt, die offensichtlich früher neben den mit sadistischer Detailtreue gemalten Verdammten, die lebend am Spieß über dem Höllenfeuer schmoren, angebracht waren – so bleibt es dem Betrachter erspart, in dem martialischen Wandgemälde das eigene Gesicht zu entdecken. Buffalmaccos *Jüngstes Gericht und Hölle* (1336–1341) im selben Saal ist ebenso brutal.

Museo delle Sinópie MUSEUM
(www.opapisa.it; Piazza dei Miracoli; Erw./erm. 5/3 €, Kombiticket mit Battistero oder Camposanto 7/5 €, Battistero & Camposanto 8/5 €; ⌚ Sommer 8–19.30 Uhr, Winter 10–16.30 Uhr) Dieser Hort der Freskenmalerei beherbergt auch diverse *sinópie* (Entwürfe), die die Künstler im 14. und 15. Jh. mit roten Erdpigmenten auf den Mauern des Camposanto skizziert hatten, bevor die eigentlichen Fresken darüber gepinselt wurden. Mit Kurzfilmen und maßstabsgetreuen Modellen wird die hohe Kunst der Wandmalerei veranschaulicht.

Museo dell'Opera del Duomo MUSEUM
(www.opapisa.it; Piazza dei Miracoli) In dem wegen umfassender Renovierung geschlossenen Museum sind Kunstwerke ausgestellt, die einst den Dom und das Baptisterium verschönerten. Zu den Highlights der Sammlung zählen Giovanni Pisanos *Madonna mit Kind* (1299) aus Elfenbein, die den Hochaltar des Doms schmückte, und seine *Madonna del colloquio*, die an einem Domportal Wache hielt und Mitte des 13. Jhs. entstand. Aber noch faszinierender ist wahrscheinlich der idyllische Klostergarten, in dem sich abseits der Massen ein einmaliger Blick auf den Schiefen Turm eröffnet.

Entlang des Arno

Ein paar Schritte von den übervölkerten Besuchermagneten der Piazza dei Miracoli entfernt zeigt Pisa links und rechts des Arno sein wahres Gesicht. Prächtige Palazzi präsentieren sich in allen Farbschattierungen entlang des südlichen *lungarno* (Flussufer), von wo die Einkaufsstraße **Corso Italia** in Richtung Hauptbahnhof abzweigt. Ein Hingucker ist die mit drei Spitztürmen gekrönte **Chiesa di Santa Maria della Spina** (Lungarno Gambacorti), die zwischen 1230 und 1323 als Reliquienschrein für eine *spina* (Dorn) aus der Dornenkrone Christi gebaut wurde. Das mit Tabernakeln und Statuen überhäufte Meisterwerk der Pisaner Gotik ist zwecks Renovierung geschlossen.

Pisas mittelalterliches Herz pocht nördlich des Flusses. Das ist an der **Piazza Cairoli** mit ihren Bars und *gelaterie* besonders deutlich zu spüren. Es setzt sich in der **Via Cavour** fort und verebbt in den umliegenden Gassen. Täglich frische Waren machen einem auf dem Markt der **Piazza delle Vettovaglie** den Mund wässrig; unter den Arkaden aus dem 15. Jh. verstecken sich Straßencafés und Bars.

Palazzo Blu MUSEUM
(www.palazzoblu.it; Lungarno Gambacorti 9; ⌚ Di–Fr 10–19, Sa & So bis 20 Uhr) GRATIS Das dem Fluss zugewandte, perfekt restaurierte Gebäude aus dem 14. Jh. überrascht mit seiner blauen Fassade. In den prächtigen Innenräumen aus dem 19. Jh. kommt die Sammlung der Kunststiftung Pisa besonders gut zur Geltung. Den größten Raum nehmen Werke Pisaner Künstler aus dem 14. bis 20. Jh. ein, dazu kommen wechselnde Ausstellungen.

Museo Nazionale di San Matteo MUSEUM
(Piazza San Matteo in Soarta; Erw./erm. 5/2,50 €; ⌚ Di–Sa 8.30–19.30, So bis 13.30 Uhr) Die sehenswerte Sammlung mittelalterlicher Meisterwerke ist in einem ehemaligen Benediktinerkloster aus dem 13. Jh. untergebracht, das am Nordufer des Arno steht. Das Museum fasziniert mit Gemälden der toskanischen Schule (ca. 12.–14. Jh.) von Meistern wie Lippo Memmi, Taddeo Gaddi, Gentile da Fabriano und Ghirlandaio. Spezielle Aufmerksamkeit verdienen Masaccios *Hl. Paulus*, Fra Angelicos *Madonna mit Kind* und Simone Martinis *Katharina-Polyptychon*.

Feste & Events

Luminaria di San Ranieri FEUERWERK
(⌚ 16. Juni) In der Nacht vor dem Gedenktag des pisanischen Schutzpatrons flackern auf dem und am Arno Tausende von Kerzen und Fackeln; ein Feuerwerk macht die magische Stimmung komplett.

INSIDERWISSEN

KEITH

Vom trendigen Café **Keith** (www.keithcafe.com; Via Zandonai 4; ⌚ 7–23 Uhr; 📶) fällt der Blick direkt auf *Tuttomondo* (1989), das letzte Wandgemälde des Popkünstlers Keith Haring, das er nur wenige Monate vor seinem Tod auf der Fassade einer Kirche in Pisa anbrachte. Bei einem Kaffee oder Cocktail auf der Terrasse lässt sich das Kunstwerk betrachten; ein Jammer, dass die Farben der 30 tanzenden Haring-Männchen vom Wetter schon so ausgebleicht sind.

Dank kostenlosem WLAN, wechselnden Kunstausstellungen, erstklassigem Kaffee und einem studentenfreundlichen *apericena*-Buffet für schlappe 5 € herrscht im Keith immer Betrieb.

Regata Storica di San Ranieri SPORT
(⌚17. Juni) Bei der Ruderregatta am Gedenktag von San Ranieri ist auf dem Arno schwer was los.

Palio delle Quattro Antiche Repubbliche Marinare KULTUR
(⌚Juni) Die vier historischen Seerepubliken Pisa, Venedig, Amalfi und Genua wechseln sich jedes Jahr Anfang Juni als Veranstaltungsort dieser historischen Regatta ab. Pisa ist 2017 wieder dran.

Gioco del Ponte MITTELALTER
(⌚Juni) Beim Gioco del Ponte (Brückenspiel) kämpfen zwei Teams in mittelalterlichen Kostümen um den Ponte di Mezzo. Am letzten Sonntag im Juni.

Schlafen

Hostel Pisa Tower HOSTEL €
(☎050 520 24 54; www.hostelpisatower.it; Via Piave 4; B 20–25 €; @ 📶) Das supernette Hostel in einer Villa liegt nur ein paar Minuten zu Fuß von der Piazza dei Miracoli entfernt. Es ist hell, freundlich und farbenfroh eingerichtet und verfügt über Frauen- und gemischte Schlafsäle, Gemeinschaftsküche und eine besonders im Sommer angenehme Terrasse mit Aussicht auf eine kleine Wiese. Die Dorms haben Namen: Die Gäste können in den Armen von Galileo, Mona Lisa, Leonardo oder Michelangelo nächtigen.

Royal Victoria Hotel HOTEL €€
(☎050 94 01 11; www.royalvictoria.it; Lungarno Pacinotti 12; DZ 95–170 €, 3BZ 105–180 €; ❄ 📶) Die Familie Piegaja ist stolz darauf, das alteingesessene Hotel seit 1837 zu führen. Es zeichnet sich neben nostalgischem Komfort durch einen freundlichen, aufmerksamen Service aus. Die 38 mit Grand-Tour-Antiquitäten eingerichteten Zimmer verströmen ein Flair von sehr verblichenem Chic, ihre Renovierung steht aber kurz bevor. Es geht nichts über einen Aperitif auf der Dachterrasse mit den vielen Pflanzenkübeln. Garagenplätze und Leihräder kosten 20 bzw. 15 € pro Tag, Frühstück gibt's für 5 €.

Hotel Bologna HOTEL €€
(☎050 50 21 20; www.hotelbologna.pisa.it; Via Giuseppe Mazzini 57; DZ/3BZ 148/188 €; P ❄ 📶) Mit ordentlich Sicherheitsabstand zum Trubel auf der Piazza dei Miracoli bietet das elegante Vier-Sterne-Hotel in einer Villa große, helle und himmlisch ruhige Zimmer mit Holzböden und farblich aufeinander abgestimmten Möbeln, manche sogar mit Freskengemälde. Die kleine Terrasse und der im Schatten von Zypressen gelegene Garten auf der Rückseite sind im Sommer traumhafte Frühstücksplätze. Die Rezeptionisten organisieren Fahrrad- und Scooterverleih; ein Pkw-Parkplatz im Hof kostet 12 € pro Nacht.

GUT SCHLAFEN

Pisa bietet sich natürlich als Übernachtungsort an, hat jedoch kaum empfehlenswerte Unterkünfte. Auch Verkehrslärm ist ein Problem. Besser eignen sich das bezaubernde Lucca (Nachteil: kaum Parkplätze), ein *agriturismo* um San Miniato oder das Kunststädtchen Pietrasanta. Alle drei liegen nicht weit von den Hauptattraktionen der Nordwesttoskana entfernt.

Hotel Relais dell'Orologio HOTEL €€€
(☎050 83 03 61; www.hotelrelaisorologio.com; Via della Faggiola 12–14; DZ 150–240 €; ❄ 📶) Das romantische Fünf-Sterne-Hotel in einem geschmackvoll renovierten Wehrturm aus dem 14. Jh. hat echtes Flitterwochenflair. In manchen Zimmern sind noch Originalfresken erhalten. Die ruhige Lage und das Restaurant im mit Blumen geschmückten Patio auf der Rückseite lassen jegliche Hektik vergessen. Die besten Deals gibt's online – am günstigsten sind die Frühbucherrabattpreise, die allerdings bei Stornierung nicht ersetzt werden.

Essen

Als Universitätsstadt hat Pisa ein breites Angebot an Lokalen, vor allem im Borgo Stretto, an der von Cafés umringten Piazza Dante Alighieri in Uni-Nähe (wo sich die Studenten drängeln) und im trendigen Viertel San Martino südlich des Arno.

Herausragende lokale Spezialitäten sind frischer Pecorino (Schafskäse) aus San Rossore, *zuppe di cavolo* (Kohlsuppen), *pan ficato* (Kuchen mit Feigen) und *castagnaccio* (Kuchen aus Kastanienmehl mit Walnüssen).

★ **Pizzeria Il Montino** PIZZA €
(☎050 59 86 95; www.pizzeriailmontino.com; Vicolo del Monte 1; Pizzas 6–8 €, Focaccine 2,50–4 €; ⌚Mo–Sa 10.30–15 & 17–22 Uhr) Von schick und hip ist Il Montino weit entfernt; trotzdem ist die einfache Pizzeria in Pisa eine Institution, zu der Studenten wie Krawattenträger pilgern. Für alle, die an den meist be-

setzten Tischen drinnen und draußen keinen Platz mehr finden, gibt's die Spezialitäten des Hauses auch zum Mitnehmen: *cecina* (Pizza mit Kichererbsen), *castagnacci* (Kastanienkuchen), *spuma* (süßer Softdrink), *foccacine* (Fladen) mit Salami, *pancetta* (Bauchspeck) oder *porchetta* (Spanferkel).

Das Lokal versteckt sich in einer Gasse und ist am einfachsten zu finden, wenn man am Nordende des Borgo Stretto (gegenüber dem Café Lo Sfizio, Borgo Stretto Nr. 54) über die Via Ulisse Dini westwärts bis zur Piazza San Felice geht. Dort weist links ein blaues Neonschild zur Pizzeria.

★ L'Ostellino PANINI €

(Piazza Felice Cavallotti 1; Panini 3–6 €; ⌚Mo–Fr 11.30–16.30, Sa & So bis 18 Uhr) In diesem Mini-Feinkostladen und *panineria* mit nur einer Handvoll Tischen gibt's mächtige, in Wachspapier eingewickelte Gourmet-Panini (Brötchen). Wer sich aus den Dutzenden von Kombinationen, die von Hand auf der Tafel angeschrieben stehen, das Passende ausgesucht (begehrte süße Varianten sind *lardo di colonnata* mit Feigen oder höhlengereiftem Pecorino mit Honig und Walnüssen) und die Zubereitung abgewartet hat, kann sich auf dem grünen Rasen der Piazza dei Miracoli zu all den anderen gesellen, die gerade ihr Picknick genießen.

Il Crudo PANINI €

(www.ilcrudopisa.it; Piazza Cairoli 7; Panini 4,50–6 €; ⌚So–Do 11–24, Fr & Sa bis 2 Uhr) Das perfekte Mittagsmahl ist ein mit Rauchfleisch und *salsa verde* (grüne Kräutersauce) gefülltes Riesenbaguette aus dieser winzigen *panineria*. Man bestellt es an der Theke und verzehrt es auf der bezaubernden Piazza.

Osteria Bernardo TOSKANISCH €€

(☎050 57 52 16; www.osteriabernardo.it; Piazza San Paolo all'Orto 1; Mahlzeiten 35 €; ⌚Di–Sa 20–23, So 12.30–14.30 & 20–23 Uhr) Die kleine *osteria* an einem der netteren Plätze von Pisa mit Sicherheitsabstand zu den Touristenmassen am Schiefen Turm ist eine perfekte Mischung aus einfacher und Gourmetküche. Auf der Karte stehen nur vier, fünf Gerichte pro Gang, aber in kreativer Zubereitung. Eine tolle Abwechslung vom Standardessen sind die Wildschwein-*pappardelle* (breite Pastastreifen) mit Schokoladengeschmack.

biOsteria 050 VEGETARISCH €€

(☎050 54 31 06; www.biosteria050.it; Via San Francesco 36; Mahlzeiten 25–30 €; ⌚Di–Sa 12.30–14.30 & 19.30–22.30, Mo & So 19.30–22.30 Uhr; ✎) Das clevere Konzept von Marco und Raffaele geht auf: Saisonale Zutaten aus regionalem Bioanbau (50 km Umkreis) werden zu Speisen wie Risotto mit Mandeln und Spargel oder preiswerten Tagesgerichten verarbeitet.

Ausgehen & Nachtleben

Die meisten Kneipen liegen an und im Umkreis der Piazza delle Vettovaglie. Auch die Cafés der Piazza Dante Alighieri sind aufgrund der Uni-Nähe immer brechend voll. Der hiesige DOCG-Wein heißt Chianti delle Colline Pisane. Weißweine mit DOC-Siegel

PISA LIEBEN LERNEN

Natürlich steht und fällt Pisa mit dem Schiefen Turm, zu dem alle pilgern. Wer das Chaos der Piazza dei Miracoli mit den vermüllten Rasenflächen, Fußball spielenden Schulklassen, fürs Fotoalbum posierenden Familien und ähnlichen Stressfaktoren überstanden hat, will meist nur noch weg.

Kein Wunder, dass viele nach der Besichtigung eines der berühmtesten Wahrzeichen Europas etwas ernüchtert sind. Wer das vermeiden will, hebt sich den Schiefen Turm und seinen riesigen Platz für den frühen Abend oder (von Mitte Juni bis Ende August) für den späten Abend auf. Dann sind die Touristenbusse weg und die weißen Bauwerke schimmern geheimnisvoll in der Dunkelheit.

Das Alternativprogramm direkt nach der Ankunft ist also ein gemütlicher Bummel am Arno entlang. Brücken führen hinüber ins historische Zentrum der Stadt. Dort warten Keith Harings letztes monumentales **Wandgemälde** (S. 237) und weniger bekannte architektonische Perlen wie die **Chiesa di Santa Maria della Spina** (S. 237) und der **Palazzo Blu** (S. 237). Im **Sottobosco** (S. 240) oder der **Osteria Bernardo** (s. oben) schmeckt's unter lauter Einheimischen gleich doppelt gut.

Erst wer das „andere" Pisa lieben gelernt hat, ist innerlich stark genug, um den Schiefen Turm anzugehen.

hat Pisa nicht zu bieten, aber der Bianco Pisano di San Torpè (ein subtiler trockener Weißwein auf Trebbiano-Basis) ist eine beliebte Alternative.

Sottobosco CAFÉ
(www.sottoboscocafe.it; Piazza San Paolo all'Orto; ⌚Di–Fr 10–24, Sa 12–1, So 19–24 Uhr) Das kreative Café mit kleinem Buchsortiment und origineller Einrichtung spricht viele sofort an. Hier schmeckt ein Doughnut mit einem Cappuccino. Unter den Glasplatten der Tische präsentiert sich eine Auswahl von Künstlerkreiden oder eine Knopfsammlung. Die Mittagsgerichte (Salate, Pasta, Tartes) sind einfach und hausgemacht; abends sorgen oft Jazzbands oder DJs für Stimmung.

Bazeel BAR
(www.bazeel.it; Lungarno Pacinotti 1; ⌚7.30–2 Uhr) Im Bazeel ist von früh bis spät richtig was los. Es ist prima für ein ausgedehntes Frühstück, ein supergünstiges Mittagsbuffet (2/3 Gänge 8/10 €) oder zum Abhängen mit der Schickeria bei einem großzügigen *aperitivo* (Aperitif mit Knabbereien), Livemusik und DJs. Das Lokal hat etwas von einer Kapelle und ist genauso phantastisch wie seine Straßenterrasse. Über Twitter wird mitgeteilt, was gerade auf dem Programm steht.

Salza CAFÉ
(Borgo Stretto 44; Di–So 8.15–20 Uhr) Seit 1898 verführt dieser Kuchentempel Passanten zu süßen Sünden oder einem Cocktail, egal zu welcher Tageszeit.

Praktische Informationen

Touristeninformation (☎050 4 22 91; www.pisaunicaterra.it; Piazza Vittorio Emanuele II 16; ⌚10–13 & 14–16 Uhr)

An- & Weiterreise

AUTO

Pisa liegt nicht weit von der A11 und der A12. Wer gebührenfrei nach Florenz und Livorno fahren will, nimmt die SCG FI-PI-LI (SS67). Die Nord-Süd-Achse Via Aurelia (SS1) verbindet Pisa mit La Spezia und Rom.

BUS

Am Busbahnhof an der Piazza Sant'Antonio halten die Busse von **CPT** (☎050 50 55 02; www.cpt.pisa.it; Piazza Sant'Antonio 1; ⌚Ticketschalter Mo–Fr 7–20.15, Sa & So bis 20 Uhr) von/nach Volterra (6,10 €, 2 Std., bis zu 10-mal tgl.) und Livorno (2,70 €, 55 Min., alle 30 oder 60 Min.).

FLUGZEUG

Pisa International Airport (Aeroporto Internazionale Galileo Galilei; ☎050 84 93 00; www.pisa-airport.com) Der größte internationale Flughafen der Toskana liegt 10 Autominuten südlich von Pisa. Von Pisa werden die meisten europäischen Metropolen angeflogen.

ZUG

Eine Gepäckaufbewahrung gibt es im Hauptbahnhof **Pisa Centrale** (Piazza della Stazione) – nicht zu verwechseln mit dem am Nordrand der Stadt gelegenen Bahnhof Pisa San Rossore. Ab Pisa Centrale gibt es folgende Regionalverbindungen:

Florenz (8 €, 1¼ Std., häufig)

ABSEITS DER ÜBLICHEN PFADE

VESPA-TOUR

Gibt's etwas Romantischeres, als auf einer Vespa durch die Toskana zu kurven? Der Motorroller, der zu einer italienischen Ikone wurde, erblickte 1946 in der Piaggio-Fabrik in **Pontedera**, 25 km südöstlich von Pisa, das Licht der Welt. Er hat das Reisen revolutioniert. Seitdem bekam das Aussehen des liebevoll „Wespe" genannten Zweirads schon 120 Liftings verpasst. Die neuesten Modelle, GTV und LXV, zeigen deutliche Retro-Einschläge – gutes Design ist eben zeitlos.

Wie die genuesische Firma 1921 in die Toskana kam, warum sie auch viermotorige Flugzeuge und Hydroplane-Rennboote baute, wie sie im Zweiten Weltkrieg zerstört wurde und als Europas Motorrollerfabrikant Nr. 1 wieder auferstand – die komplette Vespa-Story wird spannend und unterhaltsam im **Museo Piaggio** (☎0587 2 71 71; www.museopiaggio.it; Viale Rinaldo Piagio 7; ⌚Di–Fr 10–18, Sa 10–13 & 14–18 Uhr) GRATIS in einem ehemaligen Fabrikgebäude in Pontedera erzählt.

Wer dieses Feeling von „Was kostet die Welt?" spüren will, macht mit **Tuscany by Vespa** (www.tuscanybyvespa.com) – veranstaltet von **Florence Town** (Karte S. 68; ☎055 012 39 94; www.florencetown.com; Via de' Lamberti 1) in Florenz – einen ganz persönlichen Ausflug in die wilden Fünfziger.

Livorno (2,50 €, 15 Min., häufig)
Lucca (3,40 €, 30 Min., halbstündl.)
Viareggio (3,40 €, 15 Min., alle 20 Min.)

Unterwegs vor Ort

AUTO & MOTORRAD

Parkplätze kosten in Pisa rund 2 € pro Stunde; nicht in der Sperrzone in der Altstadt parken. Ein kostenloser Parkplatz außerhalb der Sperrzone befindet sich am Lungarno Guadalongo in der Nähe der Fortezza di San Gallo am Südufer des Arno.

FAHRRAD

Viele Hotels verleihen Fahrräder. Ansonsten gibt es Stände am Nordende der Via Santa Maria und in weiteren Straßen rund um die Piazza dei Miracoli, wo man Fahrräder für 3 bis 5 € pro Stunde und Touristen-Rikschas für bis zu drei/sechs Personen für 10/15 € pro Stunde mieten kann.

VOM/ZUM FLUGHAFEN

Shuttlebusse von PisaMover verbinden den Flughafen mit dem Hauptbahnhof Pisa Centrale (1,80 €, 8 Min., alle 10 Min.). Ab Dezember 2015 wird der Shuttlebus durch einen superschnellen, vollautomatischen Schienenexpress ersetzt; Näheres ist der Website des Flughafens Pisa zu entnehmen.

Die (rote) Buslinie LAM Rossa (1,20 €, 10 Min., alle 10–20 Min.) der Firma CPT bedient das Stadtzentrum und den Hauptbahnhof auf dem Weg zum/vom Flughafen. Tickets gibt's an den blauen Automaten neben den Bushaltestellen rechts vom Bahnhofsausgang.

Ein Taxi vom Flughafen zum Stadtzentrum (und umgekehrt) sollte nicht mehr als 10 € kosten und kann bei **Radio Taxi Pisa** (☎050 54 16 00; www.cotapi.it) bestellt werden.

LUCCA

89 200 EW.

Lucca ist eine wunderschöne Stadt, in die sich viele auf Anhieb verlieben. Hinter den imposanten Wehrmauern aus der Renaissance verstecken sich gepflasterte Straßen, hübsche Piazze und schattige Promenaden. Lucca lässt sich am besten zu Fuß erkunden – auf einem Tagesausflug von Florenz aus oder während eines längeren Aufenthalts. Wenn die Sonne untergeht, locken historische Cafés und Restaurants mit einem (oder mehreren) Gläschen Wein aus den lucchesischen Hügeln. Und wer will, lässt sich bei der Gelegenheit auch mit rustikalen Gerichten, zubereitet aus den Produkten der Garfagnana, verwöhnen.

Mit einem Auto bietet sich die Erkundung des Berglands östlich der Stadt an; historische Villen und der Jugendstilbadeort Montecatini Terme, wo sich schon Puccini im warmen Heilwasser aalte, sind leicht realisierbare Tagesausflugsziele von Lucca aus.

Geschichte

Lucca wurde von den Etruskern gegründet und 180 v. Chr. von den Römern übernommen. Es entwickelte sich im 12. Jh. zur freien *comune* (Stadtstaat) und erlebte dank des Seidenhandels eine Phase des Wohlstands. 1314 fiel Lucca kurzzeitig an Pisa, erkämpfte sich aber unter der Führung des aus Lucca stammenden Abenteurers Castruccio Castracani degli Anterminelli seine Eigenständigkeit zurück. Er erschloss weitere Territorien in der Westtoskana, darunter Carrara mit seinen lukrativen Marmorvorkommen. Castruccio starb 1328, doch Lucca konnte sich seine Unabhängigkeit für weitere knapp 500 Jahre bewahren.

Erst mit Napoleon brachen 1805 neue Zeiten an. Er gründete das Fürstentum Lucca und übertrug einem seiner schier unzähligen Familienmitglieder (in diesem Fall seiner Schwester Elisa) die Herrschaft über die gesamte Toskana. Zehn Jahre später wurde aus Lucca ein Herzogtum der Bourbonen, bevor es dann dem Königreich Italien angegliedert wurde. Wie durch ein Wunder blieb Lucca von den Bomben des Zweiten Weltkriegs verschont. Die Innenstadt präsentiert sich heute noch wie vor vielen hundert Jahren.

Sehenswertes & Aktivitäten

Die kopfsteingepflasterte, von schicken Boutiquen gesäumte Fußgängerzone **Via Fillungo** schlängelt sich durch das mittelalterliche Herz Luccas. Östlich der Via Fillungo liegt eine der schönsten Piazze der Toskana: die ovale, von Cafés gesäumte **Piazza Anfiteatro**. Sie verdankt ihren Namen dem Amphitheater, das die Römer hier einst errichtet hatten. Wer genau hinschaut, kann an den Außenwänden der mittelalterlichen Häuser noch Reste der gemauerten römischen Torbögen und andere Überbleibsel des Amphitheaters entdecken.

Stadtmauer HISTORISCHE STÄTTE

Luccas beeindruckende *mura* (Stadtmauer) entstand im 16. und 17. Jh. als Wall rund um die historische Innenstadt und ist noch fast unverändert erhalten. Vor ihr gab es schon zwei andere Mauern; die erste wurde bereits

Lucca

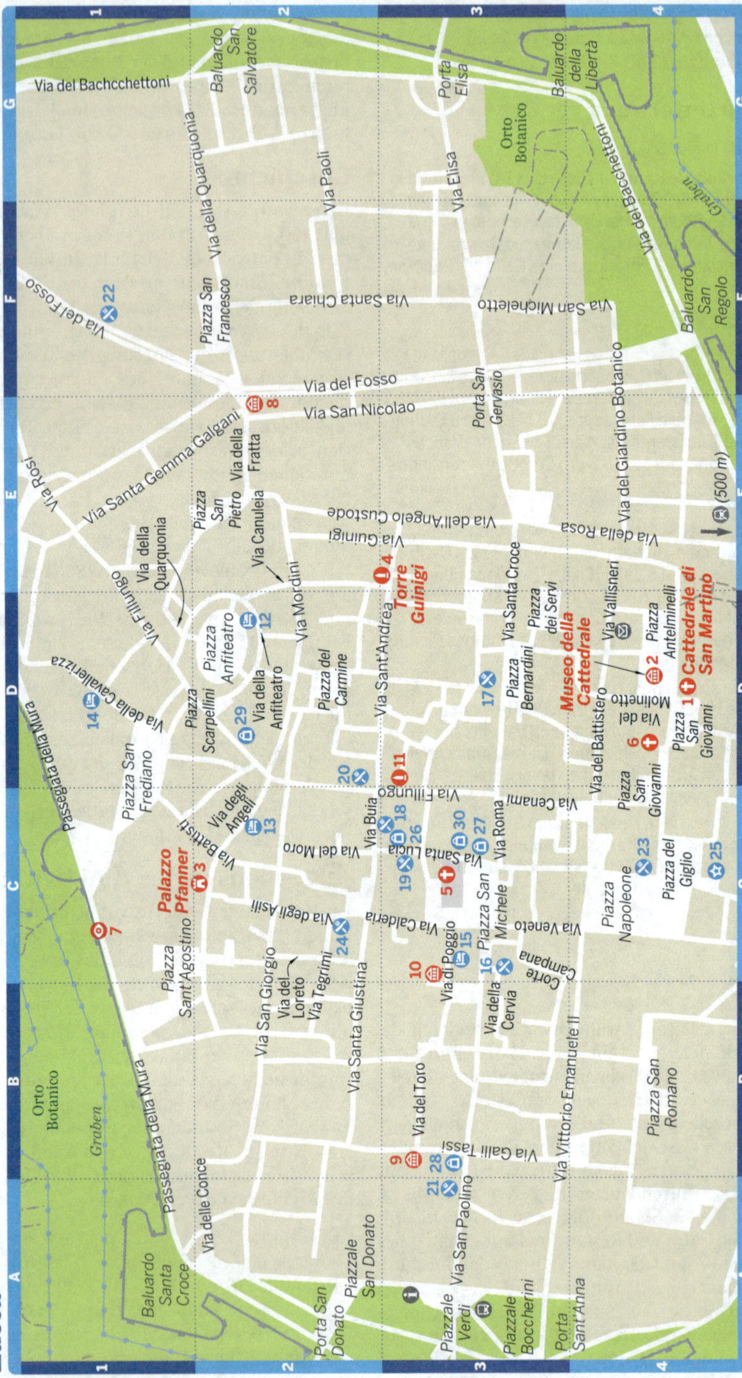
0
200 m
Via del Bachcchettoni
Baluardo San Salvatore
Via della Quarquonia
Via Paoli
Porta Elisa
Via Elisa
Orto Botanico
Baluardo della Libertà
Via del Bacchettoni
Graben
Baluardo San Regolo
Via del Fosso
22
Piazza San Francesco
Via Santa Chiara
Via San Micheletto
Via del Fosso
Via San Nicolao
8
Porta San Gervasio
Via del Giardino Botanico
Via Rosi
Via Santa Gemma Galgani
Via della Fratta
Piazza San Pietro
Via Canuleia
Via dell'Angelo Custode
Via della Rosa
(500 m)
Via Guinigi
Via della Quarquonia
Via Fillungo
Via Mordini
4
Torre Guinigi
Via Santa Croce
Piazza dei Servi
Via Vallisneri
Piazza Antelminelli
Cattedrale di San Martino
Piazza Anfiteatro
12
Via Sant'Andrea
Piazza del Carmine
Via della Cavallerizza
14
Piazza Scarpellini
29
Via della Anfiteatro
17
Piazza Bernardini
Museo della Cattedrale
2
1
Via del Molinetto
Via del Battistero
6
Piazza San Giovanni
Passeggiata della Mura
Piazza San Frediano
Via degli Angeli
13
20
11
Via Fillungo
Via Cenami
Piazza San Giovanni
Via Battisti
Via Buia
18
26
30
27
Via Roma
Via del Moro
Palazzo Pfanner
3
Via Santa Lucia
19
5
Piazza San Michele
23
Piazza Napoleone
25
Piazza del Giglio
7
Via degli Asili
24
Via Calderia
Via Veneto
Piazza Sant'Agostino
10
Via di Poggio
15
16
Corte Campana
Via San Giorgio
Via del Loreto
Via Tegrimi
Via Santa Giustina
Via della Cervia
Via Vittorio Emanuele II
Piazza San Romano
Orto Botanico
Graben
Passeggiata della Mura
Via del Toro
9
28
Via Galli Tassi
21
Via delle Conce
Via San Paolino
Piazzale San Donato
Baluardo Santa Croce
Porta San Donato
Piazzale Verdi
Piazzale Boccherini
Porta Sant'Anna
A
B
C
D
E
F
G
1
2
3
4

Lucca

Highlights
1 Cattedrale di San Martino D4
2 Museo della Cattedrale D4
3 Palazzo Pfanner C2
4 Torre Guinigi E3

Sehenswertes
5 Chiesa di San Michele in Foro C3
6 Chiesa e Battistero dei Santi Giovanni e Reparata D4
7 Stadtmauer C1
8 Lucca Centre of Contemporary Art E2
9 Museo Nazionale di Palazzo Mansi B3
10 Puccini Museum C3
11 Torre Civica delle Ore D3

Schlafen
12 2italia D2
13 Alla Corte degli Angeli C2
14 Ostello San Frediano D1
15 Piccolo Hotel Puccini C3

Essen
16 Buca di Sant'Antonio C3
17 Cantine Bernardini 1586 .... D3
18 Da Felice C3
19 Forno Amedeo Giusti C3
20 Grom D2
21 Local Food Market A3
22 Port Ellen Clan F1
23 Ristorante Giglio C4
24 Trattoria da Leo C2

Unterhaltung
25 Teatro del Giglio C4

Shoppen
26 Antica Bodega di Prospero C3
27 Antica Farmacia Massagli C3
28 Caniparoli B3
29 De Cervesia D2
30 Taddeucci C3

im 2. Jh. v. Chr. aus Kalksteinblöcken erbaut. Die heutige Mauer ist 4,2 km lang, 12 m hoch und wird von einem breiten, von Bäumen gesäumten Fußweg gekrönt. Von oben eröffnen sich schöne Ausblicke auf die Altstadt und die Apuanischen Alpen. Hier treffen sich die Anwohner gern zur abendlichen *passeggiata* (traditioneller Abendspaziergang).

Kinderspielplätze mit Schaukeln und Picknickbänke unter schattigen Platanen sorgen für Leben an drei der insgesamt elf Bastionen: Baluardo San Regolo, Baluardo San Salvatore und Baluardo Santa Croce. Auf den Wiesen am Baluardo San Donato wird Fußball gespielt.

★ **Cattedrale di San Martino** DOM
(www.museocattedralelucca.it; Piazza San Martino; Erw./erm. 3/2 €, mit Museum & Chiesa e Battistero dei Santi Giovanni & Reparata 7/5 €; ◷ Mo–Fr 9.30–17, Sa bis 18, So 11.30–17 Uhr) Der größtenteils romanische Dom stammt aus dem 11. Jh. Die prächtige Fassade im typisch lucchesisch-pisanischen Stil wurde dem existierenden *campanile* angepasst. Die Reliefs über dem linken Eingang in der Säulenvorhalle werden Nicola Pisano zugeschrieben. Zu den Highlights im Inneren zählen das geschnitzte Holzkreuz **Volto Santo** (wörtlich „heiliges Antlitz“) und ein wunderschönes Grabmal aus dem 15. Jh. in der **Sakristei**.

Das Innenleben des Doms wurde im 14. und 15. Jh. erneuert und mit gotischem Zierrat ausstaffiert. Das Volto Santo, das archaische Kruzifix eines dunkelhäutigen, lebensgroßen Jesus am Kreuz, wurde der Legende nach von Nikodemus angefertigt, der der Kreuzigung Jesu beiwohnte. Zwar hat man das Alter des Kreuzes eindeutig auf das 13. Jh. datiert, trotzdem bleibt es ein beliebtes Pilgerziel. Jedes Jahr am 13. September wird das Volto Santo im Rahmen der **Luminaria di Santa Croce** in der Abenddämmerung durch die Straßen getragen, begleitet von einem Fackelzug. Die feierliche Prozession soll an seine wundersame Ankunft in Lucca erinnern.

Unter den zahlreichen weiteren Kunstwerken ist besonders Tintorettos wunderschönes *Abendmahl* über dem dritten Altar des südlichen Seitenschiffs hervorzuheben sowie Domenico Ghirlandaios *Thronende Madonna mit Heiligen* von 1479. Das beeindruckende Gemälde von Michelangelos Lehrmeister hängt momentan in der Sakristei gegenüber dem bewegenden Marmorgrabmal von Ilaria del Carretto, das Jacopo della Quercia 1407 schuf. Ilaria war die zweite Frau des lucchesi-

GELD SPAREN

Wer das Museo della Cattedrale, die Chiesa Santi Giovanni e Reparata und die Sakristei in der Cattedrale di San Martino anschauen will, fährt mit einem Kombiticket günstiger (Erw./erm. 7/5 €; an allen Kartenschaltern).

AUF PUCCINIS SPUREN

Wenn Opernfreunde den Namen Lucca hören, bekommen sie eine Gänsehaut: Hier erblickte der geniale Giacomo Puccini 1858 das Licht der Welt. Er wurde am Tag nach seiner Geburt in der **Chiesa dei Santi Giovanni e Reparata** (s. unten) getauft. Der Komponist, der in einer langen Reihe lucchesischer Musikgrößen steht, wuchs im Haus am Corte San Lorenzo Nr. 9 auf, dem heutigen Museum **Casa Natale di Puccini** (Casa Natale di Giacomo Puccini; ☎ 0583 58 40 28; www.puccinimuseum.org; Corte San Lorenzo 9; Erw./erm. 7/5 €; ⏲ Sommer Mi–Mo 10–18 Uhr, Winter Mo, Mi & Do 10–13, Fr–So 10–16 Uhr), vor dem eine imposante Puccini-Statue aufgestellt wurde. Als Teenager spielte Puccini die Orgel in der **Cattedrale di San Martino** (S. 243) und hämmerte als Begleitmusiker im **Teatro del Giglio** (www.teatrodelgiglio.it; Piazza del Giglio 13–15) in die Pianotasten. In dem Theater aus dem 17. Jh. wurden später auch seine berühmtesten Opern aufgeführt: *La Bohème* (1896), *Tosca* (1900) und *Madame Butterfly* (1907).

1880 verließ Puccini Lucca, um am Mailänder Konservatorium Musik zu studieren. Nach Beendigung des Studiums kehrte er in die Toskana zurück und mietete sich ein Haus in **Torre del Lago** am Lago Massaciuccoli, 15 km westlich von Lucca. Nachdem er mit *Manon Lescaut* (1893) und *La Bohème* große Erfolge gefeiert hatte, ließ er sich neun Jahre später am Ufer des Sees eine Villa erbauen und kümmerte sich höchstpersönlich um deren Jugendstileinrichtung. 24 Jahre lang wohnte er darin zusammen mit seiner Frau Elvira, tüftelte an seinen Opern, ging auf die Jagd oder zum Angeln und pflegte einen sehr gemischten Freundeskreis aus Jagdkumpanen, Fischern und Lebenskünstlern. *Madame Butterfly, La fanciulla del West* (1910), *La Rondine* (1917) und *Il Trittico* (1918) entstanden am Forster-Flügel in seinem Arbeitszimmer, die Partituren notierte er am maßangefertigten Schreibtisch aus Walnussholz.

Die Villa blieb seit Puccinis Zeiten praktisch unverändert und beherbergt heute das faszinierende und absolut sehenswerte **Museo Villa Puccini** (☎ 0584 34 14 45; www.giacomopuccini.it; Viale Puccini 266, Torre del Lago; Erw./erm. 7/3 €; ⏲ Mo 14.30–17.50, Di–So 10–12.40 & 15–18.20 Uhr), durch das Besucher im 40-Minuten-Takt geführt werden. Im Sommer wimmelt es auf dem Anwesen und am Seeufer von Besuchern des weltberühmten **Puccini Festival** (www.puccinifestival.it; Torre del Lago). Drei oder vier Puccini-Opern werden in einem extra dafür errichteten Open-Air-Theater aufgeführt. Die Tickets dafür gehen weg wie warme Semmeln und sind schon Monate im Voraus ausverkauft.

Von Torre del Lago aus fuhr Puccini regelmäßig nach **Montecatini Terme**, einem hübschen Kurort 56 km weiter östlich. Er ist für seine Mineralquellen berühmt, und auch Verdi kam öfter hierher. Bis heute herrscht von Mai bis Oktober Hochbetrieb; Kurgäste lassen sich mit Bädern, Anwendungen und Schönheitsbehandlungen verwöhnen. Unter den prächtigen alten Badehäusern, die von einem wunderschönen Park umschlossen werden, ist das Leopoldine (1773) am beeindruckendsten. Weitere Infos dazu gibt die **Touristeninformation** (☎ 05 7377 22 44; www.montecatiniturismo.it; Viale Verdi 66–68, Montecatini Terme; ⏲ Mo–Sa 9–12.30 & 15–18 Uhr, im Sommer auch So 9–12 Uhr) in der Hauptstraße.

1921 zog das Ehepaar Puccini in eine Villa im nahe gelegenen Küstenstädtchen **Viareggio**. Hier war Giacomo Stammkunde im **Gran Caffè Margherita** (Viale Regina Margherita 30). Und hier bastelte er auch an seiner letzten (unvollendeten) Oper *Turandot*. Nach Puccinis Tod 1924 ließen Gattin Elvira und Sohn Antonio an die Villa in Torre del Lago eine Kapelle anbauen, in der Puccinis sterbliche Überreste 1926 bestattet wurden.

schen Herrschers Paolo Guinigi (15. Jh.) und starb mit nur 24 Jahren im Kindbett. Zu ihren Füßen hält ihr treuer Hund Totenwache.

★ Museo della Cattedrale — MUSEUM

(www.museocattedralelucca.it; Piazza San Martino; Erw./erm. 4/3 €, mit Sakristei & Chiesa e Battistero dei Santi Giovanni & Reparata 7/5 €; ⏲ 10–18 Uhr) Im Dommuseum sind u. a. Gold- und Silberschmuck für das Volto Santo ausgestellt, darunter eine Krone aus dem 17. Jh. und ein Zepter aus dem 19. Jh.

Chiesa e Battistero dei Santi Giovanni e Reparata — KIRCHE

(Piazza San Giovanni; Erw./erm. 4/3 €, mit Dommuseum & Sakristei 7/5 €; ⏲ Sommer 10–18 Uhr, Winter Sa & So 10–17 Uhr) Die aus dem 12. Jh. stammende Einrichtung der säkularisierten Kirche bietet einen stimmungsvollen

Rahmen für die Opernabende im Sommer. Karten dafür gibt's (auch vorab) im Kircheninnenraum. Im nördlichen Querschiff ruht das gotische Baptisterium auf einer **archäologischen Ausgrabungsstätte** mit fünf übereinander liegenden Ebenen, die bis in die römische Antike zurückreichen. Der Aufstieg auf den **Uhrturm** aus rotem Backstein lohnt sich!

★**Palazzo Pfanner** PALAZZO

(www.palazzopfanner.it; Via degli Asili 33; Palazzo oder Garten Erw./erm. 4,50/4 €, beides zusammen 6/5 €; ⌚April–Nov. 10–18 Uhr) Romantiker werden das private Anwesen mit Palazzo aus dem 17. Jh. lieben. Hier wurden Teile des Films *Portrait of a Lady* (1996) mit Nicole Kidman und John Malkovich gedreht. Der Barockgarten (der einzige nennenswerte Garten innerhalb der Stadtmauern) ist mit seinem Zierteich, der Jugendstil-Orangerie, den griechischen Götterstatuen aus dem 18. Jh. und den Zitronenbäumen in Kübeln ein echtes Prachtstück. Im Sommer finden hier zauberhafte Kammerkonzerte statt.

Die prunkvolle Außentreppe führt zum *piano nobile*, dem großen, reich möblierten und mit Fresken verzierten Empfangssaal. Hier lagen einst die Gemächer von Felix Pfanner, einem Österreicher, der von 1846 bis 1929 in den Kellergewölben Bier braute und den Gerstensaft in Italien einführte. Die Einrichtung der Wohnräume, von den Kupferkesseln über dem Küchenherd bis zum gedeckten Mittagstisch im Speisesaal, veranschaulicht das Alltagsleben zu Beginn des 18. Jhs. in einem Lucchеser Palazzo.

Chiesa di San Michele in Foro KIRCHE

(Piazza San Michele; ⌚Sommer 7.40–12 & 15–18 Uhr, Winter 9–12 & 15–17 Uhr) Wo sich einst ein römisches Forum befand, erhebt sich heute eine wunderbare romanische Kirche aus dem 11. Jh. Die lucchesische Perle der Architektur mit einer Fassade im Hochzeitstortenstil wurde auf den Resten der Vorgängerkirche aus dem 8. Jh. errichtet. Der Bau dauerte 300 Jahre.

Auf dem Dach prangt eine Figur des Erzengels Michael, der einen Drachen tötet. Im spärlich beleuchteten südlichen Querschiff hat Filippino Lippi 1479 die Heiligen Helena, Hieronymus, Sebastian und Rochus (mit Pestbeulen) auf einem Gemälde verewigt.

★**Torre Guinigi** TURM

(Via Guinigi; Erw./erm. 4/3 €; ⌚Sommer 9.30–18.30 Uhr, Winter 10.30–16.30 Uhr) Der Ausblick von der Spitze des 45 m hohen mittelalterlichen Backsteinturms am **Palazzo Guinigi** aus dem 14. Jh. ist natürlich atemberaubend. Noch sensationeller aber sind die sieben Eichen, die oben auf dem Turm U-förmig angepflanzt wurden. Beim Tod des mächtigen Luccheser Herrschers Paolo Guinigi (1372–1432) sollen die Bäume der Legende nach alle Blätter abgeworfen haben. Nach oben sind es genau 230 Stufen.

Torre Civica delle Ore TURM

(Via Fillungo; Erw./erm. 4/3 €; ⌚Sommer 9.30–18.30 Uhr) Auch wenn die Boutiquen in der Via Fillungo sehr verlockend sind, macht es Spaß, die 207 Holzstufen zu dem Uhrturm aus dem 13. Jh. hochzusteigen. Mit 50 m ist er unter den 130 mittelalterlichen Türmen der Stadt der höchste, und angeblich soll darin der Geist von Lucida Mansi hausen, einer Luccheser Maid, die ihre Seele dem Teufel verkaufte, um dafür 30 Jahre lang jung und schön zu bleiben.

Am 14. August 1623 forderte der Teufel seinen Tribut, und Lucida stürmte den Uhrturm hinauf, um die Zeit anzuhalten – vergeblich, der Unhold erwischte sie vorher und nahm sich ihre Seele.

Lucca Centre of Contemporary Art MUSEUM

(www.luccamuseum.com; Via della Fratta 36; Erw./erm. 9/7 €; ⌚Di–So 10–19 Uhr) GRATIS Luccas Museum für zeitgenössische Kunst zeigt spannende Wechselausstellungen; Genaueres dazu steht auf der Website.

Museo Nazionale di Palazzo Mansi MUSEUM

(Via Galli Tassi 43; Erw./erm. 4/2 €; ⌚Di–Sa 8.30–19.30 Uhr) Der aus dem 16. Jh. stammende Palazzo eines reichen Luccheser Händlers ist ein Paradebeispiel für den Dekorationswahn des Rokoko. Wandteppiche, Gemälde und schwere Chintzstoffe füllen die Privatgemächer bis zum Bersten. Die prächtig ausgestattete, goldglänzende Hochzeitssuite muss wohl inspirierend gewirkt haben.

Feste & Events

Lucca Summer Festival MUSIK

(www.summer-festival.com; ⌚Juli) Das einmonatige Festival bringt internationale Rock- und Popstars nach Lucca.

Schlafen

★**Piccolo Hotel Puccini** HOTEL €

(☎0583 5 54 21; www.hotelpuccini.com; Via di Poggio 9; EZ/DZ 75/100 €; ❄📶) Das einladende 3-Sterne-Hotel in superzentraler Lage verbirgt sich hinter einer unscheinbaren Ziegel-

1

LILLISPHOTOGRAPHY/GETTY IMAGES ©

2

4

SEPP PUCHINGER/GETTY IMAGES ©

JOHN HESELTINE/GETTY IMAGES ©

PHILIP GAME/GETTY IMAGES ©

3

1. Lucca (S. 241)
Lucca ist eine wahre Perle und bezaubert viele Besucher.

2. Arno (S. 237), Pisa
Idyllisch am Ufer des Arno gelegen, verströmt Pisa einen ganz eigenen Charme.

3. Castelnuovo di Garfagnana (S. 259)
Frische *porcini* (Steinpilze), Esskastanien und *farro* (Dinkel) bestimmen das herbstliche Marktangebot in Castelnuovo di Garfagnana.

4. Serchio (S. 259)
Der Serchio und seine Nebenflüsse haben drei wunderschöne Täler gegraben.

PICKNICK AUF DER STADTMAUER

Eine der nettesten Lokalitäten, um in Lucca zu essen, ist zweifellos die Stadtmauer. Ob im Gras oder an einem der aufgestellten Holztische – ein Picknick hier macht einfach Laune (und das sehen die Einheimischen auch so).

Dazu gehören ofenfrische Pizza und Focaccia in verschiedenen Varianten aus der berühmten Bäckerei **Forno Amedeo Giusti** (Via Santa Lucia 20; Pizza & gefüllte Focaccia 9–16 € pro kg; ⌚Mo–Sa 7–19.30, So 16–19.30 Uhr) sowie eine Flasche Luccheser Wein und *biscotti al farro* (Dinkelkekse) von der **Antica Bodega di Prospero** (Via Santa Lucia 13; ⌚9–13 & 16–19.30 Uhr) schräg gegenüber; schon die Auslagen des nostalgischen Ladens – Säcke über Säcke mit Bohnen, Linsen und anderen regionalen Hülsenfrüchten – sind eine Augenweide.

Süßer Abschluss der Schlemmerei ist ein *buccellato*, ein Hefekuchen mit Rosinen und Anissamen, der in Lucca seit 1881 Tradition hat. Reste davon schmecken zu Hause mit Butter, als „Armer Ritter" mit Ei in der Pfanne aufgebraten oder in Vin Santo getunkt. Verkauft wird die Spezialität bei **Taddeucci** (www.taddeucci.com; Piazza San Michele 34; *buccellato*-Laib à 300/600/900 g 4,50/9/13,50 €; ⌚8.30–19.45 Uhr, Winter Do. geschl.). Noch süßer sind Trüffeln, Creme aus weißer Schokolade und andere himmlische Schokokreationen (zum Essen fast zu schade!) von **Caniparoli** (www.caniparolicioccolateria.it; Via San Paolino 96; ⌚ Mo–Sa 9.30–13 & 15.30–19.30, So bis 19 Uhr), der besten *cioccolateria* (Pralinengeschäft) von Lucca.

Zum Picknick passt hervorragend ein italienisches Craft-Bier der Mikrobrauerei **De Cervesia** (Via Fillungo 90; ⌚Di–Sa 10–13 & 15.30–19.30 Uhr). Sie hat einen kleinen Laden in der Haupteinkaufsstraße von Lucca und ein paar Straßen weiter, in der Via Michele Rosi 20, eine Zapfstube für ausgedehnte Kostproben (geöffnet Di–So 17–22 Uhr). Wer als Verdauungshilfe ein stärkeres Gebräu braucht, holt in der altehrwürdigen Apotheke **Antica Farmacia Massagli** (Piazza San Michele; ⌚9–19.30 Uhr) eine Flasche China-Elixier, einen gehaltvollen Likör aus aromatischen Gewürzen und Kräutern, der erstmals 1855 als Präventivmaßnahme gegen die Pest angesetzt wurde. Die Luccheser kippen das naturbelassene alkoholische Getränk (ohne Farb- und Konservierungsstoffe) normalerweise am Ende einer Mahlzeit.

steinfassade. Seine kleinen, attraktiven Gästezimmer haben Holzböden, nostalgische Deckenventilatoren und eine farbenfrohe, zeitgenössische Einrichtung. Das Frühstück (optional) für 3,50 € wird hinter der winzigen Rezeption an Tischen mit Kerzenlicht serviert. Im Winter sinken die Preise um rund 30 %.

Ostello San Frediano HOSTEL

(☎0583 46 99 57; www.ostellolucca.it; Via della Cavallerizza 12; B/DZ 23/68 €; ⌚Mitte Feb.–Dez.; 📶) Mitten im Herzen der Altstadt in einem historischen Gebäude – besser können es Traveller nicht treffen! Komfort und Service sind 1a, neben 141 Betten in großzügigen Räumen hat das zum HI gehörige Hostel eine Bar und einen wunderschönen Speisesaal (Frühstück 5 €, Mittag- oder Abendessen 11 €). Wer kein HI-Mitglied ist, kann vor Ort für 2 € eine temporäre Mitgliedschaft erwerben.

★ **Locanda Vigna Ilaria** B&B €€

(☎0583 33 20 91; www.locandavignailaria.it; Via della Pieve Santo Stefano 967c, Sant'Alessio; DZ/4BZ 110/120 €; 🅿) Wer im Auto unterwegs ist und keine Parkplatzsorgen haben will, wird auf das Natursteinhaus in einem gepflegten Vorort, 4 km nördlich der Stadtmauer von Lucca in Sant'Alessio fliegen (das Auto stehen lassen und auf grünen Pfaden zwischen den Villen und Olivenhainen spazieren gehen). Die *locanda* (Gasthaus) hat fünf Zimmer, die mit alten, neuen und recycelten Möbeln (viele Weinkisten) eingerichtet sind.

Das dazugehörige Restaurant (abends geöffnet) serviert fischlastige Köstlichkeiten (Mahlzeiten 45 €). Im Sommer wird auf der Holzterrasse im hübschen Garten gegessen.

2italia APARTMENT €€

(☎392 9960271; www.2italia.com; Via della Anfiteatro 74; Apartment für 2 Erw. & bis zu 4 Ki. 190 €; 📶) 2italia vermietet mehrere familienfreundliche Apartments (Minimum zwei Nächte) mit Blick auf die Piazza Anfiteatro, im Dachgeschoss gibt's ein für alle zugängliches Kinderspielzimmer. Kristin (Engländerin) und Kaare (Norweger) haben selbst drei Kinder und sind viel unterwegs. So kamen sie auf die Idee, diese geräumigen Unterkünfte für bis zu sechs Personen mit gut eingerichteter Küche und Waschmaschine anzubieten; Bettwäsche und Handtücher werden gestellt.

Die beiden vermieten noch weitere Ferienwohnungen und Villas in und um Lucca und organisieren außerdem Radtouren, Kochkurse, Weinproben und Olivenernten.

Alla Corte degli Angeli BOUTIQUEHOTEL €€€
(☎0583 46 92 04; www.allacortedegliangeli.com; Via degli Angeli 23; EZ/DZ/Suite 150/250/400 €; ❄@🛜) Das Boutiquehotel ist in zwei Stadtvillen aus dem 15. Jh. untergebracht. Von der stilvollen Lobby mit freigelegten Deckenbalken geht es in 21 sonnige Zimmer mit Deckenfresken, teilweise offengelegten Ziegelmauern und Landschaftswandgemälden. Jedes Gästezimmer ist nach einer anderen Blume benannt, und die hypermodernen Bäder sind mit Jacuzzi und Power-Jet-Duschen ausgestattet. Das Frühstück kostet 10 €.

Essen & Ausgehen

Lucca ist bekannt für seine traditionsreiche Küche und feinstes Olivenöl. Aus der nahen Garfagnana kommen Kastanien, Steinpilze, *farro* (Dinkel), Honig, Schafskäse und *formenton* (Maismehl); getrunken wird der leichte Weißwein Colline Lucchesi oder der Rotwein Montecarlo di Lucca.

★ **Da Felice** PIZZERIA €
(www.pizzeriadafelice.it; Via Buia 12; Focaccia 1–3 €, Pizzastück 1,30 € ⏲Mo 11–20.30, Di–Sa 10–20.30 Uhr) Die Einheimischen frequentieren mit Vorliebe dieses quirlige Lokal hinter der Piazza San Michele, wenn sie Appetit auf Holzofenpizza, *cecina* und *castagnacci* haben. Der in weißes Frischhaltepapier eingeschlagene *castagnaccio* (auch zum Mitnehmen) schmeckt mit einem kühlen Maretti-Bier besonders lecker.

Grom EISDIELE €
(www.grom.it; Via Fillungo 56; Kugeln 2,20–3,30 €; ⏲So–Do 11.30–22, Fr & Sa bis 23 oder 24 Uhr) „Natürlich und bio muss es sein" lautet die Philosophie dieses hervorragenden Eiscremeherstellers. Nicht umsonst stehen die Einheimischen Schlange nach einem Becher mit Eis aus Karamell und rosarotem Himalaja-Salz, Joghurt, Tiramisu oder Obstsorbet der Saison.

Trattoria da Leo TRATTORIA €
(☎0583 49 22 36; Via Tegrimi 1; Mahlzeiten 25 €; ⏲Mo–Sa 12.30–14 & 19.30–22.30 Uhr) Die Trattoria Leo ist eine Institution – berühmt für ein angenehmes Flair und preiswerte Gerichte, auch wenn deren Qualität zwischen nullachtfünfzehn und wie bei Großmuttern schwankt. Im Sommer sind die zehn Tische unter den Sonnenschirmen auf der engen Straße heiß umkämpft, denn der Gastraum ist mit seinem 1970er-Jahre-Dekor ziemlich langweilig und auch laut. Keine Kreditkarten.

Local Food Market FEINKOST €€
(☎0583 31 10 77; Via San Paolino 116; Mahlzeiten 30 €; ⏲Di–So 10–23.30 Uhr) In einem Hof voller Blumenkübel mit Zitronenbäumchen und sonnigen Tischen versteckt sich dieser helle, moderne Markt. Der Local Food Market entspricht offenbar genau dem neuesten Toskanatrend: ein qualitätsbewusster Lebensmittelmarkt, Feinkost- und Bioladen mit Esstischen zwischen Regalen voller toskanischer Produkte.

INSIDERWISSEN

VILLA BONGI

Wer einen Luccheser fragt, wohin man am besten sonntags zum Mittagessen geht oder wo man der drückenden Hitze der Stadt entkommt, wird mit Sicherheit an die **Villa Bongi** (☎347 4955383, 348 7340143; www.villabongi.it; Via di Cocombola 640, Montuolo; 3-/6-gängiges Probiermenü 35/45 €, Mahlzeiten 30–35 €; ⏲Mo & Mi–Sa abends, So mittags; 👪), 7 km westlich von Lucca, verwiesen. Der ehemalige Konvent hat sich zu einer pompösen, lachsfarbenen Traumvilla mit Veranda und Steinbalustrade gemausert, die von Olivenhainen umringt wird. Von der Terrasse aus bieten sich die sanften Luccheser Hügel mit ihren Rebzeilen wie auf dem Präsentierteller dar.

Die Küche serviert Traditionsgerichte mit kreativem Touch, z. B. Rotkrautrisotto mit geschmolzenem Gorgonzola oder safrangelbe *tagliatelle* (wie alle Pastasorten hausgemacht) mit Schinken und Garnelen. Im Winter kuscheln sich die Gäste mit einem Glas Wein in der Hand vor das Feuer im offenen Kamin. Eine Tischreservierung ist unbedingt empfehlenswert, vor allem für sonntags, wenn halb Lucca zum unschlagbar preiswerten Mittagstisch strömt.

ABSTECHER

VILLENTOUR

Zwischen dem 15. und 19. Jh. war es unter lucchesischen Emporkömmlingen Mode, seinen Reichtum mit dem Bau einer feudalen Sommerresidenz zur Schau zu stellen. Von den unzähligen Villen in den Hügeln rund um die Stadt sind einige zwar mittlerweile verfallen oder verwaist, aber viele werden nach wie vor bewohnt.

Villa Reale (☎0583 3 01 08; www.parcovillareale.it; Via Fraga Alta 2, Marlia, Capannori; Erw./erm. 8/7 €; ⌚Sommer Di–So 10–18 Uhr) Elisa Bonaparte, Napoleons Schwester und kurzzeitige Regentin der Toskana, residierte einst in der Villa Reale in Marlia, 7 km nördlich von Lucca. Das Gebäude selbst ist nicht öffentlich zugänglich, aber der reich mit Statuen versehene Garten kann im Rahmen von stündlichen Führungen besichtigt werden.

Villa Grabau (☎0583 40 60 98; www.villagrabau.it; Via di Matraia 269, San Pancrazio; Führung 7 €; ⌚Di–So Sommer 10–13 & 15–19 Uhr, Winter 10 oder 11–13 & 14–17.30 oder 18 Uhr) Die klassizistische Villa Grabau gleich nördlich von Lucca in San Pancrazio thront inmitten -einer ausgedehnten Parklandschaft mit prächtigen Gärten im englischen und italienischen Stil. Hier plätschern Brunnen, es duften über 100 Zitronenbäume in Terrakottakübeln, und in der entzückenden Orangerie aus dem 17. Jh. finden oft Konzerte und andere Aufführungen statt. Falls sich jemand in die Villa Grabau verliebt, kann er sich dort sogar in eine der Ferienwohnungen einmieten. Führungen durch Villa und Garten dauern 45 Minuten.

Villa Oliva (☎0583 40 64 62; www.villaoliva.it; San Pancrazio; ⌚Sommer 9.30–12.30 & 14–18 Uhr) In San Pancrazio liegt auch die Villa Oliva. Der Landsitz aus dem 15. Jh. wurde von dem Luccheser Architekten Matteo Civitali entworfen. Die Anlage des von diversen Brunnen und Gewässern aufgelockerten und auf drei Ebenen verteilten Parks blieb bis heute unverändert; besonders hübsch ist ein Spaziergang hier im Frühling. Die Zypressenallee ist sehr romantisch, und die Stallungen, heißt es, seien noch schöner als die von Versailles. Es werden oft Konzerte gegeben.

Alle drei Villen sind über die SS12 nordöstlich von Lucca (Richtung Abetone) erreichbar. Die davon abzweigende SP29 führt nach Marlia, von wo es nur 1,2 km (in nördlicher Richtung) bis San Pancrazio sind.

★Ristorante Giglio TOSKANISCH €€
(☎0583 49 40 58; www.ristorantegiglio.com; Piazza del Giglio 2; Mahlzeiten 35 €; ⌚Do–Mo 12.30–14 & 19.30–22, Mi 19.30–22 Uhr) Die schäbige Terrasse mit Plastikdach sollte keinen abschrecken. Das im wunderschönen, freskengeschmückten Palazzo Arnolfini aus dem 18. Jh. beheimatete Giglio ist nämlich ganz bezaubernd: weiße Tischdecken, Marmorkamin mit knisterndem Feuer und ein Glas Prosecco zur Begrüßung. Die toskanische Traditionsküche wird modern aufgepeppt; es gibt beispielsweise Artischockensalat in einem (essbaren) Körbchen aus geschmolzenem Parmesan oder Chianti-Risotto und als süßen Abschluss *buccellato* (Luccheser Hefekuchen), gefüllt mit Eiscreme und Beeren.

Port Ellen Clan TOSKANISCH €€
(☎0583 49 39 52; www.portellenclan.com; Via del Fosso 120; Mahlzeiten 30 €; ⌚Mi–Fr 19.30–1, Sa & So 12–15 & 19.30–1 Uhr) „Ristorante, Enoteca, Design" lautet der rote Faden in diesem romantischen, kerzenbeleuchteten Lokal, das nach der Stadt auf den Hebriden benannt ist, wo der Eigentümer immer seinen Urlaub verbringt. Die Küche ist innovativ und auf der einfallsreichen Speisekarte wetteifern beispielsweise hausgemachte, mit gesottenem Ochsenschwanz gefüllte *tortelli* und Schweinslende mit Fenchelpüree um die Gunst der Gäste. Es gibt auch ein ausgezeichnetes Sortiment an Craft-Bieren und Whiskysorten.

Cantine Bernardini 1586 TOSKANISCH €€
(☎0583 49 43 36; www.cantinebernardini.com; Via del Suffragio 7; Mahlzeiten 30 €; ⌚Mo, Mi & Do 19–23, Fr–So 12–14.30 & 19–23 Uhr) In den Backsteinkellern des Palazzo Bernardini aus dem 16. Jh. versteckt sich diese gelungene Mischung aus *osteria* und *enoteca*. Auf der Karte stehen saisonale Toskana-Spezialitäten wie Ravioli aus Kastanienmehl mit Wildschweinragout oder ein frühlingshafter Artischockenflan, und das Weinangebot

ist sensationell. Weitere Pluspunkte sind die Kinderkarte, die vegetarischen Burger, Kochkurse und Weinverkostungen, darüber hinaus gibt's manchmal Livemusik oder DJs.

Buca di Sant'Antonio TOSKANISCH **€€€**
(☎ 0583 5 58 81; www.bucadisantantonio.com; Via della Cervia 3; Mahlzeiten 40 €; ⏲ Di–Sa mittags & abends, So mittags) Wow, was für eine prächtige Sammlung von Kupfertöpfen hier an den Deckenbalken baumelt! Seit 1782 ist das stimmungsvolle Lokal ein Treffpunkt verliebter Paare für ein romantisches Dinner. Die Weinkarte ist so genial, dass die Küche daneben etwas abfällt, sich aber keinesfalls verstecken muss. Recht steife Kellner (älteres Semester, schwarzer Anzug und Krawatte) empfangen die Gäste mit einem Glas Prosecco auf Kosten des Hauses.

Praktische Informationen

Touristeninformation (☎ 0583 58 31 50; www.luccaitinera.it; Piazzale Verdi; ⏲ Sommer 9–19 Uhr, Winter bis 17.30 Uhr) Kostenlose Zimmerreservierung, Gepäckaufbewahrung (zwei Stücke 2,50/4,50/7 € pro Std./halber Tag/Tag) und Stadtführungen auf Englisch tgl. um 14 Uhr (10 €, 2 Std.).

An- & Weiterreise

AUTO & MOTORRAD

Die A11 führt westwärts nach Pisa und Viareggio, ostwärts nach Florenz. Die Garfagnana ist via SS12 und SS445 erreichbar.

Die einfachste Parkmöglichkeit in Lucca ist der Parcheggio Carducci direkt vor der Porta Sant'Anna. Innerhalb der Stadtmauer sind die meisten Parkplätze Anliegern vorbehalten (gelb markiert). Blau markierte Parkplätze sind für jedermann (auch Touristen) und kosten 2 € pro Stunde. Wer eine Unterkunft innerhalb der Stadtmauer gebucht hat, sollte vorher dort anrufen und fragen, ob er für die Dauer des Aufenthalts einen Anliegerausweis bekommen kann.

BUS

Von den Bushaltestellen rund um den Piazzale Verdi bietet **Vaibus Lucca** (www.lucca.cttnord.it) Verbindungen ins Umland und zu folgenden drei Zielen:

Bagni di Lucca (3,40 €, 25–45 Min., 8-mal tgl.)
Castelnuovo di Garfagnana (4,20 €, 1½ Std., 8-mal tgl.)
Pisa Flughafen (3,40 €, 45–60 Min., 30-mal tgl.)

ZUG

Der Bahnhof liegt südlich der Stadtmauer; ein Fußweg führt über den Wallgraben und durch einen dunklen Tunnel unter dem Baluardo San Colombano in die Innenstadt. Es gibt folgende Regionalverbindungen:

Florenz (7,20 €, 1¼–1¾ Std., stündl.)
Pietrasanta (5,90 €, 50 Min., stündl.)
Pisa (3,30 €, 30 Min., halbstündl.)
Pistoia (5,30 €, ¾–1 Std., halbstündl.)
Viareggio (3,40 €, 25 Min., stündl.)

Unterwegs vor Ort

FAHRRAD

Leihräder zum Umrunden der romantischen, 4,2 km langen Stadtmauer von Lucca gibt's gegen Vorlage eines Ausweises bei mehreren Verleihen an der Piazza Santa Maria. Alternativ auch hier:

Tourist Center Lucca (☎ 0583 49 44 01; www.touristcenterlucca.com; Piazzale Ricasoli 203; Fahrrad pro Std./3 Std./Tag 4/8/12 €; ⏲ Sommer 8.30–19.30 Uhr, Winter 9–18 Uhr) Der günstig gelegene Radverleih befindet sich links hinter dem Bahnhofsausgang. Er hat Kinderräder, Tandems, Anhänger und anderes Zubehör sowie eine Gepäckaufbewahrung.

PISTOIA

90 200 EW.

Das hübsche Pistoia kuschelt sich an den Fuß des Apennin. Viele kommen für einen Tagesausflug von Pisa, Lucca oder Florenz her, aber die Stadt verdient mehr Aufmerksamkeit, als ihr üblicherweise zugestanden wird. Da Pistoia weit über seine mittelalterlichen Befestigungsmauern hinausgewachsen ist, geht's im *centro storico* relativ ruhig zu. Die ehrwürdigen Gemäuer beherbergen mittlerweile auch spannende zeitgenössische Kunst.

Mittwochs und samstags verwandelt der Markt die großzügige Piazza del Duomo und ihre umliegenden Straßen in ein bewegtes Meer aus blauen Markisen, zwischen denen geschäftiges Treiben herrscht. An allen Werktagen locken Berge von Obst und Gemüse der Saison an den Ständen auf der kleinen Piazza della Sala westlich des Doms.

Sehenswertes

Die Hauptsehenswürdigkeiten von Pistoia drängen sich rund um die wunderschöne Piazza del Duomo. Sie wird von einem dichten Netz schmaler Straßen umschlossen, die für Autos tabu sind und deshalb zum Herumschlendern perfekt sind.

Pistoia

★**Cattedrale di San Zeno** DOM
(Piazza del Duomo; Erw./erm. Kirchenschiff 2/1,50 €, Kirchturm 6/4 €; ⌚8.30–12.20 & 15.30–18.45 Uhr, Kirchenschiff 9–10, 11.30–12.30 & 15.30–18 Uhr) Ein beachtenswertes Beispiel für die Pisaner Romanik sind der himmelhohe Backstein-**campanile** und die Fassade mit einer Lunette von Andrea della Robbia. Sie zeigt die Jungfrau mit Kind, flankiert von zwei Engeln. Das zweite Highlight des Doms befindet sich in der **Cappella di San Jacopo** am nördlichen Querschiff: der silberne Dossale di San Giacomo (Altaraufsatz des hl. Jakobus), der 1287 begonnen und zwei Jahrhunderte später von Brunelleschi vollendet wurde. Eintrittskarten für den Glockenturm und das Kirchenschiff gibt's im Battistero di San Giovanni.

★**Battistero di San Giovanni** SAKRALBAU
(Piazza del Duomo; ⌚Di–So 10–13 & 15–18 Uhr) GRATIS Gegenüber der Kathedrale, auf der anderen Seite des Platzes, steht das achteckige Baptisterium aus dem 14. Jh. Die elegante, weiß-grüne Marmorfassade hat Andrea Pisano entworfen. Das rechteckige Taufbecken und die kühne Kuppel sind die einzigen Hingucker im schlichten Innenraum aus rotem Backstein.

Museo dell'Antico Palazzo dei Vescovi MUSEUM
(☎0573 36 92 75; Piazza del Duomo; Erw./erm. 5/3 €; ⌚Führungen Di, Do & Fr 10.15, 11.45, 13.15 & 14.45, Sa & So 10.15, 11.45, 13.15, 15 & 16.30 Uhr) Die Bischofsresidenz, das älteste Gebäude von Pistoia, zwängt sich neben den Dom. Das hier untergebrachte Museum erzählt auf faszinierende Weise die Geschichte der Stadt, angefangen bei den maßstabsgerechten Modellen architektonischer Schmuckstücke wie der Kathedrale und dem Baptisterium im Erdgeschoss (Anfassen erlaubt) bis zu den im Kellergeschoss versteckten archäologischen Schätzen.

Pistoia

Highlights
1 Battistero di San Giovanni C3
2 Cattedrale di San Zeno C2
3 Chiesa di Sant'Andrea A1
4 Museo Marino Marini B4

Sehenswertes
5 Chiesa di San Giovanni Fuorcivitas B3
6 Giro di Sole C3
7 Museo Civico C2
8 Museo dell'Antico Palazzo dei Vescovi C3
9 Ospedale del Ceppo C1
10 Palazzo Fabroni B1

Schlafen
11 Hotel Patria B4

Essen
12 I Salaioli B3
13 Magno Gaudio A2
14 Osteria La BotteGaia B3
15 Osteria Pizzeria Apicio B2
16 Trattoria dell'Abbondanza B2

Ausgehen & Nachtleben
Caffètteria Marini .... (s. 4)
17 Fiaschetteria La Pace B3
18 Grand Café du Globe B3

Museo Civico MUSEUM
(Piazza del Duomo 1; Erw./erm. 3,50/2 €; Do–So 10–18 Uhr) Der gotische **Palazzo Comunale** steckt voll von Werken toskanischer Künstler des 13. bis 20. Jhs. Sehenswert ist die *Madonna della Pergola* (1498) von Bernardino di Antonio Detti, dessen hl. Jakobus, Maria und Kind erstaunlich modern wirken. Ob die Fliege auf Jesus' Arm nicht kribbelt?

★ **Chiesa di Sant'Andrea** KIRCHE
(Via Sant' Andrea 21; variabel) Aus Sicherheitsgründen besitzt diese aus dem 12. Jh. stammende Kirche keine Fenster, denn sie wurde außerhalb der Stadtmauern erbaut. Ihre teilweise mit weißen und grünen Marmorstreifen versehene Fassade ziert das Relief *Zug der Heiligen Drei Könige und Anbetung des Kindes* (1166) von Gruamonte und Adeodato. Das Highlight jedoch – das kostbarste Kunstwerk von Pistoia – befindet sich im schwach beleuchteten Inneren: eine spektakuläre, von Giovanni Pisano (1298–1301) geschnitzte Marmorkanzel. Zwei Löwen und eine gebeugte menschliche Figur tragen das schwere Gewicht des auf sieben Säulen ruhenden Meisterwerks und Statuen der Seherinnen und Propheten zieren die Kapitelle der Säulen.

Bei genauem Hinsehen lassen sich in den Basrelieftafeln rund um die Kanzel die Geschichten von Mariä Verkündigung, der Geburt Christi, der Anbetung der Könige, des Kindermordes von Betlehem, der Kreuzigung und vom Jüngsten Gericht erkennen.

Palazzo Fabroni MUSEUM
(0573 37 18 17; Via Sant'Andrea 18; Erw./erm. 3,50/2 €; Do–So 10–18 Uhr) Das geräumige, luftige Museum für zeitgenössische Kunst bietet mal eine Abwechslung inmitten all der jahrhundertealten Sehenswürdigkeiten. Es beherbergt Wechselausstellungen und eine feste Sammlung mit Kunstwerken, Geschenke von Künstlern, die hier ausgestellt haben. Zu den Highlights zählen das Schattenwandgemälde *Scultura d'Ombra* (2007) des avantgardistischen italienischen Künstlers Claudio Parmiggiani (geb. 1943) sowie die Säle mit Arbeiten der aus Pistoia stammenden Künstler Mario Nigro (1917–1992) und Fernando Melani (1907–1985). Besondere Beachtung verdient das 1973 aufgenommene Foto, das den Bildhauer Marino Marini mit seinem Pferd am Strand bei Forte dei Marmi zeigt.

Wer hier seine Faszination für zeitgenössische italienische Kunst entdeckt, kann nach vorheriger Absprache das benachbarte **casa-studio** (0573 37 18 17; Corso Gramsci 159) besuchen, das Haus und Atelier, in dem der abstrakte Künstler Fernando Melani lebte und arbeitete.

Piazzetta degli Ortaggi PIAZZA
Das hübsche, kleine Juwel von einer Piazza mit einladenden Straßencafés ist ein absolutes Muss. Hier steht die lebensgroße Skulpturengruppe **Giro di Sole** (Sonnenbahn; 1996) des Pistoier Künstlers Roberto Barni (geb. 1939). Der kleine Platz liegt neben der Piazza della Sala, fungierte im 18. Jh. als Marktplatz der Stadt, beherbergte ein Bordell und war zugleich der Eingang zum jüdischen Ghetto.

Ospedale del Ceppo HISTORISCHES BAUWERK
(0573 36 80 23; www.irsapt.it; Piazza Giovanni XXIII 13; Untergrundtour Erw./erm. 9/8 €; Sommer 10–19 Uhr, Winter bis 18 Uhr) Nach der kürzlich erfolgten Renovierung erstrahlt die Fassade dieses ehemaligen Hospitals mit Giovanni della Robbias faszinierenden bunten Terrakottafriesen aus dem 16. Jh. wieder im alten Glanz. Sie illustrieren die *sette Opere di Misericordia* (sieben Werke der Barmherzigkeit), während fünf Medaillons die *Virtù Teologali*

ABSTECHER

ABSTECHER FÜR KUNSTFREUNDE

Ein Teehaus, eine Voliere und weitere romantische Relikte aus dem 19. Jh. bilden einen interessanten Kontrast zu den avantgardistischen Installationen weltberühmter zeitgenössischer Künstler in der **Fattoria di Celle** (☎05 7347 99 07; www.goricoll.it; Via Montalese 7, Santomato di Pistoia; ⏰Mai–Sept. nur nach Vereinbarung), 5 km von Pistoia entfernt. Dank der Kunst- und Sammelleidenschaft des Geschäftsmanns Giuliano Gori entstand auf seinem weitläufigen Familienanwesen ein einzigartiger privater Skulpturenpark mit 70 Installationen, die speziell für diesen Ort geschaffen wurden.

Die geführte vier- bis fünfstündige Besichtigungstour (ohne Pausen!) ist für echte Kunstliebhaber gedacht und muss mindestens einen Monat im Voraus per E-Mail reserviert werden.

(theologischen Tugenden) zeigen. Das aus dem 13. Jh. stammende Hospital kann nicht besichtigt werden, wohl aber sein unterirdisches Innenleben aus Korridoren und unterirdischen Wasserläufen. Bei der spannenden einstündigen Führung unter dem Motto **Pistoia Sotteranea** sind alte Sezierwerkzeuge, Skalpelle und Ähnliches zu sehen.

★ Museo Marino Marini MUSEUM
(☎0573 3 02 85; www.fondazionemarinomarini.it; Corso Silvano Fedi 30; Erw./erm. 3,50/2 €; ⏰Sommer Mo–Sa 10–18 Uhr, Winter bis 17 Uhr, Kapelle Mo–Sa 8.15–13.30, 1. So im Monat auch 14–19 Uhr) Das Museum im Palazzo del Tau zeigt Werke seines Namensgebers, des aus Pistoia stammenden Malers und Bildhauers Marino Marini (1901–1980). Hier hängen Dutzende seiner Zeichnungen und Gemälde, überwiegend weibliche Akte (birnenförmige Figuren, die an die Fruchtbarkeitsgöttin Pomona erinnern) und Pferde. Empfehlenswert ist ein Besuch am Vormittag, denn dann lässt sich auch die **Cappella del Tau** besichtigen, die winzige, komplett mit Fresken ausgemalte Kapelle aus dem 14. Jh. mit Fresken aus der Florentinischen Schule. Sie bildet eine spektakuläre Kulisse für die wuchtige Bronzeskulptur *Wunder* (1952) von Marini.

Wer mit Kind und Kegel reist, sollte sich nach den interaktiven Familienführungen erkundigen (5 €, telefonische Reservierung erforderlich), die das Museum einmal im Monat anbietet.

Feste & Events

Giostra dell'Orso KULTUR
(⏰25. Juli) Beim „Bärenturnier" handelt es sich um ein Mittelalterfest, u. a. mit Kämpfen zu Pferd. Es wird auf der Piazza del Duomo zu Ehren des Schutzpatrons von Pistoia, des hl. Jakobus, veranstaltet.

Pistoia Blues MUSIK
(www.pistoiablues.com; ⏰Juli) Seit mindestens drei Jahrzehnten zieht das jährliche Bluesfestival von Pistoia die ganz Großen der Bluesszene an. Auf der Freilichtbühne vor dem Menschenmeer, das die Piazza del Duomo überschwemmt, standen zum Beispiel schon BB King, Miles Davis, Sting und Santana. Eintrittskarten kosten 25 bis 75 €.

Schlafen

Hotel Patria HOTEL €€
(☎0573 35 88 00; www.patriahotel.com; Via Francesco Crispi 8–12; EZ/DZ 109/129 €; ❄@📶) Von dem hübschen 27-Zimmer-Hotel aus, perfekt in einer von der auffallend gestreiften Chiesa di San Giovanni Fuorcivitas abgehenden Seitenstraße gelegen, lassen sich alle größeren Sehenswürdigkeiten zu Fuß erreichen. Die komfortablen Zimmer an den mit Teppichboden ausgelegten Gängen sind in Creme, Hellgrün und anderen unaufdringlichen neutralen Farbtönen gehalten.

Tenuta di Pieve a Celle HOTEL €€
(☎0573 91 30 87; www.tenutadipieveacelle.it; Via di Pieve a Celle 158; DZ 160 €; P❄🏊) Wer vor den Toren der Stadt übernachten möchte, gelangt über eine Zypressenallee zu diesem Landhaus aus den 1850er-Jahren mit Olivenhain und Pool inmitten von Hügeln (3 km außerhalb von Pistoia). Die fünf Zimmer mit Himmelbett geben den Blick frei auf die weitläufigen Gartenanlagen; aus den biologisch angebauten Produkten bereitet Gastgeberin Fiorenza auf Anfrage gerne ein Abendessen zu.

Essen & Ausgehen

Die Fressmeile von Pistoia liegt in der Fußgängerzone und heißt **Via del Lastrone.** Dort drängen sich Cafés, Weinlokale und Traditionsrestaurants, die heimische Spezialitäten servieren wie *carcerato* (Eintopf mit Innereien), *frittata con rigatino* (Omelette mit gepökeltem Bauchspeck), *farinata con cavalo* (Kichererbsenpfannkuchen mit Kohl) oder *migliacci* (Crêpes mit Schweineblut). Als Abschluss eines Essens ist *berlingozzo* beliebt, ein Gebäck, zu dem traditionell ein Glas Vin Santo aus lokaler Produktion getrunken wird.

Der zweite Hotspot für ein leckeres Essen oder ein gepflegtes Getränk in einer trendigen Bar sind die verkehrsberuhigte **Piazza della Sala** und die schmalen Straßen ringsum.

★ Magno Gaudio CAFÉ €

(☎ 0573 2 69 05; Via Curtatone e Montanara 12; Mahlzeiten 20 €; ⌚ Mo–Sa 7–24 Uhr; 📶) Wer sich unter die Pistoianer mischen möchte, sichert sich einen Tisch in diesem erstklassigen Allround-Lokal. Ob zum Frühstück, Brunch oder Abendessen – dieses Cafe besticht jederzeit durch Gratis-WLAN, die innovativen Kochkünste von Chefkoch Maurizio – eine Riesenauswahl an Fisch sowie Thunfischcarpaccio mit Sesamkruste zum Niederknien – und die freundliche, unprätentiöse Bedienung. Auch *panini* zum Mitnehmen.

Osteria Pizzeria Apicio PIZZA €

(☎ 334 7581991; Via del Duca 8; Mahlzeiten 20 €; ⌚ Di–So 19–0.30 Uhr) Auch diese Pizzeria-*osteria* ist in einem wunderschönen alten Gebäude in einer kleinen Seitenstraße untergebracht und ein toskanisches Lokal, wie es im Buche steht. Sein höhlenartiges, an eine Kapelle erinnerndes Inneres ist eine bezaubernde Collage aus Originalbauteilen: eine turmhohe Gewölbedecke, freiliegende rote Backsteine und ein Wasserbrunnen. Die Holzofenpizzas sind die besten der Stadt und als Krönung des Ganzen gibt's eine erstklassige Auswahl an Craft-Bieren.

★ Osteria La BotteGaia OSTERIA €€

(☎ 0573 36 56 02; www.labottegaia.it; Via del Lastrone 17; Mahlzeiten 28 €; ⌚ Di–Sa 12–15 & 19–23, So 19–23 Uhr) Die Bandbreite der Gerichte in dieser für ihre vorzügliche Räucherfleischauswahl und spannende Weinkarte berühmten Slow-Food-Osteria reicht von streng traditionell bis zu experimentell. Auf der Karte stehen auch ein paar vegetarische Gerichte, darunter Auberginen- und Ricotta-Strudel in Tomatensauce. Wer nicht reservieren möchte und dann keinen Tisch bekommt, kann auf ein Glas Wein und einen Imbiss in die *vineria* (Weinbar) der La BotteGaia ausweichen, die sich ebenfalls in der Via del Lastrone befindet.

I Salaioli FEINKOST €€

(☎ 0573 2 02 25; www.isalaioli.it; Piazza della Sala 20–22; Mahlzeiten 30 €; ⌚ 7–23 Uhr) Beim Blick auf die einladenden Salamis und Käselaibe hinter der Theke, die geradezu darum betteln, gegessen zu werden, läuft einem unweigerlich das Wasser im Mund zusammen. Beim I Salaioli handelt es sich um eins jener phantastischen Feinkostladen-Restaurants, in denen die köstlichen Naturprodukte der Toskana entweder mitgenommen oder im Lokal bzw. auf der Straßenterrasse (toll zum Leutebeobachten) gegessen werden können. Sämtliche Produkte sind frisch, regional und der Saison entsprechend.

Trattoria dell'Abbondanza TRATTORIA €€

(☎ 0573 36 80 37; Via dell'Abbondanza 10; Mahlzeiten 25 €; ⌚ Fr–Di 12.15–14.15 & 19.15–22.30, Do 19.15–22.30 Uhr) Draußen in einer malerischen Gasse unter bunten Sonnenschirmen oder drinnen inmitten von Türglocken, Nudelschüsseln und anderen Sammlerstücken wird einfache, aber schmackhafte toskanische Küche serviert – was genau, ist auf der handgeschriebenen Speisekarte nur schwer zu entziffern.

Fiaschetteria La Pace WEINBAR

(☎ 0573 2 31 39; Via dei Fabbri 7–9; Mahlzeiten 25 €) „Alles wird gut" ist das Motto dieser hippen Kombi aus Bar und Bistro. Und in diesem trendigen Lokal ist tatsächlich alles gut, sei es an einem geschrubbten Holztisch im Retro-Inneren (Erdnüsse kostenlos) oder auf einem Stück steinerner Fensterbank draußen. Die kreative Toskanaküche und die traditionellen Salami- und Käseteller sorgen bei jedem Gast jederzeit für Wohlbefinden.

Caffètteria Marini CAFÉ

(www.fondazionemarinomarini.it; Corso Silvano Fedi 32; ⌚ 8–20 Uhr) In dem einladenden Café mit eigener Bäckerei (köstliches Brot) und Garten ist immer etwas los. Einheimische schlürfen an der Bar einen Espresso oder gönnen sich an einem der vier Tische einen Cappuccino und plaudern dabei mit Freunden. Draußen unter dem Vordach stehen Sofas, von denen aus der Blick über die blühenden Hortensien des wunderschönen Gartens schweift – im Sommer ein Traum!

Grand Café du Globe CAFÉ

(Piazza Gavinana; ⌚ Mo–Sa 7.30–20.30, So 7.30–13 & 15.30–20.30 Uhr) Das Old-World-Café plus *pasticceria* mit zuvorkommenden Kellnern in Anzug und Krawatte ist ein entzücken-

ABSEITS DER ÜBLICHEN PFADE

PRATO

Stimmt, sie liegt abseits der eingetretenen Touri-Pfade. Trotzdem ist die historische Stadt Prato (191 268 Ew.) keineswegs „weit vom Schuss", denn das von den Massen unberührte Prato lässt sich leicht per Bahn von Pistoia (2,50 €, 15 Min.) oder Florenz (2,30 €, 30 Min.) erreichen und genießen.

Die zweitgrößte Stadt der Toskana nach Florenz ist ein traditionelles Zentrum der Textilindustrie. Innerhalb einer noch fast gänzlich erhaltenen Stadtmauer liegt eine kompakte Altstadt. Von Pratos **Stazione Porta al Serraglio** sind es fünf Minuten zu Fuß zur **Piazza Duomo** und der aus dem 12. Jh. stammenden **Cattedrale di Santo Stefano** (Piazza Duomo; ⌚Mo–Sa 9–3 Uhr) GRATIS mit großartigen Fresken von Filippo Lippi hinter dem Altar. In der Kapelle links vom Eingang fasziniert Agnolos Freskenzirkel mit der *Legende vom Heiligen Gürtel* (1392–1395). Die ungewöhnlich weit herausragende Kanzel (1428) an der pisaisch-romanischen Domwand wurde nach einem Entwurf von Donatello und Michelozzo gebaut, um die *sacra cintola* zur Schau zu stellen. Bei der hoch verehrten Reliquie handelt es sich um einen Gürtel, den der hl. Thomas von der Jungfrau Maria erhalten haben soll, und den die Kreuzfahrer aus dem Zweiten Kreuzzug von Jerusalem nach Prato brachten. Das feine, mit Goldfäden durchwirkte Wolltuch wird in der Kapelle in einem mit drei Schlössern verschlossenen goldenen Reliquienschrein aufbewahrt und fünfmal im Jahr der Öffentlichkeit gezeigt.

Genaueres über den Gürtel der Jungfrau erzählt das nahe gelegene **Museo di Palazzo Pretorio** (☎0574 193 49 96; www.palazzopretorio.prato.it; Piazza del Commune; Erw./erm. 8/6 €; ⌚Mi–Mo 10.30–18.30 Uhr), ein imposanter Geschichtsmuseumskomplex, der nach rekordverdächtigen 20 Jahren Renovierung seine Pforten als eins der faszinierendsten Museen der Toskana wiedereröffnete. Die **Touristeninformation** (☎0574 2 41 12; www.pratoturismo.it; Piazza Buonamici 7; ⌚Mo–Fr 9–13 & 15–18, Sa & So 10–13 Uhr) liegt direkt um die Ecke. Ausgesprochene Museumsfans können auch noch das heimatkundliche Textilmuseum **Museo del Tessuto** (☎0574 61 15 03; www.museodeltessuto.it; Via Puccetti 3; Erw./erm. 6/4 €; ⌚Di–Fr 10–15, Sa bis 19, So 15–19 Uhr) in der ehemaligen Textilmühle Campolmi besuchen.

Nach dem Sightseeing sind die Geschmacksknospen dran – es steht ein Süßwareneinkauf bei **Antonio Mattei** (www.biscottimatteideseo.it; Via Ricasoli 20; ⌚Di–Fr 8–19.30, Sa 8–13 & 15.30–19.30, So 8–13 Uhr, Juli geschl.) an, Pratos berühmtem *biscottificio*. Die Keksfabrik, in der seit 1858 die *biscotti di Prato* (zweifach gebackene Mandelkekse zum Eintunken in süßen Wein) hergestellt werden, ist ein Markenzeichen der Stadt. Wer vormittags herkommt, kann den Bäckern bei der Arbeit zuschauen. Das Gebäck (16 € pro kg), das nicht luftdicht verpackt, sondern nur in königsblaues Wachspapier eingeschlagen und mit einem Band zugebunden wird, sollte am besten innerhalb von fünf Tagen verzehrt werden.

Zur Abrundung des Pratobesuchs empfiehlt sich ein gepflegtes Glas Wein plus Mittagessen, *apericena* (ein üppiges Snackbüfett) ab 18 Uhr oder ein Abendessen im **Le Barrique** (☎0574 3 01 51; www.lebarriquewinebar.it; Corso Mazzoni 19; ⌚12–0.30 Uhr). Die Weinbar mit ihrem stylischen Inneren aus rotem Backstein und der exzellenten toskanischen Küche ist eines der wenigen Lokale der Stadt, die **Mortadella di Prato** anbieten, eine kräftig gewürzte, rosafarbene Wurst, die mit Alchermes-Likör aufgepeppt und heutzutage nur noch von zwei Fleischereien in Prato hergestellt wird.

des Plätzchen für eine Tasse Kaffee und ein köstliches Stück Kuchen im Sitzen oder Stehen (Schulter an Schulter mit den Schutzpolizisten aus der Umgebung, die auf einen Espresso reinschneien). Außerdem gibt's großzügig gefüllte *panini* und Focaccia (2,50 €), auch zum Mitnehmen.

ℹ Praktische Informationen

Touristeninformation (☎0573 2 16 22; www.pistoia.turismo.toscana.it; Piazza del Duomo 4; ⌚9–13 & 15–18 Uhr)

ℹ Anreise & Unterwegs vor Ort

ZUG

Vom Bahnhof in die Altstadt geht es direkt auf der Viale XX Settembre geradeaus, über den Kreisverkehr und dahinter weiter auf der Via Atto Vannucci. Es gibt Regionalzüge nach:

Florenz (4,30 €, 45 Min., alle 20 Min.)

Lucca (5,30 €, 45–60 Min., halbstündl.)

Pisa (9,20 €, 2 Std., 1-mal tgl., sonst umsteigen in Lucca)

Prato (2,50 €, 15 Min., alle 20 Min.)

Viareggio (6,60 €, 1 Std., stündl.)

SAN MINIATO & UMGEBUNG

28 100 EW.

Schon aus kulinarischen Gründen ist das bezaubernde, verschlafene Mittelalterstädtchen auf halber Strecke zu je 50 km zwischen Pisa und Florenz einen Besuch wert: Hier dreht sich alles um den *tuber magnatum pico*, die weiße Trüffel.

Die alten Kopfsteinpflasterstraßen von San Miniato, die in der heißen Sommersonne kupfer- bis ingwerfarben leuchten, machen Lust auf einen gemütlichen Bummel. Sie führen durch das harmonische Stadtbild mit prächtigen Fassaden und Kirchen aus dem 14. bis 18. Jh., passieren den imposanten romanischen Dom und steigen steil bergan zum rekonstruierten mittelalterlichen Wehrturm **Torre di Federico II** (Turm Friedrichs II.; Eintritt 3,50 €; ⌚Di–So 11–17 Uhr), von dem sich herrliche Ausblicke bieten. Am günstigsten ist es, sich vor dem Stadtbummel in der Touristeninformation ein Kombiticket (5 €) für die Hauptsehenswürdigkeiten zu kaufen.

Kommen wir zum nächsten wichtigen Thema: Mittagessen. Viele Restaurants sind Kunden von **Sergio Falaschi** (www.sergiofalaschi.it; Via Augusto Conti 18–20, San Miniato; ⌚Mo, Di & Do–Sa 7.30–13 & 16–20, So 7.30–13 Uhr), der örtlichen *macelleria* (Metzgerei). Sie verarbeitet vor allem Fleisch der toskanischen Schweinerasse *cinta senese*, z. B. zur Blutwurst *mallegato*, die Slow Food in die Arche aufgenommen hat. Weitere lokale Produkte auf den Speisekarten sind *carciofi samminiatese* (eine Artischockensorte) im April und Mai, Kastanien und Waldpilze im Herbst, *formaggio di capra delle colline di San Miniato* (Ziegenkäse) und Fleisch von Chianina-Rindern.

Vor der Abreise lohnt es sich, bei **Slow Food** (Via Augusto Conti 39; ⌚variabel) vorbeizuschauen und nach Verkostungen, Besichtigungen, Kellerführungen, Weinproben und anderen Gourmetveranstaltungen zu fragen. Slow Food organisiert auch die phantastischen **Mercati della Terra di San Miniato** (www.mercatidellaterra.it; Piazzale Dante Alighieri; ⌚jeden 3. So im Monat 9–14 Uhr), einen Bauernmarkt, auf dem Landwirte und Kleinbetriebe der Region frisches Obst und Gemüse, Fleisch, Rohmilch und andere handwerklich hergestellte Produkte anbieten.

Schlafen & Essen

★Barbialla Nuova AGRITURISMO €

(☎0571 67 70 04; www.barbiallanuova.it; Via Casastada 49, Montaione; Apartment für 2/4/6/8 Pers. ab 90/145/180/290 €, Sommer/W… mind. 2/7 Nächte; P 📶 ≋) 🍃 Cremew… Chianina-Rinder grasen auf den Hü… und Wildschweine wühlen zwischen den Wurzeln in dichten Wäldern nach Trüffeln. In dieser Idylle liegt der biodynamische Hof mit 500 ha Land und genau dem richtigen Mix aus Abenteuer (ungeteerte Straßen) und Komfort (Einrichtung wie bei „Schöner Wohnen"). In den verstreut liegenden Wirtschaftsgebäuden wurden Apartments für Selbstversorger eingerichtet. Das Allerbeste: In der Trüffelsaison können die Gäste im Hofladen frische Trüffeln kaufen.

Gäste können beim Schweinefüttern helfen, bekommen Karten mit markierten Wanderwegen durch das Gelände und finden im Hofladen Bioprodukte und Trüffeln, die sie für ihre eigenen Schlemmerkreationen verwenden können. Für die berühmten Trüffelexkursionen bekommen sie 50 % Rabatt! Barbialla liegt 20 km südlich von San Miniato an der SP76; 3 km hinter der Ortschaft Carrazano dem weißen Schild rechts folgen.

Podere del Grillo TOSKANISCH €

(☎0571 40 93 79; www.poderedelgrillo.eu; Via Serra 3, La Serra; Mahlzeiten 25 €, Probierteller 10–15 €; ⌚Mo–Sa 18–23, So 12.30–15.30 & 18–23 Uhr) 🍃 Die außergewöhnliche Qualität der Zutaten macht aufwendiges Kochen oder andere Griffe in die Trickkiste fast überflüssig. Alles stammt aus regionalem, biologischem Anbau – und das schmeckt man. Das trendige Lokal in einem ländlichen Backsteinbau mit künstlerisch-intellektueller Kundschaft verwöhnt mit köstlichen Salaten, Aufschnitt- und Käseplatten. Ab und zu gibt's auch Livemusik oder andere Kulturevents. Das Abendessen wird ab 20 Uhr serviert.

Anfahrt ab San Miniato südwärts in Richtung Montaione, nach ein paar Kilometern nach Kühen Ausschau halten und gegenüber dem Bauernhof aus rotem Backstein parken.

★Osteria Il Papero TOSKANISCH €€

(☎338 43 02 267; www.osteriailpapero.com; Piazza 1 Maggio 1, Balconevisi; Mahlzeiten 35 €; ⌚Mi–Sa 20–23, So 12–15 Uhr) Zwischen den Hügeln über San Miniato versteckt sich der Weiler Balconevisi und dort befindet sich diese bescheidene, familiengeführte *osteria* – mit ihrer kreativen (und vorzüglichen) toskanischen Küche eine echte Überraschung. In der Küche, wo der junge Koch Leandro Gaccione mit erstaunlichem Ergebnis seine

NICHT VERSÄUMEN

JAGD AUF WEISSE TRÜFFELN

Seit dem Mittelalter sind Trüffeln aus der Kulturgeschichte der Gegend nicht wegzudenken. Rund 400 *tartufai* (Trüffelsucher) grasen die drei kleinen Täler bei San Miniato nach der kostbaren hellbraunen bis beigen Knolle ab, die dort von Mitte Oktober bis Mitte Dezember wächst. Welchen Pfaden sie dabei folgen, sind streng gehütete Familiengeheimnisse, die von Generation zu Generation weitergegeben werden. Denn was ihre speziell ausgebildeten Hunde da erschnüffeln, ist ein kleines Vermögen wert. In der Toskana liegt der Kilopreis für weiße Trüffeln bei 1500 €, in Berlin und anderen europäischen Hauptstädten kosten sie ein Vielfaches davon.

Um den Mythos um diese in Nacht- und Nebelaktionen geborgenen Aromaschätze hautnah mitzuerleben, gibt's keine bessere Gelegenheit als die **Mostra Mercato Nazionale del Tartufo Bianco** (Nationale Messe für weiße Trüffeln). Sie findet an den letzten drei Novemberwochenenden in San Miniato statt. Dorthin pilgern Profi- wie Hobbyköche aus aller Welt um einzukaufen, aus Trüffeln hergestellte Spezialitäten zu probieren und sich von dem einzigartigen Geschmack verzücken zu lassen. Die Touristeninformation von San Miniato hält eine Liste von Trüffelhändlern bereit und ist allen behilflich, die einen Trüffelsucher in Aktion erleben wollen.

Sehr empfehlenswert sind die frühmorgendlichen Trüffelausflüge von **Barbialla Nuova** (S. 257). Das wunderschöne Landgut besitzt 500 ha Gelände bei Montaione, 20 km südlich von San Miniato. Mit Guido Manfredi hat hier die jüngere Generation das Zepter übernommen. Eine Trüffelsuche (80 € pro Person, 2½ Std.) auf dem Anwesen mit Trüffeljäger Giovanni endet bei einem Glas Chianti und Kostproben von Käse und Salami aus lokaler biologischer Herstellung. Erfolgreiche Trüffelsucher können auch in ein Restaurant der Gegend gehen, wo das mitgebrachte „Nugget" dann über Pasta und eine *bistecca alla fiorentina* (T-Bone-Steak vom Holzkohlegrill) geraspelt wird. Weit und breit gibt's keine erfolgreicheren „Weißgoldjäger" als den *tartufaio* von Barbialla Nuova und seine Hunde; ihr Saisonergebnis liegt bei rund 20 kg.

Talente entfaltet, geben Produkte von Bauernhöfen der Region den Ton an. Ein absolutes Highlight sind die fabelhaften kulinarischen Themenabende mit Livemusik an jedem ersten Donnerstag im Monat; unbedingt reservieren.

Pepenero TOSKANISCH €€€

(☎0571 41 95 23; www.pepenerocucina.it; Via IV Novembre 13, San Miniato; Mahlzeiten 50 €; ⏲Sa 19.30–22, So & Mi–Fr 12.30–14 & 19.30–22 Uhr) Der TV-Starkoch Gilberto Rossi gehört zu der neuen Generation toskanischer Kochkünstler, die aus traditionellen Zutaten der Region moderne, saisonal geprägte Gerichte zaubern. Seine Geheimnisse verrät er in halbtägigen Kochkursen und beim anschließenden lockeren Essen auf der Terrasse seines hochgelobten Restaurants. Voranmeldung erforderlich.

Peperino TOSKANISCH €€€

(☎0571 41 95 23; Via IV Novembre 1, San Miniato; Menü inkl. Flasche Sekt & Wein 250 €; ⏲nur mit Reservierung) Das Peperino, direkt neben seinem großen Bruder Pepenero, ist das kleinste Restaurant der Welt. Es liegt mitten in dem Dorf, das als kulinarischer Nabel der Toskana gilt, und besitzt nur einen einzigen Tisch für zwei Personen. Stilmöbel und rosa Seidenstoffe sorgen für Kuschelatmosphäre, der Kellner kommt nur, wenn die Gäste klingeln. Es ist oft auf Monate ausgebucht.

ℹ Praktische Informationen

Touristeninformation (☎0571 4 27 45; www.sanminiatopromozione.it; Piazza del Popolo 1; ⏲Mo 9–13, Di–So 9–13 & 14–17 Uhr)

ℹ An- & Weiterreise

AUTO

Von Pisa und Florenz über die FI-PI-LI (SS67); Parkplätze gibt's an der Piazza del Popolo.

ZUG

Am Bahnhof von San Miniato wartet ein Shuttlebus (1 €, alle 20 Min.), der in die Altstadt fährt.

Regionalzüge fahren nach:

Florenz (5,30 €, 45 Min., stündl.)

Pisa (4,30 €, 30 Min., stündl.)

APUANISCHE ALPEN & GARFAGNANA

Landeinwärts geht die Versilia ziemlich abrupt in die Apuanischen Alpen über, eine zerklüftete Bergkette, die als Parco Regionale delle Alpi Apuane (www.parcapuane.it) unter Naturschutz steht. Wanderwege führen zu einer Reihe abgelegener Bauernhöfe, Einsiedeleien aus dem Mittelalter und verschlafener Bergdörfer.

Fährt man über den östlichen Höhenrücken der Alpen weiter ins Landesinnere, beherrschen drei bezaubernde, vom Serchio und seinen Nebenflüssen gebildete Täler die Szenerie: die beiden tiefer gelegenen Valle del Serchio und Valle Lima sowie das Valle Garfagnana etwas weiter oben. Das Trio wird unter dem Namen **Garfagnana** zusammengefasst. Dichte Kastanienwälder bedecken das wenig besuchte Gebiet, eine fast unberührte Naturlandschaft, deren Erzeugnisse (Kastanien, Steinpilze, Honig) in der ländlich-rustikalen, unglaublich geschmackvollen Küche die Hauptrolle spielen.

Das Tor zu diesem stark bäuerlich geprägten Landstrich der Toskana ist Castelnuovo di Garfagnana, wo sich das Besucherzentrum des Regionalparks befindet. Wer nicht völlig dem Landleben erliegen will, schlägt sein Basislager im eleganteren Pietrasanta (S. 266) am Südrand der Apuanischen Alpen auf.

Castelnuovo di Garfagnana

6020 EW.

Wie ein Adlerhorst hängt das mittelalterliche Castelnuovo über dem Zusammenfluss von Serchio und dem etwas kleineren Turrite. Als rostrotes Herz thront in seiner Mitte die **Rocca Ariostesca** (Ariostos Burg) aus dem 12. Jh. Sie ist nach dem italienischen Dichter Ariosto benannt, der hier von 1522 bis 1525 als Verwalter des Adelsgeschlechts Este residierte.

Gegenüber auf der kleinen Piazza treffen sich die Einwohner seit 1885 in der altmodischen Konditorei und Confiserie **Fronte delle Rocca** (Piazza Ariosto 1; ⌚ Di–So 9–13 & 15–19.30 Uhr). Den richtigen Schwung für den Rundgang verleiht am besten ein Glas Prosecco. Anschließend geht's auf der Via Fulvio Testi bis zum nahe gelegenen **Dom** (Piazza del Duomo) mit der hübschen *Jungfrau Maria und zwei Heilige* von Michele di Ridolfo del Ghirlandaio.

Nur ein paar Schritte weiter, hinter dem alten Stadttor, zieht einen das Stillleben aus Säcken mit Bohnen, Kichererbsen, Steinpilzen und Walnüssen im Schaufenster förmlich hinein in den Lebensmittelladen **Alimentari Poli Roberto** (Via Olinto Dini 1; ⌚ 8.30–13 & 15.30–20.30 Uhr). Das Kastanien- und Dinkelbier sowie der in Dinkel gewälzte Pecorino, der *castagnaccio* und die *biroldo* (Schweineblutwurst mit wildem Fenchel)

ABSEITS DER ÜBLICHEN PFADE

ABSTECHER FÜR OPERNFREUNDE

Rund 35 km westlich von Barbialla Nuova und San Gimignano bilden die Hügel ein beeindruckendes natürliches Amphitheater und mittendrin liegt **Lajatico** (1390 Ew.). Das winzige Dorf ist der Geburtsort des Opernsängers Andrea Bocelli (geb. 1958), der jedes Jahr im Juli für einen einzigen Auftritt in seine Heimat zurückkehrt.

Als Bühne dient ihm das **Teatro del Silenzio** (www.teatrodelsilenzio.it), ein eigens zu diesem Zweck konstruiertes Open-Air-Theater auf einer grünen Wiese am Dorfrand. Das ganze Jahr über herrscht dort Stille – bis auf den Abend, an dem der Tenor mit seinen Freunden auftritt (Placido Domingo, José Carreras, Sarah Brightman und der chinesische Pianist Lang Lang waren schon hier). Zu diesem Anlass werden auch Skulpturen zeitgenössischer Künstler aufgestellt, was das zauberhafte Ambiente noch verstärkt. Es ist ein unvergleichliches Erlebnis – die wunderbare Stimme, rund 10 000 Zuhörer und rundherum sanfte, sattgrüne Hügel, soweit das Auge reicht. Tickets gibt's normalerweise ab März bei **Vivaticket** (www.vivaticket.it) und kosten zwischen 80 und 400 €.

Opernfans mit einer Vorliebe für gut gereifte Tropfen können 5 km weiter nach **La Sterza** fahren, um Wein und Olivenöl zu kaufen, die auf dem Gut der Familie Bocelli produziert und in der **Cantina Bocelli**, einem Keller mit rotem Backsteingewölbe am südlichen Ortsausgang an der SR439, verkauft werden.

Apuanische Alpen & Garfagnana

dürfen bei keinem zünftigen Picknick in der Garfagnana fehlen.

Wer Lust auf eine überwältigende Auswahl kalter Speisen aus regionalen Produkten hat, setzt sich an einen Gemeinschaftstisch in der 160 Jahre alten **Osteria Vecchia Mulino** (☎0583 6 21 92; www.vecchiomulino.info; Via Vittorio Emanuele 12; Probiermenü inkl. Wein 25 €; ⏲Di–So 11–21 Uhr) und lässt sich die Köstlichkeiten schmecken, die alle gleichzeitig aufgetischt werden (nur mit Reservierung). Zum krönenden Abschluss gibt's ein Eis mit Kastanien,

Feige und Honig oder eine *crema di farro*-Eiscreme (mit ganzen Dinkelkörnern) aus der **Fuori dal Centro** (www.fuoridalcentro.com; Piazza Olinto Dini 1f; Kugeln 1–4 €; ⌚Mo–Sa 13–20, So 11–20 Uhr).

Am Donnerstagmorgen ist Markt.

Praktische Informationen

Centro Visite Parco Alpi Apuane (☎0583 6 51 69; www.turismo.garfagnana.eu; Piazza delle Erbe 1; ⌚Sommer 9–13 & 15–19 Uhr, Winter bis 17.30 Uhr; 📶) Die Mitarbeiter des Regionalpark-Besucherzentrums wissen alles über *agriturismi*, Wandern, Mountainbiken, Reiten und andere Outdoor-Aktivitäten in den Apuanischen Alpen; sie verkaufen Kartenmaterial und haben Adressen von Guides und Berghütten. Sofas am WLAN-Hotspot (gratis) machen das Surfen superbequem.

Touristeninformation (☎0583 64 10 07; www.castelnuovogarfagnana.org; Piazza delle Erbe; ⌚Mo–Sa 9.30–13 & 15.30–19, So 10–13 & 15.30–18.30 Uhr, Winter kürzer) Gegenüber dem Regionalpark-Besucherzentrum.

An- & Weiterreise

AUTO

Die Anfahrt ab Lucca erfolgt über die SS12 (Richtung Abetone) und die SS445. Parkplätze gibt's an der Piazza del Genio, die jenseits des von Stadtmauern eingefassten *centro storico* und des Flusses an der Via Roma liegt.

ZUG

Es gibt Regionalzüge nach:

Lucca (5,30 €, 1 Std., 9-mal tgl.)

Pisa (6,60 €, 1½ Std., 4-mal tgl.)

Barga

10 200 EW.

Der schicke Ort 12 km südlich von Castelnuovo di Garfagnana ist ein altes, unwiderstehlich entspanntes toskanisches Städtchen, in dem sich viele Englisch sprechende Toskanafans niedergelassen haben. Kirchen, Werkstätten, hübsche Natursteinhäuser und Palazzi reicher Händler aus dem 15. bis 17. Jh. säumen die steilen Straßen hinauf zum romanischen **Duomo di San Cristoforo**.

Schlafen & Essen

★Al Benefizio AGRITURISMO €
(☎0583 72 22 01; www.albenefizio.it; Apartment pro Nacht 90–115 €; P@📶🏊) Ein schmales Sträßchen quält sich zu dieser Olivenfarm 2 km außerhalb von Barga, die von Akazien- und Kastanienwäldern eingerahmt wird. Im ehemaligen Stall wurden zwei gut ausgestattete Ferienwohnungen für zwei bis vier Personen mit phantastischen Ausblicken eingerichtet. Den Gästen stehen Pool, Grill und Mountainbikes zur Verfügung. Doch die eigentliche Attraktion hier ist Francesca,

GUT ORGANISIERT: WANDERN, RADELN & ESSEN

Nicola Born & Christoph Hennig (www.italienwandern.com) Von Deutschland aus organisieren die beiden Italienfans Touren inklusive Übernachtung, die dann in Eigenregie erwandert werden.

Eco Guide (www.eco-guide.it) Die kreative Agentur aus Lucca hat geführte Naturexkursionen zu Fuß und per Rad im Programm, darunter stimmungsvolle Nachtwanderungen in der Garfagnana, Touren für Familien mit Kindern und einen Ganztagesausflug unter dem Motto „Spektakuläre Apuanische Alpen".

Sapori e Saperi Gastronomic Adventures (www.sapori-e-saperi.com) Die passionierte Feinschmeckerin Heather Jarman nimmt Foodies mit auf eine kulinarische Tour durch die Garfagnana und zeigt ihnen, wie hier seit Generationen Brot gebacken, Wurst hergestellt oder der berühmte Pecorino produziert wird. Die Teilnehmer besuchen Olivenplantagen, helfen bei der Kastanienernte, suchen Trüffel, lernen Kleinkäsereien kennen und kosten nach uralten Rezepten zubereitete Gerichte in traditionellen, von Einheimischen empfohlenen Lokalen.

die Besitzerin, Wanderführerin und Imkerin. Sie nimmt ihre Gäste gerne mit, wenn sie Honig schleudert, und veranstaltet auch Olivenöl-Workshops. Ihr Mann Francesco, ebenfalls super sympathisch, ist von Beruf Toningenieur (deshalb gibt's hier auch ein Heimkino vom Allerfeinsten). Keine Kreditkarten

Casa Cordati PRIVATZIMMER €
(☎ 0583 72 34 50; www.casacordati.it; Via di Mezzo 17; EZ/DZ 30/48 €; ⏲ März–Okt.; @ 📶) Das stimmungsvolle Stadthaus ist eine einzige Huldigung an die Kunst – kein Wunder, denn früher lebte und arbeitete hier der Maler Bruno Cordati (1890–1979). Einige seiner Werke hängen in der Galerie im Erdgeschoss (Eintritt frei), die Gästezimmer liegen darüber und haben Holzböden, Stilmöbel und künstlerisches Flair, aber nur teilweise ein eigenes Bad.

★ **Locanda di Mezzo** TOSKANISCH €€
(☎ 0583 171 75 25; Piazza dell'Annunziata 7; Mahlzeiten 25 €; ⏲ Mo 12.30–14.30, Di–So 12.30–14.30 & 19.45–22.30 Uhr) Giulio und Francesco, beide aus Barga, sind die treibenden kreativen Kräfte hinter dieser Neuerscheinung in Barga, deren Tische im Sommer beneidenswerterweise auf der malerischen Piazza dell'Annunziata aufgestellt sind. Traditionelle toskanische Gerichte bekommen hier einen exquisiten innovativen Touch verpasst, der wunderbar auf die ausschließlich verwendeten erstklassigen Produkte aus der Region abgestimmt ist. Zum Beispiel *farro*-Ravioli in Salbeibutter oder *maltagliati* (unregelmäßig geschnittene Nudeln) mit Calamaretti in Kichererbsenpüree.

ℹ Praktische Informationen

Touristeninformation (☎ 0583 72 47 45; www.comune.barga.lu.it; Via di Mezzo 47; ⏲ Sommer Mo–Fr 9–13, Sa 9–13 & 15–17.30 Uhr, Winter kürzer)

ℹ An- & Weiterreise

AUTO

Autofahrer nehmen die SS12 ab Lucca (Richtung Abetone), biegen links auf die SS445 ab und in Fornacci di Barga rechts auf die SP7, von wo aus es noch 5 km bis Barga sind.

Bagni di Lucca

6270 EW.

Bagni di Lucca, 28 km südlich von Castelnuovo di Garfagnana am Fluss Lima gelegen, ist *wirklich* klein. Wegen der Thermalquellen stand der Ort Anfang des 19. Jhs. bei der Oberschicht von Lucca hoch im Kurs und hatte auch viele internationale Gäste (darunter Heinrich Heine, Lord Byron, Percy Shelley und Giacomo Puccini). Heute ist vom klassizistischen Glanz kaum noch etwas übrig; im hübschen **Kasino** standen einstmals Strauss, Puccini und Liszt am Dirigentenpult. Neben einem Theater gab es eine überraschend reich verzierte anglikanische Kirche, in der sich mittlerweile die Stadtbibliothek eingerichtet hat (über jedem Fenster der tief rostroten Fassade grüßen ein Löwe und ein Einhorn aus Stuck). Die barocken Grabmäler auf dem kleinen britischen Friedhof erzählen Geschichten vergangener Zeiten.

Der Ort ist klar zweigeteilt: Das kleinere **Ponte a Serraglio** mit Kasino gruppiert sich um eine Brücke über den Lima, während das Zentrum mit den meisten Läden, Restaurants und Hotels 2 km weiter nördlich liegt. In Ponte a Serraglio, ein paar Häuser vom Kasino am Fluss, sprudelt aus einer alten Steinmauer am Straßenrand die

Sorgente La Cova (Viale Casino Municipale 84), eine natürliche Quelle, deren wunderbar warmes Wasser gegen alle möglichen Zipperlein helfen soll. Nichts spricht dagegen, sich hier wie die Einheimischen die Hände zu waschen, ein erholsames Fußbad zu nehmen, das Heilwasser zu trinken und sich ein paar Flaschen davon abzufüllen.

In dem winzigen, am Flussufer liegenden Dörfchen Borgo a Mozzano, 2 km südwestlich der Stadt, steht der mittelalterliche steinerne **Ponte del Diarolo** – die alten Pflastersteine der sogenannten „Teufelsbrücke“ stammen aus dem 14. Jh.

Schlafen & Essen

Bagni di Lucca Terme HOTEL, SPA €
(☎0583 8 72 21; www.termebagnidilucca.it; Piazza San Martino 11; DZ 106 €) Ein Verwöhnprogramm ist Teil des Unterkunftspreises in diesem Hotelspa mit Pool, Fitnesszentrum, zwei geothermischen Grotten und einem Wellnessbereich, wo diverse Dampf- und Schlammbäder und Massagen mit Salz, heißen Steinen oder Olivenöl angeboten werden.

★ **Buca di Baldabò** TOSKANISCH €
(☎0583 8 90 62; www.labucadibaldabo.it; Via Prati 11, Vico Pancellorum; Mahlzeiten 20 €; ⌚Juni–Aug. 12–15 & 19–22 Uhr, Sept.–Mai Mi–So mittags mit Reservierung & 19–22 Uhr) Alle Feinschmecker der Gegend kennen die Adresse dieses Lokals auf einem Hügel über Kastanien- und Walnusshainen auswendig. Es versteckt sich hinter der Dorfkneipe und hat keine gedruckte Speisekarte. Zuerst machen sich die Gäste schlau darüber, was heute auf dem Speiseplan steht, dann treffen sie ihre Wahl unter der hausgemachten Pasta und den Saucen, die Küchenchef Giovanni jeden Tag

ABSEITS DER ÜBLICHEN PFADE

DREI UNVERGESSLICHE TOUREN

Unzählige Sträßchen schlängeln sich von Castelnuovo aus in das Hinterland der Garfagnana und der Apuanischen Alpen – für Magen und Nerven eine echte Herausforderung!

Alpenflora & Marmorsteinbrüche

Die Route geht westwärts in Richtung Mittelmeer. Die ersten 17 km auf der SP13 sind noch harmlos, aber 2 km südlich von Arni, wenn es rechts abgeht auf die SP4 in Richtung Massa, warten Haarnadelkurven und unbeleuchtete Tunnel. Belohnung für die Tort(o)ur sind atemberaubende Ausblicke auf die Marmorsteinbrüche von Carrara, vor allem am **Passo del Vestito** (1151 m). Freizeitbotaniker halten in **Pian della Fioba** beim **Orto Botanico Pietro Pellegrini** (Botanischer Garten; www.parcapuane.toscana.it/ob; Pian della Fioba; Eintritt 3 €; ⌚Juni–Okt. 9–12 & 15–18 Uhr). Anschließend geht's steil bergab durch die Bilderbuchdörfer **Antona** und **Altagnana** bis nach **Massa** an der Küste. Die Fahrt ist 42 km lang.

Unterirdische Flüsse & Seen

Die kurvige Strecke auf der SS445 führt über saftig grüne Hügel, die von Höhlen durchlöchert sind. Am leichtesten zugänglich und wirklich spektakulär ist die **Grotta del Vento** (☎05 8372 20 24; www.grottadelvento.com; Grotta del Vento 1, Vergemoli; Erw./erm. Führung 1 Std. 9/7 €, 2 Std. 14/11 €, 3 Std. 20/16 €; ⌚10–12 & 14–18 Uhr), 9 km westlich der SS445 an einer höllisch schmalen Straße. In der Höhle tut sich eine andere Welt aus unterirdischen Felsspalten, Flüssen und Seen auf. Von April bis Oktober werden ein-, zwei- und dreistündige Führungen angeboten – wer sich den 800 bzw. 1200 Felsstufen gewachsen fühlt, sollte eine der längeren Touren machen. Von November bis März gibt es nur die einstündige Tour (300 Stufen).

Über den Bergpass

Nördlich von Castelnuovo führt ein mit Haarnadelkurven gespicktes Sträßchen (SS324) hinauf nach **Castiglione di Garfagnana** und über den malerischen **Passo di Radici** hinüber in die Emilia-Romagna. Eine kleinere Parallelstraße führt südwärts nach **San Pellegrino in Alpe** (www.sanpellegrinoinalpe.it). Das Bergdorf (1525 m) hat ein Kloster und ein Krankenhaus, das nun als **Museo Etnografico** (Ethnografisches Museum; ☎0583 64 90 72; www.sanpellegrinoinalpe.it; Via del Voltone 14, San Pellegrino in Alpe; Erw./erm. 2,50/1,50 €; ⌚Sommer 10–13 & 14–18.30 Uhr, Winter kürzer und Mo geschl.) das Leben in den Bergen zeigt, welches sich seit Jahrhunderten kaum verändert hat.

aufs Neue zaubert. Eine Spezialität des Hauses ist Wild und die Beilagen zeichnen sich durch ihre kreative Gestaltung aus.

Die Anfahrt von Bagni di Lucca erfolgt über die landschaftlich schöne SS12 in Richtung Abetone. Nach 9 km geht's am Nordende von Ponte Coccia am Wegweiser „Vico Pancellorum" scharf links ab. Bis zum Restaurant sind es noch 3 km; es liegt am Fuß des Weilers an einer steilen, schmalen, kurvenreichen Straße. Nur mit Reservierung.

Circolo dei Forestieri TOSKANISCH €

(☎0583 8 60 38; Piazza Jean Varraud 10; Mahlzeiten 20 €; ⏲Di–So 12–15 & 19.30–22 Uhr) Früher war die elegante Jugendstilvilla auf der Flussseite der Viale Umberto I, südöstlich des Kasinos, der Sitz des Ausländerclubs. Heute kann hier jedermann im prächtigen Speisesaal mit Kronleuchtern seinen knurrenden Magen mit preiswerten toskanischen Gerichten besänftigen.

Praktische Informationen

Touristeninformation (☎0583 80 57 45; www.comunebagnidilucca.it; Viale Umberto I 93; Mo & Mi–Sa 10–13 Uhr)

An- & Weiterreise

ZUG

Regionalzüge fahren nach:

Lucca (3,40 €, 30 Min., 7-mal tgl.)

Pisa (5,30 €, 1¼ Std., 5-mal tgl.)

Carrara

64 234 EW.

Viele, die zum ersten Mal hier unterwegs sind, halten das leuchtende Weiß auf den Bergen rund um Carrara für Schnee. Doch das ist nur eine Illusion, denn tatsächlich handelt es sich um freigelegten Marmor, der seit den Zeiten der Römer in den Ausläufern der Apuanischen Alpen auf einer Fläche von insgesamt 2000 ha abgebaut wird.

Der Begriff „Marmor" entstammt dem griechischen *marmaros,* was „leuchtender Stein" bedeutet. Die Beschaffenheit und Reinheit des weißen Carrara-Marmors ist weltweit einzigartig und entsprechend begehrt. Hier suchte sich Michelangelo das Material für seine Meisterwerke aus – allerdings musste er ausgerechnet den *David* aus einem minderwertigen Block mit schlechter Maserung meißeln. Aus Carrara-Marmor bestehen auch der berühmte Londoner Marble Arch und Rodins Skulptur *Der Kuss.*

Lange Zeit waren die Steinbrüche 5 km außerhalb der Stadt mit 5000 Arbeitskräften der größte Wirtschaftsmotor der Region. Die Arbeit ist hart und gefährlich – ein Denkmal auf der Piazza XXVII Aprile erinnert an die Todesopfer, die der Marmorabbau gefordert hat. Die Belegschaften der Steinbrüche bildeten das Rückgrat der starken links-anarchistischen Bewegung in Carrara, die bei den italienischen Faschisten und dann bei den deutschen Nazi-Besatzern wenig beliebt war.

Die Carrara-Minen exportieren pro Jahr 1,4 Mio. Tonnen Marmor im Wert von 330 Mio. € (ein hübsches Sümmchen!). 2014 erwarb ein von der Familie Bin Laden (damals schon ein Hauptkunde) kontrollierter saudi-arabischer Baukonzern die 50%-ige Anteilsmehrheit an Marmi Carrara, indem er für 45 Mio. € die Aktien aus dem Besitz von vier italienischen Familien aufkaufte. Umweltschützer befürchten nun, dass die Minen übermäßig ausgebeutet werden, und setzen sich für strengere Regulierungen zwecks Limitierung der Abbaumenge ihres wertvollen Gesteins ein.

Abgesehen von den mit Marmormosaiken verzierten Gehwegen, den Bänken, *putti* und allem, was sonst noch aus Marmor gefertigt werden kann, bietet Carraras Altstadt nichts Prickelndes.

Sehenswertes & Aktivitäten

Bei der Touristeninformation gibt's Infos zu Wanderwegen mit atemberaubender Aussicht auf die Steinbrüche sowie zu der dreistündigen Radtour namens Michelangelo in Weiß, einer 24 km langen Strecke, die vom Bahnhof Carrara-Avenza 550 m hoch zu den Steinbrüchen und anschließend hinab nach Colonnata führt.

Museo del Marmo MUSEUM

(Marmormuseum; ☎0585 84 57 46; www.museodelmarmo.com; Viale XX Settembre; Erw./erm. 4,50/2,50 €; ⏲Mai–Sept. Mo–Sa 9–13 & 15.30–18 Uhr) Im Marmormuseum, gegenüber der Touristeninformation, wird erklärt, wie sich der Marmorabbau mit Hammer und Meißel allmählich zur Hightech-Industrie des 21. Jhs. entwickelte. Eine beeindruckende Multimedia-Präsentation dokumentiert das Leben der Bergarbeiter im 20. Jh.

Cava di Fantiscritti HISTORISCHE STÄTTE

(Steinbruch Fantiscritti; Via Fantiscritti) Durch eine Reihe spektakulärer Tunnel voller Lastwagen geht es den Berg hoch zu dieser staubigen

ABSTECHER

DER MARMORBERG

Der staubige, weiße Minibus rumpelt durch einen feuchten, unbeleuchteten Tunnel, das trübe Scheinwerferlicht tastet sich über die Felswände, der Fahrer in seinem knallrosa glänzenden Blouson duckt sich über das Lenkrad – die Szene hat etwas Unwirkliches. Nach fünf Minuten Fahrt im schwarzen Loch werden wir angewiesen auszusteigen.

Es herrschen 16 °C, Nebel wabern und der Untergrund ist schlammig und verdammt rutschig. Anstatt des erwarteten weiß schimmernden Marmors empfängt uns nur klammes, düsteres Grau. Mehrere Meter lange und breite Blöcke mit rauen Bruchkanten liegen wie Bauklötze herum. Die Decke ruht auf 15 m hohen Marmorsäulen; darüber befindet sich eine weitere, 17 m hohe Galerie. In das Areal, in dem gearbeitet wird, würden locker mehrere Fußballfelder hinein passen. Trotzdem bleibt noch genug von dem Marmorberg übrig, um die fünf Arbeiter der **Cava di Fantiscritti** (S. 264), 5 km nördlich von Carrara, zu beschäftigen. Mit Hilfe von Wasser und Diamantkettensägen, die das Gestein wie Butter durchschneiden, fördern sie pro Monat 10 000 t weißen Marmor. In den letzten fünf Jahren soll der Marmorpreis um 30 % gestiegen sein; der aktuelle Marktpreis liegt bei bis zu 3000 € pro Tonne.

Um nachzuvollziehen, wie das die alten Römer nur mit Hammer und Meißel geschafft haben, besuchen wir das Freiluftmuseum **Cava Museo** (www.cavamuseo.com; Cava di Fantiscritti; ⌚11–18 Uhr) GRATIS neben dem Souvenirladen gegenüber dem Stolleneingang. Besonders interessant finden wir die Schwarzweißfotos, auf denen riesige Marmorblöcke auf der *lizza* (Schneise) talwärts schlittern. Unten werden sie von 18-paarigen Ochsengespannen zum Hafen von Carrara geschleppt. In den 1850er-Jahren wurden dann Tunnel gebohrt, um den Transport per Schiene zu ermöglichen. Nach der Stilllegung der Bahnlinie in den 1960er-Jahren werden nun Besucher wie wir im Minibus durch die Tunnel gekarrt.

cava de marmo (Marmorsteinbruch). Bis in die 1960er-Jahre, als sie durch Lkw abgelöst wurden, transportierten Züge auf diesem Weg den Marmor ab. Am Eingang zum Fantiscritti schließen sich die Besucher entweder einer 40-minütigen Führung per Minibus und zu Fuß durch den Stollen **Ravaccione 84** an, veranstaltet von **Marmotour** (www.marmotour.com; Erw./erm. 10/5 €), oder einer Tour im Allradfahrzeug à la James Bond durch die Steinbrüche oberhalb im Freien, die von mehreren Anbietern durchgeführt werden. Beide Touren sind ein echtes Erlebnis – und, stimmt, der Bond-Film *Ein Quantum Trost* ist hier gedreht worden.

Essen

Um zu Mittag zu essen, kommt nur *ein* Ort infrage: der Weiler **Colonnata**, 2 km von Fantiscritti entfernt. Denn dort wird eine der leckersten Spezialitäten der Toskana hergestellt – der im Marmorbecken gereifte *lardo di colonnata* (fetter Schweinespeck, hauchdünn aufgeschnitten). Wer einmal probiert hat, wird an den vielen *larderias* (Läden, die den Speck verkaufen) nicht mehr vorbeikommen. Vakuumverpackte Stücke kosten ab 13,50 € pro Kilo.

Locanda Apuana TOSKANISCH €
(☎0585 76 80 17; www.locandaapuana.com; Via Communale 1, Colonnata; Mahlzeiten 20 €; ⌚Di–Sa 12–14.30 & 19.30–22, So 12–14.30 Uhr) Die beste Adresse für *crostini caldi con lardo* (heiße, geröstete Brotscheiben mit Speck) und weitere Schlemmereien liegt direkt um die Ecke der zentralen Piazza Palestro.

Ristorante Venanzio TOSKANISCH €€
(☎0585 75 80 62; www.ristorantevenanzio.com; Piazza Palestro 3, Colonnata; Mahlzeiten 30 €; ⌚Mo–Mi, Fr & Sa 12–14.30 & 19–23, So 12–14.30 Uhr) Selbst, wer sich eigentlich nicht vorstellen kann, in reines Schweinefett zu beißen, wird seine Meinung ändern, sobald er den *lardo* auf heißen *focaccette* (kleine Fladen aus Weizen- und Maismehl) serviert bekommt. Auch das *menu degustazione* (Probiermenü; 40 €, ab zwei Personen) dieses Familienbetriebs mit klassischer Einrichtung am (marmornen) Hauptplatz von Colonnata macht Gäste glücklich.

Praktische Informationen

Touristeninformation (☎0585 84 41 36; www.turismomassacarrara.it; Viale XX Settembre; ⌚Sommer 8.30–16.30 Uhr, Winter Di–So 9–16 Uhr) Gegenüber dem Stadion; u. a. Stadtpläne, auf denen Marmorwerkstätten und Steinbrüche eingezeichnet sind.

An- & Weiterreise

ZUG

Der nächste Bahnhof ist in Carrara-Avenza, zwischen Carrara und Marina di Carrara. Regionalzüge fahren nach::

Pietrasanta (2,50 €, 15 Min., mind. 2-mal stünd.)

Viareggio (3,40 €, 25 Min., 2-mal stündl.)

VERSILIA

Die Strände nördlich von Viareggio in Richtung Ligurien stehen vor allem bei italienischen Urlaubern hoch im Kurs. Leider werden sie mit den üblichen Betonburgen verschandelt und im Sommer von riesigen Sonnenanbeterhorden heimgesucht. Wer dem Halligalli entgehen will, macht sich auf ins Hinterland und fährt z. B. nach Pietrasanta, dessen historischer Stadtkern von einer aktiven Kunstszene bevölkert wird.

Die Versilia ist gewissermaßen das Hauptportal zur Lunigiana, Garfagnana und zu den Apuanischen Alpen. Hinter den Küstenstädten beginnen die Landstraßen ihren mühevollen Aufstieg in die Berge mit ihren versteckten Dörfern und zahllosen Wanderwegen.

Pietrasanta

24 200 EW.

Das elegante Städtchen wird oft ignoriert, entpuppt sich aber bei näherem Hinsehen als eine kleine Kunstmetropole. Das schmucke historische Zentrum, früher von einer Stadtmauer umgeben, ist autofreie Zone und steckt voller kleiner Kunstgalerien, Ateliers und Modeboutiquen. Wer einmal einen Tag ausgiebig bummeln und lecker essen gehen will, hat hier die Gelegenheit dazu.

Nachdem der Ort 1255 von Guiscardo da Pietrasanta, dem *podestà* (Statthalter) von Lucca, aus dem Boden gestampft worden war, stritten sich Genua, Lucca, Pisa und Florenz um dieses kleine Juwel mit seinen Marmorsteinbrüchen und Bronzegießereien. Wie so oft war Florenz der Sieger, und Papst Leo X. (Giovanni de' Medici) hatte ab 1513 das Sagen. Großzügig stellte er die Marmorsteinbrüche Michelangelo zur Verfügung, der sich hier 1518 nach Material für die Fassade der Kirche San Lorenzo in Florenz (S. 77) umschaute. Seither hat Pietrasanta ein Herz für Künstler, die sich bis heute hier tummeln, darunter der berühmte, aus Kolumbien stammende Fernando Botero. Viele seiner Werke sind hier ausgestellt.

Pietrasanta bietet sich als Standort für Ausflüge in die Apuanischen Alpen an, ist aber auch ein schönes Tagesziel von Pisa oder Viareggio aus.

Sehenswertes & Aktivitäten

Wer in Pietrasanta am Bahnhof an der Piazza della Stazione ankommt, überquert die Piazza Carducci und gelangt durch das Tor zur Altstadt auf die zentrale **Piazza del Duomo**. Sie wird als Open-Air-Galerie für Skulpturen und andere XXL-Kunstwerke genutzt.

Duomo di San Martino DOM

(Piazza del Duomo; ⏲ variabel) Der imposante Dom (Baujahr 1256) auf dem zentralen Platz von Pietrasanta ist nicht zu übersehen. Sein 36 m hoher roter Backsteinturm ist eigentlich noch gar nicht fertig, denn sein Mauerwerk sollte ursprünglich mit Marmor verkleidet werden.

Chiesa di Sant'Agostino KIRCHE

(Piazza del Duomo; ⏲ variabel) Der wuchtige Steinbau dieser entwidmeten Kirche aus dem 13. Jh. beherrscht das ein Stück weiter gelegene Ende der Piazza del Duomo. Früher war das romanische Gebäude dem hl. Augustin geweiht, heute finden hier wechselnde Kunstausstellungen statt.

Museo dei Bozzetti MUSEUM

(☎ 0584 79 55 00; www.museodeibozzetti.it; Via Sant'Agostino 1; ⏲ Di–Fr 9–13 & 14–19, Sa 14–19, So 16–19 Uhr) GRATIS In dem Kloster neben der Chiesa di Sant'Agostino befindet sich dieses kleine Museum, in dem Dutzende von Gussformen berühmter Skulpturen, die in Pietrasanta entstanden, gezeigt werden.

Via della Rocca AUSSICHTSPUNKT

(Piazza del Duomo) Bei der Chiesa di Sant'Agostino führt ein steiler Weg, die sogenannte Via della Rocca, zu den Überresten der alten Festungsanlagen von Piatrasanta hoch. Die zinnenbewehrte Stadtmauer datiert aus dem frühen 14. Jh., und das, was vom **Palazzo Guinigi** noch erhalten ist, wurde 1408 als Residenz für Paolo Guinigi erbaut, den *signore* von Lucca. Wie nicht anders zu erwarten, lohnen die Aussicht auf die Stadt und das dunkelblaue Mittelmeer den kurzen Anstieg unbedingt.

Battistero SAKRALBAU
(Baptisterium; Via Garibaldi 12; ⌚variabel) In der autofreien Via Garibaldi, um die Ecke von der Kathedrale, steht das an längst vergangene Zeiten erinnernde Baptisterium. Die beiden Taufbecken wirken in dem kleinen, von Kerzen beleuchteten Raum sehr beeindruckend – eins stand bis zum 16. Jh. in der Kirche, das andere, sechseckige von 1389 wurde in den zwei Jahrhunderten davor genutzt, als Taufen noch ein Vollbad bedeuteten.

Via Garibaldi STRASSE
Schicke Modeboutiquen und stylische Kunstgalerien säumen diese malerische Fußgängerzone. Zu den Läden, die garantiert zum Reinschauen verlocken, zählen Modedesigner **Paolo Milani** (Via Garibaldi 11; ⌚variabel), in dessen Studio wild bedruckte Stoffe und unterschiedlichste Materialien zu Klamotten von Grunge bis Glamour verarbeitet werden, Multilabel-Fashionqueen und Trendsetter **Zoe** (www.zoecompany.eu; Via Garibaldi 29–33 & 44–46; ⌚10–13 & 16–20 Uhr), die Vintagemöbel- und Designboutique **Lei** (Via Garibaldi 22) und der Concept Store **Dada** (www.dadaconcept.it; Via Garibaldi 39; ⌚Di–So 10–13 & 15.30–19.30 Uhr).

Chiesa della Misericordia KIRCHE
(Via Mazzini 103; ⌚variabel) Diese bezaubernde kleine Kirche verbirgt sich in der Via Mazzini. Die Fresken der faszinierenden Chiesa della Misericordia *Tor zum Paradies* und *Tor zur Hölle* stammen von Fernando Botero (geb. 1932). Der kolumbianische Künstler (der in Pietrasanta lebt) hat sich selbst übrigens in der Hölle verewigt.

Schlafen

★ Le Camere di Filippo B&B €€
(☎0584 7 00 10; www.filippolondon.it; Via Stagio Stagi 22; DZ 120–150 €; P ❄ @ ☎) Zwei Küchen und vier phantastische Zimmer mit modernem Design und jeweils eigenem Farbkonzept machen diese Unterkunft superattraktiv.

★ Albergo Pietrasanta BOUTIQUEHOTEL €€€
(☎0584 79 37 26; www.albergopietrasanta.com; Via Garibaldi 35; DZ 310 €; P ❄ @ ☎) Wer von Pietrasanta so fasziniert ist, dass er länger bleiben möchte, kann sich in diesem schicken Palazzo aus dem 17. Jh. einquartieren. Mit der gelungenen Mischung aus Alt und Neu gehört er zu den schönsten Boutiquehotels der Toskana. Der bezaubernde Innenhof, der Wintergarten und die ausgesprochen geschmackvoll eingerichteten Zimmer sind genau richtig, um nach einem anstrengenden Galerientag die Füße hochzulegen.

Essen & Ausgehen

Das Überangebot an künstlerisch angehauchten Lokalen mit blumengeschmückten Terrassen im historischen Stadtkern macht die Auswahl schwer. In der autofreien Via Stagio Stagi, einer Parallelstraße der Via Giuseppe Manzini, liegen mehrere Restaurants. Die Cafés an der Piazza del Duomo sind ideal für einen Cappuccino oder einen Sundowner im Freien.

★ Filippo TOSKANISCH €€
(☎0584 7 00 10; http://ristorantefilippo.com; Via Stagio Stagi 22; Mahlzeiten 40 €; ⌚12.30–14.30 & 19.30–2 Uhr, Winter Mo geschl.) 🍃 Für Foodies ist das eine tolle Adresse: Vom selbst gebackenen Brot (sechs Sorten) und der ofenfrischen Focaccia, die das ganze Menü begleiten, über die modern gestalteten Wände und Designmöblierung bis hin zur offenen Küche macht das Konzept dieses Lokals Laune. Die jahreszeitlich geprägte Küche ist genauso kreativ wie die Einrichtung. Vor allem die Salate schmecken göttlich, und die Pastagerichte heben sich wohltuend vom Standard ab. Wer vor oder nach den Hauptessenszeiten kommt, hat Chancen auf einen Tisch; ansonsten reservieren.

Pinocchio FISCH & MEERESFRÜCHTE €€
(☎0584 7 05 10; Vicolo San Biagio 5; Mahlzeiten 40 €; ⌚Di–So 12.30–14 & 19.30–22 Uhr) Das moderne Restaurant überzeugt mit kreativ zubereiteten Fischen und Meeresfrüchten, darunter pikantes Tintenfischragout, Spaghetti mit weißen und schwarzen Meeresfrüchten sowie Stockfisch mit Sesamkruste, sowie lässig-edlem Ambiente. Es hat eine von Sonnenschirmen geschützte Terrasse an der Via Stagio Stagi, der Eingang liegt in der kleinen Gasse um die Ecke.

Osteria Barsanti 54 TOSKANISCH €€
(☎0584 7 15 14; www.osteriabarsanti54.com; Via Barsanti 54; Mahlzeiten 35 €; ⌚12–14.30 & 19–22.30 Uhr) Dieser Newcomer auf der *osteria*-Szene verbirgt sich in einer stillen Gasse in der Nähe des Stadttors: ein Gourmettempel für gutes Slow Food und Wein. „Mit Liebe kochen" lautet das Motto von Alessandro und Marco, Vertreter kreativer Esskultur. Ihre erstklassigen saisonalen Gerichte mit Sardellen, Sardinen, roten Kartoffeln, Kohl und Ähnlichem verführen jederzeit dazu,

ordentlich hinzulangen. Donnerstags gibt's zum Mittagessen ein piekfeines *lampredotto* (Kuttel-Brötchen) mit einem Glas Rotwein und Bohnensalat.

★ L'Enoteca Marcucci WEINBAR
(☎0584 79 19 62; www.enotecamarcucci.it; Via Garibaldi 40; ⏲Di–So 10–13 & 17–1 Uhr) An hohen Holztischen mit Barhockern oder draußen unter ausladenden Sonnenschirmen funkeln wunderbare toskanische Tropfen in den Gläsern. Dass sich alle Gäste von dem inspirierenden, künstlerischen Flair der beliebten *enoteca* anstecken lassen, liegt aber nicht nur am Wein.

Praktische Informationen

Touristeninformation (☎0584 28 33 75; www.comune.pietrasanta.lu.it; Piazza Statuto; ⏲Sommer Di–So 10–12.15 & 17–19.15 Uhr)

An- & Weiterreise

ZUG

Regionalzüge fahren nach::
Lucca (mit Umsteigen in Pisa oder Viareggio; 5,90 €, 1 Std., alle 30 Min.)
Pisa (4,30 €, 30 Min., alle 30 Min.)
Viareggio (2,50 €, 10 Min., alle 10 Min.)

Viareggio

63 400 EW.

Das beliebte Sand-und-Sonne-Paradies ist bekannt für seinen Carnevale, der hier fast so heftig tobt wie in Venedig. Die einstmals prächtigen, mittlerweile aber ziemlich heruntergekommenen Jugendstilfassaden der Häuser an der Strandpromenade strahlen eine morbide Faszination aus. Sie erinnern an die Blütezeit der Stadt in den 1920er- und 1930er-Jahren.

Sehenswertes

Cafés, Klettergerüste und andere Vergnügungen für Kinder säumen den breiten, goldenen **Strand** von Viareggio. Doch nur das kurze Stück gegenüber der **Piazza Mazzini** mit ihrem Brunnen ist öffentlich zugänglich; der Rest wurde in *stabilimenti* aufgeteilt, also Parzellen, auf denen Strandhütten, Sonnenschirme, Liegen usw. nur gegen Bares zu haben sind. Eine Handvoll Häuser an der Promenade hat sich etwas vom Glanz der alten Zeit erhalten, allen voran das Gran Caffè Margherita (S. 244) von 1929, wo Puccini gern eine schöpferische Pause einlegte. Atmosphäre schafft auch das benachbarte Holzhaus **Chalet Martini** von 1860.

Literaturfreunde werden es sich nicht nehmen lassen, an der **Piazza Shelley** vorbeizuschauen. Dieser Platz ist das einzige sichtbare Andenken an den romantischen Schriftsteller, der in den Wellen vor Viareggio ertrank. Sein Freund Lord Byron übergab den am Strand angespülten Leichnam den Flammen.

La Citadella di Carnevale MONUMENT
(☎0584 5 30 48; Via Santa Maria Goretti; ⏲Sommer Mo–Fr 10–12, Winter Mo, Mi & Fr 10–12 Uhr) GRATIS Nur ein paar Kilometer landeinwärts liegt die „Karnevalsburg", wo 16 riesige Hallen als Werkstätten und Stellplätze für die phantastischen Festwagen dienen, die die berühmten *carristi* (Wagenbauer) von Viareggio für den jährlichen Karneval herausputzen.

Im **Museo del Carnevale** (Karnevalsmuseum) wird die Geschichte des Karnevals erklärt und z. B. gezeigt, wie die *teste in capo* (riesige Köpfe, die beim Umzug übergestülpt werden) und *mascheroni a piedi* (Riesenpuppen) fabriziert werden. Wer gern selbst künstlerisch tätig werden möchte, erkundigt sich nach den Pappmaschee-Workshops, die hier angeboten werden.

Die größten Gefährte besitzen riesige Aufbauten mit Figuren von Clowns, Operndiven, Königen, Skeletten usw. aus Pappmaschee, sind 20 m breit und 14 m hoch. Sie werden in einem Zeitraum von fünf Monaten gebaut und können je 200 Karnevalisten aufnehmen. Wer durch die Hallen schlendert, wird so gut wie sicher von einem *carrista* eingeladen, seine Werkstatt zu besichtigen.

Festivals & Events

Carnevale di Viareggio KULTUR
(http://viareggio.ilcarnevale.com) Viareggios Höhepunkt des Jahres dauert vier Wochen (Februar bis Anfang März). Da stürzt sich die ganze Stadt in den Karneval, als ob es kein Morgen gäbe. Auf Umzügen werden Festwagen bejubelt, die mit ihren Aufbauten oft Politiker oder andere Prominente durch den Kakao ziehen, Feuerwerke werden gezündet, und überall ist bis zum Morgengrauen die Hölle los. Tickets für die Umzüge, die sonntags um 15 Uhr beginnen (Erw./erm. 18/13 €), gibt's am selben Tag an einem der Kioske entlang der Route oder vorab per E-Mail.

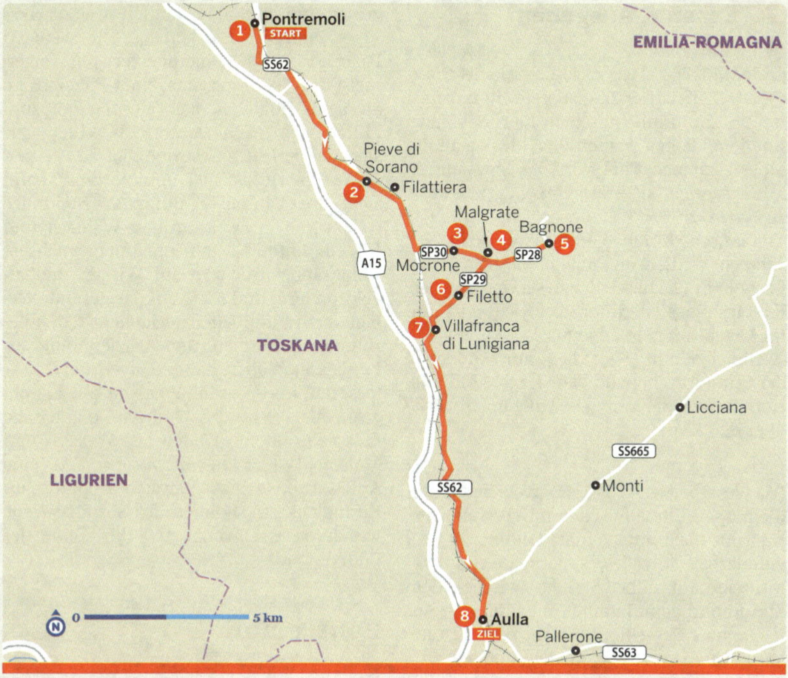

Auto-/Radtour Via Francigena

START PONTREMOLI
ZIEL AULLA
LÄNGE/DAUER 32 KM; 2 BIS 3 STUNDEN

Der Weg vom englischen Canterbury nach Rom war einst so stark von Pilgern frequentiert, dass die lombardischen Könige im 8. Jh. auf der ganzen Strecke durch die Lunigiana Hospize und Klöster für sie errichten ließen. Diese per Auto wie per Fahrrad gut machbare Tour führt an einigen davon vorbei.

Von 1 **Pontremoli** (S. 270) geht's auf der SS62 (Richtung Villafranca) 8 km nach Filattiera. Unterwegs zeigt sich die romanische, mit Steinplatten gedeckte 2 **Pieve di Sorano** (1148). Der Wachturm daneben wies darauf hin, dass es sich um einen befestigten Pilgerposten handelte. Hinter der Kirche liegt auf der Hügelkuppe das Dorf. Nun geht es 2,5 km auf der SS62 weiter und dann links ab auf die SP30 Richtung Bagnone. Nach 2,3 km bietet 3 **Mocrone** eine tolle Aussicht auf das befestigte 4 **Malgrate** auf dem Hügel links. Für die Mittagspause empfiehlt sich das Dorfgasthaus Locanda Gavarini.

Etwa 4 km nach Mocrone erreicht man 5 **Bagnone**, einen wichtigen Handelsposten an der Via Francigena und interessant wegen seiner Burg, der Kirche und den Restaurants. Landschaftlich reizvoll ist der leichte 15- oder 30-minütige Wanderweg über den Fluss und seine dramatischen Schluchten. Die Route beginnt an der Piazza Roma und endet an der Hauptstraße Via della Repubblica. Der letzte Abschnitt über die mittelalterliche, gepflasterte Ponte Vecchio ist schlicht märchenhaft.

Von Bagnone geht's zurück nach Mocrone und weiter nach Villafranca; zuvor führt noch ein Schlenker nach links auf der SP29 zum mittelalterlichen Weiler 6 **Filetto**, wo man gemütlich durch schmale Gassen und über winzige Piazze schlendern kann.

7 **Villafranca di Lunigiana**, 1,5 km südlich, war eine weitere Station entlang der Pilgerroute. Malerisch am Flussufer gelegen, hat der Ort ein kleines volkskundliches Museum und eine Getreidemühle aus dem 15. Jh.

Der Ausflug endet 12 km weiter südlich in 8 **Aulla**, das für sein Kloster von 884 und die darin aufbewahrten sterblichen Überreste des hl. Caprasius von Lérins bekannt ist.

Essen & Ausgehen

★ La Barchina FISH & CHIPS €

(☎ 347 7212848; Lungomolo Corraldo del Greco; ⌚ Di–Fr 12–15, Sa & So 12–23 Uhr) Nicht umsonst stehen die Einheimischen hier Schlange: Auf dem kleinen weißen Boot, das da an der Mole festgemacht hat, wird der Tagesfang zu Mittagsgerichten verarbeitet. Beispielsweise zu *fritto misto* (8 €, unser Tipp!), für das Tintenfisch, Krabben und Oktopus in Teig getaucht, frittiert und mit einem strahlenden Lächeln in Plastikschälchen serviert werden. Freitags gibt's *baccalà* (Stockfisch; 8 €) und für Vegetarier gebratene Pilze.

Die *barchina* (Boot) liegt am Hafenende der Strandpromenade Viale Regina Margherita, hinter der weißen Fußgängerbrücke über den Kanal.

Lettera 22 CAFÉ

(Via Giuseppe Mazzini 84; 📶) Wer sich unter die hippen Einheimischen mischen möchte, besucht nachmittags das Lettera 22, ein wunderbar stilvolles, supermodernes Literaturcafé auf halber Strecke zwischen dem Strand und dem Bahnhof mit Gratis-WLAN, bequemen Sesseln, Büchern zum Schmökern, Kinderspielecke, Kuchen und leckeren Kräuter- und anderen Tees.

Praktische Informationen

Touristeninformation (☎ 0584 96 22 33; www.aptversilia.it; Viale Regina Margherita 20; ⌚ Mo–Sa 9–13 & 15–18 Uhr) Gegenüber der Uhr am Ufer.

An- & Weiterreise

ZUG

Gegenüber dem Ausgang des **Bahnhofs** (Piazza Dante Alighieri) führt die Via Guiseppe Mazzini geradeaus in 10 Gehminuten zur Piazza Giuseppe Mazzini und der Promenade am Sandstrand dahinter. Regionalzüge fahren nach:

Florenz (9,20 €, 1½ Std., mind. stündl.)
Livorno (5,30 €, 45 Min., 16-mal tgl.)
Lucca (3,40 €, 17 Min., alle 20 Min.)
Pietrasanta (2,50 €, 10 Min., alle 10 Min.)
Pisa (3,40 €, 18 Min., alle 20 Min.)
Pontremoli (7,20 €, 1¼ Std., stündl.)

LUNIGIANA

Die von gewaltigen Landmassen umschlossene Enklave wird im Norden und Osten vom Apennin begrenzt, im Westen von Ligurien und im Süden von den Apuanischen Alpen und der Garfagnana. Die wenigen Besucher, die sich hierher verirren, folgen meist der Via Francigena, einer Pilgerstraße aus dem Mittelalter, oder fahren gezielt zum Mittagessen nach Pontremoli, einer versteckten Perle der Gastronomie.

Wer im Herbst hier unterwegs ist, kann sich über intensiv duftende Steinpilze freuen, die in saftig grünen Wäldern und Hügeln unter Kastanienbäumen wachsen. Wildkräuter wuchern auf Wiesen und an Feldrändern, und 5000 auf das gesamte Gebiet verstreute Bienenstöcke liefern den berühmten Kastanien- und Akazienhonig der Lunigiana. Neben diesen Gaben der Natur locken weitere Spezialitäten wie Zeri-Lamm, gekochte Schweineschulter, ofenfrische *focaccette* (kleine Fladen aus Weizen- und Maismehl), knackig-süße *mele rotella* (eine Apfelsorte), *caciotta* (ein fein aromatischer Kuhmilchkäse), Bohnen der Sorte *bigliolo,* wunderbares Olivenöl und die Weine der Colli di Luni.

Pontremoli

7520 EW.

Der abgelegene Ort liegt im Schatten des trutzigen Castello del Piagnaro. Er ist zwar klein, hat aber dank der strategisch günstigen Position an der alten Pilger- und Handelsroute **Via Francigena** viel Charme. Im Mittelalter verdienten sich die Geschäftsleute hier eine goldene Nase und staffierten den Ort mit Palazzi, Piazze und eleganten Steinbrücken aus.

Die Altstadt erstreckt sich wie ein langer Splitter von Norden nach Süden zwischen den Flüssen Magra und Verde, die einst als natürliche Barriere vor feindlichen Angriffen schützten. Die verschlungenen, gepflasterten Gassen werden von Torbögen überspannt, führen durch ehemalige Festungsanlagen der verfeindeten Guelfen und Ghibellinen und zu einer Kirche aus dem 17. Jh. sowie einem Theater aus dem 18. Jh.

Sehenswertes

Castello del Piagnaro BURG

(www.statuestele.org; Erw./erm. 4/2 €; ⌚ Sommer Di–So 9–12.30 & 15–18 Uhr, Winter bis 17.30 Uhr) Hinter der zentralen Piazza della Repubblica und der benachbarten Piazza del Duomo geht es nach einem Stück auf der Via Garibaldi links ab. Die steile, hübsche Gasse Sdrucciolo del Castello kämpft sich über Treppenstufen hinauf zur baufälligen Burg, die auch als Militärbaracke herhalten musste. Ihren Namen verdankt sie dem *piagnaro* (Steinplatte), der in der Lunigiana anstelle von Ziegeln für die Dacheindeckung verwendet wird.

Die Burg hat neben einem herrlichen Ausblick ein kleines Museum mit einer Sammlung primitiver Stelen zu bieten, die in der Nähe gefunden wurden. Niemand weiß, welchen Zweck diese Statuen erfüllten, die in der gesamten Lunigiana auftauchen. Die meisten stellen männliche und weibliche Götzenbilder dar und sind rund 5000 Jahre alt.

Schlafen & Essen

Im Sommer scheint gegen 17 Uhr die gesamte Bevölkerung von Pontremoli die zentrale **Piazza della Repubblica** anzusteuern, um sich auf der Terrasse des 1842 eröffneten **Caffè degli Svizzeri** (0187 83 01 60; Piazza della Repubblica 22; Sommer Di–So 7–20 Uhr, im Winter kürzer) zu versammeln, Eis zu essen und einfach den Charme zu genießen, den das kleine, ungeniert ländliche Städtchen verströmt. Besuchern kann man nur empfehlen, es den Einheimischen gleichzutun.

★ Locanda Gavarini HOTEL €

(0187 49 55 04; www.locandagavarini.it; Via Benedicenti 50, Mocrone; EZ/ DZ 60/80 €; P) Das Landhotel mit Gasthaus steht am Ende einer bedenklich schmalen Straße und ist eine idyllische Oase der Ruhe, die nur durch Vogelgezwitscher und den bei Sonnenaufgang krähenden Hahn gestört wird. Die Küche (Mahlzeiten 20 €) ist eine Hommage an die Lunigiana und sucht im weiten Umkreis ihresgleichen.

Trattoria Da Bussè TRATTORIA €

(0187 83 13 71; Piazza del Duomo 31; Mahlzeiten 25 €; Mo–Do 29–22, Sa & So 12.30–14.30 & 20–22 Uhr) Seit 1930 wird das von Slow Food hochgelobte Restaurant von derselben Familie geführt, und auch die Einrichtung hat sich offensichtlich seitdem nicht geändert. Es gibt fast nur Regionales wie *torta d'erbe della Lunigiana* (Kräutertarte, in einer mit Kastanienblättern ausgelegten, gusseisernen Form über Holzkohle gebacken) – köstlich!

Trattoria Pelliccia TRATTORIA €€

(0187 83 05 77; Via Garibaldi 137; Mahlzeiten 30 €; 12–14 & 19.30–22 Uhr) In einer holprigen alten Straße am Rand der Altstadt versteckt sich diese wunderbare Trattoria mit regionaler Alltagsküche. Als *primo* sind die *testaroli della Lunigiana al pesto* (eine Art würzige Pfannkuchen, in Rauten geschnitten, wie Pasta gekocht und mit Pesto serviert) zu empfehlen, gefolgt von einem *agnello di Zeri* (Lamm; 13 €) aus dem Holzofen. Und zum Abschluss gibt es eines der leckeren Sorbets (Zitrone und Salbei, Pistazie und Pfeffer, Erdbeere und Portwein ...).

Praktische Informationen

Touristeninformation (0187 83 20 00; Piazza della Repubblica 33; Sa & So 10–12 & 15.30–18 Uhr)

An- & Weiterreise

ZUG

Regionalzüge fahren nach:

La Spezia (5,30 €, 50 Min., häufig)

Pisa (8,70 €, 90 Min., stündl.)

Östliche Toskana

Inhalt ➜

Gut essen

- ➜ Antica Osteria Agania (S. 278)
- ➜ Ristorante Da Ventura (S. 281)
- ➜ Toscana Twist (S. 288)
- ➜ Ristorante Da Muzzicone (S. 292)
- ➜ La Bucaccia (S. 292)

Abseits der üblichen Pfade

- ➜ Osteria dell'Acquolina (S. 281)
- ➜ Piero della Francescos *Madonna del Parto* (S. 284)
- ➜ Museo Michelangeliolesco (S. 285)
- ➜ Borgo Corsignano (S. 285)
- ➜ Santuario della Verna (S. 287)

Auf in die östliche Toskana

Filmregisseure lieben den Osten der Toskana: Mit den unvergesslichen Bildern berühmter Filmklassiker haben sie seine Landschaft und die mittelalterlichen Bergdörfer unsterblich gemacht. Dennoch ist diese Gegend alles andere als touristisch überlaufen und wer sich hierherwagt, findet viele einsame Pfade. Attraktionen gibt es in Hülle und Fülle, ob eine spektakuläre Berglandschaft und wunderbare Wanderwege im Casentino, interessante Kunst und Architektur des Mittelalters in Arezzo, Sansepolcro und Cortona, eine der bedeutendsten Pilgerstätten Italiens, oder das beste *bistecca alla fiorentina* (auf Holzkohle gegrilltes T-Bone-Steak) der Toskana im Val di Chiana. Das Reisen kann hier recht einsam sein und in die meisten Gegenden kommt man nur mit einem eigenen Fahrzeug – doch die Mühe lohnt sich!

Entfernungen (km)

	Assisi	Arezzo	Cortona	Sansepolcro
Arezzo	94			
Cortona	65	29		
Sansepolcro	76	38	52	
Poppi	132	36	62	71

AREZZO

99 200 EW.

Arezzo gehört zwar nicht zu den schönsten Städten der Toskana, doch der Teil der historischen Altstadt, der die verheerenden Bombenangriffe des Zweiten Weltkriegs überlebt hat, kann mit den anderen faszinierenden Städten der Region durchaus mithalten. Und der zentrale Platz ist wirklich so bezaubernd, wie ihn Roberto Benigni in seinem Filmklassiker *Das Leben ist schön* zeigt.

Der ehemals bedeutende Handelsposten der Etrusker wurde später dem Römischen Reich einverleibt. Doch schon im 10. Jh. war Arezzo eine freie Republik und unterstützte die kaisertreuen Ghibellinen im Krieg zwischen Kaiser und Papst. 1384 wurde die Stadt von Florenz erobert.

Heute ist die Stadt vor allem bekannt für ihre Kirchen, Museen und die phantastische, schräg abfallende Piazza Grande, auf der an jedem ersten Wochenende im Monat ein riesiger Antiquitätenmarkt stattfindet. Wenn es Abend wird, treffen sich die Arentiner auf dem von Geschäften gesäumten Corso Italia zur traditionellen *passeggiata*.

Sehenswertes & Aktivitäten

★ Cappella Bacci — KIRCHE

(☎0575 35 27 27; www.pierodellafrancesca.it; Piazza San Francesco; Erw./erm. 8/5 €; ⌚Mo–Fr 9–18.30, Sa 9–17.30, So 13–17.30 Uhr) Die kleine Kapelle im Hauptchor der **Basilica di San Francesco** aus dem 14. Jh. beherbergt mit dem Freskenzyklus *Die Legende vom wahren Kreuz* von Piero della Francesca eines der großartigsten Kunstwerke Italiens. Die zwischen 1452 und 1466 entstandenen Wandmalereien erzählen die als *Legenda aurea* überlieferte Geschichte des Kreuzes, an dem Jesus Christus starb. Da immer nur 25 Besucher für jeweils 30 Minuten in die Kapelle dürfen, sollte man in der Hochsaison die Karten für die Besichtigung unbedingt (telefonisch oder per E-Mail) vorbestellen. Das Kartenbüro befindet sich unterhalb des Eingangs zur Kirche.

Die mittelalterliche Legende ist ebenso unterhaltsam wie unglaublich. Der Zyklus beginnt mit der Darstellung, wie Seth den Baum, der später zum Kreuz Christi wird, auf dem Grab seines Vaters Adam pflanzt. In einer anderen Szene findet Helena, die Mutter von Kaiser Konstantin, das lang verschollene Kreuz. Im Hintergrund ist Jerusalem als mittelalterliches Arezzo zu sehen. Eine andere Szene zeigt den Sieg von Kaiser Herakleios über den Perserkönig Chosroe, der das Kreuz gestohlen haben soll. In einer meisterhaften Nachtszene schläft Konstantin vor der Schlacht gegen Maxentius in einem Zelt und träumt vom Heiligen Kreuz, mit dem er am nächsten Tag in die Schlacht ziehen wird.

In zwei der eindrucksvollsten Szenen treffen die Königin von Saba und König Salomon aufeinander. In der ersten Szene kniet die Königin auf einer Brücke über dem Fluss Siloah, wo sie auf Salomon trifft. Dabei tragen die Königin und ihr Gefolge prächtige Gewänder im Stil der Renaissance. Der Palast von König Salomon in der zweiten Szene sieht aus wie ein Gebäude des berühmten Renaissance-Architekten Leon Battista Alberti.

★ Chiesa di Santa Maria della Pieve — KIRCHE

(Corso Italia 7; ⌚8–12.30 & 15–18.30 Uhr) GRATIS Die älteste Kirche Arezzos wurde im 12. Jh. errichtet. Die außergewöhnliche romanische Bogenfassade ist mit Säulen geschmückt, deren Kapitelle immer anders verziert sind. Über dem Hauptportal befindet sich das Steinrelief *Cyclo dei Mesi*, das die zwölf Monate des Jahres darstellt. Glanzstück des schlichten Innenraums ist das Polyptychon *Maria mit Kind und Heiligen* von Pietro Lorenzetti (1320–1324) unter der Kuppel der Apsis, das aber zur Zeit der Recherche für Restaurationszwecke entfernt worden war. Unter dem Hochaltar steht eine silberne Büste des Stadtheiligen Donatus, ebenfalls aus dem 14. Jh. Weitere bemerkenswerte Kunstwerke sind das von Margarito di Arezzo geschaffene Kruzifix aus dem 13. Jh. (links vom Altar, neben der Tür zur Sakristei) und das Säulenfresko (gegenüber der Tür zur Sakristei) von Andrea di Nerio (1331–1369), das Franz von Assisi neben dem hl. Dominikus zeigt.

Piazza Grande — PLATZ

Am oberen Ende des stark abschüssigen Platzes steht der mit einem Säulengang geschmückte **Palazzo delle Logge Vasariane**

> **SPARTICKET**
>
> Im günstigen Kombi-Ticket (Erw./erm. 12/7 €) ist der Eintritt zur Cappella Bacci, zum Museo Archeologico Nazionale und Museo di Casa Vasari enthalten.

Highlights

1 In Arezzo die Fresken der **Cappella Bacci** (S. 273) und mit der **Piazza Grande** (S. 273) einen der schönsten Plätze der Toskana bewundern.

2 Im **Museo Civico** (S. 280) in der Spitzenklöppelstadt Sansepolcro die Werke des Renaissance-Künstlers Piero della Francesca bestaunen.

3 Die gut erhaltene mittelalterliche Burg des wehrhaften Dorfes **Poppi** (S. 285) erkunden.

4 Im Einklang mit der Natur zu den abgelegenen mittelalterlichen Klöstern im **Parco Nazionale delle Foreste Casentinesi, Monte Falterona e Campigna** (S. 287) pilgern.

5 Im spektakulären Bergdorf Cortona die

Kirchen und sensationellen religiösen Kunstwerke des **Museo Diocesano** (S. 290) besichtigen.

6 In **Castiglion Fiorentino** (S. 289) im Val di Chiana das beste *bistecca alla fiorentina* (T-Bone-Steak) der Welt von den berühmten toskanischen Chianina-Rindern genießen.

7 Den Spuren des hochverehrten hl. Franziskus vom umbrischen Bergdorf **Assisi** (S. 293) ins herrlich einsame **Santuario della Verna** (S. 287) folgen.

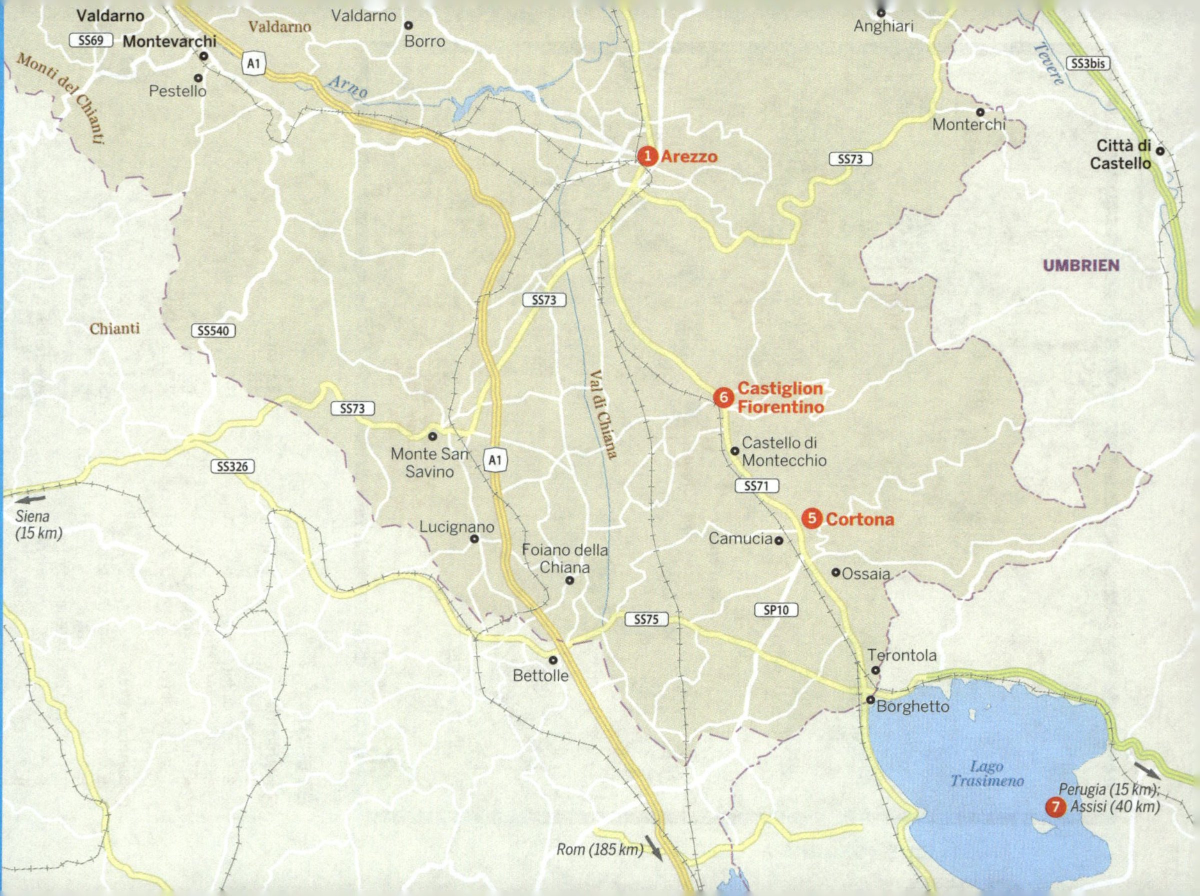

Arezzo

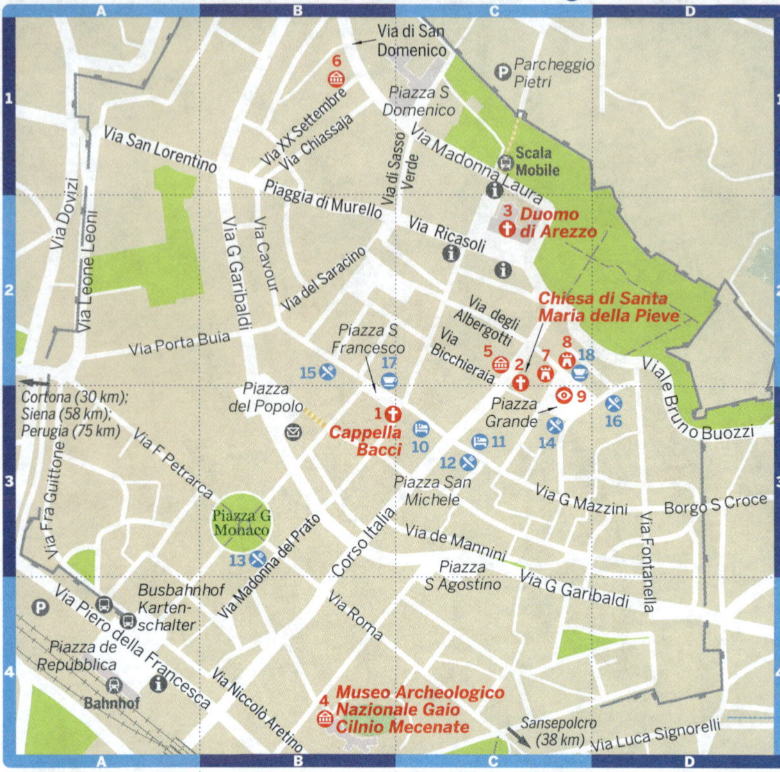

Arezzo

Highlights
- 1 Cappella Bacci B3
- 2 Chiesa di Santa Maria della Pieve C2
- 3 Duomo di Arezzo C2
- 4 Museo Archeologico Nazionale Gaio Cilnio Mecenate B4

Sehenswertes
- 5 Casa Museo di Ivan Bruschi C2
- 6 Museo di Casa Vasari B1
- 7 Palazzo della Fraternità dei Laici C2
- 8 Palazzo delle Logge Vasariane C2
- 9 Piazza Grande C3

Schlafen
- 10 Graziella Patio Hotel C3
- 11 Palazzo dei Bostoli C3

Essen
- 12 Antica Osteria Agania C3
- 13 Il Cantuccio B3
- 14 La Bottega di Gnicche C3
- 15 La Cantina del Doc B2
- 16 La Torre di Gnicche D3

Ausgehen & Nachtleben
- 17 Caffè dei Costanti B2
- 18 Caffè Vasari C2

(Piazza Grande), der 1573 fertiggestellt wurde. Der an eine Kirche erinnernde **Palazzo della Fraternità dei Laici** (Piazza Grande) am nordwestlichen Rand des Platzes wurde 1375 im gotischen Stil begonnen und mit Beginn der Renaissance vollendet.

★ Duomo di Arezzo KATHEDRALE
(Cattedrale di Santi Donato e Pietro; Piazza del Duomo; ⏲7–12.30 & 15–18.30 Uhr) GRATIS Mit dem Bau des Doms wurde bereits im 13. Jh. begonnen, doch vollendet wurde er erst im 15. Jh. In der nordöstlichen Ecke befindet

sich links neben dem reich verzierten Hochaltar das wunderbare Fresko *Maria Magdalena* von Piero della Francesca (um 1459). Ebenso bemerkenswert sind die fünf glasierten Terrakotta-Figuren aus der Werkstatt des Andrea della Robbia. Hinter dem Dom erhebt sich die fünfeckige **Fortezza Medicea** (1502) auf einem der zwei Hügel von Arezzo – auf dem anderen Hügel steht der Dom.

★ Museo Archeologico Nazionale Gaio Cilnio Mecenate MUSEUM

(www.museistataliarezzo.it; Via Margaritone 10; Erw./erm. 6/3 €; ⌚8.30–19.30 Uhr, Nov. 8.30–13.30 Uhr) Das Museum neben den Überresten eines römischen Amphitheaters mit mehr als 10 000 Sitzplätzen befindet sich in einem Kloster aus dem 14. Jh. Zu sehen sind Gegenstände und Kunstwerke der Etrusker und Römer. Glanzstück der Ausstellung ist die *Cratere di Euphronios*, eine etruskische Vase aus dem 6. Jh. v. Chr., die mit äußerst lebendigen Schlachtszenen des Herkules geschmückt ist. Ebenfalls sehenswert ist das winzige Porträt eines bärtigen Mannes aus der zweiten Hälfte des 3. Jhs. Es wurde mit der Technik der Chrysographie hergestellt, also in eine dünne Goldschicht eingraviert und dann zwischen zwei Glasplatten gepresst.

Casa Museo di Ivan Bruschi MUSEUM

(www.fondazionebruschi.it; Corso Italia 14; Erw./erm. 5/3 €; ⌚Sommer Di–So 10–19 Uhr, Winter Di–So 10–13 & 14–18 Uhr) Das Museum befindet sich im **Palazzo del Capitano del Popolo** aus dem 13. Jh., der in den 1960er-Jahren von dem wohlhabenden Antiquitätensammler Ivan Bruschi schön restauriert wurde. Nach seinem Tod wurde der Palazzo zum Museumshaus, in dem nun Bruschis kunterbunte Sammlung von Möbeln, Kunstwerken, Münzen, Schmuck, Kleidung und Keramik von der prähistorischen Zeit über die Etrusker, Griechen, Römer und das Mittelalter bis hin in die Renaissance zu sehen ist. Als Kombiticket mit der Cappella Bacci kostet der Eintritt nur 1 €.

Museo di Casa Vasari MUSEUM

(www.museistataliarezzo.it; Via XX Settembre 55; Erw./erm. 4/2 €; ⌚Mo & Mi–Sa 9–19, So 9–13 Uhr) In dem nach seinen Entwürfen gebauten und überbordend ausgeschmückten Palast lebte und arbeitete der in Arezzo geborene Maler, Architekt und Kunsthistoriker Giorgio Vasari (1511–1574). In dem heutigen Museum wird auch das Originalmanuskript seines Werkes *Leben der ausgezeichnetsten Maler, Bildhauer und Baumeister* von 1550 gezeigt, das bis heute unter dem Titel *Künstler der Renaissance* erhältlich ist. Die Besichtigung endet im wunderbaren Dachgarten, der mit Blumenbeeten, Buchsbaumhecken und einem Springbrunnen ganz im Stil der Renaissance gestaltet ist. Um ins Museum zu gelangen, muss man an der Tür läuten.

Der bedeutendste Raum des manieristischen Palastes ist die **Sala della Virtu** (Saal der Tugend), die Vasari 1548 selbst ausmalte, während er gleichzeitig seine *Lebensbeschreibungen* verfasste. So finden sich in den Gemälden viele Episoden aus dem Leben der berühmtesten Maler der Antike.

Seine Zeitgenossen verewigte Vasari in der **Camera della Fama con le Quattro Arti** (Raum des Ruhmes und der Künste), dessen sieben Porträts unter anderem Michelangelo, Andrea del Sarto und natürlich – ganz unbescheiden – ihn selbst zeigen.

Festivals & Events

Fiera Antiquaria di Arezzo ANTIQUITÄTEN

(Antiquitätenmarkt) Der berühmteste Antiquitätenmarkt der Toskana findet an jedem ersten Wochenende im Monat auf der Piazza Grande statt.

Giostra del Saracino KULTUR

(Sarazenenspiel; www.giostradelsaracinoarezzo.it; Piazza Grande) Das mittelalterliche Turnierspektakel auf der Piazza Grande findet am dritten Samstag im Juni und ersten Sonntag im September statt. Dabei treten die „Ritter" der vier *quartieri* (Stadtviertel) gegeneinander an.

Schlafen

Palazzo dei Bostoli B&B €

(☎334 1490558; www.palazzobostoli.it; Via G. Mazzini 1; EZ/DZ 55/75 €; ❄📶) Die herrlich altmodische Pension in der Nähe der Piazza Grande hat fünf einfache, aber gemütliche Zimmer im 2. Stock eines Palazzo aus dem 13. Jh. Das aus einem Kaffee und *cornetto* (Croissant) bestehende Frühstück wird in einer Bar des Corso Italia um die Ecke serviert.

Casa Volpi HOTEL €

(☎0575 35 43 64; www.casavolpi.it; Via Simone Martini 29; EZ/DZ 65/95 €; P@📶) Die Villa aus dem 18. Jh. ist 1,5 km von der Altstadt Arezzos entfernt und über einen schönen Radweg zu erreichen. Fahrräder kann man im Hotel leihen. Die klassische Einrichtung der 15 Zimmer erhält durch Originaldetails –

DREI PERFEKTE TAGE

1. Tag: Arezzo

In den alten Straßen und auf den schönen Plätzen Arezzos wurden zwei weltbekannte Filme gedreht. In Roberto Benignis *Das Leben ist schön* sind auch der **Duomo** und die **Chiesa di Santa Maria della Pieve** zu sehen. Ein paar Schritte weiter lebte und arbeitete der in Arezzo geborene Maler, Architekt und Kunsthistoriker Giorgio Vasari. Danach geht es zum Meisterwerk des genialen Piero della Francesca in der **Cappella Bacci** der Basilica di San Francesco, wo Anthony Minghella eine der Schlüsselszenen des Films *Der englische Patient* drehte.

2. Tag: Auf den Spuren der Della Robbia

Die berühmte Bildhauerfamilie formte im 15. Jh. aus Keramik weit mehr als nur Geschirr: Ihre wunderbaren Reliefs und Medaillons aus glasierter Terrakotta sind in den Kirchen der gesamten Toskana zu bewundern. Die Meisterwerke des berühmtesten Familienmitglieds Andrea (1435–1525) befinden sich in den mittelalterlichen Klöstern von **Camaldoli** und La Verna im Parco Nazionale delle Foreste Casentinesi, Monte Falterona e Campigna nördlich von Arezzo.

3. Tag: Val di Chiana

Auf dem Weg von Arezzo nach Cortona oder in die Zentraltoskana lohnt sich ein Abstecher in das weite Val di Chiana mit seinen Obstgärten, Olivenhainen und grünen Wiesen, auf denen die milchweißen Chianina-Rinder grasen. Abseits der üblichen Pfade folgt man der kurvenreichen Straße hinauf in die Bergdörfer **Castiglion Fiorentino** (für ein einzigartiges Mittagessen mit viel Fleisch), **Foiano della Chiana** und **Lucignano**.

wie Holzbalkendecken, rote Backsteinböden und Parkett – einen bezaubernden Pfiff. Im Sommer stehen die Tische des hoteleigenen Restaurants auch im hübschen Garten des Familienbetriebs. Frühstück kostet 9 €.

Graziella Patio Hotel BOUTIQUEHOTEL €€
(☎ 0575 40 19 62; www.hotelpatio.it; Via Cavour 23; EZ/DZ 130/180 €, Suite 200–320 €; ❄@📶) In einer herrlichen Mischung aus Alt (Gewölbekeller aus dem 15. Jh.) und Neu wurden die zehn Zimmer nach den Reisebüchern des Briten Bruce Chatwin benannt – und entsprechend eingerichtet. So ist das ganz in Pink gehaltene *Arkady* das australische Zimmer, während *Fillide* ganz marokkanisch und *Cobra Verde* als grünes Amazonas-Paradies eingerichtet ist. In jedem Zimmer liegt ein MacBook zum Surfen im Internet bereit. Der Service ist erstklassig.

Essen & Ausgehen

★ **Antica Osteria Agania** TOSKANISCH €
(☎ 0575 29 53 81; www.agania.com; Via G. Mazzini 10; Gerichte 25 €; ⏲ Di–So 12–15 & 18–22.30 Uhr) Das Essen des alteingesessenen Lokals ist durch und durch traditionell – wie Kutteln oder *grifi con polenta* (Lammbäckchen mit Polenta) – und sensationell gut. Es ist eines dieser zeitlosen, einladenden Restaurants mit frischen Topfkräutern am Eingang, die das feste Fundament der feinen Esskultur in der Toskana bilden. Am besten beginnt man mit *antipasto misto* (gemischten Vorspeisen) und kombiniert dann eine von sechs Nudelsorten mit einer von acht Saucen. Besonders zu empfehlen sind *pici* (dicke toskanische Spaghetti) mit Wildschweinsauce. Will man die Warteschlange vermeiden, darf man erst gegen 13 Uhr kommen.

La Bottega di Gnicche SANDWICHES €
(www.bottegadignicche.com; Piazza Grande 4; Panini 3,50–5 €; ⏲ Do–Di 11–20 Uhr) In dem altmodischen *alimentari* (Lebensmittelladen) am Hauptplatz von Arezzo werden die *panini* (Weißbrotscheiben) mit verschiedenen hausgemachten Wurst- und Käsesorten belegt. Essen kann man die leckeren Brote auf der Veranda neben einem Regal voller gelber Packungen mit Martelli-Nudeln oder auf einem Barhocker im Innenraum.

La Torre di Gnicche TOSKANISCH €
(www.latorredignicche.it; Piaggia San Martino 8; Suppe 7 €, Wurst- und Käseplatte 10 €; ⏲ Do–Di 12–15 & 18–24 Uhr) Das gemütliche Lokal voller Flaschenregale an den Wänden, etwas abseits der Piazza Grande, bietet eine riesige Auswahl an toskanischen Weinen (offen oder in der Flasche), köstliche Wurst- und

Käseplatten sowie rustikale Hausmannskost wie *pappa al pomodoro* (Tomaten-Brot-Suppe) im Sommer oder *ribollita* („aufgewärmte“ Gemüsesuppe mit Bohnen, Kohl und Brot) im Winter.

Il Cantuccio TOSKANISCH €€
(☎0575 2 68 30; www.il-cantuccio.it; Via Madonna del Prato 76; Gerichte 25 €; ⏰Do–Di 12–15 & 19–23.30 Uhr) Die kleine *trattoria* abseits von Kirchen und Museen der Stadt ist vor allem im Winter sehr beliebt, wenn das Kellergewölbe aus rotem Backstein besonders gemütlich ist. Das Essen ist toskanisch, saisonal und mit viel Liebe und Stolz zubereitet. Im Frühjahr empfiehlt sich frischer Artischockensalat als Vorspeise, gefolgt von einer großen Auswahl an Nudelsorten und Saucen von einfacher Tomaten- bis zur erlesenen Trüffelsauce, die jeweils nach Belieben kombiniert werden können.

La Cantina del Doc TOSKANISCH €€
(☎0575 2 20 90; Via Cavour 61; Gerichte 25 €; ⏰Mo, Mi & Do 12.30–15, Fr–So 12.30–15 & 19–22 Uhr) Die riesigen Kochtöpfe und Backbleche im Schaufenster sprechen für sich. Und halten, was sie versprechen, denn die traditionellen toskanischen Gerichte des modernen Restaurants mit zwei Speiseräumen sind wirklich hervorragend. Die Nudeln sind grundsätzlich *fatta in casa* (hausgemacht) und die *maltagliatti* (grob geschnittene Nudeln aus Teigresten) mit Kohl und knusprigem Schinkenspeck sind einfach köstlich!

Caffè Vasari CAFÉ
(☎0575 04 36 97; www.caffevasari.it; Piazza Grande 15; ⏰Sommer 6.30–21 Uhr, Winter 8.30–18 Uhr) Das traditionelle Café wird den ganzen Tag von der toskanischen Sonne verwöhnt und ist der ideale Ort, um die altehrwürdige Eleganz und Schönheit der Piazza Grande bei einem Kaffee oder *aperitivo* zu genießen. Zu finden ist es in beneidenswerter Lage unter den fotogenen Arkaden des Palazzo delle Loggia Vasariane.

Caffè dei Costanti CAFÉ
(www.caffedeicostanti.it; Piazza San Francesco 19–20; ⏰Mi–So 8.30–21.30 Uhr, Sommer 8.30–2 Uhr) Das älteste und schönste Café der Stadt befindet sich direkt gegenüber der Basilica di San Francesco. Damit eignet es sich bestens, um vor oder nach dem Besuch der Cappella Bacci einen ausgezeichneten Kaffee zu trinken und sich mit hausgemachtem Gebäck zu stärken. An den Tischen im Freien wird auch gerne ein *aperitivo* genommen.

ℹ Praktische Informationen

Touristeninformation (☎0575 40 19 45; www.benvenutiadarezzo.it; Palazzo Comunale, Via Ricasoli; ⏰Juni–Sept. Mo–Fr 10–13 & 14–19, Sa & So 10–13 Uhr, Okt.–Mai Mo–Fr 10–13 & 14–16 Uhr) Ein zweites Büro der Touristeninformation ist rechts neben dem Ausgang des Bahnhofs (Piazza del Repubblica 22–23; ⏰10.30–12.30 & 14–16 Uhr).

Una Vetrina per Arezzo e Le Sue Vallate (☎0575 182 27 70; ⏰9–19 Uhr) Die private Touristeninformation befindet sich an der Rolltreppe, die zur Piazza del Duomo hinaufführt. Hier gibt es auch eine öffentliche Toilette (0,50 €).

ℹ An- & Weiterreise

AUTO & MOTORRAD

Von Florenz nach Arezzo fährt man auf der A1. Die SS73 führt in Richtung Westen nach Siena. Parken am Bahnhof kostet 2 € pro Stunde.

BUS

Die Busse von Siena Mobilità (www.siena mobilita.it) verkehren zwischen Arezzo und Siena (6,80 €, 1½ Std., 7-mal tgl.). Die Busse von **Etruria Mobilità** (www.etruriamobilita.it) fahren nach Sansepolcro (4,10 €, 1 Std., stündl.) und Cortona (3,40 €, 1 Std., häufig). Fahrscheine gibt's im **Kartenhäuschen** (Piazzale della Repubblica; ⏰Mo–Sa 6.10–20, So 8–12.30 & 14.30–19 Uhr) links neben dem Ausgang des Bahnhofs. An der Haltestelle direkt gegenüber fahren die Busse ab.

ZUG

Da Arezzo an der Bahnstrecke von Florenz nach Rom liegt, gibt es häufige Verbindungen sowohl nach Florenz (*Regionale* 8 €, 1–1½ Std.) als auch

TERRE DI AREZZO

Aus der Region um Arezzo kommen ein DOCG- und fünf DOC-Weine: Chianti Colli Arentini DOCG, Vinsanto del Chianti Colli Arentini DOC, Vinsanto del Chianti Colli Arentini Occhio di Pernice DOC, Valdichiana DOC, Cortona DOC und Pietraviva DOC. Um sie alle kennenzulernen, folgt man entweder der **Strada del Vino Terre di Arezzo** (www.stradadelvino.arezzo.it) oder probiert sie in den Restaurants und Lokalen der Region. Ausführliche Infos und eine Karte zur Weinstraße gibt's beim **Informationsbüro der Strada del Vino Terre di Arezzo** (☎0575 29 40 66; Via Ricasoli 38–40; ⏰Mo–Fr 9.30–15 Uhr) in Arezzo.

nach Rom (Intercity 26,50 €, 2¼ Std.; *Regionale* 14,15 €, 2¾ Std.). Außerdem fährt zweimal pro Stunde ein Zug nach Cortona (3,40 €, 20 Min.).

ANGHIARI

Das gut erhaltene mittelalterliche Bergdorf liegt hoch über der Ebene, in der 1440 die Streitkräfte einer von der Republik Florenz angeführten Koalition die zahlenmäßig weit überlegene Armee des Herzogtums Mailand besiegten. Der rundum von dicken Stadtmauern umgebene Ort bietet sich als Abstecher auf dem Weg von Arezzo nach Sansepolcro an. Sehenswert ist das Gewirr aus steilen Gassen mit Kopfsteinpflaster, alten Häusern, kleinen Geschäften und Kirchen sowie das **Museo Statale di Palazzo Taglieschi** (Piazza Mameli 16; Erw./Kind 2/1 €; ⌚Sommer Di–So 10–19 Uhr, Winter Di–So 9–18 Uhr), in dem eine bescheidene Sammlung von Gemälden und Skulpturen aus dem 15. und 16. Jh. ausgestellt ist. Bei der **Touristeninformation** (☎0575 74 92 79; www.anghiari.it; Corso Giacomo Matteotti 103; ⌚9.30–12.30 & 16–18.30 Uhr) am fast senkrechten Corso Giacomo Matteotti außerhalb der Stadtmauer ist ein Verzeichnis der Unterkünfte erhältlich. Ganz gut parken kann man direkt gegenüber auf der Piazza Baldaccio, die auch als Piazza del Mercato bezeichnet wird.

ABSEITS DER ÜBLICHEN PFADE

VILLA FONTELUNGA

Die **Villa Fontelunga** (☎0575 66 04 10; www.fontelunga.com; Via Cunicchio 5, Foiano della Chiana; DZ 295–350 €, Suite 395 €; ⌚März–Okt.; P ❄ @ ≋) ist mit nur einem Wort zu beschreiben: traumhaft. Der orangerote Prachtbau aus dem 19. Jh. steht in Foiano della Chiana, 30 Minuten südwestlich von Arezzo. Die drei bezaubernden Inhaber (ein Architekt, ein Landschaftsbauer und ein ehemaliger Banker) haben die Villa selbst renoviert und die neun Zimmer in einer perfekten Mischung aus traditioneller toskanischer Eleganz und internationalem Luxus eingerichtet.

Die Zimmer werden für mindestens zwei Nächte vergeben. Der Service ist erstklassig. Neben dem Hotel gibt es auch ein paar rustikal-elegante Ferienhäuser für Selbstversorger.

SANSEPOLCRO

16 100 EW.

Dieses Schmuckstück ist noch ein echter Geheimtipp. Die von den Einheimischen einfach nur „Borgo" genannte Stadt wurde bereits im Jahr 1000 gegründet und hatte schon im 15. Jh. ihre heutige Größe erreicht. Im 16. Jh. wurde die Stadtmauer errichtet. Die historische Altstadt ist voller *palazzi* und Kirchen der Renaissance, die mit großartigen Kunstwerken oder den einzigartigen Terrakotta-Medaillons des Andrea della Robbia geschmückt sind. Auf den Spuren des Renaissance-Künstlers Piero della Francesca, des bedeutendsten Sohnes der Stadt, kann man einen ganzen Tag lang von einer spärlich beleuchteten Kirche zur nächsten spazieren.

Sehenswertes

★Museo Civico MUSEUM
(www.museocivicosansepolcro.it; Via Niccolò Aggiunti 65; Erw./erm. 8/5 €; ⌚Sommer 10–13.30 & 14.30–19 Uhr, Winter 10–13 & 14.30–18 Uhr) Das größte Museum der Stadt zeigt eine kleine, aber feine Sammlung von Kunstwerken, darunter drei Meisterwerke von Piero della Francesca: die *Auferstehung* (1458–1474), das Polyptychon der *Madonna della Misericordia* (1445–1456) und der *Heilige Julianus* (1455–1458). Mindestens ebenso beeindruckend sind die Arbeiten aus der Werkstatt des Andrea della Robbia: das farbige Terrakotta-Relief mit dem Titel *Die Geburt Christi und Anbetung durch die Hirten* (1485) und ein herrliches Tondorelief, das als *Madonna mit Kind und Wappen der Manetti* (1503) bekannt ist.

Cattedrale di San Giovanni Evangelista KATHEDRALE
(Dom von Sansepolcro; Via Giacomo Matteotti 4; ⌚10–12 & 16–19 Uhr) Im *duomo* aus dem 14. Jh. befinden sich so exquisite Werke wie Peruginos *Christi Himmelfahrt*, die *Auferstehung* von Raffaellino del Colle und ein Polyptychon von Niccolò di Segna, das vermutlich als Vorlage für Piero della Francescas *Auferstehung* diente. Links vom Hochaltar befindet sich das bemerkenswerte *Volto Santo* (Heiliges Gesicht), ein Holzkruzifix aus dem 9. Jh., von dem Jesus Christus im blauen Gewand mit weit geöffneten Augen auf den Betrachter herunterschaut. Direkt daneben steht ein wunderbares Keramiktabernakel von Andrea della Robbia, das leider schon sehr angeschlagen ist. Geht man

vom Dom nach rechts zur Piazza Garibaldi, kann man an der Fassade des **Palazzo Preterio** die 16 Keramikmedaillons von Andrea della Robbia bewundern.

Chiesa di San Lorenzo KIRCHE
(Via di Santa Croce 2; ⏲Mo–Fr 9–18, Sa & So 9–17 Uhr) Die Kirche am südlichen Ende der Gourmetmeile Via Lucca Pacioli wurde 1556 für ein Benediktinerinnenkloster errichtet, als Ersatz für die frühere Klosterkirche, die 1554 beim Bau der Stadtmauer von Sansepolcro abgerissen worden war. Hinter dem Altar befindet sich Rosso Fiorentinos Meisterwerk *Kreuzabnahme Christi* von 1528, das für 1 € in hellem Licht erstrahlt.

Chiesa di Santa Maria delle Grazie KIRCHE
(Piazza Beato Ranieri; ⏲8.30–13 & 15–18 Uhr) Die Kirche aus dem 16. Jh. wurde von Mitgliedern der Pestbruderschaft, die Pestkranke im Mittelalter pflegten, errichtet. Das Altarbild *Madonna delle Grazie* von 1555 zeigt die schwangere Maria und erinnert etwas an Piero della Francescas *Madonna del Parto* in Monterchi. Diese Madonna stammt von Raffaellino del Colle, der ebenfalls ein Mitglied der Bruderschaft war. Der Totenschädel zu Füßen der Madonna symbolisiert die düstere Aufgabe der Bruderschaft.

Aboca-Museum MUSEUM
(www.abocamuseum.it; Via Niccolò Aggiunti 75; Erw./erm. 8/4 €; ⏲Sommer Di–So 10–13 & 15–19 Uhr, Winter Di–So 10–13 & 14.30–18 Uhr) Wer genug von großartigen Kunstwerken und Kirchen hat, besucht zur Abwechslung dieses medizinische Museum im **Palazzo Bourbon del Monte** aus dem 18. Jh. Die Ausstellung gewährt einen faszinierenden Einblick in die Nutzung von Kräutern und Heilpflanzen in prähistorischen Zeiten bis heute. In mehreren Räumen sind pharmazeutische Gerätschaften wie Mörser, Waagen und Glaskolben sowie uralte Bücher mit Rezepturen zu sehen. Im „Giftkeller" wurden tödliche Substanzen zu hochwirksamen Arzneien verarbeitet.

Festivals & Events

Palio della Ballestra KULTUR
(⏲2. So im Sept.) Bei dem Wettbewerb im Armbrustschießen zwischen den Bewohnern der Stadt und ihren Konkurrenten aus Gubbio tragen sowohl die Teilnehmer als auch die Zuschauer mittelalterliche Kostüme.

INSIDERWISSEN

MITTAGESSEN AUF DEM WEG NACH FLORENZ

An der Strecke zwischen Arezzo und Florenz bietet sich die leuchtend pinkfarbene **Osteria dell'Acquolina** (☎055 97 74 97; www.acquolina.it; Via Setteponti Levante 26, Terranuova Bracciolini; Gerichte 30 €; ⏲Di–So 12–16 & 19–23 Uhr) als Zwischenstopp für ein Mittagessen an. Besonders schön ist die Restaurant-Villa in einem Olivenhain im Sommer, wenn man auf der Terrakotta-Terrasse sitzen und den Panoramablick auf Olivenbäume, Weinreben und grüne Hügel genießen kann. Für das toskanische Essen gibt es keine Speisekarte – der Koch lässt sich jeden Tag ein paar Gerichte einfallen.

Eine Platte mit gemischten Antipasti (und köstlicher Brot-Tomaten-Suppe) ist immer zu haben, ebenso wie Risotto mit grünem Pfeffer und Minze als *primo* und das toskanische T-Bone-Steak *bistecca alla fiorentina* (45 €/kg) als Hauptgericht. Reservierung empfohlen, insbesondere am Wochenende, wenn die Florentiner das toskanische Landleben genießen.

Von der A1 fährt man in Valdarno ab und folgt der Beschilderung nach Terranuova Bracciolini und Arezzo, bis der Hinweis auf die Osteria dell'Acquolina auftaucht.

Schlafen

Neben hervorragendem Essen bieten die Restaurants Guidi, Da Ventura und Fiorentino auch ein paar gute Zimmer mit Frühstück.

Relais Palazzo Magi B&B €
(☎0575 74 04 77; www.hotelmagisansepolcro.it; Via XX Settembre 160–162; EZ/DZ 70/80 €; ❄ 📶) Die beste Unterkunft der Stadt vereint Charme und Komfort in einem Palazzo des 15. Jhs. Die 16 Zimmer sind teilweise mit Fresken geschmückt. Im Gemeinschaftsbereich stehen den Gästen ein Billardtisch und ein Fernsehraum zur Verfügung.

Essen & Ausgehen

★**Ristorante Da Ventura** TOSKANISCH €€
(☎0575 74 25 60; www.albergodaventura.it; Via Niccolò Aggiunti 30; Gerichte 25 €; ⏲12.30–14.15 & 19.30–21.45 Uhr) Das traditionelle Restaurant ist ein kulinarischer Hochgenuss. Zwischen den Tischen schieben Kellner in Frack und Fliege Servierwagen hindurch, die üppig be-

1

2

KEN WELSH/GETTY IMAGES ©

asilica di San Francesco, Assisi (S. 293) **2.** Abbazia di Monte Oliveto
:giore (S. 140) **3.** Abbazia di Sant'Antimo (S. 169), bei Montalcino

Paradiesische Klöster

Der Besuch der mittelalterlichen Klöster in der Toskana und in Umbrien hat schon manchen bewogen, darüber nachzudenken, sein Dasein auf der Überholspur gegen ein ruhiges Leben einzutauschen.

Basilica di San Francesco, Assisi

Über fünf Millionen Pilger machen sich jährlich auf den Weg in die mittelalterliche Stadt Assisi, die Geburtsstadt des hl. Franz (S. 293) in Umbrien, um die riesige Basilika und das Kloster zu besuchen, die ihm gewidmet sind. Sein Grab befindet sich in der Krypta der Basilika.

Abbazia di Monte Oliveto Maggiore

Die Benediktinermönche, die in dieser Abtei (S. 140) leben, bewirtschaften uralte Weinberge und Olivenhaine, studieren in einer der bedeutendsten Bibliotheken des Mittelalters und wandeln in einem Kreuzgang mit Fresken von Luca Signorelle und Il Sodoma.

Monasterio & Sacro Eremo di Camaldoli

Tief im Wald des Casentino in einer Landschaft, die sich seit Jahrhunderten kaum verändert hat, liegen das Benediktinerkloster und eine Einsiedelei (S. 288). Zu ihren Kunstschätzen gehören Werke von Vasari und Bronzino sowie ein prächtiges Altarbild aus Terrakotta von Andrea della Robbia.

Santuario della Verna

In diesem spektakulär gelegenen Kloster am südöstlichen Rand des Casentino (S. 287) soll der hl. Franz von Assisi seine Stigmata erhalten haben. Pilger kommen, um in der Cappella delle Stimmate zu beten und Kunstwerke von della Robbia zu bewundern.

Eremo Francescano Le Celle

Ein gurgelnder Bach, eine alte Steinbrücke und Olivenhaine machen die märchenhafte Atmosphäre um die Franziskaner-Einsiedelei vor Cortona (S. 290) vollkommen.

PIERO DELLA FRANCESCA

Auch wenn viele Daten seines Lebens nicht belegt sind, geht man davon aus, dass der große Renaissance-Künstler Piero della Francesca um 1420 in Sansepolcro geboren wurde und 1492 dort starb. Mit 15 Jahren begann er seine Ausbildung zum Maler und hob sich mit seiner perspektivischen Malerei, der meisterhaften Beherrschung des Lichts und der einzigartigen Synthese von Form und Farbe schon bald von den Künstlern seiner Zeit ab. Die heitere Anmut seiner Figuren ist bis heute unübertroffen. In seinem Buch *Leben der ausgezeichnetsten Maler, Bildhauer und Architekten* bezeichnet ihn sein Landsmann Giorgio Vasari auch als „besten Geometer seiner Zeit" und beklagt, dass nur wenige seiner Arbeiten der Nachwelt erhalten blieben, was ihn „der Ehre beraubte, die seinen Werken zusteht".

Die berühmtesten Werke von Piero della Francesca sind die *Legende des wahren Kreuzes* in der **Cappella Bacci** (S. 273) in Arezzo, die *Auferstehung* im **Museo Civico** (S. 280) in Sansepolcro und das Doppelbildnis *Federico da Montefeltro mit seiner Gattin Battista Sforza, der Herzog und die Herzogin von Urbino* in den Uffizien von Florenz. Sein vermutlich bekanntestes und schönstes Fresko ist jedoch die geniale *Madonna del Parto* (Die schwangere Madonna), die sich mittlerweile in einem eigenen **Museum** (Museo della Madonna del Parto; ☎0575 7 07 13; www.madonnadelparto.it; Via della Reglia 1, Monterchi; Erw./erm. 5,50/4 €; ⊙Sommer 9–13 & 14–19 Uhr, Winter Mi–Mo 9–13 & 14–17 Uhr) in **Monterchi** befindet, einem Dorf im abgelegenen Tibertal zwischen Sansepolcro (15 km nördlich) und Arezzo (28 km westlich).

In der Broschüre **Terre di Piero** sind alle Orte mit Werken des Künstlers verzeichnet. Sie ist bei den Touristeninformationen und im Internet unter http://terredipiero.it erhältlich.

laden sind mit saftigem Schweinefleisch, in Chianti Classico geschmortem Rindfleisch und gebratener Kalbshaxe. Unbedingt probieren sollte man das Kalbsfilet unter hauchdünnen Scheiben *lardo di colonnata* (Schweinespeck) und das Kalbscarpaccio mit schwarzen Trüffeln.

Vegetarier können sich auf die gemischten Antipasti des Hauses, gefolgt von Omeletts mit schwarzem Trüffel oder in Butter gebratene Tagliatelle freuen. Die Karikaturen an den Wänden stammen von dem in Livorno geborenen Karikaturisten Alberto Fremura.

Ristorante Fiorentino ITALIENISCH €€
(☎0575 74 20 33; www.ristorantefiorentino.it; Via Luca Pacioli 60; Gerichte 35 €; ⊙Do–Di 12–15 & 19.30–22.30 Uhr) Das prachtvolle Gebäude stammt von 1807. Über eine Marmortreppe gelangt man in eine Welt aus Kristalllüstern, Kassettenholzdecken der Renaissance und schönen Kaminen. Die traditionellen Gerichte werden teilweise etwas modernisiert.

Enoteca Guidi WEINLOKAL
(☎0575 74 19 07; www.locandaguidi.it; Via Luca Pacioli 44–46; Gerichte 20 €; ⊙Do–Di 11–24 Uhr) Hinter der *enoteca* (Weinstube) befindet sich ein Speiseraum, in dem einfache Gerichte serviert werden. Neben sämtlichen Weinen aus der Umgebung und einigen der edelsten Tropfen der Toskana wird auch Bier aus der Region ausgeschenkt.

ℹ Praktische Informationen

Touristeninformation (☎0575 74 05 36; www.valtiberinaintoscana.it; Via Giacomo Matteotti 8; ⊙Sommer 9.30–13 & 14.30–18.30 Uhr, Winter verkürzte Öffnungszeiten; 📶)

ℹ An- & Weiterreise

AUTO & MOTORRAD

Die Altstadt ist als *Zona a Traffico Limitato* (verkehrsberuhigte Zone) ausgewiesen. Kostenlose Parkplätze gibt's vor der Stadtmauer.

BUS

Die Busse von **Etruria Mobilità** (www.etruriamobilita.it) verbinden Sansepolcro mit Anghiari (1,50 €, 10 Min.) und Arezzo (4,20 €, 1 Std.). Die Busse von **Sulga** (www.sulga.it) fahren täglich nach Rom und zum internationalen Flughafen Fiumicino (19,50 €, 3½– 4¼ Std.). Fahrpläne und Fahrscheine gibt's im Internet. Der Busbahnhof befindet sich bei der Porta Fiorentina in der Nähe der Via G. Marconi.

CASENTINO

Die nordöstlichste Ecke der Toskana lockt mit spektakulären Berglandschaften, historischen Klöstern und winzigen Dörfern, in denen alte Traditionen ebenso stolz gepflegt werden wie die regionale Küche. Auf www.

casentino.net findet man jede Menge nützlicher Infos, auch zum Wandern und Mountainbiken.

Poppi

6260 EW.

Die historische Altstadt Poppi Alta scheint in den Wolken hoch über dem Arno-Tal zu schweben. Beherrscht und bewacht wird sie vom Castello dei Conti Guidi. In den Sommermonaten wird der Kiosk auf dem Platz vor der Burg zum Treffpunkt des Dorfs. Im übrigen Jahr bleiben die Einheimischen lieber in der Unterstadt Ponte a Poppi.

Sehenswertes

Castello dei Conti Guidi BURG

(0575 52 05 16; www.buonconte.com; Piazza Repubblica 1; Erw./erm. 6/5 €; Sommer 10–19 Uhr, Winter Do–So 10–17 Uhr) Das Kastell der Grafen wurde im 13. Jh. von Graf Simone da Battifolle, dem damaligen Oberhaupt der Familie Guidi, erbaut. Vom märchenhaften Innenhof gelangt man über ein schönes Treppenhaus in die Bibliothek voller mittelalterlicher Manuskripte und in die Kapelle mit Fresken von Taddeo Gaddi. Beim *Gastmahl des Herodes* scheint sich Salome die Finger zu lecken, während sie nach der Musik des Lautenspielers tanzt. Derweil liegt der kopflose Leichnam von Johannes dem Täufer wie achtlos weggeworfen in einer Ecke.

Schlafen

★ **Borgo Corsignano** AGRITURISMO €€

(0575 50 02 94; www.borgocorsignano.it; Località Corsignano; DZ 80–120 €; P@) In dem einsamen *borgo* (mittelalterliches Dorf) lebten einst die Mönche des Kamaldulenserordens. Heute befindet sich hier eine der besten ländlichen Unterkünfte des Casentino. Nur 5 km von Poppi entfernt verteilen sich mehrere Apartments und Ferienhäuser für Selbstversorger auf 13 alte Gebäude mit dicken Steinmauern. Dazwischen stehen überall erotische Skulpturen aus der Sammlung der kunstliebenden Eigentümer. Der Blick auf die Berge der Umgebung ist einfach traumhaft. Zu den Annehmlichkeiten gehören zwei große Swimmingpools, ein für Kleinkinder und Teenager gleichermaßen interessanter Spielplatz, ein Wellnessbereich mit Sauna und Whirlpool sowie ein Tennisplatz.

Fattorie de Celli AGRITURISMO €€

(0575 52 99 17; www.borgocorsignano.it; Via de Becarino 32a, Celli, Poppi; DZ 80–120 €; Mai–Okt.; P) Das riesige Anwesen im Grünen, 5 km nordwestlich von Poppi, bietet 16 traditionelle Bauernhäuser für Selbstversorger. Die Häuser für zwei bis elf Personen sind in einem Mix aus traditionellem und modernem toskanischen Stil eingerichtet. Für den Bau der ökologisch nachhaltigen Villa Chimera wurden ausschließlich natürliche Materialien verwendet. Vom hauseigenen Pool überblickt man das ganze Tal des Casentino.

ABSEITS DER ÜBLICHEN PFADE

MICHELANGELO

Auf den Spuren Michelangelos können Kunstliebhaber einen ganzen Tag im abgelegenen toskanischen Hinterland des Casentino verbringen. Der Schöpfer des *David* wurde in dem öden Dorf Caprese, dem heutigen **Caprese Michelangelo** mit 1491 Einwohnern, 17 km südlich von Chiusi della Verna, geboren. Das kleine Steinhaus, in dem der Künstler aufwuchs, kann besichtigt werden. Direkt neben der mittelalterlichen Burg hoch über dem Dorf befindet sich das **Museo Michelangeliolesco** (Via Capoluogo 1, Castello di Caprese; Erw./erm. 4/3 €; Mo–Fr 10–19.30, Sa & So 9.30–19.30 Uhr), in dem mit Gipsmodellen Geschichten aus der Kindheit Michelangelos auf dem Land und Stationen seiner späteren Karriere erzählt werden.

Immerhin prägte sich diese Landschaft dem Künstler so stark ein, dass er den Blick von Chiusi della Verna auf den Berg Penna als Hintergrund für sein Gemälde *Tondo Doni* (in den Uffizien von Florenz) und *Die Erschaffung Adams* (in der Sixtinischen Kapelle in Rom) verwendete. Fährt man vom Santuario della Verna in das Dorf Chiusi della Verna hinunter, verweist ein braunes Schild auf der linken Seite auf *La Roccia di Adamia*. Von hier aus sieht man den Felsen so, wie ihn Michelangelo in die Decke der Sixtinischen Kapelle malte und darauf den halb liegenden Adam platzierte, der seinen linken Arm ausstreckt und mit den Fingern fast den Finger des bärtigen Gottes berührt.

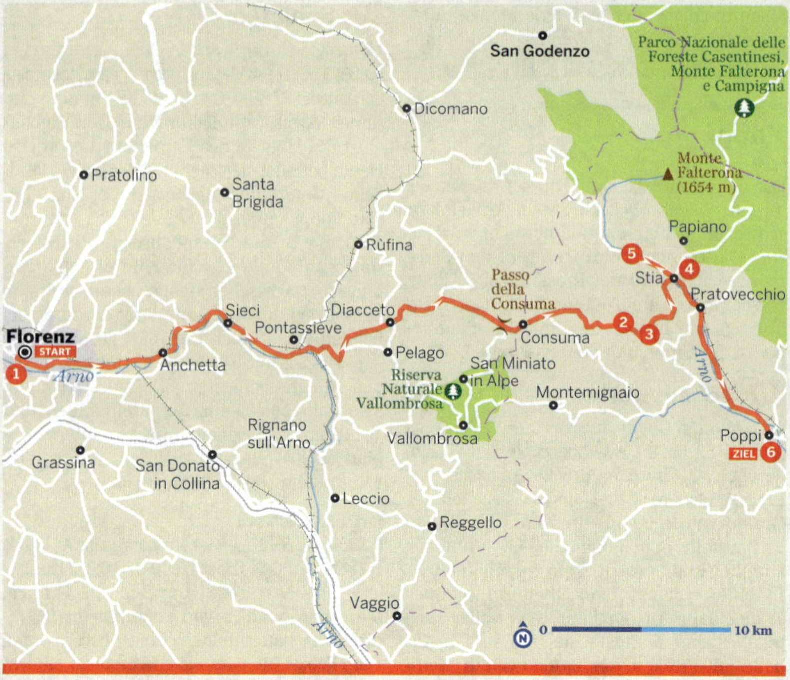

Autotour Durchs Casentino

START FLORENZ
ZIEL POPPI
LÄNGE/DAUER 59 KM; 6 STUNDEN

Der Ausflug startet von 1 **Florenz** aus in Richtung Südosten (Firenze Sud) am Arno entlang. Es geht durch Pontassieve und über den Passo della Consuma (SS70), einen herrlichen Gebirgspass im toskanischen Teil des Apennin (den Wegweisern nach Consuma und Bibbiena folgen). Etwa auf halber Strecke zwischen dem Pass und Poppi zweigt links die Straße zum 2 **Castello di Romena** ab. Nach der Besichtigung der Burgruine aus dem 11. Jh., die auch schon Dante Alighieri einst besuchte, fährt oder geht man den Berg hinunter zur 3 **Pieve di Romena**. Die Säulenkapitelle im Inneren der romanischen Kirche sind mit einfachen Mensch- und Tierdarstellungen verziert. Beim Nachbarhaus klopfen, um in die Kirche zu kommen. Dann fährt man auf der kleinen Straße weiter nach 4 **Stia**. Dort mündet der Staggia als erster Nebenfluss in den Arno und so war die Stadt lange ein Zentrum der Wollindustrie. Heute befindet sich dort das Museo dell'Arte della Lana – Lanificio di Stia in der alten Wollspinnerei, die vom frühen 19. Jh. bis zu ihrer Schließung im Jahr 2000 der Hauptarbeitgeber des Casentino war. Neben dem Eingang zum Museum werden bei Tessilnova nicht nur die groben Wolldecken und dicken Kleidungsstücke in leuchtenden Farben verkauft, für die das Casentino berühmt ist, sondern auch hochwertige, handgefertigte Wollbekleidung aus ganz Italien.

Von Stia führt die P556 nach Nordwesten (in Richtung Fornace und Londa), bis man nach 4 km den 5 **Santuario di Santa Maria delle Grazie** erreicht. Wenn die schöne Renaissance-Kirche von 1432 geschlossen ist, versucht man einen Einheimischen zu finden, der einen einlässt. Zu sehen sind ein Fresko von Ghirlandaio und zwei wunderbare Terrakotta-Lünetten von Benedetto Buglioni. Dann geht es zurück nach Stia und weiter in Richtung Süden nach Pratovecchio und ins regionale Zentrum 6 **Poppi**, wo man das prachtvolle Castello dei Conti Guidi besichtigen und durch die malerischen Straßen der historischen Oberstadt bummeln kann, bevor es Zeit wird, sich ins Nachtquartier zu begeben.

Mit vier Swimmingpools für alle Gäste, Spielplätzen und einem Kletterpfad in den Bäumen für ältere Kinder ist die Anlage ideal für Familien.

Essen

La Vite TOSKANISCH €

(☎0575 56 09 62; www.ristorantelavite.net; Piazza della Repubblica, Soci; Gerichte 25 €; ⊙Mi–Mo 12–14.30 & 18.30–22.30 Uhr) Das gemütliche Restaurant in Soci, 5 km östlich von Poppi, wird von der jungen, dynamischen Sommelière Barbara und Küchenchef Cesare geleitet. Es ist bei den Einheimischen ebenso beliebt wie bei Touristen, die erstklassiges toskanisches Essen und großartige Weine zu erschwinglichen Preisen genießen möchten. Auf keinen Fall verzichten sollte man auf den *dolce* (Dessert), denn der ist hier hausgemacht und absolut phantastisch.

L'Antica Cantina TOSKANISCH €€

(☎0575 52 98 44; www.anticacantina.com; Via Lapucci 2; Gerichte 40 €; ⊙Di–So 12–14.30 & 20–23 Uhr, Jan. geschl.) In dem herrlich altmodischen Restaurant wird traditionelles toskanisches Essen unter einer Gewölbedecke serviert. Es befindet sich in einer steil ansteigenden Seitengasse der Via Cesare Battisti in Poppi Alta.

Praktische Informationen

Touristeninformation (☎0575 52 05 11; www.casentino.ar.it; Via Roma 203, Ponte a Poppi; ⊙Mo–Fr 8–18 Uhr)

An- & Weiterreise

AUTO & MOTORRAD

Von Florenz fährt man auf der SR67 und SR69 (Via Aretina) bis zum Abzweig auf die SS70, die über den Passo della Consuma führt. Weiter nach Arezzo führt dann die SR70 und SS71.

ZUG

Die Züge von **Trasporto Ferroviario Toscano** (www.trasportoferroviariotoscano.it) verkehren regelmäßig zwischen Poppi und Arezzo (3,70 €, 1 Std.), Bibbiena (1,50 €, 10 Min.) und Stia (1,50 €, 15 Min.).

Parco Nazionale delle Foreste Casentinesi, Monte Falterona e Campigna

Einer der drei Nationalparks der Toskana erstreckt sich beiderseits der Grenze zur Emilia-Romagna und umfasst einen landschaftlich äußerst reizvollen Teil des Apennin-Gebirges sowie die **größten Wälder Italiens** (www.parcoforestecasentinesi.it).

Der 1654 m hohe **Monte Falterona**, einer der höchsten Gipfel des Nationalparks, ist das Quellgebiet des Arno. Im Nationalpark sind eine Vielzahl von Tier- und Pflanzenarten heimisch, darunter fast 100 Vogelarten. Auf neun Wanderwegen kann man die Natur des Parks auf eigene Faust erkunden. Am beliebtesten ist der 4,5 km lange Anstieg (4½ Std.) von San Benedetto in Alpe zum spektakulären **Acquacheta-Wasserfall**, der durch Dantes *Göttliche Komödie* weltberühmt wurde.

Der größte Ort innerhalb des Parks ist **Badia Prataglia**, ein winziges Dorf in der Alpe di Serra, unweit der Grenze zur Emilia-Romagna.

Sehenswertes

★ **Santuario della Verna** KLOSTER

(☎0575 53 41; www.laverna.it; Via del Santuario 45, Chiusi della Verna; ⊙Cappella delle Stimmate Sommer 8–19 Uhr, Winter 8–17 Uhr, Museum 10–12 & 14–17 Uhr) GRATIS In dem abgelegenen Franziskanerkloster soll Franz von Assisi das Wunder der Stigmatisation erfahren haben. Seitdem ist das Kloster eine bedeutende Pilgerstätte. Der mit modernen Fresken zum Leben des hl. Franziskus ausgemalte **Corridoio delle Stimmate** führt zur **Cappella delle Stimmate**. Diese wurde 1263 an dem Ort errichtet, wo der Heilige zwei Jahre vor seinem Tod im Alter von 44 Jahren die Wundmale Christi empfangen haben soll. In der Kapelle befindet sich eine wunderbare, riesige *Kreuzigung* von Andrea della Robbia.

Die Stufen gegenüber der Tür zur Kapelle führen zum **Precipizio**, dem Steilhang, von dem der Teufel den hl. Franziskus angeblich in den Abgrund (italienisch *precipizio*) stürzen wollte. Der schmale Pfad ist nur für Leute ohne Höhenangst geeignet.

In der **Klosterkirche** befinden sich einige bemerkenswerte, farbig glasierte Keramiken aus der Werkstatt von Andrea della Robbia: *Madonna mit Kind und Heiligen* rechts neben dem Eingang, *Geburt Christi* rechts vor dem Altar und *Anbetung des Kindes* in der kleinen Seitenkapelle rechts vom Altar. Die Retabeln beiderseits des Altars zeigen verschiedene Heilige, in der Kapelle links vom Altar befindet sich die riesige *Himmelfahrt Christi* (um 1480) und in der zweiten Seitenkapelle links die wunderbare *Verkündigung*.

Unbedingt sehenswert ist auch die **Cappella delle Reliquie**, eine kleine Kapelle im rechten Seitenschiff, in der das Gewand, in dem der hl. Franziskus die Stigmatisation 1224 empfangen hat, aufbewahrt wird. Weitere Relikte sind sein Gürtel, das blutbefleckte Tuch, mit dem die Wundmale gesäubert wurden, die Peitsche, mit der er sich geißelte, und der Stock, auf den er sich bei seinen Wanderungen in den Bergen stützte.

Das interessante **Museo della Verna** gewährt einen Einblick in das klösterliche Leben. Zu sehen sind alte Bibeln und Gesangbücher, religiöse Kunstwerke, der Nachbau einer alten Klosterapotheke, ein riesiger Kessel über der uralten Feuerstelle einer Küche und vieles mehr.

Wer mit dem Auto kommt, folgt der Beschilderung ab dem Ortsausgang des Dorfes Chiusi della Verna. Oder man steigt in 30 Minuten auf dem Pilgerweg von Chiusi della Verna zum Kloster hoch. Das Kloster ist 23 km östlich von Bibbiena und über die SP208 zu erreichen. Es gibt ein Gästehaus für Pilger (53 €/Pers.) mit Refektorium (Speiseraum, in dem es zu festen Zeiten Frühstück/Mittagessen/Abendessen zum Preis von 4,50/16/16 € gibt) und einer Kaffeebar, in der auch die von den Mönchen hergestellten Produkte wie Schokolade, Honig, Likör, Marmelade und Obstkonserven verkauft werden. Parken kostet 1/7 € pro Stunde/Tag.

Monasterio & Sacro Eremo di Camaldoli KLOSTER
(www.camaldoli.it; Kloster 8–13 & 15.30–18 Uhr, Einsiedelei 9–12 & 15–17 Uhr, Apotheke 9–12.30 & 14.30–18 Uhr) GRATIS Mitten im dichten Wald des Nationalparks befinden sich das Benediktinerkloster und die Einsiedelei von Camaldoli, die 1024–25 vom hl. Romuald gegründet wurden. Heute leben hier noch etwa 20 Mönche.

Von Poppi fährt man auf der Via Camaldoli (SR67) durch den Wald bis zum Kloster. An der Straßengabelung geht es rechts zur Einsiedelei hoch und links zum Kloster hinunter.

Die Klosterkirche mit drei Gemälden von Vasari ist ebenfalls zu besichtigen. Von der Hauptstraße führt eine Treppe zu den erschreckend kargen Mönchszellen des 11. Jhs. und der extrem schlichten Cappella dello Spirito Santo, in der Ausstellungsstücke zum täglichen Leben in einem Kloster zu sehen sind. Seitlich des Hauptgebäudes befindet sich der Eingang zur *farmacia* (Apotheke) aus dem 16. Jh., in der Seife, Parfüm und andere von den hier lebenden Mönchen hergestellte Produkte verkauft werden.

Zu der Einsiedelei gehört auch eine kleine Kirche mit dem Altarbild *Kreuzigung mit vier Heiligen* von Bronzino. Wesentlich interessanter ist aber die Cappella di San An-

INSIDERWISSEN

FEINSCHMECKERPARADIES PRATOVECCHIO

Die Stadt selbst ist nicht weiter bemerkenswert, doch es gibt zwei sehr leckere Gründe, den 8 km langen Weg von Poppi nach Pratovecchio auf sich zu nehmen.

La Tana degli Orsi (0575 58 33 77; Via Roma 1, Pratovecchio; Gerichte 40 €; Do–Mo 19.30–22.30 Uhr) Die zwölf Tische der „Bärenhöhle" sind jeden Abend schnell besetzt. Deshalb unbedingt reservieren! Die Inneneinrichtung des außergewöhnlichen Hauses im Stil eines Chalets schwankt zwischen elegant und kitschig, doch das Essen ist erstklassig. Die toskanischen und teilweise typischen Casentino-Gerichte werden aus Zutaten der Region zubereitet. Ebenso hervorragend ist die Weinkarte.

Toscana Twist (0575 58 21 20; Via della Libertà 3; Gerichte 30 €; Di–Do 6–19.30, Fr 6–23, Sa 6–21 Uhr) Schon der Name deutet darauf hin, dass es sich hierbei nicht um eines der üblichen Landgasthäuser der Toskana handelt. Das äußerst moderne Restaurant neben dem Bahnhof ist ein außergewöhnlicher Allrounder: Es startet morgens zum Frühstück, reicht köstliche Kuchen, Kekse und Gebäck und endet freitags mit einem feinen Abendessen bzw. samstags (ab 18.30 Uhr) mit einem Festessen mit *aperitivo*. Kein Wunder, dass es an beiden Abenden voll mit Einheimischen aus den Dörfern der Umgebung ist. Die Inneneinrichtung ist eine interessante Mischung aus altmodischem Teesalon und moderner Künstlerkneipe.

Die Küche ist kreativ toskanisch mit viel frischem Gemüse der Saison. Absolut zu empfehlen ist das Carpaccio vom Chianina-Rind mit Parmesan und die Leber mit Zwiebeln und einem gemischten Salat mit süßen Kirschtomaten und herbem Chicorée.

ABSEITS DER ÜBLICHEN PFADE

BIBBIENA

Der ruhige Ort mit 12 512 Einwohnern und einer bezaubernden Altstadt gehört zu den ältesten Siedlungen des Casentino. Die (wegen Renovierung zurzeit geschlossene) **Pieve dei Santi Ippolito e Cassiano** aus dem 12. Jh. liegt unterhalb der Altstadt an der zentralen Piazza Roma. Die Kirche beherbergt ein Kruzifix des Maestro di San Polo in Rosso aus dem 14. Jh. und die *Thronende Madonna mit Kind und Engeln* von Arcangelo di Cola da Camerino aus dem 15. Jh.

Unter den Arkaden der Piazza Roma stehen die Tische der Straßencafés. Das Slow-Food-Restaurant **Il Tirabusciò** (Der Korkenzieher; ☎0575 59 54 74; www.tirabuscio.it; Via Rosa Scoti 12; Gerichte 30 €; ⏲Mi–So 12–14 & 19.30–22, Mo 19.30–22 Uhr) mit Leinenvorhängen, weißen Tischtüchern und moderner toskanischer Küche ist eine erstklassige Option fürs Mittagessen.

Ein paar Häuser weiter sind in der interessanten Kunstgalerie **ExpArt** (www.expartgallery.com; Via Borghi 80; ⏲keine festen Öffnungszeiten) die Werke zeitgenössischer Künstler aus der Region und der gesamten Toskana zu bewundern. Meistens kann man in den hellen, weiß gestrichenen Atelierräumen auch einem der Künstler bei der Arbeit zusehen.

Für einen *aperitivo* am Spätnachmittag bietet sich das **Lo Chalet** (☎0575 59 32 85; Viale Giuseppe Garibaldi 4; ⏲11–24 Uhr) im unteren Teil der Altstadt an. Von dem sehr modernen Lokal hat man auch eine schöne Aussicht. Schließlich kann man im **Hotel Borgo Antico** (☎0575 53 64 45; www.borgoantico-bibbiena.com; Via Cappucci 5; EZ/DZ 45/75 €) übernachten.

tonio Abate links vom Eingang zur Kirche, denn dort befindet sich ein wunderbares Altarbild von Andrea della Robbia.

ℹ Praktische Informationen

Beim **Besucherzentrum in Badia Prataglia** (☎0575 55 94 77; www.parcoforestecasentinesi.it; Via Nazionale 14a, Badia Prataglia; ⏲Sommer 9–12.30 & 15.30–18 Uhr, Winter Sa & So 9–12.30 Uhr) gibt's jede Menge Infos über den Nationalpark.

VAL DI CHIANA

Das weite grüne Tal südlich von Arezzo ist durchsetzt mit sanften Hügeln, auf denen mittelalterliche Dörfer thronen. Das fruchtbare Land ist reich an Obstgärten und Olivenhainen, doch in erster Linie für die toskanischen Chianina-Rinder bekannt. Diese gehören zu den ältesten Rinderrassen der Welt und ihr Fleisch ist der wichtigste Bestandteil des traditionellen toskanischen Gerichts *bistecca alla fiorentina*.

Das größte Fest im Tal ist der **Palio dei Rioni** am dritten Sonntag im Juni. Bei dem deutlich kleineren Bruder des berühmten *palio* von Siena jagen die Reiter über die Piazza Garibaldi in Castiglion Fiorentino.

Castiglion Fiorentino

13 400 EW.

An der Strecke zwischen Arezzo und Cortona thront das malerische, von einer Mauer umgebene Städtchen hoch über dem Tal. Vom schön restaurierten Cassero, einer imposanten mittelalterlichen Festung, hat man einen herrlichen Blick auf das Val di Chiana, und zwar sowohl vom grasbewachsenen Innenhof als auch von der halbverfallenen *torre* (Turm). Eintrittskarten für den **mittelalterlichen Turm** (Cassero; Erw./erm. 3/1,50 €; ⏲Sommer Fr–So 10–18 Uhr, Winter Fr–So 10–12.30 & 15.30–18 Uhr) gibt's nebenan am Kartenschalter des **Museo Civico Archeologico** (Cassero; Erw./erm. 3/2 €; ⏲Sommer Fr–So 10–18 Uhr, Winter Fr–So 10–12.30 & 15.30–18.30 Uhr). In dem gut gemachten archäologischen Museum sind auch die Zellen des mittelalterlichen Kerkers und die unterirdischen Überreste eines etruskischen Tempels aus dem 6. Jh. v. Chr. sowie eines etruskischen Wohnhauses aus dem späten 4. Jh. v. Chr. zu sehen.

Der untere Teil der Festung von Castiglion Fiorentino beherbergt die kleine Kunstsammlung der **Pinacoteca Comunale** (Cassero; Erw./erm. 3/2 €; ⏲Sommer Do–Sa 10–12.30 & 16–18.30 Uhr, Winter Do–Sa 10–12.30 & 15.30–18 Uhr), deren Glanzstück Taddeo Gaddis

Madonna mit Kind ist. Das Kombiticket für beide Museen kostet für Erwachsene 5 €, ermäßigt 3 €.

Die Straßen rund um den Cassero sind als *Zona a Traffico Limitato* (verkehrsberuhigte Zone) ausgewiesen. Es gibt jedoch kostenlose Parkplätze auf der Piazza Garibaldi. Die kleine **Touristeninformation** (☎ 0575 65 82 78; www.prolococastiglionfiorentino.it; Porta Fiorentina; ⏲ Di–So 10–12, Mi & Fr 16–18 Uhr) befindet sich bei der Porta Fiorentina am Fuße des Hügels.

Cortona

22 600 EW.

„Zimmer mit Aussicht" sind in dieser spektakulär auf einem Hügel gelegenen Stadt eher die Regel als die Ausnahme. Anfang des 15. Jhs. lebte und arbeitete hier Fra Angelico, der ebenso wie seine Künstlerkollegen Luca Signorelli und Pietro da Cortona in dieser Stadt geboren wurde. Alle drei sind in der kleinen, aber feinen Sammlung des Museo Diocesano vertreten. Große Teile des kitschigen Liebesfilms *Unter der Sonne der Toskana* nach dem Buch von Frances Mayes wurden in Cortona gedreht.

Sehenswertes

★ Museo Diocesano — MUSEUM

(Piazza del Duomo 1; Erw./erm. 5/3 €; ⏲ Sommer Di–So 10–19 Uhr, Winter Di–So 10–17 Uhr) Nach mehreren wenig vorteilhaften Umbauten ist vom ursprünglich romanischen Baustil des Domes nicht mehr viel zu sehen. Zum Glück blieben zumindest die wunderbaren Kunstwerke aus dieser Zeit erhalten und sind nun im Museum zu bewundern. Zu den Glanzstücken zählen die ergreifende *Kreuzigung* von Pietro Lorenzetti (1320) und zwei herrliche Meisterwerke von Fra Angelico: die *Verkündigung* von 1436 und *Madonna mit Kind und Heiligen* von 1436/37. Im 1. Saal des Museums steht ein bemerkenswerter römischer Sarkophag mit wilden Kampfszenen der Schlacht zwischen Dionysos und den Amazonen.

★ Museo dell' Accademia Etrusca — MUSEUM

(Etruskisches Museum; www.cortonamaec.org; Piazza Signorelli 9; Erw./erm. 10/7 €; ⏲ Sommer 10–19 Uhr, Winter Di–So 10–17 Uhr) Im 17. Jh. erhielt der Palazzo Casali aus dem 13. Jh. seine schlichte Fassade. Dahinter verbirgt sich ein faszinierendes Museum, in dem bedeutende etruskische und römische Fundstücke aus der Umgebung sowie Globen aus der Renaissance, Kunsthandwerk des 18. Jhs. und zeitgenössische Gemälde zu sehen sind. Prachtstück der Ausstellung ist die etruskische Sammlung mit vielen schönen Stücken, die in den Gräbern von Sodo, direkt vor den Mauern von Cortona, gefunden wurden.

Chiesa di San Domenico — KIRCHE

(Largo Beato Angelico; ⏲ 9–18 Uhr) Die Kirche aus dem 15. Jh. steht ganz am östlichen Ende der Via Nazionale. Im Inneren ist das 1515 entstandene Gemälde *Madonna mit Heiligen* des begnadeten Luca Signorelli zu bewundern.

Basilica di Santa Margherita — KIRCHE

(Piazza Santa Margherita; ⏲ Sommer 8–12 & 15–19 Uhr, Winter 9–12 & 15–18 Uhr) Der Weg durch die steilen Gassen mit Kopfsteinpflaster zu der größtenteils aus dem 19. Jh. stammenden Kirche ist ein echtes Herz-Kreislauf-Training. Über dem Altar ruhen die sterblichen Überreste der hl. Margareta, der Schutzheiligen von Cortona, in einem gläsernen Schrein aus dem 14. Jh.

Fortezza del Girifalco — WAHRZEICHEN

(Via Santa Margherita; Erw./Kind 3/1,50 €; ⏲ Mai & Juni Sa & So 10–13 & 15–18 Uhr, Juli–Sept. 10–13 & 16–19 Uhr) Von den Überresten der Medici-Festung auf dem höchsten Punkt der Stadt hat man einen traumhaften Blick über das gesamte Val di Chiana bis zum Lago Trasimeno in Umbrien.

Eremo Francescano Le Celle — KLOSTER

(☎ 0575 60 33 62; www.lecelle.it; Strada dei Cappuccini 1; ⏲ Sonnenaufgang–Sonnenuntergang) Das winzige Franziskanerkloster liegt abgeschieden im dichten Wald, 3 km nördlich von Cortona. Die Gebäude stehen an einem malerischen Flüsschen, über das eine Steinbrücke aus dem 18. Jh. führt. Die Stille wird nur durch das Läuten der Glocken unterbrochen, die die Mönche zur Vesper und zum Gottesdienst in der kleinen **Chiesa Cella di San Francesco** rufen.

Festivals & Events

Giostra dell'Archidado — KULTUR

(www.giostraarchidado.com; ⏲ Mai oder Juni) Die Woche voller mittelalterlicher Vergnügungen endet mit einem Wettbewerb im Armbrustschießen. Das Fest findet immer rund um Christi Himmelfahrt statt.

Cortona

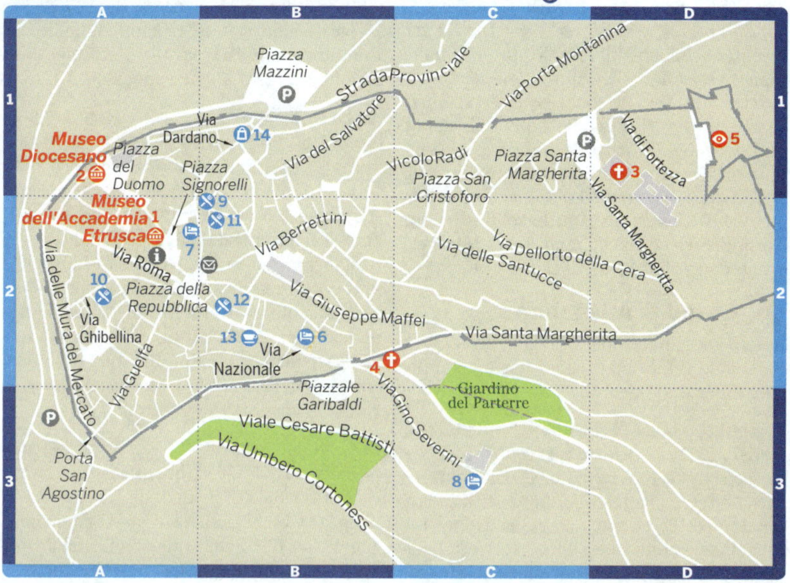

Cortona

Highlights
1 Museo dell'Accademia Etrusca A2
2 Museo Diocesano A1

Sehenswertes
3 Basilica di Santa Margherita D1
4 Chiesa di San Domenico B2
5 Fortezza del Girifalco D1

Schlafen
6 Casa Chilenne B2
7 La Corte di Ambra.................................. A2
8 Villa Marsili... C3

Essen
9 Fiaschetteria La Fett'unta B2
10 La Bucaccia A2
11 Osteria del Teatro.................................. B2
12 Pasticceria Banchelli.............................. B2
Taverna Pane e Vino .... (s. 7)

Ausgehen & Nachtleben
13 Caffè degli Artisti B2

Shoppen
14 I Tre Toscani B1

Cortonantiquaria MARKT
(www.cortonantiquaria.it; Ende Aug./Anfang Sept.) Der berühmte Antiquitätenmarkt von Cortona wird in den Räumen des Palazzo Vagnotti aus dem 18. Jh. abgehalten.

Schlafen

Casa Chilenne B&B €
(0575 60 33 20; www.casachilenne.com; Via Nazionale 65; DZ 110 €;) Die freundliche Pension der in San Francisco geborenen Jeanette und ihres Ehemanns aus Cortona befindet sich in einem schmalen Stadthaus in der Fußgängerzone der Hauptstraße. Die fünf großen Zimmer gehen alle auf die kleine Dachterrasse hinaus, auf der sich eine Sommerküche und Sitzgelegenheiten zum Entspannen befinden.

★ La Corte di Ambra B&B €€
(0575 178 82 66; www.cortonaluxuryrooms.com; Via Benedetti 23; DZ 150–300 €;) Die moderne Pension im Palazzo Fierli-Petrella hat fünf luxuriöse Zimmer mit weiß getünchten Balkendecken, Kronleuchtern und herrlicher Bettwäsche in sanften, neutralen Farben. Die Bäder sind auf dem neuesten Stand der Technik und es gibt sogar einen Aufzug sowie ein rollstuhlgerechtes Zimmer in dem Renaissance-Palast.

Villa Marsili HOTEL €€
(☎0575 60 52 52; www.villamarsili.net; Viale C Battisti 13; EZ 110–360 €; ❄@📶) Das Hotel in einer schönen Villa direkt an der Stadtmauer zeichnet sich durch erstklassigen Service aus. Das Personal ist äußerst hilfsbereit, das Frühstücksbüfett mehr als üppig und der abendliche *aperitivo* wird im Garten serviert. Die teureren Suiten sind mit Whirlpool und spektakulärem Blick über das Val di Chiana bis zum Lago Trasimeno. Am günstigsten bucht man übers Internet, erhält dann aber keine Rückerstattung.

Essen & Ausgehen

In der Fußgängerzone der Hauptstraße Via Nazionale findet man jede Menge gemütlicher Cafés und Bars.

Fiaschetteria La Fett'Unta TOSKANISCH €
(☎0575 63 05 82; www.winebarcortona.com; Via Giuseppe Maffei 3; Gerichte 15 €) Die winzige *fiaschetteria* (Weinstube) bietet kalte Platten und Fertiggerichte unter Glashauben im Stil eines Feinkostgeschäfts, serviert aber auch erstklassiges Restaurantessen für wenig Geld. Das Personal ist superfreundlich, es gibt eine Spielecke für Kinder und die traditionellen, toskanischen Gerichte – die im „Mutterhaus" Osteria del Teatro gegenüber frisch zubereitet werden – sind erste Sahne.

INSIDERWISSEN

DAS PERFEKTE STEAK

Fragt man die Einheimischen, wo man das beste *bistecca alla fiorentina*, also die toskanische Variante des T-Bone-Steaks bekommt, werden sie unisono auf das **Ristorante Da Muzzicone** (☎348 9356616, 0575 65 84 03; Piazza San Francesco 7; Gerichte 30 €; ⌚12.15–14.15 & 19.30–21.30 Uhr) verweisen. Das Restaurant neben der Chiesa di San Francesco, das es schon seit mehr als 10 Jahren gibt, ist weithin bekannt für sein saftiges, perfekt über dem Holzfeuer gegrilltes Rindersteak (45 €/kg).

Neben dem traditionellen T-Bone-Steak vom berühmten Chianina-Rind des Val di Chiana gibt's auch gegrilltes Rinderfilet in grüner Pfeffer- oder Balsamicosauce. Im Sommer stehen die Tische bis auf den hübschen Platz hinaus. Unbedingt vorher reservieren!

Pasticceria Banchelli KONDITOREI €
(☎0575 60 10 52; Via Nazionale 11; ⌚Di–So 10–20 Uhr) Schon seit 1930 kann man in der Konditorei mit Café köstlichen Kaffee und sündhaft leckere Kuchen genießen.

★ **La Bucaccia** TOSKANISCH €€
(☎0575 60 60 39; www.labucaccia.it; Via Ghibellina 17; Gerichte 32 €, Verkostungsmenü 29 €; ⌚Di–So 12.45–15 & 19–22.30 Uhr) Der Feinschmeckertempel im mittelalterlichen Stall eines Palazzo der Renaissance ist das beste Restaurant der Stadt. Es gibt toskanisches und cortonesisches Essen, die feinen Käse zum Nachtisch werden von Inhaber Romano Magi selbst hergestellt. Absolut unwiderstehlich ist die Kombination der sechs Sorten Pecorino mit Fruchtsauce, Salsa oder Honig. Unbedingt reservieren!

Osteria del Teatro ITALIENISCH €€
(☎0575 63 05 56; www.osteria-del-teatro.it; Via Giuseppe Maffei 2; Gerichte 32 €; ⌚Do–Di 12–14.30 & 19–22 Uhr) An den Wänden hängen Fotos der Schauspieler, die nach der Vorstellung im benachbarten Theater hier diniert haben – und vom ebenso theatralischen Personal bedient wurden: Da wird die vermutlich größte Pfeffermühle der Welt durch die Luft gewirbelt und die Dessert-Schokolade aus der Region wird mit einem Fleischermesser bearbeitet, bis die Späne fliegen.

Taverna Pane e Vino WEINLOKAL, TOSKANISCH €€
(☎0575 63 10 10; www.pane-vino.it; Piazza Signorelli 27; Gerichte 25 €; ⌚Di–So 12–23 Uhr) Die Einheimischen lieben den Gewölbekeller und genießen zu den herrlichen toskanischen und italienischen Weinen *bruschette*, im Tontopf gebackene Gerichte mit Käse und Speck sowie toskanische Suppen und Fleischgerichte.

Caffè degli Artisti CAFÉ
(Via Nazionale 18) In dem altmodischen „Kaffeehaus" in der Fußgängerzone der Hauptstraße gibt's auch sehr aromatischen weißen, schwarzen und grünen Tee, der auf Wunsch mit Honig gesüßt wird.

Shoppen

I Tre Toscani ESSEN & TRINKEN
(Via Dardano 35) Die erste Adresse der Stadt, um Wein, Olivenöl und in *farro* (Dinkel) oder Stroh gereiften Käse zu probieren und zu kaufen.

ABSTECHER

ASSISI

Dank des hl. Franziskus, der hier 1182 geboren wurde, ist die Bergstadt Assisi (28 132 Ew.) im benachbarten Umbrien eine der bedeutendsten Pilgerstätten der Christenheit. Millionen von Pilgern strömen in die **Basilica di San Francesco** (www.sanfrancescoassisi.org; Piazza di San Francesco; ⏲Oberkirche 8.30–18.45 Uhr, Unterkirche & Krypta 6–18.45 Uhr) GRATIS, die aus zwei Kirchen voller wunderbarer Kunstwerke der Renaissance besteht. Die **Oberkirche** wurde von 1230 bis 1253 im Stil der italienischen Gotik errichtet und ist mit einem herrlichen Freskenzyklus von Giotto geschmückt. Die düstere **Unterkirche** ist mit farbenfrohen Fresken von Simone Martini, Cimabue und Pietro Lorenzetti ausgemalt. Eine Treppe führt hinunter in die Krypta, wo sich das Grab des hl. Franziskus befindet.

Englischsprachige Führungen können beim **Informationsbüro** (☎075 819 00 84; www.sanfrancescoassisi.org; Piazza di San Francesco 2; ⏲Mo–Sa 9–12 & 14–17.30 Uhr) oder online gebucht werden.

Da die meisten Besucher auch in Assisi übernachten, muss man insbesondere rund um Ostern, im August und September sowie um das Fest des hl. Franziskus am 4. Oktober unbedingt im Voraus buchen. Bei der **Touristeninformation** (☎075 813 86 80; www.assisi.regioneumbria.eu; Piazza del Comune 22; ⏲Sommer tgl. 9.30–19 Uhr, Winter Mo–Fr 8–14 & 15–18, Sa 9–19, So 9–18 Uhr) ist ein Verzeichnis der Unterkünfte erhältlich. Fürs Mittagessen bietet sich die **Osteria Eat Out** (☎075 81 31 63; www.nunassisi.com; Via Eremo delle Carceri 1a; Gerichte 35–50 €; ⏲Di–So 12.30–14.30 & 19.30–22.30 Uhr) mit umbrischer Küche der Saison an. Im stilvollen **Vinò** (Piazza del Comune 38; Panini/Salat 5/8 €; ⏲10–24 Uhr) gibt's leckere Panini, interessante Salate und Platten mit Salami und Käse zu edlen Weinen.

Die Busse von Sulga fahren zweimal pro Woche von Florenz nach Assisi (13 €, 2½ Std.). Die Altstadt ist als *Zona a Traffico Limitato* (verkehrsberuhigte Zone) ausgewiesen, aber es gibt jede Menge kostenpflichtige Parkplätze vor der Stadtmauer.

Praktische Informationen

Touristeninformation (☎0575 63 72 21; www.comunedicortona.it; Piazza Signorelli; ⏲Mo, Mi & Fr 9–12.30, Di & Do 9–12.30 & 15–17.30 Uhr)

An- & Weiterreise

Mit dem Auto ist die Bergstadt Cortona am besten zu erreichen. Der nächste Bahnhof ist 6 km südwestlich in Camucia. Ein Bus fährt dorthin (1,40 €, 15 Min., stündl.). Der Bahnhof in Camucia hat keinen Fahrkartenschalter, sondern nur Automaten. Der nächste Bahnhof mit Schalter ist in Terontola, südlich von Camucia. Die wichtigsten Zugverbindungen gehen nach:

Arezzo (3,40 €, 25 Min., stündl.)

Florenz (10,20 €, 1¾ Std., stündl.)

Rom (11,15 €, 2¾ Std., 8-mal tgl.)

Die Toskana verstehen

Die Toskana aktuell

Nein, es ist keine reine Märchenidylle, dieses Land der Superweine und Feldsteinhäuser, eingebettet in eine filmreife Natur aus sanften Hügeln, Weinbergen und Zypressenalleen. Auch wenn das Leben in der Toskana so gemächlich voranzugehen scheint wie seit Jahrtausenden, muss sich die Region heutzutage doch mit Bankenkrisen, staatlichen Sparzwängen und neuen Spielregeln herumschlagen.

Buchtipps

Wir sind das Salz von Florenz (Tilman Röhrig, 2004) Florenz, die Renaissance, die Medici und Savonarola, spannend verpackt.

Siena – Eine literarische Einladung (hrsg. von Donatella Germanese, 2011) Alte und neue Einsichten von Besuchern und Bewohnern; hier kommen Stimmen vergangener Zeiten und der Gegenwart zu Wort: von der hl. Katharina bis zu Gianna Nannini.

Das Zeichen der Venus (Sarah Dunant, 2003) Florenz, 15. Jh.: Eine reiche Händlerstochter verliebt sich in einen Freskenmaler.

Das Dekameron (Giovanni Boccaccio, 1353) Ein pikantes Meisterwerk.

Das Geheimnis des Frühlings (Marina Fiorato, 2010) Spannender Roman rund um ein Botticelli-Bild.

Filmtipps

Das Leben ist schön (Roberto Benigni, 1998) Die Oscar-prämierte Holocaust-Tragikomödie spielt teils in Arezzo.

Zimmer mit Aussicht (James Ivory, 1985) Gelungene Umsetzung des Romans von E. M. Forster von 1908.

Tee mit Mussolini (Franco Zeffirelli, 1999) Halbautobiografischer Film, der 1935 in Florenz beginnt.

Der englische Patient (Anthony Minghella, 1996) Romantikdrama, in dem die Cappella Bacci von Arezzo eine wichtige Rolle spielt.

Bankenkrise und kein Ende

Wie andere Regionen Italiens bekommt auch die Toskana die Auswirkungen der europaweiten Finanzkrise immer stärker zu spüren. 2013 erschütterte der Skandal um die Banca Monte dei Paschi di Siena die Toskaner bis ins Mark. Die älteste Bank des Landes, die seit 1472 im Geschäft ist, stand kurz vor dem Kollaps und musste vom Staat gerettet werden. Eine Umstrukturierung und der Verkauf von Anteilen im Wert von 5 Mrd. € sollten der Bank wieder auf die Beine helfen, aber Ende 2014 kam der nächste Schock, als sie beim EZB-Stresstest glatt durchfiel. Im Mai 2015 kündigte das Bankhaus aus Siena an, weitere 3 Mrd. € bei seinen Aktionären einsammeln zu wollen. Angesichts des Vertrauensverlustes und einer erst für 2018 in Aussicht gestellten 8-prozentigen Rendite dürfte das aber schwierig werden.

Teure Schätze

Der Staat muss sparen; das zieht auch die Museen in Mitleidenschaft. Sie können sich nicht mehr genügend Personal leisten und müssen deshalb die Öffnungszeiten für einzelne Säle oder ganze Etagen einschränken. Trotzdem konnte die Toskana in ihren endlosen Ringen um den Erhalt ihrer unvergleichlichen Kunstschätze einige Fortschritte verbuchen. In Prato wurde das Museo di Palazzo Pretorio nach 20-jähriger Renovierung als eines der schicksten Museen Italiens wieder eröffnet. Auch die für 2015 anvisierte Neueröffnung des Centro per l'Arte Contemporanea Luigi Pecci in Prato lässt hoffen: Das aus den 1980er-Jahren stammende Museum für zeitgenössische Kunst dürfte eine echte Augenweide werden, wenn der immer wieder verzögerte, 9 Mio. € teure Umbau abgeschlossen ist.

Derweil geht das 65 Mio. € teure Um- und Ausbauprojekt „Neue Uffizien" in Florenz stockend voran: Auf der ersten Etage wurden Dutzende weiterer Säle eröffnet, aber die radikale Ausgangs-Loggia des japanischen

Architekten Arato Isozaki ist vorläufig vom Tisch. Zumindest beginnt das altehrwürdige Florenz endlich, auch seine moderne Kunst zu würdigen: Die topaktuellen Multimedia-, Ton- und Film-Präsentationen des neuen florentinischen Museo Novecento lassen die Uffizien alt aussehen. Das 2,5 Mio. € teure Zentrum für zeitgenössische Kunst, das 2019 in einem ehemaligen Kraftwerk in Novoli seine Tore öffnen soll, dürfte ebenso innovativ werden.

Krieg den Winzern?

Die Wettergötter waren den toskanischen Olivenbauern 2014 nicht hold: Ein verregneter Sommer, ein milder Winter und Heerscharen von Olivenfruchtfliegen ruinierten über 50 % der Ernte; viele Bauern machten sich gar nicht erst die Mühe, den spärlichen Rest abzuernten. Doch die zahllosen Rebstöcke der Region trotzten dem widrigen Wetter. 2014 wurden zwar 15–20 % weniger Wein erzeugt als im Vorjahr, aber die Qualität blieb hoch. Körperreiche Weine wie die von Montalcino und Bolgheri dürften vielleicht etwas weniger Struktur, aber ebenso viel Aromafülle aufweisen wie eh und je.

Dafür sahen sich die Winzer, die so viel zur toskanischen Wirtschaft beitragen (ihre Weinberge bedecken 8 % der Agrarfläche und produzieren 180 Mio. Flaschen pro Jahr), Mitte 2014 plötzlich von einer ganz anderen Seite bedroht. Die Regionalregierung billigte einen Landschaftsschutzplan, der die Weinproduktion und insbesondere die Anlage neuer Weinberge beschränkt, um die Artenvielfalt zu fördern und Umweltrisiken wie Erdrutsche, Bodenerosion etc. zu reduzieren. Die Winzer der Region und die Medien verurteilten den Nachhaltigkeitsplan als „Kriegserklärung gegen die Winzer“ und Anschlag auf ihre Landnutzungsrechte. Der toskanische Präsident Enrico Rossi konterte mit der Ankündigung, bei der Unesco den Welterbe-Status für die toskanische Landschaft beantragen zu wollen.

Zurück zu den Wurzeln

Die Landwirtschaft hat die Toskana erst zu dem gemacht, was sie ist. Nachhaltigkeit und „Slow Food“ sind hier von jeher verwurzelt. Und je schneller sich das Karussell des modernen Lebens dreht, desto hartnäckiger verteidigt die Toskana ihre angestammte Lebensart, die Besucher dazu einlädt, beim Dorfmetzger unter baumelnden Schinken sitzend Fenchelsalami und Chianti Classico zu kosten, um danach auf einem benachbarten Bauernhof die Nachtruhe zu genießen. Die aktuell so angesagte Küche aus farmfrischen Zutaten gehörte hier immer zum Alltag. Doch auch die Toskaner gehen jetzt noch einen Schritt weiter, indem sie Sternerestaurants mit angeschlossenem Bio-Bauernhof und Feinkostläden Gastronomieangebot eröffnen. Der größte Teil des italienischen Bioweins kommt aus der Toskana, und im Frühjahr 2015 produzierte das Weingut Fattoria Casabianca im Chianti Colli Senesi bei Siena den ersten als vegan zertifizierten Chianti.

EINWOHNER: **3,69 MIO.**

FLÄCHE: **22 994 KM²**

BIP: **107 MRD. €**

JÄHRLICHE INFLATIONSRATE: **0,1 %**

ARBEITSLOSENQUOTE: **10,4 %**

Von 100 Einwohnern der Toskana sind …

91 Italiener
2 Albaner
2 Rumänen
5 Sonstige

Religionszugehörigkeit

(% der Bevölkerung)

Einwohner pro km²

Geschichte

Man könnte die Geschichte der Toskana mit einer italienischen Oper vergleichen: Sie beginnt um das 9. Jh. v. Chr. recht besinnlich mit den Etruskern, wird im Mittelalter mit den Auseinandersetzungen der Stadtstaaten zunehmend turbulent und erreicht dann mit der mächtigen Dynastie der Medici und der Geburt der Renaissance ihren Höhepunkt. Bis heute ist Florenz, die größte Stadt der Region, entscheidend von der außergewöhnlichen Kunst und Architektur der Renaissance geprägt. In dieser bedeutsamen Epoche übernahm die Toskana eine historisch einmalige Vorreiterrolle.

Etrusker & Römer

Es ist nicht genau bekannt, woher die alten Etrusker kamen und warum sie sich im 9. Jh. v. Chr. auf den Weg in die Toskana machten. Jedoch scheinen einige Funde zu belegen, warum sie blieben: wegen des Essens. Die Wildschweine, die die toskanischen Berge durchstreifen, bildeten einen Schwerpunkt auf dem Speisezettel. Wildschweinjagden sind ein häufiges Motiv auf etruskischen Keramiken und Grabmalereien. Falls einmal eine verirrte Wildschweinborste den Gaumen kitzelte, spülten die Etrusker mit Wein nach. Sie waren es, die den Weinbau nach Italien brachten.

Etruskische Stätten

Vie Cave, Pitigliano

Parco Archeologico di Baratti e Populonia, Golfi di Baratti

Necropoli, Sovana

Darf man den Grabmalereien Glauben schenken, hielten die etruskischen Frauen bei Gelagen, deren Dekadenz selbst die orgiengewohnten Römer schockierte, mit ihren Männern durchaus Schritt. Viele Frauen der Mittelschicht und der Aristokratie verfügten über die nötigen Mittel, um unabhängig zu sein. Zu ihrem Dasein gehörten Musik und Romanzen ebenso wie Politik und Sklavenhaltung. Die römischen Militärgeschichten prahlen mit der Eroberung etruskischer Frauen genauso wie mit der Eroberung etruskischen Territoriums (ab dem 3. Jh. v. Chr.). Neueren genetischen Untersuchungen zufolge haben sich die Etrusker kaum mit ihren Eroberern vermischt – ihr genetisches Material unterscheidet sich deutlich von dem der heutigen Italiener, die von den alten Römern abstammen.

Die Etrusker nahmen die Herrschaft der Römer nicht einfach so hin. Sie wollten sich nicht versklaven lassen und auf römischen Feldern arbeiten. Deshalb verbündeten sie sich mit Hannibal, dem karthagischen

ZEITACHSE

9. Jh. v. Chr.

Die Etrusker bringen Wein, Weib und Gesang in die Hügel der Toskana, versäumen es aber, die Römer dazu einzuladen – deshalb gibt es Krieg.

265 v. Chr.

Etrurien fällt an Rom, bleibt widerspenstig und verbündet sich während der Punischen Kriege mit Hannibal gegen die Römer.

88 v. Chr.

Die Römer gründen die Provinz Tuscia (Toskana), gewähren den Etruskern die Bürgerrechte und lassen ihnen freie Hand, die Provinz nach ihrem Gutdünken zu verwalten.

Feldherrn und Erzfeind der Römer. Gemeinsam fügten sie den Römern im Zweiten Punischen Krieg eine vernichtende Niederlage zu, bei der 16 000 römische Legionäre ihr Leben ließen – die Schlacht am Lago Trasimeno im benachbarten Umbrien zählte zu den katastrophalsten der gesamten römischen Geschichte.

Danach änderte sich die Einstellung der Römer gegenüber den Etruskern, und sie verliehen ihnen im Jahr 88 v. Chr. die Bürgerrechte; in der neuen Provinz Tuscia (Tuszien/Toskana) konnten diese fortan ihre Angelegenheiten mehr oder weniger selbst regeln. Im Gegenzug sicherten die Etrusker den wichtigsten Handelsweg der Römer in diesem Gebiet, die Via Flaminia. Bei der Anlage der Straße hatten die Römer keine Ahnung, dass sie damit auch ihrem eigenen Untergang ab dem 5. Jh. n. Chr. den Weg bahnen würden: Zuerst kam der ostgotische König Theoderich daher, dann der byzantinische Kaiser Justinian, dann fielen die Langobarden ein und schließlich im Jahr 800 Karl der Große.

Etruskisch lernen mit www.etruskisch.de/stn/wz.htm! Tolle Wörter: *netshvis* (Eingeweideleser) und *thuta* (züchtig, keusch, nur einmal verheiratet).

Frauenpower in dunklen Zeiten

Im Mittelalter wechselte in der Toskana die politische Macht ständig von einer Hand in die nächste. Doch zwei Frauen gelang es über viele Jahre, hinter den Kulissen die Fäden zu ziehen, an denen Könige und Päpste hingen. Marozia (um 892–932) war Tochter eines römischen Senators. Sie wurde als berüchtigte Mätresse bekannt, die sich später selbst zur Senatorin ernannte. Sie hatte mit ihrem Geliebten, Papst Sergius III., schon einen unehelichen Sohn und war schwanger, als sie 909 den langobardischen Markgrafen von Spoleto, Alberich I., heiratete. Alberich hatte ebenso wenige Skrupel: Seine Position hatte er durch die Ermordung seines Vorgängers erreicht, und bald ließ er auch Papst Sergius III. absetzen. Als dann wiederum Alberich getötet wurde, heiratete Marozia Guido von Tuszien und bewirkte mit seiner Hilfe die Absetzung Papst Johannes X. sowie die Einsetzung (in schneller, tödlicher Folge) der Päpste Leo VI. und Stephan VII.

Römische Ruinen

- *Area Archeologica, Fiesole*
- *Römisches Theater Volterra*
- *Vetulonia*

Nach Guidos Tod warb sie um dessen Halbbruder Hugo von Arles, den neuen König von Italien. Dabei machte es nichts, dass der schon verheiratet war: Seine bestehende Ehe wurde schnell annulliert. Bei der Hochzeit ließ Alberich II., Marozias Sohn aus erster Ehe und inzwischen Papst Johannes XI., das Paar verhaften. Marozia verbrachte den Rest ihres Lebens im Gefängnis, aber ihr Vermächtnis überdauerte: Fünf Päpste waren ihre direkten Nachkommen.

Eine weitere Powerfrau war die Markgräfin Mathilde von Tuszien (1046–1115). Es ging das Gerücht, dass sie für Papst Gregor VII. mehr als nur eine Verbündete war, und es gibt keinen Zweifel daran, dass sie eine eindrucksvolle Strategin war. Um die Besitztümer ihrer Familie in der Toskana zu sichern, heiratete sie ihren eigenen Stiefbruder, Gottfried den

59 v. Chr.

Julius Cäsar erhält nach einer durch Korruption geprägten Wahlkampagne das Amt des römischen Konsuls und gründet einen Veteranen-Ruhesitz namens Florentia.

570–774

Die Langobarden beherrschen Italien bis hinunter nach Florenz und verwandeln das winzige Herzogtum Spoleto in eine blühende Handelsmacht.

773–774

Karl der Große überquert die Alpen und bekämpft die Langobarden; seine Herrschaft über die Toskana, die Emilia, Venedig und Korsika wird von Papst Hadrian I. bestätigt.

1080

Kaiser Heinrich IV. setzt Papst Gregor VII. zum zweiten Mal ab, installiert Clemens III. und zieht gegen Mathilde von Tuszien zu Felde, die Gregor unterstützt.

Buckligen. Bald arrangierte sie, dass dieser nach Deutschland geschickt wurde, ließ die Ehe annullieren und heiratete einen mächtigen Fürsten, der 26 Jahre jünger war als sie selbst.

1077 exkommunizierte Mathildes Verbündeter, Papst Gregor VII., den Kaiser des Heiligen Römischen Reiches, Heinrich IV. Dieser hatte gedroht, Gregor durch einen Gegenpapst zu ersetzen. Da tauchte der Kaiser barfuß vor Mathildes Burg in Canossa auf, kniete sich in den Schnee und bat um die Vergebung des Papstes. Gregor, der bei Mathilde zu Gast war, ließ ihn drei Tage warten, bevor er den Kirchenbann über Heinrich IV. aufhob. Heinrich revanchierte sich für die Erniedrigung, indem er sich mit Mathildes Nachbarn verbündete, um an ihren Besitz zu gelangen, und brachte sogar ihren Gatten gegen sie auf. Aber Mathilde untergrub ihrerseits Heinrichs Macht im Norden – mithilfe von dessen eigenem Sohn Konrad. Von der Familie verstoßen und auf dem Schlachtfeld von einer Frau erniedrigt, starb Heinrich 1106.

Eine neue Ordnung

Im 13. Jh. waren die Toskaner reif für Veränderungen. Bauern, die ihre Felder mühselig bestellt hatten, wollten ihre Ernte sicher auf den Markt bringen können, Kaufleute brauchten friedliche Plätze, auf denen sie ih-

DIE FLAGELLANTEN

Der erste bekannte Fall religiöser Selbstgeißelung wurde Mitte des 13. Jhs. aus Perugia im benachbarten Umbrien gemeldet: Eine merkwürdige, spontan gebildete Gruppe von Gläubigen peitschte sich selbst aus und stimmte dabei Gesänge an!

Um 1260 tauchten in größeren Städten der Toskana umherziehende Gruppen solcher „Flagellanten" auf. Sie waren vermummt und peitschten ihre bloßen Oberkörper ekstatisch, während sie *laudi* (Lieder über die Passion Christi) sangen. Die Flagellanten hinterließen in Florenz und Siena einen nachhaltigen Eindruck; hier bildeten sich *scuole di battuti* (Geißlerbruderschaften). Sie bauten *case di Dio* (Häuser Gottes), die als Wohlfahrtszentren und Hospize dienten und wo auch Massengeißelungen veranstaltet wurden.

Die Kirche verhielt sich gegenüber den Geißlern zunächst neutral, bis die Flagellanten behaupteten, dass ihre Selbstgeißelungen eine vorübergehende Vergebung der Sünden brächten. Das stand in direkter Konkurrenz zur Beichtpraxis der Kirche und dem gut gehenden Geschäft mit Ablässen, Vergebungen und dem Zehnten. 1262 wurde die Geißlerbewegung verboten. Ein Jahrhundert später kam sie vor dem Hintergrund der Pest erneut in Schwung und machte bis ins 15. Jh. hinein von Zeit zu Zeit von sich reden; dann schritt die Inquisition ein und strafte die Flagellanten mit dem Tod auf dem Scheiterhaufen.

Unter der Aufsicht der Kirche fanden in der Toskana bis Ende des 19. Jhs. Geißlerprozessionen statt.

1082

Florenz legt sich wegen der Region Chianti mit Siena an – der Beginn einer bitteren Rivalität, die die nächsten 400 Jahre andauern wird.

1136

Die rauflustige Seemacht Pisa fügt Amalfi zur Liste ihrer Eroberungen hinzu, auf der u. a. schon Jerusalem, Valencia, Tripolis, Mallorca und Kolonien in Konstantinopel und Kairo stehen.

1167

Sienas *comune* gibt sich eine schriftliche Verfassung, die erklärt, dass Amtsperioden kurz und Geld hübsch sein sollen; später wurden auch öffentliche Faustkämpfe garantiert.

1296

Die Bauarbeiten am *duomo* von Florenz beginnen. Bis zu seiner Fertigstellung vergehen 150 Jahre. Italiens größte Kuppel seit der Antike macht ihn zum krönenden Symbol der Florentiner Renaissance.

ren Geschäften nachgehen konnten, und in der Bevölkerung keimte die Hoffnung auf, dass es möglich sein könnte, älter als 40 Jahre zu werden.

Um das Zusammenleben in zivilisiertere Bahnen zu lenken, wurden *comuni* (Stadtstaaten) in Florenz, Siena und anderen Städten gegründet. Ihre Mitglieder stammten aus einflussreichen Familien, Handwerkergilden und der Händlerschaft. In der gesamten Region wurden ehrgeizige Bauprojekte in Angriff genommen, die den Bürgern eine neue gemeinschaftliche Identität stiften sollten. Krankenhäuser und öffentliche Wohlfahrtseinrichtungen nahmen sich der Bedürftigen an, und neue öffentliche Plätze, Märkte und Rathäuser wurden zu wichtigen Treffpunkten für die bürgerliche Gesellschaft.

Gesetz und Ordnung wurden durch den *podestà* garantiert, einen unabhängigen, juristisch bewanderten Stadtverwalter. Er wurde oft für eine begrenzte Zeit von außerhalb in die Stadt geholt, um möglicher Vetternwirtschaft einen Riegel vorzuschieben. Jede *comune* entwickelte ihre eigene Art der Selbstverwaltung. Die erfinderischste war Siena. Um die blutigen Rivalitäten zwischen den *contrade* (Vierteln) der Stadt zu unterbinden, lenkte man die Kampfeslust der Einwohner in organisierte Box- und Stierkämpfe um – und in den Palio, das große jährliche Pferderennen. Wer den Frieden störte, wurde mit saftigen Geldstrafen belegt. Und die städtischen Geldsäckel quollen über, weil man in den *osterie* (Gaststätten) der Stadt für den Gebrauch von Schimpfwörtern abkassiert wurde.

Nachdem Florenz mal wieder einen Sieg über Siena verbuchen konnte, indem es die Stadt von der Wasserversorgung abgeschnitten hatte, stand man in Siena vor einer Grundsatzentscheidung: Entweder man finanzierte eine unterirdische Wasserleitung, um sich der Florentiner zu erwehren, oder man errichtete einen Dom, mit dem sich Siena als Hauptstadt der Künste etablieren würde. Der Rat der Stadt war einstimmig für den Dom.

Dantes Kreise der Hölle

„Auf halbem Weg des Menschenlebens fand ich mich in einen finstern Wald verschlagen, weil ich vom rechten Weg mich abgewandt ..." So beginnt das unheilvolle Jahr 1300 in Dante Alighieris *Inferno* (Die Hölle). Unser Held Dante (1265–1321) entkommt hier einem Höllenkreis, nur um gleich in den nächsten hineinzustolpern. Denn im 14. Jh. sahen sich Dante und seine toskanischen Landsleute einer grauenhaften Serie von Hungersnöten, wirtschaftlichem Niedergang, Pest, Krieg und Tyrannei ausgesetzt.

Als die Mystiker des Mittelalters für das Jahr 1300 Untergang und Verderben prophezeiten, lagen sie nur um knapp 50 Jahre daneben. In den Städten der Toskana wurden etwa zwei Drittel der Bevölkerung von der Pest des Jahres 1348 dahingerafft. Da Flöhe und Ratten nicht als Überträger der Pest erkannt und bekämpft wurden, wütete der „Schwarze Tod" in der Region jahrzehntelang. Ganze Krankenhaus- und Klosterbe-

Das Museum Casa di Dante in Florenz gleicht einer Reise ins 14. Jh. Zum Komplex gehört auch die Kapelle, in der Dante seine Muse traf. Die US-Künstler Sandow Birk und Marcus Sanders haben Dantes Werk popkulturell verarbeitet: In der illustrierten Romantrilogie *The Divine Comedy* (2005) ist das Inferno im Verkehr von Los Angeles, das Purgatorio im nebligen San Francisco und das Paradiso in New York angesiedelt.

1314–1321

Dante schreibt seine *Göttliche Komödie*, erzählt in der ersten Person und statt in formellem Latein im Dialekt der Toskana. Sie ist gewürzt mit politischer Satire, Pathos, Abenteuern und leichtem Humor.

1348–1350

Die Pest wütet in der Toskana: In den engen städtischen Zentren fallen ihr zwei Drittel der Bewohner zum Opfer. Bis 1500 bricht sie immer wieder neu aus.

1375–1406

Der Philosoph und Politiker Colluccio Salutati dient Florenz als Kanzler und fördert eine bürgerlich-weltliche Identität – ein mutiges Modell, das zuweilen sogar funktioniert.

1378

Der Florentiner Stadtrat *(signoria)* ignoriert eine Petition der Wollweber, die ein Recht auf Vertretung als Gilde einfordern: Der Aufstand der Ciompi ist erfolglos.

legschaften wurden ausgelöscht, sodass die Behandlung der Infizierten Scharlatanen überlassen blieb, die Wunderheilung versprachen. Die verschriebenen Geißelungen, Alkohol, Zucker und Gewürze oder rieten zur Wasch-, Obst- und Olivenölabstinenz.

Obwohl es sicher schmerzlich war, die Ereignisse jener Tage festzuhalten, beschrieben Autoren wie Boccaccio, Dante und der Marchione di Coppo Stefani (ca. 1336–85) ihre Zeit hellsichtig und schonungslos – im Glauben, dass ihre Kritik eines Tages dem Allgemeinwohl dienen könnte. Mehr als alle Kniffe der Malerei von Perspektive bis Schattierung ist es dieser allumfassende Blick auf die Menschheit gewesen, der die Kunst der Renaissance so wahrhaftig machte.

In der Toskana des Mittelalters war niemand vor Gewalt geschützt: Die Anführer mächtiger Familien wurden während des Gottesdienstes von Rivalen erstochen, Bauern von marodierenden Räuberbanden überfallen und Unbeteiligte in Auseinandersetzungen verwickelt, bei denen es schnell um Leben und Tod ging. Selbst kleinere Verbrechen wurden mit hohen Geldstrafen, körperlicher Züchtigung, öffentlicher Auspeitschung oder Verstümmelung bestraft.

Guelfen & Ghibellinen

Die Renaissance war eine Zeit der großen Kunst und der großen Tyrannen. Zwischen diesen beiden Polen herrschte eine unruhige Beziehung. Das sorgfältige Gleichgewicht der Kräfte der *comuni* fiel der Pest des 14. Jhs. zum Opfer; die politische Macht verblieb zumeist bei denjenigen, die stark oder skrupellos genug waren, um die Herrschaft an sich zu reißen. In freien Städten wie Florenz und Siena übernahmen mächtige Familien den Vorsitz in den *signorie*, den Ratsversammlungen, die vordergründig von Zunftvertretern und Händlern geführt wurden.

Ganze Städte, Kaufmannsgilden und einzelne Familien schlugen sich entweder auf die Seite der papsttreuen Guelfen oder auf die Seite der kaisertreuen Ghibellinen. Da sich beide Parteien ein Denkmal setzen wollten, hätte diese Rivalität für Künstler und Architekten eigentlich ideal sein müssen. Aber das wechselnde Glück auf den Schlachtfeldern führte auch dazu, dass die Gelder für Kunstprojekte genauso schnell wieder verschwanden, wie sie aufgetaucht waren.

Die Toskana ähnelte bald einem Strategiespiel. Adelsburgen wurden gebaut und von neuen Herrschern eingenommen, mächtige Bischöfe verbündeten sich mit Adligen so lange, bis diese ihre Macht verloren, und Nebenfiguren hielten plötzlich die Macht in Händen, weil sie von Handelsinteressen gestützt wurden. Nirgendwo war dieses Spiel verwirrender als in der *comune* von Pistoia: Erst wurde sie von den Florentiner Guelfen eingenommen, dann wurde sie unter „weißen" und „schwarzen" Guelfen aufgeteilt, dann von Lucca (das zu dieser Zeit von den Ghibellinen dominiert wurde) erobert, um schließlich wieder in die Hände von Florenz zu fallen.

Die Medici

Unter den Tyrannen der Renaissance stellten die Medici keine Ausnahmeerscheinung dar. Allerdings ließ Cosimo der Ältere (Cosimo il Vecchio; 1389–1464) schon früh auf seinem Weg zur Macht ein überraschend

1469–1492
Lorenzo de' Medici regiert Florenz hinter den Kulissen, trotz der Verschwörung der Pazzi 1478; bei dem Umsturzversuch wird sein Bruder Giuliano im Dom erstochen.

1478–1480
Zwischen dem Papst, Siena, Florenz, Venedig, Mailand und Neapel bricht eine verwirrende Abfolge von Kriegen aus. Einzelne Familien verhandeln geheime Verträge.

1494
Die Medici werden durch den französischen König Karl VIII. vertrieben; Savonarola ruft eine theokratische Republik aus und beherrscht diese mit seiner Consiglia di Cinquecento – einer Art religiöser Roter Garde.

1497
Savonarola entfacht auf der Piazza della Signoria in Florenz einen „Scheiterhaufen der Eitelkeiten" und lässt Bücher, Gemälde, Musikinstrumente und andere Luxusgüter in Flammen aufgehen.

MACHIAVELLI

Nur wenige Namen haben einen solchen Klang wie der von Niccolò Machiavelli (1469–1527). Der Florentiner Gelehrte und politische Denker sagte einmal, die Zeiten seien mächtiger als unsere Hirne. Er wurde 1469 in einen armen Zweig einer der führenden Familien von Florenz geboren. Seine zentrale Prämisse – „der Zweck heiligt die Mittel" – erfreut sich auch nach fünf Jahrhunderten noch fragwürdiger Beliebtheit.

Machiavellis Vater besaß jede Menge Bücher, die der junge Niccolò verschlang. Im Alter von 29 Jahren ergatterte der junge Machiavelli einen Posten in der zweiten Staatskanzlei. Im Jahr 1500 war er auf seiner ersten diplomatischen Mission in Frankreich unterwegs. Die militärischen Erfolge von Cesare Borgia und der zentralisierte französische Staat beeindruckten Machiavelli sehr und überzeugten ihn davon, dass Florenz ein stehendes Heer brauche. Er setzte seine Idee durch und baute ab 1506 eine Miliz auf, die sich drei Jahre später im Kampf gegen das aufständische Pisa erstmals bewähren durfte.

Die Rückkehr der Medici an die Macht im Jahr 1512 war ein schwerer Schlag für Machiavelli. Er wurde verdächtigt, gegen die Medici zu intrigieren, und 1513 im berüchtigten Le Stinche in Florenz – dem ersten bekannten Gefängnis der Toskana (von 1297) und einem der ersten in ganz Europa – eingekerkert und gefoltert. Machiavelli beharrte auf seiner Unschuld. Nach seiner Freilassung zog er sich als armer Mann in ein kleines Haus außerhalb von Florenz zurück.

In diesen Jahren entstanden seine bedeutendsten Schriften. *Il Principe* (Der Fürst) ist seine klassische Abhandlung über das Wesen der Macht und ihre Ausübung, ein Werk, das die verwirrenden und korrupten Zeiten widerspiegelte, in denen er lebte, wie auch seinen Wunsch nach starker und gerechter Herrschaft in Florenz und anderswo. Später schrieb er eine offizielle Chronik von Florenz, die *Istorie Fiorentine*.

1526 schloss sich Machiavelli der päpstlichen Armee bei ihrem aussichtslosen Kampf gegen die kaiserlichen Kräfte an. Als diese 1527 Rom einnahmen, hatte Florenz die Herrschaft der Medici schon wieder abgeschüttelt. Machiavelli hoffte vergeblich, noch einmal in Amt und Würden zurückkehren zu können. Er starb 1527 so arm, wie er zur Welt gekommen war.

aufgeklärtes Eigeninteresse und ein außergewöhnliches Auge für Kunst erkennen. Obwohl er in kein Amt gewählt worden war, diente er der Kirche als Botschafter. Er erwirkte für die Stadt Florenz eine 25-jährige Periode relativen Friedens, indem er hinter den Kulissen sein diplomatisches Geschick walten ließ. Als er 1433 infolge einer Verschwörung aus der Stadt verbannt wurde, begleiteten ihn einige seiner Lieblingskünstler, darunter Donatello und Fra' Angelico.

Aber sie blieben nicht lange weg. Die Geschäftsverbindungen des Bankiers Cosimo waren für Florenz zu wichtig, und so kehrte er nach nur einem Jahr triumphal in die Stadt zurück, setzte seine Rivalen schachmatt

1498

Rivalisierende Franziskaner fordern Savonarola zur Feuerprobe auf. Er schickt einen Vertreter, der für ihn durchs Feuer gehen soll, wird aber schließlich doch als Ketzer gefoltert, gehängt und verbrannt.

1527–1530

Die Florentiner verbannen die Medici aus der Stadt. Die Republik hält drei Jahre durch, bis die geballte Feuerkraft von Kaiser und Papst die Medici wieder zurückbringt.

1633

Galileo Galilei wird in Rom wegen Ketzerei verurteilt. Getreu dem von ihm beobachteten Pendelprinzip erzeugen die extremen Maßnahmen der Inquisition eine Gegenreaktion: die Aufklärung.

1656

Schon wieder: Mindestens 300 000 Menschen fallen in Mittel- und Süditalien der Pest zum Opfer.

GEGEN DEN FREIEN INTELLEKT

Savonarolas theokratische Herrschaft über Florenz dauerte nur vier Jahre (1494–1498). Sein Kampf gegen die Dekadenz führte dazu, dass Papst Alexander VI. ihn zuerst exkommunizierte und schließlich exekutieren ließ, weil er sich von Savonarola nicht wegen seiner exorbitanten Geldverschwendung, seiner unehelichen Kinder und seiner persönlichen Rachefeldzüge tadeln lassen mochte.

Savonarolas kurze Herrschaft hatte jedoch nachhaltige Auswirkungen. Die Kirche sah sich nunmehr bemüßigt, eine direktere Kontrolle über die unbotmäßige Region Toskana auszuüben und sich gegen humanistische Philosophien zu schützen, die ihre göttliche Autorität untergraben könnten. Ergebnis war die Inquisition, die ketzerische Ideen mit dem Tode bestrafte, was den Intellektuellen und Neugierigen einen verständlichen Dämpfer versetzte. Die berühmten Universitäten von Pisa und Siena wurden strenger Überwachung unterworfen, und der Lehrbetrieb an der Universität Pisa lag etwa 50 Jahre lang so gut wie brach, bis Cosimo I. de' Medici (1519–1574) die Hochschule 1543 wieder eröffnete.

und übte im Hintergrund einen noch größeren Einfluss als vorher aus. Außerdem stiftete er Meisterwerke wie Brunelleschis legendäre Kuppel für den Florentiner Dom.

Die Patronage durch selbst die aufgeklärtesten und mächtigsten Mäzene hatte ihre Schattenseiten: Ihre Launen konnten einen Künstler etablieren oder vernichten. Mächtige Herrscher zogen mächtige Feinde an. Lorenzo I. de' Medici (genannt Il Magnifico – der Prächtige; 1449–1492) war ein legendärer Förderer der Künste und Geisteswissenschaften. Dass er schon früh Künstler wie Leonardo da Vinci, Sandro Botticelli und Michelangelo Buonarroti unterstützte, bescherte ihm wie diesen großen Ruhm.

Die Medici haben nichts zu verbergen – zumindest jetzt nicht mehr. Wer möchte, kann auf www.medici.org auf den Spuren ihrer Machenschaften in den Archiven stöbern.

Bei einer Verschwörung, an der die rivalisierende Florentiner Familie Pazzi, der König von Neapel und der Papst beteiligt waren, kam es zu einem Anschlag auf Lorenzos Leben, dem er entkommen konnte. So mussten sich die von ihm geförderten Künstler nach neuen Geldgebern umsehen, bis Lorenzo seine alte Machtposition wieder eingenommen hatte. Der Bußprediger Savonarola hatte ein ganz schlechtes Bild von Lorenzo und der klassisch inspirierten Kunst, die dieser förderte: Savonarola deutete sie als sündigen Luxus in einer Zeit großen Leidens. Als Savonarola die Medici 1494 von der Macht verdrängte, beschloss er, dass auch ihre dekadente Kunst verschwinden müsse. Werke von Botticelli, Michelangelo und anderen Meistern sollen auf dem gewaltigen „Scheiterhaufen der Eitelkeiten" auf der Piazza della Signoria in Florenz in Flammen aufgegangen sein.

1737

Die österreichische Erzherzogin Maria Theresia beendet die Herrschaft der Medici und setzt ihren Mann als Großherzog der Toskana ein. Bei der Reformierung der Toskana zieht sie die Fäden.

1760er-Jahre

Florenz wird neben Venedig, Mailand und Turin zu einer wichtigen Station auf den Reisen europäischer Aristokraten und Bildungsbürger.

1765–1790

Aufklärer Leopold I. setzt die Reformen seiner Mutter Maria Theresa fort und macht die Toskana zum ersten souveränen Staat, der die Todesstrafe abschafft.

1796–1801

Italien wird zum Schlachtfeld zwischen Napoleon, den Habsburgern und deren russischen Verbündeten; das toskanische Kulturerbe wird zum großen Teil als Beute verteilt.

Galileo

Eines der bedeutendsten Mitglieder des Lehrkörpers der Universität Pisa war der Mathematikprofessor Galileo Galilei (1564–1642). Mathematisch ausgedrückt: Galileo war ein logisches Paradoxon. Der Katholik zeugte drei uneheliche Kinder; er war ein Mann der Wissenschaft mit einem Hang zur Dichtung; er hielt Vorlesungen über die Dimensionen der Hölle auf der Grundlage von Dantes *Inferno;* gleichzeitig schwebte er mit dem Kopf buchstäblich über den Wolken und erfand das Teleskop. Viele seiner Freunde gehörten zu den führenden Intellektuellen der Zeit.

Galileos sorgfältige Beobachtungen des Universums zogen die Aufmerksamkeit der Kirche auf sich, die im 16. Jh. eine schwierige Beziehung zu den Sternen unterhielt. Papst Paul III. beschäftigte mehrere Astrologen. Keine größere päpstliche Initiative und kein größeres Bauprojekt konnte in Angriff genommen werden, ohne dass zuerst der Himmel mit einem Astrolabium nach Glück verheißenden Zeichen abgesucht worden wäre. Und doch wurde der Theologe (und zeitweilige Astrologe) Tommaso Campanella der Ketzerei für schuldig befunden, weil er auf Erkenntnis durch Beobachtung pochte.

Paul III. vertraute die Erforschung der physikalischen Grundlagen des Universums seinen Theologen an, die durch genaues Studium der Heiligen Schrift zu dem Ergebnis kamen, dass sich die Sonne um die Erde drehen müsse.

Mithilfe von Teleskopen, die er angepasst und verbessert hatte, kam Galileo zu einem anderen Ergebnis. Seine Beobachtungen stützten Kopernikus' Theorie, dass sich die Planeten um die Sonne drehen. Eine Gruppe von Inquisitoren aus dem Vatikan erlaubte ihm anfänglich, seine Erkenntnisse zu veröffentlichen, wenn er auch der gegenteiligen Sichtweise Platz einräumte. Als sich aber Galileos Sicht als gefährlich überzeugend herausstellte, ruderte der Vatikan zurück und klagte auch ihn der Ketzerei an.

Zu diesem Zeitpunkt war Galileo schon sehr krank, und vielleicht ist es neben der breiten Unterstützung, die er genoss, seinem schlechten Gesundheitszustand zu verdanken, dass er nicht mit der für Ketzerei üblichen Todesstrafe belegt wurde. Unter der offiziellen Androhung von Folter legte Galileo schriftlich nieder, dass er den Argumenten für eine kopernikanische Weltsicht vielleicht zu viel Glauben geschenkt habe. Seine Gefängnisstrafe konnte er in Form von Hausarrest verbüßen. Manchmal erlaubte ihm Papst Urban VIII., seine Studien fortzusetzen, manchmal versagte er ihm dann wieder ärztliche Hilfe. Galileo setzte seine wissenschaftlichen Untersuchungen noch fort, als er sein Augenlicht verloren hatte. In der Zwischenzeit wurde Tommaso Campanella aus dem Gefängnis entlassen und nach Rom gebracht, wo er 1629 Urbans persönlicher Astrologe wurde.

Galileos konservierter Mittelfinger und andere Körperteile sind neben den Uffizien im wunderbaren, vollständig interaktiven Museo Galileo in Florenz zu sehen. Online lassen sich Galileos Leben, seine Zeit, der religiöse Kontext und die Fortschritte in den Naturwissenschaften beim Galileo Project (http://galileo.rice.edu, auf Englisch) erkunden.

1805–1814

Napoleon ernennt sich zum König von Italien; als seine zwangsrekrutierten Soldaten desertieren, verliert Napoleon die Toskana 1814 an Großherzog Ferdinand III. und wird auf die Insel Elba verbannt.

1840er-Jahre

Mit der 101 km langen Zugstrecke Ferrovia Leopolda, die Florenz, Pisa und Livorno verbindet, kommt der Tourismus in die Toskana.

1848/1849

Im Zuge der Revolution wird der Großherzog gestürzt und eine toskanische Republik ausgerufen.

1861

Zwei unruhige Jahrzehnte führen zu einer neuen italienischen Staatsform mit Parlament und König. Florenz wird 1865 Hauptstadt Italiens.

Barock: Gold im Überfluss

Mit Hilfe seiner Hofastrologen hätte der Papst die Fremdherrschaft über Italien eigentlich vorhersehen müssen. Die Inquisition festigte die Macht der Kirche nicht, sondern schuf, während sich die päpstlichen Autoritäten mit abgehobenen theologischen Dingen beschäftigten, ein irdisches Machtvakuum. Während italienische Adlige und Großkaufleute oder Bankiers um Einfluss rangen, übernahm die spätere Kaiserin Maria Theresia 1737 die Initiative und machte ihren Ehemann Franz zum Großherzog der Toskana.

1799 eroberte Napoleon Bonaparte Teile der Toskana. Er war vom Kulturerbe der Region so angetan, dass er beschloss, so viel wie möglich davon mit nach Hause zu nehmen. Was er nicht mitnehmen konnte, verschenkte er an alle möglichen Verwandten – ohne sich darum zu scheren, dass die toskanischen Villen und Altaraufsätze eigentlich gar nicht ihm gehörten. Nach Napoleons Sturz 1814 wurde der Kaiser auf die Insel Elba im Toskanischen Archipel verbannt, und der Habsburger Ferdinand III. übernahm den Titel des Großherzogs der Toskana. Aber Napoleons Schwester Elisa Bonaparte und verschiedene andere Familienangehörige weigerten sich, ihre Luxusvillen in Lucca zu räumen. Es mussten Kompromisse gefunden werden, um alle zufrieden zu stellen.

Noch mehr Ausländer strömten in die Toskana, als ab 1840 die ersten Eisenbahnstrecken kreuz und quer durch Italien gebaut wurden. Bald galt eine große Italienrundreise als unerlässlich für die höhere Bildung, wobei die Wahrzeichen und Museen der Toskana zum Pflichtprogramm gehörten. Zugweise kamen Pensionatsabsolventinnen in Begleitung verkniffener Anstandsdamen sowie Berufsjunggesellen an und bereiteten den Boden für die Romane von E. M. Forster, für Ferienhausinvestoren und Möchtegern-Filmstars.

Die besten Geschichtsbücher

Geschichte Italiens: Vom Risorgimento bis heute (2008), Gerhard Feldbauer

Der Prächtige: Lorenzo de' Medici und seine Zeit (2009), Ingeborg Walter

Florenz für 5 Florentiner am Tag: Eine Stadt in der Renaissance (2010), Charles FitzRoy

Die Medici: Macht und Glanz einer europäischen Familie (2002), James Cleugh

Garibaldi: Die Geschichte eines Abenteurers, der Italien zur Einheit verhalf (2011), Friederike Hausmann

Rot & Schwarz: Eine bunte Vergangenheit

Während die wohlhabenden ausländischen Reisenden Italien romantisch verklärten, hatte das Land mit einer harten Realität zu kämpfen. Eine kommerziell geführte Landwirtschaft sorgte dafür, dass ferne königliche österreichische Landbesitzer satte Gewinne einfuhren, während die Bauern der Armut verfielen und zwischen den kleinen Familienhöfen eine harte Konkurrenz entstand. In ländlichen Gebieten fraßen Ausgaben für eine magere Ernährung, zumeist in Form von Getreide, drei Viertel des Familieneinkommens auf. Die Aussicht auf Arbeit in der wachsenden Industrie lockte viele Landbewohner in die Städte, wo lange Arbeitszeiten und gefährliche Arbeitsbedingungen in eine weitere Sackgasse mündeten und wiederum 70 % des Einkommens für Nahrung aufgewendet werden musste. Sozialer Aufstieg war selten, da der Zugang zu den Universitäten streng begrenzt war und die Habsburger nur ungern

1871

Nach dem Abzug französischer Truppen aus Rom besiegen die Streitkräfte des Königreichs Italien die Truppen des Vatikanstaats; Rom wird Hauptstadt.

1915

Italien tritt in den Ersten Weltkrieg ein und bekämpft einen alten Feind: Österreich-Ungarn. Kriegsopfer und Hunger sind die Schattenseiten des Sieges.

1921

Mussolini gründet die Faschistische Partei. Bei den Wahlen 1924, die von den squadristi (Paramilitärs) „überwacht" werden, gewinnen die Faschisten die Mehrheit im Parlament.

1940–1943

Das faschistische Italien schließt sich der deutschen Kriegserklärung an Großbritannien und Frankreich an. Die italienische Regierung kapituliert 1943, doch Mussolini führt den Krieg fort.

Einheimische in ihre Armee und Verwaltung aufnahmen. Immer mehr Toskaner wählten die Auswanderung nach Amerika als aussichtsreichste Möglichkeit, ihre Familien zu ernähren.

Die österreichische Herrschaft stellte einen gemeinsamen Feind dar, gegen den sich die Italiener aller Provinzen und Gesellschaftsschichten zusammenschlossen. Das Risorgimento, wörtlich „Wiedergeburt", war die Zeit der nationalstaatlichen Einigung Italiens. Die Geheimgesellschaften, die sich unter der französischen Fremdherrschaft als Gegengewicht gebildet hatten, stellten eine gute Grundlage dar, um die nationale Gesinnung zu bündeln. In den Jahren 1848/49 brach die Revolution aus, und in Florenz gewannen für kurze Zeit die Radikalen die Oberhand.

Konservative Florentiner, die Angst vor einem Einmarsch der Österreicher hatten, luden den Habsburger Leopold II. ein, als Großherzog der Toskana zurückzukehren. Als aber Unruhen auf dem Land die Rückkehr der Österreicher an die Macht erschwerten, heizten die österreichischen Vergeltungsmaßnahmen und die brutale Unterdrückung den Nationalismus in der Region stark an. Obwohl Italien 1861 unter einer Flagge vereint war, sollte der Graben zwischen Radikalen und Konservativen die politische Landschaft der Region lange prägen.

Die nationalstaatliche Einigung beendete weder die Arbeitslosigkeit noch die sozialen Unruhen. 1861 erhielten nur 2 % der Italiener das Wahlrecht. Wegen der schlechten Arbeitsbedingungen kam es zu Streiks, deren brutale Unterdrückung in der Gründung der Sozialistischen Partei im Jahr 1881 mündete. Was von der neuen italienischen Regierung als Geldbeschaffungsmaßnahme gedacht war, nämlich sich in Abessinien

Amerigo Vespucci war ein Florentiner Seefahrer, nach dem der Kontinent Amerika benannt wurde. Vespucci unternahm zwischen 1497 und 1504 mehrere Entdeckungsreisen in das Gebiet, das später Südamerika heißen sollte.

VERMÄCHTNISSE DER HABSBURGER & MEDICI

Die österreichische Herrscherin Maria Theresia (1717–1780; Mutter von 16 Kindern – darunter die spätere französische Königin Marie Antoinette) war eine autodidaktische Militärstrategin, die örtliche Potentaten in Schach hielt und Reformen vorantrieb. Sie dämmte die Hexenverbrennungen ein, verbot die Folter, führte die Schulpflicht ein und erlaubte den italienischen Bauern, einen bescheidenen Teil ihrer Ernte für sich zu behalten. Außerdem setzte sie der Medici-Herrschaft ein Ende und brachte den protzigen Stil der österreichischen Habsburger in die Toskana. Damit begann eine wahre Renovierungsorgie: Extravagante, mit Engelchen überladene Fresken, verschnörkelter Fassaden- und Wandschmuck (der das Staubwischen zum Albtraum machte) und Vergoldungen an allen Ecken und Enden waren der letzte Schrei.

Da die letzte Medici-Erbin Anna Maria Luisa de' Medici vielleicht fürchtete, dass die unbezahlbare Kunstsammlung ihrer Familie dem Umgestaltungswillen Maria Theresias zum Opfer fallen würde, vermachte sie bei ihrem Tod im Jahr 1743 all ihre Kunstschätze der Stadt Florenz – mit der Bedingung, dass das gesamte Erbe in der Stadt verbleiben müsse.

1943–1945

Der italienische Widerstand schließt sich dem Kampf der Alliierten gegen Mussolini an; die Toskana wird befreit. 1945 wird eine nationale Koalitionsregierung gebildet.

1946

Umberto II. wird nach einer Volksabstimmung ins Exil geschickt und Italien zur Republik erklärt; 71,6 % der Toskaner stimmen für die Republik.

1959–1963

Die italienische Wirtschaft erholt sich dank Industrialisierung und Marshallplan, der Italien vor sowjetischem Einfluss schützen soll.

1966

Der Arno tritt über die Ufer und begräbt Florenz meterhoch unter Schlamm und Wasser. Rund 5000 Menschen werden obdachlos, Tausende Kunstwerke und Manuskripte zerstört.

(heute Äthiopien und Eritrea) als Kolonialmacht zu etablieren, stellte sich als kostspieliger Fehlgriff heraus – 17 000 italienische Soldaten verloren 1896 bei Adowa ihr Leben. Als 1898 die Getreidepreise stiegen, konnten sich viele verarmte Italiener ihre Nahrung nicht mehr leisten. Unruhen brachen aus. Die Landarbeiter schlossen sich zu Gewerkschaften zusammen, und als 1902 ein Streik ausgerufen wurde, folgten dem Ruf 200 000 Landarbeiter.

Schließlich hatten die italienischen Politiker ein Einsehen und brachten Reformen auf den Weg. Die Kinderarbeit wurde verboten, die Arbeitszeit wurde begrenzt, und 1912 wurde das Wahlrecht auf alle Männer über 30 ausgedehnt (die Frauen mussten bis 1945 warten). Das Versprechen an die Sozialisten, ein Rentenprogramm aufzulegen, brach die Regierung schnell und marschierte stattdessen in Tunesien ein.

Als 1914 der Erste Weltkrieg ausbrach, sah sich Italien einem größeren Krieg gegenüber, als eigentlich geplant war. Ein prominenter junger sozialistischer Heißsporn namens Benito Mussolini (1883–1945) führte die Kampagne für einen Kriegseintritt Italiens auf Seiten der Alliierten an, obwohl die meisten Sozialisten dagegen waren. Infolgedessen wurde Mussolini aus der Sozialistischen Partei ausgeschlossen und trat in die Armee ein. Nach einer Kriegsverwundung wurde er aus der Armee entlassen und gründete 1919 die Italienischen Kampfbünde, Vorläufer der Nationalen Faschistischen Partei.

Das reiche Renaissance-Erbe der Toskana wäre 1966 beinahe der großen Flutkatastrophe von Florenz zum Opfer gefallen. Tausende Bewohner wurden obdachlos, und 3 Mio. seltene Handschriften und Tausende Kunstwerke wurden unter Schlamm, Schutt und Abwasser begraben. Die Helfer, die die Schätze aus dem Schlamm bargen, werden als *gli angeli del fango* (Engel des Schlamms) geehrt.

Schwierige Zwischenkriegszeit

Obwohl Italien am Ende des Ersten Weltkriegs auf der Siegerseite stand, waren die Toskaner nicht in Feierstimmung. Nicht nur gab es Gefallene zu beklagen, auch waren 600 000 ihrer Landsleute in Kriegsgefangenschaft geraten. 100 000 starben – hauptsächlich deshalb, weil die italienische Regierung ihre eigenen Soldaten nicht ausreichend mit Lebensmitteln, Kleidung und Medikamenten versorgte. Erlasse aus Kriegszeiten, die eine Verlängerung der Arbeitszeiten vorsahen und Streiks verboten, belasteten das Arbeitsklima in den Fabriken so stark, dass Frauen Massenstreiks anführten. Mit dem Brotmangel breiteten sich Unruhen aus, und 1919 kam es zu gewalttätigen Aufständen in den Industriestädten Viareggio und Piombino: Die Entlassung von 500 Arbeitern der Piombino-Stahlwerke löste einen Generalstreik aus, der rasch zu Blutvergießen zwischen den Arbeitern und Armeeeinheiten ausartete.

Mussolini fand bei den vergrätzten Toskanern offensichtlich Unterstützung für seinen Ruf nach Ordnung. Ab 1922 marschierten seine Schwarzhemden, die Squadristen, durch Florenz und forderten die Absetzung der Landesregierung und die Vertreibung der Sozialisten und Kommunisten aus allen örtlichen Machtpositionen. Im Jahr 1922 folgten der sogenannte Marsch auf Rom und der Staatsstreich: Mussolini wurde Regierungschef.

1969

Bei massiven Streiks und Studentenunruhen werden soziale Reformen gefordert: bei den Arbeits- und Wohnbedingungen, bei den Renten und bürgerlichen Rechten.

1970–1980

Die Bleiernen Jahre bringen extremistischen Terror und staatliche Repressalien: In Pisa tötet die Polizei den Anarchisten F. Serantini; die Roten Brigaden ermorden 1986 den Bürgermeister von Florenz.

1993

Eine Autobombe explodiert neben den Uffizien, tötet sechs Menschen und verursacht Millionenschäden. Der Verdacht fällt auf die Mafia. Im selben Jahr demonstrieren 200 000 Menschen gegen die Mafia-Gewalt.

1995

Maurizio Gucci, Erbe des Florentiner Mode-Imperiums, wird vor seinem Büro in Mailand erschossen. Drei Jahre später wird seine Exfrau wegen Anstiftung zum Mord verurteilt.

DER RADPROFI, DER MÖNCH & DER BUCHHALTER

Dies ist die unglaubliche Geschichte der drei Helden des italienischen Widerstands. Giorgio Nissim war ein jüdischer Buchhalter in Pisa, der im Zweiten Weltkrieg einer toskanische Widerstandsgruppe im Untergrund angehörte. Diese half jüdischen Italienern, aus dem faschistischen Land zu fliehen. Die Gruppe flog auf, und alle Mitglieder der Gruppe kamen in Konzentrationslager, mit Ausnahme von Giorgio, der unentdeckt blieb.

Nirgendwo schienen jüdische Flüchtlinge mehr sicher zu sein. Da organisierte der Franziskanermönch Rufino Niccacci den Widerstand in Assisi. Er versteckte 1943 und 1944 Hunderte jüdische Flüchtlinge aus ganz Italien in umbrischen Klöstern. In Assisi lernten Nonnen, die noch nie mit Juden zusammengetroffen waren, für ihre Gäste koschere Speisen zuzubereiten, und Einwohner riskierten ihr Leben, um den Unbekannten Unterschlupf zu gewähren.

Dringend wurden auch gefälschte Reisedokumente für die Flüchtlinge benötigt. Hier kam Gino Bartali ins Spiel, der weltberühmte Radrennfahrer aus der Toskana, Tour-de-France-Sieger und dreimaliger Gewinner des Giro d'Italia. Nach seinem Tod im Jahr 2003 enthüllten Dokumente, dass Bartali während des Zweiten Weltkriegs auf seinen „Trainingsfahrten" Nachrichten für die Widerstandsgruppe und gefälschte Papiere beförderte, mit denen jüdische Flüchtlinge in Sicherheit gebracht werden konnten. Damals geriet er auch unter Verdacht und wurde einmal in der berüchtigten Villa Triste in Florenz verhört, in der politische Gefangene festgehalten und gefoltert wurden – aber er gab nichts preis. Bis zu seinem Tod sprach er nicht über seinen Einsatz und die Rettung jüdischer Flüchtlinge, selbst seinen Kindern gegenüber nicht. Er sagte nur: „Ich habe das gemacht und basta!"

Doch alle „Säuberungsaktionen" konnten den Absturz in die Rezession in den 1930er-Jahren nicht verhindern, nachdem Mussolini eine Neubewertung der italienischen Lira gefordert hatte. Der freie Fall der Löhne bescherte Mussolini zwar neue Freunde unter den Unternehmern, verschlimmerte aber die Misere der breiten Masse. Neue militärische Eroberungen in Libyen und Äthiopien führten zunächst zu einer leichten Erholung der schwächelnden Wirtschaft; als aber am Ende des Jahrzehnts die gewaltige Rechnung hierfür zu zahlen war, ließ sich Mussolini schnell auf eine Wirtschafts- und Militärallianz mit Nazi-Deutschland ein. Ungeachtet der kühnen Behauptungen der mussolinischen Propagandamaschinerie waren die Toskana und das übrige Italien auf den Krieg, in den das Land 1940 an der Seite von Hitler eintrat, schlecht vorbereitet.

Der Zweite Weltkrieg & der toskanische Widerstand

Florenz wurde im Zweiten Weltkrieg stark zerstört, obwohl die ersten Bomben erst gegen Ende des Kriegs fielen, nach der Besetzung der Stadt durch deutsche Truppen am 11. September 1943. Im Mai 1944 durchbrachen die Streitkräfte der Alliierten die deutschen Linien südlich von Rom

2005

Bei den toskanischen Regionalwahlen wird der Mitte-links-Präsident Claudio Martini im Amt bestätigt, die Toskana bleibt Bastion der Linken. Martini fördert die Beziehungen zum restlichen Europa und zu den Exiltoskanern.

2008

Berlusconi erobert sich mit seinen rechten Bündnispartnern eine zweite siebenjährige Amtszeit. Die traditionelle Unterstützung linker Kandidaten und Parteien in der Toskana bröckelt.

2010

Bei den Regionalwahlen zeigt die traditionell rote Toskana Berlusconis Mitte-rechts-Koalition die kalte Schulter: Der Mitte-links-Kandidat Enrico Rossi wird Präsident der Toskana.

2012

Das Kreuzfahrtschiff *Costa Concordia* sinkt vor der toskanischen Küste; 32 Menschen sterben. Erst 2015 wird das Wrack vor der Insel Giglio entfernt; die Bergung ist die teuerste der Seefahrtsgeschichte.

und rückten rasch nach Norden vor, um Rom und das gesamte Territorium dazwischen zu befreien. Die Deutschen zogen sich zurück und ließen Zwangsarbeiter eine neue Verteidigungslinie weiter nördlich aufbauen: Die sogenannte Gotenstellung verlief von der pisanischen Küste nach Osten über Pisa, Lucca, Florenz und die östliche Toskana bis an die Adria. Die Alliierten bombardierten daraufhin den Bahnhof Campo di Marte in Florenz und zerstörten so eine wichtige Nachschublinie der Deutschen; dabei starben allerdings auch mehrere Hundert Florentiner Zivilisten. Im benachbarten Pisa blieben der Dom und der Schiefe Turm verschont, doch der Camposanto und weite Teile der Altstadt wurden zerstört.

Villa Paradiso – Als der Krieg in die Toskana kam (2004) Christiane Kohl entwirft vor dem Hintergrund deutscher Kriegsverbrechen in Italien die Geschichte einer toskanischen Familie kurz vor Ende des Zweiten Weltkrieges.

In der Toskana entstand während des Zweiten Weltkriegs eine starke Widerstandsbewegung, doch sie konnte den Tod Hunderttausender von Italienern nicht verhindern. Außerdem wurde eine immer noch ungeklärte Zahl von Italienern in die Vernichtungslager der Deutschen und 23 Konzentrationslager in Italien verschleppt. Eines davon befand sich bei Arezzo. In Florenz erinnert ein Stein vor der Synagoge an die 248 Juden aus Florenz, die in den Lagern ermordet wurden. Dasselbe Schicksal ereilte Juden aus Siena, Pisa und anderen toskanischen Städten.

Als Abschiedsgeschenk an Florenz zerstörten die Deutschen vor ihrem Abzug im August 1944 alle Brücken über den Arno, um den Vormarsch der Alliierten aufzuhalten. Sämtliche Brücken wurden gesprengt – mit Ausnahme des Ponte Vecchio. Die historische Brücke wurde auf Hitlers Anweisung hin verschont: Die überwältigende Aussicht auf den Arno durch das neue Fenster, das Mussolini vor Hitlers Florenzbesuch 1941 eigens in den Brückenabschnitt des Vasarikorridors brechen ließ, hatte den Nazi-Diktator wohl nachhaltig beeindruckt.

Der Aufstieg der toskanischen Linken

Eine neue italienische Regierung ergab sich 1943 den Alliierten, aber Mussolini weigerte sich, die Kapitulation anzuerkennen. Die Folge waren zwei weitere Jahre Chaos: Bürgerkrieg, deutsche Besatzung und alliierte Feldzüge. Aus diesen schwarzen Jahren ging die Toskana roter hervor als je zuvor: Sie entwickelte sich in der Nachkriegszeit zu einem Bollwerk der Sozialisten.

Direkt nach dem Krieg folgten drei Koalitionsregierungen aufeinander. Italien wurde 1946 Republik, und die neu geformte rechtsgerichtete Democrazia Cristiana (Christdemokraten), angeführt von Alcide de Gasperi, der bis 1953 Premierminister blieb, gewann die ersten Wahlen unter der neuen Verfassung im Jahr 1948.

Bis in die 1980er-Jahren hinein spielte der Partito Comunista Italiano (Kommunistische Partei Italiens) eine wichtige Rolle für die gesellschaftliche und politische Entwicklung der Toskana, obwohl die Partei systematisch von der Regierungsgewalt ferngehalten wurde. Die Partei wurde

2013
Der Skandal um die älteste Bank des Landes, die Banca Monte dei Paschi di Siena erschüttert die Toskana.

2014
Die toskanische Regionalregierung billigt einen Landschaftsschutzplan, um die Artenvielfalt zu erhöhen und Bodenerosion zu vermindern.

2015
Im Chianti Colli Senesi bei Siena wird im Frühjahr der erste als vegan zertifizierte Chianti produziert.

2015
Bei den toskanischen Regionalwahlen triumphiert die Linke. Die Demokratische Partei des Mitte-links-Präsidenten Enrico Rossi bekommt über 48 % der Stimmen, was ihm die zweite Amtszeit sichert.

1921 in der toskanischen Hafenstadt Livorno gegründet, und ihre große Beliebtheit führte zu den sogenannten *anni di piombo* (bleierne Jahre) der 1970er, die von Terrorismus und sozialen Unruhen geprägt waren. 1978 forderten die Brigate Rosse (die Roten Brigaden, eine Gruppe junger linker Militanter, die für mehrere Bombenanschläge und Attentate verantwortlich war) ihr prominentestes Opfer: den ehemaligen christdemokratischen Premierminister Aldo Moro. Er wurde in Rom gekidnappt, 54 Tage in Geiselhaft gehalten und dann erschossen. Ein Mahnmal neben der Chiesa di San Francesco al Prato in Pistoia im Nordwesten der Toskana erinnert an Moro, seine beiden Leibwächter und drei Polizisten, die bei der Entführung ermordet wurden.

In den 1970er-Jahren wurden Scheidung und Abtreibung legalisiert, und Frauen durften nun nach der Heirat ihren Geburtsnamen behalten. Die Regione Toscana wurde eine von 15 Regionen des Landes, die Regionalregierungen mit beschränkten Befugnissen erhielten. Von nun an dominierte die Linke die politische Debatte in der Toskana.

Die Regionalregierung der Toskana wird von einem alle fünf Jahre gewählten Präsidenten geführt. Ihm stehen zehn Minister und der Regionalrat mit 65 Abgeordneten zur Seite, die nach dem Verhältniswahlrecht ebenfalls für fünf Jahre gewählt werden. Über Regionalregierung und Regionalrat informieren die Webseiten www.regione.toscana.it und www.consiglio.regione.toscana.it.

Bankendrama

Als Europas angeschlagene Wirtschaft 2012 in die schlimmste Finanzkrise seit der Weltwirtschaftskrise der 1930er-Jahre schlitterte, riss sie auch die Toskana mit in die Misere. Für die Region kam die Stunde der Wahrheit mit dem Skandal um die Banca Monte dei Paschi di Siena. Diese drittgrößte Bank Italiens und älteste Bank der Welt, die seit 1472 in einem prächtigen Palazzo in Siena residiert, meldete 2013 Verluste in Höhe von 730 Mio. €. Sie stammten aus Derivatgeschäften, die die Bank zwischen 2007 und 2009 getätigt und den Aufsichtsbehörden verheimlicht hatte. Während sich frühere Führungskräfte des altehrwürdigen Kreditinstituts mit Korruptions-, Betrugs- und Bestechungsvorwürfen auseinandersetzen mussten, schnürte die Regierung ein 4,1 Mrd. € schweres Rettungspaket. Nachdem Premierminister Mario Monti in seiner kurzen Amtszeit 2011/12 gerade eine neue Immobiliensteuer und andere drastische Sparmaßnahmen eingeführt hatte, waren die toskanischen Steuerzahler von dieser „Großzügigkeit" der Regierung alles andere als begeistert.

Bei der überlebensnotwendigen Umstrukturierung der Bank wurden Hunderte ihrer landesweit 1900 Filialen geschlossen. Aber die Auswirkungen des Skandals gehen weit über diese Arbeitsplatzverluste hinaus. Jahrzehntelang hatte „il Monte" (wie die Toskaner die Bank nennen) die lebendige Kulturszene von Siena gesponsert. Ihre Stiftung, die Fondazione Monte dei Paschi di Siena, hatte die Universität, die Klinik, die Fußballmannschaft, das Palio-Pferderennen und viele andere Einrichtungen der Stadt Siena bezuschusst und damit faktisch 10 % zum städtischen Haushalt beigesteuert. Durch den Ausfall dieses wichtigen Sponsors drohten Siena (und der Toskana) gravierende soziale und wirtschaftliche Folgen.

Toskanische Lebensart

Das romantisierte Bild der Toskana inspiriert weltweit Schriftsteller, Designer und Regisseure. Nur, was ist dran an der Geburtsstätte von Gucci, Cavalli und dem Vespa-Roller, was macht die Toskana so außerordentlich, so dolce? Maßgebend in Sachen Lebensart ist Florenz, mit seinem gewaltigen Kulturerbe, der handwerklichen Tradition und seinen Einwohnern, deren ausgeprägter Sinn für Stil, Eleganz und Schönheit sich in einer außergewöhnlichen Liebe zum Detail, im Streben nach Perfektion und im Stolz auf ihre Sprache und ihre Historie ausdrückt. Hier ein Einblick in die Eckpfeiler der toskanischen Mentalität ...

Il Campanilismo

Tief verwurzelt in ihrem Fleckchen Erde sind die Menschen in dieser vorwiegend ländlichen Region mit nur wenigen, verstreuten Städtchen nicht einfach Italiener oder Toskaner. Der wichtigste Identifikationspunkt ist der *paese* (Heimatort) oder, im Falle von Siena und anderen Städten, die *contrada* (das Stadtviertel), wo man geboren ist. Das erklärt sich aus der Geschichte, in deren Verlauf diese kleinen politischen Einheiten Rivalen waren und ausgeprägte Identitäten mit eigenen Baustilen, Malereitraditionen, Glockentürmen etc. entwickelten. Der Lokalpatriotismus, der sogenannte *campanilismo* (wörtlich die Loyalität gegenüber dem eigenen Glockenturm, sprich: der Scholle), ist für die meisten allumfassend. „Lieber einen Todesfall in der Familie als einen Pisaner an der Tür." So heißt es in einem alten florentinischen Sprichwort, das auf die Rivalitäten unter den toskanischen Städten anspielt.

Die Toskaner gelten als leidenschaftlich, stolz, reserviert, fleißig, familienorientiert, dem Essen und dem Wein zugeneigt, sparsam, äußerst selbstbewusst und eitel.

Auf ihre eigene Art zeigen die Florentiner gern ihren sozialen Status. Von übergroßen Türknäufen bis hin zu Steinmetzarbeiten, überall in

DAS BAUERNLEBEN

Die *mezzadria* (Halbpacht), eine vom Mittelalter bis 1979 gebräuchliche Form der Bewirtschaftung, war das angestammte Erfolgsrezept der toskanischen Landwirtschaft. Die *contadini* (Bauern) lebten auf dem Land und bestellten es. Dafür erhielten sie ein Heim für ihre Großfamilien (normalerweise um die zehn Personen – je mehr Arbeitskräfte, desto besser) und 50 % der Ernte bzw. des Ertrags. Die andere Hälfte strich der *padrone* (Grundbesitzer) ein, der oft nicht auf seiner *fattoria* (Landgut), sondern in der Stadt wohnte.

Mit der Industrialisierung nach dem Zweiten Weltkrieg kamen die ersten Traktoren. Doch die Bauern hatten kein Geld, um sie zu erwerben. Also mussten die Grundbesitzer das Geld investieren, womit die hergebrachte Lastenverteilung aus dem Gleichgewicht geriet. Nach und nach wanderten immer mehr Landarbeiter auf der Suche nach besser bezahlter Arbeit in die Städte ab. Besonders ausgeprägt war die Landflucht in den 1960er-Jahren. Sie führte schließlich zum Zusammenbruch des Halbpacht-Systems und zur Aufgabe vieler toskanischer Bauernhöfe.

KAFFEE IST KULT

Kaffee ist nicht einfach ein Getränk, sondern gehört zur Lebensart der Toskaner, deren Tagesablauf nach Koffeindosierungen eingeteilt werden könnte – für jede Tageszeit und Gelegenheit gibt es den passenden „Schwarzen".

Die oberste Regel lautet: Cappuccino (Espresso mit heißer, geschäumter Milch), Caffè latte (die milchigere Version, weniger geschäumt) und Latte macchiato („gefleckte" Milch) werden nur zum Frühstück oder im Lauf des Vormittags getrunken. Die Toskaner trinken auf dem Weg zur Arbeit häufig auch nur einen schnellen Espresso (klein und stark) oder *caffè doppio* (doppelter Espresso) und zwar im Stehen, dicht gedrängt an der Bar ihres Lieblingscafés.

Mittag- und Abendessen werden ausschließlich mit *un caffè* (wörtlich: „ein Kaffee", bezeichnet aber einen Espresso und sonst nichts) abgeschlossen. Nach Sonnenuntergang ist aber auch ein *caffè corretto* erlaubt (Espresso mit einem Schuss Grappa oder einem anderen Schnaps).

Wer sich im Café zum Kaffeetrinken an einen Tisch setzt, muss bis zu viermal mehr Geld hinlegen als für eine Tasse im Stehen an der Bar.

dieser klassenbewussten Stadt sind Zeichen von Wohlstand und Macht sichtbar. Selbst die Sprache der Florentiner – so wie im 14. Jh. von literarischen Größen wie Dante, Boccaccio und Petrarca für die Welt verewigt – gilt als die reinste Form des Italienischen.

Auch das adelige Florenz ist immer noch munter und lebendig, auch wenn es nur einen winzigen Anteil der heutigen Florentiner Gesellschaft ausmacht. Vom 12. Jh. bis zur Renaissance, die Reichtum und Talent höher schätzte als aristokratische Rangordnungen, hatten adlige Titelträger – Fürsten, Herzöge, Markgrafen, Grafen, Barone, Patrizier usw. – das Sagen in der Stadt. Der florentinische Adel stammte vorwiegend von Bankiers und Kaufleuten ab, und viele der prächtigsten Stadtpaläste und Landgüter sind heute noch im Besitz von Grafen und Baronen. Ein herausragendes Beispiel ist der größte von Mauern umschlossene Privatgarten Europas, die Giardini di Torrigiani.

Immer noch versammeln sich die älteren Adligen einmal pro Woche zum exklusiven Circolo dell' Unione. Dieser Adelsclub residiert seit 1852 in einem Palazzo an der Via de' Tournabuoni, der vornehmsten Straße von Florenz. Die Mitgliedschaft ist nicht erblich und sehr teuer. Etwa 60 % der rund 400 Mitglieder des Clubs (davon nur eine Handvoll Frauen) sind Titelträger – deren Titel allerdings vom italienischen Staat seit 1948, nach dem Sturz der italienischen Monarchie, nicht mehr anerkannt werden.

Weltkulturerbestätten der Unesco

- *Altstadt von Florenz*
- *Piazza dei Miracoli, Pisa*
- *Altstadt von Siena*
- *Val d'Orcia*
- *Altstadt von San Gimignano*
- *Altstadt von Pienza*
- *Medici-Villen und -Gärten, Toskana*

La Dolce Vita

In diesem privilegierten Teil Italiens, einem der reichsten Regionen des Landes, ist das Leben einfach *dolce* (süß). Hier steht die Familie über allem, und Tradition und Qualität sind wichtiger als Quantität. Ob im Weinbau, im Blumenhandel von Pescia oder auf den kleinen Bauernhöfen in der ländlichen Toskana: Die von Generation zu Generation vererbten Familienbetriebe bilden das Rückgrat der stolzen und starken Region.

In Florenz – der einzigen Stadt mit einem Hauch der großen weiten Welt – gehen die Uhren schneller. Die Florentiner stehen früh auf, bringen ihre Kinder vor 8 Uhr in die Schule und flitzen dann nach dem Espresso um 9 Uhr ins Büro. Das Mittagessen ist für diese essens- und weinverliebten Menschen eine längere Angelegenheit, genau wie der frühabendliche *aperitivo,* den man mit Freunden in einer Bar zu sich nimmt, um sich auf das Abendessen einzustimmen. Bei den jungen

Florentinern, die am meisten unter den ständig steigenden Mieten und den kaum wachsenden Einkommen leiden, ist es üblich, den opulenten *aperitivo* zu einem Abendessen auszudehnen – zum *apericena*. Die im Aussterben begriffenen Raucher sind auf den Bürgersteig verbannt.

Kein Titel fasst das toskanische Lebensgefühl besser zusammen als Ferenc Mátés *Leben wie in der Toskana. Wie man Einfachheit, Warmherzigkeit und Leichtigkeit für sich entdecken kann.*

Die beste Zeit für eine *passeggiata* (Spaziergang) ist der Spätnachmittag am Sonntag. Es ist eine herrliche Tradition, bei der die Einwohner der toskanischen Städte sich fein machen und ausgehen – auf ein Eis, zum Reden, um Freunde zu treffen, zum Zeitvertreib, um den Sonnenuntergang zu bewundern oder ganz einfach den Tag in aller Ruhe ausklingen zu lassen.

Nach Feierabend bieten Theater, Konzerte, Ausstellungen (z.B. Donnerstagabend freier Eintritt im Palazzo Strozzi in Florenz) und *il calcio* (Fußball) Unterhaltung. Der erfolgreichste Fußballverein der Toskana, die ACF Fiorentina (AC Florenz), hat eine große Fangemeinde, man schaue sich nur in der Trattoria Mario um.

Am Wochenende fliehen viele Städter aufs Land. Hier gibt es nicht den abendlichen Krach der *motorini* (Motorroller), dafür Platz und Ruhe. In nur 15 Minuten sind die Florentiner im Grünen; ausgedehnte anonyme Vorstädte und Gewerbegebiete gibt es hier nicht.

Casa Dolce Casa

Die familienorientierten Toskaner sind in der Regel nicht sehr mobil; viele wohnen ihr Leben lang in der Stadt ihrer Geburt. Das Prinzip *casa dolce casa* (trautes Heim, Glück allein) ist ihnen heilig. Da wundert es nicht, dass die Wohneigentumsrate der Toskana zu der höchsten Europas zählt.

Das Leben auf dem Land ist geprägt von alten, eingeschworenen Gemeinschaften. In den kleinen Städten und Dörfern sind die lokalen Angelegenheiten und Klatsch und Tratsch wichtiger als nationale oder gar internationale Nachrichten. Jeder kennt jeden und ist stolz auf seine Großfamilie, was es für Auswärtige schwierig macht, Anschluss zu finden. In einer Region, wo die Landwirtschaft so ausgeprägt ist wie hier, werden Selbstversorgung und Unabhängigkeit großgeschrieben, auch wenn es immer schwieriger wird, davon zu leben. Nicht umsonst breitet sich der *agriturismo* (Unterkunft auf dem Bauernhof) zunehmend aus, denn es gilt, alle Möglichkeiten auszuschöpfen.

TOSKANISCHE LEBENSART IM NETZ

(englischsprachige Blogs)

Girl in Florence (http://girlinflorence.com) Insider-Eindrücke und -Reflektionen, praktische Tipps und (erstklassige) Empfehlungen einer Amerikanerin namens Georgette, die Florenz wie ihre Westentasche kennt.

Emiko Davies (www.emikodavies.com) Reise- und Lifestyle-Bilder, Anekdoten und Rezepte aus der Toskana von der Food-Fotografin und Kochbuchautorin Emiko Davies; ihre traumhaften kulinarischen Fotos entführen die Betrachter geradewegs an ihren Küchentisch in Florenz.

One Hundred Years Later in Florence (http://bellabiker.blogspot.com) Eine New Yorker Managerin reist auf den Spuren ihrer italienischen Vorfahren nach Florenz, lernt das Land lieben, das ihre Familie 1904 verließ, und lässt sich dauerhaft dort nieder.

Maple Leaf Mamma (www.mapleleafmamma.com) Bissige, prägnante Texte zum Mutterdasein in einer traditionellen Macho-Gesellschaft aus der feministischen Perspektive einer Kanadierin in Florenz.

A Dusty Olive Green (www.adustyolivegreen.com) Fesselnder Fotoblog eines dänischen Fotografen mit Wohnsitz in Florenz und Interesse an Reisen, Porträts und Interieurs.

TOSKANISCHES DESIGN

Nie war italienisches Design so ausdrucksstark wie 1963, als Piaggio in Pontedera, 25 km östlich von Pisa, die Vespa 50 herausbrachte, einen Motorroller, den man ohne Führerschein fahren durfte. Über Nacht wurde sie zum Renner bei der italienischen Jugend, der sie Freiheit und Unabhängigkeit brachte. Alle in Europa verkauften Vespas werden heute noch in dem toskanischen Werk gefertigt, wo die erste „Wespe" 1946 das Licht der Welt erblickte.

Während sich Audrey Hepburn für Hollywood auf einer Vespa durch Rom kutschieren ließ, machte eine Gruppe gesellschaftskritischer Künstler und Architekten Florenz zum Zentrum des Avantgarde-Designs der 1960er-Jahre: Die Designer- und Architektengruppen Radical Design, Archizoom und Superstudio wurden allesamt 1966 in Florenz gegründet. Zu ihren Mitgliedern gehörten Florentiner Stardesigner wie Massimo Morozzi (geb. 1941), der u. a. für Alessi tätig war, und Andrea Branzi (geb. 1938) mit seinen zeitlosen Möbelentwürfen.

Doch wie die Modeszene wanderte auch die Designszene in den 1970er-Jahren nach Mailand ab, womit der Toskana einiges an innovativer Dynamik verloren ging.

Es gab Zeiten, da waren viele der stilvollen Villen und Bauernhäuser der Region – mit Terrakottaböden, Kaminen und Panoramaterrasse – im Besitz gut situierter Ausländer. Heute gelangen mehr und mehr zurück in die Hände der Einheimischen.

Ob in der Stadt oder auf dem Land, die Kinder bleiben normalerweise bis Anfang 30 zu Hause und verlassen das elterliche Nest oft erst, wenn sie heiraten. Dem nationalen Trend entsprechend sind toskanische Familien klein, mit einem oder zwei Kindern; etwa 20 % der Paare sind kinderlos, und Alleinlebende stellen 26 % aller Haushalte. Obwohl immer mehr Frauen arbeiten, sind in den ländlicheren Gebieten chauvinistische Einstellungen noch weit verbreitet.

La Festa

Die Mentalität der Toskaner beherrscht ein Dreigestirn aus populärer Folklore, landwirtschaftlichen Traditionen und religiösen Ritualen – oder auch einfach nur *la festa* (Party!). Die regionale Kultur ist vollgepackt mit uralten Festen: Allein die Schutzpatrone sorgen für wochenlange Feiern, da jedes Dorf, jede Stadt, jede Berufs- und soziale Gruppe einen eigenen Heiligen verehrt.

Die Höhepunkte des toskanischen Festkalenders liefert zweimal im Jahr der Palio in Siena. Das waghalsige Pferderennen wurde im 12. Jh. zu Ehren der Jungfrau Maria aus der Taufe gehoben und sechs Jahrhunderte später neu aufgelegt, um das Wunder der Madonna di Provenzano (2. Juli) und Mariä Himmelfahrt (16. August) zu feiern. Wesentliche Elemente des Festes sind außer seinen religiösen Wurzeln die erbitterte Rivalität zwischen den *contrade* (Stadtvierteln), aber auch der Spaß an der Verkleidung und ein weitverbreitetes Traditionsbewusstsein. Vor dem Rennen werden die Pferde gesegnet; das Seidenbanner für den Sieger des Augustrennens wird immer von sienesischen Künstlern entworfen, das für das Julirennen von nichtsienesischen.

Auch wenn die Kirche heute nicht mehr die soziale Kraft ist, die sie einmal war, spielen der Katholizismus (die Konfession von 85 % der Bewohner der Region) und seine Rituale im Alltag noch immer eine wichtige Rolle: Erstkommunion, kirchliche Trauung und religiöse Festtage sind ein integraler Bestandteil des Lebens in der Toskana.

Typisch toskanisch

- *Vespa-Motorroller*
- *Gucci*
- *Chianti (Wein)*
- *Michelangelos David*
- *Renaissancekunst*

La Bella Figura

Stilbewusstsein ist lebenswichtig für Italiener und besonders für Toskaner. Die meisten legen großen Wert auf Kleidung und Erscheinung, um ihre *bella figura* – den guten Eindruck – zu wahren. Und das ist vor allem in Florenz ganz selbstverständlich, in der wunderschönen Stadt, in der die italienische Modeindustrie ihren Ursprung hat.

In den 1920er-Jahren brachten Guccio Gucci und Salvatore Ferragamo mit Boutiquen in Florenz den Ball ins Rollen. 1951 erblickten die ersten Prêt-à-Porter-Modeschauen Italiens das Licht der Welt. Damals veranstaltete der betuchte Florentiner Adlige Giovanni Battista Giorgini in seinem Haus eine Modesoirée. Der Laufsteg wurde bald in den Palazzo Pitti verlegt, wo bis 1971 Europas angesehenste Modeschauen abgehalten wurden; dann zog die Damenmode nach Mailand um. Die Schauen für Herrenmode finden noch immer in Florenz statt, sodass sich die Top-Modeschöpfer zweimal im Jahr dorthin auf den Weg machen, um ihre Herrenkollektionen bei den Modeschauen Pitti Immagine Uomo zu präsentieren und ihre Schöpfungen für *bambini* (Kinder) bei Pitti Bimbo zu zeigen.

Die toskanische Küche

Egal, ob man eine blutige *bistecca alla fiorentina* (T-Bone-Steak vom Holzkohlegrill) verputzt, im Chianti Wein probiert, in Livorno eine Fischsuppe schlürft oder in San Miniato nach Trüffeln schnüffelt – Gastronomie und Weinkeller machen die Toskanareise zum denkwürdigen Gourmettrip.

Ländliche Küche

Die toskanische Küche entstand über dem offenen Holzfeuer der *cucina contadina* (bäuerliche Küche). Das Grundprinzip: Nichts verschwenden!

Im 13. und 14. Jh. fingen die Wohlhabenden an, statt mit den Fingern mit Silberbesteck zu essen. Trotzdem blieben die Gerichte, die für die üppigen Bankette der rivalisierenden Familien als Zeichen ihres Wohlstands zubereitet wurden, in ihrem Wesen einfach. Die Medici - dafür bekannt, sich mit den feineren Dingen des Lebens zu schmücken - sorgten dann in der Renaissance dafür, dass die toskanische Küche einen phantasiereichen Anstrich bekam. Spanferkel und spektakuläre Zuckerskulpturen teilten sich die Tafel. Aber die einfachen Toskaner hielten sich an die *cucina povera* (Arme-Leute-Küche), die den Hunger stillte.

Die heutige toskanische Küche steht noch immer im Zeichen dieser Traditionen. Ihr Trumpf sind frische, heimische Produkte, ohne viel Schnickschnack zubereitet.

Eine blutige Angelegenheit: Fleisch & Wild

Das Flaggschiff der toskanischen Küche ist die *bistecca alla fiorentina,* ein mit Olivenöl eingeriebenes, auf dem Holzkohlegrill scharf angebratenes Steak, das mit Salz und Pfeffer gewürzt *al sangue* (blutig) serviert wird. Der Preis dieses Traums aller Fleischfanatiker wird auf den Speisekarten meist pro *etto* (100 g) Rohgewicht angegeben. Traditionell stammt das Fleisch von zarten Chianina-Rindern, die aus dem breiten, grünen Val de Chiana in der Osttoskana stammen und zu den ältesten Rinderrassen überhaupt zählen.

Auf toskanischen Märkten werden alle möglichen Fleischprodukte angeboten, bei deren Anblick manchen erst mal ein leichter Schauer über den Rücken läuft. Weil früher gutes Rindfleisch den Reichen vorbehalten war, blieben den Bauern vor allem die Innereien, die sie als Kutteln zusammen mit Zwiebeln, Möhren und Kräutern *(lampredetto)* oder mit Tomaten und Kräutern *(trippa alla fiorentina)* stundenlang kochten - zwei florentinische Klassiker, die noch heute gern gegessen werden.

Pasto, eine Mischung aus *picchiante* (Rinderlunge) und Kartoffelstücken, hat eine uralte Tradition, ist aber aufgrund mangelnder Nachfrage still und heimlich von den Speisekarten verschwunden. Geblieben sind die ebenso althergebrachten Gerichte *cibrèo* (ein Eintopf aus Hühnerniere, -leber, -herz und Hahnenkamm) und *colle ripieno* (gefüllter Hühnerhals). Ein weiterer Klassiker, der, wie viele Fresken belegen, von den Etruskern stammt und sich bis heute großer Beliebtheit erfreut, ist *pollo al mattone:* Hühnerfleisch ohne Knochen wird mit einem Backstein flach geklopft, mit Kräutern eingerieben und dann unter dem Backstein gebacken. Das Ergebnis ist wunderbar kross.

Bistecca alla Fiorentina

Trattoria Mario, Florenz

All'Antico Ristoro di' Cambi, Florenz

Ristorante Da Muzzicone, Castiglion Fiorentino

Officina della Bistecca, Panzano in Chianti

Osteria Acquacheta, Montepulciano

Im Herbst erlegtes Wildschwein *(cinghiale)* wird zu *salsicce di cinghiale* (Wildschweinwurst) verarbeitet oder mit Tomaten, Pfeffer und Kräutern langsam zu einem dicken Eintopf geköchelt.

Das Hausschwein landet auf dem Teller als salzige Scheibe *soprassata* (Kopf, Haut und Zunge gekocht, klein geschnitten und gewürzt mit Knoblauch, Rosmarin und anderen Kräutern und Gewürzen), *finocchiona* (mit Fenchel gewürzte Wurst), *prosciutto* (Schinken), fast schwarzem *mallegato* (mit Muskatnuss, Zimt, Rosinen und Pinienkernen aus San Miniato) oder als Mortadella (Fleischwurst mit weißen Fettstückchen). *Lardo di colonnata* (dünne Scheiben Schweinespeck, mindestens monatelang in Kräutern und Olivenöl eingelegt) ist eine Spezialität, die außerhalb der Toskana kaum einer kennt.

Am besten freitags: Fisch

Livorno ist das Meeresfrüchtezentrum der Region und *cacciucco* (ein „c" für jede verwendete Fischsorte) die herausragende Spezialität. Der Name stammt vom türkischen *kukut* (kleine Fische); es ist ein Eintopf aus fünf verschiedenen Fischen und Meeresfrüchten sowie Tomaten und Paprika, auf Weißbrot vom Vortag serviert. *Triglia alla livornese* ist eine rote oder weiße Meerbarbe, die mit Tomaten gekocht wird, und *baccalà alla livornese,* ebenfalls mit Tomaten, ist ein Gericht mit Kabeljau, der traditionell bereits auf den Fischerbooten auf dem Weg in den Hafen eingesalzen wurde. *Baccalà,* den viele mit *stoccofisso* (ungesalzener luftgetrockneter Stockfisch) verwechseln, ist ein Klassiker in toskanischen Trattorien, den es vor allem freitags gibt, wie es die Tradition und die Kirche verlangen.

SLOW FOOD IN DER TOSKANA

Die Menschen vor der globalisierten Fast-Food-Ernährung zu bewahren – mit diesem hehren Ziel vor Augen kümmert sich die Organisation **Slow Food** (www.fondazioneslow food.com) um den Erhalt lokaler Esstraditionen und sensibilisiert Verbraucher für das, was auf dem Teller liegt, wo es herkommt und wie es schmeckt. Die vom Weinkritiker Carlo Petrini gegründete Bewegung ist in über 130 Ländern aktiv und hat auch die **Slow City** (www.cittaslow.blogspot.com) ins Leben gerufen. Diesen Titel tragen die toskanischen Städte Anghiari, Barga, Castelnuovo Berardenga, Civitella in Val di Chiana, Greve in Chianti, Massa Marittima, Pratovecchio, San Miniato, San Vincenzo und Suvereto. Sie zeigen, worauf es bei der Idee ankommt: lokale Produkte statt industrieller Massenware, die Umweltverschmutzung reduzieren und nachhaltige Projekte fördern (z. B. Biobauernhöfe oder öffentliche Verkehrsmittel).

Industrieproduktion, Globalisierung und Umweltzerstörung drohen viele traditionelle, regionaltypische Nahrungsmittel auszumerzen. In Florenz entwickelte die Slow-Food-Stiftung die **Arche des Geschmacks**, ein Projekt, das Agrarerzeugnisse vor dem Aussterben bewahren will. Archepassagiere in der Toskana sind: das Chianina-Rind, *lardo di colonnata,* Zwiebeln aus Certaldo, Kastanienbrot aus Casola, rote Kartoffeln aus Cetica, Kartoffelbrot und Dinkel aus der Garfagnana, getrocknete Feigen aus Carmignano, *cinta senese* (toskanische Schweinerasse), *regina di Londa*-Pfirsiche, Pecorino (Schafskäse) aus den Bergen bei Pistoia, *bottarga* (gesalzener Fischrogen) aus Orbetello und Lamm aus Zeri. Auch viele Fleisch- und Wurstwaren haben es in die Arche geschafft, z. B. *mallegato* aus San Miniato, Mortadella aus Prato (mit Alkermes-Likör dunkelrosa gefärbt), *buristo* (Blutwurst) aus Siena, *tarese* aus dem Arno-Tal (50–80 cm langes Stück Bauchspeck, mit rotem Knoblauch und Orangenschale gewürzt und in Pfeffer gewälzt), Florentiner *bardiccio* (mit Fenchel aromatisierte Schweinswurst im Naturdarm, wird frisch gegessen) und *biroldo* (Blutwurst aus der Garfagnana, mit Stücken vom Schweinekopf).

Wer die „echte" Toskana kennenlernen will, muss diese Produkte probieren!

ETIKETTE IM RESTAURANT

Kleidung Lässig-schick ist immer richtig, vor allem in Florenz und anderen größeren Städten, wo alle nach Job und *aperitivo* kurz nach Hause gehen, um sich fürs Abendessen aufzubrezeln.

Gänge Keiner muss sich verpflichtet fühlen, in die Vollen zu gehen; es ist absolut in Ordnung, nur zwei Gänge zu bestellen – etwa einen *antipasto* (Vorspeise) und einen *primo* (Pastagang) oder auch einfach nur einen *secondo* (Hauptgang).

Brot Ist ungesalzen und wird ohne Butter und Teller serviert. Einfach auf den Tisch legen.

Spaghetti Am besten man tut so, als hätte man sein Leben lang nichts anderes getan, als Spaghetti auf die Gabel zu wickeln – aber bitte ohne Löffel!

Kinderteller Es ist völlig okay, für Kinder nur einen Teller Pasta mit Butter und Parmesan zu bestellen.

Kaffee Kein Italiener trinkt nach 11 Uhr noch einen Cappuccino und schon gar nicht nach dem Essen. Um eine Mahlzeit abzurunden, kommt nur ein Espresso in Frage (vielleicht begleitet von einer Grappa oder einem anderen starken Magenputzer).

Il conto (die Rechnung) Wer einlädt, bezahlt.

Getrennt bezahlen Hat sich schon durchgesetzt.

Trinkgeld Wenn kein *servizio* (Bedienung) inbegriffen ist, sind 10 bis 15 % angemessen.

Arme-Leute-Küche: Gemüse, Getreide & Hülsenfrüchte

Vor ein paar Hundert Jahren galten Hülsenfrüchte in der Toskana als das „Fleisch der armen Leute". Hülsenfrüchte liefern jede Menge Protein, sind billig und das ganze Jahr über erhältlich (im Sommer frisch, im Winter getrocknet). So bilden sie den Grundstock vieler traditioneller Gerichte wie *minestra di fagioli* (Bohnensuppe), *pasta e ceci* (Pasta mit Kichererbsen), *minestra di pane* (Brotsuppe) oder *ribollita* (eine „wieder aufgekochte" Bohnen-, Gemüse- und Brotsuppe mit Schwarzkohl, die am Vortag zubereitet wird).

Von den Dutzenden Bohnensorten sind die *cannellini* und die gefleckten *borlotti* am häufigsten – mit Olivenöl beträufelt eine köstliche Beilage zu Fleischgerichten. Die runden, gelben *zolfino*-Bohnen aus Pratomagno und die seidig-glatten *sorano*-Bohnen aus Pescia sind am teuersten. Der ganze Stolz der Bauern ist *farro della Garfagnana,* eine Dinkelsorte, die schon 2500 v. Chr. in Mitteleuropa angebaut wurde.

Der toskanische Gemüsegarten ist üppig bestellt. Neben den üblichen Tomaten gedeihen dort auch mittelalterliche Gemüsearten: Wilder Fenchel, schwarzer Sellerie (geschmort als Beilage), süße rote Zwiebeln (köstlich im Ofen gebacken), Artischocken, Zucchiniblüten (gefüllt), Schwarzkohl, dicke Bohnen, Zichorie, Mangold, distelähnliche Karden und grüne Tomaten zählen zu den besonderen Genüssen.

Safran, auf der ganzen Welt begehrt als eines der teuersten Gewürze überhaupt, kommt als Anbauprodukt wieder in Mode, besonders in der Gegend um San Gimignano. Hier wurde er schon im Mittelalter eifrig gehandelt. Safranfäden sind Blütenstempel einer bestimmten Krokusart, die als staubfeines, feuerrotes Pulver im Gewürzregal der Küchen landen.

Kreative Küche

Il Santo Bevitore, Florenz

La Bottega del Buon Caffè, Florenz

Filippo, Pietrasanta

Osteria di Passignano, in der Nähe von Greve in Chianti

Antica Trattoria Aurora, Magliano in Toscana

Ohne Salz: Brot

Ein Bissen und der Unterschied ist klar: Toskanischer *pane* (Brot) ist ungesalzen und schmeckt mitteleuropäischen Brotfans daher oft ein wenig fade.

OLIVENÖL

Olivenöl bildet zusammen mit Brot und Wein das toskanische Dreigestirn am kulinarischen Himmel. Es verkörpert die erdverbundene Einfachheit der hiesigen Küche: Brot in dieses flüssige Gold zu stippen oder in eine Scheibe olivenölgetränkter *fettunta* (geröstetes Brot) zu beißen, gehört in der Toskana zu den Freuden des Daseins.

Die Etrusker waren die Ersten, die Olivenbäume kultivierten und aus den Früchten Öl pressten; der Herstellungsprozess wurde später von den Römern verfeinert. Wie beim Wein müssen auch beim Olivenöl strenge Vorschriften beachtet werden, z. B. wann geerntet wird (Oktober bis Dezember), welche Sorten verwendet werden usw.

Die besten toskanischen Öle tragen die Kennzeichnung Chianti Classico DOP oder Terre di Siena DOP und haben eine IGP-Klassifizierung des Toskanischen Olivenölkonsortiums. In Florenz sind die preisgekrönten Öle des dortigen Olivenölproduzenten Marchesi de' Frescobaldi sehr begehrt.

Brot ist in der Toskana ein Grundnahrungsmittel; es ist ungesalzen, damit es eine gute Woche hält und besser zu den salzigen Würsten passt. Und es bildet den Grundstock vieler bekannter toskanischer Gerichte: *pappa al pomodoro* (Brot-Tomaten-Suppe), *panzanella* (Tomaten-Basilikum-Salat, gemischt mit eingeweichtem Brot) und *ribollita*. Keines dieser Gerichte hört sich besonders appetitlich an und sieht auch nicht so aus, aber die Geschmacksintensität ist überraschend.

Pane toscana mit seiner dicken Kruste bildet die Grundlage zweier leckerer Vorspeisen: *crostini* (leicht geröstete Brotscheiben mit Leberpastete) und *fettunta* (auch *crogiantina* oder *bruschetta* genannt; geröstete Brotscheiben mit Knoblauch, Salz und Olivenöl).

In der Agrarregion Toskana wächst die Anhängerschaft von *cibo biologico* (Naturkost). Mehrere Feinschmeckeradressen, z. B. Podere del Grillo bei San Miniato, La Cerreta bei Sassetta oder biOsteria 050 in Pisa, konzentrieren sich auf Zutaten aus biologischen Anbau. In Florenz ist 5 e Cinque eine erstklassige vegetarische Adresse, während Vivanda zur Bioküche auch Weine aus biologischem Anbau kredenzt.

Grund zum Heiraten: Käse

Die Herstellung von Käse war in der Vergangenheit so wichtig, dass junge Frauen sie beherrschen mussten, bevor sie heiraten durften. Der Schafsmilch-Hartkäse *pecorino* aus Pienza zählt zu den besten Italiens und wird bis heute hochgeschätzt. Jung und mild schmeckt er zu dicken Bohnen, Birnen oder Kastanien und Honig. Reifer und pikanter kommt er auch als *toscanello* (mit schwarzen Pfefferkörnern) oder als *pecorino di tartufo* (mit gehobelten schwarzen Trüffeln) in den Handel. Pecorino, der während des Reifeprozesses mit Olivenöl eingerieben wird, ist rot und heißt *rossellino*.

Festliche Leckereien: Süßes, Schokolade & Eiscreme

Egal, ob einfache Süßigkeiten aus Honig, Mandeln und Rohrzucker, traditionell als Auftakt bei Banketten zu Beginn des 14. Jhs. serviert, oder Zuckerskulpturen, die die üppigen Feste der (macht-)hungrigen Medici im 16. und 17. Jh. schmückten: Italienische *dolci* (Süßspeisen) waren immer für festliche Anlässe reserviert. In ärmeren Vierteln verkauften Straßenhändler *bomboloni* (Krapfen) und *pan di ramerino* (Rosmarinbrötchen).

Schon im 13. Jh. erhielten die Nonnen der Abbazia di Montecelso bei Siena Abgaben in Form von *panpepato* (Früchtekuchen mit Pfeffer und Honig). Die Überlieferung erzählt diese Geschichte: Nach einer Belagerung Sienas backte die gutherzige Schwester Berta einen Gewürzkuchen aus Honig, Dörrobst, Mandeln und Pfeffer, um die geschwächten Bewohner der Stadt zu stärken; später wurde der Kuchen mit Gewürzen angereichert, mit Puderzucker bestreut und nur zu Weihnachten verzehrt. Heute wird das sienesische *panforte* (wörtlich „starkes Brot"), ein flacher, harter Kuchen mit Nüssen und kandierten Früchten, das ganze Jahr über gegessen. Manche behaupten, *panforte* bringe streitende Eheleute zur Vernunft ...

Es überrascht eigentlich nicht, dass am florentinischen Hof der Katharina de' Medici das berühmteste Erzeugnis Italiens, nämlich *gelato* (Eiscreme), erstmals auftauchte. Bernardo Buontalenti (1536–1608), seines Zeichens Haushofmeister, entwickelte eine Methode, gesüßte Milch und Eigelb zu gefrieren. Jahrhundertelang waren Eiscreme und Sorbet nur auf den Tafeln der Reichen zu finden. Sorbet bezeichnet eine Mischung aus geschabtem Wassereis und Fruchtsaft, es wurde in der Renaissance als verdauungsfördernder Zwischengang serviert.

Toskanische *biscotti* (Kekse) sind trocken, knusprig und oft zweimal gebacken. In der Renaissance wurden sie mit kandierten Früchten und gezuckerten Mandeln zu Beginn eines Banketts oder zwischen den Gängen gereicht. *Cantucci* sind harte, süße Kekse mit ganzen Mandeln, *brighidini di lamporecchio* stehen für kleine, runde Aniswaffeln, *ricciarelli* für Mandelkekse (z. T. mit Orangeat), und *pinocchiati* sind mit Pinienkernen gespickt. In Lucca isst man gern den süßen Hefekuchen *buccellato* mit Sultaninen und Anis; zur Erstkommunion ist er ein traditionelles Geschenk der Paten an das Patenkind.

Italien ohne Pasta? Undenkbar, auch für die Toskaner. Kein Festessen wäre komplett ohne einen Teller hausgemachter *maccheroni* (kurze Röhrennudeln), *pappardelle* (breite Bandnudeln) oder *pici* aus Siena (dicke, von Hand gerollte Spaghetti), begleitet von einer Sauce mit Ente, Hase, Kaninchen oder Wildschwein.

Festtagsküche

Ob Erntedank, Hochzeit, Taufe oder kirchlicher Feiertag – Feste sind tief in der toskanischen Esskultur verankert. Auch wenn heute keine Tiere mehr geopfert werden, sind die Schlemmereien immer noch fleischlastige Angelegenheiten.

Die Toskaner backen seit Jahrhunderten einfache Brote und Kuchen wie z. B. zur Karnevalszeit den ringförmigen *berlingozzo* (süßes Hefebrot) und die *schiacciata alla fiorentina* (ein flacher luftiger Kuchen aus Eiern, Mehl, Zucker und Schmalz, mit Puderzucker bestäubt). Eine andere Spezialität in den wilden Tagen vor Aschermittwoch ist Fettgebackenes: *Cenci* (wörtlich „Lappen") sind einfache, frittierte Teigstücke, die mit Puderzucker bestäubt werden. *Castagnole* sind fettgebackene Bällchen und *fritelle di mele* im Teigmantel ausgebackene Apfelstücke, die warm mit Zucker gegessen werden.

Am Ostersonntag bringen die Familien Körbe mit hart gekochten weißen Eiern in weißen Stoffservietten zum Segnen in die Kirche und kehren dann nach Hause zurück, um bei einem mittäglichen Festmahl die Eier als Vorspeise aufzutischen; es folgt ein Lammbraten, der dezent nach Knoblauch und Rosmarin duftet.

Während der Weinlese im September wird die *schiacciata* mit Trauben belegt und heißt dann *schiacciata con l'uva* (Traubenkuchen). Im Herbst

DIE DREI BESTEN WEIN- & OLIVENÖLSTRASSEN

Diverse *strade del vino & dell'olio* schlängeln sich durch Olivenhaine und Weinberge und werden von Bauernhöfen gesäumt, die ihre reiche Ernte am Straßenrand anbieten.

Strada del Vino e dei Sapori Colli di Maremma (www.stradavinimaremma.it) Auf der Route südöstlich von Grosseto stoßen Besucher auf mehrere DOC- und DOCG-Weine, natives Olivenöl Toscano IGP und eine in der Maremma heimische Rinderrasse.

Strada del Vino e dell'Olio Lucca Montecarlo e Versilia (www.stradavinoeolio-lucca.it) Die Straße beginnt in Seravezza in den Apuanischen Alpen und führt über Lucca ostwärts nach Montecarlo und Pescia. Das berühmte DOP-Öl von Lucca und die DOCG-Weine Colline Lucchesi und Montecarlo di Lucca sind erstklassig.

Strada del Vino e dell'Olio Costa degli Etruschi (www.lastradadelvino.com) Die malerische Reiseroute führt 150 km an der etruskischen Küste von Livorno nach Piombino entlang und anschließend hinüber zur toskanischen Insel Elba. Das Probier-Highlight der Reise bietet das toskanische Sassicaia.

QUALITÄTSSIEGEL

Folgende Klassifizierungen geben Auskunft über Ursprung und Qualität der toskanischen Weine:

DOC (Denominazione d'Origine Controllata; kontrollierte Ursprungsbezeichnung) Dafür müssen die Weine in einer bestimmten Region nach Methoden hergestellt werden, die einen definierten Qualitätsstandard garantieren. Anbaugebiet, Traubensorten und Keller sowie Abfülltechniken sind genau festgelegt.

DOCG (Denominazione d'Origine Controllata e Garantita; kontrollierte und garantierte Ursprungsbezeichnung) Das ist die höchste Qualitätsstufe, für die die DOC-Regionen und -Regeln noch einmal unterteilt und verschärft werden. Von den insgesamt 44 italienischen DOCG-Appellationen liegen acht in der Toskana: Brunello di Montalcino, Carmignano, Chianti, Chianti Classico, Morellino di Scansano, Vernaccia di San Gimignano, Vino Nobile di Montepulciano und Elba Aleatico Passito.

IGT (Indicazione Geografica Tipica; mit typischen geografischen Merkmalen) Solche Weine entsprechen nicht den DOC- oder DOCG-Regeln, haben aber trotzdem einen hohen Qualitätsstandard. Die Supertoskaner fallen beispielsweise in diese Kategorie.

bringt die Kastanienernte eine Reihe von Kastanienfesten mit sich sowie den *castagnaccio* (Kuchen aus Kastanienmehl mit Rosinen, geschmückt mit einem Rosmarinzweig und serviert mit einer Scheibe Ricotta).

Zu *Natale* (Weihnachten) besteht das traditionelle Festessen vieler Familien aus *bollito misto* (gemischtes gekochtes Fleisch): Verschiedene Teile des Tieres, auch Füße usw., werden in den Kochtopf geworfen und in einer Gemüse-Kräuter-Brühe stundenlang auf kleiner Flamme gekocht. Das Fleisch wird dann mit Senf, *salsa verde* und anderen Saucen serviert. Manche essen auch am Spieß gebratenes Schwein, wobei mittlerweile wieder häufig die alte schwarz-weiße einheimische Rasse *cinta senese* gewählt wird.

Weinproben vor Ort

Antinori nel Chianti Classico, Chianti

Badia a Passignano, Chianti

Castello di Ama, Chianti

Poggio Antico, Montalcino

Cantina del Redi, Montepulciano

Dem Wein auf der Spur

Billiger Chianti in Bastflaschen – dieses Klischee gehört in die 1970er-Jahre. Als Weinregion hat die Toskana heute viel zu bieten, und Kenner schwärmen von den körperreichen, samtigen Roten, die zur internationalen Elite gehören. Unzählige *enoteche* (Weinlokale) und *cantine* (Kellereien) laden zum Verkosten und Kaufen ein und machen die Reise durch diese Region zur nie enden wollenden Weinprobe.

Besonders viele Gelegenheiten zur Verkostung bieten sich entlang der diversen *strade del vino* (Weinstraßen). Schilder führen motorisierte Besucher auf landschaftlich wunderschönen Nebenstrecken mitten ins Herz der Weinregionen.

Unter den toskanischen Weißweinen punktet vor allem der aromatische Vernaccia di San Gimignano, der schon in der Renaissance Künstler wie Päpste berauschte. Am besten schmeckt er als Aperitif auf einer sonnigen Terrasse in und um San Gimignano.

Brunello di Montalcino

Der Brunello gehört zu den italienischen Spitzenweinen. Glasweise ausgeschenkt kostet er bis zu 15 €, der Flaschenpreis liegt im Schnitt zwischen 30 und 100 €, kann aber bei Superjahrgängen wie z. B. 1940 locker auf 5000 € klettern. Er wird aus Sangiovese-Trauben gekeltert, die südlich von Siena wachsen, und reift mindestens zwei Jahre lang in Eichenfässern. Mit seinem betörenden Duft und dem intensiven, komplexen Bukett passt er am besten zu Wild und Braten. Trauben, die die Qualitätsanforderungen für Brunello nicht erfüllen, enden als Rossi di Montalcino – er ist günstiger, aber durchaus gut trinkbar.

Vino Nobile di Montepulciano

Trauben der Rebsorte Prugnolo Gentile (ein Sangiovese-Klon) bilden das Rückgrat des begehrten Vino Nobile di Montepulciano (2006 war ein Superjahrgang). Subtil und doch kräftig in der Nase, trocken und etwas tanninlastig im Gaumen ist er der perfekte Begleiter für dunkles Fleisch und gereiften Käse.

Chianti

Der süffige, trockene Rote schmeckt fast jedem, passt zu allem und bleibt auch preislich im Rahmen. Das Image aus den 1970er-Jahren als billiges Massenprodukt hat er mittlerweile abgeschüttelt, und Kritiker geben ihm hohe Punktzahlen. Der aus Sangiovese und kleineren Mengen anderer Traubensorten hergestellte Wein wird in sieben Zonen produziert. Die berühmteste davon ist Chianti Classico im Zentrum des traditionsreichen Weinanbaugebiets; diese Flaschen tragen zusätzlich einen schwarzen Hahn als Emblem (schon im Mittelalter war der „Gallo Nero" ein kontrolliertes Qualitätssiegel). Chianti Colli Senesi aus den Hügeln von Siena, der größten DOCG-Zone, ist spritzig, Chianti delle Colline Pisane leicht und geschmeidig, die Reben für Chianti Rùfina wachsen östlich von Florenz.

Weinbars

- *Le Volpi e l'Uva, Florenz*
- *Il Santino, Florenz*
- *Enoteca Marcucci, Pietrasanta*
- *Enoteca Tognoni, Bolgheri*
- *Enoteca dei Difficili, Suvereto*

Supertoskaner

Eine Folge des üblen Images der 1970er-Jahre war, dass einige toskanische Winzerfamilien – allen voran die berühmte Weindynastie Antinori – erkannten, dass sich mit vollmundigen, auf den internationalen Geschmack getrimmten Cuvées viel mehr Geld verdienen ließ als mit den traditionellen Weinen. Also entwickelten sie innovative, spannende Tropfen. Und sie bewarben sie so clever, dass Käufer in Florenz wie in New York darauf ansprangen. Als dann ein britischer Weinkritiker die neuen Kreationen als „Supertoskaner" pries, hatten diese Weine ihren Namen weg (obwohl die Italiener selbst die Bezeichnung IGT – Indicazione Geografica Tipica – vorziehen). Besonders überzeugend sind die Supertoskaner von Sassicaia, Solaia, Bolgheri, Tignanello und Luce.

Internationale Produzenten machen sich zunehmend in der Toskana breit, um dort Supertoskaner und andere moderne Convenience-Weine zusammenzumischen. Das einem US-amerikanischen Unternehmen gehörende Castello Banfi, welches seit über 30 Jahren gut im Geschäft ist, sahnte 2011 den begehrten Preis der Weinmesse Vinitaly ab und begeistert bis heute die internationale Weinszene. Ein Beweis dafür, dass nicht nur alteingesessene toskanische Winzerfamilien wissen, was aus dem Boden herauszuholen ist. Schon die Etrusker waren hier als Weinbauern tätig - heute steht der älteste Beruf der Toskana allen offen, die sowohl Fachkenntnis als auch Visionen mitbringen.

Promi-Weine

Mit der Geburt der Supertoskaner wurde es auch unter Promis Mode, sich als Winzer zu versuchen. Sting besitzt ein Weingut in der Nähe von Figline Valdarno in Chianti, wo er einen Chianti Colli Aretini produzieren lässt. Da das Gebiet einst einer Familie von Seidenwebern gehörte, vermarktet er die Flaschen mit handsigniertem Etikett und in limitierter Auflage unter dem Namen Il Serrestori.

Den Sinatra Family Estates (richtig, da hatte Frank seine Finger drin) gehört auch eine 3 ha große Parzelle in den Hügeln von Fiesole bei Florenz. Aus den dort angebauten Colorino- und Sangiovesetrauben wird ein Supertoskaner gekeltert, der in limitierter Auflage als La Voce (die Stimme) auf den Markt kommt.

Einen weiteren Supertoskaner mit VIP-Faktor liefert die Tenuta degli Dei bei Panzano in Chianti. Hier hat der Sohn des Florentiner Designers

Roberto Cavalli das Sagen. Er bietet die teureren Flaschen in einer schicken, für Cavalli typischen Box im Leopardenlook an. Südöstlich von Pisa produziert die Familie des Opernsängers Andrea Bocelli Weine, die in der Cantina Bocelli in La Sterza verkauft werden.

Wer neben Wein auch auf tolle zeitgenössische Architektur abfährt, macht eine Weinprobe bei **Rocca di Frassinello** (www.roccadifrassinello.it), nicht weit von Grosseto. Die Weinkeller wurden vom Architekten Renzo Piano gebaut. Ebenfalls ein Hingucker ist das Weingut **Petra** (www.petrawine.it) im Hinterland der etruskischen Riviera bei Suvereto, das der Schweizer Architekt Mario Botta entwarf.

Und dann gibt's natürlich noch den spektakulären neuen Keller von Antinori in Bargino. Dafür wurde ein ganzer Bergrücken mitten im Gebiet des Chianti Classico ausgehöhlt, um darin eine supermoderne, perfekt durchdesignte Anlage zu versenken. Anschließend wurde das Loch wieder mit Erde aufgeschüttet und mit Reben bepflanzt. Vom gegenüberliegenden Hügel aus sind nur zwei große Freiflächen zu sehen – die Panoramaterrassen des 26 000 m^2 großen, unterirdischen Gebäudes.

Literatur & Kino

Es ist nicht weiter verwunderlich, dass so viele Bücher, Filme und Fernsehproduktionen in der Toskana spielen. Schließlich besitzen nur wenige Regionen eine vergleichbar ereignisreiche Geschichte und vielfältige Landschaft – eine Quelle der Inspiration. Außerdem ist die Toskana eine wirklich paradiesische Location für Kreative, Autoren, Schauspieler und Filmcrews. Als Geburtsort der italienischen Literatur (dank des großartigen Dante Alighieri) und Drehort des besten italienischen Films der letzten Jahrzehnte *(Das Leben ist schön)* hält die Toskana für Besucher schon vor der Reise umfangreiches Schrift- und (bewegtes) Bildmaterial bereit.

Die Toskana in der Literatur

Das reiche kulturelle und literarische Erbe der Region inspiriert einheimische wie ausländische Autoren bis heute.

Frühe toskanische Autoren

Bis zum 13. Jh. schrieben alle italienischen Autoren in Latein. Das änderte sich grundlegend, als der in Florenz geborene Dante Alighieri (ca. 1265–1321) die Feder zur Hand nahm. Als Mitbegründer der literarischen Bewegung *Dolce Stil Novo* (süßer neuer Stil) verfasste er lyrische Texte im toskanischen Dialekt. Dante schrieb das erste und zugleich brillanteste Werk, das je auf Italienisch veröffentlicht wurde: *La grande commedia* (Die große Komödie). Sie erschien um 1317 und wurde später von Dantes Bewunderer Boccaccio in *La divina commedia* (Die Göttliche Komödie) umbenannt. Sie besteht aus den drei Teilen *Inferno* (Hölle), *Purgatorio* (Fegefeuer) und *Paradiso* (Paradies) und entwickelt eine allegorische Vision des Lebens nach dem Tod, die die Zeitgenossen fesselte und tief berührte. Da sie weit über die Region hinaus gelesen wurde, etablierte sich der toskanische Dialekt als Standard für die italienische Schriftsprache.

In vielen Büchern über die Toskana spielt das Essen eine Hauptrolle. Besonders lesenswert sind z. B. *Tausend Tage in der Toskana* (Marlena de Blasi; 2007) und *Die Küche der Toskana: Eine Reise durch ihre Regionen* (Alice Vollenweider; 2006).

Auch der aus Certaldo stammende Giovanni Boccaccio (1303–1375) bediente sich der neuen Literatursprache. In den Jahren nach der Pestepidemie von 1348 entstand sein Meisterwerk, das *Dekameron*. Darin lässt er zehn Personen insgesamt 100 allegorische Geschichten erzählen, die wie ein großer Bilderbogen verschiedenste Charaktere, Ereignisse und symbolträchtige Handlungen schildern und die Leser restlos begeisterten. Das *Dekameron* wurde fast genauso berühmt und wegweisend wie *Die Göttliche Komödie*.

Dritter im Bunde des einflussreichen Trios, das die Weichen für das italienische Schriftgut stellte, war Francesco Petrarca (1304–1374). Er kam als Kind florentinischer Eltern in Arezzo zur Welt und schrieb zwar viel in Latein, aber für seine populärsten Werke, die Gedichte, bediente er sich des Italienischen. *Il canzoniere* (Liederbuch; ca. 1327–1368) stellt die Essenz seiner feinsinnigen Dichtkunst dar. Obwohl eigentlich die unerwiderte Liebe Petrarcas zu Laura darin die Hauptrolle spielt, werden sämtliche Facetten menschlichen Glücks und Leidens mit einer bis dahin unerreichten lyrischen Finesse behandelt. Petrarca wirkte weit über

TOSKANISCHE ERINNERUNGEN

Viele Toskana-Urlauber träumen davon, sich ein eigenes, privates Stückchen vom toskanischen Paradies zu sichern. Die folgenden Autoren haben das in die Tat umgesetzt – und darüber geschrieben:

Robert Gernhardt (*Toscana mia*; 2011)

Dario Castagno (*Ein Tag in der Toskana: Vom Abenteuer, Italiener zu sein; Toskana forever: Ein Reiseleiter erzählt*; 2004–2009)

Ferenc Máté (*Die Hügel der Toskana: Mein neues Leben in einem alten Land; Ein Weinberg in der Toskana: Wie mein Traum wahr wurde*; 1996–2009)

Frances Mayes (*Die Sonne der Toskana; Rückkehr ins Paradies: Unser Jahr in der Toskana; Das Paradies heißt Bramasole: Eine Liebeserklärung an die Toskana*; 1996–2003)

Andrea Thiele (*Ein Jahr in der Toskana: Reise in den Alltag*; 2009)

Stephan Dierichs (*Mit dem Traktor durch die Toskana: Vier Jahre Leben und Arbeiten in Italien*; 2000)

seine Zeit hinaus; seine Sonettform, sein Reimschema und sogar seine Themen wurden von anderen Dichtern aufgegriffen.

Ein weiterer hervorragender Literat der Renaissancezeit war Niccolò Machiavelli (1469–1527). Er setzte sich in seinem bekanntesten Buch, *Il Principe* (Der Fürst; 1532), mit Politik und Macht auseinander.

Literaten der Neuzeit

Nach dem fulminanten Start des Italienischen als Literatursprache wurde es im 17. und 18. Jh. still in der Toskana. Erst im 19. Jh. erwachte die Gilde der Schreiberlinge dort wieder zu neuem Leben.

Eine Schlüsselrolle spielte dabei Giosue Carducci (1835–1907). Der in der Maremma geborene Autor verbrachte seine zweite Lebenshälfte in Bologna. Seine besten Werke entstanden in den 1870er-Jahren und reichten von nachdenklichen Betrachtungen des Todes (wie z. B. in *Pianto antico*) und Erinnerungen an jugendlichen Sturm und Drang *(Idillio maremmano)* bis zur nostalgisch verklärten Rückbesinnung auf den Glanz des antiken Roms. Er war der erste Italiener, der den Literaturnobelpreis 1906 erhielt.

Prominente Toskanafans

- *Michel de Montaigne*
- *J. W. von Goethe*
- *Lord Byron*
- *Heinrich Heine*
- *Charles Dickens*
- *Fjodor Dostojewski*
- *Rainer Maria Rilke*
- *Heinrich Mann*
- *Thomas Mann*
- *Aldous Huxley*

Aldo Palazzeschi (1885–1974) aus Florenz war ein Vorreiter des literarischen Futurismus. 1911 veröffentlichte er den Roman *Il codice di Perelà*, den viele für sein bestes Werk halten.

Vasco Pratolini (1913–1991), ebenfalls ein Florentiner, siedelte vier hochgelobte neorealistische Romane in seiner Heimatstadt an: *Chronik einer Familie* (1947), *Chronik armer Liebesleute* (1947), *Die Mädchen von Sanfrediano* (1949) und *Metello, der Maurer* (1955).

Ebenfalls aus der Toskana stammt Dacia Maraini (geb. 1936), die zu den populärsten zeitgenössischen Autorinnen Italiens gehört. Den größten Erfolg unter ihren Romanen, Gedichten und Theaterstücken ernteten *Die stumme Herzogin* (1990) und *Kinder der Dunkelheit* (1999); für letzteres Werk wurde sie mit dem wichtigsten italienischen Literaturpreis, dem Premio Strega, ausgezeichnet.

Aus ausländischer Sicht

Der Trend, die Toskana als Schauplatz von Romanen zu wählen, begann in der Zeit der Grand Tour, auch Kavalierstour genannt. Damals, vor allem von der Mitte des 17. bis zur Mitte des 19. Jhs., gehörte es zum guten Ton, dass sich die Sprösslinge reicher Bürger- und Adelsfamilien aus Mittel- und Nordeuropa auf eine längere Europareise begaben. Sie besichtigten die Kulturschätze der Antike und Renaissance, erweiterten ihren Horizont und lernten, sich auf dem gesellschaftlichen Parkett zu bewegen.

Mit dem Bau der Eisenbahnen rückte so eine Kulturreise ab den 1840er-Jahren auch für die Mittelschicht in den Bereich des Möglichen. Betuchte Weltenbummler aus Großbritannien, den USA, Australien und Fernost stürzten sich auf Italien, und einige verarbeiteten das Erlebte auch literarisch. Bekannte Beispiele dafür sind Henry James, der Teile von *Bildnis einer Dame* (1881) und *Roderick Hudson* (1875) hier ansiedelte, George Eliot, deren *Romola* (1862) im Florenz des 15. Jhs. spielt, und E. M. Forster, der sich als Schauplatz für *Zimmer mit Aussicht* (1908) Florenz und für *Engel und Narren* (1905) San Gimignano (das im Buch Monteriano heißt) aussuchte. Anfang des 20. Jhs. beruhigte sich der Hype etwas, und nur wenige bedeutende Autoren entschieden sich für die toskanische Kulisse. Ausnahmen sind Somerset Maugham (*Oben in der Villa;* 1941) und Aldous Huxley (*Zeit muss enden;* 1944).

In den letzten Jahrzehnten erschien eine ganze Reihe erfolgreicher Bücher, die in der Toskana spielen. Das Florenz der Renaissance hat viele Autoren inspiriert, z. B. Sarah Dunant (*Das Zeichen der Venus;* 2003),

TOSKANISCHE LEICHEN

Auch Kriminalromane setzen die Toskana dramatisch in Szene. Wer auf Mord und Totschlag steht, findet in nachstehender Liste Lesestoff für spannende Stunden vor, während und nach der Reise:

Michael Dibdin Die sympathische Schnüffelnase Aurelio Zen ermittelt in *Roter Marmor* (2002) an der toskanischen Küste.

Michele Giuttari Der Autor hat selbst eine steile Karriere bei der florentinischen Polizei hinter sich und siedelt einige seiner Fälle mit Michele Ferrara am selben Ort an, darunter *Rachefeuer* (2007), *Blutsverwandt* (2010) und *Schwarze Rosen* (2012).

Lucretia Grindle Ihre Inspektor-Pallioti-Romane, z. B. *Die Toten der Villa Triste* (2013), und der Psychothriller *Namenstag* (2009) spielen in Florenz.

John Spencer Hill Der historische Krimi *Castrato* (1997) des verstorbenen kanadischen Schriftstellers spielt ebenfalls in Florenz.

Christobel Kent Die Autorin schickt ihren Privatdetektiv Sandro Cellini in *Blutrache* (2006), *Die Tränen der Signora* (2009) und *Orpheus' letzter Tanz* (2010) in die toskanische Unterwelt.

Magdalen Nabb Die britische Autorin, die vier Jahrzehnte in Florenz lebte, schrieb 14 Romane, in denen der florentinische Kommissar Maresciallo Guarnaccia verzwickte Fälle löst.

Iain Pears Zur Serie mit dem Duo Jonathan Argyll/Flavia di Stefano gehören *Der Raffael-Coup* (1991), das in Siena spielt, *Giottos Handschrift* (1994) mit Schauplatz Florenz und *Diabolische Täuschung* (2000), in dem verschiedene Orte der Toskana vorkommen.

Elizabeth George In *Nur eine böse Tat* (2013), dem ersten außerhalb Großbritanniens spielenden Buch aus der Lynley-Serie, reist Detective Sergeant Havers auf der Suche nach einem entführten Kind nach Lucca und Barga.

Thomas Harris Florenz ist der Schauplatz von *Hannibal* (1999), dem letzten Kapitel der Geschichte von Hannibal Lecter, die mit *Das Schweigen der Lämmer* begann.

Giulio Leoni *Dante und das Mosaik des Todes* (2004) ist ein historischer Thriller, in dem Dante kriminalistischen Spürsinn beweist und den Mord an einem Mosaikkünstler in einer Kirchenruine vor den Mauern von Florenz aufklärt.

Marco Vichi Der in Florenz geborene Autor ist vor allem bekannt für seine Krimis mit Inspektor Bordelli, die im Florenz der 1960er-Jahre spielen. Das letzte auf Deutsch erschienene Buch ist *Dunkle Wasser in Florenz* (2011); sein aktuelles Werk, *Death in the Tuscan Hills* (2015), ist bislang nur auf Italienisch und Englisch erschienen.

DIE WAHREN ABENTEUER DES PINOCCHIO

Le avventure di Pinocchio (Die Abenteuer von Pinocchio), das zeitlose Märchen von der Holzpuppe, die sich in einen echten Jungen verwandelt, gehört weltweit zur meistgelesenen und beliebtesten Literatur, die jemals aus Italien hervorgegangen ist.

Anfang der 1880er-Jahre schrieb der Florentiner Journalist Carlo Collodi (1826–1890) einen Fortsetzungsroman für *Il Giornale dei Bambini*, die erste italienische Kinderzeitung. Die *Storia di un burattino* (Geschichte eines Hampelmanns) kam später unter dem Namen *Pinocchio* als Buch heraus und hätte Collodi (der eigentlich Lorenzini hieß, aber seine Kindheit im Dorf Collodi verlebte) zum Multimillionär gemacht, wenn er Film- und Übersetzungsrechte zu Lebzeiten noch hätte nutzen können.

Die Figur des Pinocchio ist ziemlich ambivalent. Sie hat sehr liebenswerte Seiten, verwandelt sich aber zuweilen in ein eigensinniges, rücksichtsloses und gemeines kleines Monster, das alles, was ihm zustößt, auch wirklich verdient hat. Sobald Pinocchio ein Unglück ereilt, jammert er und gelobt Besserung – aber sobald er aus dem Schneider ist, zeigt er die nur allzu menschliche Schwäche, in alte Fehler zurückzufallen.

Die zwischen Realität und Fiktion angesiedelte Geschichte steckt voller mehr oder weniger deutlicher Anspielungen auf die Gesellschaft Italiens im ausgehenden 19. Jh. Das Volk kämpft mit enormen sozialen und wirtschaftlichen Problemen, während sich die Machthaber träge zurücklehnen. Pinocchios Abenteuer enden glücklich: Er wird ein Junge aus Fleisch und Blut. Doch der Weg dorthin ist hart; er begegnet Armut, Gaunern und voreingenommenen Richtern, dazu kommt manchmal ganz einfach Pech. Was oft lustig klingt, ist in Wirklichkeit eine wahre Schule des Lebens.

Disney machte daraus 1940 einen viel geliebten Animationsfilm, der zwei Oscars gewann (für die beste Filmmusik und den besten Song, *When You Wish Upon a Star*). Auch in Italien wurde der Stoff mehrmals verfilmt, z. B. 2002 unter der Regie von Roberto Benigni.

Salman Rushdie (*Die bezaubernde Florentinerin;* 2008), Michaela-Marie Roessner-Hermann (*Die Sterne von Florenz,* 1997; *Die Macht der Sterne,* 1999) und Jack Dann (*Die Kathedrale der Erinnerung;* 1995). Den Preis für den originellsten Plot gewinnt in jedem Fall Jack Dann: Hier gelingt es Leonardo da Vinci, einige seiner Erfindungen tatsächlich zu bauen (z. B. die Flugmaschine) und sie im Dienste eines syrischen Generals bei einer Schlacht im Mittleren Osten einzusetzen.

Die Gewinnerin des Booker Prize 1979, Penelope Fitzgerald, versetzt ihre Figuren aus *Innocence* (1986) in das Florenz der 1950er-Jahre; Robert Hellenga wählt denselben Schauplatz, aber nach der Flutkatastrophe von 1966, für *Das verbotene Buch der Lüste* (1994). *Der englische Patient* (1992) von Michael Ondaatje spielt teilweise in einer Villa außerhalb von Florenz. Florenz bildet auch die Kulisse für *Inferno* (2013) von Dan Brown, dem Autor des Bestsellers *Sakrileg*.

Das Dekameron im Kino

Boccaccios große Liebe (Hugo Fregonese; 1953)

Decameron (Pier Paolo Pasolini; 1971)

Virgin Territory (David Leland; 2008)

Die Toskana im Kino

Franco Zeffirelli, eine Lichtgestalt des Kinos, wurde 1923 in Florenz geboren und die Toskana taucht in vielen seiner Filme als Kulisse auf. Zeffirellis Karriere begann beim Radio, dann inszenierte er für Theater und Oper und wurde international berühmt mit Streifen wie *Romeo und Julia* (1968), *Bruder Sonne, Schwester Mond* (1972), *Hamlet* (1990) und dem biografisch angehauchten *Tee mit Mussolini* (1999). Ausschnitte daraus kann man in Florenz im Museo Novecento als Teil einer faszinierenden Montage verschiedener in Florenz gedrehter Filme sehen.

Der Schauspieler, Komiker und Regisseur Roberto Benigni wurde 1952 in der Nähe von Castiglion Fiorentino geboren. Als vierfacher Oscarpreisträger schuf er ein eigenes Genre: die Holocaust-Komödie. In seinem Meisterstück *Das Leben ist schön* (1998 im toskanischen Arezzo) spielte er eine der Hauptrollen, führte Regie und war am Drehbuch beteiligt. Benigni wird oft mit Charlie Chaplin und Buster Keaton verglichen; er führte in neun Filmen Regie (zwei davon spielen in der Toskana) und trat in vielen weiteren Produktionen als Schauspieler auf, darunter in drei Streifen des unabhängigen Filmemachers Jim Jarmusch.

Vier Filme, für die der neorealistische Autor Vasco Pratolini die Vorlagen lieferte, wurden in Florenz gedreht: *Die schönen Mädchen von Florenz* (*Le ragazze di San Frediano;* Valerio Zurlini; 1954), *Chronik armer Liebesleute* (*Cronache di poveri amanti;* Carlo Lizzani; 1954), *Tagebuch eines Sünders* (TV-Titel von *Cronaca familiare;* Valerio Zurlini; 1962) und *Metello* (Mauro Bolognini; 1970).

Die preisgekrönten Filmemacher und Brüder Paolo und Vittorio Taviani stammen aus San Miniato und haben drei ihrer Filme z. T. in der Toskana gedreht: *Die Nacht von San Lorenzo* (1982), *Wahlverwandtschaften* (1996) und *Good Morning Babylon* (1987).

Nicht versäumen

Das Leben ist schön

Zimmer mit Aussicht

Die Nacht von San Lorenzo

BEGEHRTER DREHORT

In der Toskana wurden international berühmte Filme und Fernsehserien gedreht, darunter:

- *Der englische Patient* (Anthony Minghella; 1996) Einige Szenen wurden in einem Kloster außerhalb von Pienza gedreht; unvergesslich ist die bewegende Szene in der Cappella Bacci von Arezzo.
- *Gladiator* (Ridley Scott; 2000) Die magische Sequenz mit den wogenden Weizenfeldern wurde in der Nähe von Pienza aufgenommen.
- *Hannibal* (Ridley Scott; 2001) Teile dieser Fortsetzung von Das Schweigen der Lämmer wurden in Florenz gedreht.
- *Buffalo Soldiers 44 – Das Wunder von St. Anna* (Spike Lee; 2008) Vorlage war James McBrides Roman über vier schwarze US-Soldaten, die es während des Zweiten Weltkriegs in ein Dorf bei Lucca verschlug.
- *Viel Lärm um nichts* (Kenneth Branagh; 1993) Drehort für die Adaption der berühmten Shakespeare-Komödie, in der Branagh, Emma Thompson und Keanu Reeves mitspielten, war Greve in Chianti.
- *Bis(s) zur Mittagsstunde* (Chris Weitz; 2009) Einige Szenen von Teil zwei der Twilight-Trilogie wurden auf dem großen Platz von Montepulciano gedreht, obwohl im Buch eigentlich Volterra der Schauplatz ist.
- *Schwarzer Engel* (Brian De Palma; 1976) Die Aufnahmen von Florenz sind der einzige Lichtblick in diesem düsteren, eindeutig von Hitchcocks Vertigo beeinflussten Streifen.
- *Portrait of a Lady* (Jane Campion; 1996) Mit Nicole Kidman und John Malkovich; einige Szenen wurden in Florenz gedreht.
- *Ein Quantum Trost* (Marc Forster; 2008) Der 22. James Bond enthält packende Actionszenen, die in Carrara und Siena aufgenommen wurden.
- *Zimmer mit Aussicht* (James Ivory; 1985) Das megaerfolgreiche historische Melodram spielt in Florenz und wurde 2007 von Andrew Davies fürs Fernsehen neu verfilmt.
- *Liebesrausch auf Capri* (William Dieterle; 1950) Joseph Cotten und Joan Fontaine verlieben sich in Florenz; zum Soundtrack gehört Kurt Weills berühmter „September Song".
- *Gefühl und Verführung* (Bernardo Bertolucci; 1996) Trauer, Schmerz und aufkeimende Sexualität stellt Liv Tyler in ihrer ersten Filmrolle überzeugend dar; die ländliche Idylle der Toskana unterstreicht die Gefühle.
- *Unter der Sonne der Toskana* (Audrey Wells; 2003) Filmische Lightversion der Autobiografie von Frances Mayes.
- *Die Villa* (Philip Haas; 2000) Sean Penn und Kristin Scott Thomas brillieren in der Filmadaption von Somerset Maughams Novelle.
- *Engel und Narren* (Charles Sturridge; 1991) Eine Starbesetzung mit Helen Mirren, Judy Davis und Helena Bonham Carter, gedreht in San Gimignano.

Kunst & Architektur

In vieler Hinsicht ist die Geschichte der Kunst in der Toskana auch die Geschichte der Kunst Westeuropas. Ein oberflächlicher Streifzug durch die Fachliteratur genügt, um zu begreifen, wie einflussreich die italienische Renaissance, deren Ursprung und Mittelpunkt in Florenz lagen, in den letzten 500 Jahren gewesen ist. Man kann getrost behaupten, dass Architektur, Malerei und Bildhauerei von den technischen Entdeckungen dieser Zeit wesentlich geprägt sind und dass die Hauptwerke der Renaissance noch heute den Künsten als wichtige Inspirationsquelle dienen.

Etrusker-museen

Museo Etrusco Guarnacci, Volterra

Museo dell'Accademia Etrusca, Cortona

Museo Civico Archeologico Isidoro Falchi, Vetulonia

Museo Archeologico Nazionale Gaio Cilnio Mecenate, Arezzo

Die Etrusker

Rund 2800 Jahre, bevor die deutsche „Toskana-Fraktion" von hübschen Ferienhäusern auf einem Hügel in der Toskana träumte, hatten die Etrusker schon ähnliche Ideen. Sie durchsetzten die Landschaft mit Siedlungen, vornehmlich auf Hügelkuppen.

Vom 8. bis zum 3. Jh. v. Chr. behaupteten sich die Etrusker gegenüber Römern und anderen Landsleuten. Sie beteten ihre eigenen Götter und Göttinnen an und bestellten die Äcker des Tieflands mithilfe ausgeklügelter Entwässerungssysteme, die sie selbst entwickelt hatten. Was für ein Leben die Etrusker – von Belagerungen und Kriegen geplagt – führten, ist kaum bekannt, aber mit Bestattungen kannten sie sich aus: In etruskischen Steingräbern in der südlichen, östlichen und Zentral-Toskana wurden haufenweise Schmuck, Urnen aus Terrakotta und Alabaster, schwarz glänzende Tongefäße *(bucchero)* und Votivfiguren aus Bronze gefunden.

Als die Römer die Gräber plünderten, erkannten sie gleich, dass ihnen etwas Gutes in die Hände gefallen war. Nachdem sie im 3. Jh. v. Chr. große Teile des etruskischen Territoriums in der Toskana erobert hatten, übernahmen sie den feinen, geometrischen Kunst- und Architekturstil der Etrusker.

Einzug des Christentums

Die römischen Zenturionen mögen auf die Bevölkerung nicht allzu viel Eindruck gemacht haben, umso erfolgreicher war das Christentum: Um das Jahr 500 tauschte ein junger Mann aus der Region – sein Name war Benedikt – gute Karriereaussichten in Rom gegen ein zurückgezogenes, kontemplatives Leben ein. Er hatte die Gabe, Wunder zu bewirken, gründete persönlich zwölf Klöster und stieß die Gründung vieler weiterer an. Seine Geschichte wird bildhaft und detailreich in dem herrlichen Freskenzyklus (1497–1505) von Il Sodoma und Luca Signorelli im großen Kreuzgang der Abbazia di Monte Oliveto Maggiore in der Nähe von Siena erzählt.

Eine der ältesten benediktinischen Abteien, San Pietro in Valle im benachbarten Umbrien, wurde von Faroald II., dem langobardischen Herzog von Spoleto, gegründet. Hier liegen die Wurzeln des romanischen Baustils, zu dem lombardische und römische Architektur verschmolzen und in dem viele Sakralbauten der Region errichtet wurden. Das Grundmuster war einfach: ein schlichtes Mittelschiff ohne Säulen, das in eine kuppelüberwölbte Apsis mündet. Diese wird mit Kapellen ergänzt, die meist von reichen Gläubigen gestiftet wurden.

Im 11. Jh. entstand in Pisa eine deutlich toskanische Variante der Romanik. Der *duomo* (Kathedrale) der Stadt wurde mit farbigen Marmorstreifen und Verblendsteinen geschmückt und setzte damit neue Maßstäbe in Sachen Bauornamentik. Dieser spezielle Stil (manchmal auch als „pisanisch" bezeichnet) wurde bei Kirchen überall in der Region angewandt. Sehenswerte Beispiele sind die Basilica di San Miniato al Monte in Florenz sowie die Chiesa di San Michele in Foro und die Cattedrale di San Martino in Lucca.

Siena wollte den Rivalen Florenz und Pisa architektonisch in nichts nachstehen. Daher beschloss der Stadtrat 1196 ein Mammutprojekt, den Bau des *duomo*. Und er bekam etwas für sein Geld, nämlich eine grandiose gotische Fassade von Giovanni Pisano, eine Kanzel von Nicola Pisano und eine von Duccio di Buoninsegna entworfene Fensterrosette.

Die Kirchen der Toskana wurden immer spektakulärer. Aber was die Pilger in der Ober- und Unterkirche der Basilica di San Francesco in Assisi (Umbrien) vorfanden, übertraf alles. Nicht lange nach dem Tod des Franz von Assisi im Jahr 1226 wurde ein toskanisches Dreamteam von Künstlern beauftragt, die beiden Kirchen zu seinen Ehren auszuschmücken. Sie lösten damit eine Begeisterung für Fresken aus, die Jahrhunderte andauern sollte. Cimabue, Giotto, Pietro Lorenzetti und Simone Martini stellten den Lebensweg und das sanfte Gemüt des hl. Franziskus dar, solange das Andenken in den Köpfen und Herzen der Gläubigen noch lebendig war. Zu einer Zeit, als es noch keine Multiplexkinos und Special Effects gab, muss der Anblick für die Pilger überwältigend gewesen sein: In leuchtenden Farben und vom Boden bis zur Decke erzählen die Bilder ihre Geschichten.

Aufstieg der Stadtstaaten

Während sich im Hinterland um Eremiten und heilige Männer herum Gemeinden bildeten, gingen die Städte seit dem 13. und 14. Jh. eigene Wege. Die Römerstraßen dienten ab dem 11. Jh. als Handelswege, und aus Kaufleuten, Bauern und Handwerkern bildete sich eine wohlhabende Mittelschicht, die auch außerhalb der größeren Handelszentren Landgüter und Villen errichtete. Durch Steuern und Spenden wurde der Bau von Krankenhäusern wie das Ospedale Santa Maria della Scala in Siena finanziert. Straßen wurden gepflastert, Stadtmauern errichtet und Abwassersysteme angelegt – für eine zunehmend kultivierte Stadtbevölkerung, die sich nicht mit Chaos und Dreck abfinden wollte.

Der Geiz saß diesen neureichen Bürgern noch in den Knochen, und oft genug konnten sie sich nicht einigen, wie die ihnen abgeknöpften Steuern ausgegeben werden sollten. Stadträte *(comuni)* wurden gebildet, in denen die verschiedenen Interessen von Kaufleuten, Gilden und rivalisierenden Adelsfamilien vertreten waren. Um die Bedeutung und Macht der *comune* zu demonstrieren, investierten die größeren mittelalterlichen Städte wie Siena, Florenz und Volterra als Erstes in den Bau eines repräsentativen Rathauses. Das beste Beispiel: der Palazzo Comunale in Siena.

Aber die freien Stadtbürger waren nicht nur geschickte Lobbyisten und Freunde großartiger Bauprojekte, welche gleichzeitig Arbeitsplätze schafften. Sie waren auch Meister der Propaganda, die bestens verstanden, welchen Einfluss Kunst und Architektur ausüben können. Ein typisches Beispiel ist der Freskenzyklus *Allegorien der guten und der schlechten Regierung* von Ambrogio Lorenzetti im Palazzo Comunale von Siena. Kein politisches Plakat wird ihn je an Aussagekraft und Wirkung übertreffen. In der *Allegorie der guten Regierung* wird die graubärtige

Kunstmuseen

- *Uffizien, Florenz*
- *Galleria dell'Accademia, Florenz*
- *Pinacoteca Nazionale, Siena*
- *Museo Nazionale di San Matteo, Pisa*
- *Galleria Palatina, Palazzo Pitti, Florenz*

1

PIETRO LORENZETTI/GETTY IMAGES ©

2

4

Fresko in der Basilica di San
rancesco (S. 293), Assisi
sisis Hauptattraktion ist diese Basilika, die aus
ei mit Renaissancekunst reich gefüllten Kirchen
steht.

Pinturicchios Fresken (S. 131),
om von Siena
e Wände der kleinen Libreria Piccolomini sind
it leuchtend bunten, erzählenden Fresken
schmückt.

Masaccios Fresken in der Basilica
i Santa Maria del Carmine (S. 85),
lorenz
asaccios Freskenzyklus schildert das Leben Petri
d gilt als Meisterwerk, da es mit der Gotik bricht
d aus einer Fülle neuer Ausdrucksmittel schöpft.

Museo di San Marco (S. 79),
lorenz
anz im Geist der Renaissance verleiht Fra' Ange-
o den christlichen Figuren auf seinen Fresken
r allzu menschliche Züge von Unsicherheit und
weifel.

Figur der rechtmäßigen Herrschaft von einer Entourage flankiert, die heutigen Kabinetten die Schamesröte ins Gesicht treiben würde: Frieden, Tapferkeit, Besonnenheit, Großmut, Mäßigung und Gerechtigkeit. Darüber schweben Glaube, Hoffnung und Nächstenliebe. Links thront selbstbewusst die Eintracht, über der die Zügel der Gerechtigkeit fest angezogen sind.

Ein weiteres Fresko zeigt die Auswirkungen der guten Regierung: Die Bürger bewegen sich geordnet durch die Stadt; sie halten inne, um Geschäfte zu machen, einander die Hände zu schütteln und ein lustiges Tänzlein aufzuführen. Genau das Gegenteil zeigt die *Allegorie der schlechten Regierung*, wo eine gehörnte und mit Reißzähnen bewehrte Tyrannia, umgeben von geflügelten Lastern, über eine Szene des Chaos herrscht, während die Gerechtigkeit mit zerstörter Waage bewusstlos am Boden liegt. Wie die besten Wahlkampfreden wird auch diese warnende Geschichte brillant erzählt – nur wurden die Warnungen nicht immer beachtet.

Weltbühne

Gotische Kirchen

Duomo, Siena

Abbazia di San Galgano, südlich von Siena

Chiesa di Santa Maria della Spina, Pisa

Neben den politischen Intrigen widmeten sich die Bauern, Handwerker und Kaufleute des ausgehenden Mittelalters in herausragender Weise ihrem Beruf. Feine, in der Region hergestellte Töpferwaren, Fliesen und Marmorarbeiten fanden in den Kirchen der ganzen Toskana ihren Platz. Sie wurden auch im übrigen Europa und im Mittelmeerraum zu begehrten Waren, nachdem Pilger Exemplare als Andenken von ihrer Wanderung auf der Via Francigena nach England und Frankreich mitgebracht hatten. Die Kunsthandwerker schulten ihre Fertigkeiten an städtischen und kirchlichen Auftragsarbeiten, da die Bauwerke an steigende Besucherzahlen und die wachsenden Erwartungen der Pilger angepasst werden mussten.

Mit dem Interesse des Auslands an den heimischen Waren kamen auch Einflüsse von außen in die Region, und lokale Stile passten sich den Erfordernissen der ausländischen Märkte an. Florenz wurde berühmt für seine strahlenden zinnglasierten Majolika-Fliesen und -Teller, die mit bunten metallischen Farbpigmenten bemalt und von der maurischen Keramik

GIOTTO DI BONDONE

Der toskanische Dichter Giovanni Boccaccio beschrieb im 14. Jh. im *Dekameron* seinen Landsmann und Zeitgenossen Giotto di Bondone (um 1266–1337) als „ein so erhabenes Genie […], dass die Natur nichts hervorbringen kann, was er nicht lebensecht darstellen könnte."

Boccaccio war nicht die einzige prominente Stimme, die Giotto außerordentliches Talent bescheinigte. Der Architekt und Maler Giorgio Vasari war ein ebenso großer Fan und der Ansicht, Giotto habe die Wiedergeburt (*rinascità* oder *renaissance*) der Kunst eingeleitet. In seinen Werken brach Giotto mit geltenden Konventionen wie der Dreiviertelansicht von Kopf und Körper. Er zeigte seine Figuren von hinten, von der Seite oder im Umdrehen, je nachdem, was die Geschichte verlangte. Giotto brauchte weder Gold noch aufwendige Verzierungen, um seine Message rüberzubringen und den Betrachter zu beeindrucken. Stattdessen fesselte er mit der naturalistischen Darstellung der Figuren und radikalen Kompositionen, mit denen er eine Tiefenillusion erzeugte und Szenen voller Dramatik schuf.

Zu den bedeutenden Werken Giottos in der Toskana gehören ein Altarbild mit Madonna und Kind zwischen Engeln und Heiligen in den Uffizien, ein bemaltes Holzkruzifix in der Basilica di Santa Maria Novella und Fresken in der Basilica di Santa Croce, alle in Florenz. Sein herrlicher Freskenzyklus zum Leben des hl. Franziskus schmückt die Wände der Oberkirche der Basilica di San Francesco in Assisi, Umbrien.

Viele Renaissancemaler fügten Selbstporträts in ihre wichtigsten Werke ein. Nicht so Giotto, den Weggefährten wie Boccaccio als den hässlichsten Mann von Florenz beschrieben. Wer solche Freunde hat …

Mallorcas inspiriert waren. Die überaus produktive Familie della Robbia schuf glasierte Keramikreliefs, die heute im Museo del Bargello in Florenz sowie in Kirchen und Museen überall in der Region gehütet werden.

Bescheidene romanische Dome wurden einer Runderneuerung im Stil der Gotik unterzogen, sodass sie Pilger aller Länder ansprachen. Die italienische Variante des französischen Baustils war farbenfroher als die grauen Türme und das filigrane Strebewerk in Paris, oft gekennzeichnet durch einfache Grundrisse und gestreifte Langhäuser aus Stein mit mehrgliedrigen, reich verzierten Fassaden. Sie konnten rosa gestrichen, mit glitzernden Mosaiken besetzt oder mit von Skulpturen bekrönten Bogenreihen verziert sein. Das berühmteste Beispiel für diesen Zuckerbäckerstil ist die Kathedrale in Siena.

Die Entwicklung von der soliden Romanik zur luftigen Gotik und dann zu einer ausgewogenen Verschmelzung der beiden Stile lässt sich an Bauwerken in der ganzen Region nachvollziehen. Die Mischung aus einem relativ nüchternen romanischen Äußeren und gotischer Dramatik im Innenraum setzte einen neuen Standard für Sakralbauten, der sich schnell in der Toskana und von da aus im restlichen Europa ausbreitete.

Künstlerisches Genie, ebenso wie Wahnsinn und Lasterhaftigkeit, liegt oft in der Familie. Zu den italienischen Künstlerdynastien gehören die della Robbias (Luca, Marco, Andrea, Giovanni und Girolamo), die Lorenzettis (Ambrogio und Pietro) und die Pisanos (Nicola und Giovanni, Andrea und Nino).

Dunkle Zeiten

Im 14. Jh. müssen die lächelnden Sieneser Bürger auf Ambrogio Lorenzettis *Allegorie der guten Regierung* Betrachtern wie Ausgeburten einer blühenden Phantasie vorgekommen sein. Nach einer großen Hungersnot 1329, gefolgt von einem Bankenzusammenbruch, nahm die Stadt Schulden in Kauf, um Straßen in Schuss zu halten, die Arbeiten am Dom fortzusetzen, den Bedürftigen zu helfen und die Wirtschaft wieder anzukurbeln. Gerade als Siena wieder auf die Beine kam, schlug 1348 die Pest zu. Drei Viertel der Einwohner, darunter auch Pietro und Ambrogio Lorenzetti, fielen ihr zum Opfer. So gut wie alle ökonomischen und künstlerischen Aktivitäten kamen zum Stillstand. 1374 brach die Pest erneut aus und raffte 80 000 Sienesen dahin. Eine unmittelbar anschließende Hungersnot versetzte der Stadt einen Stoß, von dem sie sich nie wieder erholte.

Auch Florenz wurde von der Pest im Jahr 1348 heimgesucht. Alles Beten half nichts: Innerhalb von nur sieben Monaten starben 96 000 Florentiner. Die Überlebenden durchlitten eine Glaubenskrise, wodurch Florenz zu einem fruchtbaren Boden für humanistische Ideen wurde – aber auch für alle möglichen und unmöglichen Formen von Aberglaube und Wiederauferweckungsversuchen. Leichen übten eine unbestimmte Faszination aus, die Menschen wie Leonardo da Vinci „wissenschaftlich" nannten, andere „makaber".

Mit dem Ende der Pest setzte ein Bauboom ein, befeuert von neureichen Kaufleuten wie Cosimo I. de' Medici (Cosimo dem Älteren) und Palla Strozzi, die darin konkurrierten, einer Stadt, die nach den vergangenen Horrorzeiten neu entworfen werden musste, ihren Stempel aufzudrücken.

Die wohlhabenden Kaufmannsfamilien der Renaissance haben nicht nur Kirchen gestiftet, Paläste gebaut und Fresken finanziert, sondern auch unzählige Porträts in Auftrag gegeben. Lieblingsmaler von Cosimo I. de' Medici war Agnolo di Cosimo (1503–1572), wegen seines dunklen Teints Bronzino genannt. Seine hervorragenden Medici-Porträts befinden sich heute in den Uffizien in Florenz.

Die Renaissance

Nicht nur die Kaufleute stürzten sich damals in Machtspielchen. Die von Rom unterstützten Guelfen markierten ihr Revier mit beeindruckenden neuen Wahrzeichen, um damit den Machtansprüchen ihrer Rivalen (der toskanischen Ghibellinen-Fraktion, die mit dem Heiligen Römischen Reich verbündet war) entgegenzutreten. Schauplatz war vor allem Florenz. Giotto, der vielen als Begründer der Renaissancekunst gilt, bekam den Auftrag, den 85 m hohen, viereckigen Glockenturm zu entwerfen, heute ein Wahrzeichen der Stadt. Er sollte den 57 m hohen Turm, an dem zu dieser Zeit im ghibellinischen Pisa (weiter-)gebaut wurde und der damals schon in Schieflage geraten war, deutlich übertreffen. Ähnliche Projekte gab es viele.

1

2

ra' Angelicos *Verkündigung* **2.** Botticellis *Primavera*
)ie *Madonna mit Engeln* von di Buoninsegna

Künstler der Toskana

Viele große Namen konkurrieren um die Plätze auf einer Liste der Top 5 – hier ist unser Vorschlag.

Michelangelo Buonarroti (1475–1564)

Er war der Renaissancemensch schlechthin; Maler, Bildhauer und Architekt, der mehr Meisterwerke schuf als jeder andere Künstler. In Florenz gehören der *David* in der Galleria dell'Accademia und der *Tondo Doni* (Heilige Familie mit dem Jesuskind) in den Uffizien aufs Programm.

Sandro Botticelli (1444–1510)

Seine Schönheiten betörten die Medici und locken noch immer jedes Jahr Millionen von Besuchern in die Uffizien. Unbedingt ansehen: *Primavera* und *Geburt der Venus*.

Giotto di Bondone (1266–1337)

Giotto brachte die Renaissance ins Rollen – mit Fresken, auf denen die Körpersprache der Figuren jede Bilderklärung überflüssig machten. Fans pilgern nach Assisi, um einen Blick auf den Freskenzyklus *Das Leben des hl. Franziskus* zu werfen.

Fra' Angelico (1395–1455)

Wenige Künstler haben es zum Heiligen gebracht. Eine Ausnahme war Il Beato Angelico, der 1982 heiliggesprochen wurde. Sein berühmtestes Werk ist die *Verkündigung*, von dem Versionen im Museo di San Marco in Florenz und im Museo Diocesano in Cortona hängen.

Duccio di Buoninsegna (1255–1318)

Der Chef der Sieneser Schule war bekannt für fesselnde Marien-Darstellungen: Maria mit durchdringendem Blick und blassgrüner Haut vor glühend goldenem Hintergrund. Sein bestes Stück ist die *Maestà* im Museo dell'Opera in Siena.

FILIPPO BRUNELLESCHI

Viele Männer der Renaissance haben ihre Spuren in Florenz hinterlassen, aber nur wenige haben so Großes geschaffen wie Filippo Brunelleschi (1377–1446). Er war Architekt, Mathematiker, Ingenieur, absolvierte eine Lehre zum Goldschmied und zeigte früh sein Talent für die Bildhauerei. 1401 nahm er an einem Entwurfswettbewerb für die Türen des Baptisteriums von Florenz teil (den Lorenzo Ghiberti gewann) und reiste kurz darauf mit Donatello, ebenfalls Goldschmied, nach Rom, um die antike Architektur und Kunst der Stadt zu studieren. Nach seiner Rückkehr nach Florenz 1419 bekam er von der Seidenhändlerzunft den Auftrag, für die Piazza della Santissima Annunziata in San Marco ein Findlingshaus zu entwerfen. Das Ospedale degli Innocenti (Krankenhaus der Unschuldigen) ist ein klassisch proportioniertes, detailreiches Gebäude mit einer auffälligen, neunjochigen Loggia. Damit entfernte sich Brunelleschi radikal vom hochgotischen Stil, dem die meisten seiner Zeitgenossen damals noch huldigten. Die Form war rein, weltlich und raffiniert – der Bau verkörperte das neue humanistische Ideal.

Nachdem er mit der Arbeit am Findlingshaus fertig war, begann er mit einem wirklich großen Auftrag, der ihn die nächsten 42 Jahre beschäftigen sollte: dem Bau der Kuppel für den Dom von Florenz. Mit seinem mathematischen Gehirn und seiner technischen Erfindungsgabe gelang ihm etwas, was viele Florentiner für unmöglich hielten: die größte Kuppel Italiens seit der Antike.

Andere Werke von Brunelleschi in Florenz sind die Basilica di San Lorenzo, die Basilica di Santa Spirito und die Cappella de' Pazzi in der Basilica di Santa Croce. Vasari schrieb über ihn: „Die Welt war so lange ohne Künstler mit hochfliegenden Seelen und inspiriertem Talent, dass der Himmel bestimmte, dass sie von Filippo das großartigste, größte und ausgezeichnetste Kunstwerk aller Zeiten erhalten solle, um zu zeigen, dass der Genius der Toskana zwar erstarrt, aber nicht tot war." Brunelleschi ist im Dom begraben – unter der gigantischen Kuppel, die sein schönstes Vermächtnis ist.

„Wer mit Florenz Streit anfängt, muss es auch mit Rom aufnehmen!" Das war die offene Ansage florentinischer Architekten, die sich im *Trecento* (14. Jh.) und *Quattrocento* (15. Jh.) in ihren Entwürfen für neue Kirchen, Palazzi und öffentliche Gebäude überall in der Stadt auf die ruhmreichen Zeiten der antiken Weltmacht und die klassische Architektur bezogen. Der neue Florentiner Stil wurde als Renaissance (wörtlich „Wiedergeburt") bekannt. Er kam so richtig in Schwung, nachdem Filippo Brunelleschi sich im Wettbewerb um den Bau der Domkuppel durchgesetzt hatte. Brunelleschi war ein treuer Jünger der antiken Baumeister, konnte aber noch einen draufsetzen: Er hatte die mathematischen Gesetze entdeckt, nach denen Objekte sich zu verkleinern scheinen, wenn sie in den Hintergrund treten. Damit eröffnete er den Künstlern und Architekten in seinem Umfeld eine neue visuelle Perspektive und gab ihnen ein Mittel an die Hand, mit dem sie zu neuen künstlerischen Ufern aufbrachen.

Filippo Lippi (1406–1469) trat im Alter von 14 Jahren dem Karmeliterorden bei. Doch später brach er sein Gelübde und brannte mit einer Novizin durch. Sie hatte ihm für ein Fresko, das er für den *duomo* von Prato malte, Modell gesessen – als Jungfrau Maria. Ihr gemeinsamer Sohn Filippino (1457–1504) wurde ebenfalls Maler.

Die Florentiner Künstler erfreuten sich einer wahren Auftragsflut. Sie sollten heroische Schlachtenszenen malen, Privatkapellen mit Fresken ausschmücken und Büsten von machtversessenen Persönlichkeiten anfertigen. Die Werke überdauerten nicht selten den Ruhm ihrer Auftraggeber. Ein Beispiel dafür ist die Familie Peruzzi, die im 14. Jh. zu Ansehen und Macht kam. Die Peruzzi waren Bankiers mit Geschäftsinteressen von London bis zum Nahen Osten. Sie setzten ein Beispiel für Mäzenatentum, als sie Giotto mit der Ausgestaltung der Familienkapelle in Santa Croce beauftragten; er stellte die Fresken 1320 fertig. Als einer der Peruzzi-Kunden, König Edward III. von England, mit der Rückzahlung seiner Schulden in Verzug geriet, gingen die Peruzzi pleite. Doch als Anschieber für Giottos frühe Experimente mit der Perspektive und dem Illusionismus der Renaissance hinterließen sie ein Erbe, das den Boden für die künstlerische Blütezeit von Florenz bereitete.

Die angesehene Familie Brancacci folgte dem Beispiel der Peruzzi. Sie beauftragten Masolino da Panicale und seinen Meisterschüler Masaccio, eine Kapelle in der Basilica di Santa Maria del Carmine in Florenz auszuschmücken. Nach Masaccios vorzeitigem Tod im Alter von 27 Jahren wurden die Fresken von Filippino Lippi fertiggestellt. Die dramatischen Szenen aus dem Leben des hl. Petrus, die vor überraschend überzeugender architektonischer Kulisse gezeigt werden, spielen auf drängende Probleme des Florenz der damaligen Zeit an: die neue Einkommensteuer, Justizirrtümer und die Anhäufung von Reichtum. Masaccios Darstellung der Vertreibung von Adam und Eva aus dem Paradies sollte sich als prophetisch herausstellen. Die Brancacci waren mit den Strozzi verbündet und wurden genau wie diese von den Medici aus der Stadt verbannt, noch bevor die Fresken vollendet waren.

Doch den größten Einfluss auf die Kunst ihrer Zeit nahmen unter allen Mäzenen natürlich die Medici. Patriarch Cosimo der Ältere wurde 1433 von einer Gruppe Florentiner Familien aus der Stadt verbannt, weil sie in ihm eine dreifache Bedrohung sahen: Er war mächtiger Bankier, Gesandter des Kirchenstaats und vollendeter Politiker mit der nötigen Gerissenheit, um Päpste und Kaiser zu beeinflussen. Aber die mit seinem Weggang einhergehende Kapitalflucht löste eine derartige Panik aus, dass die Verbannung hastig zurückgenommen wurde. Innerhalb Jahresfrist waren die Medici mit all ihrer Macht und unvermindertem Einfluss in die Stadt zurückgekehrt. Die Heimkehr wurde gebührend gefeiert: Cosimo finanzierte 1437 den Umbau des Convento di San Marco (jetzt Museo di San Marco) durch Michelozzo und beauftragte Fra' Angelico, die Mönchsquartiere mit Szenen aus dem Leben Jesu auszumalen. Ein weiterer Künstler, der sich über die Rückkehr Cosimos freute, war Donatello. Er vollendete mit dessen Unterstützung seine grazile Bronzestatue des David (heute zu sehen im Museo del Bargello).

Auftragsarbeiten wie diese verbreiteten die Neuerungen der Frührenaissance – Perspektive, genaue Beobachtung der Wirklichkeit und Hell-Dunkel-Kontraste *(chiaroscuro)* – in der ganzen Region. In San-

Das Wandgemälde *Dreifaltigkeit* von Masaccio in der Basilica di Santa Maria Novella in Florenz gilt als eines der ersten Werke im Stil der Renaissance. Es soll Leonardo da Vinci zu seiner Darstellung des *Abendmahls* angeregt haben.

GIORGIO VASARIS KÜNSTLERBIOGRAFIEN

Der Maler, Architekt und Schriftsteller Giorgio Vasari (1511–1574) gehört zu denjenigen, die zu Recht als „Universalgenie" bezeichnet werden. Er wurde in Arezzo geboren und wuchs in dem Haus auf, das heute das kleine, aber faszinierende Museo di Casa Vasari beherbergt. Später absolvierte er in Florenz eine Ausbildung zum Maler und arbeitete mit Künstlern wie Andrea del Sarto und Michelangelo, den er sehr verehrte. Als Maler ist er hauptsächlich für das raumfüllende Fresko im Salone di Cinquecento im Florentiner Palazzo Vecchio bekannt. Sein schönstes architektonisches Werk ist die elegante Loggia der Uffizien. Und er baute den überdachten Hochgang, der den Palazzo Vecchio mit den Uffizien und dem Palazzo Pitti verbindet, den nach ihm benannten Corridoio Vasariano. Der Nachwelt blieb er vor allem als Kunsthistoriker in Erinnerung. Seine *Lebensbeschreibungen der berühmtesten Maler, Bildhauer und Architekten. Von Cimabue bis in unsere Zeit* erschienen erstmals 1550 und sind Cosimo I. de' Medici gewidmet. Die darin versammelten Künstlerbiografien sind gespickt mit Anekdoten und Klatsch über Künstler und Zeitgenossen des 16. Jhs. Die *Lebensbeschreibungen* sind eine großartige Vorbereitung für jeden Florenz-Besuch. 2015 erschienen die letzten Bände der 45-bändigen Neuübersetzung in der Edition Giorgio Vasari bei Wagenbach.

So erinnert sich Vasari u. a. an einen Besuch im Atelier von Donatello. Der große Bildhauer saß vor seiner äußerst lebendig wirkenden Statue des Propheten Habakuk und flehte sie an, mit ihm zu reden (er war wohl etwas überarbeitet). Oder an den jungen Giotto, der eines Tages auf ein Bild von Cimabue eine Fliege malte, die so echt aussah, dass der alte Meister versuchte, sie zu verjagen.

Skulpturengärten

Fattoria di Celle, bei Pistoia

Giardino dei Tarocchi, südliche Toskana

Castello di Ama, Chianti

sepolcro ließ Piero della Francesca Figuren in übernatürlichem Licht erstrahlen oder stellte sie in misslichen (allzu menschlichen) Situationen dar, in die sich die Betrachter hineinversetzen konnten: Römische Soldaten halten ein Nickerchen, Menschenmassen bestaunen mit aufgerissenen Augen Wunder, Unbeteiligte beobachten verstört grausame Verfolgungen. Sein Freskenzyklus *Die Legende vom wahren Kreuz* wurde von der Familie Bacci für eine Kapelle in der Chiesa di San Francesco von Arezzo in Auftrag gegeben und gehört zu den größten künstlerischen Werken der Zeit.

Die Hochrenaissance

Die Jahrzehnte, die das *Cinquecento* (16. Jh.) einleiten, werden oft wie eine Gelehrtenversammlung dargestellt, auf der edle Weise mit silbernem Haar Ideen austauschen. Näher an der Wahrheit wäre, bildlich gesprochen, eine Kneipenschlägerei, denn Künstler, Wissenschaftler, Politiker und Kleriker lagen sich ständig in den Haaren. Das Muster war nie ganz klar, etwa Kirche gegen Staat, Wissenschaft gegen Kunst oder

FRESKEN DER RENAISSANCE

Sie sehen heute vielleicht aus wie einfache Bibelgeschichten, aber in ihrer Glanzzeit, der Renaissance, dienten Fresken sowohl als Kommentar zur sozialen Wirklichkeit wie auch als religiöse Inspirationsquelle. In den Bildern erschien das menschliche Elend göttlich, und umgekehrt.

In der Toskana wimmelt es nur so von großartigen Beispielen. Einige der besten sind in den folgenden Kirchen und Museen zu finden:

Collegiata, San Gimignano (S. 153) In dieser Kirche gibt es so gut wie keine unbemalte Fläche. Wirklich jede Wand ist mit riesigen, bilderbuchartigen Fresken versehen, u. a. von Bartolo di Fredi, Lippo Memmi, Domenico Ghirlandaio und Benozzo Gozzoli. Glanzstück ist das herrlich groteske *Jüngste Gericht* (1396) von Taddeo di Bartolo.

Libreria Piccolomini, Duomo, Siena (S. 133) Bernadino Pinturicchio aus Umbrien preist den Ruhm Sienas in zehn lebendigen Fresken (ca. 1502–1507), die Enea Silvio Piccolomini alias Papst Pius II. verherrlichen. Auch die hl. Katharina hat einen Gastauftritt.

Museo di San Marco, Florenz (S. 79) Die Fresken von Fra' Angelico zeigen Porträts von Bibelfiguren in äußerst menschlichen Momenten der Unsicherheit. Sie sind damit Zeugnis des Humanismus als wesentlicher Geistesbewegung der Renaissance. Großartig ist die *Verkündigung* (1440).

Museo Civico, Siena (S. 130) „Prächtig" ist das einzige Wort, das den *Allegorien der guten und der schlechten Regierung* (1338–1340) von Ambrogio Lorenzetti und der *Maestà* (1315) von Simone Martini gerecht wird.

Cappella Brancacci, Florenz (S. 85) *Die Vertreibung von Adam und Eva aus dem Paradies* und *Der Zinsgroschen* (ca. 1427) von Masaccio sind zugleich Beispiele für Perspektivenzeichnung und für spitze, politische Satire.

Cappella Bacci, Basilica di San Francesco, Arezzo (S. 273) Piero della Francescas *Legende vom wahren Kreuz* (ca. 1452–1466) offenbart das ganze Trickrepertoire der Renaissancemaler (gerichtetes Licht, steile Perspektiven usw.).

Chiesa di Sant'Agostino, San Gimignano (S. 155) Das bizarre Fresko vom hl. Sebastian (ca. 1464) von Benozzo Gozzoli zeigt den vollständig bekleideten Heiligen, wie er in Begleitung einer barbusigen Jungfrau Maria und eines halb nackten Jesus die Bewohner von San Gimignano beschützt. Es verdient einen Preis für die merkwürdigste religiöse Darstellung.

Cappella dei Magi, Palazzo Medici-Riccardi, Florenz (S.77) Wieder Gozzoli, aber diesmal mit einer üblichen Darstellung: Mitglieder der Medici-Familie bekommen einen Gastauftritt in der *Prozession der Heiligen Drei Könige nach Bethlehem* (ca. 1459–1463).

Wissenschaft gegen Glauben. In dieser Zeit konnten Politiker Kleriker, Wissenschaftler Künstler und Künstler Kleriker sein.

Es gab einige begnadete Talente unter den Künstlern der Region, die nach Florenz kamen, um dort ihre Fertigkeiten zu verfeinern und dann in andere Teile Italiens weiterzuziehen. Ihre Karrieren wurden von Giorgio Vasari in seinen mitteilsamen *Lebensbeschreibungen der berühmtesten Maler, Bildhauer und Architekten* verewigt.

Ein weiterer Protegé von Lorenzo de' Medici war Michelangelo, ein Dorfbursche aus dem Provinznest Caprese (heute Caprese Michelangelo) im osttoskanischen Casentino. Sein von der antiken Kunst inspiriertes Werk fand allseits Bewunderung, bis Savonarola die Medici 1494 hinausschmiss. Auch frühe Gemälde Michelangelos sollen damals den Flammen übergeben worden sein. Ohne die Medici als Förderer schien Michelangelo führungslos: Für kurze Zeit versteckte er sich im Kellergewölbe von San Lorenzo und zog dann durch ganz Italien. In Rom schuf er für Kardinal Raffaele Riaro einen Bacchus, den der Auftraggeber unpassend fand – was Michelangelo möglicherweise zu dem größeren und noch sinnlicheren *David* (1501) anstachelte. Das Original steht heute in der Galleria dell' Accademia in Florenz.

Kritiker glauben, dass der Felsen, auf dem sich Adam in Michelangelos *Die Erschaffung Adams* an der Decke der Sixtinischen Kapelle in Rom lümmelt, einem Felsen beim Heimatort des Künstlers im Osten der Toskana nachempfunden ist. Interessierte können das Original bei Caprese Michelangelo, 40 km nördlich von Arezzo, aufspüren.

Leonardo, aus Vinci südwestlich von Florenz, hatte so viele Talente, dass es schwierig ist, eines hervorzuheben. In der Malerei machte er für manche Kunsthistoriker den entscheidenden Schritt in der westlichen Kunstgeschichte – er hob die klare Trennung zwischen Farben und Linien auf und setzte für die Konturen Schattierungen ein. Diese Technik wird Sfumato genannt und ist bei der *Mona Lisa* im Louvre in Perfektion zu sehen. Nur wenige seiner Werke sind in seiner Heimatregion verblieben; Ausnahmen sind die *Anbetung der Könige aus dem Morgenland* und die *Verkündigung* (beide hängen in den Uffizien).

1542 erreichte die Inquisition Italien und beendete die Erforschung des Menschen in all seiner Unvollkommenheit, die die Renaissance gekennzeichnet hatte. Nie wieder sollten Kunst und Architektur der Toskana eine vergleichbare Vorreiterrolle in der Welt einnehmen.

Eine Station der Grand Tour

Im Europa des 18. Jhs. galt eine große Italienreise gesellschaftlich als absolutes Muss. Die Toskana war eine wichtige Etappe auf dieser „Grand Tour". Deutsche, französische und englische Künstler waren fasziniert von Michelangelo, Perugino und anderen Malern der Hochrenaissance, nahmen deren Ideen mit nach Hause und lösten damit den klassizistischen Trend aus. Auf demselben Weg kamen italienische Künstler mit Kunstströmungen aus Nordeuropa in Kontakt und nahmen die Romantik, den Impressionismus und das Malen in der freien Natur als Impulse in ihr Schaffen auf, wie man in der Sammlung der Galleria d'Arte Moderna im Palazzo Pitti in Florenz sehen kann. Hier befinden sich Werke aus dem späten 19. Jh. von Künstlern aus der Macchiaioli-Schule (toskanische Variante des Impressionismus), z. B. von Telemaco Signorini (1835–1901) und Giovanni Fattori (1825–1908).

Der Begriff „Macchiaioli" für eine Gruppe toskanischer Freilichtmaler wurde 1862 von einem Journalisten geprägt. Er war abgeleitet von *darsi alla macchia* (sich in den Büschen verstecken) und eine abschätzige Bezeichnung für Werke, in denen das Establishment nicht mehr als Skizzen erkennen konnte bzw. wollte.

In der Architektur erwies sich der Jugendstil als der faszinierendste Fall von künstlerischem Im- und Export: Die italienische Variante des internationalen Phänomens bekam die Bezeichnung Stile Floreale.

Das 20. Jahrhundert

In den Jahrhunderten unter der Fuchtel der Päpste und verschiedener ausländischer Mächte legte sich die Toskana zwangsweise eine gewisse Weltoffenheit zu. Die lokalen Künstler identifizierten sich mit Rom, Paris oder anderen großen Städten und nicht mehr nur mit ihrer *contrada* (Stadtviertel). Die beiden bekanntesten Künstler zu Beginn des 20. Jhs. waren der in Livorno geborene Maler und Bildhauer Amedeo Modigli-

1

Toskanische Architektur

Italien ist mit Architekturikonen reich gesegnet, und viele davon stehen in der Toskana. Nicht nur Brunelleschi und Michelangelo schufen hier Meisterwerke – jeder größere Ort kann zumindest eine Perle der Romanik, Gotik oder Renaissance aufweisen.

Kirchen

Dass Besucher in toskanischen Kirchen andächtig verweilen, hat nicht nur Glaubensgründe. Selbst im kleinsten Dorf steht eine Kirche, und nicht selten handelt es sich dabei um einen Hort großer Kunst. Florenz schwimmt in Meisterwerken (Santa Maria Novella, Santa Croce und San Lorenzo sind ein Muss!), aber auch Siena, Pisa und San Gimignano besitzen wunderschöne *duomo*, die das Stadtbild prägen. Der Dom von Orvieto, nahe der toskanischen der Grenze in Umbrien, gehört zu den schönsten Sakralbauten Italiens.

Baptisterien

Zu großen Kathedralen gehört oft ein separates *battistero* (Baptisterium) mit Altar und Taufbecken. Das an einen Cupcake erinnernde Baptisterium auf der Piazza dei Miracoli in Pisa mit der wunderbaren, sechseckigen Marmorkanzel von Nicola Pisano: göttlich! Dasselbe gilt für sein romanisches Pendant in Florenz, dessen berühmte Bronzeportale Lorenzo Ghiberti schuf.

Hospitale

Die von der Kirche, der *comune* (Stadt) oder vermögenden Familien gegründeten *ospedali* (Hospitale) gehörten zu den

1. Luftbild der Piazza del Campo (S. 211), Siena **2.** Dom von Orvieto (S. 251)

größten und prächtigsten öffentlichen Gebäuden ihrer Zeit. Santa Maria della Scala in Siena ist das bekannteste Beispiel; eine architektonische Perle ist auch Brunelleschis Ospedale degli Innocenti in Florenz.

Palazzi

Nicht nur die Medici hatten eine Schwäche für *palazzi* (prächtige Stadthäuser). Im Mittelalter und während der Renaissance ließen sich die reichen Familien aller toskanischen Städte Prestigebauten entwerfen, und Päpste, Kardinäle und *podestà* (Stadtverwalter) taten es ihnen nach. Berühmte Beispiele sind die Palazzi Strozzi, Pitti und Medici-Riccardi in Florenz, die Palazzi Piccolomini, Salimbeni und Chigi-Saracini in Siena sowie der Palazzo Piccolomini in Pienza.

Piazze

Auf diesen Paradebeispielen für Stadtplanung pulsiert das Herz jeder toskanischen Gemeinde. Hier trifft sich alles, hier stehen meist alle wichtigen Gebäude (Kirche, Rathaus usw.). Die beiden berühmtesten Plätze, Piazzo Pio II in Pienza und Piazza dei Miracoli in Pisa, gehören zum Weltkulturerbe der Unesco. Ebenfalls erwähnenswert sind Livornos Piazza dei Domenicani, Arezzos Piazza Grande und Massa Marittimas Piazza Garibaldi.

Rathäuser

Als Symbol für Reichtum und Bürgerstolz ist der *palazzo comunale* (Rathaus) oft der beeindruckendste Zivilbau einer toskanischen Stadt. Prachtstücke sind die Rathäuser von Siena (Piazza del Campo), Volterra (Piazza dei Priori) und Florenz (Piazza della Signoria).

ani (1884–1920), der später überwiegend in Paris lebte, und der in Griechenland geborene Maler Giorgio de Chirico (1888–1978), der in Florenz studierte und dort die ersten seiner traumähnlichen Stadtszenen malte.

Bis auf Modigliani und de Chirico waren in den wichtigsten Stilrichtungen des 20. Jhs. keine toskanischen Maler vertreten: *Futurismo* (Futurismus), *Pittura Metafisica* (metaphysische Malerei), *Spazialismo* (neue Lehre von Raum, Zeit und Farbe) und *Arte Povera* (Konzeptkunst, die mit billigen Materialien arbeitet). Auch in der Architektur taten sich nur wenige Toskaner hervor. Die einzige Ausnahme war Giovanni Michelucci (1891–1990), zu dessen bekanntesten Bauwerken der Bahnhof Santa Maria Novella in Florenz (1932–1934) gehört.

Auf den Gebieten der abstrakten Kunst, Installationskunst und Bildhauerei machte die Kleinstadt Pistoia in den 1950er- und 1960er-Jahren dank eines Künstlertrios von sich reden. Fernando Melani (1907–1985) kam in Pistoia zur Welt, verbrachte sein ganzes Leben dort und stellte auch selten irgendwo anders aus. In seinen verspielten Werken verarbeitete er eine Vielzahl recycelter Materialien und schuf ausgefallene Formen und Modelle aus gebogenen und verdrehten Metalldrähten. Sein Zeitgenosse Mario Nigro (1917–1992) zog im Alter von zwölf nach Livorno um und später, nachdem er sich auf abstrakte Kunst verlegt hatte, ins weltstädtische Mailand. Der Bildhauer Marino Marini (1901–1980), ebenfalls aus Pistoia, ließ sich vom etruskischen Vermächtnis der Toskana inspirieren; seine bevorzugten Motive waren Aktdarstellungen und Menschen zu Pferd.

In den 1980er-Jahren fand eine Rückbesinnung auf die traditionelle (vor allem figürliche) Malerei und Bildhauerei statt. Die *Transavanguardia* als eine Art Gegenströmung zur international angesagten Konzeptkunst wurde von einigen Kritikern als Zeichen für den Tod der Avantgarde gewertet – ihre Werke sind im Centro per l'Arte Contemporanea „Luigi Pecci", dem erstklassigen Zentrum für zeitgenössische Kunst in Prato, zu besichtigen. Zu den Toskanern in dieser Bewegung gehört Sandro Chia (geb. 1946).

Ein Meisterwerk der zeitgenössischen Architektur ist die Weinkellerei Antinori (2013) in Bargino, Chianti. Der Florentiner Architekt Marco Casamonti bettete das futuristische Bauwerk mit Glasfront tief in einen Hang ein, der dann mit Reben bepflanzt wurde.

Zeitgenössische Kunst

Das Erbe der reichen, künstlerischen Traditionen, das sich über drei Jahrtausende angesammelt hat, sichert vielen toskanischen Restauratoren und Kunsthistorikern einen Job, übt aber möglicherweise auch eine lähmende Wirkung auf all diejenigen aus, die etwas Neues schaffen möchten. Glücklicherweise hat die lokale Kunstszene dann doch mehr zu bieten als die amateurhaften Kleckserеien der Straßenkünstler vor den großen Museen und Touristenattraktionen.

Einer der bemerkenswertesten aktuellen bildenden Künstler der Toskana ist Massimo Bartolini (geb. 1962). Mit ein paar trügerisch einfachen (und typisch toskanischen) Licht- und Perspektivkorrekturen hat er unsere Wahrnehmung einer vertrauten Umgebung radikal verändert: Da gibt es ein Schlafzimmer, in dem alle Möbel im Boden zu versinken scheinen (Venedig lässt grüßen), oder eine Galerie, in der die Betrachter Spezialschuhe tragen, die mit jedem Schritt die Beleuchtung des Raums subtil ändern. Das toskanische Städtchen Cecina bei Livorno, wo der Künstler lebt und arbeitet, verdankt ihm eine besondere Atmosphäre, denn Bartolini lockt ein buntes Völkchen von Kunstsammlern und Kuratoren an.

Im schmucken Städtchen Pietrasanta im Hinterland der Versiliaküste im Nordwesten der Toskana lebt eine dynamische Künstlergemeinde, zu der auch der hochgelobte, in Kolumbien geborene Maler und Bildhauer Fernando Botero (geb. 1932) gehört.

Ein Ziel für Freunde der zeitgenössischen Kunst ist auch die Galleria Continua in San Gimignano, eine hochkarätige kommerzielle Galerie, die Künstler wie die Toskaner Giovanni Ozzala (geb. 1982) und Luca Pancrazzi (geb. 1961) vertritt.

Glossar Kunst & Architektur

Architrav	Horizontales Gebälk, das auf Säulen ruht
Archivolte	Rundbögen oder andere Verzierungen oberhalb von und rund um Öffnungen oder obere Wandabschlüsse
Atrium	Vorhof
badia	Abtei
baldacchino	Baldachin, in der Regel über dem Hochaltar einer Basilika
Basilika	Frühchristliche oder mittelalterliche Kirche; der Grundriss ist von der römischen Basilika (mehrschiffige, überdeckte Halle) abgeleitet
Basrelief	Flachrelief
battistero	Baptisterium, Taufkapelle
byzantinisch	Kunst und Architektur des Byzantinischen Reichs, Vorläufer der Romanik, Gotik und Renaissance
campanile	Glockenturm
cappella	Kapelle
Cella	Hauptraum eines Tempels
Cenacolo	Darstellung des Abendmahls, häufig im Refektorium eines Konvents oder Klosters
Chiaroscuro	Wörtlich: hell-dunkel; künstlerische Gestaltung der Hell-Dunkel-Kontraste auf einem Gemälde
chiostro	Kreuzgang; rechteckiger offener Hof, der von einem überdachten Wandelgang umschlossen ist
cortile	Hof
Cupola	Rundes Gewölbe oder Kuppel
Diptychon	Malerei oder Schnitzarbeit mit zwei Bildtafeln; meist tragbar und häufig als Altarbild genutzt
duomo	Kathedrale, Dom
Exedra	Halbkreisförmige Nische
Fresko	Wandmalerei auf frischem Putz
Fries	Teil des Horizontalgebälks zwischen Architrav und Gesims, häufig mit Figuren verziert
Gesims	1. Horizontales, verziertes Bauelement am oberen Ende einer Mauer oder eines Gebäudes; 2. nach oben abschließender Fries eines Horizontalgebälks; 3. Deckenstuck
Gewölbe	Gewölbte Decken- oder Dachform
Giebeldreieck/ Tympanon	Flacher, dreieckiger Giebel mit auskragendem Fries, häufig über einem Säulengang oder einer Loggia zum Abschluss eines Gebäudes mit Giebeldach
Gotik	Kunst- und Baustil des Spätmittelalters, ab dem 12. Jh.
Grisaille	Maltechnik, die nur mit Farbabstufungen von Weiß, Grau und Schwarz arbeitet
Horizontalgebälk	Oberhalb einer Reihe von Säulen einer klassischen Fassade; besteht aus einem Architrav mit einem dekorativen Fries darüber und wird von einem dreieckigen Giebel abgeschlossen
Kanzel	Erhöhtes Podest in einer Kirche, von dem aus der Geistliche predigt
Karton	Vorzeichnung eines Bildes oder Freskos im Maßstab 1:1
Kassettendecke	Kastenförmige, verzierte Vertiefungen an der Decke
Kirchenschiff	Hauptraum oder mittlerer Teil einer Kirche, flankiert von Seitenschiffen, verläuft in der Regel axial vom Eingang bis zur Apsis

Kolonnade	Reihe von Säulen in regelmäßigen Abständen; stützt das Horizontalgebälk, das Dach oder Rundbögen
Krypta/Gruft	Unterirdische Kammer oder Gewölbe, als Grabstätte genutzt
Loggia	Überdachter, offener Raum an einem Gebäude; Veranda; Vorhalle
Lünette	Bogenfelder in einer gewölbten Decke oder oberhalb einer Tür oder eines Fensters; häufig mit einem Fresko oder Bild ausgemalt
Madonna della Misericordia	Wörtlich: Madonna der Barmherzigkeit, auch Schutzmantelmadonna genannt; in der Kunst eine Ikone mit einer Gruppe von Menschen, die unter dem ausgebreiteten Mantel der Jungfrau Maria Schutz suchen
Maestà	Wörtlich: Majestät; in der Kunst eine Ikone mit einer thronenden Maria mit Jesuskind, häufig von Engeln und Heiligen umgeben
mausoleo	Mausoleum; herrschaftliche und prunkvolle Grabstätte
Narthex	Vorhalle im frühchristlichen und frühmittelalterlichen Kirchenbau
Nekropole/ Totenstadt	Antiker Friedhof oder Grabstätte
Obergaden	Fenster in der oberen Wandfläche im Hauptschiff einer Kirche
Opaion	Runde Fensteröffnung im Scheitel einer Kuppel
piano nobile	Beletage, in der Regel das erste Obergeschoss
Pietà	Wörtlich: Erbarmen oder Mitgefühl; in der Kunst Skulptur, Zeichnung oder gemalte Darstellung des toten Jesus in den Armen Marias
pietra forte	Feiner Sandstein, als Baumaterial genutzt
pietra serena	Grünlich-grauer Sandstein
Pieve	Gemeindekirche, meist in ländlichen Gegenden
Pinacoteca	Bilder-, Gemäldesammlung
Polyptychon	Malerei oder Schnitzarbeit mit mehr als drei Bildtafeln; meist als Altarbild genutzt
Porphyr	Purpurfarbener oder roter Stein
Portikus	Vorbau mit Dach, gestützt von Säulen oder Pfeilern über dem Eingang einer Kirche oder eines anderen Gebäudes
Predella	Kleines Gemälde oder Tafel unterhalb eines großen Altarbildes; Schaubild unterhalb der Altarplatte
Presbyterium	Altarraum in einer Kirche, Raum vor der Apsis
Quadriporto	Nach vier Seiten offenes Portal
Querschiff	Steht quer zum Hauptschiff und gibt der Kirche die Form eines Kreuzes
Relief	Plastische Hervorhebung in einer Skulptur oder einem Fries; Andeutung einer dreidimensionalen Darstellung
Renaissance	Kunstepoche mit Ursprung in Florenz, ca. 14. bis 17. Jh.
Romanik	Architekturstil der frühen christlichen Reiche im Westen, ca. 6. bis 12. Jh.
Rosette	Verglastes Rundfenster mit Maßwerk; in der Regel in gotischen Kirchen
Rustikalisierung	Grob behauene Natursteinoberfläche
Sakristei	Nebenraum einer Kirche zur Aufbewahrung liturgischer Gegenstände und Gewänder und zur Vorbereitung des Gottesdienstes
Sanktuarium	Stätte des Heiligtums, in christlichen Kirchen meistens der Altar- oder Chorraum
Sfumato	In der Malerei Vermischung von Farben zum Verwischen von Konturen
Sgraffito/ Kratzputz	Verputzte Oberfläche, aus der Bilder oder ein Muster gekratzt werden
Sinopia	Umrisszeichnung eines Freskos
Sockel	Flacher Unterbau für ein Gebäude oder eine Terrassenanlage

Spolien	Wieder- bzw. Neuverwendung von Überresten antiker Monumente in neuen Gebäuden
Stele	Freistehender Pfeiler mit eingearbeiteten Inschriften oder Bildern
stemma	Wappenschild
Stigmata	Wundmale Christi, die am Körper eines lebenden Menschen auftreten
Stuck	Verzierter Putz
Tabernakel	1. Gehäuse zur Aufbewahrung der geweihten Hostien; 2. Architekturelement im gotischen Kirchenbau
Taufbecken	Becken, meist aus Stein, in dem das Taufwasser aufbewahrt wird
Tempera	Puderartige Farbkörper, die mit einer Mischung aus Ei und Wasser gebunden wurden; bei der Malerei verwendet
tesoro	Schatz
Tessera	Kleine Würfel aus Marmor, Stein und Glas zur Herstellung von Mosaiken
Tondo	Rundbild oder -relief
Travertin	Kalkstein; hochwertiger Naturstein, der zur Fassadengestaltung und im historischen Straßen- und Wegebau verwendet wurde
Triptychon	Gemälde oder Schnitzarbeit mit drei Bildtafeln, die beiden äußeren Tafeln lassen sich über der mittleren zusammenklappen; häufig als Altarbild verwendet
Tuffstein	Weicher Vulkanstein
Verkündigung	Ein Engel verkündet Maria, dass sie den Sohn Gottes zur Welt bringen wird
Vierpass	Geometrische Form mit vier Symmetrieachsen
Vorhalle/ Vestibül	Durchgang, Eingangshalle oder Vorzimmer zwischen der Außentür und den Räumen eines Gebäudes
Votivgabe	Tafel oder kleines Bild, das Dank an einen Heiligen oder Fürsprecher für Hilfe in einer Notlage ausdrückt

Praktische Informationen

Allgemeine Informationen

Botschaften & Konsulate

Deutschland Botschaft (☎06 49 21 31; www.rom.diplo.de; Via San Martino della Battaglia 4, Rom); Konsulat (☎02 623 11 01; www.mailand.diplo.de; Via Solferino 40, Mailand; Ⓜ Moscova)

Österreich Botschaft (☎06 844 01 41; www.aussenministerium.at/rom; Via Pergolesi 3, Rom); Konsulat (☎02 78 37 43; www.aussenministerium.at/mailandgk; Piazza del Liberty 8/4, Mailand)

Schweiz Botschaft (☎06 80 95 71; www.eda.admin.ch/roma; Via Barnaba Oriani 61, Rom); Konsulat (☎02 777 91 61; www.eda.admin.ch/milano; Via Palestro 2, Mailand; Ⓜ Turati)

Ermäßigungen

Jugendliche unter 18 Jahren und Senioren über 65 bekommen in vielen Museen und kulturellen Einrichtungen freien Eintritt; EU-Bürger bis 25 zahlen ebenfalls oft nur die Hälfte. Wir weisen in diesem Buch mit der Angabe „erm." auf solche Ermäßigungen hin.

In Florenz könnte sich die **Firenze Card** (72 €) lohnen. Sie ist 72 Stunden gültig und deckt neben dem Eintritt in 67 Museen, Villen und Parks auch die unbegrenzte Nutzung der städtischen Busse und Straßenbahnen ab.

Eine weitere Möglichkeit, Geld zu sparen, bietet in vielen Fällen ein *biglietto cumulativo*. Diese Eintrittskarte für mehrere Sehenswürdigkeiten kommt günstiger als die Summe der jeweiligen Einzelpreise.

European Youth Card, Studenten- & Lehrerausweise

➡ Die European Youth Card (*Carta Giovani Europea*; www.cartagiovani.it, http://eyca.org; 5–19 € je nach Verkaufsstelle) bietet in ganz Italien in Tausenden von Hotels, Museen, Restaurants, Geschäften und Clubs einen Rabatt. Sie ist online für alle Unter-30-Jahrige weltweit zu erwerben.

➡ Für Schüler, Studenten und Lehrer bietet der Internationale Studenten- bzw. Lehrerausweis (ISIC; www.isic.de) Ermäßigungen auf Unterkünfte, Transport und Essen. Er ist online weltweit bei Studentenvertretungen, Jugendherbergen und spezialisierten Reisebüros wie **STA Travel** (www.statravel.de) zu bekommen, entweder als ISIC (Internationaler Studentenausweis, für Vollzeitschüler und -studenten), als ITIC (Internationaler Lehrerausweis, für Vollzeitlehrer) oder als IYTC (Internationale Reisekarte für Jugendliche unter 31 Jahren).

➡ Wichtig: Viele Ermäßigungen sind an ein Höchstalter gebunden – auch wenn man vielleicht immer noch studiert. Deshalb neben dem ISIC immer auch einen Altersnachweis (z. B. Personalausweis) bereithalten. In unseren Beschreibungen weist die Angabe „erm." (und nicht „Stud.") auch auf diese Ermäßigung hin.

Essen

Näheres zum Thema Essen auf S. 36 unter „Essen & Trinken".

PREISKATEGORIEN ESSEN

Die folgenden Preiskategorien beziehen sich auf ein 2-Gänge-Menü inklusive *bicchiere di vino della casa* (ein Glas Hauswein) und *coperto* (Bedienungszuschlag):

€ bis 25 €

€€ 25–45 €

€€€ ab 45 €

Feiertage

Die meisten Italiener nehmen ihren Jahresurlaub im August, vor allem rund um *Ferragosto* (15.8.). Die Folge ist, dass viele Geschäfte im August zumindest teilweise geschlossen sind. Auch die Karwoche *(Settimana Santa)* gehört zu den beliebten Urlaubszeiten in Italien.

Manche Städte haben eigene Feiertage zu Ehren ihres Stadtpatrons. Landesweit gelten folgende gesetzliche Feiertage:

Neujahr (Capodanno oder Anno Nuovo) 1. Januar

Dreikönigsfest (Epifania oder Befana) 6. Januar

Ostersonntag (Domenica di Pasqua) März/April

Ostermontag (Pasquetta oder Lunedì dell'Angelo) März/April

Tag der Befreiung (Giorno della Liberazione) 25. April – zum Gedenken an den Sieg der Alliierten und den Abzug der Deutschen 1945

Tag der Arbeit (Festa del Lavoro) 1. Mai

Tag der Republik (Festa della Repubblica) 2. Juni

Mariä Himmelfahrt (Assunzione oder Ferragosto) 15. August

Allerheiligen (Ognissanti) 1. November

Mariä Empfängnis (Immaculata Concezione) 8. Dezember

1. Weihnachtstag (Natale) 25. Dezember

2. Weihnachtstag (Festa di Santo Stefano) 26. Dezember

Geld

In Italien gilt der Euro. An Geldautomaten *(bancomat)* herrscht in der Toskana kein Mangel.

Kreditkarten

Welche ausländischen Kredit- und Bankkarten am Geldautomaten funktionieren, ist an den dort angebrachten Logos zu erkennen. Die meisten Hotels, Restaurants, Geschäfte, Supermärkte und Mautstellen akzeptieren Karten.

Verlorene, gestohlene oder vom Geldautomaten verschluckte Kreditkarten sollte man unverzüglich unter der deutschen Notfallnummer ☎+49 116 116 (gilt für alle Kartenbetreiber) oder unter den folgenden kostenlosen italienischen Telefonnummern sperren lassen:

MasterCard (☎800 870866)

Visa (☎800 819014)

Gesundheit

Empfohlene Impfungen

Für Italien sind keine speziellen Impfungen vorgeschrieben. Allerdings empfiehlt die Weltgesundheitsorganisation WHO Reisenden generell einen Impfschutz für Diphtherie, Tetanus, Masern, Mumps, Röteln, Kinderlähmung und Hepatitis B.

Krankenversicherung

Die Europäische Krankenversicherungskarte (EHIC), die kostenlos bei den gesetzlichen Krankenversicherungen erhältlich ist, deckt in etwa die Leistungen ab, die auch zu Hause von den Krankenkassen übernommen werden (ein eventuell nötiger Rücktransport ins Heimatland gehört allerdings nicht dazu; dieser sollte von einem zusätzlichen Auslandsschutzbrief gedeckt sein).

Medizinische Versorgung

Rezeptfreie Medikamente sind auch in Italien in der Apotheke zu bekommen. Bei schwerwiegenden Problemen weiß man dort, an welchen Spezialisten in der Gegend man sich wenden kann.

Die Apotheken halten sich meist an die allgemeinen Ladenöffnungszeiten. Nachts und am Sonntag ist in größeren Ortschaften ein rotierender Notdienst *(farmacie di turno)* eingerichtet. Ein Verzeichnis der aktuellen Notapotheken ist unter www.miniportale.it/miniportale/farmacie/Toscana.htm zu finden. Außerdem hängt in jeder Apotheke der Hinweis auf die nächste Notapotheke an der Tür.

Notarzt und Krankenwagen sind unter der Nummer ☎118 zu erreichen. In der Notaufnahme *(pronto soccorso)* der öffentlichen Krankenhäuser ist auch ein zahnärztlicher Notdienst eingerichtet.

Internetzugang

In den letzten Jahren hat das Internet auch in Italien enorm an Bedeutung gewonnen. Viele Einheimische verfügen über einen privaten Internetanschluss, und viele Hotels, Pensionen, Hostels und *agriturismi* (Gästezimmer auf Bauernhöfen oder Weingütern) bieten ihren Gästen kostenlosen WLAN-Zugang. Klassische Internetcafés sind deshalb rar geworden.

Karten

Straßenkarten für die Toskana – z. B. die von Michelin (1:200 000), Marco Polo (1:200 000) und Touring Editore (1:200 000) – sind im Buchhandel und an Tankstellen erhältlich; es empfiehlt sich jedoch, sie schon vor der Abreise zu kaufen.

Klima

Florenz

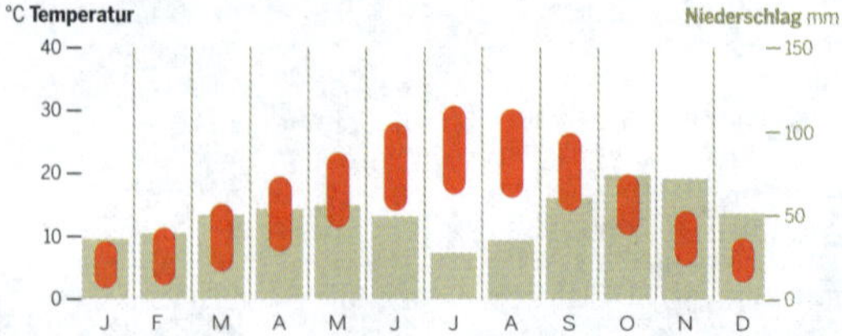

Elba

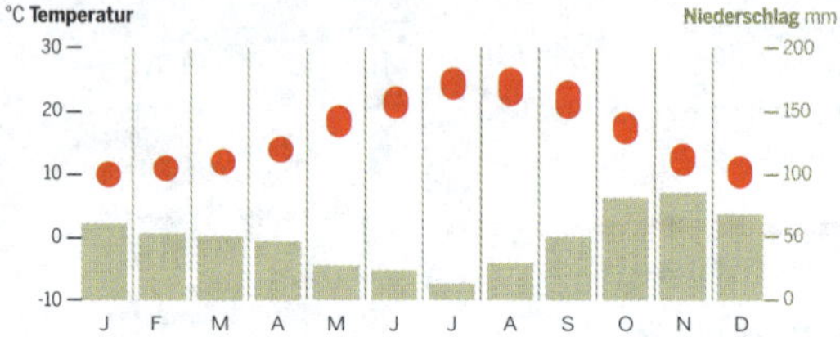

Öffnungszeiten

Im Allgemeinen gelten die folgenden Öffnungszeiten:

Apotheken Mo–Fr 9–12.30 und 15.30–19, Sa & So 9–12.30 Uhr

Banken Mo–Fr 8.30–13.30 und 15.30–16.30 Uhr

Bars und Kneipen 10–1 Uhr

Cafés 7.30–20 Uhr

Clubs 22 Uhr–open end

Geschäfte Mo–Sa 9–13 und 15.30–19.30 Uhr (oder 16–20 Uhr)

Post (Hauptpost) Mo–Fr 8–19, Sa 8.30–12 Uhr

Postfilialen Mo–Fr 8–14, Sa 8.30–12 Uhr

Restaurants 12.30–14.30 und 19.30–22 oder 24 Uhr

Post

Le Poste (www.poste.it), das italienische Postsystem, arbeitet recht zuverlässig. Für Pakete sind Kuriere wie DHL oder FedEx oft die sichere Wahl.

Briefmarken heißen *francobolli* und sind bei der Post und in Tabakläden erhältlich. Diese *tabacchi* sind an einem schwarzen Schild mit weißem T zu erkennen; sie halten sich meist an die üblichen Ladenöffnungszeiten.

Rechtsfragen

Urlauber kommen höchstens dann mit dem Gesetz in Berührung, wenn sie einem Taschendieb zum Opfer gefallen sind oder wenn das Auto abgeschleppt wurde.

Rufnummern für Notfälle (Diebstahl, Raub, Überfall oder Unfälle): ☎113 oder ☎112 (Letztere bietet einen mehrsprachigen Antwortdienst).

Reisen mit Behinderung

Italien ist kein Paradies für Menschen mit Behinderung – Rollstühle kommen nicht überall problemlos voran. Sobald Kopfsteinpflaster ins Spiel kommt, werden schon kurze Wege in der Stadt zu einer echten Herausforderung. Viele Gebäude haben zwar einen Aufzug; ob allerdings ein Rolli reinpasst, steht auf einem anderen Blatt. Auch für Hör- und Sehbehinderte wurde noch nicht allzu viel getan.

DIE ITALIENISCHE POLIZEI

In Italien gibt es sechs verschiedene landesweite Polizeiorganisationen, dazu kommen eine ganze Reihe regional organisierter Einheiten. Die wichtigsten Organisationen sind:

ORGANISATION	ZUSTÄNDIGKEIT	UNIFORM
polizia di stato (zivile Staatspolizei)	Diebstahl, Verlängerung von Visa und Aufenthaltsgenehmigungen; zu finden in der örtlichen *questura* (Präsidium)	taubenblaue Hosen mit lila Streifen, marineblaue Jacke
arma dei carabinieri (Gendarmerie)	allgemeine Verbrechens- und Drogenbekämpfung, öffentliche Ordnung (häufig Kompetenzüberlappung mit der *polizia di stato*)	schwarz mit rotem Streifen
polizia municipale (auch *vigili urbani;* städtische Polizei)	Parksünden (Knöllchen, Abschleppen), öffentliche Ordnung, kleinere Verbrechen	je nach Provinz

Die staatliche Bahngesellschaft **Trenitalia** hat eine Servicenummer für Reisende mit Behinderung eingerichtet: ☎199 303060.

Zwei Organisationen bieten außerdem hilfreiche Dienste an:

Accessible Italy (www.accessibleitaly.com) Das Unternehmen aus der Republik San Marino ist auf Urlauber mit Behinderung spezialisiert. Es organisiert Ausflüge, vermietet geeignete Transportmittel und veranstaltet Hochzeiten.

Sage Traveling (www.sagetraveling.com) Europaweit agierender, auf Behindertenreisen spezialisierter Veranstalter, der individuell zugeschnittene Touren zusammenstellt. Auf der Website finden sich Tipps und Ratschläge für einen behindertengerechten Urlaub in Florenz.

Schwule & Lesben unterwegs

Homosexualität ist in Italien legal und wird in den großen Städten problemlos akzeptiert. Der Küstenort Torre del Lago ist für seine Schwulenszene bekannt. Das zeigt sich nicht zuletzt an der Initiative **Friendly Versilia** (www.friendlyversilia.it), die von Ende April bis September Schwule und Lesben zu allerlei Vergnügungen unter der toskanischen Sonne in den Ort lockt.

Weitere nützliche Informationen sind beispielsweise auf den folgenden Seiten zu finden:

Arcigay (www.arcigay.it) Nationale Organisation für die LGBTI Community mit Sitz in Bologna.

Azione Gay e Lesbica Firenze (☎055 22 02 50; www.azionegayelesbica.it; Via Pisana 32r) Schwulen- und Lesbenorganisation aus Florenz.

GayFriendlyItaly.com (www.gayfriendlyitaly.com) Die englischsprachige Website (ein Ableger von gay.it) liefert umfassende Informationen – von Veranstaltungen über Homophobie bis hin zu Rechtsfragen.

Gay.it (www.gay.it) Website mit Nachrichten, Artikeln und Klatsch und Tratsch aus der Gayszene.

Pride (www.prideonline.it) Landesweite Monatszeitschrift mit Schwerpunkt Kunst, Musik, Politik und schwule Kultur.

Strom

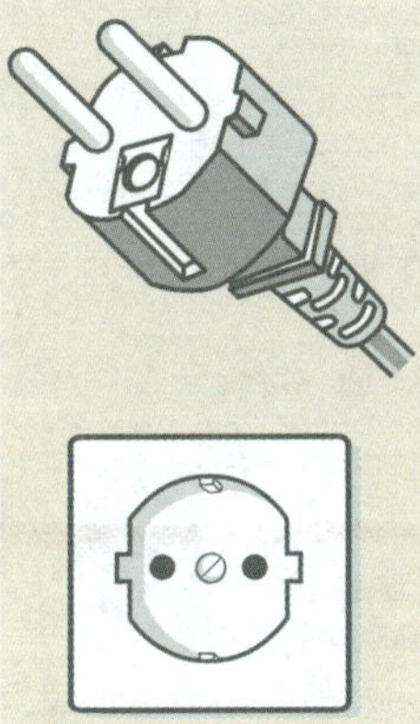

230 V / 50 Hz

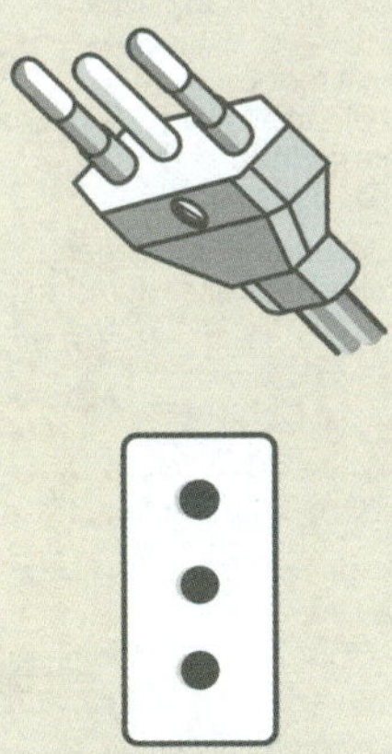

230 V / 50 Hz

Telefon

Innerhalb Italiens

- Italienische Ortsvorwahlen beginnen mit 0 und bestehen aus bis zu vier Ziffern. Die nachfolgende Anschlussnummer kann vier- bis neunstellig sein. Die Vorwahlnummer muss immer mitgewählt werden, selbst wenn man nur seinen Nachbarn anruft.
- Handynummern haben eine dreistellige Vorwahl, z. B. ☎330.
- Kostenlose Servicenummern *(numeri verdi)* beginnen normalerweise mit ☎800.
- Auch die Vorwahlen ☎840, 841, 848, 892, 899, 163, 166 und 199 sagen nichts darüber aus, wo sich der Anschluss befindet.
- Darüber hinaus sind noch ein paar gebührenpflichtige Nummern mit sechs Stellen im Umlauf (z. B. Alitalia, Bahnauskunft und Post).
- Wie überall in Europa haben auch italienische Telefonkunden die Wahl zwischen einer Unmenge von Anbietern und Tarifen. Allgemein gültige Aussagen über Telefongebühren sind deshalb schwierig.

Auslandsgespräche

- Am günstigsten ins Ausland telefoniert man mit kostenloser oder preisgünstiger IP-Telefonie-Software wie Skype oder Viber.
- Callshops gibt's in allen größeren Städten; die Gebühren sind oft erheblich günstiger als die Auslandstarife in öffentlichen Telefonzellen. Einfach eine der Zellen im Callshop belegen; bezahlt wird am Ende.
- Die am Kiosk oder im Tabakladen erhältlichen Auslandstelefonkarten haben günstigere Tarife und

können auch an öffentlichen Telefonzellen benutzt werden.

- Deutschland hat die Vorwahl ☎0049, Österreich ☎0043 und die Schweiz ☎0041. Bei der anschließenden Ortsvorwahl die 0 weglassen.
- Um aus Deutschland, Österreich oder der Schweiz nach Italien zu telefonieren, wählt man ☎0043 und dann die komplette Rufnummer mit Vorwahl (einschließlich der 0!).

Handys

- Mehrere Unternehmen haben kurzfristige und Prepaid-Verträge im Angebot. Schon ab 20 € lassen sich italienische SIM-Karten aktivieren (wobei manche Anbieter diesen Betrag gleich als Guthaben auf die Karte buchen): Einfach in einem Handyladen registrieren (Ausweis nicht vergessen!), und nach etwa 24 Stunden ist das Handykonto freigeschaltet.
- Das Kartenguthaben kann man später in jeder Filiale des Anbieters, im Tabakladen, in Supermärkten und in Banken aufladen *(ricaricare)*.
- **TIM** (Telecom Italia Mobile; www.tim.it), **Vodafone** (www.vodafone.it) und **Wind** (www.wind.it) haben das dichteste Filialennetz im Land.
- Wer mit dem deutschen Handy-Anbieter unterwegs ist, darf nicht vergessen die Roaming-Funktion abzuschalten, wenn sie nicht benötigt wird. Sonst verschlingt der teils unbemerkte Internetzugang viel Geld.

Telefonzellen & Telefonkarten

- Die meisten Telefonzellen funktionieren nur mit *carte/schede telefoniche* (Telefonkarten), manche auch mit Kreditkarten.
- Telecom Italia hat ein breites Spektrum an Telefonkarten im Sortiment; das komplette Angebot ist unter www.telecomitalia.it/telefono/carte-telefoniche aufgeführt.
- Erhältlich sind die Karten (meist zu 3, 5 oder 10 €) bei der Post, im Tabakladen und am Zeitungskiosk. Vor dem ersten Einsatz muss die linke obere Ecke der Karte abgeknickt werden. Vorsicht: Auf jeder Telefonkarte ist ein Ablaufdatum abgedruckt.

Touristeninformation

- Die regionale Fremdenverkehrsbehörde der Toskana ist im Internet unter www.turismo.toscana.it zu finden.
- Die offiziellen Bezeichnungen der örtlichen Touristenbüros unterscheiden sich teils deutlich, viele nennen sich aber „Pro Loco".
- Die Budgetkürzungen infolge der Rezession sind auch im toskanischen Tourismussektor nicht ohne Folgen geblieben: Manche Touristeninformationen haben geschlossen, andere haben kürzere, oft wechselnde Öffnungszeiten.

Unterkünfte

Informationen zu Unterkünften in der Toskana siehe S. 33.

Versicherungen

Oft lohnt sich eine Auslandsreiseversicherung gegen Diebstahl und Verlust von Wertgegenständen sowie für medizinische Zusatzleistungen, die von der normalen Krankenversicherung nicht abgedeckt sind. Manche Versicherungen greifen allerdings nicht bei so genannten „gefährlichen Aktivitäten" – damit kann neben Tauchen, Klettern und Motorradfahren auch Wandern gemeint sein; also immer das Kleingedruckte lesen.

Unter www.lonelyplanet.com/travel-insurance werden weltweit Reiseversicherungen angeboten. Auch wer schon unterwegs ist, kann dort eine Versicherung abschließen, erweitern oder in Anspruch nehmen.

Visum

- Italien gehört ebenso wie Deutschland, Österreich, die Schweiz und Liechtenstein zum Schengenraum. Ein Visum ist daher für Bürger dieser Staaten nicht erforderlich.
- EU-Bürger benötigen für Italien keine Aufenthalts- und Arbeitsgenehmigung.

Zeit

In Italien gilt das ganze Jahr hindurch dieselbe Zeit wie in Deutschland,

PRAKTISCH & KONKRET

Rauchen ist in allen öffentlichen Gebäuden untersagt.

Die größten **Tageszeitungen** sind der auch auf Englisch erscheinende *Corriere della Sera* (www.corriere.it) und die nur auf Italienisch erhältliche Florentiner Regionalausgabe von *La Repubblica* (www.firenze.repubblica.it).

Wo viele Touristen unterwegs sind, stehen die Chancen gut, am Kiosk die gängigsten deutschsprachigen Zeitungen zu bekommen.

Österreich und der Schweiz. Viele Museen und andere Sehenswürdigkeiten stellen ihre Öffnungszeiten parallel zum Wechsel von Sommer- auf Winterzeit um.

Zollbestimmungen

Wer aus einem nicht der EU angehörigen Staat (also beispielsweise aus der Schweiz) nach Italien einreist, darf Waren nur bis zu den folgenden Höchstmengen einführen. Zu beachten ist, dass diese Obergrenzen auch dann gelten, wenn die Schweiz nur Transitland ist!

- 1 l Spirituosen (oder 2 l Wein)
- 200 Zigaretten
- sonstige Waren (z. B. Parfüm) bis zu einem Gesamtwert von 430 € (Reisende unter 15 Jahren 150 €)

Alles, was darüber hinausgeht, muss bei der Einreise deklariert und entsprechend verzollt werden. Weitere Informationen unter www.italia.it.

Verkehrsmittel & -wege

AN- & WEITERREISE

Flüge, Mietwägen und Touren können online gebucht werden unter lonelyplanet.com/bookings.

Einreise

- EU-Bürger und Schweizer brauchen in Italien nur einen Personalausweis.
- Italien gehört wie alle seine Nachbarstaaten zum Schengenraum. Theoretisch finden deshalb keine Grenzkontrollen mehr statt, auch wenn hin und wieder an der Grenze zur Schweiz der Zoll in die Fahrzeuge schaut.
- Laut Gesetz muss jeder ständig einen Personalausweis oder Reisepass mit sich führen. Auch beim Einchecken im Hotel ist eines dieser Dokumente vorzuzeigen.

Auf dem Landweg

Einreise

Bei der Einreise aus einem benachbarten EU-Land oder der Schweiz gibt es in der Regel keine Grenzkontrollen.

Auto & Motorrad

Wer mit dem eigenen Fahrzeug in Italien unterwegs ist, sollte ein paar Regeln beherzigen, da sonst zum Teil saftige Strafen fällig werden: Für jeden Passagier muss eine eigene Warnweste an Bord in Greifweite liegen, Fahranfänger dürfen auf Autobahnen höchstens 100 km/h fahren (auf Schnellstraßen 90 km/h), und außerhalb des Ortes gilt auch tagsüber: Licht an! Nähere Informationen zu den Verkehrsregeln in Italien s. S. 358.

Bus

Der Bus ist die günstigste Möglichkeit, um auf dem Landweg nach Italien zu kommen. Allerdings fahren Busse seltener als Züge, sind nicht so bequem und bedeutend langsamer.

Zug

- Um mit der Bahn nach Florenz zu kommen, muss man in den meisten Fällen in Mailand umsteigen; von dort aus hat man u. a. Verbindungen nach Florenz und Pisa. Nachtzüge fahren von München und Wien aus direkt nach Florenz.
- Fahrpläne und Fahrplan-Apps finden sich unter www.eurail.com und www.bahn.de.

Flugzeug

- Die Hochsaison für Flugreisen nach Italien geht von Mitte April bis Mitte September.
- Zwischen Mitte September und Ende Oktober sowie von Ostern bis Mitte April ist die Nachfrage etwas geringer.

REISEN & KLIMAWANDEL

Jede Form des Reisens, die auf Brennstoff auf Kohlenstoffbasis beruht, erzeugt CO_2, die Hauptursache des von Menschen verursachten Klimawandels. Modernes Reisen ist von Flugzeugen abhängig, die zwar pro Kilometer und Person weniger Kraftstoff als die meisten Autos verbrauchen, aber sehr viel weitere Strecken zurücklegen. Auch die hohen Luftschichten, in die Flugzeuge Treibhausgase (auch CO_2) und Schadstoffe ausstoßen, verstärken ihren Einfluss auf den Klimawandel. Viele Websites bieten „Emissionsrechner", mit denen Reisende die CO_2-Emissionen ihrer Reise ausrechnen und die Auswirkung dieser Treibhausgase mit einem Beitrag für klimafreundliche Projekte in der ganzen Welt ausgleichen können. Lonely Planet gleicht die CO_2-Bilanz aller Reisen der Mitarbeiter und Autoren aus.

FLUGHÄFEN IN DER REGION

FLUGHAFEN	NAME	REGION	WEBSITE
Pisa (PSA)	Aeroporto Galileo Galilei	Pisa	www.pisa-airport.com
Florenz-Peretola (FLR)	Amerigo Vespucci; Peretola	Florenz	www.aeroporto.firenze.it
Umbrien (PEG)	Perugia San Francesco d'Assisi	Perugia, Umbrien	www.airport.umbria.it
Bologna (BLQ)	Aeroporto G Marconi	Bologna, Emilia-Romagna	www.bologna-airport.it

➡ Nebensaison ist von November bis März, aber um Weihnachten und Ostern ziehen die Preise oft wieder an; Flüge können in dieser Zeit ausgebucht sein.

Fluglinien

Inlandsflüge bieten folgende Fluggesellschaften:

Air One (www.flyairone.com) Vom Flughafen Pisa nach Olbia und Catania.

Alitalia (www.alitalia.it) Von den Flughäfen Pisa, Florenz und Bologna nach Rom und Catania.

Meridiana Fly (www.meridiana.it) Vom Flughafen Bologna nach Olbia und Cagliari.

Ryanair (www.ryanair.com) Vom Flughafen Pisa nach Trapani, Palermo, Bari, Brindisi und Cagliari, vom Flughafen Umbrien nach Brindisi, Cagliari und Trapani sowie vom Flughafen Bologna nach Bari, Brindisi, Trapani und Palermo.

Übers Meer

Italien ist durch Fährverbindungen mit seinen Inseln und anderen Mittelmeerländern verbunden. Die Fähren von Spanien, Sardinien und Korsika laufen Livorno an. Nähere Einzelheiten auf S. 205.

Umfassende Informationen über Fährverbindungen von und nach Italien gibt's bei Traghettionline (www.traghettionline.com). Auf der Website sind alle Verbindungen aufgeführt; es gibt Links zu Fährgesellschaften, bei denen man Tickets kaufen und nach Angeboten suchen kann.

UNTERWEGS VOR ORT

Auto & Motorrad

Automobiclubs

Der **Automobile Club d'Italia** (ACI; ☎803 116, von nicht-italienischen Handys ☎800 116 800, www.aci.it) ist des Autofahrers bester Freund in Italien. Bei einem Notfall ist der ACI rund um die Uhr unter ☎803 116 zu erreichen. Ausländische Autofahrer müssen dem Club nicht beitreten, sondern zahlen eine Servicegebühr. Die Automobilclubs im deutschsprachigen Raum (www.adac.de, www.avd.de, www.oeamtc.at, www.acs.ch) bieten für das Ausland unterschiedlichen Schutz bei Pannen und Notfällen.

Benzin & Ersatzteile

Fast nirgends in Europa ist der Sprit teurer als in Italien, wobei die Preise von Tankstelle *(benzinaio, stazione di servizio)* zu Tankstelle variieren. Während der Recherche kostete Super bleifrei *(senza piombo)* mit 95 Oktan durchschnittlich 1,50 € pro Liter, Diesel *(gasolio)* 1,40 €. Um die Mittagszeit, nachts und am Wochenende sind viele Tankstellen nicht besetzt. Dann kann man z. T. mit Kreditkarte tanken; allerdings nehmen die Automaten nicht alle ausländischen Karten an.

Wer Ersatzteile braucht, wendet sich an eine Werkstatt oder die 24-Stunden-Nummer des ACI ☎803 116.

Führerschein

EU-Führerscheine werden in ganz Europa anerkannt. Wer keinen EU-Führerschein besitzt, ist verpflichtet, sich als Ergänzung zum nationalen einen Internationalen Führerschein zu besorgen. Allerdings wird das in der Realität kaum kontrolliert.

Mietwagen

Um ein Auto zu mieten, muss man mindestens 25 Jahre alt und im Besitz einer Kreditkarte sein. Die meisten Autoverleiher erwarten, dass das Fahrzeug vollgetankt zurückgebracht wird. Andernfalls fordern sie zum Teil hohe Aufpreise. Ein Blick auf die Öffnungszeiten der Vermieter kann sich lohnen: Wer nach Geschäftsschluss ankommt, zahlt Strafe.

Es sollte klar sein, was im Preis inbegriffen ist (z. B. unbegrenzte Kilometer, Steuern, Versicherung, Selbstbeteiligung). Auch die gewünschte Fahrzeuggröße sollte gut bedacht werden – angesichts der hohen Benzinpreise, engen Straßen sowie der Verkehrs- und Parkbedingungen in den Städten sind kleinere Fahrzeuge von Vorteil.

Motorradverleih

Überall in der Toskana kann man sich einen rollenden Untersatz ausleihen: von der kleinen Vespa bis hin zum großen Tourenmotorrad.

Helme sind Pflicht. Die meisten Verleiher vermieten keine Motorräder an Personen unter 18 Jahren. Viele verlangen eine Kaution in beträchtlicher Höhe. Eventuell muss man im Falle eines Diebstahls einen Teil der Wiederbeschaffungskosten mittragen.

Mopeds mit einer Höchstgeschwindigkeit von 40 km/h dürfen ohne Führerschein gefahren werden – allerdings nur von Personen, die über 14 Jahre alt sind. Für ein Motorrad oder einen Motorroller zwischen 50 und 125 ccm beträgt das Mindestalter 16 Jahre, und ein Führerschein ist erforderlich (Autoführerschein reicht). Für Motorräder über 125 ccm braucht man einen Motorradführerschein.

Roller mit weniger als 150 ccm dürfen nicht auf Autobahnen fahren, dafür sind in manchen Städten mit *Zona a Traffico Limitato* (ZTL; verkehrsberuhigte Zone) Motorräder zugelassen.

Parken

Parkplätze mit blauer Umrandung sind kostenpflichtig. Parkscheine gibt's an Automaten in der Nähe; der Schein muss deutlich sichtbar hinter die Windschutzscheibe gelegt werden. Weiße Umrandungen kennzeichnen kostenlose Parkplätze, gelbe Anwohnerparkplätze. Wenn Motorräder oder Roller auf dem Bürgersteig abgestellt werden, drückt die Verkehrspolizei normalerweise ein Auge zu.

Straßennetz

Die Toskana hat ein ausgezeichnetes Straßennetz. Im Gegensatz zu den Landstraßen sind die Autobahnen A11 und A12 zwischen Florenz, Pisa und Livorno (FI-PI-LI) sowie die A1 (von Mailand über Florenz und Arezzo nach Rom) mautpflichtig. Infos zu Fahrzeiten und Mautgebühren gibt's unter www. autostrade.it.

Die italienischen Straßenkategorien lauten in absteigender Rangfolge:

Strade statali (Abkürzung SS oder S; Staatsstraßen) Teils autobahnähnliche, mautfreie Fernstraßen, teils normale Landstraßen, auf denen es vor allem im Gebirge manchmal nur im Schneckentempo vorwärtsgeht.

Strade regionali (Abkürzung SR oder R, Regionalstraßen) Diese Straßen verbinden kleinere Orte.

Strade provinciali (Abkürzung SP oder P, Provinzstraßen)

Strade locali Oft ohne Fahrbahnbelag und nicht auf jeder Landkarte zu finden.

Verkehrsregeln

- Wo die Vorfahrt nicht eigens geregelt ist, gilt rechts vor links.
- Alle Fahrzeuginsassen müssen einen Sicherheitsgurt anlegen. Wer ohne Gurt erwischt wird, muss mit einer sofort fälligen Geldstrafe rechnen. Kinder unter zwölf Jahren müssen auf dem Rücksitz Platz nehmen, Kinder unter vier in Kindersitzen. Bei einer Körpergröße unter 1,50 m muss entweder ein zugelassenes Rückhaltesystem oder ein geeigneter Sitz vorhanden sein.
- Ein Warndreieck muss immer an Bord sein, ebenso für jeden Insassen eine Warnweste, die man bei Pannen und Unfällen in abgelegenen Gebieten zu tragen hat, sobald man das Fahrzeug verlässt.
- Die Alkoholgrenze liegt bei 0,5 Promille; die Polizei führt regelmäßig Kontrollen durch. Wer mit mehr erwischt wird, muss mit harten Strafen rechnen.
- Bußgelder wegen Geschwindigkeitsübertretungen richten sich nach der Höhe der Überschreitung. Im schlimmsten Fall werden 2000 € und der Führerschein kassiert.
- Auf Autobahnen ist für alle Fahrzeuge auch tagsüber Abblendlicht Pflicht, für Motorräder ist es auch auf kleineren Straßen empfehlenswert.
- In den Altstädten vieler toskanischer Städte wurde eine *Zona a Traffico Limitato* (ZTL; verkehrsberuhigte Zone) eingerichtet, in die nur Anwohner mit entsprechender Parklizenz einfahren dürfen. Wer ohne Genehmigung eine ZTL befährt, muss mit einer Strafe rechnen. Das gilt auch für Mietwagen; Reisende, die unwissentlich in eine ZTL eingefahren sind , können hinterher auf der Kreditkartenabrechnung der Autovermietung einen gepfefferten Posten (Geldbuße plus Verwaltungsgebühr) vorfinden.

Versicherung

In Italien muss neben dem Fahrzeugschein auch immer ein Versicherungsnachweis mitgeführt werden. Für Fahrzeuge, die in der EU zugelassen sind, ist keine eigene Auslandsversicherung nötig. Falls es zu einem Unfall kommt, ist der Europäische Unfallbericht hilfreich. Das Formular gibt es bei den Autoversicherern und im Internet als Download.

TEMPOLIMITS

Für Autos und Motorräder gelten die folgenden Tempolimits:

- Geschlossene Ortschaften: 50 km/h
- Landstraßen: 70–90 km/h (Schilder beachten)
- Schnellstraßen: 110 km/h, 90 km/h bei Regen
- Autobahnen: 130 km/h, 110 km/h bei Regen

Für Gespanne (einschließlich Wohnanhänger) und Wohnmobile gelten niedrigere Tempolimits.

BUSUNTERNEHMEN IN DER TOSKANA

BUSUNTERNEHMEN	WEBSITE (MEIST AUF ITALIENISCH)	ZIEL
ATL	www.atl.livorno.it	Livorno
CAT	www.catspa.it	Lunigiana & Massa-Carrara
CPT	www.cpt.pisa.it	Pisa & Volterra
Etruria Mobilità	www.etruriamobilita.it	Östliche Toskana
Siena Mobilità	www.sienamobilita.it	Siena & Umgebung
SITA	www.sitabus.it	Florenz & Chianti
Tiemme	www.tiemmespa.it	Südliche Toskana
Vaibus	www.vaibus.it	Lucca, Garfagnana & Versilia

Bus

Zwischen den größeren Städten ist die Bahn die praktischere und günstigere Reisealternative. Busgesellschaften bieten dagegen oft die besseren Verbindungen zwischen kleinen Orten und Dörfern. Auch zwischen einigen größeren Städten wie Florenz und Siena sind Busse das bessere Verkehrsmittel.

➡ Dutzende Regionalbusgesellschaften sind unter der Dachmarke **Tiemme** (www.lfi.it) unterwegs. An Feiertagen und Wochenenden, besonders sonntags, sind die Verbindungen aber stark eingeschränkt; manchmal wird der Betrieb sogar ganz eingestellt. Viele örtliche Touristeninformationen halten Busfahrpläne bereit.

➡ Bustickets sind bei den meisten *tabacchi* und Zeitungskiosken und an den Fahrkartenschaltern und -automaten an den Busbahnhöfen erhältlich; sie müssen im Bus entwertet werden. Mit geringem Aufpreis sind Fahrkarten normalerweise auch im Bus erhältlich. In den größeren Städten haben die Busgesellschaften oft Ticketbüros. Manchmal gibt es günstige spezielle Tagestickets für Touristen.

➡ Zur Abfahrt sollte man immer rechtzeitig erscheinen, denn entgegen der italienischen Lebensart sind Busse fast immer pünktlich.

Fahrrad

Radfahren ist in Italien Nationalsport. Die *autostrada* (Autobahn) ist für Fahrräder tabu, aber sonst gibt es eigentlich keine Einschränkungen.

Fahrräder können in jedem Zug mitgenommen werden, der mit einem Rad-Logo gekennzeichnet ist. Am billigsten ist die Mitnahme mit einer separaten Fahrradkarte (3,50 € in Regionalzügen und 12 € in internationalen Zügen). Die Fahrkarte gilt 24 Stunden. Auf Fähren können Räder gratis mitgenommen werden.

Vom/Zum Flughafen

Flughafen Bologna Die Busse des Appennino Shuttle (www.appenninoshuttle.it) fahren nach Florenz (25 €, 90 Min., 10-mal tgl.). Fahrkarten kosten online 5 € weniger.

Flughafen Florenz Busse fahren ins Zentrum von Florenz (6 €, 30 Min., halbstdl.).

Internationaler Flughafen Pisa Ab 2016 soll der PisaMover (alle 10 Min.) den Flughafen mit dem Bahnhof Pisa Central verbinden. Bis dahin wird die Route von Bussen bedient. Vom Bahnhof aus fahren stündlich Züge nach Florenz (8 €, 1 Std.). Ein Bus (14 €, tgl. 11.45 Uhr, 2 Std.) verbindet den Flughafen mit Siena.

Internationaler Flughafen Umbrien Täglich fahren mehrere Busse nach Perugia (3 €, 30 Min.); von dort aus gibt es Bus- und Zugverbindungen in die Toskana.

Nahverkehr

Straßenbahn

Florenz hat eine Straßenbahn, deren Streckenführung allerdings für Touristen uninteressant ist.

Taxi

Taxistände finden sich in der Regel an Bahnhöfen und Busbahnhöfen. Man kann Taxis auch telefonisch bestellen. Am besten begibt man sich zu einem Taxistand, da Taxis nicht einfach auf der Straße halten dürfen, wenn man eines heranwinkt. Wer telefonisch ein Taxi ruft, sollte bedenken, dass das Taxameter bereits ab dem Anrufzeitpunkt läuft.

Schiff/Fähre

Das ganze Jahr über bestehen regelmäßige Fährverbindungen von Piombino nach Portoferraio auf Elba und zu den kleineren Hafenstädten Cavo und Rio Marina auf

Zugstrecken

Elba. Von Livorno aus gibt es eine Fährverbindung zu den Inseln Capraia (ganzjährig) und Gorgona (nur im Sommer).

Zug

➡ **Trenitalia** (☎ auf Ital. 199 89 20 21; www.trenitalia.com) ist die teilprivatisierte Bahngesellschaft, die die meisten Bahnlinien in Italien betreibt.

➡ **Eurail** (www.eurail.com) bietet eine kostenlose Fahrplan-App, die auch offline durchsucht werden kann.

➡ Das Bahnangebot in der Toskana ist eher bescheiden. Fahrkarten gibt's in den Bahnhöfen am Schalter oder am Automaten.

➡ Fahrscheine müssen *vor* dem Einsteigen an den gelben *convalida*-Maschinen entwertet werden, die an den Zugängen zu den Bahnsteigen stehen. Wer kein entwertetes Ticket besitzt, muss mit einer Geldstrafe von mindestens 50 € rechnen. Diese ist sofort und bar zu bezahlen; wer nicht genügend Bargeld dabeihat, wird vom Kontrolleur zum nächsten Geldautomaten begleitet.

➡ Die Zugfahrpläne an den Bahnhöfen listen normalerweise die *arrivi* (Ankünfte) auf weißem Hintergrund und die *partenze* (Abfahrten) auf gelbem Hintergrund.

➡ Reisende haben die Auswahl zwischen folgenden Zügen:

Regionale (R) Regionalzüge. Günstig, dafür langsam; sie halten fast überall. *Regionale veloce* (schnelle Regionalzüge) halten nicht ganz so oft.

Intercity (IC) Schnellere, teurere Verbindung zwischen größeren Städten.

Alta Velocità (AV) Hochmoderne Hochgeschwindigkeitszüge, die mit bis zu 350 km/h fahren. Teurer als der Intercity, dafür dauert die Fahrt z. T. nur halb

SCHNELLZUGVERBINDUNGEN

VON	NACH	TAKT	DAUER (STD.)	PREIS (€)
Genf	Mailand	4-mal tgl.	4	80
München	Verona	5-mal tgl.	5½	79
Ventimiglia	Mailand	6-mal tgl.	4	10–20
Wien	Florenz	1-mal tgl. nachts	11	90
Zürich	Mailand	7-mal tgl.	3¾	72

so lang. Der *Frecciarossa* fährt über Florenz nach Turin, Mailand, Bologna, Rom und Salerno. Reservierung erforderlich.

Ermäßigungen

Trenitalia hat zwar mehrere Ermäßigungskarten im Angebot, z. B. die Carta Verde (40 €) für junge Leute von 12–26 Jahren und die Carta d'Argento (30 €) für Senioren (60+). Normale Fahrkarten kosten 10 bis 15 % weniger, internationale Verbindungen sind um 25 % günstiger. Näheres auf www.trenitalia.com.

Gepäckaufbewahrung

Die meisten größeren Bahnhöfe verfügen über einen Gepäckaufbewahrungsschalter oder Schließfächer. Die Gepäckschalter sind gewöhnlich rund um die Uhr oder von 6 Uhr bis Mitternacht geöffnet; ein Gepäckstück kostet etwa 5 € für zwölf Stunden.

Klassen & Preise

In den meisten italienischen Zügen gibt es eine 1. und eine 2. Klasse; eine Fahrkarte für die 1. Klasse kostet knapp doppelt so viel wie eine für die 2. Klasse. Der Unterschied ist aber nicht groß: In der 1. Klasse gibt's halt ein bisschen mehr Platz und Kaffee/Tee gratis.

Wer nur eine kurze Strecke fahren möchte, sollte die Preise von *regionale* und IC/*AV* vergleichen. Die Tickets für einen *regionale* sind erheblich billiger. Der IC oder *AV* ist manchmal nur zehn Minuten schneller, aber die Fahrkarte kostet gleich mindestens 5 € mehr. Die aktuellen Preise sind unter www.trenitalia.com zu finden.

Sprache

In ganz Italien wird die Hochsprache gelehrt und gesprochen. Auch wenn Dialekte ein wichtiger Bestandteil regionaler Identität sind, wird man mit Hochitalienisch, das wir auch für dieses Kapitel verwendet haben, nirgends Probleme haben, sich verständlich zu machen.

Die Laute des Italienischen kommen auch in der deutschen Sprache vor. Wer die farbige Lautschrift in diesem Kapitel benutzt, wird sich verständlich machen können. Die betonte Silbe eines Wortes ist stets kursiv gedruckt. Anders als im Deutschen wird der Umlaut „ei" wie zwei Vokale gesprochen, also nicht wie in „Seite", sondern wie in „beinhalten". Dasselbe gilt für „eu", das wie in „beurteilen" klingt, was beim Bezahlen in Euro (*e*·uro) wichtig ist. Konsonanten werden oft schärfer als bei uns gesprochen, das „r" etwas gerollt. Doppelkonsonanten werden deutlich betont, so dass der Unterschied zwischen z. B. *sonno* (*son*·no; Schlaf) und *sono* (*so*·no; ich bin) offensichtlich wird.

GRUNDLAGEN

Wie im Deutschen gibt es auch im Italienischen eine Höflichkeitsform. Wer Fremde, Amtspersonen oder ältere Menschen anspricht, verwendet daher die dritte Person Singluar *lei* (Sie). Bei Verwandten, Freunden und jüngeren Personen ist dagegen das vertrauliche *tu* (du) üblich.

Die italienische Sprache kennt nur zwei grammatikalische Geschlechter, maskulin und feminin. Die meisten weiblichen Substantive und Adjektive enden auf -a, die männlichen auf -o, im Plural auf -e bzw. -i. Der weibliche Artikel ist *la* (bestimmt) oder *una* (unbestimmt), der männliche *il* (bestimmt) oder *uno* (unbestimmt). Wo notwendig, werden in diesem Kapitel die Varianten für vertraute (du)/höfliche (Sie) Anrede sowie maskulin/feminin angegeben.

NOCH MEHR ITALIENISCH?

Mehr zur italienischen Sprache und weitere nützliche Redewendungen verrät der *Sprachführer Italienisch* von Lonely Planet. Er kann auch unter **shop.lonely planet.de** bestellt werden.

Hallo.	*Buongiorno.*	bon·*dschor*·no
Auf Wiedersehen.	*Arrivederci.*	ar·ri·we·*der*·tschi
Ja/Nein.	*Sì/No.*	si/no
Entschuldigen Sie/entschuldige.	*Mi scusi/Scusami.*	mi *sku*·si/*sku*·sa·mi
Tut mir leid.	*Mi dispiace.*	mi dis·*pja*·tsche
Bitte (um etwas bitten).	*Per favore.*	per fa·*wo*·re
Danke.	*Grazie.*	*gra*·tsje
Bitte (gern geschehen).	*Prego.*	*pre*·go

Wie geht es Ihnen/dir?
Come sta/stai? — *ko*·me sta/stai

Gut, und Ihnen/dir?
Bene. E Lei/tu? — *be*·ne e lej/tu

Wie heißen Sie/heißt du?
Come si chiama? — *ko*·me si *kja*·ma
Come ti chiami? — *ko*·me ti *kja*·mi

Ich heiße ...
Mi chiamo ... — mi *kja*·mo ...

Sprechen Sie/Sprichst du Deutsch/Englisch?
Parla/Parli tedesco/inglese? — *par*·la/*par*·li te·*des*·ko/in·*gle*·se

Ich verstehe nicht.
Non capisco. — non ka·*pis*·ko

UNTERKUNFT

Haben Sie ein ...-zimmer?	*Avete una camera ...?*	a·*we*·te *u*·na *ka*·me·ra ...
Doppel-	*doppia con letto matrimoniale*	*dop*·ja kon *le*·to ma·tri·mon·*ja*·le
Einzel-	*singola*	*sing*·go·la

Wieviel kostet es pro ...?	*Quanto costa per ...?*	kwan·to kos·ta per ...
Nacht	*una notte*	u·na no·te
Person	*persona*	per·so·na

Ist das Frühstück inbegriffen?
La colazione è compresa? — la ko·la·tsjo·ne e kom·pre·sa

Bad	*bagno*	ba·njo
Campingplatz	*campeggio*	kam·pe·dscho
Fenster	*finestra*	fi·nes·tra
Hotel	*albergo*	al·ber·go
Jugend-herberge	*ostello della gioventù*	os·tel·lo de·la dscho·ven·tu
Klimaanlage	*aria condizionata*	a·ria kon·di·tsjo·na·ta
Pension	*pensione*	pen·sjo·ne

RICHTUNGSANGABEN

Wo ist ...?
Dov'è ...? — do·wä ...

Wie ist die Adresse?
Qual'è l'indirizzo? — kwal·ä lin·di·ri·tso

Können Sie das bitte aufschreiben?
Può scriverlo, per favore? — puo skri·wer·lo per fa·wo·re

Können Sie es mir (auf der Karte) zeigen?
Può mostrarmi (sulla pianta)? — puo mos·trar·mi (su·la pjan·ta)

an der Ampel	*al semaforo*	al se·ma·fo·ro
an der Ecke	*all'angolo*	al·lan·go·lo
gegenüber	*di fronte a*	di fron·te a
geradeaus	*sempre diritto*	sem·pre di·ri·to
hinter	*dietro*	dje·tro
links	*a sinistra*	a si·nis·tra
nahe	*vicino*	wi·tschi·no
neben	*accanto a*	ak·kan·to a
rechts	*a destra*	a de·stra
vor (räumlich)	*davanti a*	da·wan·ti a
weit weg	*lontano*	lon·ta·no

ESSEN & TRINKEN

Was können Sie empfehlen?
Cosa mi consiglia? — ko·sa mi kon·sil·ja

Welche Zutaten hat dieses Gericht?
Quali ingredienti ci sono in questo piatto? — kwa·li in·gre·djen·ti tschi so·no in kwes·to pja·to

SATZBAUKASTEN

Hier die wirklich wichtigen Standardsätze, kombinierbar mit den jeweiligen Begriffen aus dem Glossar:

Wann geht (der nächste Flug)?
A che ora è (il prossimo volo)? — a ke o·ra ä (il pro·si·mo wo·lo)

Wo ist (der Bahnhof)?
Dov'è (la stazione)? — do·wä (la sta·tsjo·ne)

Ich suche (ein Hotel).
Sto cercando (un albergo). — sto tscher·kan·do (un al·ber·go)

Haben Sie/hast du (eine Karte)?
Ha (una pianta)? — a (u·na pjan·ta)

Gibt's hier (eine Toilette)?
C'è (un gabinetto)? — tschä (un ga·bi·net·to)

Ich hätte gerne (einen Kaffee).
Vorrei (un caffè). — wo·rej (un ka·fe)

Ich möchte gerne (ein Auto mieten).
Vorrei (noleggiare una macchina). — wo·rej (no·le·dscha·re u·na ma·ki·na)

Darf ich (hereinkommen)?
Posso (entrare)? — pos·so (en·tra·re)

Könnten Sie/könntest du (mir helfen)?
Può/puoi (aiutarmi), per favore? — puo/puoi (a·ju·tar·mi) per fa·wo·re

Muss ich (einen Platz reservieren)?
Devo (prenotare un posto)? — de·wo (pre·no·ta·re un pos·to)

Was ist die Spezialität der Region?
Qual'è la specialità di questa regione? — kwa·le la spe·tscha·li·ta di kwes·ta re·dscho·ne

Das war köstlich!
Era squisito! — e·ra skwi·si to

Zum Wohl!
Salute! — sa·lu·te

Die Rechnung, bitte.
Mi porta il conto, per favore? — mi por·ta il kon·to per fa·wo·re

Ich möchte einen Tisch für ... reservieren	*Vorrei prenotare un tavolo per ...*	wo·rej pre·no·ta·re un ta·wo·lo per ...
(zwei) Personen	*(due) persone*	(du·e) per·so·ne
(acht) Uhr	*le (otto)*	le (o·to)
Ich esse kein/e/n ...	*Non mangio ...*	non man·dscho
Eier	*uova*	uo·wa
Fisch	*pesce*	pe·sche
Nüsse	*noci*	no·tschi
(rotes) Fleisch	*carne (rossa)*	kar·ne (ros·sa)

Nützliches

Abendessen	*cena*	*tsche*·na
Bar	*locale*	lo·*ka*·le
Café	*bar*	Bar
Flasche	*bottiglia*	bot·*ti* lja
Frühstück	*prima colazione*	*pri*·ma ko·la·*tsjo*·ne
Gabel	*forchetta*	for·*ket*·ta
Getränkekarte	*lista delle bevande*	*lis*·ta *del*·le be·*wan*·de
Glas	*bicchiere*	bi·*kje*·re
heiß	*caldo*	*kal*·do
kalt	*freddo*	*fred*·do
Lebensmittel	*alimentari*	a·li·men·*ta*·ri
Löffel	*cucchiaio*	kuk·*ja*·jo
Markt	*mercato*	mer·*ka*·to
Messer	*coltello*	kol·*tel*·lo
mit	*con*	kon
Mittagessen	*pranzo*	*pran*·tso
ohne	*senza*	*sen*·tsa
Restaurant	*ristorante*	ree·sto·*ran*·te
scharf	*piccante*	pi·*kan*·te
Speisekarte	*menù*	me·*nu*
Teller	*piatto*	*pjat*·to
vegetarisch	*vegetariano*	we·dsche·ta·ri *ja*·no

Fleisch & Fisch

Austern	*ostriche*	o·stri·ke
Ente	*anatra*	a·na·tra
Fisch	*pesce*	*pe*·sche
Fleisch	*carne*	*kar*·ne
Forelle	*trota*	*tro*·ta
Garnelen	*gamberi*	*gam*·be·ri
Hähnchen	*pollo*	*pol*·lo
Hering	*aringa*	a·*rin*·ga
Hummer	*aragosta*	a·ra·*gos*·ta
Jakobsmuscheln	*capasante*	ka·pa·*san*·te
Kalbfleisch	*vitello*	wi·*te*·lo
Lachs	*salmone*	sal·*mo*·ne
Lamm	*agnello*	an·*jel*·lo
Meeresfrüchte	*frutti di mare*	*fru*·ti di *ma*·re
Miesmuscheln	*cozze*	*kott*·se
Rindfleisch	*manzo*	*man*·tso
Schweinefleisch	*maiale*	ma·*ja*·le
Shrimps	*gamberetti*	gam be·*ret*·ti
Thunfisch	*tonno*	*ton*·no
Tintenfisch	*calamari*	ka·la·*ma*·ri
Truthahn	*tacchino*	ta·*ki*·no

Schilder

Entrata/Ingresso	Eingang
Uscita	Ausgang
Aperto	Geöffnet
Chiuso	Geschlossen
Informazioni	Auskünfte
Proibito/Vietato	Verboten
Gabinetti/Servizi	Toiletten
Uomini	Herren
Donne	Damen

Obst & Gemüse

Ananas	*ananas*	a·na·nas
Apfel	*mela*	*me*·la
Blumenkohl	*cavolfiore*	ka·wol·*fjo*·re
Bohnen	*fagioli*	fa·*dscho*·li
Erbsen	*piselli*	pi·*sel*·li
Gemüse	*verdura*	wer·*du*·ra
Gurke	*cetriolo*	tsche·tri·o·lo
Kartoffeln	*patate*	pa·*ta*·te
Kohl	*cavolo*	*ka*·wo·lo
Linsen	*lenticchie*	len·*ti*·kje
Möhre	*carota*	ka·*ro*·ta
Nüsse	*noci*	*no*·tschi
Obst	*frutta*	*frut*·ta
Orange	*arancia*	a·*ran*·tscha
Paprika	*peperone*	pe·pe·*ro*·ne
Pfirsich	*pesca*	*pes*·ka
Pflaume	*prugna*	*prun*·ja
Pilze	*funghi*	*fung*·gi
Spinat	*spinaci*	spi·*na*·tschi
Tomaten	*pomodori*	po·mo·*do*·ri
Weintraube	*uva*	*u*·wa
Zitrone	*limone*	li·*mo*·ne
Zwiebeln	*cipolle*	tschi·*pol*·le

Sonstiges

Brot	*pane*	*pa*·ne
Butter	*burro*	*bur*·ro
Ei	*uova*	*uo*·wa
Eis (Würfel)	*ghiaccio*	*gja*·tscho

Essig	*aceto*	a·*tsche*·to
Honig	*miele*	*mje*·le
Käse	*formaggio*	for·*ma*·dscho
Marmelade	*marmellata*	mar·mel·*la*·ta
Nudeln	*pasta*	*pas*·ta
Öl	*olio*	*o*·ljo
Pfeffer	*pepe*	*pe*·pe
Reis	*riso*	*ri*·so
Salz	*sale*	*sa*·le
Sojasauce	*salsa di soia*	*sal*·sa di *so*·ja
Suppe	*minestra*	mi·*nes*·tra
Zucker	*zucchero*	*tsuk*·ke·ro

Getränke

Bier	*birra*	*bee*·ra
Getränk	*bibita*	*bi*·bi·ta
Kaffee (Espresso)	*caffè*	ka·*fä*
Milch	*latte*	*lat*·te
(Mineral-) Wasser	*acqua (minerale)*	*a*·kwa (mi·ne·*ra*·le)
(Orangen-) Saft	*succo (d'arancia)*	*su*·ko (da·*ran*·tscha)
Rotwein	*vino rosso*	*wi*·no *ros*·so
Tee	*tè*	te
Weißwein	*vino bianco*	*wi*·no *bjang*·ko

IM NOTFALL

Hilfe! *Aiuto!* a·*ju*·to

Lassen Sie/lass mich in Ruhe!
Lascimi/lasciami in pace!
la·schi mi/*la*·scha mi in *pa*·tsche

Ich habe mich verirrt.
Mi sono perso/a. (m/f)
mi *so*·no *per*·so/a

Es ist ein Unfall passiert.
C'è stato un incidente.
tsche *sta*·to un in·tschi·*den*·te

Rufen Sie/ruf die Polizei!
Chiami/chiama la polizia!
kja·mi/*kja* ma la po·li·*tsi*·ja

Fragewörter

Wie?	*Come?*	*ko*·me
Was?	*Che cosa?*	ke *ko*·sa
Wann?	*Quando?*	*kwan*·do
Wo?	*Dove?*	*do*·we
Wer?	*Chi?*	ki
Warum?	*Perché?*	per·*ke*

Rufen Sie/ruf einen Arzt!
Chiami/chiama un medico!
kja·mi/*kja* ma un *me*·di·ko

Wo sind die Toiletten?
Dove sono i gabinetti?
do·we *so*·no i ga·bi·*net*·ti

Mir ist schlecht.
Mi sento male.
mi *sen*·to *ma*·le

Ich habe hier Schmerzen.
Mi fa male qui.
mi fa *ma*·le kwi

Ich bin allergisch gegen...
Sono allergico/a a... (m/f)
so·no al·*ler*·dschi·ko/a a...

SHOPPEN & DIENSTLEISTUNGEN

Ich würde gerne ... kaufen.
Vorrei comprare ... wo·*rej* kom·*pra*·re ...

Ich schaue mich nur um.
Sto solo guardando. sto *so*·lo gwar·*dan*·do

Kann ich das mal anschauen?
Posso dare un'occhiata? *pos*·so *da*·re un ok·*kja*·ta

Wie viel kostet das?
Quanto costa questo? *kwan*·to *kos*·ta *kwes*·to

Das ist zu teuer.
È troppo caro/a. (m/f) ä *trop*·po *ka*·ro/a

Können Sie den Preis nachlassen?
Può farmi lo sconto? puo *far*·mi lo *skon*·to

Die Rechnung stimmt nicht.
C'è un errore nel conto. tsche un er·*ro*·re nel *kon*·to

Geldautomat	*Bancomat*	*ban*·ko·mat
Postamt	*ufficio postale*	uf·*fi*·tscho pos·*ta*·le
Touristen-information	*ufficio del turismo*	uf·*fi* tscho del tu·*ris*·mo

DATUM & UHRZEIT

Wie viel Uhr ist es?	*Che ora è?*	ke *o*·ra ä
Es ist 13 Uhr.	*È l'una.*	ä *lu*·na
Es ist (zwei) Uhr.	*Sono le (due).*	*so*·no le (*du*·e)
halb (zwei; 13.30 Uhr)	*(L'una) e mezza.*	(*lu*·na) e *met*·sa

morgens	*di mattina*	di mat·*ti*·na
nachmittags	*di pomeriggio*	di po·me·*ri*·dscho
abends	*di sera*	di *se*·ra

gestern	*ieri*	je·ri
heute	*oggi*	o·dschi
morgen	*domani*	do·ma·ni

Montag	*lunedì*	lu·ne·di
Dienstag	*martedì*	mar·te·di
Mittwoch	*mercoledì*	mer·ko·le·di
Donnerstag	*giovedì*	dscho·we·di
Freitag	*venerdì*	we·ner·di
Samstag	*sabato*	sa·ba·to
Sonntag	*domenica*	do·me·ni·ka

Januar	*gennaio*	dsche·na·jo
Februar	*febbraio*	feb·ra·jo
März	*marzo*	mar·tso
April	*aprile*	a·pri·le
Mai	*maggio*	ma·dscho
Juni	*giugno*	dschun·jo
Juli	*luglio*	lul·jo
August	*agosto*	a·gos·to
September	*settembre*	set·tem·bre
Oktober	*ottobre*	ot·to·bre
November	*novembre*	no·wem·bre
Dezember	*dicembre*	di·tschem·bre

Zahlen

1	*uno*	u·no
2	*due*	du·e
3	*tre*	trä
4	*quattro*	kwat·tro
5	*cinque*	tsching·kwe
6	*sei*	sej
7	*sette*	set·te
8	*otto*	ot·to
9	*nove*	no·we
10	*dieci*	dje·tschi
20	*venti*	wen·ti
30	*trenta*	tren·ta
40	*quaranta*	kwa·ran·ta
50	*cinquanta*	tsching·kwan·ta
60	*sessanta*	ses·san·ta
70	*settanta*	se·tan·ta
80	*ottanta*	ot·tan·ta
90	*novanta*	no·wan·ta
100	*cento*	tschen·to
1000	*mille*	mi·le

VERKEHRSMITTEL & -WEGE

Öffentliche Verkehrsmittel

Um wie viel Uhr startet/kommt ...
A che ora parte/arriva ...?
a ke o·ra par·te/ar·ri·wa ...

der Bus	*l'autobus*	lau·to·bus
die Fähre	*il traghetto*	il tra·get·to
das Flugzeug	*l'aereo*	la·e·re·o
das Schiff	*la nave*	la na·we
die U-Bahn	*la metropolitana*	la me·tro po·li·ta·na
der Zug	*il treno*	il tre·no

Bahnhof	*stazione ferroviaria*	sta·tsjo·ne fer·ro wi ari·ja
Bahnsteig/Gleis	*binario*	bi·na·rio
Bushaltestelle	*fermata dell' autobus*	fer·ma·ta dell au·to·bus
Fahrkarte	*il biglietto*	il bil·jet·to
einfach	*di sola andata*	di so·la an·da·ta
hin und zurück	*di andata e ritorno*	di an·da·ta e ri·tor·no
Fahrplan	*orario*	o·ra·rio
Kartenschalter	*biglietteria*	bil jet te ri·a

Hält er in ...?
Si ferma a ...?
si fer·ma a ...

Bitte sagen Sie mir, wann wir in ... ankommen.
Mi dica per favore quando arriviamo a ...
mi di·ka per fa·wo·re kwan·do ar·ri·wja·mo a ...

Ich möchte hier aussteigen.
Voglio scendere qui.
wo·ljo schen·de·re kwi

Auto, Motorrad & Fahrrad

Ich würde gerne ein ... mieten.
Vorrei noleggiare un/una ... (m/f)
wo·rej no·le·dscha·re un/u·na ...

Allradfahrzeug	*fuoristrada* (m)	fuo·ri·stra·da
Auto	*macchina* (f)	ma·ki·na
Fahrrad	*bicicletta* (f)	bi tschi·klet·ta
Motorrad	*moto* (f)	mo·to

Benzin/Diesel	*benzina/gasolio*	ben·tsi·na/ gas o ljo

Fahrradpumpe *pompa della bicicletta* *pom*·pa *del*·la bi tschi·*klet*·ta
Helm *casco* *kas*·ko
Kindersitz *seggiolino* se·dscho·*li*·no
Mechaniker *meccanico* mek·*ka*·ni·ko
Tankstelle *stazione di servizio* sta·*tsjo*·ne di ser·*wi*·tsjo

Ist das die Straße nach ...?
Questa strada porta a ...?
kwe·sta *stra*·da *por*·ta a ...

(Wie lange) Kann ich hier parken?
(Per quanto tempo) Posso parcheggiare qui?
(per *kwan*·to *tem*·po) *pos*·so par·ke·*dscha*·re kwi

Das Auto/Motorrad hatte eine Panne (in ...).
La macchina/moto si è guastata (a ...).
la *ma*·ki·na/*mo*·to si e gwas·*ta*·ta (a ...)

Ich habe einen platten Reifen.
Ho una gomma bucata.
o *u*·na *gom*·ma bu·*ka*·ta

Mir ist das Benzin ausgegangen.
Ho esaurito la benzina.
o e·sau·*ri*·to la ben·*tsi*·na

GLOSSAR

Begriffe aus Kunst und Architektur s. S. 345

abbazia – Abtei
aeroporto – Flughafen
affittacamere – Zimmervermietung von privat
agriturismo – Unterkunft/Essen auf dem Bauernhof
albergo – Hotel
alimentari – Lebensmittelladen
alto – hoch
ambulanza – Rettungswagen
anfiteatro – Amphitheater
autostazione – Busbahnhof
autostrada – Autobahn
basilica – christliche Kirche mit Langhaus, Querschiff und Apsis
battistero – Baptisterium (Taufkapelle)
biblioteca – Bibliothek
biglietto – Ticket
biglietto cumulativo – Kombiticket, das für mehrere Attraktionen gilt
borgo – altes Städtchen oder Dorf, auch Weiler

cabinovia – zweisitzige Seilbahnkabine
calcio – Fußball
camera doppia – Doppelzimmer mit zwei Einzelbetten
camera matrimoniale – Zimmer mit Doppelbett
camera singola – Einzelzimmer
campanile – Glockenturm
campeggio – Campingplatz
campo – Feld
cantinetta – kleine Weinkellerei zur Verkostung
cappella – Kapelle
carabinieri – Militärpolizei
Carnevale – Karnevalszeit (vom Dreikönigstag bis Aschermittwoch)
casa – Haus, Zuhause
castello – Schloss, Burg
cattedrale – Kathedrale
cava – Grube, Steinbruch
centro – Stadtzentrum
centro storico – wörtlich: „historisches Zentrum“; Altstadt
chiesa – Kirche
colle – Hügel, Berg
colonna – Säule
comune – Gemeinde; auch Stadtverwaltung. Im Mittelalter war die *comune* eine selbstverwaltete Stadt.
contrada – Stadtbezirk
convalidare – (Fahrschein) entwerten
coperto – Gedeckgebühr (im Restaurant)
corso – Hauptstraße, Prachtstraße
deposito bagagli – Gepäckaufbewahrung
dolce – Süßigkeit, auch Dessert
duomo – Dom

enoteca – Weinbar (siehe auch *fiaschetteria*)

fattoria – Bauernhaus
ferrovia – Eisenbahn
festa – Fest, Festival
fiaschetteria – Weinstube, die Wein und Snacks anbietet (siehe auch *enoteca*)
fontana – Brunnen
forno – Backofen, Bäckerei
foro – Forum

gelateria – Eisdiele
golfo – Golf
grotta – Höhle

isola – Insel

lago – See
largo – wörtlich: „breit“; kleiner Platz
libreria – Buchladen
locanda – Gasthaus, kleines Hotel
loggia – überdachter Vorbau eines Gebäudes, Bogengang
lungomare – Strandpromenade

macchia – trockenes Buschland
macelleria – Metzgerei
mare – Meer
mercato – Markt
monte – Berg
motorino – Motorroller, Mofa
municipio – Rathaus
museo – Museum

nave – Schiff
necropoli – antiker Friedhof, Begräbnisstätte

osteria – familiär geführte, einfache Wirtschaft

palazzo – wörtlich: „Palast“; allgemein ein stattliches Gebäude
parcheggio – Parkplatz
parco – Park
passeggiata – Spaziergang, vor allem der traditionelle Abendspaziergang

pasticceria – Konditorei
pensione – kleines Hotel, Pension
permesso di soggiorno – Aufenthaltsgenehmigung
piazza – Platz
piazzale – großer, offener Platz
pinacoteca – Kunstgalerie
ponte – Brücke
porta – Tür, Stadttor
portico – Arkaden, oft vor Gebäuden
porto – Hafen

questura – Polizeistation

rifugio – Berghütte
rocca – Fort

sagra – Messe, Festival (oft kulinarisch geprägt)
sala – Raum (in einem Museum)
santuario – Kloster
scalinata – Treppe
scavi – Ausgrabungen
spiaggia – Strand
stazione – Bahnhof
stazione di servizio – Tankstelle
stazione marittima – Fähranleger
strada – Straße
superstrada – Schnellstraße mit baulich getrennten Fahrbahnen

tabaccheria/tabaccaio – Tabakladen
teatro – Theater
tempio – Tempel
terme – Thermalbad
torre – Turm
trattoria – einfaches Restaurant

ufficio stranieri – Ausländerbehörde
uffizi – Ämter, Büros

via – Wohnstraße
vicolo – Gasse

ZTL *(Zona a Traffico Limitato)* – verkehrsberuhigte Zone

Hinter den Kulissen

WIR FREUEN UNS ÜBER EIN FEEDBACK

Post von Travellern zu bekommen ist für uns ungemein hilfreich – Kritik und Anregungen halten uns auf dem Laufenden und helfen, unsere Bücher zu verbessern. Unser reiseerfahrenes Team liest alle Zuschriften genau durch, um zu erfahren, was an unseren Reiseführern gut und was schlecht ist. Wir können solche Post zwar nicht individuell beantworten, aber jedes Feedback wird garantiert schnurstracks an die jeweiligen Autoren weitergeleitet, rechtzeitig vor der nächsten Auflage.

Wer Ideen, Erfahrungen und Korrekturhinweise zum Reiseführer mitteilen möchte, hat die Möglichkeit dazu auf www.lonelyplanet.com/contact/guidebook_feedback/new. Anmerkungen speziell zur deutschen Ausgabe erreichen uns über www.lonelyplanet.de/kontakt.

Hinweis: Da wir Beiträge möglicherweise in Lonely Planet Produkten (Reiseführer, Websites, digitale Medien) veröffentlichen, ggf. auch in gekürzter Form, bitten wir um Mitteilung, falls ein Kommentar nicht veröffentlicht oder ein Name nicht genannt werden soll. Wer Näheres über unsere Datenschutzpolitik wissen will, erfährt das unter www.lonelyplanet.com/privacy.

DANK VON LONELY PLANET

Vielen Dank an die folgenden Leser, die mit der letzten Ausgabe unterwegs waren und uns wertvolle Hinweise, Tipps und interessante Anekdoten geschickt haben:
Alexander und Caroline Wrigley, David Kerrigan, Iain Mann, Isabel Vollers, Jim Noviello, Jochen Thielen, Josef Sørensen, Kelley Eckmair, Margaret Simpson, Pedro Pacheco, Peter Gaskell, Samantha Tollerson, Sara Viti

DANK DER AUTOREN

Nicola Williams

Grazie an alle, die ihre toskanische Liebe mit mir geteilt haben: in Florenz, Betty Soldi und Matteo Perduca, Alessio und Assumi, Doreen und Carmello, Fabrizio Rangone, Judy Witts aka Divina Cucina, Roberto Romoli und Florenzauskennerinnen Nardia Plumridge (@lostin florence), Georgette Jupe (@girlinflorence), Flavia Cori (@Tuscanyicious) und Coral Sisk (@curious appetite). Ein herzliches Dankeschön an die Pistoia-Experten Dr. Paolo Bresci und Molly McIlwrath, Ilaria Leccarelli (Castiglion Fiorentino) und Elisabetta Pandolfini (Prato). Meinen Anteil an diesem Buch widme ich dem phantastischen Kids-Team Niko, Mischa und Kaya Lüfkens und Superpapa Matthias.

Belinda Dixon

Die Freundlichkeit von Fremden bereichert jede Reise – danke an alle, die meine Tage unterwegs verwandelt haben. Dank geht auch an Anna Tyler für die Chance und an Nicola Williams für Rat und Unterstützung. Jo und Liz: Ich erhebe ein Glas Prosecco. JL: danke, dass du mich noch immer zum Lächeln bringst.

QUELLENNACHWEIS

Die Angaben auf der Klimakarte stammen von Peel MC, Finlayson BL & McMahon TA (2007) „Updated World Map of the Köppen-Geiger Climate Classification“, *Hydrology and Earth System Sciences*, 11, 1633444.

Illustration S. 62–63 Javier Zarracina

Titelfoto: Dom, Florenz, Pietro Canali / 4Corners ©.

ÜBER DIESES BUCH

Dies ist die 6. deutsche Auflage von *Toskana*. Sie basiert auf der 9. englischen Auflage von Nicola Williams und Belinda Dixon. Die 8. Auflage schrieben Virginia Maxwell und Nicola Williams. Dieser Reiseführer wurde produziert von:

Titelredaktion Anna Tyler
Produktredaktion Briohny Hooper, Alison Ridgway
Kartografie Anthony Phelan
Layout Wendy Wright
Koordination Andrea Dobbin
Redaktionsassistenz Imogen Bannister, Kate Chapman, Melanie Dankel, Kate James, Jodie Martire, Anne Mulvaney, Susan Paterson, Vicky Smith
Kartografieassistenz Mick Garrett, Rachel Imeson, Corey Hutchison
Umschlaggestaltung Naomi Parker
Dank an Sarah Billington, Grace Dobell, Andi Jones, Claire Murphy, Catherine Naghten, Karyn Noble, Samantha Russell-Tulip, Dianne Schallmeiner, Lauren Wellicome

Register

Kartenverweise **000**
Fotoverweise **000**

Kartenverweise **000**
Fotoverweise **000**

Kartenverweise **000**
Fotoverweise **000**

Kartenlegende

Sehenswertes

- Strand
- Vogelschutzgebiet
- buddhistisch
- Burg/Schloss/Palast
- christlich
- konfuzianisch
- hinduistisch
- islamisch
- jainistisch
- jüdisch
- Denkmal
- Museum/Galerie/histor. Gebäude
- Ruine
- Sento/Onsen
- shintoistisch
- Sikh
- taoistisch
- Weingut/Weinberg
- Zoo/Wildschutzgebiet
- sonstige Sehenswürdigkeit

Aktivitäten, Kurse & Touren

- bodysurfen
- tauchen
- Kanu/Kajak fahren
- Kurs/Tour
- Ski fahren
- schnorcheln
- surfen
- Swimmingpool
- wandern
- windsurfen
- sonstige Aktivität

Schlafen

- Hotel/Pension/Hostel
- Camping

Essen

- Restaurant

Ausgehen & Nachtleben

- Bar/Kneipe/Club
- Café

Unterhaltung

- Unterhaltung

Shoppen

- Shoppen

Praktisches

- Bank
- Botschaft/Konsulat
- Krankenhaus/Arzt
- Internet
- Polizei
- Post
- Telefon
- Toilette
- Touristeninformation
- sonstige Informationen

Geografie

- Strand
- Hütte/Unterstand
- Leuchtturm
- Aussichtspunkt
- Berg/Vulkan
- Oase
- Park
- Pass
- Rastplatz
- Wasserfall

Städte

- Hauptstadt (Staat)
- Hauptstadt (Provinz)
- Großstadt
- Stadt/Ort

Transport

- Flughafen
- Grenzübergang
- Bus
- Seilbahn/Standseilbahn
- Radweg
- Fähre
- Metrostation
- Schwebebahn
- Parkplatz
- Tankstelle
- S-Bahnstation
- Taxi
- T-bane/Tunnelbana-Station
- Bahnhof/Bahnlinie
- Straßenbahn
- Tube Station
- U-Bahnstation
- sonstiger Transport

Hinweis: Nicht alle in der Legende aufgeführten Symbole sind Bestandteil der Karten dieses Buches

Verkehrswege

- Mautstraße
- Autobahn
- Hauptstraße
- Landstraße
- Verbindungsstraße
- sonstige Straße
- unbefestigte Straße
- Straße im Bau
- Platz, Promenade
- Treppe
- Tunnel
- Fußgängerbrücke
- Spaziergang
- Abstecher vom Spaziergang
- Weg/Pfad

Grenzen

- Staatsgrenze
- Provinzgrenze
- umstrittene Grenze
- Regional-/Bezirksgrenze
- Meeresschutzgebiet
- Kliff
- Mauer

Gewässer

- Fluss, Bach
- periodischer Fluss
- Kanal
- Gewässer
- Salzsee/trockener/periodischer See
- Riff

Gebietsform

- Flughafen/Flugplatz
- Strand/Wüste
- christlicher Friedhof
- sonstiger Friedhof
- Gletscher
- Watt
- Park/Wald
- Sehenswertes (Gebäude)
- Sportplatz
- Sumpf/Mangroven

DIE AUTOREN

Nicola Williams

Florenz; Nordwestliche Toskana; Östliche Toskana Die britische Autorin Nicola lebt am Südufer des Genfer Sees. Zum Glück für ihre italienische Seele ist es ein Katzensprung durch den Mont-Blanc-Tunnel nach Italien, wo sie schon Jahre damit verbracht hat, die Köstlichkeiten der Region zu probieren und ihre außergewöhnliche Kunst, Architektur, Küche und Landschaft zu genießen. Die Jagd nach weißen Trüffeln ist ihr jährliches Okoberritual. Nicola hat an zahlreichen Titeln von Lonely Planet mitgearbeitet, darunter *Italy, Milan, Turin & Genoa* und *Piedmont*. Sie twittert unter @Tripalong. Nicola schrieb auch den größten Teil der Abschnitte Reiseplanung und Die Toskana verstehen.

Mehr über Nicola auf:
http://auth.lonelyplanet.com/profiles/nicolawilliams

Belinda Dixon

Siena & Zentraltoskana; Etruskische Riviera & Elba; Südliche Toskana Seit Belinda als Teenager ihre ersten Reiseerfahrungen in italienischen Zügen gesammelt hat, ist kaum ein Jahr vergangen, in dem sie nicht zurückgekehrt wäre. Zu den Highlights bei der Recherche für dieses Buch gehörte es, auf den Nebenstraßen des Chianti ihre Geländefahrkünste zu perfektionieren, auf Elba seidiges, grünes Olivenöl zu probieren und sich in den nächtlichen Straßen Pitiglianos ordentlich zu gruseln (man denke an dunkle Gassen, miauende Katzen und plötzlich erlöschende Lichter ...). Und überall sehr, sehr sorgfältig toskanische Speisen und Weine zu erforschen. Belinda schrieb auch das Kapitel Outdoor-Erlebnisse und den Abschnitt Praktische Informationen.

Mehr über Belinda auf:
http://auth.lonelyplanet.com/profiles/belindadixon

DIE LONELY PLANET STORY

Ein ziemlich mitgenommenes, altes Auto, ein paar Dollar in der Tasche und Abenteuerlust – 1972 war das alles, was Tony und Maureen Wheeler für die Reise ihres Lebens brauchten, die sie durch Europa und Asien bis nach Australien führte. Die Tour dauerte einige Monate, und am Ende saßen die beiden – erschöpft, aber voller Inspiration – an ihrem Küchentisch und schrieben ihren ersten Reiseführer *Across Asia on the Cheap*. Innerhalb einer Woche hatten sie 1500 Exemplare verkauft. Lonely Planet war geboren. Heute hat der Verlag Büros in Melbourne, London, Oakland, Franklin, Delhi und Beijing mit mehr als 600 Mitarbeitern und Autoren. Und alle teilen Tonys Überzeugung, dass ein guter Reiseführer drei Dinge erfüllen sollte: informieren, bilden und unterhalten.

Lonely Planet Publications,
Locked Bag 1, Footscray,
Melbourne, Victoria 3011,
Australia

Verlag der deutschen Ausgabe:
MAIRDUMONT, Marco-Polo-Str. 1, 73760 Ostfildern,
www.lonelyplanet.de, www.mairdumont.com, info@lonelyplanet.de

Chefredakteurin deutsche Ausgabe: Birgit Borowski

Redaktion: Bintang Buchservice GmbH,
www.bintang-berlin.de
Übersetzung: Marion Gref-Timm, Valeska Henze, Silvia Mayer, Kathrin Schnellbächer, Inga-Brita Thiele, Katja Weber

An früheren Auflagen haben außerdem mitgewirkt: Dorothee Büttgen, Agnes Dubberke, Petra Dubilski, Berna Ercan, Tobias Ewert, Tatyana Gardner, Karen Gerwig, Stefanie Gross, Tina Heidborn, Joachim Henn, Britta Kotrasch, Jürgen Kucklinski, Andreas Loos, Gunter Mühl, Ute Perchtold, Dr. Christian Rochow, Christina Schmidt, Frauke Sonnabend, Nicole Stange, Robert Suske

Lektorat: Katharina Grimm, Katja Rasmus
Satz: Holger Ebeling

Toskana
6. deutsche Auflage Mai 2016,
übersetzt von *Florence & Tuscany, 9th edition*,
Januar 2016 Lonely Planet Publications Pty

FSC
www.fsc.org
MIX
Papier aus verantwortungsvollen Quellen
FSC® C018236

Die meisten Fotos in diesem Reiseführer können bei Lonely Planet Images, www.lonelyplanetimages.com, auch lizenziert werden.

Printed in Poland